字里行间的哲学

被遗忘的隐微写作史

［美］亚瑟·梅尔泽 著
赵 柯 译

Philosophy
Between
TheLines

The Lost History of Esoteric Writing

Arthur M.Meizer

华东师范大学出版社

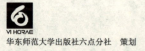

华东师范大学出版社六点分社　策划

献给什卡和普拉提克

我不害怕任何真相……我希望真相都大白于天下。

——托马斯·杰弗逊

在愚蠢的人中间,必须变成愚蠢的人吗?不;但必须善于隐藏。

——狄德罗

目 录

前言　/ i
致谢　/ ix
绪论　什么是哲学隐微主义？　/ 1

第一部分　证明哲学隐微主义属实的一般证据和论据
第一章　证明隐微主义的证词证据　/ 15
第二章　插曲：两个简例　/ 92
第三章　哲学隐微主义的理论基础："理论与实践问题"　/ 113
第四章　对隐微主义的拒绝、抵制和视而不见　/ 149

第二部分　哲学隐微主义的四种形式
第五章　惧怕迫害：自卫性隐微主义　/ 201
第六章　危险的真理：保护性隐微主义　/ 259
第七章　"晦涩"在教育方面的益处：教学性隐微主义　/ 323
第八章　理性化这个世界：政治性隐微主义　/ 368

第三部分　恢复隐微主义的结果
第九章　隐微阅读新手指南　/ 445
第十章　保卫理性：隐微主义与对历史主义的批判　/ 501

参考文献　/ 561
索引　/ 593

前言

显白的(exoteric)和隐微的(esoteric),形容词(哲学史):第一个词表示表面的(exterior),第二个词表示内在的(interior)。古代的哲人具有双重教义(double doctrine);一种是外在的(external),公开的,或显白的;另一种是内在的(internal),隐秘的,或隐微的。

——狄德罗,《百科全书》

……所有哲人都如此热切地接受了两种教义之间的区别,并通过这样的区别秘密地教导了与他们的公开教诲相反的东西。

——卢梭

我们现代人相信进步。但是,即便我们也不得不承认,时间的流逝不仅带来了智识上的进步,也带来了退步——既有发现,也有僵化、否定和遗忘。然而,留意前者、忽视后者,对前者印象深刻,却是自然趋势。各种各样的发现显著突出,但遗忘却不引人注目。

无数的书籍被写出来,来庆祝一些重要现象的发现。不过,这本书却考察对一种现象的遗忘。

一种消失的写作方式——以及阅读方式

[xii]在1811年10月20日致友人的书信中,歌德(Johann Wolfgang von Goethe)谈到了一种在他面前上演的遗忘行为:"我总觉得这不是件好事,甚至是一种灾难,在上世纪下半叶,人们不再区别显白的和隐微的,且这种做法愈演愈烈。"[1]歌德

---

[1] 参阅歌德1811年10月20日写给帕索(Passow)的信。选自 Goethes Briefe und Briefe an Goethe, ed. Karl Robert Mandelkow (Munich: Beck, 1988), 3:168. Werner J. Dannhauser 译。

在信中写道,西方的智识生活正在逐渐经历一种古怪、不幸的转变。随着集体健忘症的缓慢展开,一种众所周知的现象悄然淡出了人们的视野:哲学上的隐微写作——因为担心受到迫害,或因其他的缘由,而主要运用"字里行间"的方法来传达非正统的思想,表面上用传统的虔诚进行掩盖。

虽然歌德的提醒并未得到重视,但这一提醒却相当具有先见之明。在接下来的一个世纪中,他所指出的哲学遗忘继续进一步地扩散和深化。18世纪上半叶期间,隐微写作仍然被众人所知,被公开地讨论,几乎所有人都在实践这种写作方式(从古至今,向来如此),正如题词所示。这两段话可以"倍增"百次——后面的确会这么做。但是,在19世纪,这种已成为惯例的现象却不知怎地被逐渐淡忘。到了20世纪,人们竟然信心十足地称之为一个神话。

它主要是被施特劳斯(Leo Strauss)——芝加哥大学的政治哲学家——重新发现的。20世纪30年代晚期,施特劳斯开始出版与此相关的作品。正如科耶夫(Alexandre Kojève)在承认这一成就时所宣称的那样,"施特劳斯让我们回忆起自19世纪以来被我们想当然地遗忘的东西——人们不应该从字面上理解以往伟大作家所写的一切,也不应该相信他们在作品中所公开的一切就是他们内心想说的一切。"①不过,施特劳斯在这方面的努力基本上没有受到重视。

本研究将展开历史性的回顾,更加清晰地展现、证明,更重要的是——如果可能的话——扭转这种异常的遗忘行为。该研

---

① 科耶夫(Alexandre Kojève),《朱利安大帝及其写作艺术》"The Emperor Julian and His Art of Writing," 选自《古人和现代人》(*Ancients and Moderns: Essays on the Tradition of Political Philosophy in Honor of Leo Strauss*), ed. Joseph Cropsey, trans. James H. Nichols Jr. (New York: Basic Books, 1964), 95.

究旨在让人们重新承认,19世纪以前西方主要的哲学作家确实有一些理由来实践隐微写作,且实践隐微写作确实是一种极为流行的普遍行为。我这里的目的并不是要让人们喜欢隐微主义(我自己也并不青睐它),或参与其中(我也不会这么做),而只是承认、理解、并接受它为一个历史事实——确切地说,是一个里程碑式的重要事实,影响了西方社会两千年来智识生活的全部进程。[xiii]我寻求的不是恢复隐微写作,而是恢复隐微阅读——重现哲学素养关键、但却遗失已久的要素。

我也并不试图确定,在长长的思想家名单上,每一位(或任何一位)思想家的隐微教诲到底是什么。这并非这样一本概括性的作品可以企及。只有对某个时期的某位哲人进行细致的考察,才有可能确定他的隐微教诲到底是什么。我这本书并不是:揭开各个时代的隐微秘密!可以说,它只是:恢复遗忘的隐微写作意识。这够"课题"(project)了。

什么是关键所在

对于这项课题的好处,读者在还未看到证明这种古怪做法确实存在的大量证据之前,自然想先保留判断。所以,至少应该先明确这个事情本身的重要性。这是关键所在。

如果过去的大多数哲人真的都习惯性地隐匿部分最重要的观念,表面上用符合传统的意见进行掩饰,那我们最好对此心知肚明。如果他们采用隐微写作,但我们却不进行隐微阅读,那我们必定会误解他们。我们将会有系统地隔绝他们思想中最不正统、最具有原创性、解放程度最高的部分。

危害虽然已经很大,但并没有就此打住。我们不仅会误解所有这些作为个体的思想家,而且还会通过累积这种错误,形成关于思想家之间的联系、关于观念如何随着时代的发展而发展、关于西方智识史的整个运动和意义等的一系列错误观念。这种误解特别有害于现代哲学,使现代哲学内在或外在地倾向于停留在"历史理论"(theory of history)层面,亦即对哲学思想的阶段和轨迹进行解读。

但是,危害实际上还可能向前迈出关键的一步。如果我们出于这些缘由,误解了以往的哲人,又因此误解了哲学思想史,那我们最终不就是冒着巨大的危险误解人类理性本身的特点,特别是它与它所在的政治和文化环境的关系吗?我们可以通过察看理性做了什么——通过它的历史、它的失败和成就记录,而知道理性这个官能如何运作,理性又能够做什么。因此,系统性地误解理性史(history of reason)把人置于误解理解本身的巨大危险之中。

[xiv] 比如,正是这种担忧,特别地促使施特劳斯坚持不懈地致力于隐微主义问题。施特劳斯在这个问题上的论据较为复杂,让我阐述一下其中一个方面。他提出,对隐微写作的忽视,并不只是偶然让我们误解哲学史。我们可能对特定的思想家犯特定的错误,但除了这众多特定的错误之外,我们还会在解读所有思想家的过程中,一次又一次地犯一种普遍的错误。我们误以为哲人表面上的显白教诲就是真实教诲。再次,这些表面上的教诲,不管如何因人而异,都有共同之处:它们都是精心设计的结果,为的是制造一种假象——作者顺从当时最强有力的教条;如果公开质问这些教条,那就太危险了。

因此,不用隐微方法阅读隐微作者的既定习俗对学术实践的影响一目了然、不难预测。它产生了一种系统性周而复始的错误印象:目之所及,我们看到的都是这幅令人垂头丧气的景象：人类心灵（human mind）被所在时代的霸权观念所打败。甚至那些最有名的天才，比如，我们的亚里士多德和莎士比亚，虽然天赋惊人，苦苦思索，最终似乎也只不过是证实了他们那个特定"洞穴"的神话。这种事情反复出现，造成了深刻的影响，怎么说都不夸张。它构成了我们时代的智识背景那个关键、但又不可见的部分，促使晚期现代或后现代倾向于激进地批判和剥夺理性。在遗忘隐微的年代，这似乎对每个人而言都显而易见：人类心灵并不自由，相反，它完全是语境化的，被文化所束缚，由社会所决定。但是，如果真是这样的话，那我们所有的真理最终都是地方化的、偶然的、暂时的；我们的最高智慧，只不过是精心炮制的故乡优越感（hometown ethnocentrism）。

相反，有关隐微的意识却揭示出"哲学顺从"这种无处不在的表面功夫的虚假和虚伪——这种表面功夫现在看来是一种讽刺、巧妙的反抗行为。在这座保护墙后面，受它的庇护和鼓励，一座充满勇气和异议的地下秘城蓬勃发展，一个随心所欲的地下心灵酒吧茁壮成长。但是，本应庆祝这一切的我们，却不知怎地不愿意相信这一切。不过，正如一句古老的埃塞俄比亚寓言所言："伟大的老爷去世时，聪明的农夫深深地鞠躬——暗暗地放屁。"每一个被统治阶级都有其无声的反抗艺术——哲人也有。在没有暴力的地方，欺骗和保密是自由的主要载体。① 如果现代学者像狡猾的农夫那样多想一想，他们就愈加不会拒绝这个重要的真理：[xv]这个世界总是比表面上的一派奴颜婢膝

---

① 把个人自由和隐秘完全等同起来的做法一开始会对我们的直觉造成冲击，因为我们宁愿把自由同公开和透明联系起来。的确，政府的隐秘做法是对自由的威胁。但是，当我们想象个人的行为时，我们不是相当珍惜"隐私的权利"——也就是，隐秘——吗？如果我们完全是透明的，如果其他人可以轻而易举地阅读我们的信件、进入我们的邮箱、窃听我们的手机，那我们就会觉得自己的自由遭到了危险。与个体自由密切相关的是，个体的一些空间免受政府和公众的侵扰。

让人误以为的那样具有更多的自由。① 因此,人类理性的真正历史必定是一段秘史:哲学上的保密做法一旦被发现,那人类理性官能就远远不再显得像它总让我们以为的那样温顺乖巧,被特定的文化所钳制。

简而言之,对隐微主义的忽视——通过不让我们看到被隐藏的自由世界——让我们一直都忽视自己,忽视人类心灵令人震惊的力量和独立性,忽视它毋庸置疑的抵抗时空的能力。②

最后一点。如果这种哲学隐微主义传统的确是一个事实,那立马就让人看到第二个关键事实:我们长期以来无视、拒绝第一个事实。我们被迫感到好奇:我们如何能够错过如此重要、(以前)如此众所周知的东西?换句话说,到最后,在隐微主义这个问题上,同样也是关于我们自身的重大问题:这种现代世界观的特殊缺陷或偏见到底是什么,以至于我们无法看到这个如此巨大和重要的事实?

---

① 参阅斯科特(James C. Scott),《统治和反抗艺术》(*Domination and the Arts of Resistance: Hidden Transcripts*)(New Haven: Yale University Press, 1990)。这本著作的题词和主题正是文中所引用的这句埃塞俄比亚谚语。这本精彩、激动人心的作品研究了从属群体(subordinate groups)如何隐秘地维护他们的独立性。这无疑指向施特劳斯式关于哲学隐微主义的观点——作者心里应该非常清楚(或许有些不安)。"西方政治哲学在那样的政治环境中被写出来,这种政治环境不大允许含义公开透明。"(183n)

② 有些令人意想不到的是,在其最近关于莎士比亚的著作中,著名的文学批评家格林布拉特(Stephen Greenblatt)竟对这一点进行了强有力的解释。几乎没有人会否认,格林布拉特非常看重时代带给作者的种种限制。对于这一点,他可以说是绝不屈服。正如他在第一页所强调,莎士比亚"终其一生都是受制于君主的臣民,生活在言论和出版物均受到监管的严格的等级社会之中。"但是,在《莎士比亚的自由》(*Shakespeare's Freedom*, Chicago: University of Chicago, 2010)这本著作中(书名取得恰如其分),格林布拉特却证明,如果带着对莎士比亚之反讽、农民之狡猾的一些欣赏,莎士比亚实际上把自己表现为"人类自由的真正化身"(1)。这本著作的作者是新历史主义学派(New Historicist School)名副其实的奠基者,但它却才华横溢地描绘和歌颂了莎士比亚不受时代限制的自由。

随着各种现象得到研究,可以看到,(我们的)发现是有趣的,但遗忘是严重的。通过某个研究,我们探索、庆祝我们的洞察力,但通过另一个研究,我们又发现自己瞎了眼。只有通过邂逅我们无法感知(perceive)的事实,我们才能看到我们的知觉(perception)有何局限之处,从而开始缓慢地超越这些局限。

这一切看上去似乎很有意思。但是,许多人可能会反对说,长久以来被遗忘的西方哲人隐秘写作传统听上去相当稀奇古怪。它似乎并不怎么像一个被遗忘的真相,而更像是学术都市的一段传说,由极度沉溺于中世纪观念或犹太法典惯例、或渴望能够有幸进入秘密智慧之殿的学者所开启。

在这个问题上,正反双方的争论都非常激烈。但是,在所有的争议之中,有三点可以说是确定的。首先,如果隐微主义理论是真的,那它就极为重要。其次,我们现在发自肺腑地倾向于相信,这是假的。因而,最后,迫切需要重新、更为仔细地考察这个问题。

此外,对于我们这场冒险,吉星已高照。过去的几十年见证了解释学理论名副其实的爆炸。每个地方都浓墨重彩地意识到了修辞、观众、读者反应、趣味性,以及其他新的或被遗忘已久的文本解读问题。我们关于写作、阅读和出版之本质——关于思想与生活的整个关系——的所有启蒙假设,都受到了尖锐的批判。[xvi]长期以来坚不可摧的范式的崩塌释放了这个时代,使之再次与隐微主义问题相邂逅——一种更为原始的邂逅。

本著作试图通过三个方面来重新考察:首先,搜集和展示能够证明隐微主义的具体历史证据;其次,探索潜藏在这种做法之下的哲学前提的广泛背景;最后,考察潜藏在现代强烈否认存在这种做法之下的相反的前提假设。

致谢

我的朋友和同事们颇觉好奇,我竟然会写这样一本书。有些人真正地热爱隐微解读,也有隐微解读的真正天赋。但我并不是这样的人。我本能地喜欢那些直抒胸臆的作者——所说即为所指,所指即为所说。我无法忍受微妙含蓄。如果可以的话,我希望隐微写作的整个现象都消失殆尽。

不过,它不会。离奇的是,这一现象并没有受到应有的重视。特别是当我们考虑到有大量证据可以证明这一现象,且这一现象所颇为重要时,就更会觉得匪夷所思。当然,必须承认,并没有人将这些证据收集起来,摆在大家的面前,并进行相应的解释。我曾经长时间地念叨着应该有人来做这件事。但最终,我决定自己来做。不过,或许由这样的人来做更好:至少气质上同情怀疑派。

非常感谢大家对我的帮助。感谢温伯格(Jerry Weinberger)、津曼(Dick Zinman)、考茨(Steven Kautz)和莱博维茨(David Leibowitz)。在与这些好友或同事进行交流的过程中,书中的大多数观点逐渐成型并趋于成熟。他们也阅读了手稿的大部分内容,津曼和考茨阅读了整个手稿。他们提出了丰富和尖锐的评论,弥足宝贵。此外,也有其他人对我慷慨相助。他们拿出时间和专业能力,或多或少地阅读了手稿。对此,我特别地想感谢马卓安(Rafe Major)、芝加哥大学出版社负责此书的编辑裘莱内斯基(John Tryneski)、以及我的姊妹兼终身编辑梅尔泽(Sara Melzer)。另外,我的一些老朋友和老师们也不断地鼓励我、关心我,不仅给我推荐文献、查找文本,给我提供哲学和语言方面的专业帮助,还对这个课题保持了长时间的兴趣。对此,我要感谢 Robert Kraynak、Harold Ames、Clifford Orwin、Thomas Pangle、Abe Shulsky、Hillel Fradkin、Jim Nichols、Marc Plattner、Jim Ceaser、Richard Velkley、Jeremy Rabkin、Bill Kristol、Charles Fairbanks、Chris Bruel、Harvey Mansfield、Werner Dannhauser,以及已故的 Allan Bloom 和 Ernest Fortin。最后,我也想要特别地感谢 Till Kinzel 和 Sherm Garnett、David Janssens、Michael Zuckert、Catherine Zuckert、Paul Cantor、Ralph Lerner、Tom Shul、Eric Petrie、Chris Nadon、Daniel Tanguay、Chris Kelly、Tobin Craig、Fred Baumann、Steve Lenzner、Heinrich Meier、Ken Weinstein、Damon Linker、Timothy Burns、Svetozar Minkov、Forrest Nabors、Joseph Knippenberg、Paul Stern、Alex Orwin、Stewart Gardner、Brad Jackson、Anas Muwais,以及 Andrew Bibby。他们给了我同样的关心和帮助。在这里,我必须特别地提一下拉赫(Paul Rahe),他的作品——特别是他那百科全书般的《古今共和国》(*Republics Ancient and Modern*)——是隐微主义的哲学证据的重要根源。我也特别地感谢克莱(Jenny Strauss Clay)花时间和精力慷慨相助,感谢她出色的古希腊和拉丁语翻译,感谢她

寻找并解读经典文学作品中的一些段落。我也要感谢我的研究助理拜厄姆(Jack Byham)帮我处理注释和文献。当然,不用说,这些人并不各个都完全同意我所写的东西。

最深挚、最深情的感谢要给予我的爱妻什卡·达尔米亚(Shikha Dalmia)。正是从她的鼓励、建议和巧妙的"干涉"中,我明白一项无止境的研究该如何继续,期间需要怎样的勇气,最后又该如何停止。

非常感谢埃尔哈特基金会(Earhart Foundation)、国家人文基金会(National Endowment for the Humanities)、以及哈佛大学宪政政府项目(the Program on Constitutional Government)对我的资助。

第七章原题为《隐微写作的教学动机》("On the Pedagogical Motive for Esoteric Writing"),见《政治期刊》(*Journal of Politics*)2007年11月刊。第十章的部分内容先前出现在《隐微主义与对历史主义的批判》("Esotericism and the Critique of Historicism")一文中,见《美国政治科学评论》(*American Political Science Review*)2006年5月刊。第六章的部分内容可见于《理性与社会的内在张力》("On the Inherent Tension between Reason and Society"),载于《理性、信仰和政治:纪念丹豪泽论文集》(*Reason, Faith, and Politics: Essays in Honor of Werner J. Dannhauser*, ed. Arthur M. Melzer and Robert P. Kraynak, Lanham, MD: Lexington Books, 2008)。

绪论

什么是哲学隐微主义？*

据说，斯库西亚的阿纳卡西斯（Anacharsis the Scythian）（公元前六世纪的哲学家）睡觉之时，用左手遮住自己的私密部位，用右手遮住自己的嘴巴。他以此暗示，人应该控制这两个地方，但控制舌头胜于控制情欲。

——亚历山大的克雷芒，《杂记》（*Stromata*）

---

* ［译注］在中文语境中，"esotericism"一般被译为"隐微论"。这里将"esotericism"译为"隐微主义"或"隐微"。

[1]被遗忘的土地,比如,不除草的花园,会变得有些荒芜。因此,在本书的一开始,就有必要极为精确地论述此书所要论证的观点。"哲学隐微主义"(philosophical esotericism)需要同围绕在它周围的众多相关现象区别开来;然后,其内部的分支或变体需要加以清楚地说明。

一般说来,"隐微的"(esoteric)经常被用作"晦涩的"(recondite)或"深奥的"(abstruse)这两个词的同义词,来简单地指任何因其内在的难度、深度或特别之处,而超越了大多数人理解水平的知识。比如,量子力学。但是,从更严格的意义上说——这是本书的目标所在——它指一些因为有所隐藏或隐秘之处而难以理解的东西。这个术语源于古希腊的 *esoterikos* 一词。*esoterikos* 是指内部的(inner)或内在的(internal)。一位隐微作家或一部隐微作品大抵涉及到以下特征:首先,[2]通过一些间接或隐秘的交流方式向一群被选中之人传达某些真理——"隐微的"教诲;其次,同时向大多数人保留或隐藏这些真理;第三(这种特征较为普遍,但严格地说又并不一定必要),为了第二类人,即大多数人之故,传播一种假教义(fictional doctrine)——"公开的"教诲,以此来取代被保留的真教义。

从这种意义上来理解这一术语就可以发现,如今以及几个世纪以来,众多运动一直都在突出强调历史悠久的西方"隐微"传统。其中,最为突出的是各种形式的神秘主义(mysticism):通神论(Theosophy)、诺斯替主义(Gnosticism)、赫尔默主义(Hermeticism)、蔷薇十字主义(Rosicrucianism)、卡巴拉教义(Kabbalah)、新柏拉图主义(Neo-platonism),以及新毕达哥拉斯主义(Neo-Pythagoreanism)等。所有的这些运动都以这样或那样的方式认为,存在一种单一、隐秘的"隐微知识",它具有神秘或隐秘本质,把各个时代的隐微思想家们都连结在了一起。

上世纪30年代晚期开始著书立说隐微时,施特劳斯就清晰地意识到,只有在神秘主义传统之中,才保留了对这一现象的完整记忆或鲜活意识。正如施特劳斯所言,在当今年代,(隐微)"这一现象"是以"神秘主义"①之名加以讨论的——虽然施特劳斯和其他学者作出了努力,但这一说法至今仍然基本成立。如果有人在国会图书馆上网搜索"隐微主义"(esotericism),跳出来的结果大多是关于"通神论"(Theosophy)。

但是,隐微主义的神秘主义版本只是隐微这个较大范围现象的冰山一角。隐微做法实际上可见于整个西方哲学传统主流、以及文学和神学传统主流之中。这种较大范围的现象,即为施特劳斯重新发现的隐微(现象)。②

---

① 施特劳斯,《迫害与写作艺术》(Persecution and the Art of Writing), Glencoe, IL: Free Press, 1952, 111n46.

② 如今,意识到——甚至公开并心甘情愿地承认——隐微传统的神秘主义部分,或许在某种程度上有助于人们在长时间遗忘隐微现象之后,重拾关于隐微现象的记忆。但是,与此同时,这样的承认也促使当代人拒绝较为完整意义上的隐微主义。通过把隐微和神秘等同起来,在很多学者眼里,隐微主义似乎就是一种迷信和孩子气的做法,没有哪位严肃的哲学家愿意参与其中。这使得隐微现象被边缘化,也成为千夫所指,众矢之的。

(转下页)

从这种较大意义上而言,隐微主义并不是指,存在一种单一的"隐微哲学",它将所有真正的隐微主义者联系了起来(这是从神秘主义意义上而言)。在这里,"隐微的"并不表示某种特殊形式的隐秘或神秘知识,而只是一种隐秘的交流方式——不是某套信念,而是一种做法,一种部分透露、又部分隐藏自己内心信念的做法,不管这些信念具体为何。它不是一种哲学教义,而是一种修辞方式,一种写作艺术(虽然"必须采用这种修辞方式"的观念在各哲学观中根深蒂固——这一点,我会在后面进行大致地说明)。

从这种更广泛的意义上说,隐微作家之间自然就比从神秘主义的意义上而言更加地不同于彼此:他们都会采用一种隐秘的交流方式,但他们代表不同的哲学教义,他们[3]被不同的动机和目的所推动,同时也采用不同的隐微技巧和策略。

此外,在哲学隐微主义的子范畴(我们此处的兴趣所在)中,也存在着重要的差异和不同。引起这些差异的主要根源,可以从刚刚所提及的更广泛意义上的哲学观念中找到。哲学隐微

(接上页注②)或许可能是因为这种情况,施特劳斯更喜欢说"显白"(exotericism),而不是"隐微"(esotericism)。在施特劳斯的用法中,一本书若包含一种外在的、"显白的"教诲,同时在这种显白教诲下面又藏有一种隐秘的、"隐微的"教诲,那它应该被称为"显白之书"(而不是"隐微之书")。一本"隐微之书"应该相对公开地(永不彻底公开地)呈现隐秘教诲(参阅 Strauss, *Persecution*, 111, 111n45, 以及 *What is Political Philosophy? and Other Studies* [Glencoe, IL: Free Press, 1959, 273])。由于这一说法有点困惑,我就回到更一般的用法,把一本既含有表层教诲又含有隐藏教诲的书称为"隐微"之作。

谈到术语,还有一点不得不说,那就是,"隐微的"和"显白的"这两个术语并不含有什么本质性或普遍性的东西。隐微作品在不同的时代和地点有多种不同的叫法,包括寓言文学(Aesopian literature)、秘传作品(acroatic or acroamatic writings)、双重教义(double doctrine)、二元教义(twofold doctrine)、二元哲学(twofold philosophy)、善意的欺骗(pious frauds)、高贵的谎言(noble lies)、有疗效的谎言(medicinal lies)、真理经济(economy of truth)、秘传教规(disciplina arcani)、秘密学科(discipline of the secret)、成谜之作(enigmatical writing)、自卫性嘲笑(defensive raillery)等等。

主义虽然并不是一种神秘现象,但它同样不只是一种文学或修辞现象——不仅仅是一种被用于处理某个偶然、实际性问题(比如迫害)的技巧。带着几种不同的形式,它源于基本、永久的哲学问题:理论与实践,特别是与这些关系相关的问题:哲学理性主义与政治群体的关系,或"两种生活方式",即沉思生活(vita contemplativa)和行动生活(vita activa)的关系。这两者在根本上和谐一致,还是互相敌对?(前者本质上是启蒙观念,后者是占主导地位的古典观念。)显然,一位思想家在这个哲学问题上的立场,会在很大程度上决定他对写作方式的态度——他如何看待这两个问题:公开地交流哲学思想的真正目的是什么,以及公开地交流哲学思想的恰当(修辞)方式是什么。

在著书立说的过程中,启蒙期间以及之后的大多数思想家基本上受如下信念之驱使:哲学只要加以合适地传播,就可以按照自己的意象重新改造现实世界。也就是说,哲学可以借理性为政治世界带去和谐。基于这种致力于和谐的动机和假设,他们常常出于两个理由而采用某种形式的隐微主义(其中的隐藏或掩饰相对不那么严格):部分作为一种宣传修辞(propagandistic rhetoric)来帮助他们实现雄心勃勃的政治和宗教改革计划;部分作为一种自卫手段(defensive expedient)来保护他们免受这些革命性计划必定会带来的暂时性迫害。

但是,古典和中世纪的思想家们却正好相反。他们常常实践一种更为隐藏、更加彻底的隐微主义——完全意义上的隐微主义。这是因为,促使他们采取隐微做法的,并不是这样的希望,即哲学理性主义可以启蒙并改革政治世界,而是这样的担忧,即理性主义一旦得到公开的传播,便会不可避免地通过推翻政治世界的必要神话和传统而危害这个世界。他们也因担心受到迫害而这么做——哲学一旦危害政治世界,哲人便自然会受到迫害。他们出版哲学书籍的目的,主要并不在于政治计划(这是启蒙思想家的目的),而在于教书育人。这些教育性目的,又反之给予他们采取隐微做法的教学动机:文本迷雾重重,呈现的是各种暗示,[4]而不是答案。这与苏格拉底式教学方法极为相近——它推动读者去思考,去自己发现答案。

这样一来,我们就可以区分四种主要的哲学隐微主义。用更潮流的解析法来说,一位哲学作家故意花心思隐藏他或她的真正含义,要么是为了避免一些坏处,要么是为了获得一些好处。这些所要避免的坏处本质上分为两种:要么是一些危害,社会可能给作者造成的危害(迫害),或作者可能给社会造成的危害("危险的真相"),或两者兼有。避免这两种危害的努力,我将分别称之为自卫性(defensive)隐微主义和保护性(protective)隐微主义。

当然,为了避免写作带来的各种危害,最简单的方式莫过于避免写作本身。但是,如果哲学家们依然选择出版哲学书籍,而不管这些极大的危险,那就是为了一些好处。好处主要也有两种:一般意义上社会的政治(文化、智识、宗教)改革,或少数富有才华之人的哲学教育(或两者兼有)。就这两个正面目的而言,每一个都需要一种巧妙的修辞——用于宣传,或用于教育。这,我将称之为政治性(political)隐微主义和教学性(pedagogical)隐微主义。

每一位思想家之间,不仅进行隐微式隐藏的动机彼此不同,其基本形式也各有千秋。比如,一位哲学家或许可能会一个字都不写,只传授口头教诲,公开场合说一套,对那些刚入门的门徒则说另一套——很多人认为,毕达哥拉斯(Pythagoras)就是这么做的。这样的哲学家或许把自己的真实观点禁闭在口头教诲之中,著书立作时却阐释有益于社会的公开、显白教义。他可能会为了不同的读者写作两套不同的作品,一套是显白的,另一套是隐微的(虽然他不敢将隐微写作完全公之于众,因为书本极易传播)。或者,他的写作含有多个层次,显白的教诲显现于表面,隐微的教诲隐藏于"字里行间"(间接地表达在各种暗示和含沙射影之中)。

下面的主要焦点将是多层次写作,它似乎是隐微主义最为流行的形式。当然,所有可能的形式都应该谨记于心。①

隐微主义也在程度上变化多端。在一些情况下,显白教义或许只是隐微教义的通俗版本或净化版本。在另一些情况下,显白教义可能与隐微教义大为不同,甚至截然对立。同样地,有

---

① 对这些不同可能性的一些讨论,参阅 Miriam Galston, *Politics and Excellence: The Political Philosophy of Alfarabi* (Princeton, NJ: Princeton University Press, 1990), 22-43; Frederick J. Crosson, "Esoteric versus Latent Teaching," *Review of Metaphysics* 59, no. 1 (September 2005): 73-94; 以及 Paul J. Bagley, "On the Practice of Esotericism," *Journal of the History of Ideas* 53, no. 2 (April-June 1992): 231-47. 人们可以对我的用法表示异议,只为这些形式中的某一种形式,比如,多层次写作,保留"隐微主义"(esotericism)这个术语。这个问题至今还未解决,因为这个术语并没有一个确切的、被广泛认可的定义。因此,我们可以用最有助于我们实现各自目的的方式自由地定义我们的术语,只要我们解释清楚就可以。我对隐微主义(esotericism)的定义非常广泛,直至包括思想传递过程中的每一种隐秘方式,因为从我们作为读者的角度来说,这在我看来似乎是最有用的。毕竟,拿起早期哲学家的作品时,我们需要知道的最根本的东西是:我们应该带着自由开放的心态接近这些作品,假定这些作品的作者像当代的哲学家一样,尽自己最大的可能清楚地表达了心中的思想?还是应该用一种完全不同的心态来看待这些思想家,用一种怀疑的解释学时刻记住这样的可能——由于这样或那样的原因,以及通过这样或那样的技巧——他们并没有将自己全部的思考公之于众,也没有思考自己的全部论述?从这个基本的实际问题出发,似乎在隐微和非隐微作品之间划上一条线是最有用的,而这我已经做了。

但是,正如我一直强调的那样,人们仍然需要知道隐微主义可以采取的不同形式。此外,这些形式不仅各有千秋,其隐微程度亦有所差异。比如,启蒙政治隐微主义——较小的隐秘性,更多的短暂性或过渡性,动机较为狭隘,可以说并不如古典隐微主义一般具有彻底的隐微性。古典隐微主义更隐秘,更恒久。它与哲学具有本质联系,目的也更为宽广。古典隐微主义结合了自卫性、保护性和教学性动机。因此,在对隐微主义进行广泛定义之际,我也将表明,古典隐微主义是最彻底的隐微主义。

一些隐微作家会保留或隐藏部分的真理（视情况而定），但不会说任何与之相反的东西。他们不会透露"全部的真理"，但他们透露的"只是真理"(nothing but the truth)。换句话说，它们将是隐微的，但不是显白的。[5]其他的作家则既隐藏真理，又呈现假话或"高贵的谎言"，似乎这些假话或谎言是真的。

尽管隐微主义的具体内容、动机、形式、以及程度各不相同，但某种形式的隐微主义却惊人地保持不变。如今，几乎所有的学者都愿意承认，处处都可以找到一两位参与隐微写作的哲人。不承认这点几乎不可能，因为正如接下来可以发现的那样，哲学传统中隐微写作的证据是如此地普遍，以至于几乎没有一个地方，一位学者经过一番挖掘之后，最终无法挖掘出一些可以证明这种实践的零碎证据。但是，回应这种发现的典型方式，却是宣称隐微主义是一种"真实，但不常见、不典型"的怪异做法，它"时不时地从反常的环境中冒出来"。这样一来，我们往往在承认这种做法之际就拒绝了它。这是我们否定这一真实现象最为普遍的方式。

重复一下，这真实的现象，这曾经众所周知、如今却被遗忘的观念，是这样的：在历史上的大多数时期，哲学隐微主义并不是奇特的例外——它是规则。它几乎长久地伴随着哲学生活，如影跟随。此外，它曾经也具有相对普遍性，因为它不是随着偶然或反常情况的出现而出现。它源自哲学本身在与实践世界的关系之中所具有的固有、永久特征——源自"理论与实践"这个问题。

无论如何，这是本著作的观点所在。问题在于：这是一个古怪的神话，还是一个莫名其妙被遗忘的真相？

如何证明隐微主义存在

以一种对大多数学者而言具有说服力的方式来证明哲学隐微主义的真实性的确是一项艰巨的任务。至少从两个方面来看如此。首先,作为一项隐秘的活动,隐微显然就其本质而言与公开、清晰水火不容。大多数关于隐微主义的证据很有可能极度地不清不楚,因而要求研究者具有高度的敏感和聪慧之处,能够与隐微作品产生共鸣。其次,作为一项隐秘的活动——同时也是一项不常见、难以捉摸、精英主义式的活动,它并没有让如今大多数人引起必要的情感,甚至与此完全相反。因此,它要得到人们公平、富有好感的倾听——这是它特别需要的,还需经历一段特别艰辛的时期。

[6]考虑到这些困难,特别是证据的不确定性,我们显然需要仔细地讨论隐微主义这个问题,一次一位哲学家,以便证明隐微主义存在的证据可以被尽可能严密地筛选出来,被放到历史情境之中,通过与二手文献的对话而得到评价。这样的工作现在已经展开,且正在成为现实,虽然进展缓慢。①

但是,"一次一位哲学家"这样的解读方法虽然必要,却有不可避免的不足之处。它需要用相反的方法进行引导和补充:把隐微主义这种现象作为一个整体进行呈现,扫荡式地呈现它全部的理论和历史。这正是我在这里所尝试做的。这是因为,就某位特定哲人而言的证据总是模棱两可的——如果仅仅考察这位思想家的作品本身,不管考察地多么仔细。但是,如果把这位哲人作品中的隐微证据同其他思想家作品中的相似证据联系

---

① 参阅第九章最后一个部分提到的关于这部分内容的推荐读本。

起来,就可以得到新的维度和范围。有些东西在单个作品的层次上看不到,在大格局中却可以看出来。①

此外,这种更加概要性的视角可以让人看到隐微做法经历了怎样的变化,又保持了哪些永久、根本的东西——它潜在的基础和统一。最后,认识到这一点也很重要:一个人在隐微问题上的判断,最终并不是孤立的;它与更大的世界观紧密相连,与有关哲学真理、政治生活、以及人与人之间的沟通交流这三者之本质的深层次假设(deep assumptions)密不可分。因此,一个有力的隐微案例,最终需要更大范围的哲学论述,它们能够阐述这些深层次假设。这需要库恩的范式转移之类的东西。

在尝试这种更为综合的方法的过程中,我运用了三种主要的证据或论据。首先,在经验层面上,我清晰地呈现了"证词证据"(testimonial evidence):成百上千来自每个历史时期的哲学家们的声明和陈述,它们公开声明使用了隐微写作——要么在他们自己的作品中,要么在其他人的作品中。这大量的经验证据构成了以下论证的基础。

其次,在哲学层面上,我试图解释这一令人吃惊的证据:何种原因竟可以使身处不同年代和地点的众多哲人都参与这种如此奇怪的行动?我探索了引发所有不同形式的哲学隐微主义的永恒问题——思想与人生(thought and life)、哲学与社会、理论

---

① 当然,也有可能在这两种方法之外,选择处于这两种方法之间的一种道路,聚焦于某段历史时期内隐微主义的历史。这样的工作同样也在进行。特别好的例子,可参阅 Moshe Halbertal, *Concealment and Revelation: Esotericism in Jewish Thought and Its Philosophical Implications*, trans. Jackie Feldman (Princeton, NJ: Princeton University Press, 2007). 也可参阅 Edward Muir, *The Culture Wars of the Late Renaissance: Skeptics, Libertines, and Opera* (Cambridge, MA: Harvard University Press, 2007), 以及 Perez Zagorin, *Ways of Lying: Dissimulation, Persecution, and Conformity in Early Modern Europe* (Cambridge, MA: Harvard University Press, 1990).

与实践之间一直存在的根本紧张和矛盾。

但是,第三个层面的分析是因为那另一个历史事实——从中,我们开始:我们对隐微主义的遗忘。这个不同寻常的事件[7]有力地证明了上面提出的一点:现代世界观不知怎地对隐微深恶痛绝,前两个层面所呈现的事实和解释并不能轻易地将之驱散。因此,有必要在另一层面——或许可以称之为"自知层面"(self-knowledge level),把我们的注意力转回到我们自身,尝试鉴定、阐释、并克服引起这种文化抵抗的缘由。

在接下来的内容中,第一章、第三章和第四章展示了上述三种不同层面的证据或论据。(第二章是一个简单的插曲,它通过两个关于隐微写作和阅读的简短例子进行了补充说明——这也使得所谈论的隐微现象更加具体形象)但是,这三章仍然停留在较为抽象的层面。这是因为,为了在开始部分避免不必要的复杂性,它们从整体上对哲学隐微主义进行了论述,并没有把哲学隐微主义划分为几种不同的变体。第五章至第八章从这一抽象分析出发,上升为对四种不同形式的隐微主义,即自卫性、保护性、教学性、以及政治性隐微主义的考察。这些章节的描述和证据——包含三个层面的论证——将会更加细致和具体。

第九章和第十章从这样的假定出发,即一些读者会发现,这些证明隐微主义属实的论据令人信服,继续勾勒出相应的结果。如果哲学隐微主义传统是真的,那会有什么结果?第九章通过提供隐微阅读艺术方面的一些入门指导来阐述实践结果。这样也有助于给出一幅关于隐微主义的更具体图景,展示隐微做法到底是怎么样的,又如何起功效。

第十章从重现隐微主义的实践结果转向哲学结果。这一章运用列奥·施特劳斯的思想,探讨重现隐微主义(如果正确的话)如何以重要的方式改变了哲学的整个景象。尤其是,这一章展现了这一重新发现如何使得——在施特劳斯看来——重新对理性或哲学理性主义进行辩护,抵御强大的现代势力(它们威胁要削弱哲学理性主义),特别是激进的历史主义成为可能。

毫无疑问,这部作品带来了不受欢迎的消息。如果它的确是真的,即在历史上的大多数时期,这种奇怪的隐微做法的确是一种广泛、重要的现象,正如这里所声称的那样,那么,这就把一系列新的问题摆在了学界面前。此外,如果这是真的,我们最好习惯它。

但这毕竟也有好的一面。一块名副其实的消失之地在这个时代被重新发现。出于所有人的意料,在我们这个精疲力竭、看上去都是后现代主义者的世界,一块全新的边疆突然横亘在了我们面前。[8]这是一块几乎未被触及的研究领域,那些雄心勃勃的人可以在此作出很多开创性的工作。大问题需要被重新提出:哲学真理与政治生活的关系,哲学出版的目的,观念在历史中的作用,哲学教育的真正特征,现代"进步哲学"被遗忘的前提,以及许多其他重要问题等。西方哲学思想的整个进程并没有像我们长久以来所认为的那样众所周知,一清二楚。在它传统的外表下面,是更加大胆、原始和鲜活的内核。

"听;隔壁是一个极好的宇宙:走吧。"

——卡明斯(E. E. Cummings)

第一部分

证明哲学隐微主义属实的
一般证据和论据

第一章

证明隐微主义的证词证据

> 这个世界尽是显而易见的东西,
> 几乎不曾有人观察过它们。
>
> ——福尔摩斯

如果西方历史上的确存在一种历史悠久、现被遗忘的传统——哲学隐微主义，那我们如何能够证明这种传统？又如何能够了解这种传统？

　　如果哲人们自己就告诉了我们这一切，那就最好不过了。他们也的确这么做了。这是因为，在隐微现象中，隐秘的东西必定是被隐藏起来的教义的内容，不是教义被隐藏起来这一事实本身。出于各种各样的原因，一位哲人可能会说出另一位哲人的隐微做法。有时候，一位哲人也有可能说出自己的隐微做法。当然，这并不是很常见。哲人这么做可能事出有因。比如，当有人批评他的著作存在问题或矛盾重重的时候，他借此向这些批评者解释，那些错误并不是偶然；或者，他是为了鼓励读者阅读得更加仔细，如果可以的话，找到其中的隐秘教诲；或者，他是为了给读者提供一些小小的指示，指引读者阅读他的著作。当然，这一切也可以被审查人员尽收眼底——但并不一定会促使他们证明任何东西。此外，在复杂多变或宽容大度的时代，承认隐微做法甚至可能让统治阶级感到安心，[12]因为这公开地表明了两点：作者服从统治阶级的权威，作者承诺把有可能被误解或具有道德败坏作用的东西隐藏起来，不透露给易受影响的大众。

简言之,"公开地说出秘密"这件事并不一定自相矛盾。

因此,绝对有可能从哲学上证明隐微主义。问题只在于:它是否真的存在——除一些特殊情况之外?如果有人下定决心要寻找它,那他很容易就可以把它找到。在每个时期和每个流派的思想中,都可以找到成百上千句这样的陈述(statements),证明隐微主义属实。

如果把所有的陈述都一一引用,那读起来就相当地冗长乏味。因此,在这里,我将只展示一小部分富有代表性的例子。它们覆盖了 1800 年之前的西方哲学思想,大概有 30 多页。更多陈述可见于下面几章的论证中。在一份网上的附录①中,我完整地列出了迄今为止我所能够找到的所有证据,并按时间顺序进行了汇编。虽然这份汇编并没有列举所有的例子,但它长达 75 页,几乎涵括了从荷马到尼采的每一位主要思想家。他们要么提供了证明隐微现象的证据,要么与隐微现象相关(或两者兼有)。

当然,与结合了具体情境的引用相比,这种没有上下文的引用明显缺少学术完整性和说服力。由于只是为了列举证据,所以我并不会对四种不同的隐微写作进行区分,也不会对隐微写作的不同动机进行区分(虽然我的确选择了其中一个例子——亚里士多德——来较完整地讨论这个问题)。这些不足将会在第五至第八章进行弥补(至于进行弥补的程度,只是这样的综合性著作可能达到的程度)。届时,我会对此进行更具体、更富有针对性的阐释。

但此时此刻,我依靠纯粹的数字力量。一处缺少上下文的

---

① http://www.press.uchicago.edu/sites/melzer/。[译注]原文中,这一网址放在正文中。为了译文的流畅,这里将它放在注释中。

引用缺少说服力；但是，如果它后面又紧跟另一处引用，后面再紧跟另一处引用，且所有的引用都说明相同的一点，那说服力就可以不断地得到累积。这样的方式同样也具有追溯力（retrospective）：整体（the whole）所具有的确定性（solidity），给予每一组成部分以新的可能性。再看这些证据，我们就更不情愿对每一段陈述进行表面上的判断。众多小点一旦连结起来就强大无比。

那么，就让我们考虑这些证据。之后，我们将会提问，这证明了什么，又没有证明什么。

证词证据调查

或许，开始我们这项调查——谁公开承认隐微主义——最平常的方式，是像任何学生那样：让我们查找[13]它在百科全书中的解释。人们希望从百科全书中找到的，不是某个思想家不同寻常或晦涩的思考，而是更大范围的群体，甚至是一个社会所持有的常识。但是，如果求助于当今的百科全书，或一个世纪前的百科全书，那就看不到多少关于隐微写作的东西，甚至一点都看不到。这是一个大遗忘时期。

但是，如果追溯到 1750 年左右，回到另一本有名的百科全书——由狄德罗（Diderot）和其他法国启蒙运动先驱所编写的《百科全书》（Encyclopedia），情形就突然变得完全不同。在这本富有影响力的著作中——这本书是启蒙运动的核心所在，不下于 28 条条目提到了隐微主义（这些条目由多位作者所编写）。其中，有一条是专门针对隐微主义这个主题。这一条目的标题就是"显白的和隐微的"。前面已经引用了这条条目，它的论点是"古代的哲人具有双重教义;一种是外在的,公开的,或显白的;另一种是内在的,隐秘的,或隐微的。"①更重要的是,这一条目的作者塞缪尔·福尔梅(Samuel Formey)似乎觉得,没有必要例举可以证明这一论断的证据——他也的确没有花心思这么做。他认为这是没有异议的,这是常识——确实也是。如果有人翻开《法兰西学院词典》(*Dictionary of the Academy Française*,第五版,1798),就可以在"显白的"这个词下面发现一个简单的定义:"外在的,公开的";后面还有一个简单的句子来解释如何使用这个术语。这个例句是这样的:"古代哲人的显白教义。"

如果我们继续往回看,就可以看到更多证明隐微主义是一种常识的证据。在英国,我们找到了一篇明确处理隐微主义这一主题的短论文,大概有 25 页。它比《百科全书》早十年,收录于威廉·沃伯顿主教(Bishop William Warburton)批判自然神论的著名作品《摩西的神圣使命被证实》(*Divine Legation of Moses Demonstrated*, 1738)之中。沃伯顿详细地提出:"古代圣人的确说的是一个东西,想的却是另一个东西。这源于古希腊哲学中的普遍做法,即两面教义;外在和内在的教义;通俗的教义和隐

---

① 塞缪尔·福尔梅(Samuel Formey),"显白的和隐微的"("Exoterique & Esoterique"),选自《百科全书》(*Encyclopédie, ou dictionnaire raisonné des sciences, des arts et des métiers, etc.*), ed. Denis Diderot and Jean le Rond d'Alembert, University of Chicago ARTFL Encyclopédie Project(Spring 2013 edition), ed. Robert Morrissey, http://encyclopedie.uchicago.edu, 由我本人翻译(强调如原文所示)。在"Aius-Locutius, god of speech," "Ame," "Aristotelisme," "Asiatiques," "Augures," "Cabale," "Casuiste," "Celtes," "Divination," "Egyptiens," "Eléatiques," "Encyclopédie," "Grecs," "Hébraique," "Idole, idolâtre, idolâtrie," "Indiens," "Ioniques," "Japonais," "Juifs," "Lettrés," "Philosophie," "Platonisme," "Pythagorisme," "Samanéen" 和 "Xenxus" 条目下,也提到或使用了这种区分。

秘的教义。"① 由于这篇文章早已埋没在历史之中,因而如今看来,沃伯顿的作品中出现这一陈述(确切地说是这篇冗长的专题论文)似乎也没什么特别。但是,我们不要忘了:这本书是18世纪最有影响力、被广泛阅读的著作之一。②

比这再早20年,约翰·托兰德(John Toland)出版了一本隐微主义大全(托兰德是重要的英国自然神论者,也是洛克的好友)。这是一本简短的著作,但却拥有极长的标题:掌管钥匙的人,或显白和隐微哲学;即,古代人的外部和内部教义:一是[14]公开、公然的教义,顺应大众的偏见和法律所定的宗教;另一是非公开、隐秘的教义,顺应少数有能力者和远离大众者,传授去除了一切伪装的真正真理(*Clidophorus, or, of the Exoteric and Esoteric Philosophy; that is, Of the External and Internal Doctrine of the Ancients: The one open and public, accommodated to popular prejudices and the Religions established by Law; the other private and secret, wherein, to the few capable and discrete, was taught the real Truth stripped of all disguises*, 1720)。根据托兰德,隐微主义"曾是古代所有哲人的惯用做法。"③

再早一些,在德国,我们发现哲人莱布尼茨说了同样的话:"古代人区别了'显白的'(或大众化的)和'隐微的'解释方式,

---

① 沃伯顿(William Warburton),《摩西的神圣使命被证实》(*The Divine Legation of Moses Demonstrated, in Nine Books*),选自《沃伯顿主教作品集》(*The Works of the Right Reverend William Warburton, Lord Bishop of Gloucester, in Seven Volumes*)第二卷,London:Nichols & Cadell, 1788, 3.2.14.

② 吉本(Edward Gibbon)深受沃伯顿(William Warburton)的影响。吉本声称"他控制了文学的独裁者和暴君。"引自埃文斯(A. W. Evans)的《沃伯顿和沃伯顿派》(*Warburton and the Warburtonians: A Study in Some Eighteenth-Century Controversies*), London:Oxford University Press, H. Milford, 1932, 1.

③ 托兰德(John Toland),《掌管钥匙的人》(*Clidophorus*),London:J. Brotherton & W. Meadows, 1720, 69.

后者适合于那些真正想要发现真理之人"(1704)。①

还要再早一些,皮埃尔·贝尔(Pierre Bayle)的百科全书式著作《历史与批判词典》(*Historical and Critical Dictionary*, 1695-97)提出了同样的论断。在论述亚里士多德的条目中,他说道:"古代大师们(即哲学家们)基于充分的理由发展了他们的方法。他们有针对一般大众的教义,也有针对刚入神秘之门的门徒们的教义。"②

大概在同一时期(1692年),深受牛顿赏识的英国宇宙学和神学思想家托马斯·伯内特(Thomas Burnet)出版了著作《古代万物起源论》(*Archæologiæ philosophicæ*)。其中,他评论道:

> 众所周知,古代的智者和哲人很少详尽地阐释赤裸裸、公开的真理;而是用多重方式进行遮盖或掩饰;这包括运用象征、象形文字、隐喻、符号、寓言、比喻、流行话语等等。这个我就粗略地提一下,因为众人皆知。③

最后,1605年,弗朗西斯·培根(Francis Bacon)用不同的话

---

① 莱布尼茨(G. W. Leibniz),《人类理解新论》(*New Essays on Human Understanding*), trans. Peter Remnant & Jonathan Bennett (Cambridge: Cambridge University Press, 1981), 260.

② 贝尔(Pierre Bayle),《亚里士多德》("Aristote"),选自《历史批判词典》(*Dictionnaire historique et critique*), 5th ed. Amsterdam: P. Brunel, 1740, 1:329.

③ 伯内特(Thomas Burnet),《古代万物起源论》(*Archæologiæ Philosophicæ or, the Ancient Doctrine Concerning the Original of Things*),用拉丁语写成。该作品后面附录了伯内特的另一作品《伯内特论可见世界》(*Dr Burnet's Theory of the Visible World*),作为《古代万物起源论》的第二部分。在这第二部分,伯内特对自己的地球理论(*Theory of the Earth*)进行了评论。后来,《古代万物起源论》被翻译成英文版本,London: J. Fisher, 1736, 67(此处加了强调)。最初由伦敦的 Gualt 出版公司出版于1692年。

语表达了相同的观点。他提出,古代人使用两种不同的写作方式,"谜一般的(enigmatical)和显露的(disclosed)"写作方式。"(在谜一般的写作中)掩饰是为了不让庸俗之才获得知识的奥秘,而把它们留给那些经过挑选的听课生,或那些拥有刺穿面纱之力的能人。"①

总之,我们可以清楚地看到,所有这些早期现代作者——横跨三个世纪,长达150年之久——都认为,几乎所有古代哲人和哲学的诗人(philosophic poets)都实践隐微主义。这些早期现代作者似乎也一致认为,这个事实众所周知。但是,他们如何看待现代哲人?毕竟,补充说明现代哲人的情况可以使证据更加可靠。与当时的惯例一致,大多数作者对与自己生活在同时代的思想家保持了谨慎的沉默。但是,托兰德打破了这种沉默。在《掌管钥匙的人》(Clidophorus)一书接近尾声的时候,他提出:"我曾经多次提示,外在的和内在的教义现在仍然同往常一样被使用着。"在另一本著作中,他重复了这样的观点,即隐微主义[15]"不仅仅被古代人所使用;为了宣布真理,它更多的是被现代人所使用,尽管现代人声称他们并不怎么被允许这么做。"②

比如,根据莱布尼茨:

> 笛卡尔心中谨记不要(像霍布斯那样)说的那么清楚。但是,在不经意之间,他却不禁流露出了自己的意见。当然,由于使用那些特殊的言辞,他只能被那些

---

① 培根(Francis Bacon),《学术的进展》(*The Advancement of Learning*), ed. G. W. Kitchin, Philadelphia: Paul Dry Books, 2001, 132-33 (2.17.5).
② 托兰德,《掌管钥匙的人》(*Clidophorus*), 94; 托兰德,《泛神论要义》(*Pantheisticon*), London: Sam Patterson, 1751, 99(此处加了强调).

深刻挖掘这些主题的人所理解。①

托兰德曾经断言,几乎所有现代思想家(古代人亦如此)都普遍使用隐微主义。狄德罗写于1773年的一封重要书信基本上支持这一论断。下面会偶尔引用这封信的内容。这封信是狄德罗写给弗朗索瓦·赫姆斯特豪斯(François Hemsterhuis)的。赫姆斯特豪斯是荷兰的一个二三流作者。狄德罗刚读过他的著作——显然使用了隐微克制之法来避免迫害:

> 在一些不宽容的国度,思想家们把真理隐藏起来,用小丑服遮盖哲学。你就是一个活生生的例子。这样一来,后人就会因为不知道其中的原委,而被作品中的矛盾所震惊。他们也不会知道如何辨别以往思想家们的真正想法。
>
> 优莫丕达人(Eumopides,希腊大祭司)让亚里士多德改变了观点,不仅让亚里士多德承认他们的观点,还拒绝终极原因。
>
> 布丰(Buffon,18世纪的法国自然主义者)信奉唯物主义者的所有原则;但在其他地方,他却提出了完全相反的观点。
>
> 伏尔泰身上有些东西也不得不说。他对洛克说物质可以思考,但却对托兰德说世界是永恒的,对廷德尔

---

① 莱布尼茨(G. W. Leibniz), *Sämtliche Schriften und Briefe*, ed. Preussische Akademie der Wissenschaften, (Darmstadt and Leipzig, 1923-54), 2.1:506, 肯宁通(Richard Kennington)直接引用并翻译,参阅《论现代起源》(*On Modern Origins: Essays in Early Modern Philosophy*), ed. Pamela Kraus and Frank Hunt, Lanham, MD: Lexington Books, 2004, 197.

(Matthew Tindal)说自由是一头山羊(即,三种非宗教的观点)。可是他却承认一位赏罚分明的上帝?他是否前后矛盾?或者,他是否害怕索邦(教堂)的神学家?

至于我,则通过我可以找到的最巧妙的反讽实现了自救,通过概述,通过简练,通过晦涩。

我知道,只有一位现代作者把话说的清清楚楚,不兜圈子;但他几乎是个无名之辈。①

在这封特别的书信中,处于启蒙运动"文字共和国"(republic of letters)正中心的狄德罗实际上就是宣布,除了一位作者之外(他指的是霍尔巴赫[Holbach],这人差不多是一位无神论者和唯物主义者),他所知道的所有现代思想家都[16]进行隐微写作——包括他自己。此外,凭着非凡的先见之明,他预测到,对于未来的读者而言,由于他们所生活的世界已经克服了不宽容和迫害,因而看到以往思想家们笔下有点奇怪的矛盾和兜圈子的地方,他们将不再能够理解其中的原委,因而"将会不知道如何辨别他们的真正想法。"简言之,他准确地预测到了智识"灾祸",预测到了对隐微的遗忘,也就是歌德在1811年时开始觉察到,如今又深深地吸引了我们注意力的遗忘现象。这一封信包含了此书的大部分观点。

在《人类精神进步史纲要》(Sketch for a Historical Picture of the Progress of the Human Mind)中,孔多赛(Condorcet)亦用较多的篇幅描述了现代及古代都普遍存在隐微现象的事实。正如我

---

① 狄德罗于1773年夏天写给赫姆斯特豪斯(François Hemsterhuis),选自《通信集》(Correspondance)第13卷,ed. George Roth, Paris: Editions de Minuit, 1955-70, 25-27. 由我本人翻译(此处加了强调)。

们已经看到的那样,卢梭也说"所有哲人都热切地接受了两种教义之间的区别,并通过这样的区别秘密地教导了与他们的公开教诲相反的东西。"卢梭也公开地承认,他自己亦进行隐微写作。①

再往回看,我们听到荷兰人文主义者伊拉斯谟(Erasmus)也宣称——在1521年的一封信中:

> 我知道,有时候一个好人的责任在于隐藏真理,不将它全部都公布于众。不管在什么时候什么地方,都尽可能地不把它呈现给每一位读者。

带着这种精神,他在另一封信中批判马丁·路德(Martin Luther)"把一切都公之于众,甚至让修鞋匠也分享那些被学者认为只能让门徒知晓的神秘之事。"②

再想想早期的意大利文学家和诗人薄伽丘(Giovanni Boccaccio)。在《但丁传》(*Life of Dant*, 1357)中,薄伽丘提出,所有伟大的诗人都在两个层面上写作,一是写给"小羊羔",另一是写给"大象"。同一段叙述性段落将会展现

---

① 孔多赛(Antoine-Nicolas de Condorcet),《人类精神进步史纲要》(*Sketch for a Historical Picture of the Progress of the Human Mind*), trans. June Barraclough, New York: Noonday Press, 1955, 46, 64, 90, 108-9, 136-38;卢梭, "Observations by Jean-Jacques Rousseau of Geneva On the Reply Made to his Discourse," 选自《卢梭作品集》(*The Collected Writings of Rousseau*), ed. & trans. Judith Bush, Roger Masters, &Christopher Kelly, Hanover, NH: University Press of New England, 1992, 2:45n(此处加了强调);同样也可参阅"Preface to Second Letter to Bordes," ibid., 2:184-85.

② 详见伊拉斯谟(Erasmus)1521年3月25日写给马里亚诺(Luigi Marliano)的信和1521年3月10日写给约拿斯(Justus Jonas)的信。选自《伊拉斯谟通信集》(*The Correspondence of Erasmus: Letters 1122 to 1251*), ed. P. G. Bientenholz, trans. R. A. B. Mynors (Toronto: University of Toronto Press, 1988), 8:173, 203.

文本以及隐藏在文本之下的秘密。因此,它既挑战了智者的才智,也安慰了庸人的头脑。它公开地拥有(即展示了)一些可以滋养孩童的东西,也隐秘地保留了一些用来吸引最深邃思考者的东西。因此,打个比方,这就像一条河,既深又浅。其中,小羊羔可以用脚跨过,大象也可以自由地游泳。①

[17]回到中世纪时期,让我们简单地回顾一下四位伟大的哲学家/神学家:阿奎那(Thomas Aquinas)、迈蒙尼德(Maimonides)、阿尔法拉比(Alfarabi)、奥古斯丁(Augustine)。他们同样非常地露骨。阿奎那建议使用隐微。他提出(在1258年):

有些东西可以私底下解释给智者,但在公共场合,却应该对此保持沉默……因此,这些东西就应该用模糊的语言进行隐藏。这样一来,它们就会受益于那些理解这些东西的智者,但又隔绝那些无法掌握这些东西的无知之人。②

---

① 薄伽丘(Giovanni Boccaccio),《但丁传》(*The Life of Dante [Tratatello in laude di Dante]*), trans. Vincenzo Zin Bollettino, New York: Garland, 1990, 40. 我们认为,薄伽丘(Giovanni Boccaccio)和他所讨论的那些伟大作者是诗人,是不同于哲人的诗人。但是,根据薄伽丘自己的观点,一流的诗人必须也被看做哲人。比如,引用了几行诗之后,他问道:"是否有读者脑子糊涂,看不出维吉尔是个哲人?……或者,是否所有人都相信,他写的那种诗篇只是表面上的神话而已,其中并不包含某些含义或意图?详见《薄伽丘论诗》(*Boccaccio on Poetry: Being the Preface and the Fourteenth and Fifteenth Books of Boccaccio's Genealogia Deorum Gentilium*), ed. & trans. Charles G. Osgood, Princeton: Princeton University Press, 1930, 52-53.

② 阿奎那,《信仰、理性和神学》(*Faith, Reason and Theology: Questions I-IV of His Commentary on the De Trinitate of Boethius*), trans. Armand Maurer, Toronto: Pontifical Institute of Medieval Studies, 1987, 53-54.

类似地,迈蒙尼德也在 12 世纪时提出:

> 这些(神学)问题只适合少量非常特殊的慎独人士,不适合大众。由于这个原因,它们不应该让初学者知道,而且我们也应该阻止初学者拾起这些问题,就像我们不让一个婴幼儿吃粗糙的食物、提重物。

因此,在《迷途指津》(Guide of the Perplexed)中,他公开说道,在讨论这样的问题时,除了他所谓的"章节标题"之外,他不会提供任何其他的东西。他继续说道:

> 甚至那些内容也不会写得井然有序或前后连贯,相反,它们是被打乱的,与其他主题纠缠在一起……因为我的目的在于使真理若隐若现,然后被再次隐藏起来。①

在注疏柏拉图的《法义》(Laws)时,10 世纪的阿拉伯哲学家阿尔法拉比写道:

> 智慧的柏拉图并不随意向所有人展现、揭露科学。因此,他采用了象征、谜语、晦涩以及难题之类的做法,因而科学不会落入那些不值得得到它的人之手,或落入那些并不知道科学的价值、或不合适地使用科学的

---

① 迈蒙尼德,《迷途指津》(The Guide of the Perplexed), ed. trans. Shlomo Pines, Chicago: University of Chicago Press, 1963, 79 (1.34), 6 (1. 序言)。

人之手。在这个方面,他是对的。①

最后,经常谈论隐微的奥古斯丁提出,纯粹的哲学之流应该

> [18]被荫凉、多刺的丛林所指引,仅让少数人得到。不许它流过家畜(即"芸芸众生")乱跑的放养之地,或无法使它保留清洁纯粹的地方……我觉得这种隐藏真理的方法或艺术是一种有用的发明。②

最后,让我们回到古希腊和古罗马。我们已经见证了一些可靠的证据,证明隐微写作的意识和做法在早期现代和中世纪都非常普遍。因此,如果古代人也是隐微的,那就一点也不奇怪。确切地说,他们没有这种非常广泛的潮流才令人惊讶。再说,我们已经看到相应的证据,证明大多数现代和中世纪思想家都认为,几乎所有的古代哲人都进行隐微写作,古典世界实际上是哲学隐微主义真正的家园和原初的典范。当然,到了中世纪和现代时期,哲人们才比较普遍地公开承认自己的隐微主义。在古代,这并不普遍。鉴于这个事实以及古代经典在隐微主义历史中的中心地位,我们最好较细致地考察三位伟大的思想家:西塞罗、柏拉图和亚里士多德。关于亚里士多德,我将会进行单独讨论。

在《论神性》(*De natura deorum*)中,西塞罗公开承认,他不

---

① 《柏拉图的〈法义〉》(*Plato's Laws*), trans. Muhsin Mahdi, 选自《中世纪政治哲学读本》(*Medieval Political Philosophy: A Sourcebook*), ed. Ralph Lerner and Muhsin Mahdi, New York: Free Press, 1963, 84-85(此处加了强调)。

② 奥古斯丁,《书信集》(*Letters*), ed. Ludwig Schopp and Roy Joseph Deferrari, trans. Sister Wilfrid Parsons, vol. 1, New York: Fathers of the Church, 1951, 3(第一封信)。

愿公开陈述他的哲学观点。对此,他还进行了辩护(基于教学目的)。在《图斯库罗姆谈话录》(*Tusculan Disputations*)中,他表达了同样的观点。另外,在这本书中,西塞罗把隐微做法同苏格拉底的隐微做法联系了起来。他说道:

> 在交战激烈的众多哲学流派之间,我特意选择追随那种流派(新学园派,the New Academy),我觉得自己的做法,即试着隐藏我自己的个人意见,以使他人摆脱欺骗,与苏格拉底的做法相一致。①

的确,在他的对话《论道德的目的》(*De finibus*)和《论法律》(*The Laws*)中,西塞罗把自己描述成是廊下派(Stoicism)的支持者,还为这一学派进行辩护。但是,正如我们可以从他的其他著作中看出来,他实际上是新学园派的支持者——这个学派恰恰反对廊下派。

类似地,奥古斯丁提出,西塞罗是个不信仰者(nonbeliever),并试图表达那样的观点。

> 但是,他本身并不那么做,因为他看到,这样的观点会是如此地讨厌可恶;因此,在他论述[19]神之本质的著作(《论神性》)中,他让科塔(Cotta)(为这个观点进行辩护)反对廊下派,但自己提出的观点却与巴尔布斯(Lucilius Balbus)的观点相一致。他让巴尔布

---

① 西塞罗,《论神性》(*De natura deorum*), trans. H. Rackham, Loeb Classical Library 268, Cambridge: Harvard University Press, 1933, 11–15 (1.4.9–1.5.11);《图斯库罗姆谈话录》(*Tusculan Disputations*), trans. J. E. King, Loeb Classical Library 18, Cambridge: Harvard University Press, 1927, 435 (5.4.11)。

斯为廊下派的立场进行辩护,而不是支持科塔——科塔坚持认为不存在神性。①

狄德罗同意(正如卢梭),西塞罗是一位尤为显著的隐微主义者,特别是在宗教问题上(尽管在这个地方,对于西塞罗的无神论到底有多明显,他似乎进行了夸张):

> (西塞罗的)《论占卜》(*On Divination*)只是非宗教的专著。但是,借助其中的一些言辞,它肯定给人留下了某种深刻的印象。在这些言辞中,演说者总是乞求神……演说家们预先假定,存在异教神灵。但是,在这些演说者所写作的众多哲学论文之中,神灵和宗教却被认为只不过是神话故事而已!②

不仅仅是在西塞罗这里,在几乎所有的古典思想家那里,涉及到宗教问题时,隐微主义是最清楚不过的——这一点几乎无法否认,因为在古代的非基督教世界,哲学与主流宗教之间的鸿沟显然比基督教世界更为巨大。考虑吉本(Gibbon)关于这一切的观点。可以说,他的观点相当典型:

> 的确,哲人怎么可能接受诗人毫无根据的神话故

---

① 奥古斯丁,《上帝之城》(*The City of God*), trans. Marcus Dods, New York: Modern Library, 1950, 152-53.

② 狄德罗,"埃乌斯·罗枯提乌斯"("Aius Locutius"),选自《百科全书》(*The Encyclopedia of Diderot and d'Alembert Collaborative Translation Project*), trans. Stephen J. Gendzier, Ann Arbor: MPublishing, University of Michigan Library, 2009, http://hdl.handle.net/2027/spo.did2222.0001.297 (引用于2011年10月7日)。参阅卢梭,《卢梭作品集》(*Collected Writings*), 2:45-46n.

事,怎么可能接受古代凌乱的传统,把它们当做神圣的真理?或者,他怎么可能把那些不完美的生命视为神?对他而言,这些不完美的生命只不过是凡人而已。

那时,不仅主流宗教的迷信根基较为明显,主流宗教在政治上的运用及其政治功能也较为明显。因此,吉本继续说道:

> 盛行于罗马世界的各种崇拜,在众人看来都是真实的;在哲人看来都是虚假的;在治安官看来都是有用的。

但是,当然,哲人们——就像治安官们——并不公开表明自己的怀疑。相反:

> 带着一丝怜悯和宽容的笑,他们看芸芸众生犯下众多错误,他们孜孜不倦地重复他们父辈们的仪式,虔诚地光顾神庙;[20] 有时候更是成为迷信剧院的角色,外面披着僧侣的长袍,内心却隐藏着无神论者的情感。①

如果我们自己去看,就的确可以发现,古典哲人经常在宗教问题上表现出自我矛盾。有时支持官方神灵、迷信、以及城市的仪式,有时建议逐步改革,有时提及一个抽象的形而上学的神,有

---

① 吉本(Edward Gibbon),《罗马帝国衰亡史》(*The History of the Decline and Fall of the Roman Empire in 7 Volumes*),London: George Bell & Sons, 1891, 1:38, 36, 39。

时间接地表现出一种非常极端的怀疑态度。①

现在看柏拉图。我们发现,我们手头所掌握的作品包括他的对话集和一些真实性尚未确定的书信。他的演讲或论文已经丢失。但是,在他的各篇对话中,柏拉图永远都不参与对话。这点与西塞罗有所不同。因此,只有在书信中,我们或许才能找到关于柏拉图如何写作的第一人称叙述。另一方面,事实胜于雄辩,这个简单的事实,即几乎在所有对话中,柏拉图都选择以苏格拉底作为他的主要发言者,明显向我们透露了柏拉图在交流方面的旨趣。在《理想国》(337a)中,苏格拉底的交流习惯被色拉叙马霍斯描述为:

> 这就是苏格拉底一贯的反讽。我知道这个,而且我要告诉这些人,如果有人向你发问,你并不乐意回答别人的问题,你用反讽,你什么事都可以做,但就是不回答别人的话。②

---

① 在对柏拉图式隐微主义这个观点的著名批判中,施莱尔马赫(Schleiermacher)尝试通过提出以下一点,即柏拉图表面上说的非常清楚,他拒绝"多神论(polytheism)和通俗宗教(vulgar religion)",来避免这一困难。详见《柏拉图对话导论》(*Schleiermacher's Introductions to the Dialogues of Plato*), trans. William Dobson, Cambridge: J. & J. J. Deighton, 1836, 11. 但正如许多当代学者所承认,情况并非如此。参阅 W. R. Connor, "The Other 399: Religion and the Trial of Socrates," *Bulletin of the Institute of Classical Studies 37* (January 1991): 49-56. 诚然,苏格拉底会顺便提到"神"——他也会提到宙斯(Zeus)、克洛诺斯(Chronos)和许多其他古希腊的神。如果我们要寻找更有份量的陈述,可以考虑《申辩》(*Apology*)。在这篇对话中,苏格拉底认为自己进行哲学追问的根源在于德尔菲(Delphi)神庙阿波罗神谕(Oracle of Apollo)的话。《斐多》(*Phaedo*)则如此描述这位哲人:临终之际,这位哲人竟请求克利同(Crito)献一只鸡给阿斯克勒庇俄斯(Asclepius)。人们至多能说,这些对话展现的是一堆不同的宗教观、引用(references)、故事、神话和论证,并没有展现什么前后一致、清晰明确的观点。简言之,在这个问题上,施莱尔马赫自己对柏拉图的阅读正是一种"隐微阅读",如果可能的话。

② 《理想国》(*The Republic of Plato*), trans. Allan Bloom, New York: Basic Books, 1968, 14 (337a).

苏格拉底以他的反讽出名——正如柏拉图以他的对话出名。或许柏拉图(和色诺芬)开发了对话这种形式,以写作为载体,来继承并发扬他们导师那种难以捉摸的说话方式。这至少是奥古斯丁得出的结论:

> 柏拉图喜欢其导师苏格拉底那种众所周知的方法,即掩饰他的知识或意见。他也常常偏爱用这种方法。因此,寻找柏拉图本人在众多问题上所持的观点较为困难,并不比寻找苏格拉底的真实意见容易。①

其他人大多具有类似的印象。尼采提到了柏拉图的"保密和斯芬克斯本质。"②蒙田指出了明显的事实:

> 有些人认为柏拉图是个教条主义者,另外一些人则认为他是怀疑论者……他们说,从柏拉图这里诞生了十个不同的流派。的确,在我看来,如果柏拉图的教诲不能称为"摇摆不定、意义不明确",那就没有哪种教诲称得上是这样了。③

[21]最后,在亚里士多德的《物理学》(*Physics*)(209b)中,有一

---

① 奥古斯丁,《上帝之城》(*City of God*), 248. 严格地说,柏拉图和色诺芬都没有创造苏格拉底式对话,这项殊荣属于苏格拉底圈子中某些更年长的成员,如安提西尼(Antisthenes)和埃斯奇纳斯(Aischines)。不过柏拉图和色诺芬完善了苏格拉底式对话。详见 Diskin Clay, *Platonic Questions: Dialogues with the Silent Philosopher*, University Park: Pennsylvania State University Press, 2000, 3-13.

② 尼采,《善恶的彼岸》(*Beyond Good and Evil: Prelude to a Philosophy of the Future*), trans. Walter Kaufmann, New York: Vintage Books, 1966, 41.

③ 《蒙田散文集》(*The Complete Essays of Montaigne*), trans. Donald M. Frame, Stanford, CA: Stanford University Press, 1958, 377 (2.12).

个有名的段落。正是在这个段落中,他顺带提到了柏拉图的"未成文学说"。

介绍了这些内容之后,让我们转向关于柏拉图的书信的争议。我们发现,在这些书信中,柏拉图公开陈述了——而且不止一次——我们刚才正在讨论的那个观点。在《书简七》和《书简二》的几个段落中,柏拉图公开宣称,他故意不公开自己的深思熟虑,因为这些深邃的思想对大多数人("大众")有害。但是,正如他在《书简七》的一句著名陈述中所暗示,他的确把"小小的指示"留给了"少数人"。对于这些少数人而言,这样的暗示就足够了,而且还非常有益。这个关键的段落如下:

> 如果在我看来,这些(哲学)问题可以说出来,或在为大众所写的著作中充分地写出来,那对于我们而言,在这一生中,除了写能够惠及人类的东西,并为所有人揭开自然的面纱,还有什么比这更高尚?但是,我并不觉得关于这些问题的思考对人类都有好处。它们只对某些*少数人*有益。对于这些少数人而言,他们自己就可以通过小小的暗示发现那些思考;至于其他人,这样的思考会产生不合适的结果,或使有些人产生不该有的蔑视,或使另一些人产生傲慢和虚空的希望,让他们觉得自己好像看到了可怕的东西。①

---

① 柏拉图,《书简七》341d-e (此处加了强调);另见 344c, d-e;以及,《书简二》312e-314c。Jenny Strauss Clay 未刊译稿。关于如何阅读这里提出的段落,详见 Leo Strauss, "On a New Interpretation of Plato's Political Philosophy," *Social Research* 13 (September 1946):326-67。关于质疑《书简七》的真实性的论证,参阅 Ludwig Edelstein, *Plato's Seventh Letter* (Leiden: E. J. Brill, 1966)。相反观点,参阅 Kurt von Fritz, "The Philosophical Passage in the Seventh Platonic Letter and the Problem of Plato's 'Esoteric' Philosophy," in *Essays in Ancient Greek Philosophy*, ed. (转下页)

虽然《书简七》被广泛认为是最有说服力的证据,但关于这些书信真实与否的问题,还没有形成统一可靠的共识——因为缺少实证。简单地接受——或简单地否定这些书信的真实性,都将是教条主义的。

尽管存在这种不确定性,但如果我们暂且认为,这封信有可能忠实于或正确地论述了柏拉图的观点,而不管到底是谁写了这封信,那我们仍然可以继续下去。尤其是,上面的这个关键段落采用的是合理论证,而不是大胆公开的宣称。我们可以看到,论证的每一步都以柏拉图对话中具有坚实根基的前提为基础。只不过,最后的结论把我们带进了一个新的天地。但是,这个新结论的形成,只不过是由于把那些熟悉的柏拉图式观点连结在一起,并进行富有逻辑的思考的结果。这样一来,那些熟悉的柏拉图式观点就指出了下面这个先前没有陈述过的结论——采用隐微交流。这几乎是不可避免的结果。①

比如,这个段落以经典的柏拉图式观点开头:哲学知识是生活的至善,帮助他人获得哲学知识,如果可能的话,是一种最大的善行。但是,把人类的善置于这种如此高尚和[22]困难——甚至几乎超出常人——的东西之上,其不可避免的结果就是,这种知识将会使大多数人遥不可及。它因而直接导致赤裸裸的"大众"和哲学"小众"之分。这种区别不仅在这个段落中被运用,在其他对话中,它也很常见——比如,在《理想国》那个著名

(接上页注①) John P. Anton & George L. Kustas (Albany: State University of New York Press, 1971), 408-47; Glenn Morrow, *Plato's Epistles* (Indianapolis: Bobbs-Merrill, 1962).

① 赛尔(Kenneth M. Sayre)在一篇出色的文章中提出了这一途径。详见 Kenneth M. Sayre, "Plato's Dialogues in Light of the Seventh Letter," 选自 *Platonic Writings, Platonic Readings*, ed. Charles L. Griswold (New York: Routledge, 1988), 93-109.

的洞穴比喻中。正如《蒂迈欧》(*Timaeus*)(28c)中所说(这篇对话回荡着上述段落的内容)：

> 找到这个宇宙的创造者和开启者的确是项艰巨的任务;找到了他之后,把他昭示给所有人是不可能之事。

但是,这一段继续接着指出,对大多数人而言,哲学不仅是不可能的,而且还是有害的、具有腐蚀性的。它让有些人产生错位的蔑视,让另一些人产生莫须有的傲慢。这种观点,即知识一旦被不合适的人掌握便有危害,同样也是柏拉图的标志性主题。在他对智术(sophistry)的批判中,这是一个关键部分。正如苏格拉底在《理想国》中所说：

> 当不配受到教育的人来到她的身旁,以不合适的方式陪伴着她,他们会产生什么样的观点和意见? 他们不是非常适合被叫做"诡辩者"吗? (496a,加了强调)

因此:

> "难道你没注意到,"我说,"这些天的辩证练习产生了多大的危害啊?"……"它的学生们肯定……尽是不法之心。"(537e)

此外,在柏拉图看来,这种危害和腐蚀不能悬而不决。柏拉图有名地提出——在《理想国》中批判诗人时最为明确,为了避免腐蚀所造成的危险,必须进行审查(censorship)。其中,最好的情况是自我审查(self-censorship)。① 如上面的段落所示,正是这样的推理使得柏拉图审查他自己的作品,以忍住不"在针对大多数人的作品中写下"他所知道的一切惊人之事。这就是这个段落的关键结论所在。它的确超越了对话中公然说出的一切,但也的确严格紧跟对话中所说的清清楚楚的前提。

证明这一结论的更多证据,可以从我们在一开始所讨论的对话中看出来。虽然这些对话从未公然展现柏拉图自己的[23]交流方式,但它们总是让我们关注苏格拉底的交流方式——他被描绘为最伟大的自我审查者。思考这个:这位伟大的反讽者不仅不愿意直抒胸臆,还丝毫不愿意著书立作。在对话中,苏格拉底从不坦然解释自己身上第一条众所皆知的事实。但是,在《斐德若》(Phaedrus)(275d-e)中,他的确说了自己为何反对和避免写作。他的解释与上面这个段落中所给出的解释基本相同:写好的文本总是过于单一,它向所有人诉说相同的东西,不管他们是否可以理解、欣赏这些东西,或是否会被这些东西所腐蚀。

但是,确定这个段落的中心论点之后,它却指出了一个明显的难题。苏格拉底恰当地克制住不写作,但柏拉图却没有。如果我们紧跟上面的推理,那就只能说明,柏拉图觉得自己克服了写作的单一性这个问题,且方法就在于找到一种对不同的人说不同东西的写作方式。这恰恰就是上面的段落所提示的内容,因为在上面的段落中,"柏拉图"暗示,如果他所写的作品只被"少数人",即那些可能抓住"小小的暗示"而理解作品的人所完全理解,那他就可以把最深入的思考付诸于写作——他显然渴

---

① 也可参阅《巴门尼德》(Parmenides) 136d-e。

望这样做,且这样做也是有益的。这明显就是阿尔法拉比眼中的柏拉图写作观。阿尔法拉比说过,柏拉图

> 求助于隐喻和谜语。他因而打算以特殊的方法来书写他的知识和智慧;根据这种方法,这些知识和智慧只能被值得拥有的人所知。①

第欧根尼·拉尔修(Diogenes Laertius)得出了类似的结论:"柏拉图使用了一系列的术语,来让他的体系对无知者而言更不明白易懂。"②

但是,不管这些多么符合逻辑,有些人仍然可能会问,正如一些学者所质疑,这样的隐微做法是否真是柏拉图在他那个时代就可以想到的。我们难道不是从后往回看?从新柏拉图主义的概念和实践往回读柏拉图的思想?③

我们可以非常肯定地回答这个问题。在几篇对话中,苏格拉底和普罗泰戈拉都公然提到了一种更早的隐微写作传统,并把这种早期传统归因于荷马、赫西俄德(Hesiod)和其他几位诗人:他们宣称,为了少数人之故,这些作家使用了神话形式来隐秘地传达他们的赫拉克利特式哲学观念。正如苏格拉底在《泰阿泰德》(*Theaetetus*)中所解释,这是"自古以来的传统,古人们

---

① 阿尔法拉比(Alfarabi),《两圣相契论》(*The Harmonization of the Two Opinions of the Two Sages*),选自 *Alfarabi: The Political Writings: Selected Aphorisms and Other Texts*, trans. Charles E. Butterworth, Ithaca, NY: Cornell University Press, 2001, 12:131.

② 第欧根尼·拉尔修(Diogenes Laertius),《名哲言行录》(*Lives of Eminent Philosophers*), trans. R. D. Hicks, Cambridge, MA: Harvard University Press, 1966, 1:333.

③ 参阅 George Boas, "Ancient Testimony to Secret Doctrines," *Philosophical Review* 62, no. 1 (1953):90–91.

以诗意的人物向大众隐藏他们的真义。"① 苏格拉底所说的再次类似于普罗泰戈拉本人所说的:

> [24]是否有这样的可能,即普罗泰格拉是一个非常聪明的人,他为了大众的利益而抛出这个黑暗的说法,就像我们自己所做的那样;但保留真理,把真理作为秘密的教义,只透露给他的门徒?

在苏格拉底的观念中,这个修辞性问题的答案显然是"是"。这在几段之后变的一清二楚,因为苏格拉底承诺帮助泰阿泰德"穿过普罗泰戈拉的外在思想,深入到蕴含于其中的真理"。② 在《法义》(Laws)(967a-d)中,雅典陌生人也声称,大多数前苏格拉底哲人实际上是无神论者,尽管他们信誓旦旦地声称自己是某种形式的信仰者。因此,可以确定,柏拉图非常熟悉各种形式的隐微主义。③

此外,他并没有表达对这种做法的反对。相反,"高贵的谎言"这个臭名昭著的术语的作者显然相信,有益于社会的假话具有道德正当性(moral propriety)。《申辩》(Apology)的作者显

---

① 《泰阿泰德》(Plato's Theaetetus), trans. Francis M. Cornford, Indianapolis:Bobbs-Merrill, 1959, 180c-d; 见152e,并参《普罗泰戈拉》316d-e;《克拉底鲁》402a-c;《游叙弗伦》3c;《斐多》62b, 69c-d;《理想国》378d.

② 《泰阿泰德》(Plato's Theaetetus) 152c, 155e.

③ 对于目前的观点,柏拉图(或他的苏格拉底)把隐微主义算到早期思想家头上(有些人想要反驳这一观点)是否有错,其实并没有什么关系。或许可以做进一步的思考。对隐微主义持怀疑态度的学者通常认为,这样的胡搬乱套——比如,新柏拉图主义者把隐微主义算到柏拉图和亚里士多德头上——应该遭到否决,因为它们只是反映出证据来源对隐微主义的极度渴望,并没有反映出证据所针对的对象的任何东西。但是,如果这种推理应用于目前的情况,那就可以得出,如果柏拉图把隐微主义算到早期思想家头上的确是一种错误——极度渴望在没有某种东西的地方寻找这种东西,那这就是一种标志,表明了柏拉图自己的隐微主义。

然十分关心哲人们通常面临着的迫害的巨大危险。因此,没有很好的理由坚持认为,柏拉图会在得出合乎逻辑的结论前就戛然而止。

至少可以公平地说,《书简七》的上述段落——不管到底由谁所写——用令人信服的论据证明,真正的柏拉图式观念一旦放在一起思考,它们就直接指向隐微主义。柏拉图显然非常清楚这种做法,也接受了这种做法。但是,在这样的基础之上,有人或许还会冒险前进。如果这个最低限度的立场属实,那么,它也就充分证明了最高程度的立场,证明了这封信真的出自柏拉图,因为接受这一事实的主要障碍,总是在于这封信的内容不被认为是真的。①

这个证据的可靠性

众多极为露骨的陈述表明,哲人们的确运用了哲学隐微主义。我在这里所呈现的,只是其中的一小部分而已。证词证据证明了什么,又没有证明什么,说清楚这点很重要。当然,没有什么东西已经确定无疑、不容置疑。我觉得,很多读者并不会心甘情愿地相信证词证据。那么,就让我们通过考察人们对这种证据所产生的合理质疑,来仔细审问人们的心思——以及,我们能够做出怎样的答复。

---

① 这意味着一个普遍的循坏问题,它将不断折磨有关这个问题的大部分学术讨论。学者们无疑要求看证明隐微主义的书面证明,但与此同时,他们把对隐微主义的承认当做一种强有力的指标,表明该证明并不真实或存在偏见。另一方面,在这个特定的例子上,我们必须承认,《书简七》涉及到一系列不同的主题,并不只是隐微主义讨论被一些学者认为是不合理的。

首先,最明显的是:它们只不过是引用而已。[25]翻译、真实性、文本和解读可能存在很大的问题。

这些都非常正确(但公平地说,大多数陈述都相当地简洁、明了、直接)。但是,浓烟滚滚之地,越说没火就越有问题。在整个的汇编中,所列举的陈述是如此之多,因而即使对此加以谨慎细致的分析,并因翻译、文本之类的问题而排除整整过半的陈述之后(说的极端一些),剩下的那部分仍然足以证明,隐微主义是一种极为真实、并被广泛使用和讨论的现象。

对于这一点,或许有人会说,证据的数量本身无法完全证明这个问题。证据的分布也很关键。如果证据主要出自几个不具有代表性的时代,比如带有神秘趋向的晚期帝国时代,或因新教改革运动而迫害越来越严重的16世纪,那这些证据再怎么有力,也不具有代表性,不能说明普遍情况。

但是,这一担忧很快就被事实所驳倒。关于证词证据最最显著的一点,实际上并不是那些具有说服力的陈述在数量上是如此之多,而是这些陈述具有普遍性:处处都能看到这样的证据。它出现在(公元前)5世纪的雅典和1世纪的罗马、4世纪的希波(Hippo,即现在的阿尔及利亚[Algeria])、12世纪的科尔多瓦(Cordoba)、13世纪的巴黎、16世纪的佛洛伦萨、17世纪的阿姆斯特丹,以及18世纪的伦敦;它出现在异教徒、犹太人、基督徒和穆斯林人身上;它出现在柏拉图主义者和亚里士多德学派、廊下派和伊壁鸠鲁学派、唯名论者和唯实论者、神秘主义者和唯物论者身上。实际上,很难说出在1800之前,哪个时代、哪个地方的哪位主要哲人不在他自己或(和)关于其他人的作品中,不在某个地方带着赞许的口吻公开提及这种做法。

人们可能会产生的另一个明显疑虑是,大部分证词证据都是"第三人称":它涉及到一位哲人叙述另一位哲人的隐微做法。在这样的情况下,叙述者可以经常出错。

这当然正确。但是,同样地,人们也必须考虑到,这样的叙述者是如此之多,分布又是如此广泛。为什么在那么多不同的情况下,那么多的哲人都同意,其他哲人都在实践这种特殊的做法?如果有人想要推翻这个证据,那就必须解释——或解释清楚——这个现象。

最普遍的解释,确切地说,几乎唯一的解释,是[26]称隐微主义是一个"传说"(legend)。这种解释提出,哲学隐微主义这个观念全是在某些特殊的时代和地点被臆想出来的。正是在这些特殊的时代和地点,哲学隐微主义这个观念被人接受。比如,在亚历山大·格兰特爵士(Sir Alexander Grant)的经典版本中:

> 晚期帝国时代的那些作者们,他们对神秘的、圣职的教诲习以为常——这些教诲由新柏拉图派和新毕达哥拉斯派所教导——……创造了亚里士多德具有双重教义的传说。①

随着时间的流逝,这种观点成为一个权威的传统。后来,处于不同智识氛围的哲人们不断重复这样的论断,因为他们接受了这种历史较为悠久的传统,没有质疑这种传统令人可疑的起源和基础。这就是为何现在存在大量错误的第三人称证据。正如乔治·博厄斯(George Boas)所说,隐微主义"只是迷信取代理性之后的另一个传说。"②

---

① 格兰特(Alexander Grant),"On the Exoterikoi Logoi,"见附录B,《亚里士多德的伦理学》(*The Ethics of Aristotle, Illustrated with Essays and Notes*), London: Longmans, 1885, 399.

② 博厄斯(Boas),"古代证据"("Ancient Testimony"), 92;另见博厄斯(George Boas),《现代哲学的主要主题》(*Dominant Themes of Modern Philosophy: a History*), New York: Ronald Press, 1957, 59.

不过,这一论证存在一系列的问题,其中的任何一个都足以推倒论证。首先,出现新柏拉图主义之前,早已出现可以证明隐微主义的证据。其次,我们手头所掌握的那些出现在新柏拉图主义之后的证据,大多数关心的是隐微主义的形式,它与神秘的新柏拉图主义主题没有任何关系。在上面所引用的书信中,当狄德罗认为亚里士多德运用了隐微主义之时,他算到亚里士多德头上的不是一种神秘主义的隐微教义,而是类似于唯物论的教义——对目的因(final causes)的不信仰(霍布斯也有这样的怀疑)。他们觉得,亚里士多德有所隐藏主要是为了使当时的宗教权威息怒。不管正确与否,这样的怀疑怎么可能是源于关于亚里士多德式神秘主义的早期中世纪传说?实际上,到现在为止,这一章中所引用的证据几乎没有一个与受神秘主义推动的隐微主义相关。它们都涉及到上面提到的四种动机——自卫性、保护性、教学性、以及政治性动机(没有哪个动机是格兰特等人承认并进行评价的)。①

第三,不是所有证明隐微主义的证据都是第三人称类型的。有很多第一人称的例子。其中,哲人们公开承认自己的隐微主义——比如卢梭、狄德罗、伊拉斯谟、阿奎那、迈蒙尼德、西塞罗、卢克莱修、以及柏拉图(如果《书简七》是真实的)等等。实际上,这样的例子很多,仅凭这些例子就可以确定,隐微主义是一种事实,且它具有普遍性。因此,这也证明第三人称的论述是可靠的,它们不仅仅是个传说。

[27]另外,就第三人称证据而论,认为所有这些哲人都盲目坚持在这个问题上的古老传说并不合理。毕竟,宣传"传说"

---

① 施莱尔马赫却是个大大的例外。他极有力地描述了柏拉图的教学性隐微主义。参阅《柏拉图对话导论》(*Introductions*),17-18。

论的学者自己并不这样思考。比如,著名的德国古典学家、哲学家爱德华·策勒尔(Eduard Zeller)在批判亚里士多德式隐微主义时说道:

> 有一种观点认为,(亚里士多德)特意(为了其理论性著作)选择用晦涩和模棱两可的方式来对付外行。但只要看看文本本身的明显特征,就可以发现,这样的观点并不正确……此外,明显可以看出,任何这样的理论都认为哲人具有一种非常幼稚的神秘行为,完全没有任何的合理动机。①

策勒尔说道,他凭两点来判断古典隐微主义的合理性:首先,他自己对哲学文本的阅读,第二,他对哲人是什么、隐微主义是什么、哲人们是否有合理的动机来参与这样的行为这三个问题的总体理解。这种方法只不过是一种常识。我想说,许多证明早期隐微主义的哲人或许同样明智。

培根、贝尔、莱布尼茨、狄德罗和卢梭等思想家们并不是在愚蠢地重复源自中世纪的某个传说,一个与他们面前的那些书有关的传说。他们打开那些书,亲自研读。当他们信心十足地宣布这些书是隐微之作时,那是因为,他们真的发现这些书是隐微的。他们亲自看到了文本表面显而易见的问题和谜团。他们亲自体验到了在缓慢地解决这些问题的过程中可以获得的真正进步——如果可以带着这样的怀疑进行阅读,即作者有时或许采用了反讽和迂回策略。对这些思想家而言,隐微主义并不是

---

① 策勒尔(Eduard Zeller),《亚里士多德和早期逍遥派》(*Aristotle and the Earlier Peripatetics*), New York: Russell & Russell, 1962, 120-21.

一个"传说":它是一种个人文学经历(literary experience)。

但是,有人可能会问,对于早期哲学文本的解读,为什么这些思想家拥有这种经验,但后来的读者,比如策勒尔和格兰特却没有？最可能的回答是,正如策勒尔在其论述的第二部分中所强调,后来的读者认为隐微主义是"一种非常幼稚的神秘行为",这种行为"完全缺少任何的合理动机。"与此类似,格兰特因"所有关于(亚里士多德的)双重教义的胡说八道"而排斥隐微主义。① 英格玛·杜灵(Ingemar During)认为古代的隐微主义证据是十足的"故弄玄虚的胡说八道"。② 在下面这两者的双重影响之下——晚期启蒙的哲学观念及其在世界上的作用,[28] 一种主要将隐微主义理解为神秘主义的狭隘理解,这些思想家不能真正严肃地对待哲学隐微主义这个观念。如果他们正在阅读的文本恰巧是隐微的,他们将是最后一个知道的。

相比之下,一大堆以第三人称的方式证明隐微主义的早期哲人,似乎对哲学和隐微主义有着更开阔、更具代表性的理解。在他们看来,哲学隐微主义是种不能说确实必要、但的确合理的东西。毕竟,正如我们从第一人称证据中得知,他们中的大多数人都选择亲自实践隐微。因此,对于隐微主义,他们从自己的立场和内心出发来理解其价值——以及具体的作品,不是从古代传说出发来进行理解。所以,第三人称的哲学证据虽然明显没有第一人称的陈述声明那么可靠,但它不应该被认为是传说或猜测的产物而遭到否定。它是强有力的证据,从极为特殊的材料中推论出来——当大家一致同意时,这样的证据就更加有力。

---

① 格兰特(Grant),"On the Exoterikoi Logoi," 400.

② 杜灵(Ingemar During),《古代传记传统中的亚里士多德》(*Aristotle in the Ancient Biographical Tradition*), Göteborg, 1957; distributed by Almqvist & Wiksell, Stockholm, 436.

我们还可以提出哪些合理的理由来反驳隐微主义的证词证据？当然,可以肯定的是,没有什么是百分之百确定的——但期待百分之百确定也是徒劳的。问题总在于:证明隐微主义的证据是否比反对隐微主义的证据更强大有力？

所以,让我们来解决另外半个问题:1800 年之前反对隐微主义的哲学证据是什么？哪些哲人组成了"另一个阵营"？谁是早期的格兰特和策勒尔,试图把哲学从这种无聊的传说中解救出来(他们发现这种传说一再地萦绕于他们身旁)？很奇怪,这个问题从来没有被提出来过。但是,答案是:不存在这样的另一个阵营,且除了一两个例外之外,不存在反证(counter-evidence)。历史上用来证明隐微主义存在的大量哲学证据——我们正在举这些例子,都或多或少地不矛盾。

我发现的一个主要例外是亚当·斯密(Adam Smith)。1750年左右,他写了一篇论文,题为《古代逻辑学和形而上学的历史》(*The History of the Ancient Logics and Metaphysics*)。在这篇论文中,他愤怒地谴责了新柏拉图主义者的观点,即柏拉图关于理念(Ideas)的真正教诲(隐微教诲)是,它们根本就不是自存的存在(self-subsistent beings),而是神圣心灵(Divine Mind)中的思想。在这篇论文中,他继续批判

> 那个奇怪的猜想,即在他(柏拉图)的作品中,存在着双重教义;这是为了使它们看上去似乎指这个东西,但实际上却指[29]极为不同的东西,在他看来,没有人的作品曾经故意这么做,或以后会故意这么做。①

---

① 亚当·斯密(Adam Smith),《古代逻辑学和形而上学的历史》(*The History of the Ancient Logics and Metaphysics*),选自《哲学论文集》(*Essays on Philosophical Subjects*), ed. W. P. D. Wightman and J. C. Bryce, Indianapolis: Liberty　　(转下页)

这个令人震惊的陈述出现在他年轻时所写的一篇小论文的脚注处——不过这篇简短的论文从未出版。这是斯密唯一一次提到这个主题。因此，很难说这是否是他后来一直秉持的观点，是否涉及到对所有的隐微主义——每一种形式和程度的隐微主义——的拒绝，还是说，这种观点只是比新柏拉图主义者及其跟随者的观点更极端。① 不管如何，这一简短的陈述——在我所

（接上页注①）Classics, 1982, 122n. 在富有讽刺性的反转中，20 世纪编辑斯密著作的编辑怀特曼（Wightman）在这个段落的一处脚注中，自动地纠正了他认为明显不对的一个历史性误述："隐微著作和显白著作共存的事实在那些远远没有'失去理智'的人身上得到了较好的证明。貌似有理由相信，后期的柏拉图或许就是这些人中的其中一位。"（ibid., 122n9）

① 强烈的迹象表明，至少在他的晚期思想中，斯密的确认识到存在一些不同形式的隐微主义（甚至还可能运用过这些形式的隐微主义）。比如，在他晚期所写的《关于修辞学和纯文学的演讲》（*Lectures on Rhetoric and Belles Lettres*）中，ed. J. C. Bryce, Indianapolis：Liberty Fund, 2007, 他声称霍布斯和莎夫茨伯里（Lord Shaftsbury）都"反对启示宗教（revealed religion）的每一个计划"，且在他们的著作中，确实都"试图推翻旧的宗教体系"（37, 38）。但斯密肯定知道，他赋予了两人与两人著作中表面上的论断不一致的动机和观点。他或许还知道，莎夫茨伯里在其主要著作中公开说过，当写作被禁的观点时，需要采用"讽刺"和"掩饰"。参阅莎夫茨伯里（Lord Shaftesbury），《人、风俗、意见与时代之特征》（*Characteristics of Men, Manners, Opinions, Times*），ed. Lawrence E. Klein, Cambridge：Cambridge University Press, 2004, 34.

类似地，斯密的密友休谟那时（现在亦是）被广泛认为是一个（淡淡地）掩饰起来的无神论者。休谟也在其著作和书信中公开谈到，写作过程中需要谨慎小心和掩饰。参阅休谟，《道德原则研究》（*An Enquiry concerning the Principles of Morals*），选自《休谟的道德和政治哲学》（*Hume: Moral and Political Philosophy*），ed. Henry D. Aiken, Darien, CT：Hafner, 1970, 257-58；以及休谟于 1764 年 4 月写给埃德蒙斯通（Col. James Edmonstoune）的信，选自《休谟书信集（新）》（*New Letters of David Hume*），ed. Raymond Klibansky and Ernest C. Mossner, Oxford：Clarendon Press, 1954, 82-84. 确实，休谟因为其著作《自然宗教对话录》（*Dialogues concerning Natural Religion*）而给斯密写了封信。信中，他吐露："没有什么可以写的（比这本书）更小心谨慎和富有技巧了。"斯密似乎完全同意休谟的做法，认为的确有必要做的如此小心、如此巧妙——实际上，他发现这本书还不够小心谨慎有技巧，因为他强烈地反对将之出版，死后也不好。正如斯密对出版商斯特拉恩（William Strahan）所说，"虽然这书写的极好，但我倒希望它永远都只是一部手稿而已， （转下页）

想到的范围内——构成了这场辩论中"另一个阵营"的全部。

这有点出人意料。这不是说,在历史上,隐微主义没有被加以讨论和争论。相反,人们可以找到很多关于这个主题的热烈讨论。比如,对于历史上促使思想家们进行隐微写作的主要动机是什么这个问题,存在着争议和分歧(托兰德和沃伯顿,以及其他跟随者之间)。对于解读一位隐微作家的合适技巧是什么,以及他的隐微教诲的真正内容是什么等问题(新柏拉图主义者及其神秘主义隐微阅读几乎引起了所有人的愤慨),也存在着争议。此外,对于隐微作家只是隐藏了真理,还是彻底撒了谎(正如我们很快就可以在论亚里士多德部分可以看到的那样),也进行了相应的讨论。一些隐微作家时不时地会批判其他的隐微作家过于公开,或与此相反,过于胆小。但是,没有证据表明,对于隐微主义的历史真实性存在争议。①

(接上页注①)只透露给少数几个人。"参阅斯密于1776年9月5日写给出版商斯特拉恩的信,以及休谟于1776年8月15日写给斯密的信,参阅《斯密信笺》(*The Correspondence of Adam Smith*), ed. Ernest Campbell Mossner and Ian Simpson Ross, Oxford: Clarendon Press, 1977, 211, 205.

实际上,有充足的理由怀疑,斯密本人在讨论宗教之际非常谨慎,并运用了技巧。参阅米诺沃兹(Peter Minowitz)对此——以及上述所有内容——展开的精彩讨论(Peter Minowitz, *Profits, Priests, and Princes: Adam Smith's Emancipation of Economics from Politics and Religion*, Stanford, CA: Stanford University Press, 1993, 5-9).

最后,还有一个惊人的事实(米诺沃兹也讨论到了)。在《资本论》(*Capital*)中,马克思(Karl Marx)公开把斯密当作一位隐微作家,并认为《国富论》(*The Wealth of Nations*)——并不是没有理由——在隐微教义和与之略微不同的显白教义之间摇摆。其中,隐微教义呈现了他对经济世界的描述性、科学性分析;显白教义则支持一种有利于这一世界良好运转的中产阶级意识形态。参阅 Karl Marx, *Capital: A Critique of Political Economy*, trans. David Fernback, New York: Random House, 1981, 2: 276, 290, 297, 448, 454, 465.

① 初看之下,一些由名不见经传的作者所写的作品似乎可以被认为是否认存在隐微主义的结果。若仔细地看,这些作者实际上都承认某些形式的隐微写作属实(甚至具有正当性),只不过这些形式不被他们所批判的思想家们所喜欢或强调。可参阅英国宗教评论家赛克斯(Arthur Ashley Sykes, 1684-1756)对 (转下页)

不可否认,可能也存在过这样的思想家,只不过我没有发现他们的作品,或者他们的作品可能已经失传了。但是,如果真有这样的思想家,那不管这些人是多是少,重要不重要,在我们手头所拥有的这么多肯定隐微主义的作品中,肯定就会出现一些迹象:提到那些反对者,提到"另一个阵营",并试图证明他们为错。但是,说实话,这样的讨论亦不存在。不管是为隐微主义的存在进行辩护的书,还是对"否定隐微主义之人"进行反驳的书,都跟否认隐微主义的书一样,是我们这个时代所特有的。

总之,证明隐微主义的证词证据——这些一目了然的引用——比我们一开始所想象的更加强大可靠。反驳这些证据的合理异议都可以被轻易地驳回。三个显著的特征使得这些证据特别地强大有力:范围广,分布广,几乎不矛盾。

"乌贼"亚里士多德

[30]如此快速地考察了一遍长达两个世纪的西方哲学之后,再选择至少一位思想家进行后续考察,显然会更加令人满意——如果说这不是某种义务。出于众多缘由,这项阐释性工作最好的阐释人选是亚里士多德。

(接上页注①)沃伯顿(Warburton)及其弟子汤(John Towne)的批判,参阅 *A Vindication of the Account of the Double Doctrine of the Ancients. In answer to A Critical Enquiry into the Practices of the Antient Philosophers* (London:Printed for John and Paul Knapton, at the Crown in Ludgate-Street, 1747);特别看第30页。也可参阅法国历史学家布莱特西(Jean Philippe René de La Bléterie, 1696-1772)对托兰德和沃伯顿的批判,参阅 *The Life of Julian the Apostate: Translated from the French of F. La Bletterie. And Improved with Dissertations on Several Points Relating to Julian's Character, and to the History of the Fourth Century. By V. Desvoeux* (Dublin:S. Powell, for Peter Wilson, 1746), 258-311.

首先，我觉得，他是最难的例子，是（1800年之前）最不愿隐微的思想家。对于有些哲学家，我们至少可以描述，他们参与了这种实践。比如，迈蒙尼德对其隐微主义是如此地公开，在其他方面又是如此地晦涩——如此"中世纪"，因而人们倾向于认为，在他身上，任何事情都有可能。柏拉图的作品一看上去就是戏谑、诗意、令人困惑的，因而学者们觉得很难完全排除隐微主义的可能性。① 但亚里士多德却完全不同。他似乎如此直率和平淡（literal-minded），如此专注于避免所有的误解，如此渴望始终都清晰、精确、有条不紊——好像是为当代的哲学期刊写作，因而宣称其隐微主义看上去是如此荒诞。② 他是最难的例子，也是唯一的测试用例（test case）。有人觉得，如果亚里士多德是隐微的——那么，任何人都可以是隐微的。

另一方面，在所有哲人中，关于亚里士多德的"二手文献"是最多的。自古以来就有注疏亚里士多德作品的传统，且很大程度上没有被破坏。直到早期现代，这一传统几乎仍然还在谈论他的隐微主义。因此，到亚里士多德那里，可以挖掘出比在其他任何思想家那里可以得到的更广泛的证据。

最后，这两个因素的结合使得现代的亚里士多德研究独具

---

① 这就是为何对柏拉图进行隐微解读的诱惑一直都难以根除。即使在20世纪，它也久久不曾散去。在20世纪，很多独立于施特劳斯（思想）的学者（他们之间也相互独立）对柏拉图进行了隐微解读。参阅 J. N. Findlay, *Plato: The Written and Unwritten Doctrines* (New York: Humanities Press, 1974)。另参阅图宾根学派（Tubingen School）的解读，特别是克莱默（Hans Joachim Kramer）和盖泽（Konrad Gaiser）的作品。但是，至于亚里士多德，情况则正好相反，有关隐微主义的问题现在已完全消失（施特劳斯派圈子除外）。

② 关于亚里士多德对修辞学的理论研究，大家都知道，亚里士多德极力强调"清晰"的重要性。参阅《修辞学》1400b23ff，1404b2，1407a33，《政治学》1458a18，以及《辨谬篇》(*On Sophistical Refutations*) 165b23 ff.

一格,且其独特之处对我们的调查而言极为关键。由于第二个因素,现代学者发现,与考察其他思想家不同,考察亚里士多德不能简单地忽视或"遗忘"隐微问题。历史证据真的太明显、太广泛、太久远。但是,由于第一个因素,他们也发现,不可能接受这个证据。因此,在19世纪至20世纪这段简单但又关键的时期,一流的古典作家觉得自己被逼着去长时间热情地关注被忽视的隐微主义问题。他们试图运用所有的现代语文学手段来一劳永逸地排除隐微主义,并证明隐微主义是愚蠢可笑的传说。简单地说,借助亚里士多德,我们就拥有了最好的机会,几乎也是唯一的机会,去见证[31]反隐微主义一案中水平最高的学界对未出席方(missing side)的巧妙控告。①

出于所有这些理由,亚里士多德是进行仔细分析的最佳人选。到这里为止,我们已经对哲学领域进行了轻松、俯瞰式的调查。为了使这一调查更加详尽,我们下降为缓慢和谨小慎微的匍匐前进。与之前一样,但比之前更加详细,我们将会专注于有关亚里士多德的隐微主义的历史证据。但是,此外,我们还会考察学术界对这些证据的批判。最后,通过简单地考察亚里士多

---

① 关于亚里士多德式(以及柏拉图式)隐微主义,最全面、最有影响力的讨论如下:施莱尔马赫(Friedrich Schleiermacher)的"总体介绍"(General Introduction),载于《柏拉图对话导论》(Introductions),8-19;策勒尔(Zeller),《亚里士多德》(Aristotle),105-36;格兰特(Alexander Grant),"On the Exoterikoi Logoi";博厄斯(Boas),"古代证据"("Ancient Testimony"),79-92;杜灵(During),《古代传记传统中的亚里士多德》(Aristotle in the Ancient Biographical Tradition)。
不过,我认为,上述五人的论述都存在这一根本缺陷:他们倾向于把整个的隐微主义现象等同于神秘主义。因此,他们非常狭隘地接近这个问题,置之不理隐微主义广泛的历史和它可能具有的不同形式与动机。对他们而言,"秘密的"或"隐秘的"教义主要指未出版(字面上未出版,即不是字里行间没有出版)、内容有些神秘的教义。带着这种非常严格和狭隘的定义,他们用自己的博闻强识考察相应文本,并有根有据地提出,鲜有证据证明隐微主义的存在。但是,这些文本其实充斥着各种证据,证明存在更广泛意义上的隐微主义——只是他们忽视了这些证据而已。

德的一些作品,我们会试着得出关于这些历史证据,以及批评这些证据的学术批评的最后结论。

亚里士多德的"显白"与"秘传"作品

前面我已经说过,19世纪之前,亚里士多德的隐微主义被不断地加以讨论。的确,从古时起,他就被视为隐微主义的最经典例子,而不是最难的例子。比如,在公元2世纪,他由于其隐微双重性而被众人所知。鉴于此,希腊语讽刺作家琉善(117-c. 180AD)确认这一特点是亚里士多德最独特的特征之一。在他的喜剧对话《出售哲学》(*The Sale of Lives*)中,琉善描绘了一场由宙斯安排的哲人奴隶拍卖会,拍卖人是赫尔墨斯(Hermes)。我们选择毕达哥拉斯、第欧根尼、赫拉克利特等人被拍卖之后的那个场景。

> 宙斯:别磨蹭;把另一个叫上来,逍遥学派。
>
> 赫尔墨斯:……来,买智识的高度吧,这人绝对知道一切!
>
> 买者:他长得怎么样?
>
> 赫尔墨斯:温和,绅士一般,以自己的生活方式去适应,更重要的是,他是双重的。
>
> 买者:这是什么意思?
>
> 赫尔墨斯:从外部来看,他似乎是这样的一个人,但从内部来看,他似乎换了个人;所以,如果你买了他,确保把其中一个叫做"显白的",把另一个叫做

"隐微的"。①

对亚里士多德隐微主义的所有这些强调,源于并在于这个曾经有名、现在仍然不可否认的事实,那就是,在现存的作品中,他在九个不同的地方顺带提到了"显白的教诲"(*exoterikoi logoi*)。② 比如,在《尼各马可伦理学》中,他说道:

> [32]但是,关于灵魂的几点已经得到了充分的论述,甚至是在显白的论证中也已足够充分,一个人应该运用它们——比如,它的一部分是非理性的,另一部分则拥有理性。(1102a26)③

在《优台谟伦理学》(*Eudemian Ethics*)中,在讨论柏拉图的理念论并提出对这个理论的反对之际,亚里士多德评论道:

> 不管是在显白还是在哲学讨论中,这个问题都已经得到了多方面的考虑。(1217b20)④

解读这九个简短段落的学术作品越来越多——但至今未达

---

① 《出售哲学》("Philosophies for Sale" [The Sale of Lives]),选自《琉善作品集》(*Lucian*), trans. A. M. Harmon, London: William Heinemann, 1929, 2:503. 从现在已有的资料来看,这是古希腊语中第一次使用"隐微"(esoteric)一词。据说,琉善可能实际上是为了这部剧而创造了这个词。

② 参阅《政治学》1254a34, 1278b31, 1323a22;《尼各马可伦理学》1102a26, 1140a1(及 1096a4);《物理学》217b31;《欧德谟伦理学》1217b20, 1218b32;以及《形而上学》1076a28.

③ 《亚里士多德的尼各马可伦理学》(*Aristotle's Nicomachean Ethics*), ed. Robert C. Bartlett & Susan D. Collins, Chicago: University of Chicago Press, 2011, 23.

④ 由格兰特在"On the Exoterikoi Logoi"(402)中所翻译。

成明显的共识。原因可能在于,在使用"显白的"(字面的意思是,外在的、表面的)这个术语的过程中,亚里士多德缺少精确性和明确性。但是,这种精确性和明确性正是我们正在寻求的东西,也正是这个术语后来所具有的特性。在有些情况下(最明显的是在《政治学》1323a22 中),他明显指自己那些更加大众化、从属于哲学的著作。但是,在另一些情况下(特别留意《物理学》217b31),亚里士多德似乎指由其他思想家所写的这一类著作,甚至只是一般意义上受过教育之人的非正式理论或带有思考的讨论。除了这两种情形之外,大多数情况下都无法确切地说清楚,他指的到底是什么。因此,正如格兰特所强调,关于这个声名狼藉的术语,只能归纳总结为,在亚里士多德那里,"显白的"指某人某种简化的、流行的、从属于哲学的叙述。① 所以,基于这种理解,显白的论述并不一定是虚假的或虚构的,或与"隐微的"(秘密或隐藏意义上)论述相对——虽然的确如此。此外,这个术语本身几乎没有告诉我们亚里士多德著作的特征或系统性划分。

学术界过多地把注意力放在这几个段落上面。如果放眼于这些段落之外,我们可以收获更多。几乎每个人都同意——借

---

① 由格兰特在"On the Exoterikoi Logoi"(402)中所翻译,407-408. 即使是这一归纳,其实也太宽泛了。正如格兰特所说,"显白的"可能指外在地(表面意义上)处理一个主题(或者,与此相关、更加原初的含义是,向一位外部的观众——外行人的意义上——说这个主题),但也可能只是指某种表面上的论述,即超出某个特定主题或研究领域的论述。因此,在《亚里士多德的〈尼各马可伦理学〉评注》(*Commentary on Aristotle's Nicomachean Ethics*, trans. C. I. Litzinger [Notre Dame, IN: Dumb Ox Books, 1993])中,阿奎那按这样的方式解读文本中的第一个例子。他猜测,亚里士多德呈现给读者的"显白论点"(exoteric arguments)之所以被称为是"显白的",是因为它们在《论灵魂》(*De anima*)里也可找到,而《灵魂论》恰是一本"超出直接科学(即伦理学)范围"的著作。(ibid., 76)再考虑亚里士多德的《政治学》1254a33 和 1264b39。

助更多的其他证据,亚里士多德的全部作品(撇开书信、诗歌、作品集)实际上分为两大类:一类是一系列早期的大众化著作,写给广泛的读者群(如今遗失的对话集,或许还有其他的作品),另一类是更加精确的、严格意义上的哲学著作,写给学园的内部圈子,或许一开始是根据学园里的讲课内容写成,这类作品几乎包含了我们现在所拥有的所有著作。这两大类[33]分别被叫做"显白的"和"秘传的"或"acroatic"(字面意思是,"只是为了让人听"),至少根据后来的古代思想家和编辑是如此。①

我认为,这样的区分可以按以下方式进行改进。"秘传的"著作似乎在程度上有所差异,其中的某些著作比其他著作更具有"秘传"性质。《伦理学》、《政治学》之类的一些著作之所以在大众的理解范围之外,只是因为它们采用了更加高级(advanced)和严格的哲学方法。但是,另一些著作,比如《形而上学》和《范畴篇》,之所以超越大众水平,是因为其主题抽象深奥。确实,我们自己也可以看出,虽然这些著作都属于秘传之作,但后面的这两类著作显然是写给更加特殊的读者,而不是写给前两类著作所针对的受过良好教育的公民。这样的区别还可以从下列事实中看出来。那就是,据我所知,亚里士多德并没有

---

① 在我们所拥有的著作中,为了这个目的而使用"隐微的"这个词首先出现在西塞罗那里(De finibus 5.5.12; Letters to Atticus 4.16 [letter 89]),他似乎依赖阿什凯隆的安条克(Antiochus of Ascalon,130-68BC)。但是,西塞罗却声称这是亚里士多德自己的术语。虽然我们并不拥有任何亚式文本,它们公开把这个(或任何)术语应用于所有的第一类著作,但这样的说法至少与亚里士多德的做法相一致,因为正如我们所见,亚里士多德的确使用了这个术语。第一次使用"秘传的"(acroamatic)或"acroatic"来命名第二类著作,并不是出现在西塞罗那里——西塞罗并没有提到,而是出现在普鲁塔克(Plutarch)那里,不久之后又出现在格里乌斯(Aulus Gellius)那里,后两者依赖安德罗尼科(Andronicus of Rhodes, c.60 BC)。这两者也暗示,这是亚里士多德自己的用法。但是,这个词并未出现在任何我们所掌握的亚氏文本中(可能出现在了书信中,下面会考虑书信)。

用很多的对话——如果有的话,或其他显白作品来阐述这些更加抽象深奥的主题(唯一的例外是《论哲学》这篇对话)。但是,关于更广泛意义上的主题,比如,伦理学、政治学和修辞学,他却写了大量既显白又秘传的作品。①

两种不同形式的隐微主义

相对来说,所有这些都没什么争议。关键的问题在于,这两大类著作之间有何联系,它们的内在特征又是什么。在最一般的意义上,问题是这样的。这些著作是否应该——正如现代学者所坚持的那样——按照我们所熟悉的模式,即我们在既写了通俗作品、又写了专业作品的当代思想家身上所看到的那种模式进行理解?这样一来,就不存在隐微主义的问题了——故意的隐藏、秘密的交流、高贵的谎言都是无稽之谈。从这种观点来看,这两类著作展现的教义基本相同。只不过,其中一类著作写的更加基础和大众化,适合初始者或外行阅读;另一类著作写的更加精确和科学,适合学力更深和致力于专门研究的学生阅读。或者,与此相反,这些著作的特征和联系是否应该从隐微动机和技术的角度进行理解?但这样的话,情况就变得有些复杂。亚

---

① 关于这种区别的证词证据,考虑西塞罗(*De finibus* 5.5.12)。他说过,亚里士多德论人之善的著作不同于论自然和逻辑的著作。前者具有两种著作之分,一种是显白的,一种是"写在注疏中的"(notebooks/*commentarii*)(用他自己的说法)。他暗示,在其他领域,没有显白的作品。关于秘传著作,普鲁塔克似乎在某处把它们限制为论述自然和逻辑的著作——但是,或许他这里是在说我所谓的"更加秘传"的著作("Life of Alexander", 7.3-5)。这是因为,在另一处(*Reply to Colotes* 1115b-c),他不仅把"显白的对话"与关于物理学的著作区别开来,还把它同"伦理学注疏"(ethical notebooks)(使用 *upomnema*,这个古希腊语词等同于西塞罗的 *commentarii*)也进行了区别。因此,他承认,也有一些秘传著作与人之善相关。

里士多德可能使用了两种不同形式的隐微主义。因此，这个一般性的问题需要被分成两个子问题（这两个子问题本身还会有子问题）进行思考。历史上出现较多的误解，正是在于未能作出这一区分。

首先，这两类著作所呈现的，是否并不是[34]同一种教义的两种版本——其中一个是基础性的，另一个是更加高级的，而是两种完全不同的教义（以最极端的情况开始），一种是虚假的，另一种是真实的：一种是显白教诲，出于大众利益之故，它在政治需要和流行偏见面前做出了重大的让步；另一种是秘传教诲，为能够读懂哲学的读者所保留，它坚决拒绝上述让步？但是，第一种类型的隐微主义也可以没有这么极端。也就是，显白教义虽然不同于秘传教义，但它只不过是不够完整而已，并不完全为假：它遗漏或隐藏了被认为对大多数人有害的终极真理，但并没有传播与此相反的神秘教义。

其次，人们也必须问，不管这两类著作之间有何联系，每一类著作的内在特征是什么？即使这两种著作（或即使只是一类著作）的教诲基本相同，人们也需要问，在每一类著作中，教诲是被公开地展现出来，还是隐藏在字里行间。同样地，即使这两类著作展现了不同的教诲，也需要提出这个问题。蕴含了真正的哲学教诲的秘传著作，恰好在表面上展现了那个教诲？还只是在表面之下展现了那个教诲？相反，显白著作是否只展现显白教诲？还是说，这些更加大众化的著作也包含了一些字里行间的东西，它们会引导仔细的读者找到其中的哲学教诲？

换句话说，一位作家可以设法用两种完全不同的方式来向不同的读者说不同的东西：要么给予每种读者以与之相对应的著作（尽管，从长远来看，几乎无法维持这种区分），要么在相同的著作中，在表面上传达一种教诲，在表面之下传达另一种教诲——多层次写作(multilevel writing)。要么根据著作的类型来区分教诲,要么根据著作的层次来区分教诲。在探索亚里士多德的交流方式的过程中,这两种技巧我们都要考虑,当然也需要考虑——不是不可能——这样的可能性,即他结合了这两种技巧(考虑到第一种技巧固有的困难)。

接下来,我将会讨论后一种可能,即亚里士多德既在不同的著作中提出了两类不同的教诲,又在同一著作中通过多层次写作提出了两类不同的教诲。我们将会看到,来自古代注疏者的证词证据几乎一致认为,亚里士多德是一位多层次作家。但是,在关于亚里士多德是否赋予了两类著作以各自的教诲这个问题上,却存在着分歧。我将表明,通过求助于文本本身,以之为证据,我们可以对这个问题作出肯定的回答。

关于这些问题最早的证据

[35]有一点造成我们很难回答这些问题。那就是,我们手上没有任何的显白著作。只是通过别人的述说,我们才知道这些显白著作。另一方面,我们受到了古代和中世纪注疏亚里士多德的众多文献的相助。单单古希腊时期的注疏就长达一万五千多页。但是,两个问题削弱了这些文献的用处。首先,它们至少在我们的其中一个问题上存在分歧。另外,正如现代学者所强调,大多数这些文献受到了新毕达哥拉斯主义、新柏拉图主义、以及晚期帝国其他神秘主义潮流的影响。因此,它们显然在这些问题上有所偏见。因此,我们需要查看这些大部头的证据——但要谨慎小心。

在流传下来的相关论述中,最早的是普鲁塔克(Plutarch,

46—120 AD)的论述,其次则是几十年之后的格里乌斯(Aulus Gellius, c.125—180AD 之后)的论述。这两人都依赖于——正如后者所示——哲人安德罗尼科(Andronicus of Rhodes, c.60 BC),他是古代编辑亚里士多德著作的权威。① 普鲁塔克声称,亚里士多德的第二类,即不怎么大众化的著作关注"秘密的[*aporrata*,不能说出来的]和更深层次的东西,人们用特殊的术语称之为'秘传的'和'若隐若现的'(epoptic),它们并不透露给大众,让大众一起分享。"②(他尤其指我所说的关于自然和逻辑的"更秘传"著作。)他继续说道,当亚历山大大帝(Alexander the Great)——亚里士多德之前的学生——听到他的老师决定出版一些秘传作品之后,他写信给老师表示反对。然后,亚里士多德在下面的信中回复(在安德罗尼科编辑的亚里士多德著作中,这一段进行了特写。普鲁塔克仔细地描述了这段内容,格里乌斯则将这段内容全部引用):

> 亚里士多德致亚历山大大帝。陛下因秘传作品之事写信于我,告诉我应保守秘密,不将这些内容透露出去。但我知道,这些作品既已出版,也未出版,只有那些倾听过我们的人才能理解其中的深意。③

这封信是否真实并不确定。但是,不管是谁写了这封信(杜灵

---

① 一些学者也强调西塞罗(106—43 BC)更早的一段论述。但是,我下面将会说明,这段论述并没有真正解决我们所面对的问题。
② 普鲁塔克(Plutarch),《亚历山大》(*Alexander*) 7.3—5。由 Jenny Strauss Clay 翻译。
③ 《阁楼夜话》(*Attic Nights*) 20.5.12。由潘戈(Lorraine Pangle)翻译,选自《亚里士多德和友谊哲学》(*Aristotle and the Philosophy of Friendship*),Cambridge: Cambridge University Press, 2003, 9。

猜测,这是安德罗尼科自己所写),它都可以很好地透露亚里士多德作品的特征。我们的的确确知道的是,一位有着普鲁塔克之名望的思想家和历史学家,从自己对亚里士多德的阅读出发,发现这封信的内容精确无误。他继续解释道:

> [36]说实话,他论述形而上学的著作以特殊的风格写成,这种风格使得这些著作对于平常的教育没什么用;作为备忘录,它们只对那些已经熟悉这一类学习的人才具有指导作用。①

这些陈述直接解决了——如果只是部分地——我们的两个问题。关于第一个问题,普鲁塔克和格里乌斯(或许还包括他们所依赖的安德罗尼科)明显怀有这样的观点,即亚里士多德的显白著作和秘传著作之间的区别,并不能简化为我们的学者所谓的基础的(elementary)和高级的(advanced)之间的区别。它显然涉及到一些隐微的东西:一种向大多数人隐藏他最深层次的观点(通过将这些观点排除在显白作品之外),但同时又向其他人透露这些观点(通过将这些观点涵括在他独特的秘传作品之中)的强烈欲望。

但是,普鲁塔克等人显然也肯定,亚里士多德也使用了第二种,即多层次的隐微主义形式——关于我们的第二个问题。虽然"隐秘、更深的东西"只存在于独立的秘传著作之中,但即使是在这类著作之中,它们也不是被公开地展现出来,而是用巧妙的晦涩进行遮盖。秘传著作是"既出版的,又未出版的":它们

---

① 普鲁塔克,《亚历山大》(*Alexander*)7.3–5,选自《希腊罗马名人传》(*The Lives of the Noble Grecians and Romans*), trans. John Dryden, New York: Modern Library, 1932, 805.

是只透露给某些人,不透露给其他人的多层次著作。①

让我们暂时先搁置第一个问题(考虑到两种类型的著作)——因为它比第二个问题更加复杂,继续探索与第二个问题相关的古代证据,以及现代学者对这些证据的批判。

与第二个问题相关的证据:
亚里士多德是否为一位多层次作者?

有几位学者试图质疑上述证据。他们认为,这只不过是因为普鲁塔克受到了当时所流行的新毕达哥拉斯派观点的影响。② 支持这个观点就像反对这个观点一样困难,因为普鲁塔克与新毕达哥拉斯主义的关系既复杂,又不被人所知。但是,不管是在格里乌斯还是在安德罗尼科那里,似乎都找不到新毕达哥拉斯主义的影子。

不管怎样,格兰特再次提出了批评,且这一次的批评更加直接。他不仅嘲笑普鲁塔克对亚里士多德的阅读,还嘲笑普鲁塔克用于证明亚里士多德的著作具有故弄玄虚或多层次特征的证据。格兰特声称:"这样的陈述并不需要反驳。"[37]这里,他是

---

① 普鲁塔克和格里乌斯仍然没有解决第二个问题的第二部分:显白著作是否也是多层次著作。虽然知道答案很不错,但其实并没有什么重要的实际意义,因为我们并不拥有这些著作。

② 参阅毛罗(Paul Moraux), *Les listes anciennes des ouvrages d'Aristote* (Louvain: Université de Louvain, 1951), 169-70;以及格兰特(Grant), "On the Exoterikoi Logoi," 400. 证明这种影响的可能证据,参阅普鲁塔克,《伊西斯和奥西里斯》(*Isis and Osiris*),选自《道德论集》(*Moralia*), trans. Frank Cole Babbitt, Cambridge, MA: Harvard University Press, 1936, 5:182-83 (382e). 关于普鲁塔克对亚里士多德的众多讨论(结论是普鲁塔克准确、深刻地理解了亚里士多德),参阅维伯克(G. Verbeke), "Plutarch and the Development of Aristotle,"载于 *Aristotle and Plato in the Mid-Fourth Century: Papers of the Symposium Aristotelicum Held at Oxford in August, 1957*, ed. Ingemar During, Göteborg: Elanders, 1960, 236-47.

在利用那种深深的、令人愤慨的怀疑,即现代社会提出亚里士多德式隐微主义之际所引发的那种怀疑(文章一开始有所提及)。为了支持他的观点,他自信地补充说道:

> 文艺复兴以来,原初形式的亚里士多德著作得到广泛研究之后,关于亚里士多德双重教义的所有荒唐之言瞬间消失;亚里士多德哲学简单、直接的特征被所有人所接受。①

但是,我们或许可以说,超级自信的格兰特完全弄错了。他用于支持自己观点的证据强有力地反驳了他的观点。从文艺复兴到1800年左右,几乎每一个讨论这一主题的人都承认,亚里士多德的哲学具有隐微特征。

看其他的古代和中世纪注疏,我们可以发现完全相同的一点(尽管现代学者再次试图证明与此相反的结论)。② 辛普里丘(Simplicius of Cilicia, c.490–c.560)虽然是一位新柏拉图主义

---

① 格兰特(Grant), "On the Exoterikoi Logoi," 400. 另参阅策勒尔(Zeller),《亚里士多德》(Aristotle), 120, 其中提到了相似的观点。

② 博厄斯(George Boas)富有影响力的文章《秘密教义的古代证据》("Ancient Testimony to Secret Doctrines")试图通过仔细、详细地"列举和分析古代人对这个问题的确切阐述",一劳永逸地解决古代隐微主义的所有问题(79)。他声称自己发现,实际上这样的证据并不存在。他在结论部分得意洋洋地宣布:"我希望,我们已经看到,即使是逍遥学派的注疏者们(Peripatetic commentators),也不认为亚里士多德的教义有什么秘密(92)。读者们的确可以从文中看出这一点,但这只是因为所有的关键证据——来自琉善的公开陈述(我们刚刚看到),以及来自辛普里丘(Simplicius)、泰米斯提乌斯(Themistius)、阿尔法拉比、奥林匹奥多罗斯(Olympiodorus)、埃利亚斯(Elias)和菲洛波努斯(Philoponus)的公开陈述(下面会进行说明)——并没有被博厄斯列举出来。他的确考虑到了我们一开始所提到的普鲁塔克的著名陈述,也的确承认这一陈述"暗示理论科学是隐秘的",但他后来却对这一陈述弃之不理,理由是"……科学的隐秘性并不突出"(81)。

者,却被广泛地认为是最渊博、最可靠的希腊注疏者(继阿芙洛蒂西亚的亚历山大[Alexander of Aphrodisias]之后)。在他对《物理学》的注疏中,他评论道,在亚里士多德的秘传著作中,"他故意运用了晦涩,通过这种方式来击退那些太随意的人,因而对他们而言,这些著作似乎不曾被写过。"①他显然是在注疏并详尽阐述普鲁塔克所论述的观点。与此类似,与新柏拉图主义没有直接联系的泰米斯提乌斯(Themistius, 317-c.390),在他对《后分析篇》(*Posterior Analytics*)的释义中说道,"亚里士多德的许多著作似乎都设法做到了有所隐藏。"②新柏拉图主义者阿摩尼乌斯(Ammonius, c.440-c.520),则在注疏《范畴篇》的第一段中列举了开始研究亚里士多德的著作之前十个必须得到处理的问题。第八个问题是:"为何这位哲人公开强调要晦涩。"③几个段落之后,他给出了答案:

> 让我们问,这位哲人到底为何满足于晦涩[*asaphes*]的教诲。我们回答,这就像,在神殿里,为了防止每一个人,特别是不虔敬的人看到他们不应该看到的东西,用帘子进行遮挡。亚里士多德也是如此。他运用哲学中的晦涩进行遮挡,从而使那些善者(good

---

① 辛普里丘(Simplicius), *Aristotelis Physicorum Libros Quattuor Priores Commentaria*, ed. H. Diels, 选自《亚里士多德希腊注疏集》(*Commentaria in Aristotelem Graeca*), Berlin: Reimer, 1882, 9:8, 博洛汀(David Bolotin)直接引用并翻译,参阅 *An Approach to Aristotle's Physics*, Albany: State University of New York Press, 1998, 6.

② 泰米斯提乌斯(Themistius), *Analyticorum Posteriorum Paraphrasis*, ed. M. Wallies, 选自《亚里士多德希腊注疏集》(*Commentaria in Aristotelem Graeca*), Berlin: Reimer, 1900, 5.1:1. 博洛汀(Bolotin)直接引用并翻译,参阅 *Approach to Aristotle's Physics*, 5.

③ 阿摩尼乌斯(Ammonius), *On Aristotle's Categories*, trans. S. Marc Cohen & Gareth B. Matthews, Ithaca, NY: Cornell University Press, 1991, 9 (1.10).

people)可以因此而扩展思维,但那些因[38]不够细心而迷失其中的空虚头脑,则在遇到这样的句子之时,被晦涩所赶跑。①

同样地,在伊斯兰传统中,我们听到阿尔法拉比这么说:

> 不管是谁,只要探索亚里士多德的科学,研读他的书籍,刻苦钻研,就不会不遇到多种形式的隐藏,被他的方式弄得眼花缭乱,感到错综复杂,虽然他表面上试图解释澄清。②

阿尔法拉比非常清楚地看到了我们所看到的,即亚里士多德常常十分详细地进行"解释和澄清"。但是,他和其他人也同样看到,这并不是亚里士多德的全部。③ 在希腊注疏者那里,由于大家都把巧妙的隐晦作为亚里士多德著作的主要特征,因而在讨论和争论众多手稿是否为亚里士多德的手稿时,他们往往把这种特征作为判断手稿真实与否的关键标志。所以,我们看到新

---

① 阿摩尼乌斯(Ammonius),*On Aristotle's Categories*, trans. S. Marc Cohen & Gareth B. Matthews, Ithaca, NY: Cornell University Press, 1991, 15 (7.7).

② 阿尔法拉比(Alfarabi),《两圣相契论》(*Harmonization of the Two Opinions of the Two Sages*). 未出版的译文,由 Miriam Galston 所翻译;引自博洛汀(Bolotin),载于 *Approach to Aristotle's Physics*, 6.

③ 关于阿尔法拉比对亚里士多德式和柏拉图式隐微主义的理解,参阅马赫迪(Muhsin Mahdi)在《中世纪阿拉伯哲学中的人和宇宙》(Man and His Universe in Medieval Arabic Philosophy)一文中的精彩讨论,选自《中世纪的人和宇宙》(*L'homme et son univers au Moyen Age*), ed. Christian Wenin, Louvain-La-Neuve: Editions de L'Institut Supérior de Philosophie, 1986, 102-113. 正如马赫迪所解释,阿尔法拉比认为这两位思想家采用了截然相反的隐微做法。"柏拉图著作的秘密,在于通过习惯性的模棱两可来隐藏他偶尔清晰的陈述;亚里士多德著作的秘密,则在于通过习惯性的清晰来隐藏他偶尔模棱两可的陈述。"(110)

柏拉图主义者小奥林匹奥多罗斯(Olympiodorus the Younger, c. 495-570)如此说道:

> 有些人指责(《天象论》[*Meteorologica*]的)第一卷并非亚里士多德所作,首先因为它超越了亚里士多德本人,且作品清晰流畅(*sapheneia*)。为了反驳这些人,我将会坚持,这本书其实很多地方都模棱两可(*asapheia*)。①

如果作品缺少隐晦,那它就不可能是亚里士多德的真作。类似地,在16世纪和17世纪的作者中,包括确定无疑的非新柏拉图主义者,比如伽桑狄(Pierre Gassedi)和格兰维尔(Joseph Glanvill),把亚里士多德比作乌贼似乎成了一个标准的比喻,因为像枪乌贼一样,墨鱼喷出墨汁,以此作为一种保护措施。② 总之,关于多层次写作这个问题——我们的第二个问题,有着极为清楚、广泛和不矛盾的证据,证明故意使用隐晦向不同的读者传达不同的信息是亚里士多德作为作者最独特的特征之一。③

---

① 奥林匹奥多罗斯(Olympiodorus),载于 *Meteor* 4, 16-18. 索拉布吉(Richard Sorabji)引用并翻译,参阅 *The Philosophy of the Commentators*, 200-600 AD, vol. 3: *Logic and Metaphysics*, London: Gerald Duckworth, 2004, 46.
② 参阅 Charles B. Schmitt, "Aristotle as Cuttlefish: The Origin and Development of a Renaissance Image," *Studies in the Renaissance* 12 (1965): 60-72.
③ 虽然这些各有千秋的思想家都同意,他们在亚里士多德那里发现了故意制造隐晦的明显迹象,但至于隐晦背后隐藏着什么内容,他们产生了分歧。处于一个极端的是某些新柏拉图主义者,他们发现的是隐藏其中的神秘教诲。处于另一个极端的是蒙田,他发现的是隐藏其中的怀疑论。蒙田说道:"我们看到,他(亚里士多德)经常故意用这种粘稠厚重的隐晦把自己遮盖起来,以至于我们无法辨认他的任何观点。这实际上是一种披着肯定形式外衣的皮浪怀疑主义(Pyrrhonism)。"(Montaigne, *Complete Essays*, 376 [2.12];详细阐述参阅 pp. 408, 414)

关于第一个问题的证据：
亚历山大（Alexander of Aphrodisias）的观点

接下来，让我们回到第一个问题：在显白著作和秘传著作这两类著作之间，是否存在根本不同的教义？到这里为止，我们已经看到了普鲁塔克和格里乌斯[39]（或许还有安德罗尼科）的部分答案：是的，只有秘传著作包含普鲁塔克所谓的"隐秘和深层次的东西，人们……并不透露给大多数人，让大多数人享有。"但是，这一回答并没有讲清楚，这两类著作之间的不同到底有何特征。特别地，显白著作只是不完整而已——只是对那些"深层次的东西"保持沉默，还是展现了另一种假教义？换句话说，亚里士多德的著作展示了一种成熟的"双重教义"，一种教义是假的，另一种教义是真的？在第一个问题的这个特殊方面，注疏者们存在着重大的分歧（与他们在多层次写作那个问题上的一致性相比）。

在这个问题上，最重要的是亚历山大（Alexander of Aphrodisias, c.200）的陈述。他的观点强烈支持"双重教义"论。不幸的是，他陈述这一观点的著作——很可能是他对《论灵魂》（*De anima*）的注疏，并不属于流传于世之作。只是从他的主要对手，即三位新柏拉图主义者阿摩尼乌斯（Ammonius）、奥林匹奥多罗斯（Olympiodorus）、埃利亚斯（Elias）那里，我们知道了他的立场。根据埃利亚斯的阐述——三人的阐述中最迟、最详细的，亚历山大声称"在秘传作品中，他（亚里士多德）说的是真理和对他而言似乎为真的东西，但在各种对话中，他说的是对他人而言似乎为真的假话。"①

这一阐述极为重要,因为亚历山大或许是继亚里士多德本人之后,对我们而言最权威的人。亚历山大的盛名长达四个世纪,他闻名于异教徒、基督徒和穆斯林中,被简称为"注疏者"(the Commentator),是古希腊解读亚里士多德的人中最见多识广、最明智、最哲学的一位。考虑到这个事实,即他很有可能是最后一位能够真正直接接触到显白和秘传著作的注疏者,他在我们这个问题上就变得尤为重要。② 最后,他是最后一位完全未受新柏拉图主义影响的古代注疏者。在他那里,既找不到调和倾向(syncretistic,调和宗教与哲学),也找不到他那个时代迅猛发展的神秘主义和唯灵论(spiritualistic)倾向。

因此,我们可以预测,在这个问题上,现代学者——已经确定新柏拉图主义偏见是正确评价亚里士多德的写作方式的那个最大障碍——将会抓住亚历山大的这一陈述,把它作为我们所掌握的最最重要的证据。但是,情况却正好相反,大多数现代学者完全忽视了这一点。③

除了杜灵。他极为关注这一阐述——为了证明亚历山大从未作出这一论断。毕竟,[40]我们只是从三位注疏者的作品中才知道这个论断,而注疏者总是会发生这样那样的错误。因此,杜灵大胆地证明,在阅读亚里士多德的文本的过程中,注疏者们

---

① 埃利亚斯(Elias),《亚里士多德范畴篇注疏》(*Aristotelis Categorias Commentaria*), ed. A. Busse, 选自《亚里士多德希腊注疏集》(*Commentaria in Aristotelem Graeca*), Berlin: Reimer, 1900, 18.1:115.3-4. 翻译自 Jenny Strauss Clay, 未出版。这一注疏是否能够归结于埃利亚斯或大卫,并不太确定。

② 毛罗(Moraux), *Les listes anciennes*, 171n91. A.H. Chroust, "Eudemus, or On the Soul: A Lost Dialogue of Aristotle on the Immortality of the Soul," *Mnemosyne* 19 (1966): 22-23.

③ 下面两个地方提到了这点:Moraux, *Les listes anciennes*, 168, 以及 Zeller, *Aristotle*, 113n2.

极大地误解了文本(这一文本杜灵本人当然从未见过)。他继续凭猜测提出:在失传的注疏中,亚历山大真正的主张只是这简单、清楚的一点而已,即在秘传著作,也就是专著中,亚里士多德以自己之名言说,但在那些显白著作,也就是对话中,亚里士多德用几个不同的角色来表达他们各自的意见。但是,埃利亚斯却不理解这简单、清楚的一点,因而错误地认为亚历山大提出了上述论点,即在显白著作中,亚里士多德支持错误的意见。① 这就是为何出现这种错误的论述。

从多个方面来看,杜灵用猜测的方式重新组合这些相距甚远的事件显得有些牵强附会。首先,很难解释为何每个拥有平常智力的人都会犯他认为埃利亚斯所犯的错误,更不用说那些具有聪明才智、享有声誉的注疏者,这些注疏者可是受过文本分析技巧方面的严格训练。其次,有必要假定,这一离奇的错误并不只是犯了一次,而是犯了三次,首先是阿摩尼乌斯,然后是奥林匹奥多罗斯,最后是埃利亚斯——因为这三人都对亚历山大进行了基本相同的论述。②

此外,埃利亚斯和奥林匹奥多罗斯说得非常清楚,他们对亚历山大的观点的理解,完全不依赖于——正如杜灵所假定的那样——对关于亚里士多德写作方式的几句话的解读。相反,他们的解读切实地以亚历山大对亚里士多德的全部解读为基础。

---

① 杜灵(During),《传记传统中的亚里士多德》(*Aristotle in the Biographical Tradition*),437-39。

② 参阅阿摩尼乌斯(Ammonius),《亚氏范畴篇注疏》(*Aristotelis Categorias Commentarius*), ed. A. Busse, 选自《亚里士多德希腊注疏集》(*Commentaria in Aristotelem Graeca*), Berlin: Reimer, 1895, 4.4; 4.18; 以及奥林匹奥多罗斯(Olympiodorus), *Prolegomena et in Categorias Commentarium*, ed. A. Busse, 选自《亚里士多德希腊注疏集》(*Commentaria in Aristotelem Graeca*), Berlin: Reimer, 1902, 12.1; 7.5。

正如他们所解释——但坚定不移地反对——亚历山大拒绝灵魂不灭，且相信这也是真正的亚里士多德观。那些秘传作品，包括《论灵魂》，（无疑）可以以这种方式进行解读，但那些显白作品显然不能如此解读，因为它们就像奥林匹奥多罗斯所说的那样，"大声地宣告灵魂不灭"。① 因此，从亚历山大对亚里士多德的解读内容中，可以非常明显地看出来，亚历山大的确相信，那些秘传作品呈现的是亚里士多德的真教诲，而那些显白作品传达的则是与此根本不同的教诲，它们与那些流行的信念更为接近。关于亚里士多德的两类著作的确切关系，亚历山大的这一观点是我们所拥有的最好证据。

大辩论：亚历山大与新柏拉图主义者

因此，如果在亚里士多德是否实践隐微主义这个问题上，杜灵等人想要为他们的观点，即亚里士多德反隐微主义进行辩护，那他们就不能对亚历山大所提出的相反观点，[41]即他（亚里士多德）并不真正赞成隐微主义不理不睬。毕竟，亚历山大的观点有些暧昧、含糊。他们需要直面并驳倒这个观点——借助由三位公开与亚历山大唱反调的注疏者所提供的证据：埃利亚斯、奥林匹奥多罗斯和阿摩尼乌斯（受到菲洛波努斯[Philoponus]等人的支持）。但是，在与这种观点进行对峙之前，先谈谈两点。

首先，持反隐微立场的学术阵营的出现，源于他们把所有的

---

① 奥林匹奥多罗斯（Olympiodorus），Prolegomena, 12.1；7.5. 翻译自 Jenny Strauss Clay，未出版。

隐微讨论都归结于新柏拉图主义的负面影响。但是,这个坚持反隐微立场的学术阵营,现在却不得不希望,他们可以利用那些新柏拉图主义注疏者,来驳倒一位完全未受新柏拉图主义影响的注疏者。我们必须注意到这个极大的讽刺。

其次,杜灵似乎相信,不管是否能够驳倒亚历山大,至少这三位注疏者完全站在他这边,反对对亚里士多德的隐微解读。但是,这也是不对的。如果我们看第一个问题,即显白和秘传著作是否教导同一个教义,那这些人的确论证了反隐微的答案:两类著作的教诲本质上基本相同。但是,杜灵似乎并没有意识到,或不知怎地忽视了这一点,那就是,隐微主义可以采用第二种形式——多层次写作。我们可以看到,哲学家和注疏者——异教徒、新柏拉图主义者、伊斯兰教徒、以及基督徒——都达成了共识,认为亚里士多德的确采取了第二种形式的隐微主义。此外,杜灵必须求助的三位新柏拉图主义注疏者,也都是这一共识坚定不移的支持者。实际上,之前阐释这个观点之际,我已经引用了阿摩尼乌斯和奥林匹奥多罗斯的相关论述。至于埃利亚斯,三位思想家中最公开、最激烈地批判第一种形式的隐微主义(不同的著作类型,不同的教义),他在 11 页之后是这么说的(关于第二种,即多层次类型):

> 当亚历山大(大帝)抱怨他出版那些著作时,亚里士多德说道,"它们既出版了,也没出版,"暗指那些作品缺少清晰性……(这就像是)柏拉图所说的(在《书简二》[the Second Letter] 中,312d8):"如果有些东西恰好出现在著作中,读者因为其隐晦不理解其内容。"因此,(人们应该写作)为了隐藏;为了测试那些适合阅读者和不适合阅读者,因而那些不适合阅读者可以转

身离开哲学。①

因此,这三位注疏者在杜灵看来是站在他那边。但实际上,他们都坚定地相信亚里士多德的隐微主义——只不过不是亚历山大所说的那种隐微主义,即第一种隐微主义。② 确实,[42]历史上对亚里士多德的注疏充满了关于隐微技巧相关问题的热烈讨论。但是,据我所知,根本就没人讨论亚里士多德是否隐微。亚里士多德的隐微主义被所有流派所承认。

我们现在对注疏者的讨论进行了简单的考察。从这些注疏者的讨论中可以看出,所有人都同意,亚里士多德运用隐晦来向大多数读者隐瞒某些更高的真相。分歧只在于,他是否不仅只是隐瞒真相,还认可好的谎言,也就是,提供一种"显白的教义",严格意义上说是另一种虚构的教义,一个"高贵的谎言",特别是在显白著作之中,但某种程度上或许也在秘传著作之中。就这个问题的实际意义重复一下这个问题:如果我们试着对亚里士多德进行隐微阅读,我们是否只需要寻找对未言说的思想观念进行了暗示的细微提示,还是应该同时也质疑他公开肯定

---

① 埃利亚斯(Elias),《亚里士多德〈范畴篇〉注疏》(*Categorias Commentaria*),18.1:125.

② 基督教思想家菲洛波努斯(Philoponus, 490-570)也是这个情况。他很大程度上批判新柏拉图主义。在某种意义上,他是杜灵(During)的论述中的英雄,因为他虽然强烈地拥护其他三位注疏者所秉持的单一教义(single-doctrine)观点(参阅 Philoponus, *Aristotelis Categorias Commentarium*, ed. A. Busse, 载于 *Commentaria in Aristotelem Graeca* [Berlin: Reimer, 1898], 13.1:3.16, 4.12),但没有受到这三人对亚历山大极为错误的解读的影响(在杜灵看来)。但是,即使是菲洛波努斯也同意,亚里士多德是一位多层次的隐微主义者:
现在,他为了读者而制造隐晦,从而可以使那些天然适宜的读者急于听到论证,使那些不感兴趣的读者在一开始就可以转身而去。对真正的听者而言,看到论据如此隐晦不明,他们会渴望挣扎着到达那个深度。(6.22-26. 由 Jenny Strauss Clay 翻译,未出版)

并论证的教义是否为真?

这三位新柏拉图主义注疏者的选择都没有这两种方案这么极端:亚里士多德留下了很多没有言说的东西,但是他所说的,都是他所相信的;他有所隐藏,但不撒谎。他试图排除一部分读者,但不试图欺骗他们。① 这个观点对注疏者们而言极为关键,因为作为新柏拉图主义者,他们以一种宗教或唯灵论(spiritualistic)的方式解读亚里士多德。在这种解读方式中,涉及到的各个主题在显白著作中比在秘传著作中更加重要。因此,他们热切地坚持这样的观点,即前者(显白著作)虽然比秘传著作更加大众化,但却提出了相同的教义,因而跟后者(秘传著作)同样有效,在有些方面甚至比后者更加有用。在他们自己的作品中,他们当然把它们用的恰到好处。② 与此相反,亚历山大对亚里士多德的终极教义却有着更具怀疑色彩的自然主义解读,因而他坚持认为,正如他不得不做的那样,唯灵论的显白著作包含了

---

① 看到亚历山大持有相反的观点,埃利亚斯回复道:"亚历山大,这对一位哲学家而言并不合适;因为选择假话、隐藏真相并不合法。"然后,他引用了《伊利亚特》(*Iliad*)中阿喀琉斯的话(9.312-313):
　　有人心里藏着一件事,嘴上却说另一件事
　　这样的人真是如冥界的门那般可恶。
　　　　　　　　　　(Elias, *Aristotelis Categorias Commentaria*, 18.1:115.3-4)
② 更一般地说,正如蒂格斯泰特(E. N. Tigerstedt)所评:"确切意义上的新柏拉图主义者——普罗提诺(Plutinus)、波菲里(Porphyry)、杨布利柯(Iamblichus)以及他们的众多门徒——并没有区别显白的柏拉图主义和隐微的柏拉图主义。对他们而言,只有隐微的柏拉图主义。"参阅 *Interpreting Plato* (Stockholm: Almqvist & Wiksell, 1977), 65. 新柏拉图主义派关于亚里士多德的观点也与此类似。他们断言,亚里士多德的显白和秘传著作都教诲了同样的教义——就像大多数现代学者所认为的那样。但是,这一论断对现代学者而言是指,亚里士多德没有明确的隐微教诲。不过,它对新柏拉图主义者而言是指,亚里士多德没有明确的显白教诲,他所有的著作最终都传达了相同的隐微教诲。

很多"只是显白"的东西或虔诚的虚假。①

---

① 一些学者非常看重西塞罗的一段陈述,认为这段陈述明确了一点:(亚里士多德的)两类著作所蕴含的教义并没有什么区别(参阅 Moraux, *Les listes anciennes*, 168; Boas, "Ancient Testimony," 83-84; Grant, "On the Exoterikoi Logoi," 399)。在西塞罗的对话《论道德的目的》(*De dinibus*)中(5.5.12),其中的角色皮索(Marcus Piso)对逍遥学派进行了简单的描述。他首先提到的是他们关于自然的著作,然后是他们关于逻辑的著作,最后——在我们所讨论的这个段落中——是他们关于人之善的著作。在这三处讨论中的每一处,他都重视澄清亚里士多德与亚里士多德在学园里的直接继承人泰奥弗拉斯托斯(Theophrastus)之间可能存在的差异。

> 关于最高的善(因为有两类著作,其中一种以大众化的方式写成,他们称这样的著作是显白的,另一种则写的更加仔细,他们将之留在注疏本中),他们似乎并不总是说相同的东西。但是,在极为主要的事情上,他们(我提到的这两人)的观点没有什么差异,他们之间也没有任何分歧。但是,在好生活(good life)这个主题上……他们有时候的确有所不同。(由 Jenny Strauss Clay 翻译,未出版)

这段有些模糊的段落可以用多种不同的方式进行解读,但没有一种解读屈服于这些学者所给出的解读。皮索在第一句话中说"他们似乎并不总是说相同的东西",又在第二句话中说实际上"在我所说的人中,他们的观点没什么差异",在两种情况下,他明显都不是指著作——显白的和"在注疏本中的"(秘传的),而是指两个人,即亚里士多德和泰奥弗拉斯托斯。

意义不明确的是这句话,"他们本身之间也没有任何分歧"。这有可能是对两者关系的进一步论述(这可能有点重复),也有可能是指两人各自的自身状况:每个人都是前后一致的,没有自相矛盾。如果是后面这个意思,那就有两种情况。要么是,对于每一位思想家而言,他在显白著作中所说的和在秘传著作中所说的没有什么区别(正如学者们所证)。要么是,在两类著作中所说的内容的确存在区别,但不存在真正的矛盾,因为显白的陈述只是大众化的或暂时的而已,而"更加仔细的"秘传陈述是最终的真理。

但是,即使这句话的含义最终如学者们所言,学者们的解读也站不住脚。这是因为,不可否认的是,这个段落所有的讨论只关注一个特定问题,"最高的善"和"极为主要的事情",也就是,至善(summum bonum),这是智慧。但是,正如这个段落以及它后面的内容所强调,关于其他的问题,"好生活这个主题"、智慧之外是否需要好运,情况则极为不同。此处存在真正的区别。所以,不管对这个段落进行哪种方式的阅读,都无法声称,在所有重要的主题上,显白著作和秘传著作的教诲没有区别。

还有一点需要注意,那就是,考虑到西塞罗似乎并不能接触到大多数的秘传著作,包括《尼各马可伦理学》,因而他在这整个主题上的权威并不是很大。参阅 Zeller, *Aristotle*, 107n1, 以及 Rackham in Marcus Tullius Cicero, *De finibus bonorum et malorum*, trans. H. Rackham (London: W. Heinemann, 1914), 404n。

那到底谁对？我上面已经提出，出于一系列的原因，亚历山大一般被认为比其他人更加可靠。但是，或许我们也可以通过亲身考察亚里士多德的文本，来对这些注疏者们互相矛盾的论断进行判断。当然，由于我们手头没有亚里士多德的任何显白著作，因而很难确切地做这件事。① 但是，我们对这些作品略知一二，至少在一个关键的问题，即灵魂不灭这个方面，我们能够进行相当可靠的比较，也就是比较这两类不同的著作如何对待这个主要的哲学问题。

关于显白著作，埃利亚斯告诉我们，"对话似乎非常明确地预告了灵魂不灭"。其他很多学者也提出了这一论断，比如普罗克鲁斯(Proclus)，以及上面提到的奥林匹奥多罗斯。② [43] 亚里士多德有一篇论灵魂和来世的著名对话，大致以柏拉图的《斐多》(*Phaedo*)为模型，叫做《优台谟》(*Eudemus*)。通过这篇对话的残篇断简，我们掌握了这篇对话的大部分内容。它们显然支持注疏者们的论断。确切地说就是，亚里士多德似乎认为灵魂不灭——灵魂指个人的(personal)或个体的(individual)灵魂，它包括一个人关于自己前世今生的记忆。

但是，如果我们转向另一系列的著作，就会发现，在全部的秘传著作中，没有一个地方亚里士多德提出了与此相当的主张。在《论灵魂》(*De anima*)两个简短、隐秘的著名段落中(408b18-

---

① 但是，这个事实本身或许与我们的问题有些关系。我们所掌握的亚里士多德作品都来自安德罗尼科(Andronicus)的权威编辑。如果我们缺少显白著作，那是因为安德罗尼科作出了不把显白著作编辑在内的重大决定。如果让一位新柏拉图主义者来做这件事，那我们就有理由相信，他会做出极为不同的选择。虽然我们不知道安德罗尼科为何作出了这个决定，但可以肯定，这样做可以与亚历山大的整个观念更加地和谐一致。

② Elias, *Aristotelis Categorias Commentaria*, 18.1:114.15-115.13. 参阅 Chroust, "Eudemus," 22.

29，430a23），他声称灵魂的一小部分，即"主动理智"（active intellect）不灭。但至于这"主动理智"到底是什么，以及我们如何知道它不灭，亚里士多德就说的极为模糊。不过，从他所说的内容中，似乎可以很清楚地看出，一旦身体死亡，我们的个人记忆就不再得以延续，因为它不是由主动理智所操作。所以，并不存在真正的"个人不灭"（personal immortality）。

如果我们转向《尼各马可伦理学》——亚里士多德致力于探索我们应该如何生活这一基本问题的著作，就可以清楚地看到，他从未提出过这个问题。他最接近这个问题的地方是在第一卷的第十章。在这个地方，他考虑了与此相关的一个小问题：如果一个人过了一辈子的幸福生活，但去世之后，他的家庭和财产却彻底被毁，那我们是否可以说这个人并不幸福？带着走钢丝人所拥有的熟练精巧，亚里士多德成功地探讨了这个难题所有的细节，但丝毫没有触及到他所指的大问题：是否存在某种形式的来世？在令人觉得有趣的模棱两可中，他的讨论似乎向我们展示——但没有告诉我们，他并不愿公开处理这个问题。但是，两卷之后，在另一个极为不同的语境中，亚里士多德的确顺带提到："愿望（不同于"选择"）可以用于那些不可能的事情——比如，不灭（immortality）"（1111b22）。

当然，这一简单的文本考察并没有解决亚里士多德如何看待不灭的问题。但是，这些考察却足以相当有力地说明亚里士多德在我们所讨论的问题上所持的立场：亚里士多德的两类著作并不呈现相同的教诲。的确存在"双重教诲"。在这个关于生命的最重要的问题上，显白著作显然宣称一种类似宗教的教诲——个人不灭，这种教诲与政治需求以及众人的希冀和渴望更协调一致。相反，秘传或哲学著作却故意不对这个问题进行任何清晰明确的陈述。同时，它们似乎悄无痕迹地指向一种更具怀疑色彩的观点;不管细节到底为何,它否定个人不灭。① 似乎很清楚,在显白著作中,亚里士多德[44]的确愿意赞同虚假的东西,肯定、甚至证明——以他全部富有个性的真挚和精确——他并不相信的教义。

但是,这样的论证仍然是不严密的。总不能只依赖残篇断简和古人对这些显白著作的解读吧?② 如果能够从我们真正拥

---

① 这一观察同样支持我们早期对亚里士多德巧妙的隐晦之术的观察。毫无疑问,很多时候,特别是在无争议的问题上,亚里士多德过分地清晰和井井有条(甚至可以说到了招摇的地步)。但是,在这里,我们面对的是在攸关生命的大问题上最大的问题之一——我死后,我身上会发生什么。而且,我们突然看到了极为不同的亚里士多德。他用沉默、躲闪其辞、以及晦涩来面对整个问题。这是行动上的乌贼。这个清晰简单的例子说明,在注疏者们和哲人们一致认为亚里士多德具有明显、故意的隐晦之时,他们到底想的是什么。

② 这个观点面临两大方面的批判。古代注疏者泰米斯提乌斯(Themistius)(参阅 *Libros Aristotelis de Anima Paraphrasis*, ed. R. Heinze, 载于 *Commentaria in Aristotelem Graeca* [Berlin: Reimer, 1899], 5.3:106)提出,在《论灵魂》(这是一方面),以及《优台谟》(*Eudemus*)和柏拉图对这个问题的一些讨论(这是另一方面)之间,并不存在重大的矛盾。不管表面上如何,后者(《优台谟》与柏拉图的那些讨论)就如前者(《论灵魂》)一样,实际上认为只有部分的灵魂,即努斯(nous)具有不灭性。但是,这个观点需要对《优台谟》和柏拉图的那些讨论采取隐微阅读(表面上,两人的作品明显支持更强势的个人不灭概念),从而承认争议中的主要要点——亚里士多德(和柏拉图)有时候肯定他们内心并不真正相信的教义。(参阅 Chroust, "Eudemus," 24-25, 对用非隐微阅读的方式来证明这一相同论点的现代学者的讨论。参阅 Lloyd P. Gerson, *Aristotle and Other Platonists* [Ithaca, NY: Cornell University Press, 2005], 51-59)。

不过,耶格尔(Werner Jaeger)在他的经典之作《亚里士多德思想发展史基础》(*Fundamentals of the History of His Development*, Oxford: Clarendon Press, 1948)中,对泰米斯提乌斯的的观点(49-51)表示反对。他大体上强烈地认为,在《优台谟》和其他的显白对话(这是一方面)与秘传著作(这是另一方面)之间存在着巨大的差异。但是,他并不是用隐微主义来解释这些差异,而是认为这些差异只不过是反映了亚里士多德真实的思想变化,即亚里士多德从一个年轻的柏拉图弟子转变成了一位成熟、独立的思想者。但是,耶格尔有名的发展论观点(developmental thesis)无法解释我们在亚里士多德著作中找到的隐微主义、躲闪其辞和晦涩等迹象。此外,正如我下面会提出,在写于亚里士多德成熟时期的所有作品中,我们都能找到相互冲突的教义。

有的文本中找到某些证据,那就相当有用。这并不是个不合理的希望,因为正如我们所见,秘传著作都是多层次作品,运用隐晦来隐藏真理。因此,它们完全可能采取了进一步的做法(在目前的讨论中,这有所争议):对亚里士多德根本上拒斥否决的教义,表面上表示认可——要么在相同作品的表面之下,要么在一些其他"更加秘传"的作品中。换句话说,如果我们可以说明,秘传著作本身包含了一层"仅仅是显白的"表面教诲,那我们就可以证实我们对已失传的显白著作的猜测。

秘传著作中的显白教诲

这样做其实相当简单。比如,让我们转向另一个绝对基本的问题:是否存在神或众神?众所周知,在《形而上学》讨论"神学"的那个部分(11),亚里士多德通过他关于不动的推动者(the unmoved mover)的教义回答了这个问题。他提出,不动的推动者是:一个完美、单一、不变的生物,过着一种彻底的沉思生活——思想活动本身。但是,大家都知道,《尼各马可伦理学》和《政治学》经常充满敬意地提及城邦的传统众神。比如,这些著作描述了:谁是神最爱、神赏赐最多的人(《伦理学》1179a23-34);是众神给予人类以荣誉(《伦理学》116a23);一个城邦最关键的一个部分,没有它城邦就难以生存,是那个专心于神灵的部分——神职(《政治学》1328b2-13)。① 诚然,亚里士多德并不如柏拉图般那么频繁和虔敬地提及众神;即使提到众神,也常常

---

① 这样的陈述并不仅仅局限于伦理和政治著作。考虑 *Topics*105a5:"那些人很困惑,不知道一个人是否应该敬神,或爱父母,或无需惩罚。" *The Basic Works of Aristotle*, ed. Richard McKeon, New York: Random House, 1941, 198.

带着某种条件；偶尔，他还暗暗地提示更高的概念"神"（the god），但我们仍然很难否认，他在这些作品中所肯定的东西与《形而上学》的教诲截然相反。因此，罗斯（Sir David Ross）虽然在开始他的经典著作《亚里士多德》之际，在一个句子中否决了这个传说，即显白/秘传之分涉及到"向大众省略真理"，但后来却不得不承认，在大多数涉及到宗教的段落中，亚里士多德"显然是在使自己与当时的观念相一致。"甚至格兰特本人也被迫承认，在这些作品中，[45]"有几个地方显然像大众一样暗指'那些众神'。"① 用更自然、更准确的话说，如果《形而上学》呈现了亚里士多德关于神的真实观点，那他在这两本著作中关于众神的观点几乎都"仅仅是显白的"。②

如果我们继续看与之相关的天命（providence）问题，就可以看到类似的模式。对大多数解读亚里士多德的人而言，似乎很明显，且也不是不合理，由于他的神只是沉思的，确切地说是自我沉思的，因而亚里士多德的思想中不存在关于特殊天命的基础。但亚里士多德克制住自己不要得出这样的结论——确切地说，不要得出关于这个问题的任何结论。这是另一个令这位哲人几乎保持沉默的关于生命的问题。但是，不管在哪里，只要他表明立场，就不是为了支持《形而上学》会让人料想到的那种立场。相反，他肯定神圣天命的存在，虽然他的陈述是如此抽象，

---

① 罗斯（Sir David Ross），《亚里士多德》（*Aristotle*），London: Methuen, 1965, 5, 179; Grant, "On the Exoterikoi Logoi," 292.

② 确实应该思考，到底是什么样的思想或环境变化，导致亚里士多德在《形而上学》（*Metaphysics*）中说的如此公开明白——在秘传的《伦理学》和《政治学》中，他觉得自己有必要显白地说神（因为这个原因，我称前者是"更加秘传的"著作）。但是，不管其中的原因是什么，这种差异的存在对我们非常有用，它可以让我们清楚地看到，亚里士多德是多么乐意肯定他并不相信的观点。（当然，也应该思考，是否《形而上学》的教义就是亚里士多德在这个问题上的真实观点和最终观点。）

或如此地充斥着条件,以至于并不让人觉得他肯定神圣天命的存在。因此,在《论天》(*On the Heavens*)(271a33)中,他宣称:"神和自然做任何事情都有目的。"在《尼各马可伦理学》(1099b13)中,他说道,幸福来自众神——至少这样是适宜的。后面(1179a23),他提出,众神爱哲人,赏赐哲人——如果哲人爱任何人,赏赐任何人。考虑到所有这些,罗斯——又一位不知不觉的隐微读者——合理地得出结论:

> 如果我们不看那些段落——亚里士多德或许是在使自己与公共意见相一致的段落,就明显可以看出,几乎找不到这种思考方式的痕迹。①

总而言之,似乎可以公平地说,亚里士多德也许拒绝天命;但是,如果他的确如此,他就故意隐藏这个结论。他总是尽可能地避而不谈这个主题,但偶尔公开(不冷不热地)谈到这个主题时,就表现为赞成天命。

我们现在已经看到在三个问题上的同一种行为模式——关于神(God)、天命和来世。不过,有人或许会试着反驳,这些主题虽然重要,但似乎并不是亚里士多德的哲学活动的中心所在。因此,如果我们可以捕捉到亚里士多德显白地陈述他心中的主要问题,那结论就会更加地令人印象深刻和具有决定性。那么,让我们转向无疑处于亚里士多德教诲中心的理论教诲:他关于自然目的的教义。亚里士多德目的论的明确特征在于,这是一种"内在的"或"多元论的"目的论。这是公认的。"每一种物种

---

① 罗斯(Ross),《亚里士多德》(*Aristotle*), 186. 再一次,"'上帝和自然'这种表达似乎是对日常思维方式的一种迁就(126)。"

的目的，"用罗斯的话说，[46]"内在于该生物；他的目的只是为了成为那样的物种。"①这不是一种"外在"目的论，即一种物种是为了另一种或全部的物种而存在，当然更不是一种"人类中心论"目的论，即所有东西都是为了人类的利益而存在。马存在，并不是为了让人骑马。亚里士多德所有的秘传著作都提出了这个观点。

除了《尼各马可伦理学》和《政治学》。在《尼各马可伦理学》(1106a20)中，亚里士多德说道，一匹马的天然卓越或完美在于能够很好地承载骑着它的人。类似地，在《政治学》(1256b16)中，他声称，甚至用论据证明自己的观点，植物存在，是为了动物；动物存在，是为了人类。所以，即使谈到这个理论教义，这个对亚里士多德的整个思想而言如此重要的教义，他也似乎愿意进行显白地言说，来歪曲他的教义。②

与《政治学》中这一显白的人类中心主义(anthropocentrism)相关的，是显白的民族优越主义(ethnocentrism)。在这一卷的第二页(1252b4)，亚里士多德公然赞同当时具有支配地位的教

---

① Ibid., 126. 类似的讨论，参阅 Abraham Edel, *Aristotle and His Philosophy*, Chapel Hill: University of North Carolina Press, 1982, 66; Mariska Leunissen, *Explanation and Teleology in Aristotle's Science of Nature*, Cambridge: Cambridge University Press, 2010, 40-42. 另参阅 Abram Shulsky, "The 'Infrastructure' of Aristotle's Politics: Aristotle on Economics and Politics," 选自 *Essays on the Foundation of Aristotelian Political Science*, ed. Carnes Lord and David O'Connor, Berkeley: University of California Press, 1991, 89.

② 再一次，罗斯及时指出了《政治学》中的论断和科学类著作中详细阐述的目的论理论之间惊人的矛盾。但是，面对这个处于亚里士多德教义问题中心的问题，与上面所讨论的宗教问题相反，罗斯似乎并不乐意考虑这个观点，即亚里士多德很有可能再次参与了某种形式的"迁就"(accommodation)或虔敬的造假。考虑到《政治学》中表面的人类中心主义目的论，他只能强迫自己说："但在那里，他不是在写生物学"(*Aristotle*,126n2)，好像这可以用来解释他为何公开与自己已经确定的观点相矛盾。

条,即希腊人是野蛮人(也就是,所有非希腊人)的天然统治者,因为非希腊人天然具有奴隶相。(这一论断对为他的理论进行辩护至关重要——我觉得这一理论同样也是显白的——即自然[nature]合宜地将人类分成了天然的统治者和天然的奴隶。)但是,后来,在第二卷中,即在亚里士多德致力于考察当时三个最优城邦的那一部分,他悄悄地把迦太基(Carthage)——一个野蛮人的城邦——作为考虑对象之一。①

总结一下,对秘传著作中某些主题的简短考察强烈支持亚历山大(Alexander of Aphrodisias)在与三位新柏拉图主义注疏者的辩论中所坚持的立场。亚里士多德不仅是一位多层次作者,通过有意的晦涩来隐藏他的一些教义,正如所有人都同意,他还宣传某些有益的假话或高贵的谎言。在显白著作中,他这一点做得特别明显,也做得特别具有代表性。不过,在秘传著作中,某种程度上他也这么做。简而言之,他运用了非常成熟的"双重教义"。

此外,这一论断不可以再被认为是新柏拉图主义派的胡言乱语(Neoplatonist nonsense),正如杜灵、格兰特等人长久以来所做的那样。因为正如我们刚刚所见,情况正好相反。这样的观点,即亚里士多德在他的两类著作中宣传双重教义,正好是对新柏拉图主义派观点的拒绝。

如今,对我们而言,亚里士多德似乎是关于隐微主义"最难的例子"。但是,我们现在可以明白,为何以及如何在历史上的

---

① 另考虑柏拉图《理想国》499b,其中,苏格拉底声称,最好的政制——哲学王的统治,或许此时存在于"某个野蛮人的国度"。

大多数时期,他被视为古代的经典案例。①

如今非西方民族流行隐微交流

[47]证明隐微主义实践的大量证词证据虽然非常有力,但仍然面临着两个顽固的障碍。首先,有一个问题摆在所有的历史研究面前(历史研究不同于社会科学研究):证据都是静止的,根植于遥远的过去。没有机会质疑、澄清和交叉考察。其次,不管证据和论证说了什么,仍然有一种声音深深地存在于我们心中,重复着同一个意思:隐微是种奇怪的行为——简单、清楚,显而易见。它只是通不过嗅诊测试(smell test)。

为了解决这些障碍,或许可以简单地求助于另一种非常不同的证据:近来关于不同文化中的平常人如何交流的社会科学研究。这样的证据和研究都是当代的、有应答的、持续的。这种生动的证据也恰巧表明,隐微的交流方式尽管在我们闻起来有些奇怪,实际上却是世界上大多数地区日常生活的一部分(事实就是这样,它不只是稀罕的智识话语,还是平时的日常用语)。因此,简单地涉及这个研究领域,可能有助于我们与根深蒂固的口味和反应保持一段极为需要的距离。

多方面的原因造成了各种文化的不同。其中,最为重要的一个方面是交流方式(modes)和风格(styles)。但是,关于交流

---

① 对亚里士多德著作进行隐微阅读的例子,参阅 Thomas L. Pangle, *Aristotle's Teaching in the Politics*, Chicago: University of Chicago Press, 2013; Harry Jaffa, *Thomism and Aristotelianism: A Study of the Commentary by Thomas Aquinas on the Nicomachean Ethics*, Chicago: University of Chicago Press, 1952; Ronna Burger, *Aristotle's Dialogue with Socrates: On the Nicomachean Ethics*, Chicago: University of Chicago Press, 2008; David Bolotin, *An Approach to Aristotle's Physics*.

方式和风格之差异的研究长久以来受到了忽视。幸运的是,最近这成了一个相当优先的领域——这很大程度上归功于全球化的爆炸式发展。这方面的研究快速地向前推进,出现了大量多元化的学科。

在纯粹的理论层面,"比较修辞"(comparative rhetoric)已经成为比较文学(comparative literature)下面一个迅猛发展的研究领域。在社会科学领域,对跨文化理解和合作越来越多的实际性关注导致了"跨文化交流"(intercultural communication)研究领域的出现,并且它已成为社会学、传播学和人类学领域中快速增长的产业。在更加实际的层面,商学院,特别是不断发展的次研究领域——国际公共关系,也不断地将注意力放到不同文化之间的交流风格上面。政治科学系的国际关系课程也是如此,特别是那些外交专业方面的课程。最后,各国际志愿组织,比如和平队(Peace Corps),不仅为我们提供了理解所有这些重要文化差异的材料,[48]同时这些组织自身也充分地利用这些文化差异。具有讽刺意味的是,这一生机勃勃的领域,不仅开始帮助我们正确地解读并处理其他文化的交流方式,还有助于我们正确地解读并重新处理我们西方过去的作品。在许多重要方面,我们过去的作品并不是与我们自己的文化,而是与如今的非西方文化更有共同之处。

攻读这一庞大的新文献,我们会被这样的事实所震撼:虽然它非常地多元化——辐射到了极为不同的学科,带着不同的动机和方法学,但不管在什么地方,人们都能听到对西方的交流方式,及其与其他文化的交流方式之差异的相同描述。比如,人类学家霍尔(Edward T. Hall)——或许是这个领域内最有名、最有影响力的作者——区分了他所谓的"低语境"社会(如美国和欧洲等)和"高语境"社会(可见于大多数的发展中国家)。在"低语境"社会中,当一个人与其他人进行交流时,不管是口头,还是书面,他应该是直接的、清楚的、明确的、具体的、线性的,切中主题。但在大多数其他国家中,这样的行为被认为有点浅薄和鲁莽:一个人应该以一种细心、不直接、建议性的迂回方式接近他的话题。①

这种差异也可以在《和平队跨文化工作手册》(The Peace Corps Cross-Cultural Workbook)中看到。这是一份由和平队所编纂的工作参考手册,凭借多年来在不同文化中的亲身实践经验而写成,旨在帮助志愿者做好准备,理解他们所要服务的国家的交流习俗。这本手册强调,在美国和其他的西方国家,我们习惯于一种"直接的"交流风格:

  人们说的就是他们所指,人们指的就是他们所说;你不需要字里行间地阅读;是什么就说什么,这很重要;诚实是最好的策略。

但美国的志愿者需要明白,在西方世界之外,各种文化不同程度地降级为"不直接的"交流风格:"人们是不直接的;他们暗示/建议他们所指;有所保留的陈述受到重视;你需要字里行间地阅读。"②

根据肯尼迪(George Kennedy)的《比较修辞:历史的、跨文化的简介》(Comparative Rhetoric: An Historical and Cross-Cultural Introduction),印度尼西亚尚无文字的瓦那(Wana)民族显然如此。在瓦那人那里,通常"说话者掩饰他们的含义……以一种

---

① 参阅 Edward T. Hall, *Beyond Culture*, New York: Doubleday, 1976.
② Peace Corps, *Culture Matters: The Peace Corps Cross-Cultural Workbook*, Washington DC: Peace Corps Information Collection and Exchange T0087, 1997, 81.

优雅的方式跟理解他的人间接地说一些东西。"①正如亨得利(Joy Hendry)和沃森(C.W. Watson)在他们合编的《间接交流人类学》(*An Anthropology of Indirect Communication*)导论部分所解释,[49]许多研究者已经记录了各种原始社会中的这种交流风格,比如马来(Malay)、特罗布里岛(Trobriand Islands)、巴布亚新几内亚(Papua New Guinea)、马克萨斯群岛(Marquesan Islands)、苏拉威西岛(Sulawesi)、中非北部的阿赞德部落(Azande tribe)和塞内加尔的沃洛夫民族(Wolof people of Senegal)。② 至于采取这种普遍做法的众多理由,他们列举了:

> 为了避免冒犯他人,或与之相反,为了冒犯他人而不受到惩罚;为了缓和尴尬,挽救面子;通过掩饰的手段娱乐他人;为了审美享受;为了维持和谐与社会关系;为了建立一定的社会地位;为了在某种语境(discourse)中,排除那些不熟悉话语使用习惯的人,因而使那些熟悉之人更加团结稳定。③

在更加发达的世界同样可以找到例子。根据交流学方面的学者高歌(Ge Gao)和丁允珠(Stella Ting-Toomey),中国文化的主要特征是含蓄(*han xu*),或者说"含蓄交流"(implicit communication)。这是一种"有所抑制、有所保留、含而不露、不直接的"言辞。

---

① George Kennedy, *Comparative Rhetoric: An Historical and Cross-Cultural Introduction*, Oxford: Oxford University Press, 1998, 71.

② Joy Hendry & C. W. Watson, *An Anthropology of Indirect Communication*, London: Routledge, 2001, 5-8.

③ Ibid., 2.

> 含蓄被认为是中国文化中的一种社会规则……为了做到含蓄,一个人不把一切都说出来,而是让听者去领会"未言说之意"。

接下来,他们说道,比西方人更甚,"在中国文化中,推测和译解隐藏之意更加具有吸引力。"的确,这种风格的主要目的或功效在于:

> 当中国人模棱两可地提出想法、意见或建议时,他们希望与他们进行对话的人能够高度参与其中,并积极地译解其中的信息……迟疑的、不直接的途径用于让听者具有与说话者同样的立足点。①

与我们西方人所预料的相反,模棱两可使听者参与对话。它使得他们更加投入,并与所说的内容融为一体。隐微的风格,虽然最明显地是用来排除没用的听者(隐微主义的"自卫性"和"保护性"作用),但同样也是一种拉拢的方式,拉紧了说话者和倾听者、作者和读者的联系(隐微主义的"教学性"作用)。

此外,这种间接的风格不仅运用于应酬(polite conversation)之中。在那些最为重要的事情上面,也采用了这种风格。在回忆录中,基辛格(Henry Kissinger)[50]详细地论述了关于中国开放的重要谈判。他对毛泽东简要的交流方式感到非常震惊:

---

① Ge Gao & Stella Ting-Toomey, *Communicating Effectively with the Chinese*, Thousand Oaks, CA: Sage Publications, 1998, 37, 36, 38.

他毫不费力地引导着一种苏格拉底式的对话。看似无心之下,他说出了自己的意思……结果,他的要点散落在众多与要点无关的话中。以至于,在传达某个意思的同时,却又逃避了某个承诺。毛的简要话语就是墙上短暂的阴影;它们反映了某种现实,但它们不说清这到底是什么。①

转向与此极为不同的世界——中东,转向极为不同的学术学科,公共关系,我们看到了极为相似的描述。在《理解阿拉伯人交流方式的文化偏好》(Understanding Cultural Preferences of Arab Communication Patterns)一文中(载于《公共关系评论》[Public Relations Review]),萨哈兰(R. S. Zaharna)说道:"阿拉伯文化偏好间接、模糊、模棱两可的陈述。"在阿拉伯国家工作的美国公共关系专家必须欣赏下面关键的一点

理解的重任不是落在说话者身上,说的人要说的一清二楚,而是落在听者身上,听的人要译解被隐藏的内容。实际上,越好的发言者,越能够巧妙地掌控隐藏于其中的各种暗示的微妙之处。参与其中的阿拉伯听众很高兴找到那些被隐藏起来的提示。②

同样地,根据跨文化发展研究所(Intercultural Development Research Institute)执行主任班尼特(Milton J. Bennett),日本文化

---

① Henry Kissinger & Clare B. Luce, *The White House Years*, Boston: Little Brown, 1979, 1247.

② R. S. Zaharna, "Understanding Cultural Preferences of Arab Communication Patterns," *Public Relations Review* 21, no. 3 (1995): 249, 251.

也倾向于要求

> 发言者运用相对模糊的陈述来隐含、暗示其中的含义——陈述的方式,由谁说,对谁说,哪里说,什么时候说,在其他什么陈述之前或之后。①

拉姆齐(Sheila J. Ramsey)如此描述这种间接和模棱两可的效果:

> 日本人往往更喜欢留一定的空间给其他人,让其他人自己作出反应,得出自己的结论,而不是(直接)表达某种判断或意见。这种偏好在纯粹描述性的三行俳句诗中得到了证明。在三行俳句诗中,诗人呈现的是经历和观察,而不是[51]判断。通过对其中的空白作出回应,并进行填补,读者融入诗中……两种文化(日本和美国)的媒体广告模式极为不同,这种对接收者角色的强调是两者差异的核心所在。②

最后,我们或许可以引用《纽约时报》(*New York Times*)上的一篇文章,题目是《伊朗101:给美国人的一课——闭口不说心中所想的艺术》("Iranian 101: A Lesson for Americans-The Fine Art of Hiding What You Mean to Say")。驻外记者斯拉克曼(David

---

① Milton J. Bennett, "Intercultural Communication: A Current Perspective," 选自 *Basic Concepts of Intercultural Communication: Selected Readings*, ed. Bennett, Yarmouth, ME: Intercultural Press, 1998, 17.

② Sheila J. Ramsey, "Interactions between North Americans and Japanese: Considerations of Communication Style," 选自 Bennett, *Basic Concepts of Intercultural Communication*, 124.

Slackman)发现:

> 美国人和伊朗人说两种不同的语言。美国人是实用主义者,喜欢基于从这里到那里的最短途径来选择语言。伊朗人是诗人,说出来的话往往像是一幅画,需要慢慢地展开、混合、斡旋。

因此,在伊朗,

> "你需要猜测人们是否真诚,永远都无法确定,"德黑兰大学的政治科学教授哈迪安(Nasser Hadian)说道。"象征和模糊内在于我们的语言之中。"
>
> "与西方相比,言语具有不同的功能,"在英国和美国生活了多年,十年前回到了伊朗的社会科学家塔吉巴克什(Kian Tajbakhsh)说道。"在西方,80%的语言是指示性的(denotative)。在伊朗,80%的语言是暗示性的(connotative)。"……塔吉巴克什博士提到,在伊朗,听的人被寄希望于理解那些并不一定真正指其所指的话。"这创造了一种丰富、诗意的语言文化……人们擅长于捕捉那些细小微妙之处。"①

这样的例子举不胜举,但意思已很清楚。我们西方人习惯朴素、直接的说话方式。我们觉得,这样的说法方式是正常的。在我们看来,间接的说法方式是不可能的、不正常的。但在现代西方

---

① Michael Slackman, "Iranian 101: A Lesson for Americans-The Fine Art of Hiding What You Mean to Say," New York Times, August 6, 2006.

世界之外,人们偏爱日常的隐微主义。不管是在尚无文字的部落中,还是在复杂的文明社会中,不管是在亚洲、非洲、拉丁美洲,还是在中东,几乎在任何地方都可以发现人们信奉含蓄、间接和模糊。不管这样做的原因是什么(这个问题后面会讨论),我们观察到的就是这样。①

但是,这却是一个在西方人看来很难接受和适应的事实。诚然,我们如今都是很好的多元文化主义者。当涉及到大多数文化方面的主题,比如,服装、烹饪、社会风俗习惯、宗教习俗等等时,我们热情地尊重其他文化的习俗,[52]并设想我们自己在别人眼里看起来是多么地"不同"。但是,不知为何,说话和交流问题——或许因为这对我们的人性而言是如此根本——却唤醒了我们身上固执、落后的民族优越感。正如许多跨文化交流研究领域的学者所述,当开明的西方人需要处理中国、墨西哥或中东等地区间接、模糊的说话方式时,他们往往只是表现出愤怒,觉得这样的方式不知怎地令人心烦。他们觉得,这样的说话方式就是错——是不合逻辑的,是狡猾、卑怯、幼稚、难以理解的。② 他们几乎难以相信这是真的。

这当然也是策勒尔和其他现代学者面对早期隐微主义时的反应。虽然证据确凿,但他们骨子里仍然觉得,这是一种奇怪、有辱人格的做法,不可能是真的。

在这个问题上,我们身上都有一种固执的民族优越感。不用说,克服这种优越感,融入其他文化的修辞习惯很重要,不仅

---

① 这样说可能更准确:直接言语(direct speech)已经成为自由(liberal)西方的文化准则;生活在纳粹或极权主义(totalitarianism)之下的那部分欧洲地区熟悉非直接言语的使用及其方式,这在第五章论自卫性隐微主义部分可以看到。

② 比如,可以参阅 Zaharna, "Understanding Cultural Preferences," 249; Gao & Ting-Toomey, *Communicating Effectively*, 35, 75; 以及 Ramsey, "Interactions," 113, 121。

对和平队的志愿者、公共关系专家、外交官而言很重要,对学习西方哲学史的人而言也很重要。可以说,这本书是写给西方学者的《和平队指导手册》,旨在加强与我们古代的交流习俗的联系。

第二章

插曲：两个简例

如果你需要被告知一切，那就别读我的书。

——卢梭，《爱弥儿》

[53]如果,基于目前为止我们所看到的证据,隐微现象最终引起了我们充分的关注(可以这么说),那这里最好停顿一下,更仔细地考察——虽然我们之前已经很有耐心——隐微写作到底是什么,到底是怎么样的,又如何起作用。求助于两个简短的例子,我们可以更接近这一现象,更清楚地看清这一现象。同时,由于这两个例子至少提供了一小段文本证据,它们也有助于证实我们已经看到的证词证据(testimonial evidence)。

作为一种规则,哲学上的隐微主义并不表现为某种隐秘的密码或其他晦涩难解的发明创造——只有那些握有特定钥匙的人才能进入。相反,隐微作者倾向于采用相当容易理解的技巧,至少对于那些花一点时间想象自己可以如何暗示一个观点,但不进行公开陈述的人是如此。每个人都知道如何进行暗示。暗指、隐喻、暗示、象征、谜语、反讽——所有这些技巧都是文明的人类话语必定包含的平常本领,这在跨文化交流文学中得到了有力的证明。隐微写作不应该被认为是某种怪异至极的人为之物,而应该被认为是[54]对日常生活中(甚至在我们的"低语境"文化中)我们较为熟悉的那些技巧更加集中和精炼的使用。

为了解释清楚,我将讨论古典时期的一个哲学写作例子——柏拉图的《理想国》(*Republic*),以及现代时期的一个哲学写作例子——马基雅维利的《李维史论》(*Discourses*)和《君主论》(*Prince*)。从刚刚所展现的历史证据(historical evidence)中,我们看到,大量的历史证词(historical testimony)证明了柏拉图的隐微主义。至于马基雅维利:培根、斯宾诺莎、卢梭和狄德罗都明确地把他描述为一位隐微作家。① 马基雅维利自己也在写给圭恰迪尼(Francesco Guicciardini)的信中宣称:"有时,我从不说我所信,也不信我所说;如果有时我说了真话,我就把它隐藏在众多谎言之中,让人着实难以发现。"② 接下来,我会试着通过对这两者著作之中的某些内容进行简短的隐微阅读,来证实这些证词的论断。

不过,为了防止误解,要先说明一点。在简短的篇幅之内,不可能一一列举让隐微解读基本上令人信服所需要的所有证据和论据。因此,我们应该理解,这也就意味着,这些简短的例子将是建议的(suggestive)和说明性质的(illustrative)——不是论证性质的(demonstrative)。(阐述更为充分和详尽的例子,见第九章"进一步阅读的建议")。如果这些简短的讨论足以说服读者,能够让读者相信这些文本之中的确含有某些隐微的东西,那即使所提出的确切解读并不完全令人信服,也足以实现此处的

---

① 狄德罗(Diderot),"Machiavelisme,"选自《百科全书》(*Encyclopédie*), ed. Diderot & d'Alembert, University of Chicago ARTFL Encyclopédie Project, http://encyclopedie.uchicago.edu;斯宾诺莎,《政治论》(*A Political Treatise*),选自《斯宾诺莎主要作品集》(*The Chief Works of Benedict Spinoza*), trans. R. H. M. Elwes, New York: Dover Publications, 1951, 315;卢梭,《社会契约论》(*Social Contract*),选自 *On the Social Contract, with Geneva Manuscript and Political Economy*, ed. Roger D. Masters, trans. Judith R. Masters, New York: St. Martin's Press, 1978, 88 and 88n.

② 马基雅维利1521年5月17日写给圭恰迪尼(Francesco Guicciardini)的信。引自施特劳斯,《关于马基雅维利的思考》(*Thoughts on Machiavell*), Chicago: University of Chicago Press, 1978, 36.

目的了。

让我从最泛泛的层次开始——仅简单列举一些使用得更为广泛的隐微技巧。如果一位作者试图秘密地批判当权的政府或占统治地位的宗教或哲学信条,那他明显可以用寓言的方式进行写作(write allegorically),把他的矛头指向其他对象。这种东西不管在时间上,还是在空间上,都与真正的批判对象相距甚远(甚或是某种动物),但同时又一直都暗暗地指向真正的批判对象。或者,他可以公开地展现他的批判,但却是借其他角色之口——对于这些角色,他表示极不同意。或者,他也可以公开地展现他的批判,但却是为了对之加以否定,不过他的否定明显让人不信。

更一般地,一位思想家可以暗示某个观念,而不把它公开地说出来——或用晦涩的方式呈现这个观念,或非常简洁,或模棱两可。他可以把这个观念分成几个部分,然后把这几个部分分散于一部长篇著作之中。或者,他可以公开陈述整个观念,但只是在著作中的某个地方顺带提过,或在某个不起眼的角落简短提及,但在突出、重要的位置,则一次又一次地表明相反的观念。他可以借用反讽、悖论、比喻、故事、象征和神话。或者,他可以置绊脚石[55]于读者的阅读之路,逼迫读者停下来思考,作者真正想要做什么。这些绊脚石包括:不加解释的离题、出人意料的省略、不必要或略微不同的重复、以及令人难以置信的出错——如事实错误、明显的矛盾和错误的引用。

这个短清单显然不是为了穷尽所有的例子。它也并不是普遍适用:不同的作者采用不同的技巧。由于这个缘故,作者有时会通过暗示自己所采用的一些技巧(在某些情况下,甚至是公开地陈述),试着给读者一些指引。

马基雅维利和基督教的政治问题

我们在马基雅维利的《李维史论》中找到了这样的一个例子。这本书的倒数第二章(3.48)的标题是:"看到敌人犯下大错时,应该相信其中必有欺诈。"①这似乎可以指我们这个清单中的最后一种技巧:令人难以置信的错误或失误。的确,表面上,马基雅维利这里所说的是军事技巧。但是,很明显,这种相同的技巧也可以运用于文学领域。我们也必须记住,正如马基雅维利公开所言,像后来所有的启蒙思想家一样,他也参与了一场旨在推翻当时盛行的思想和实践模式的伟大抗争。这场战争的主要武器就是书。因此,马基雅维利经常把谈论军事策略作为一种暗中讨论文学策略的方式。我相信,这可以从更长的分析中看出来。

从亚历山大·蒲柏(Alexander Pope)的《批评论》(*An Essay on Criticism*)中,我们可以找到支持上述观点的证据。在蒲柏的这本著作中,我们发现,军事和文学技巧就是被合并在一起——它也同样提醒读者注意似是而非的错误:

> 谨慎的首领,不一定老是要表现
> 他名副其实、实实在在的能力
> 有时如果时间、地点允许
> 隐藏一下实力,反而似乎更轻而易举
> 这些都是手段,虽看似有错,

---

① 马基雅维利,《李维史论》(*Discourses on Livy*), trans. Harvey C. Mansfield & Nathan Tarcov, Chicago: University of Chicago Press, 1996, 307 (3.48).

不是荷马在打盹,而是我们在做梦。①

因此,除此之外,当我们阅读马基雅维利的时候,应该警惕故意的"大错"。

事实证明,存在很多这样的错误,但让我们简单地考察其中的两个。第一个错误涉及到一处特别重要的引用。马基雅维利的作品[56]当然尽是对古代历史学家、诗人和哲人的引用、影射和参考。但是,他如何对待圣经?令人惊奇地是,尽管《君主论》和《李维史论》通篇多处影射圣经故事,但只有一处引用了圣经。另外,这一引用出现在特别重要的一章——第一卷的第二十六章中:在整本《李维史论》中——这本著作致力于分析和恢复共和政府,只有这唯一的一章公开地讨论僭政、以及共和主义自由(republican liberty)最大的敌人。因此,可以说,至少对于仔细的读者而言,他们的注意力可以说就会落在这处引用上。

在解释下面一点时,马基雅维利引用了圣经。他说道,如果一个人将要超越私人生活,成为一个城或省——特别是那些无法无天的地方——的唯一统治者,那么,只有"让一切都是新的",他才能控制这个地方。这个听上去简单的说法意味着一些特别独裁的东西:

> 在城市中建立新的政府,让新政府有新的名字、新的权威、新的人员;让富人变穷,让穷人变富,正如大卫成为王时所做——"他叫饥饿的得饱美食,叫富足的空手回去";此外,还要建立新城,摧毁旧城,把一个地

---

① 蒲柏(Alexander Pope),《批评论》(*An Essay on Criticism*),选自《蒲柏诗作》(*Pope: Poetical Works*), ed. Herbert Davis, Oxford: Oxford University Press, 1978, 69 (行 175–180) (此处加了强调)。

方的居住者迁移到另一个地方。

马基雅维利自己接着评论：

> 这些方式非常残忍,对每一种生活方式而言都是敌人——不只是基督徒,而是整个人类;不管是谁,都应该逃脱这样的生活,过自己的私人生活,而不是做一个王,带给人类如此多的灾难。①

在他的描述中,马基雅维利把这种残暴、暴虐的行为算到大卫头上,并用一个引用来支持他的观点。这是他对圣经的唯一一处引用(路加福音第一章:53 节)。但是,正如几乎所有带注释的版本会告诉你,马基雅维利在这里犯了一个奇怪的错误。他所引用的话与大卫根本就没有什么关系。这句话其实是在描述——上帝!

我们如何理解这个错误？没有人是绝不犯错的;很有可能这只是一个无心的过错,一个偶然犯下的错误。但是,同样很有可能的是,这种解读并不是最有可能的解读。因为,首先,它是对圣经的唯一一处引用,出现在唯一公开讨论僭政的那一章中。其次,这个错误的后果并不是无关紧要,而是非常重要。第三,被马基雅维利误用的这句话并不是某句[57]很少被引用的晦涩之言,而是福音书中最著名的段落之一。它是圣母玛利亚颂歌(Magnificat 或 Song of Mary)的一部分——这首颂歌在晚祷(Vespers)(晚间的祷告)中被反复吟唱或朗诵,马基雅维利应该听过成百上千次。第四,他公开地警告我们(正如他后面的蒲

---

① 马基雅维利,《李维史论》(*Discourses*), 61-62 (1.26)。

柏所做),要留心这种非常特别的诡计。他犯下了一个"大错",因此,跟随他本身的警告,我们应该"相信其中含有欺诈"。特别地,通过这个特别的引用所体现的错误,马基雅维利似乎是在公开地传达一个关键的危险信息:新约的上帝是一个强大的僭主,或者,更广泛地说,基督教或许是导致古代共和主义自由消失的真正原因,而他,马基雅维利,正试图在这本书中恢复古代的共和主义自由。①

这种解读的可能性得到了第二个例子的支持。第二个例子恰恰使用了同样的技巧——也传达了相同的教诲。在《君主论》中,马基雅维利也讨论了后古典时代自由的消失。在其中一个最著名的教诲中,他宣称,现代世界变虚弱、被奴役,主要是由于对雇佣军和后背军——外部力量——的依赖。这个军事问题——不是基督教问题——似乎是引起自由消失的核心原因。为了继续保持强大和自由,一个人必须总是依靠"一个人自己的武器"。为了证明和解释这条核心的自立自强(self-reliance)原则,马基雅维利例举了许多例子,其中以关于大卫和歌利亚(Goliath)的著名圣经故事为高潮。在马基雅维利的讲述中:

> 扫罗,给(大卫)以心灵,用自己的武器装备他——大卫一得到武器,就表示拒绝,他说道,带着武器,他无法出色地表现自己,所以他宁可带着自己的投石器和自己的刀与敌人刀锋相见。②

但是,这里同样出现了一个"大错"。正如大多数人所知,大卫

---

① 参阅施特劳斯,《关于马基雅维利的思考》(*Thoughts*), 35-36, 48-49.
② 马基雅维利,《君主论》(*The Prince*), trans. Harvey C. Mansfield, Chicago: University of Chicago Press, 1985, 56.

并不随身携带刀剑,而只带投石器(因此,当他砍歌利亚的头时,他需要借用歌利亚的剑)。这一点看上去或许并不重要,但圣经却相当坚持:

> 因此,大卫用投石器甩石战胜了腓力斯人(Philistine),打倒了腓力斯人,杀了他;大卫的手中没有剑。①

圣经之所以如此强调这段微小的细节,是因为它传达了这个故事的核心含义。正如站在歌利亚面前,比歌利亚更弱小、没有武器装备的大卫所解释:[58]"你带着剑、戟、标枪来攻击我;但我却带着上帝之名来攻击你。"②这个故事的主旨——确切地说,圣经的主旨——在于,我们不应该依靠自己或自己的武器;我们必须将全部的信念和信任给予上帝,只有上帝能够将我们从敌人、以及所有的罪恶中解救出来。

因此,当马基雅维利错把刀放到大卫手上时——在讨论需要"人自己的武器"的语境中,极不可能是一个无辜的错误。这不仅仅只是因为它涉及到一段非常重要和著名的细节,还因为它构成了一个更大、甚至更惊人的"错误":用这个著名的圣经故事来证明与故事的含义截然相反的内容。

更有可能,马基雅维利在这里变得,好吧……很"马基雅维利"(Machiavellian)。他引入大卫和歌利亚的故事来使自己能够声称,表面上,他的新教诲与圣经相一致。但是,他改变了——颠覆了——关于刀的全部重要细节,以便公开宣布截然相反的信息:他关于军事上自立自强——最终,人自立自强——

---

① 撒母耳记上 17:50(1 Samuel 17:50 [RSV])。
② 撒母耳记上 17:45-47 (1 Samuel 17:45-47)。

的核心教诲直接与圣经的核心教诲相对立。正如在第一个例子中,马基雅维利试图宣布(这不难看出),他真正的人道主义计划是颠覆和取代整个圣经导向,因为它是引起自由消失的真正原因。在他看来,顺从和信任上帝的基督教教诲已经让这个世界放弃了武装,让这个世界变得虚弱不堪,从而使僭政的时机成熟。马基雅维利将会通过让剑重回人类之手,促进古代共和主义自由的恢复。①

不言而喻,对这两个孤立段落的隐微解读并不能孤立开来,哪怕分开来解读也非常地合情合理。这些阅读需要被融进对马基雅维利所有作品的仔细解读之中。但是,我的确相信,下面几点至少是相对清楚的:首先,这些文本的表面的确存在明显难解或迷惑之处。第二,马基雅维利公开警告我们,要注意其中某些难解之处的特征,他声称"其中含有欺诈"。第三,通过那些有助于理解他那更大的哲学和文学活动的方式,或许可以弄清这些谜团。

柏拉图和政治的天然局限

对马基雅维利的这种解读虽然可能存在争议,但并没有过分地超出学界解读马基雅维利的主流而让人颇为震惊。为了阐释另一种与主流解读截然相反的隐微阅读,[59]我们转向柏拉图的《理想国》。这里,我们必须不能像我们上面所做的那样,

---

① 参阅马基雅维利,《李维史论》(*Discourses*) 2.2. 关于这些马基雅维利式观点的公开表达,参阅卢梭,《社会契约论》(*Social Contract*) 4.8,"论公民宗教"("On Civil Religion")。对《君主论》的这种解读,参阅 Harvey Mansfield 所写的序言,参阅马基雅维利,《君主论》(*Prince*), xxi-xxii.

依赖于两个简单的段落,而必须依赖于一系列需要我们将之串起来的段落。

两千年来,《理想国》一直被认为是古代乌托邦主义的经典代表:最为充分地表达和探索了在地球上实现完美正义的理想主义渴望。但是,另一方面,谈到这个"完美社会"的某些特色制度,比如,"高贵的谎言"、家庭的废除、优生学的运用,或如下提议——哲人王一拥有权力,便应该通过驱逐每个超过十岁的人,把文化领域打扫干净,读者很难不会觉得有些厌恶,甚至恐惧。正是因为这些原因,读者们经常认为(与柏拉图的意图相反),理想国是反乌托邦的,是对"过度地要求完美正义便会滋生极权"的经典证明。

十分奇怪、也很令人困惑的是,这个写的如此英明和巧妙、受到敬仰的时间又如此之长的文本,竟然会产生这种正好截然相反的反应。人们被迫思考:是否有这样的可能,这两方面的反应并不代表柏拉图艺术的惨败,而代表了柏拉图艺术最充分的意图?我会提议,如果读者们意识到隐微主义是历史上的平常做法,那他们就会注意到他们没有这种意识时一定会忽视的东西:《理想国》实际上包含了多处暗示,其中的一些暗示非常地公开和明显,表明柏拉图本人的确试图让他的著作产生这两种截然相反的反应。

毫无疑问,在文本的表面,《理想国》是对具有完美正义的社会的理想主义追求。通过三个逐渐上升的过程,它渐渐地构建了这样的社会。没有哪个地方公开地谴责或宣布这种追求是一种失败。当这个所提议的社会的最后要素——哲人王进行统治——在第六卷中被提出来的时候,苏格拉底仍然说道,为了让城邦"变得完美",这是必须的(499b)。

但是,我认为,几乎同样不可否认的是,在这本著作中,通过某种逐渐向下的运动,苏格拉底也平静地介绍了这样的制度和类型。如果读者把不同的段落串起来,它们不断地指向这个"完美"城邦及其政治生活非常严重、不可避免的不完美之处。从这个层面而言,这本著作不是关于乌托邦的可能,而是关于严格意义上政治的天然局限。在众多关于这种相反运动的例子中,让我引用其中特别明显的三个。

在第三卷中,经过一些推让之后,苏格拉底公开宣称,他们正在构建的乌托邦需要一个"高贵的谎言",一个有理的宏大神话(a grand justifying myth)(414b-15d)。[60]城邦,甚至是最佳城邦,似乎突然不能建立在理性和真理的基础之上。政治不知怎地要求假象(illusion)和欺骗。然后,在第五卷中,当苏格拉底论证配偶子女公有时,他公开承认,这种的的确确正当、但人们深恶痛绝的体制要求统治者采用"一堆谎言和欺骗"(459a-460d)。因此,理想城邦看上去似乎不仅需要一个作为基础的神话,还需要统治者天天使用欺骗和控制。在第七卷著名的洞穴意象中,这个相反的向下运动达到了高潮。在解释哲学之真正特征的语境中,苏格拉底把城邦,甚至是最佳城邦,比作一个洞穴,一个关于无知和假象的地下之洞。其中,被监禁和被束缚的公民犹如在梦境中过完他们的一生,把影子作为现实(514aff)。从这三个简单的例子来看——所有的例子都表明了相同的一点:城邦和真相(truth)之间不可避免的对立。我认为,这一点似乎极难否认,即《理想国》中主要的乌托邦论述再三地被批判性的、甚至是反乌托邦的反思所推翻。

按照这种解读,那《理想国》在一个层面上是这样一种尝试,它试图激起并详细阐述我们的乌托邦政治渴望,从而在另一个层面上,是为了让我们看到,人性如何致使这些渴望最终不可能实现。它传达这个教诲的目的,不仅是为了驯服和缓和政治领域,同样也是为了让我们受挫的理想主义精力找到新的方向,把它们作为进入哲学领域的出发点——在哲学领域中,他们或许可以找到真正的、恰当的满足。

让我试着用更全面、更仔细的解释来描述《理想国》的第二个批判性信息,同时也提供更广泛的例子,说明柏拉图如何在字里行间传达教诲。

首先,在《理想国》中,苏格拉底到底是如何开始了他那个著名的乌托邦任务?这并不是因为他自己的想法,而是为了对柏拉图的两个兄弟——格劳孔和阿德曼托斯作出回应,因为这两人求他解释正义的真正本性,还求他证明只有正义是生活的最高善。读者们自然假设,在随后冗长的讨论中,苏格拉底肯定打算满足这个请求。但是,苏格拉底即刻的回复根本就不支持这样的假设,而是显然与之相矛盾:

> 一方面,我帮不上这个忙。在我看来,我并没有能力解决这个问题……另一方面,我又不能不帮忙。我怕这可能会不虔敬……所以,最好的办法是尽我所能拯救她(正义)。①

[61]这就是苏格拉底相当间接的描述,描述他将会如何处理后面关于正义的全部讨论。大多数读者都忽视了这段话,没有停下来想一想,认为它只不过是谦虚的苏格拉底式反讽。但是,苏格拉底的反讽这一美誉的好处之一是,这可以让他偶尔相当公开地作出令人震惊的陈述,但又不被人当真。我相信,苏格拉底此处非常准确地陈述了他后面会做什么:尽他所能为两兄弟对

---

① 柏拉图,《理想国》368b;参阅 362d.

正义的乌托邦式渴求进行辩护,但同时知道它最终并不可能实现。证明这一点的其他一些证据,可以从这个场景、这段对话的戏剧维度中找到。在整段对话中,苏格拉底的主要态度是什么?他并不是被描述为一位道德理想主义者(正如人们所期待的那样),渴望描述他的完美社会,而是一位非常勉强的参与者,希望说的越少越好,尽快逃离对话现场(327c,357a,449a-450b)。换句话说,他不仅公开地说出,也再三地表现出,他对于乌托邦的全部追求有些半信半疑。

还没四页,这一解读就得到了强有力的证明。苏格拉底和两兄弟已经开始描述——在言辞中构建———个"好得不能再好的"(perfectly good)社会(427e,499b)。他们是用三个步骤或者说三次努力构建了这样一个社会。首先,他们描述了社会统一体的基本原则——劳动的分工,以及建立在这一原则之上最基本的社会。人与人并不相同,苏格拉底解释说道,有些人最擅长这种技艺,另一些人最擅长其他技艺。所以,就让天生最好的农夫只从事农业(从而也可以完善他的技艺),让最好的鞋匠只做鞋,谁最擅长做什么,就让他做什么——"一人一职"。彼此交换产品之后,他们所有的需求就会得到满足,且这是所有可能的方式中最好的一种:每个人都会从中受益,每个人都犹如掌握了所有人的完美天赋。共同善和每个个体的善都可以得到最大化。

他们构建了这个基本的社会之后,苏格拉底试图澄清这个社会的正义的确切本质,他问道:"那么,在这样的社会中,正义在哪里?"或者不如说,我们期待苏格拉底提出这个问题。但是,苏格拉底问的却是:"那么,在这样的社会中,正义和不正义在哪里?"(371e;见427d)。一个出人意料的问题。所有的努力都是为了构建一个十足善、十足正义的社会。由于他们是在

"言辞中"构建这样的社会,因而他们可以喜欢怎么安排就怎么安排。他们完全可以掌控这个社会的一切。但苏格拉底平静又清晰地表明,他们的城邦,最基本的可能性城邦,已经包含不正义。因此,虽然花了四页谈这个计划,但对十足正义的希望已经破灭,[62]正如苏格拉底暗示它必定会失败。

那么,不正义到底在何处?苏格拉底并没有告诉我们:他很快就转移了话题。但是,已经把这个问题植入我们脑海的柏拉图,却并没有将这个问题完全悬而未决。他在字里行间暗示了一个答案。

在关于第一个城邦的全部讨论中,阿德曼托斯是苏格拉底唯一的对话者,且他是一个话极少的人。"无疑"、"肯定"、"当然"、"的确"。在这个部分,他开口达三十多次,但每次说话都很少超过三个字,且从来没有超过一行字——除了有一次,他发表了一段主要的讲话:竟然长达六行!阿德曼托斯似乎突然被这个城邦的什么东西所困扰。到底是什么?

店主(shopkeepers)。社会建立在劳动分工之上,而劳动分工需要交换,交换需要市场,市场需要店主。这样一来,生产者就不需要暂时搁置技艺等待购买者的到来,而是可以将自己的产品出售给店主,店主会将他们的产品出售给购买者。所以,苏格拉底就问阿德曼托斯,他们的城邦是否需要店主,正如他之前问阿德曼托斯,他们的城邦是否需要牧羊人和木匠。突然,阿德曼托斯开始了他的长篇大论。他承认(存在)这个及时的问题,也承认需要店主。他说道:

> 的确有人面对这种情况干起了这种差事;在治理得当的城邦中,他们经常是这样的人,他们的身体是最虚弱、最无用的,不能做任何其他的工作。他们必须待在

市场中,与那些需要售卖产品的人进行交换赚点钱,再与那些需要购买产品的人进行交换赚点钱。(371c–d)

阿德曼托斯想到的是,尽管他克制住自己不要清晰地说出来,他(像传统的非商业社会的大多数人一样)认为这是一种卑下的工作:店主必须整天都坐在市场中的某个地方,无所事事,不生产任何东西,只是把钱转来转去,从他人的劳动成果中获利。

这个未加以陈述的问题,这个使得阿德曼托斯长篇大论的问题——就叫做"坏工作"问题,同时也是在这个看上去井然有序的城邦中竟出现不正义的原因所在。劳动分工让每个人花一整天、一辈子的时间只做一项唯一的工作。只要城邦所需要的工作都是合情合理的好工作,那劳动分工对所有人而言就都是十分正义、十分有利的——至少优于或不差于在没有专门分工的情况下每个人所要做的。但是,实际上,的确存在[63]坏工作——店主,或者换句话说,收垃圾的人、挖煤矿的人、步兵、挖下水道的人等等,而且,社会上必须有人做这些工作。这些不幸的人遭了专业化系统的罪,不得不一生都从事惊险、危险、不健康或没有创造性的活动。这样一来,整体的共同善就与对部分成员有系统的剥削密不可分。

阿德曼托斯之所以发表长篇大论,是因为他试图回应或最小化这个隐形的难题。他的回答是:"在治理得当的城邦中,他们(店主)往往是那些最弱、最没用的人,他们不能做其他的任何工作。"如果整体情况真是如此,如果真是他们没有能力从事更好的职业,那限制他们做这个工作并不存在不正义。但阿德曼托斯使用"往往"这个词却表明,他知道情况并不总是如此。

苏格拉底当然非常清楚阿德曼托斯受到了什么问题的困扰。因此,在他的回应中,他继续利用阿德曼托斯刚刚提出的那个有理论证。苏格拉底给这个城邦增加了最后一类公民——他似乎在犹豫要不要提他们,或至少不提最差的工作:奴仆或卑微的劳力者。

> 我认为,还有另外一些奴仆,从他们的头脑来看,他们还不能成为他人的伙伴,但他们的身体却十分强壮,足以成为一名劳力。(371e)

像阿德曼托斯一样,苏格拉底试图解决或缓和坏工作的问题——但不对之进行公开描述。这些工作可以凭借某些人天生的缺陷而得到辩护,一些是身体上的缺陷(店主),另一些是头脑上的缺陷(劳力者)。不管哪种缺陷,都使得他们无法胜任更好的工作。但是,显然不能确保这些人的类型和数量正是城邦所需。在现实生活中,某种程度的系统性不正义或剥削似乎与城邦、甚至最基本的城邦密不可分。

转到第二个城邦,我们找到了更多证明《理想国》藏有反乌托邦思想的证据。在这里,我们遇到了高贵的谎言。正如我们所见,苏格拉底虽然公开呼吁使用这个谎言,但他从未真正说清为何这个激进的权宜之计如此必要。因此,他隐匿了这个谎言最为麻烦的一面:这个城邦的基本缺陷(需要设计高贵的谎言来进行掩盖)。在描述这个神话的过程中,他把解决方案告诉了我们,但其中的问题,却让我们自己去挖掘。

根据这个神话,公民们是土生土长的(autochthonous):他们[64]同时出生于这块土地,这是他们的共同母亲。另外,他们诞生于三个不同的人种:金、银、以及铁或铜,分别对应于这个城邦所需的三个阶级——统治者、保卫者、以及手工艺者/农夫。每人也都天生带有这个城邦所需的每一种特殊工作的工具。

正如我将会在第六章中详细阐述的那样,编造这个精致的谎言是为了遮盖折磨这个城邦——每一个城邦——的四种根本缺陷。这个谎言的第一部分(涉及土生土长)神秘地回答了另两个悬而未决的问题:是什么使得这个城邦占领其所在的土地合法化(legitimize),是什么使得它将这些人包含在内、将其他人排除在外正当化(justify)?这些问题表明了任何一个不足以成为世界城邦的城邦不可避免的任意性和不正义。这些重要的新问题默默地表明了完美正义的不可能。

但是,在这里,我们最关心的是其他两个缺陷——涉及到公民的内部分工,即公民不同的阶级和职业,因为这些问题关系到我们正在讨论的劳动分工问题。让我试着把所有这些互相关联的问题放入一个较大的语境之中。

谈到正义,我们指两种完全不同的东西:一是服务共同善,二是给予每个个体以他应有的或对他有益的。正义的社会必须结合这两个方面。如果一个社会实现了共同善,但只是通过压迫其中的一些人,那这个社会就不是正义的;如果一个社会小心翼翼地保护个人的利益或权利,但牺牲了共同善,那这个社会也不是正义的。正义的社会是这样的一个社会:共同利益和个体利益之间达到完全的和谐,谁也不为谁作出牺牲。用马克思的话说(引用一个真正的乌托邦),这是"这样的联合,其中每一个人的自由发展是所有人的自由发展的条件"。① 这是指,自我完善和自我实现的行动,恰好就是我所在的共同体需要我做的行动,恰好是为了共同善的完善。我作为个体所拥有的个人愿望,与我作为公民所具有的义务或承担的角色不谋而合。在亚里士多德的公式中,

---

① 马克思,《共产党宣言》("Manifesto of the Communist Party"),选自《马克思和恩格斯读本》(*The Marx-Engels Reader*), ed. Robert C. Tucker, 2nd ed., New York: Norton, 1978, 491.

在这样的一个社会中,一个好人就是一个好公民。这里,个体的社会化——其中,他被社会的需要所塑造——构成了一种自我实现,而不是一种异化或教化。我的社会角色与真正天然的我(true natural self)相符。这是严格和完全意义上正义的社会秩序。

关键问题——这是《理想国》的真正主题——在于,人类是否就是这样被自然所造,从而使得这样的社会秩序[65]成为可能。现在,共同善需要这个城邦的一些"部分"作出调整,以完成必要的社会任务——经济生产、军事防卫、智慧的政治领导,正如一个蜂箱的良好运转需要不同种类的蜜蜂各自完成各种必要的任务。但是,是否有理由相信,人类个体是否也像蜜蜂一样,天生就是这些社会性部分的其中之一?谈到他们的能力,是否所有的个体都天然地擅长于完成其中一个必要的任务?在心理上,他们是否就是这样被自然所造,从而他们作为个体的真正实现恰好就是完成其中一个必要的社会功能?

苏格拉底清晰但又沉默地暗示,这个必要问题的答案是否定的。他声称,为了证实答案是肯定的,我们必须利用一个神话,一个精巧的谎言。关于金属的神话(我们天生属于其中一个阶级)和关于工具的神话(我们天生适合干其中一项工作)之所以需要,恰恰就是为了掩盖这个有问题的真理,即人类政治生活的基本缺陷:在社会的需要和每个个体的利益之间,并不存在这种完全的一致(虽然肯定存在部分的一致)。在整体与各个部分之间,不可避免地存在不一致。这是未阐释的关键问题。这个高贵谎言的各项内容就是解决这个问题的"方案"所在。

我们面对第一个城邦时所遇到的问题,第一次、也最清楚地显示了这种不一致:大多数工作都是好的,但某些工作虽然对共同善而言绝对必不可少,对个体而言却是坏的。(阿德曼托斯解决这个问题的长篇大论,意味着第一次简略地阐述那个高贵的谎言。）如果我们有时间仔细地读完《理想国》的其他内容，就会发现这种不一致时不时地出现。

我并不试图详细阐述或证实，而只是快速地描述其中两个特别明显的地方。在第五卷的一开始，参与对话的人再次"抓住"了苏格拉底，并逼他解释最佳城邦如何安排爱、家庭和儿童。他们指责苏格拉底忽视了这个方面——的确如此。我们很快就可以看到为什么。

苏格拉底提出，爱与家庭生活实际上就是不正义，因为这些强有力的私人附属物不仅影响我们致力于共同善，还与我们致力于共同善相冲突。的确，家庭生活的整个原则——血缘、亲情——与正义原则相冲突（正义原则是优点）。它系统地阻止我们把出生在社会中的每一个人置于他天然所属的工作和阶层。因此，十足的正义需要[66]爱和家庭的消失，配偶和儿童的公有，用国营的优生学计划规范人与人的结合。在乌托邦中，"父母不会知道他们自己的后代，儿童也不会知道他们自己的父母"（457d）。此时，正如上所提，这正是许多读者反对柏拉图的地方所在，因为这样的制度看上去十分恐怖、非人性。但是，我这里只能够说，在表面之下（不是很深），柏拉图用众多方式暗示，他自己理解并接受这种异议。私人家庭虽然确实是不正义的，但它对我们而言却是自然的，对大多数人的幸福而言是必要的。在公有秩序的真正需要和各个人类部分的真正需要之间，存在天然的不兼容。

但是，对这种不兼容的最终表达，却可以在第三个城邦和整个《理想国》的最高制度中找到：哲人-王的统治。共同体的最高需求是让哲人回归"洞穴"，即城邦，并用其伟大的智慧统治它；但是，哲人的最高需求却是使自己脱离城邦，正如脱离所有会死之物，思考永恒。他最不想做的事情就是统治不见太阳、只有阴影的洞穴。对于哲人而言,这是最糟糕的工作,不会因为一些使他们无法做更好工作的天然缺陷而正当化,这与第一个城邦中的店主和卑微的劳力者不同。因此,只有逮捕并剥削那个十分完善的个体,这个共同体完全意义上的完善才是有可能的。在这篇对话的一开始,这个结论就有所体现,因为珀勒马库斯(Polemarchus)等人戏谑地抓住了苏格拉底,并在苏格拉底打算回到地势高的地方时,迫使他和他们一起待在地势较低的比雷埃夫斯港(327a-328b;见449a-450a)。

总之,我们不是蜜蜂。一个真正的整体不会由这些部分组成。实际的教诲在于,虽然政治世界能够变得更好和更坏,但企图给予它一种它不能接受的完善,就既徒劳又危险。我们想要这么做的强烈欲望并不仅仅是一种错误。它源于重要、可贵的品质。但是,当且仅当人们进入一个不同的领域,进入超越政治生活的哲学(世界),他们才能找到他们真正的满足——接受并努力达到他们的目的。

如此匆忙地阅读《理想国》——一本极度复杂的长篇著作,自然迫切需要千百次的澄清、限制和回答潜在的反对意见。不过这里不能提供其中的任何一种。但是,我的目的并不是为了构建这种解读,并证明它正确。就让它不正确吧。这里,正如解读马基雅维利,[67]我只寻求给读者提供一种从情理上而言貌似成立的具体阐释,说明阅读于字里行间到底意味着什么。我尤其想表明,它并不是某种非常神秘或难以企及的东西。

除此之外,我已经通过呈现有关于文本表面真正的困惑之处的众多特例,来提供一些文本证据,因为我们所发现的东西在历史证据中再三出现:这些作品的表面之下涌动着某些东西,它们迫切需要某种形式的隐微解读,虽然这里所提供的隐微阅读应该被认为是有所欠缺的。

第三章

哲学隐微主义的理论基础："理论与实践问题"

> 人是理性的动物。
>
> ——亚里士多德

> 人是政治的动物。
>
> ——亚里士多德

隐微主义的经验证据,即这一大堆引用表明,隐微交流几乎是晚期现代之前西方哲人的普遍做法。但是,如果它讲得通——如果我们理解这些事实背后的动机或理论根据,那这一证据会更加有理。到底是人类境况的什么特征,竟然诱使这么多来自不同年代和地点的哲人都参与这种相同的奇怪行为?正如我们已经简单地看到,哲学隐微主义后面实际上存在着四种相关但不同的动机。每一种动机都彼此不同,需要进行单独讨论。但是,首先,它们需要被放在一起进行讨论。在我们沉浸到各种动机的细节中之前,我们需要理解隐微主义本身是什么,理解它潜在的统一性和理论核心——如果它有的话。

　　或许它没有。隐微主义只是一种特殊的交流技巧,[70]不同的人对它的使用可以出于完全无关的目的。正如我们所见,在整个历史上,隐微交流这种技巧是一种极为广泛的现象,如果所有这些情况都包括在内,那就极不可能找到任何基本的内在统一性。

　　但是,我们的主题是哲学隐微主义(philosophical esotericism),因而有更多的理由期待一种统一的核心。我将会证明,不管是哪种形式的哲学隐微主义,最终都源于有关人类境况的那个永恒问题:我们不纯粹是心灵,"理论"与"实践"的本质二元性,理性与其非理性前提的本质二元性。在哲学上,隐微这种技巧——它是二元的,因为它试图同时传达两种信息——是人类生活本质上具有二元性的结果。

两种生活

隐微主义,正如它看上去的那样,只不过是不落俗套地显示了写作的艺术。这是一种特殊的修辞形式。按这样理解,它似乎只是一个实践和文学问题——不是一个哲学问题。

但是,修辞一旦被哲人所用,就永远不再只是一个文学问题,一个与品位、风格、或有效性相关的问题。这是因为,修辞的终极基础可以说更加根本:存在于作者和读者之间的全部关系。但是,大多数时候,人们并不能看到这个关键的问题,因为人们理所当然地认为,读者和作者根本上并没有什么不同。只有当两者不同的时候,才存在修辞问题——正如一位成年人试图向小孩子解释某些难以理解的东西(举最为明显的例子),或一位佛学圣人向一位刚开始学佛的人讲道,或一位哲人向非哲人言说。因此,对于哲学上的修辞而言,压倒一切的问题和决定性因素(它在所有较古老的哲学书籍中作祟),在于这个关键问题:搞理论的人(theoretical human being)应该如何与搞实践的人(practical human being)沟通(从而向他们言说)?

这个陈述需要一些解释。首先,它有赖于一个奇怪地在我们耳边萦绕的前提:存在根本上不同的人类或生活方式,且它们是不平等的。在我们这个相对平等主义和一元化的社会中,人们倾向于拒斥这个观念——如果有人提出来的话。一种迹象强烈地表明了这种缄默的拒绝,那就是,如今所流行的众多解释学理论,虽然相互矛盾,但不管在其他方面如何存在分歧,在一个方面却基本一致:它们说"读者","读者"(the reader)——好像不用说[71]"所有读者本质上都是相同的",甚至好像所有以往的作者都从这个假设出发。从一开始,这个未明言的假设就有效地排除了所有关于下述核心观念的严肃考虑:人类类型的多样性,以及读者类型的多样性(这个观念构造了哲学上的隐微修辞)。当然,这种核心信仰或许并不正确——只是一个非平等主义的多元化世界一种误入歧途的态度。它无疑是令我们作呕的,但这并不能阻止我们。我们这里的目的,正是为了对历史上的隐微做法形成一种富有同情心的理解,因此,想想早期"隐微时代",特别是古典时期所流行的观念就很重要。

关键在于"哲人"意味着什么。① 按照老观念,哲人不只是像"你和我"一样,只对哲学有着特别兴趣的人(当然,虽然也有这样的人),就好像圣人不是对宗教有着特殊爱好的人。同样地,哲学也不是植物学或地理学之类的特殊学科,抑或某种特殊的技艺或专长,就像当代术语"一位专业的哲人"所说的那样。它首先是一种独特的生活方式——某种让人成为不同类型的人的东西。一个人是一位哲人,并不是因为他做什么或他能做什么,而是因为他根本上最爱什么和为什么而活。哲人是这样的

---

① 由于我并不是下面所阐释的意义上的哲人(我也不相信,我曾经见过谁是这种意义上的哲人),因而难以知道,这种极为不同的生活方式是否真有可能。或许,古典哲人的高贵理想是虚幻希望的产物(参阅奥古斯丁在《上帝之城》的第十九卷中对这种效果提出的著名质疑)。这是个关键、极难的问题。但是,这个问题——一系列问题的第一个,正如我们后面会看到——表达了这样的目的:幸运的是,我们可以将它悬而不决。我们只要知道,不管正确与否,一些这样的理想在前现代时期被广泛地同意,它对哲人在世界上应该如何行动、如何说话等,产生了彻底的影响。

人:通过一段长长的辩证之旅,他终于看穿了如幻如影的东西——其他人为之而活、为之而死。摆脱假象——以及由假象所制造的歪曲经验,他能够,第一次,认识他自己,成为他自己,充分体验他最深的渴望:理解构建了宇宙和作为宇宙一部分的人类生活的必然性。这就是著名的沉思生活(vita contemplativa),在所有古典和中世纪思想家身上找到的一种生活理想,尽管形式有所不同。在许多现代思想家身上,这样的生活理想依然坚强有力。

我们当然知道关于这种沉思理想的一切,但倾向于误解它——通过把它同化为如今占主导地位的智识模型,如科学家、学者和知识分子。在某些重要方面,古典的哲学理想更与某些东方概念(比如佛教圣人),而不是与现代西方概念具有共同之处。如今,我们称赞伟大的科学家、学者和知识分子,主要是因为他们具有非同寻常的能力,因为他们能够做什么,而不是因为他们独特的生活和存在方式。重点落在他们外在的成就上面,不在于他们实现了内在的启蒙、到达了更高或更纯粹的存在状态。这样的主张让我们怀疑。我们信仰智力(intelligence),不信仰"智慧"(wisdom)——不相信用心灵[72]超越日常生活。我们非常尊重专家,但不再说什么圣人或智者。

因此,再说一遍,我们不再严肃考虑这个关键的概念:哲人是一种根本上不同的人。不可否认,我们是多元文化主义者,喜爱歌颂多样性,但我们的前提却恰恰是,这些生动美丽的文化差异并没有那么深刻。更深层次地说,我们倾向于回归我们的古老原则:"骨子里,我们都是一样的。"我们可以说是生存论上的一元论者(existential monists):只有一种人类生活。那么,让我把以前关于根本性差异或存在主义二元论的主张说得更加精确。①

如果一个人主要为荣誉而活,另一个人主要为金钱而活,那他们过的就是不一样的生活。但是,这种不同还不是彻底意义上的不同,因为这两种人的生活都还与哲人的生活有所不同。这是因为,(通常)爱荣誉者之所以过上爱荣誉的生活,并不是通过省察和超越爱金钱者的生活。但是,哲人却正是通过省察和超越爱金钱者和爱荣誉者的生活,而过上爱哲学的生活。哲人——很像佛教圣人——变成哲人,只能是通过经历一次痛苦的"灵魂转向"(用柏拉图的话说,《理想国》521c),一种哲学上的"转变"或"重生"——通过看清所有非哲学生活赖以存在的基础乃是一种虚空。因此,哲学生活与其他生活"不同",不是因为这种选择是众多同样有效的选择之中的其中一种,也不是因为它代表了同一种具有连续性的生活的更高阶段。相反,它是与非哲学生活彻底决裂的结果,是一种决绝(discontinuity)——是灵魂的一种转向。在《理想国》关于洞穴的著名讨论中,根据柏拉图的描述,哲人生活在一个与非哲人完全不同的世界之中。亚里士多德的描述依然极端。他提出,哲学生活对于非哲学生活,犹如神圣(the divine)对于凡俗(the human)。② 这就是关于"两种生活"的古典理论:沉思生活(vita

---

① 虽然海德格尔试图恢复古典意义上的彻底二元性之类的东西(以他自己独特的方式),但他的后现代主义后裔,特别是在美国,已经变得越来越坚持一元论。因此,罗蒂提出,美国的实用主义者已经非常怀疑"有关'哲学'这种独特、具有自发性的文化活动的观念"。"当柏拉图式二元主义消逝,哲学与其他文化之间的差异走入了危险之境。"哈贝马斯、罗蒂和柯拉柯夫斯基(Jürgen Habermas, Richard Rorty, Leszek Kolakowski),《关于哲学现状的争论》(*Debating the State of Philosophy*), ed. Jozef Niznik, Westport, CT: Praeger, 1996, 35; 参阅 36, 40。

② 柏拉图,《理想国》518-e; 亚里士多德,《尼各马可伦理学》1177b27-1178a8. 但是,应该说,在柏拉图那里,关于哲人的独特性,似乎存在两种极为不同的描述。在《理想国》中,哲人据说生活在真正的观念或原理世界之中　　(转下页)

contemplativa)与行动生活(vita activa),理论生活与实践生活。[①]

现在,不管这种强烈的二元论正确与否,它显然对哲学上的交流,特别是通过写作进行的交流,产生了一系列重要的后果。铭记哲学生活的极端独特性,早期思想家们特别欣赏口头交流。因为借助口头上的交流,他们可以正确地说话——向本质上不同的人以及处于不同发展阶段的人说不同的东西。但是,这样的考虑明显指出了写作交流中的一个巨大难题。

写作是一种非常有用的发明,但它涉及到一种至关重要的权衡:[73]写作使得人们有可能对相距甚远的人(不管是时间上,还是空间上)进行言说,但其中的的代价是,他们无法严格地掌控"谁可以看到"。写作往往迫使人对每一个读者都说同样的东西。这一点正是拒绝写作的苏格拉底在《斐德若》(Phaedrus)中批判写作之际,最为强调的一点:"每一个(写下来的)演讲流到任何一个地方,既流到理解它的人那里,也流到不适合阅读它的人那里。它并不知道对谁应当讲,对谁不应当讲。"[②]现在,我们虽然能够毫不吃力地理解这一论断,但其实并没有怎么看到其中的一个问题。不过,苏格拉底却看到了——写作的单一性与生活的二元性存在紧张。

(接上页注②)——或者,用亚里士多德的话说,必要(the necessary)和永恒(the eternal)之国(1139a6-18),但其他人生活在特殊(particularity)和变动(change)之国。但是,在《申辩》中,关于哲人的描述则多了层怀疑。哲人(或苏格拉底)据说只是摆脱了日常生活的假象(illusions)和错误的确定性(false certainties),从而获得了无知之知(knowledge of ignorance)。

① 强调这两种理想类型(理论生活和实践生活)的明显对立时,古典思想也清楚地意识到,在实践中,也有可能出现两者不同程度的混合,或处于两者之间的情况。

② 柏拉图,《斐德若》275d-e,选自 *Gorgias and Phaedrus*, trans. James H. Nichols Jr., Ithaca, NY: Cornell University Press, 1998, 212. 我对翻译作了稍微的修改。

当一位哲人出版了一本书时,即使其首要意图是为了向其他哲人言说,他也不可避免地跨越了一条基本的分界线。他把自己的生活和思考展现给了其他根本上有别于他自己的生命。一本"哲学书"可以说是一扇永远敞开的大门,连接了两个相异的世界。因此,它根本就不是什么自然或明显的东西,可以被人想当然地认为如此("哲人当然会写书")。它是奇怪的,是天然有所差异之物的结合———一种混合物,其健康是个很大的问题。

　　最后,大多数哲人无疑都选择出版其著作。但是,他们会深思远虑:到底是否要出版、出版的目的到底是什么,到底如何出版——采用何种修辞。每个哲人对这一系列问题的回答,最终都取决于他本人如何理解这两种不同生活的关系——和谐的,还是对抗的。我们书架上所有著名的哲学书都经过构思和修辞上的锻造,每本书都有它自己独特的方式,但它们的构思和修辞都以作者怎么回答这个不可避免的"文学"问题为基础:有些人为了真理而活,另一些人为了真理之外的东西而活,前者应该如何看待后者,其姿态才称得上是合适的?

　　在过去的两个世纪中,哲学家们越来越靠近这个观点:理论生活和实践生活最终是和谐的,更重要的是,本质上是相同的(我们的"单一"倾向),因此一位哲人应该公开地写下所有的内容,应该向所有人说相同的东西。这在如今看来是正常的。

　　但是,在以前,特别是在古典和中世纪时期,思想家们强烈地趋向于相反的观点:肯定存在一些重要的真理,被那些其生命不纯粹、不哲学的人认为是没用的或有害的,或难以容忍。因此,应该避免向错误的人说错误的东西。必须做一个"安全的发言者"(正如色诺芬称苏格拉底)。在我们这个喜欢讲话、嘴巴不严的年代,这个概念听起来很怪异。① 正如第欧根尼·拉尔修(Diogenes Laertius)在其"阿纳卡西斯的生活"(life of Anacharsis)中所述:"[74]对于这个问题,'人身上什么东西既好又坏?',他的回答是'舌头'。"② 一般而言,哲人们倾向于同意苏格拉底所说的,写作的大问题就在于写作是单一的:它向所有人说相同的东西。解决这个问题的唯一方案,除了避免写作,就是多义写作(multivocally),发展出一种特殊的修辞,使得作品向不同的人说不同的东西。隐微写作。

我们已经将隐微这种修辞艺术追溯至两种生活的内在问题,理论与实践的二元性(特别是面对写作的单一性)。但是这个问题本身需要思考,因为这正是我们极不理解的东西。由于某些原因,理论与实践的二元性很少被认为是基本的"哲学问题"之一;当我们谈到基本的"哲学问题"时,也很少把它定为其中的一个主题。但我们不知道的是,它竟会塑造我们对早期哲人的思考和阅读。此外,甚至还不存在一种对于什么是"理论与实践问题"的普遍理解。但是,如果我们被证明对隐微主义视而不见,那或许是因为我们没有清楚地看到这个问题——隐微主义正是对这个问题作出回应。

让我快速地描绘一下这个问题的大致轮廓,从它最明显、最基本的开端说起,再追溯它的历史性转变,以此来看看它如何导致了四种不同的哲学隐微主义做法。这种概略性的讨论将会为接下来的章节做准备,那些章节会充实并证实这个问题。因为整本著作本质上是这样一种努力:以这个基本、但却被忽视的理论与实践问题为视角,重新描述西方哲学思维和写作的历史。

---

① 色诺芬,《回忆苏格拉底》(*Memorabilia*)4.6.15。
② 第欧根尼·拉尔修,《名哲言行录》(*Lives of Eminent Philosophers*), trans. Hicks, 109 (1.105)。

人性的二元性：理论与实践

从头开始：我们都想知道什么对我们有益，什么使我们幸福。但是，为了追问这个问题，首先有必要问，我们是什么，我们如何被组合起来。"健康和有益的东西"，亚里士多德说道，"对人类而言与对鱼而言并不相同。"① 有益的东西是相对的——与本质或结构相关。因此，我们作为人类的本质是什么？这是个著名的不确定问题。不抱希望能找到一个答案（甚或对这个问题的充分辩护），我们可以回顾一下以前某些经典的回答，看他们如何澄清这个问题的结构——这就是我们这里的目的。我们只想看，这个最基本的问题如何直接导致了理论与实践问题。

亚里士多德陈述了这个经典的回答："人是理性的动物。"[75]这当然并不是指，我们是百分百理性的动物，而是说，我们拥有理性这一官能。对于这个观点，大概每一个人都会非常同意。除此之外，这个公式也意味着，我们天然地倾向于利用这种官能，且内在地乐于使用这种官能，正如我们乐于使用视力这个官能本身。更进一步，它意味着我们用这种官能来确定我们的存在。如果，由于一些事故，一个人失去了他成双成对的四肢或用双脚行走的能力，那他作为人类的生活将会持续下去。但是，如果他失去了所有高级的心智机能，那么我们就会说，那个曾经被我们所知的人不再存在。他的生命——他作为人的存在——消失了，即使他的身体依然健壮，他所有的实际需要都得到满足，他富有又出名。因为对于人类而言，真正地活着必须要有意识、能理解。我在，因为我思。相应地，亚里士多德的公式也意

---

① 亚里士多德，《尼各马可伦理学》1141a22。

味着或至少提出,我们最高状态的活力(aliveness)与最大程度的旺盛(flourishing),在于这种最能体现我们本质的官能最大程度的实现——具有最充分的理性意识、最大的意识,过纯粹的"理论"生活。①

不过,这一切(或其中一些)虽然或许可能是真的,但亚里士多德的经典回答显然是不完整的,因为对于我们而言,我们的思想并不是一切,对生活而言,思考也不是一切。我们难道没有肉体,不吃、不工作、不斗争、不做爱吗?我们并不是神。如果一个没有心灵的身体不是人,那一个脱离身体的心灵也不是人。因此,同一位哲人同样意味深长地宣布:"人是政治的动物。"他用这个术语来形容我们身上其他的一切——不是纯粹心灵(包括对理性的实际或非沉思性使用)的那个部分。无疑,在最狭隘的意义上,它只是指一种特定的需求:我们天然地寻求并乐于与他人为伴,且纯粹是为此而已。但更重要的是,它指我们处理我们所有需求的普遍方式。作为社会性的动物,我们并不是作为单独、自立自足的个体去直接追求我们的需求,而是间接地、共同地去追求我们的需求——通过组建互相合作的团体。其中,我们通过劳动分工进行生产,通过相互联合进行防卫。

更深层次地说,我们之所以是政治的生物,是因为社会最充分的发展,即政治的社会,城邦(polis)或城市,不仅有助于我们满足那些先前存在的、身体的或经济上的需求,也激励我们产生新的更高的需求,它召唤我们走向更高的自己。根据亚里士多德,政治社会的形成纯粹只是为了生活,但它的存在则是为了好的生活。在一开始,我们创造了它;之后,它创造了我们。它让

---

① 参阅《尼各马可伦理学》1102a25-1103a10, 1166a15-25, 1178a5-8;《形而上学》980a22-30。

我们从原始的采集狩猎者转变为文明的人类。它把我们从部落蛰伏中唤醒,[76]让我们的心灵得以发展,让我们的内心得以扩大。它把我们从身体的、经济的人,从排外的家庭生物转变为道德生物和公民。它为我们打开了一个新的现实世界,教我们寻求荣誉,热爱正义,渴望高尚和神圣之物。城邦构成了生活世界,文明人在其中充分地展开。因此,我们是浓浓的政治动物,因为只有在政治共同体中,并通过政治共同体这个道德、神圣的新世界,我们才能真正地成为我们,体验我们全部的人类潜能。①

因此,完整的亚里士多德式人性观看上去似乎是二元的(虽然并不一定是在形而上学的意义上):两个相关但完全不同,甚至有可能敌对的东西使我们成为人类:理性和政治性,也就是,知性(knowing)和归属性(belonging),沉思和公民身份(citizenship),思考和行动,智力和道德——理论与实践。我们之所以是人,是因为我们具有理性这种联系客观现实的独特能力,但也因为我们还具有一种联系同胞的独特能力。我们人类是奇怪的混合生物,结合了两种不同的本性——像半人半马怪物(centaur),或者说,精神分裂症患者。

如果这一简单的论述让读者深感太亚里士多德或太本质主义(essentialist),那就让我引用罗蒂(Richard Rorty)的经典论文《协同性或客观性》(*Solidarity or Objectivity*)中的一段话,它也呈现了与此相同的人类二元观,只不过是用更后现代的话语:

> 善于思索的人类通过两种主要的方式——通过把自己的生活置于更大的背景之中,来给予他们的生

---

① 参阅《政治学》1252a25-1253a40;《尼各马可伦理学》1169b17, 1155a5。

以意义。第一种方式是讲述他们对某一共同体的贡献……第二种方式是描绘他们自己处于与非人类现实[即一些客观真理]的直接关系之中……我想说,前一种故事体现了人类对协同性的渴望,后一种故事体现了人类对客观性的渴望。①

"客观性与协同性"或"理性动物与政治动物"——为了我们的一般性目的,这两者或许可以等同起来。确实,在不同的年代和哲学环境中,思想家们运用了广泛的词汇指代人类生活基本的二元性:纯粹理性与实践理性、心灵与身体、理性与生存(existenz)、知与行、真理与生活,或者,运用施特劳斯的术语,哲人与城邦。这些二元论都有所不同,但都拥有一个共同的根基。我们显然是理性生物;同样明显的是,我们不纯粹是理性的——不是脱离了肉体的心灵,只有理论性的思考和对沉思的需求。[77]我们的心灵附属于一些极为不同的东西:附属于身体——它给予我们实际的需要,并驱使我们与我们的同胞共同处于社会协同性之中,这种社会协同性最终激励我们发展成为道德和政治生物。我用这个泛称"理论与实践"来指代这种非常广泛的二元性。

理论与实践问题

从这个基本的人类二元性出发,出现了一系列持久的哲学

---

① 罗蒂(Richard Rorty),"Solidarity or Objectivity,"选自《客观性、相对主义和真理》(卷1)(*Objectivity, Relativism, and Truth: Philosophical Papers*), vol. 1, Cambridge: Cambridge University Press, 1991, 21(此处加了强调)。

问题(我会强调其中五个),它们构成了"理论与实践问题"的核心。

最明显和最根本的问题,与我们开始这一探索的那个问题有关。如果我们是双重生物,那我们真正的善到底在于何处:理论还是实践(或两者的结合)?幸福又在哪里?是在理性的完全实现之中,还是在政治性的完全实现之中?是在超然追求理论真理本身的过程中,还是在积极参与道德/政治/宗教共同体的过程中?是在沉思生活(vita contemplativa)中,还是在行动生活(vita activa)中?对几乎所有的古典政治哲人而言,首要问题就在于探索这个问题。这种探索,以对哲学生活的明显偏爱为终点(几乎所有人都如此)。最终,我们并不是为了行动而思考,而是为了思考而行动。但是,在现代思想中,却出现了颠覆这个结论、认为实践生活在某种意义上具有最高地位的强烈倾向(但并不总是占主导地位)——这可以从霍布斯的身体防卫、马克思的生产性生活、康德的道德生活中看的最为清楚。

我们的天然二元性也必定会带来第二个紧密相关的问题:不管对于我们的幸福而言,首要的因素是什么,这两种不同的因素到底是如何成为一个整体的?我们的理性与我们的政治性是什么关系?搞理论的人与搞实践的人是什么关系?哲学理性可以在实践世界中起什么作用?正如我们如今所说:"知识分子应该扮演什么样的角色?"或"观念在历史上具有什么影响?"

但这里真正的问题远比我们通常会提的那些问题要大。首先,问题在于:我们本性之中的这两种因素本质上是对立的,还是和谐的?它们是否相互冲突——不管是在个人内部还是在社会内部,因而人类需要与他们本性中的一个部分,或社会的一个部分进行斗争,以实现另一个部分?理论与实践的二元性是否以这样的方式变成了人类境遇中的悲剧性裂缝,变成了阻碍个人或社会获得和谐与幸福的天然障碍？[78]或者,与此相反,是否这两个因素最终相辅相成,甚至融合的更紧,变二元为一元,从而人类问题虽然有些凌乱复杂,但原则上能够得到和谐的解决？

第三,后一种可能(和谐)带来了一个重要的结果:如果统一最终是可以实现的,那主要是因为实践遵从理性,还是因为理性遵从实践？是理性开始统治政治生活,使得政治生活与理性要求相和谐,还是与此相反,是我们的社会性比理性更加深邃、有力,从而使得理性与社会需求相一致？简单地说,到底是思想塑造历史,还是历史塑造思想(假设两者不走各自独立、相对敌对的道路)？

第四,如果情况如后者所示,如果理论与实践和谐一致是因为实践或历史塑造思想,那我们就看到了第四个问题:我们所说的"理论"——"理性"或"客观真理"的能力——最终是否真的可能？如果所有的思想都以我们特定的实践兴趣,或由实践氛围所假定的概念和假设,如当地语言、经济结构、或权力等级制度为条件,并与之相关,那人类理性是否可以逃脱历史或文化相对主义？这样一来,理性的状态,知识的全部可能,最终在理论与实践的关系这个问题上岌岌可危。如果我们不是脱离了肉体的心灵,那思想如何能够是"无条件的"？

第五,也就是最后,这些问题也导致了一个关键的实践问题。如果理论与实践根本上是对立的,那政治哲学的中心问题之一,必须是找到一种最好的途径来控制和缓解两者之间的冲突(冲突永远都不能消除)。相反,如果这两个因素最终是互补的,那关键问题就变成了找到最好的途径来实现这种潜在的和谐。

一旦你承认这个基本的前提,即我们不是纯粹的心灵,而是某种二元的生物,那这五个尖锐的问题立马就随之出现。不过,所有主要的哲人都承认这个前提。因此,试着解读政治哲学史,把它作为解决这五个问题的一种努力(明的或暗的努力),是有意义的。为了理解隐微主义,当然有必要以这样的一种姿态去接近政治哲学史。尤其是第二个、第三个、第五个问题,它们最终让我们回到这里的主题,哲学隐微主义的动机。(第四个问题对于理解隐微主义的结果很关键,这将在最后一章进行阐释)。[79]那么,就让我们在短短几页中,试着解释这些问题以及历史上对这些问题的回答。从第二个问题开始:理性与社会性是怎样的一种相互关系?

理性存在与政治性存在的关系

显然,在最基本的层面上,理性和社会性彼此依赖,相互支持,甚至到了不可分割的地步。没有社会,理性无法繁荣,或根本就无法发展,因为理性要求语言,而语言极大地受益于知识,知识又根植于社会的技术、道德、政治传统之中,并通过教育得以代代相传。相反,没有理性,政治生活也无法发展繁荣,因为它要求生产技艺、道德和政治理解的高度发展。①

但是,随着这两个因素的不断发展,两者的关系并不一定保持原样。当理性最终完全成形,当理性孕育出激进的计划——

---

① 如果我们从进化的意义来看这个问题,就会遇到"社会脑假设"(因英国人类学家罗宾·邓巴[Robin Dunbar]而为人所知)。这个假设认为,人类理性的进化主要不是为了应付来自自然世界的挑战,而是为了帮助我们应付紧密联系在一起的社会群体的复杂性。智力作为社会智力进化演变。类似的思想已经在 logos 这个古希腊词里萌芽。这个词既指理性,也指言辞(即社会联系)。

完全依赖它自己的力量来理解宇宙，不考虑任何信仰或传统，简言之，当理性达到哲学、理性主义（rationalism）或科学的层次，那这种和谐最终就走向了反面。理性，最初受社会之养育，但现在的主要障碍却正是社会的基本习俗、传统和偏见。相反，社会，最初受理性之规定和建议，现在的主要危险却来自哲学不断质疑作为社会根基的所有教条的动力。因此，在第二个阶段，哲学似乎在根本上反律法或反社会，社会也似乎在根本上反理智、反理性，或用柏拉图的话说，就是厌辩的（misological）（"憎恨理性"）。这两个因素之间存在一种正面的冲突。

后面会发生什么？这是关键问题。

这第二个阶段是否就是最后的阶段——因为基于理性和社会的充分发展，因而这两个因素之间的根本冲突构成了他们真正、永久的状态？这种冲突观（conflictual view）被大多数古典思想家所持有。它的不同版本（差异极大）可见于下列古代文本，如索福克勒斯（Sophocles）的《俄狄浦斯王》（Oedipus tyrannus），阿里斯托芬的《云》（Clouds），柏拉图的《申辩》（Apology），关于普罗米修斯（Prometheus）、塞壬女妖（Sirens）、潘多拉（Pandora）的神话，甚至圣经中关于智慧树（Tree of Knowledge）和巴别塔（Tower of Babel）的故事。按照这种观点，人类生活的两个典型因素并不互相吻合。

[80] 或者，或许还有个后来的历史阶段——基于理性或社会或两者的一些进步。其中，这些敌对的因素重新回归相互支持和和谐的状态。这是现代思想中占主导地位的和谐观（harmonist view）——现代思想带有它那人文主义的乐观和进步信念。

不过，这种现代转变虽然具有一定重要性，但其革命特征在以后的几个世纪中逐渐模糊。甚至，整个的古典冲突观也在很大程度上逐渐淡出了人们的视野——同时淡出的还有理论与实践的这(第二)个问题。这一切都出于众多缘由。

首先,现代思想的人文主义和进步主义特征不仅迫使它趋向于和谐主义观,最终也使它忘记了另一种观念(我们可以在下一章中看到更为详细的内容)。此外,现代观念和古典观念之间的冲突,也被现代观念内部喧杂、热闹的次冲突所掩盖。因为,正如我们刚刚所见,和谐观在逻辑上分为两个截然对立的版本。不管是通过理论统治实践,还是通过实践统治理论,都可以实现这两个因素的和谐。在很大程度上,全部的现代思想也都由围绕另一个特殊问题所展开的有趣斗争所推动——理论与实践的"第三个问题"(它使得第二个问题被埋没)。

现代思想中的理性与政治性:启蒙与反启蒙

刚才所指的斗争,就是我们熟悉的启蒙与反启蒙之间的斗争。它或许可以被理解为我们本性之中两个敌对因素之间的竞争,争谁能够成为占主导地位的因素,恢复两者的统一。启蒙拥护理性成为统治者,浪漫的反启蒙(有多种形式)则给予我们的社会存在、我们深远的政治或历史嵌入性(imbeddedness)以首要性。换句话说,正如中世纪时期被理性与启示之间的伟大斗争所占据,现代时期很大程度上被理性和众多世俗反理性主义(secular antirationalism)之间的斗争所占据,但这一切最终都源于我们的非理性本性的需求,我们的实际生存的需求。① 这场

---

① 当然,在反启蒙中,也出现了一些非世俗化人物,比如克尔凯郭尔、罗森茨威格(Franz Rosenzweig)和施米特(Carl Schmitt)。

斗争差不多是这样的。

[81]从培根、霍布斯和笛卡尔开始,历经启蒙,甚至直至今日,现代哲学的主流已接受理性和理性主义。不过这是一种新的理性和理性主义——它已经向实践迈出了重要的一步,已经牺牲了理性更加超然和沉思性的主张,代之以对理性更加积极、更加有用或技术性的理解。但是,理性主义的这种现代改革,其明确目的就是为了使理性更能够控制和理性化实践领域,即政治世界(通过启蒙和革命)和物理世界(通过科学技术)。

这样的整体思想,我们或许可以粗略地称之为"启蒙理性主义"。它认为,首先,理性虽然最初被根植于实践领域的迷信和偏见所压制,但能够逐步地解放自己。正如在柏拉图那里,哲学理性拥有逃脱社会虚幻洞穴的能力,能够上升到客观、普遍、永恒的真理。

但是,这种新的启蒙理性主义果断超越了柏拉图和古典理性主义。它声称,理论不仅能够把自己从实践中解放出来,最终还能够回到实践,并统治、矫正实践。哲人一旦从社会及其偏见中解放出来,就能够通过大众启蒙,把社会从它的虚幻之中解放出来,并最终让社会与理性实现和谐,包括公众接受哲学或科学事业(enterprise)。广泛地说,启蒙描述了理性统治世界的多种方式:它或许通过被启蒙的统治者的直接行动,这样的统治者受哲人的教导;或者,更间接地,它可能是通过大众启蒙的逐渐传播,该运动由庞大的新"知识分子"阶级所推动,但这一阶级统一于"文字共和国"(republic of letters);或者,最终,它可能是通过理性的历史进程的自动展开。但是,不管通过哪种方式,哲人最终都能够创造一个"理性的时代"。其中,理性主义和社会性存在的二元需求最终达到完全、一元的和谐——统一于理性之中,围绕在理性周围。

但是,这种改革性的现代理性主义很快就导致了这种反应的出现(这是当然的)——一种强大、持续的反应:所谓的反启蒙。该运动的浪潮一浪接着一浪,愈演愈烈,被称为"浪漫主义的"、"实用主义的"、"存在主义的"、"后解构主义的"、或"后现代主义的"。反启蒙具有多种形式,但它们都主要强调我们本性之中的另一个方面,非理性主义的力量和价值:[82]我们是社会性和有情感的生物,我们的世界带着各种附属物,我们渴望高贵和美丽。从这个非理性的视角来看,它强调了人类理性变成腐蚀性和破坏性力量的众多方式。

理性是普遍的,但生活是特殊的。政治生活尤其如此,因为政治生活的基础是地方传统、偶然形势、任意实践、历史记忆和传说。因此,理性抽象的普遍主义让我们远离特定的附属物,但正是这些附属物让我们共同地忠诚于某些东西,让我们的生活具有它所有的甜蜜和深度。再说,理性是枯燥的、分析性的、抽象的、静态的。它让我们无法触及到具体的现实,无法触及到现实无法简化的特征和持续性的变化。真正的生活涉及到理性所不知的制度、情感和感觉。此外,理性往往倾向于造成一种危险的怀疑论,它使行动瘫痪,它削弱我们共同享有的教条,它揭穿我们最高尚的理想。另一方面,正如法国人、俄国人和其他现代革命强有力地表明,以讨伐的、征战的、启蒙的形式,理性主义也倾向于造成一种截然相反的危险:一种严格的教条主义(doctrinairism)、教条化的普遍主义、意识形态上的帝国主义、政治狂热主义、残忍的极权主义。最后,启蒙理性主义所具有的控制、操作、技术性方面也具有"弗兰克斯坦"的自毙面。它释放出力量,但释放的力量却逃脱它的控制,带来军事和环境上的危险。更深入地,它破坏人们满怀感激地接受和感受万事万物的姿态,但这种姿态却是人与自然或生物和谐相处所必需的。

反启蒙对理性的这种批判——认为理性有害于实际生活，表面上像是回归到了关于理论与实践问题的古典冲突观，但实际上却并非如此。首先，具体的批判不尽相同，因为启蒙理性主义的危害不同于古典理性主义的危害（启蒙理性主义是行动的、技术的，古典理性主义是超脱的、沉思的）。

更根本地是，对理性的现代批判仍然畏避冲突主义（至少，在主流批判中如此）。它依然是被这样的现代假定所推动，即理性与实践必须达成某种和谐。因此，从启蒙理性主义对社会造成的危害出发，它并没有得出这样的结论：存在一种无法治愈的悲剧性冲突。相反，它的结论是：启蒙运动只是接纳了一种错误的——扭曲的、有缺陷的——理性主义。它还认为，扭曲的理性主义与社会之间的冲突只是暂时的，当我们对真正的理性具有更深入的理解时，即某种形式的"新思维"，特别是通过"理性的政治化或历史化"（我们或许可以这么说），这种冲突就能够得以解决。[83]像它所对抗的启蒙一样，反启蒙仍然是改良主义的、和谐主义的。只不过，它看到，我们首先需要的不是社会的改革，而是哲学的改革。

比如，柏克（Edmund Burke）之所以写作，是为了与法国大革命及其背后抽象的启蒙理性主义带给世界的新危害作斗争。他这样做，部分是通过接受启蒙的思维方式（mode of reasoning），主张其抽象的结论在现实中并不适用。不过他也继续向前推进，提议需要一种新思维，一种更加嵌入历史的新思维。他提出，哲人在推导——不仅仅是应用——其原则时，必须更加尊重当地的风俗和社会既定的传统。他一定不能从抽象、普遍的理性，而应该从"法规"（prescription）中，从既定制度所依据的真正的道德合法性中推出其标准，因为道德合法性是已经建立起来的东西,不管在抽象理性看来是多么地任意武断。①

后来,反启蒙又用更加极端的历史主义形式,努力地使理性屈从于社会,使理论屈从于实践。它完全否认哲人可以逃脱大家一起生活的洞穴。它认为,骄傲的理性实际上完全就是社会的产物,以社会为条件,与社会相关。因此,并不存在独立于特定文化的永恒价值(meanings)或真理。所以,它完全颠覆了启蒙观点:理性不仅无法统治社会,甚至还无法逃脱或超越社会;这意味着,最终是社会生活统治理性。社会决定了姑且认为是"理性主义"的东西,因为理性只不过是生活的表现形式,而不是与此相反。所有的哲学,即使是最抽象、最虚无缥缈的理论化,最终都根植于实际生活。是这样或那样的"意识形态"在回应社会的需求、共同的义务(shared commitments)、以及政治共同体未作深思的假定。因此,我们身上最深邃、最强大的东西并不是理性,而是社会性。一旦这个教训得到恰当地理解和消化,社会性就能够成为协调思想和行动的真正基础。

在现在这个后现代时期,虽然这种历史主义观点似乎明显具有主导地位,但上述争斗依然没有消停。不过,在所有这样的冲突中,如今的每个人似乎都至少同意这一点:这些启蒙立场和反启蒙立场(或理性主义和反理性主义立场,或现代和后现代立场)是一组对立面,两者共同穷尽了关于理性与社会生活这个关键问题的可能性观点。如果答案仍然有待商榷,至少这个问题是确定无疑的。这个问题的两个重要方面,哪个都没有被忽视。

但是,正如我所论,这个观点涉及到严重的"视而不见",

---

① 从这个视角对柏克展开的讨论,见施特劳斯,《现代自然权利的危机:柏克》("The Crisis of Modern Natural Right: Burke"),《自然权利与历史》第六章,294-323.

[84]因为在关于这场次斗争的激烈讨论中,有一些关键的东西的确在很大程度上被忽视了。如果镜头倒转,这些"对立的"现代立场——在重大的战场中被封锁了几个世纪——就突然站在了同一个立场上。两者的共同立场构成了另一个更大的对立面的其中一面:和谐主义与冲突主义。这两种现代立场一致排斥冲突主义观点,一致拥抱人文主义命令,即通过某种方法,理论和实践必须被还原到和谐。它们的分歧只在于,如何使两者达成和谐:启蒙阵营的立场是将政治生活理性化,反启蒙阵营的立场则是理性的政治化。不过,这场喧闹的分歧都是为了躲避更加基本的立场——古典的冲突观。换句话说,在现代性中,理论与实践的第三个问题(和谐派内部的斗争)倾向于消除更为基本的第二个问题(和谐主义与冲突主义),因此这个问题我们就不再提。

两点说明

带着这样的信念,即有必要说清楚哲学隐微主义的理论基础——它的四种形式及其历史转变,我详细地阐述了关于理性与实践问题的梗概。但是,在这样做以实现这个目的之前,有必要做一些说明,并处理一种明显的反对。

我已经论证,我们本性之中的二元性(理性与政治性)导致关于这两者关系的观点也具有二元性——冲突主义与和谐主义(后者又具有二元性,分为两个方面)。然后,我把这些理论性观点同不同的历史时期对应起来:冲突主义观与古典和中世纪哲学相对应,和谐主义观(带有两种形式)与现代哲学(其两种形式是启蒙和反启蒙思想)相对应。非常精确地描述了这幅图景之后,为了对此有一个清晰的理论纵观,我现在必须表明实际生活中这些差异变得模糊或相互妥协的重要方式。

第一个涉及到和谐主义—冲突主义差异。哲学理性与政治性如何成为一个整体是个复杂的问题,这两者不能轻易地简化为一个二元对立面。由于这两者之间的冲突程度不同,因而自然就会存在一个以极端的冲突立场和极端的和谐立场为两极的连续区间。此外,对于一位特定的思想家而言,他或许会在关于潜在冲突的一些问题上站在这个区间的这个点上,在另一些问题上却站在另一个点上。[85]因此,我们必须记住,虽然这两个大类理论上合理连贯,实际上也有助于理解一位哲人对实践世界和写作艺术的大致立场,但它却具有较大的内部变异空间。

这就是为何,在那些属于同一个阵营的人中间,没有哪两位思想家采用完全相同的实践姿态和修辞(比如,考虑柏拉图和亚里士多德)。此外,这些差异也容易成为冲突,这在现代时期变得特别清楚(这会在第八章进行详细阐述)。孔多赛等人与伏尔泰等人存在较大的矛盾:孔多赛认为,"普遍启蒙"这个和谐主义计划可以是真正普遍的,但伏尔泰却认为,这样的计划在实际操作中必须只能被限制于中产阶级和上流阶级。又如,霍尔巴赫(Holbach)等人和卢梭等人也存在较大的矛盾:霍尔巴赫相信,社会可以超越对任何宗教的需求,但卢梭却认为,一些正经、有理的(rationalized)宗教总是必要的。

第二个涉及到古代—现代差异。同样地,这也不能从太狭窄的意义上进行理解。首先,正如之前的差异,这两个大类各自都包含了大量的变异和分歧。但是,此外,并不是每一个活在现代时期的思想家就是一个"现代思想家",如果这位思想家参与的只是广泛、但远非普遍的启蒙(或反启蒙)运动。现代人中间势必存在古代人。① 更不清楚的是,是否古代人中间存在真正的现代人——比如,那些喜爱用哲学运动来推动普遍启蒙,以及对自然的技术性征服的思想家。

做了这些说明之后,我们回到一种明显的反对,它涉及到这两种差异之间所谓的联系。

古典思想和现代思想的普遍形象

有人会反对说,称现代时期为和谐主义,称古典时期为冲突主义,实际上颠覆了长时期以来关于这两个时期的概念。我们认为,与古代相比,现代是去中心的(decentered)、骚乱的,因为古代是一个充满秩序与和谐的时代,用温克尔曼(Winckelmann)的话说,是一个"高贵的简洁与平静的伟大"的时代。当然,理性与社会的冲突开始当道是在现代时期,而非在古典时期。[86]毕竟,是启蒙哲人树立了众所周知的现代哲人或知识分子典范——哲人或知识分子的定义,就是反对社会、批判文化,以及明显的敌对立场。这在马克思那里达到了顶点:"世界上的工人们联合起来,你们别无所失,除了身上的枷锁。"对暴力的社会革命的哲学召唤——现在,这是哲学和社会之间的真正冲突。这就是现代时期的特征。我们绝不会想象亚里士多德或任何主要的前现代哲人说出这句话。因此,很明显,趋向

---

① 正如施特劳斯所说:"我必须先澄清一点,以防遭到粗鲁的误解。一种现代现象,不在于这样的事实,即它发生在,比如,1600 年和 1952 年之间,因为前现代传统当然存活下来了,且一直都会存活下去。不但如此,在整个现代时期,一直都存在一种反抗这种现代趋势的运动,从一开始就如此。" "Progress or Return?", 选自 Leo Strauss, *The Rebirth of Classical Rationalism: An Introduction to the Thought of Leo Strauss*, ed. Thomas Pangle (Chicago: University of Chicago Press, 1989) 242-43.

于排除（关于理论与实践问题）冲突观的,实际上是强调秩序、平衡与和谐的古典思想。现代思想的罪过在于念念不忘这一点:冲突观是其特性。

在某种意义上,这非常正确,但它却具有误导性。的确,启蒙哲人相信,理性和真理与当下的社会相冲突,但不是与社会本身存在冲突(不同于持真正的冲突观的古典哲人)。他们认为这种冲突并不是自然的、永恒的,就像古典哲人所认为的那样,而是取决于一定的历史条件,是可以解决的,因而最终是可以达成和谐的。

另外,正是这种潜在的和谐主义产生了冲突主义表象。启蒙哲人如此公开、强势地推进他们对现存社会的理性主义批判,只是因为他们希望可以通过暂时强调两者的冲突,最终使未来的社会与理性达成真正的和谐。启蒙知识分子的确反对他们所在的时代,但只是因为他们走在时代的前面。因此,他们对冲突、明显对立(bold opposition)的著名强调,甚至是对暴力革命的召唤,都源于一种强大的新和谐主义(正如在马克思那里特别明显)。现代"冲突主义"其实是其对立面的结果,也是其对立面的一种迹象——这场战争的特点,恰恰在于"结束所有战争"这种新的希望。它是伪冲突主义。真正的冲突主义不会实施这样的征战,因为它对和谐主义希望毫无兴趣。它已平静地认为(估测),冲突是某种永远都不可能克服的东西。

这种因愈来愈信仰和谐而暂时强调冲突的思想结构,也是现代性内部之中另一个阵营——反启蒙的特征所在。从柏克到福柯,反启蒙都强调、突出理性与社会之间的冲突,尽管主要谴责前者,而非后者。我们已经看到,它以不同的化身攻击理性主义是各种社会恶魔:政治教条主义和乌托邦主义、消灭传统和遗产、[87]暴力革命、不容忍、迫害、殖民主义和极权主义。但是,它参与对理性的政治批判,突出理性主义与社会之间的冲突,同样恰恰就是因为它拒绝古典二元性,因为它是被强大的一元论信念所推动:这种冲突是一种莫名其妙的失常和错误,是另一个需要解决的问题。和谐是可能的。但是,达到和谐的方式不是启蒙的方式,即通过改变社会,使之满足理性的需求,而是另一种相反的方式:通过迫使理性意识到,其基本原则的根源或基础不能是其他,只能是它所在社会的习俗或共同义务——命运把它放到什么样的社会,它就要接受这个社会的东西。正如罗蒂所说,这种运动"重新把客观性解释为主体间性(intersubjectivity),或协同性。"①因此,虽然受到嘈杂的反抗,反启蒙阵营坚持认为,理性和社会共识或团结远非处于根本的冲突之中,因而它们骨子里是同一个东西。②

此外,正如提倡和谐主义的现代时期(包括两种形式)以这种方式被广泛地误解为是冲突主义的,提倡冲突主义的古典时期被普遍误认为是和谐主义的。真正的冲突主义趋向于相当的

---

① 罗蒂(Rorty),《客观性、相对主义和真理》(*Objectivity, Relativism, and Truth*), 13.

② 有人可能会反对说,尽管罗蒂与和谐主义范式非常吻合,但其他的后现代主义者并不如此,特别是福柯,他总是强烈地强调冲突和压迫,以及永远都需要反抗。但是,我们必须记住,"和谐主义者"(正如我对这个术语的使用)希望终止的,并不是每一种形式的冲突和压迫(军事、政治,等等),而是我们天性之中的两个方面,即社会性和理性之间的根本冲突。在这一点上,像所有的启蒙和反启蒙思想家一样,福柯先指责这两者之间现存的不和谐。然后,像反启蒙思想家那样,通过揭示出历史上扭曲、压迫性的科学,他把理性作为主要的谴责对象。但是,他之所以指责这个指责那个,揭露这个揭露那个,恰恰在于他不像一个冲突主义者那样,看到这个问题实际上避免不了。尤其是,他没有想到,他自己所经营的新思维对社会有害。相反,他反而期待他的新洞见和各种揭露——如果他找到了正确的方式来表达和传播这些内容——最终能够使得这个世界变得更加美好(不管他有时表达自己的心声时是多么地悲观,像许多他之前的启蒙哲人一样)。(以一种复杂的方式)在他的核心观念中,即真理可以化约为权力或两者至少最终能够统一起来,他找到了科学和社会福祉达成和谐的关键。但是,这明显是一种和谐主义观。

平静和轻描淡写。因为看不到解决方案,因为对克服理性和社会之对立的激进希望毫无兴趣,它并不召唤我们过分地注意这个问题,也不招致冲突,不提高意识,不召集军队——这些都是现代政治运动的步骤,对此我们非常熟悉。另外,因为我们这些"解决问题者"倾向于相信,哪里有问题,哪里就有运动,因而当我们看不到运动时,就认为没什么大问题。但是,在这里,反面才更接近真相:在理论与实践的冲突这个问题上,古典哲人的言行之所以更为谨慎,恰恰就是因为他们觉得这是个大问题。在他们看来,这是人类境况中永不可能缝合的永恒裂缝,我们只能与之共处,处理它,容忍它。处理它时,一个明显的方面就是不要经常号召人们注意它,而是要在可以保持沉默、保持沉默也有效时,避而不谈这个问题。

因此,关于理论与实践问题的这两个敌对观点,奇妙地倾向于表现为各自的对立面。这使得我们对古典思想和现代思想的真正精神产生了众多困惑。但是,首先,现代思想的伪冲突主义已经为隐藏——因而保持(通过躲避批判)——这样的现代倾向,即忽视真正的冲突主义,作出了贡献。

处理理论/实践紧张的实践手段:"哲学政治学"

[88]前面讨论了我们的理性和政治性的相互关系——由第二个和第三个问题所提出。我们现在转向第五个,也更加实际的问题:在实践中,这种关系如何得以解决?如果这种关系是敌对的,那冲突如何能够得到解决?如果这种关系有可能是和谐的,那如何能够实现这种可能?这些非常一般性的问题很快就转变成了众多不同的小问题。

古典的敌对观直接导致了这些问题。当哲人与整体意义上的"社会"存在紧张时，他与社会各个部分的冲突可能并不相同，很有可能与某些部分的冲突更大。那么，他应该联合社会中的哪个阶层：贵族、寡头、中产，还是大众？他应该给这个阶层的人提供什么？对于哲学生活而言，哪种形式的政府是最好的？他自己是否应该参与政治？他应该以何种态度看待盛行宗教及其权威？当时还有哪些其他的制度和运动——宗教的、政治的、道德的，可能对他及其他哲人创造特别的机会或危险？他应该如何谋生？他怎样才能赢得最有才华的青年，让他们进入哲学生活，但又不激怒城邦？他应该尝试建立某种哲学派别吗，就像柏拉图办了学园？他应该著书立作吗？用什么样的方式和修辞？如果被逐，他能逃到什么样的地方？他是否应该为此而与僭主或君主交朋友？显然，在不同的年代和地点，这些问题的答案，甚至是问题本身，都会大大地不同。

为了给这一系列广泛的问题一个名字，我们或许可以称之为"哲学政治学"（philosophical politics）。它可以被定义为面对非哲学共同体的天然敌意之际，一种保护理论生活实际利益的努力——保护哲学的安全和传播。此外，这个概念也有助于我们理解，为何那些最称颂纯粹沉思这种反政治理想的古典哲人，仍然被发现参与政治活动（直接地或通过写作和教育）。因为一位沉思的哲人越明白他自己的生活基于对周围那些人所过的普通政治生活的激烈拒绝和超越，他就必定会越感到孤独，越害怕这个共同体的潜在敌意，因而就会越同意哲学政治学的实践必要性。[89]但是，这种政治活动不管多么真实，不管多么复杂（它有时会这样），始终都与现代时期所出现的那种哲人的政治行动主义（在和谐主义观念的影响之下出现）极为不同，这在

第八章会解释清楚。①

现代和谐观导致哲人的实践目的发生了一种基本的转变：不再是应付，而是克服理论与实践之间的冲突，实现他们潜在的统一。但是，在这里，正如我们所见，有两个敌对的阵营，他们所关注的东西极为不同，几乎截然对立。启蒙哲人寻求最好的方式来处理和改革政治世界，以使之与理性达成和谐。反启蒙哲人则寻求最好的方式来处理和改革其他哲人，以使这些哲人及其理性活动与政治世界达成和谐。

从实践角度来看，后一项计划更加直截了当。这样的思想家只需教书育人和著书立作。他们最高的实践需要在于一种新的修辞，这种新的修辞可以以某种方式潜入并打败启蒙精神。

相反，由于启蒙哲人的目标是政治世界，因而他们需要关注更多的东西。他们仍然需要关注前现代思想家提出的大多数问题，但同时也需要关注新出现的重大问题，尤其是，他们如何才能让他们的哲学观念产生更多的实际效果。在不同的时代和环境中，他们会遇到这一类问题。现代自然哲学"征服自然"和创

---

① 简略地说一下要点。和谐观认为，尽管在此之前，只要有哲学存在的社会，哲学和社会就一直都不和谐，但两者实际上可以在一个更加理性的新社会中形成统一。现代哲学的新政治行动主义特征旨在实现这种理性的社会。因此，它至少在四个方面不同于前现代哲学的哲学政治学。首先，哲学政治学特别关注哲人的阶级利益，在冲突观中，它往往被认为不同于其他阶级或非哲学阶级的利益。与此相反，现代哲学行动主义则更加具有公共精神或更加人文主义（正如它自己经常所说），因为它被这样的信念——这些利益冲突可以得到克服——所激发。其次，哲学政治学的目标非常有限，只试图医治一种永远都不能被真正治愈的疾病。与此相反，现代哲学行动主义不仅参与有限或平常的政治，还参与"伟大的政治"——旨在实现革命性的历史性转变。它试图让政治和理性的关系经历一种永久、普遍的改变——一个理性的时代。第三，它试图通过书籍，通过出版，通过普遍的启蒙，而非通过政治或军事行动，来实现这样一种改变。这样的行动方式和这样的目标是前现代哲人不曾设想过的。最后，这种政治哲学上的新行动主义伴随着自然哲学上的一种新行动主义——从思考自然转变为从技术上掌控自然。

造对日常生活有用的新技术的努力，是否最终能够为哲学生活赢得较广泛的尊重和地位（它过去从未梦想过）——甚至是在可疑的大众之间？印刷术这种发明是否重大地改变了哲人在这个世界上的境况，改变了哲学教义在这个世界上的力量？基督教曾经通过非政治和非军事的方式——很大程度上是通过一本书的力量——取得了大权，那是否可以从基督教的例子中学到重要的教训？哲人是否应该通过联合其他的哲人——就像神职人员在教会中所做的那样，而试着加强他的地位？考虑到基督教对国家权力造成的系统性危险，这是否给了哲人以新的机会——古代没有，让他们对国家有用？哲人是否可以希望通过影响已经得到启蒙的统治者——像普鲁士二世（Frederick II of Prussia）和叶卡捷琳娜二世（Catherine the Great of Russia），而改变这个世界？[90]或者，他们是否应该与此相反，依靠他们自己所拥有的力量来间接地塑造这个世界，通过他们的书籍和他们的观念的传播——由知识分子阶级和文人学者所组成的新阶级完成——来启蒙这个世界？清教改革所带来的教会内部的裂缝，是否给予了他们让自己变得有用、强大的其他新方法？是否存在其他的运动，比如共济会（Freemasonry），可以帮助他们传播他们的观念和影响？或者，是否存在一个理性的"历史进程"，它在背后操作，可以带来理性在历史中的胜利？在这种情况下，哲人和知识分子应该扮演什么样的角色？他们是否降级为这个客观进程的先锋，宣布它、解释它，为它扫除障碍？

这些问题中的任何一个都可以写成一本书。这本书是关于这个问题：哲人应该如何交流他的思想？特别是，他应该如何写作？

四种形式的哲学隐微主义

如果我们带着这个问题回到古典的敌对立场,答案就相当明显。关于理论与实践的冲突观直接导致隐微主义的需要——而且是以三种不同的方式。

首先,按照这种观念,哲学或理性主义对社会构成了一种巨大的危害。基于那些我们已经看到的理由,以及在第六章中将会进行详细阐述的理由,所有的政治共同体最终都不是基于理性,而是基于某种未经省察的义务或假象。一个完全理性和得到启蒙的社会是不可能的。因此,真理与政治生活之间存在根本的紧张——这种冲突无法被任何改革所消除。那么,为了处理这种冲突,并保护社会免受伤害,哲人必须隐藏或模糊他最颠覆性的观念。或许,还要保护有益的观念——实行保护性隐微主义。

第二,社会又反过来对哲人构成了一种巨大的危害。人类心中藏有很多引发不容忍和迫害的恶魔。由于哲人特别地古怪、疑心、冷淡、暴露,智力上又优胜一筹,因而就更容易引发他人心中所有这些恶魔的出现。考虑到我们刚刚所考虑到的——哲人对社会所构成的真正危害,社会对哲人的敌意同样也并不完全是不合理的。它不仅仅是(粗鄙的)忽视和误解的产物,有可能某天被更多的教育和更大程度的熟识所驱散,[91]正如和谐的启蒙观所坚持的那样。迫害这种危险是结构性的、永恒的。为了保卫自己免受其害,哲人必须隐藏他更加挑衅或更加异端的观念,同时也寻求积极的方式来使他自己看上去更加容易接受——参与自卫性隐微主义。

但是,如果哲学出版就这样对作者和一般读者而言都是危险的,那写作的意义又在哪里？因为冲突观排斥任何这样的希望——通过普通大众真正、持久的启蒙,而实现根本的政治转变,因而这就不可能是目的所在(虽然实现部分、暂时的改革这样的小希望或许是其目的)。因此,写作哲学书籍的首要目的就简化为:教育有天赋、有哲学潜能的人。

但是,冲突观也对应该如何实施这种哲学教学产生了深刻的影响。哲学教育不仅仅只是智力教育和一种单纯的学习。它涉及到促使受教育者从一种生活方式到另一种生活方式的转变。具体地说,就是转变到——按照冲突观——这样一种生活:它本质上不同于这个人开始学习时所过的生活,甚至截然相反。它要求一种困难的转变,一种动摇核心的转变。如果这样的话,那一种公开、直接,只是简单地陈列出真理的教育就起不了什么作用。学生应该被循序渐进、富有技巧地向前推进,止步于合适的阶段。这种教学进程就需要保留或处理真理,逼迫学生自己去发现真理——按照他自己的节奏,以他在每个阶段能消化吸收的方式。通过这种方式,冲突观自然就导致了教学性隐微主义的必要性。换句话说,那使得保护性隐微主义对一般读者而言成为一种必要的——真理和普通生活的紧张,也使得教学性隐微主义对潜在的哲人而言是一种必要。①

这三种形式的隐微主义,的确源于相同的前提。它们总是同时出现。这样统一在一起,它们组成了我所谓的古典隐微主义。它不仅指古典思想家的隐微主义特征,也指哲学隐微主义这个现象最充分、"古典"的发展。

当我们转向现代和谐观的启蒙形式,写作的结果就极为不

---

① 但是,即使在和谐主义的前提下,教学性隐微主义也仍然有用,如果说在严格意义上不怎么必要。几乎所有的哲人都不同程度地意见一致,考虑到"苏格拉底式方法"(保留答案,以迫使学生自己进行思考)的功效。

同,但同样十分显著。和谐主义前提通过寄予理性和社会聚合在一起的希望,鼓舞哲人采取更加行动主义的立场,[92]来宣传一个理性世界的诞生。这种行动主义的立场又反过来直接导致了隐微主义的出现——如果说是一种更加狭隘的、更不彻底的隐微主义。它通过两种方式得以完成。

首先,通过参与到实现根本性政治转变这一计划之中,哲学不可避免地在一定程度上表现出这样的政治倾向:偏爱强大的观念,而非真的观念;塑造与特定年代和地点的人乐意相信、愿意跟随的东西相一致的公共教条——用一个词(如果说是后来出现的词),就是变成宣传性的(propagandistic)。但是,这种对启蒙哲人的新修辞要求,不仅涉及到他们对权力和政治功效的追求,也涉及到他们负责任地使用这种权力。他们试图颠覆和改变传统社会,但却是通过一种循序渐进的方式。这也要求他们仔细地处理好说什么、怎么说、什么时候说。简言之,通过把一开始的教学目标转变为政治目标,启蒙哲人用政治性隐微主义取代了教学性隐微主义。

其次,正如我们已经看到的那样,启蒙哲人的行动主义、理性化立场不可避免地扩大了(如果说是暂时的)哲学和社会之间的紧张,也大大地增加了迫害这种危险,因而特别需要自卫性隐微主义。

当然,具有讽刺意味的是,"理论与实践潜在的和谐可以得以实现"这种信仰,竟会导致一种新的隐微主义形式的出现。同时,一种老的形式得到强化。但是,两种隐微主义之所以必要,都不是因为这种和谐的存在,而是因为形成这种和谐所需要的政治行动主义。因此,在过去的两个世纪中,随着行动主义派缓慢地接近他们的目标,这种隐微主义不可避免地逐渐褪去。

总之,如果前一章中所呈现的历史证据表明,隐微主义不是一种偶然或临时的做法,而是哲学生活最持久的特征之一,那这一章就表明了为何如此。哲学隐微主义,尤其是在其古典形式,甚至是在现代启蒙形式之中,是对人类生活其中一种根本特征——理论与实践的二元性,以及两者之间潜在的冲突——所作出的实践反应。哲学隐微主义是被生活本身的双重性所引诱出的"双重话语"(doublespeak)。

隐微主义、启蒙,以及历史主义

上述讨论不仅澄清了哲学隐微主义本身是什么,也将它同其他的智识运动联系了起来。[93]特别地,它展现了隐微主义、历史主义、以及启蒙之间令人惊奇的内在联系。

前两者之间的联系将会是第十章的主题所在。其中,我们会探讨隐微主义理论的哲学结果,尤其是施特劳斯在面对历史主义的挑战之时,为了对历史主义作出一种新的回应,而对这种理论的主要运用。我们这里所看到的是,这两种似乎并不相关的现象其实紧密相连,因为两者都是对同一个问题(关于理论与实践问题)的回应。在一种意义上,这两种回应截然相反,因为历史主义是和谐观的一种形式,而隐微主义(其前现代形式)是冲突观的结果。前者声称,哲学必定是它所在的社会的显现和支柱,后者则声称,哲学必定与它所在的社会相敌对。

但是,在另一种意义上,两者又都站在一起反对第三者,也就是和谐观的另一种形式——启蒙的普遍理性主义(universalistic rationalism)。两者都认为后者对政治世界有害。但是,隐微主义通过修辞途径,让哲学理性变得不那么危险——通过隐藏它的一些结论或调整表达结论的方式,以使结论适应当地的环境。历史主义则通过认识论途径实现这一点——通过攻击理性本身及其对普遍有效性的抱负。从这个角度来看,历史主义显现为对隐微主义的极端替代。

我们对冲突观——以及隐微主义的抵制

从这样的讨论出发,我们将得出进一步的结论。在上面解释清楚理论与实践问题——尤其是关于两者关系的两种敌对观的历史,并对这样的解释进行辩护的过程中,我们看到,有必要简短地讨论一下现代思想远离和忽视冲突观(这种观念构成了古典隐微主义的必要基础)的方式。我们也看到了,现代世界对敌对观的忽视是如何从人们的视野之中消失匿迹的。下一章将重点探讨这些内容、这个现象:我们对隐微主义的视而不见和抵制。

第四章

对隐微主义的拒绝、抵制和视而不见

  人人都爱抱怨那些误导他人或团体的偏见,好像他与此没什么干系,好似他本人不带任何偏见。这种矛盾的做法到处惹人反感。大家一致认为,这是一种错误,一种阻止我们获得知识的障碍。那该如何改正?没有其他,只能是每个人都不干涉其他人的偏见,省察他自身的偏见。

——洛克,《理解能力指导散论》

我们已经看到众多证据，表明——出于这样或那样的理由——哲人经常参与隐微写作。然后，我们也考察了他们这么做的原因。但是，仍然要问：出于什么样的理由，我们认为他们不可能这样做？因为，我们对隐微主义抱以同情的理解的关键之一，在于理解我们为何长期以来缺少对它的同情。

可以预料，读者们会对这里所呈现的论证提出疑问和反对。在这一章中，我会试着解决其中一部分问题。至于其他问题，就留到后面进行回答。但是，我们这里所讨论的现象远远超出日常的观察范围。正如我们在一定程度上所见，有众多迹象表明现代文化强烈抵制[96]隐微主义（隐微主义深藏于事实和论证之下）。在我们有效地前进之前，这是第一个必须加以解决的问题。

隐微主义和现代文化

这种抵制，到底表现为哪些"迹象"？首先，随着哲学隐微主义的证据不断增多，随着开始真正严肃地对待这样的可能：它毕竟是真实的——不仅仅是真实的,还是一个主要的历史现象,人们有可能最终被下面的反思所震惊。怎么会存在这种如此重要、几乎通用的做法,但我们却一点都不知道?我们怎么会错过如此重要的东西?当然,如果隐微主义的证据极为模糊,那就不会有什么疑惑。但是,证据并不模糊。几个世纪以来,它一直都相对清晰地存在于那里。那我们为何没有看到它?人们几乎被逼迫着思考:是否有什么东西遮住了我们的视线?我们看待世界的方式是否出了什么差错?

如果考虑到这个事实,即我们并不总是没有意识到隐微主义,这样的猜测就更为强烈:它是在19世纪的进程中变得不为人所知(正如歌德所指)。但是,整个文化是如何突然失去了关于这种做法的意识?——毕竟,在不久之前,这种做法是如此广泛,如此长久,如此重要,人们如此公开地讨论它,在历史记录中,它又被记录地如此彻底。不过,思考哪段时期发生了哲学上的遗忘(philosophical forgetting)和智识上的省略(intellectual expungement)并不容易。难道必是一些强大的文化力量在起作用?

然后,这个不断展开的故事又出现了另一个结:在20世纪,施特劳斯等人试图恢复关于隐微主义的理解。我们再次看到了一些不同寻常的东西:他们的努力遭遇了各种阻碍,但这些阻碍似乎超越了平常的学术分歧和质疑。为了公平起见,这里列一下的确存在的重要例外:科耶夫(Alexandre Kojève)、莫米利亚诺(Arnaldo Dante Momigliano)、肖勒姆(Gershom Scholem)、伽达默尔(Hans-Georg Gadamer)以及其他几个人,都对施特劳斯的发现表达了真正的兴趣和欣赏。① 但是,对大多数人而言——

---

① 参阅 Kojève, "Emperor Julian and His Art of Writing"; Leo Strauss, *On Tyranny: Including the Strauss-Kojève Correspondence* (New York: Free Press, (转下页)

特别是在英美世界——这个观点被认为完全有悖常理,甚至可以说是疯狂。这里,我们只讨论那些在其他方面真正欣赏施特劳斯的著作的学者。霍尔墨斯(Stephen Holmes)写道:"我们可以确定无疑地认为,施特劳斯对隐微主义和迫害的迷恋不是扎根于学术,而是扎根于他那代人难以置信的悲剧(即大屠杀)。"①[97]弗拉斯托斯(Gregory Vlastos)伤感地悲叹施特劳斯的"谬见",即"应该把古典政治哲学文本当成羊皮纸(palimpsests)来读——高贵的心灵中怪异的越轨"。② 萨拜因(George Sabine)则担心,隐微主义只是意味着"引入'有悖常情的智慧'(perverse ingenuity)"。③ 这是深思熟虑的思想家们所提出的诚挚的评价,他们用"迷恋"、"谬见"、"越轨"、"有悖常情的"这样的词轻蔑地描述隐微主义,准确地表达了我们这个

(接上页注①) 1991); Arnaldo Momigliano, "Her meneutics and Classical Political Thought in Leo Strauss" 和 "In Memoriam: Leo Strauss," 载于 *Essays on Ancient and Modern Judaism*, ed. Silvia Berti (Chicago: University of Chicago Press, 1994); Gershom Scholem, *On the Kabbalah and Its Symbolism*, trans. Ralph Mannheim (New York: Schocken Books, 1965), 51; Hans-Georg Gadamer, "Philosophizing in Opposition: Strauss and Voegelin on Communication and Science," 载于 *Faith and Political Philosophy: The Correspondence between Leo Strauss and Eric Voegelin, 1934–1964*, trans. & ed. Peter Emberley & Barry Cooper (College Park: Pennsylvania State University Press, 1993); 另参阅 Hans-Georg Gadamer, *Truth and Method*, 2nd rev. ed., trans. Joel Weinsheimer & Donald G. Marshall, 2nd rev. ed. (New York: Continuum, 1989), 532-41;以及,施特劳斯和伽达默尔, "Correspondence concerning Wahrheit und Methode," *Independent Journal of Philosophy* 2, no. 10 (1978): 5-12.

① Stephen Holmes, *The Anatomy of Antiliberalism*, Cambridge, MA: Harvard University Press, 1993, 86.

② Gregory Vlastos, "Further Lessons of Leo Strauss: An Exchange," *New York Review of Books*, April 24, 1986.

③ George H. Sabine, Review of *Persecution and the Art of Writing*, *Ethics* 63, no. 3 (April 1953): 220.

时代看待这个问题的嗜好。①

但是,只有比较我们看待隐微主义的态度与其他年代和地点的人看待隐微主义的态度——通过关于"如何对待隐微主义"的比较性研究,我们才能最清楚地看到现代文化中对隐微主义的独特抵制。这样的比较表明,这是个简单的经验事实:没有哪种文化像我们一样,用特别负面的冲动对待这个问题——坚决不同意,坚决不相信。

第一章中所讨论的跨文化交流文学清晰地发现了这一点。现代西方世界之外,几乎所有社会都接受"高语境"交流方式,它强调不直接地说话,字里行间地说。与此相反,我们却是唯一一种"低语境"文化。我们不仅自己拒绝不直接的交流,还倾向于认为那些这样做的人难以理解,甚至无法接受。

历史证据也展现了一幅完全相同的景象。对西方历史上过去两个世纪中的哲学证据进行考察,就可以发现,广泛地拒绝隐微主义事实是晚期西方现代性(late Western modernity)的独特命题。(好像我们并没有很多关于这个问题的重要新信息,可以使得我们与所有其他年代的判断的决裂正当化。)

在某些方面更引人注目的是,在1800年之前长达两千年的西方哲学中,不仅几乎没人拒绝隐微主义,还没人表达对这种做法的极度厌恶或反对。当然,我们可以发现,人们认为它涉及到不诚实,有滥用的可能,或造成了解读上的困难。但是,没有一处上升到不客气地谴责或拒绝这种做法的程度。在我们这个时

---

① 关于一种更加极端的论述,即采用拉康分析法论证施特劳斯的隐微主义理论本质上是一种滥用和堕落,参阅 Sean Noah Walsh, *Perversion and the Art of Persecution: Esotericism and Fear in the Political Philosophy of Leo Strauss*, New York: Lexington Books, 2012. 关于对施特劳斯作品的抵制,有一段富有洞察力的讨论,参阅 G. R. F. Ferrari, "Strauss's Plato," *Arion* 5, no. 2 (Fall 1997): 36–65.

代之前漫长的西方思想史上,在所有的政治、宗教和文化变革之中,几乎每个人都从根本上同意或接受隐微主义。虽然存在一长串的愤怒对这种做法表示反对——过会就会详细阐述,且这些愤怒的反对让我们坚信,这种令人厌恶的做法不可能曾经被广泛应用,但它们并没有以同样的方式影响到以前的人。

[98]简言之,对隐微主义的拒绝和强烈反对——我们觉得这是如此自然和不言自明,实际上是相当地方化的态度,是我们的一小部分历史所作出的独特且怪异的反应。所有其他年代(的人)似乎都自然而然地认为,哲人们往往用较多的谨慎、讽刺和技巧处理写作行为,唯独我们带着迂腐(literal-mindedness)检查他们的文本。由于一些原因,当涉及到这个特殊的问题时,我们现代人用我们所有的精明玩弄乡巴佬和外地人,但每个人可以说都在我们背后咯咯咯地笑个不停。我们这里显然存在问题。

例子:耶稣的比喻

考虑一个具体的例证有助于我们理解这个现象的重要性。这个例子与西方传统中把寓言演讲玩的最好的人有关——虽然不是一位哲人。

正如人人皆知,根据新约所述,耶稣采用了一种非常特殊的修辞来向大众说话(与他的门徒们不同):他用比喻(parable)进行说话。"他跟他们(众人)讲话没有不用比喻的,但私底下却向他自己的门徒解释一切。"①不过,比喻的使用既可以使内容

---

① 马可福音 4:34(Mark 4:34 [ESV])。

更加的清楚具体,也可以使内容更加的模糊、富有挑战性。我们今天当然会假定,耶稣只是怀有前一种意图。可以肯定,他必定试图让自己尽可能地向每个人都解释清楚,让每个人都可以理解。但是,我们对直白和公开的信仰,并不如我们想当然认为的那样普遍地不言自明。情况往往是,先知并不享有这样的信仰。耶稣用一种非常不同的精神严厉地宣布:"不要把神物给狗,也不要把你们的珍珠丢在猪前"(马太福音 7:6)。在马太福音以及其他的地方,他公开地解释了他这样进行说话的原因——结果并不是为了让话更加的清楚易懂:

> 然后,门徒们进来,对他说:"你为何用比喻对众人讲话?"耶稣回答说:"因为天国的奥秘,只叫你们知道,不叫他们知道。凡有的,还要加给他,叫他有余;凡没有的,连他所有的也要夺去。所以我用比喻对他们讲,因为看到他们看不见,听到他们听不见,也不明白。"(马太福音 13:10-12;另见马太福音 7:6,19:11,11:25;歌罗西书 1:27;哥林多书 2:6-10;约翰福音 2:20,2:27;箴言篇 23:9;以赛亚书 6:9-10)

[99]另外,在马可福音 4:11 中,耶稣告诉门徒:"神国的奥秘只叫你们知道,若对外人讲,凡事就用比喻。"用相同的精神,耶稣"严格嘱咐门徒,不可对人说他是基督(即救世主)"(马太福音 16:20;见马太福音 12:16;马可福音 8:30;路加福音 9:21)即使对门徒,耶稣也不是完全公开:"我还有好些事要告诉你们,但你们现在担当不了"(约翰福音 16:12)。另外,我们自己可以轻而易举地看到耶稣所说的关于他的比喻的实话,因为大多数比喻确实都不怎么清楚,相当难以理解。据描述,即使是他的门

徒,也难以理解。这样一来,我们就有广泛、清楚、没有争议的文本证据,证明耶稣用谜语、隐微的方式向众人讲话(虽然他这样做的原因到底是什么至今仍然不清楚)。

现在,除了这些圣经文本,我们也有第二类非常广泛的文本,来证明以前的年代如何阅读和解读第一类文本。这是我们特别感兴趣的东西。我们想要具体地看看,来自不同时期的读者如何带着他们公开的隐微主义主张回应(react to)这些相同的圣经文本。他们是否发现它们有可能?对于隐微主义,他们是接受还是否认,是同意还是不同意?我们长久以来未被破坏的释经传统让我们可以做个试验,来检测隐微主义近两千年来的接受情况。

因此,从阿奎那开始。在《神学大全》(Summa Theologica)一篇题为"基督是否应该公开教导一切?"的文章中,他解释道,耶稣讲话的对象"既不能够,也不值得接收赤裸裸的真理,这是上帝启示给他的门徒们的",这就是为何他"向众人秘密地讲某些东西,运用比喻教给他们崇高的奥秘,因为这些奥秘他们既不能够也不值得掌握。"①类似地,加尔文在他的《圣经注释全集》(Commentaries)中评论道:

> 基督宣布,他故意讲得不清不楚,是为了让他的布道对大多数人而言是个谜语,让他们的耳朵只听到令人困惑、不明不白的声音……这仍然是个固定的原则,即,上帝之言并不模糊,只不过,这个世界自己看不见,所以它变得模糊。主隐藏了他的奥秘,因此这些奥秘

---

① 阿奎那,《神学大全》(Summa Theologica), trans. Fathers of the English Dominican Province, vol. 3, Westminster, MD: Christian Classics, 1981, III qu 42, a 3.

的概念不会被恶棍听到。①

格劳秀斯解释道：

> 他通过间接的比喻同众人讲，那些听到主的人或许不会明白，除非，他们具备了热忱的头脑、做好了充分的准备，按照所要求的那样接受教导。②

[100]此外，奥古斯丁坚持认为：

> 因此，上帝的意思故意被包在模糊的比喻之中，耶稣复活之后，它们（比喻）或许可以把他们带向智慧——用大量的忏悔。③

再举一个例子。强调政治因素的洛克提出，耶稣使其含义"令人迷惑"，是为了避免被捕，因而他可以完成自己的使命：

> 犹太人的首领们对他有多大的兴趣，路加在11：54中告诉我们："私下窥听，要拿他的话柄，这样，他们

---

① 加尔文（John Calvin），*Commentary on a Harmony of the Evangelists, Matthew, Mark, and Luke*, trans. Rev. William Pringle (Grand Rapids：W. B. Eerdmans, 1949), 2：对马太福音13：1-17的评注。另参阅对马克福音4：1-12, 4：24-25；以及路加福音（Luke）8：1-10, 8：18, 10：23-24的解释。

② 格劳秀斯（Hugo Grotius），《战争法权与和平法权》(*De jure belli ac pacis libri tres*), trans. Francis W. Kelsey, Oxford：Clarendon Press, 1925, 612.

③ 奥古斯丁，*Quaestiones XVII in Matthaeum*, question 14. 阿奎那在《四福音金链》(*Catena Aurea, Commentary on the Four Gospels: Collected out of the Works of the Fathers by St. Thomas Aquinas*) 中引用，trans. Mark Pattison, J. D. Dalgairns, T. D. Ryder, Oxford：John Henry Parker, 1841-45, 1：488（此处加了强调）。

可以抓了他"这或许就是原因,我们从中就可以知道,为何他讲话的方式似乎不明不白、模棱两可,我们的救世主在别的地方也这样讲——他所在的环境就是如此,如果不用这种如此谨慎的方式,有所保留地讲,他就不可能完成他的事业。①

从这些只言片语中,我们看到,关于耶稣实践隐微的确切目的是什么,仍然存在着分歧。但是,至于耶稣运用隐微这一点,则丝毫没有争议。这毫无疑问是被广泛接受的。

如果有人扩大这个简短的调查,使其包含整个释经传统(长达两千年),我们仍然可以发现相同的结果——直到最后一个半世纪,情况才有所不同。这是因为,一跨进我们这个奇怪的着了魔的时代,一切突然就变了。现在,在历史上第一次,人们发现了对耶稣的隐微主义的广泛拒绝,虽然这一事实得到了文本强有力的支持,且在这之前几乎所有的释经者都承认这个事实。我们的专家游刃于根基松散的哲学推断之间——主要是猜测文本掺假,以此来证明,实际上,我们现代西方人希望耶稣怎么讲,他就是怎么讲,他带有直白的坦诚。在这里,我们这种反隐微文化的外星人、局外人状态,在所有人面前都暴露无遗。西方历史上这个最密集、最富有、最悠久的文本注释传统,让我们的这种状态清晰可见。

正如著名的文学评论家柯默德(Frank Kermode)所感慨。在1978年关于释经解释学的诺顿演讲中,他评论道:

---

① 洛克,《基督教的合理性》(*The Reasonableness of Christianity: As Delivered in the Scriptures*), ed. George W. Ewing, Washington, DC: Regnery, 1965, 70 (§108).

[101] 在过去的大约一个世纪中,专家们都具有某种共识,即新约中所发现的那种比喻,从根本上而言往往都是简单的,往往都表明相同的一点,所有听到这些比喻的人都可以很快地理解这些比喻,局外人也可以。在他们看来,如果有些地方不是这样,那肯定是因为释经者们乱动原稿(即文本),这很有可能从一开始就出现了。通过大量的学习,他们坚持这样的观点,即"比喻"原初肯定是这样的,也只能是这样的。至于这种学习是怎么样的,我在这里不展开。这种观点不同于下面似乎明显成立的观点:"比喻"不管是现在还是过去,都的确不仅仅指这些。当上帝说,他会公开地,而不是用"隐秘演讲"(dark speeches)同摩西讲话,"隐秘演讲"用一个古希腊语词来说就是"比喻"(parables)。……"用比喻讲"是"公开说"的反面。①

柯默德不知道,它这里碰上的,令他困惑和懊恼的,是我们古怪的对隐微主义的现代抵制。他简单地观察到,现代专家受"比喻原初肯定是这样的"这个简单、透明的观点的推动,经过巨大的"学习",力图推翻显而易见的事实——所有这些都可以作为我们这个独特时代的典范。② 在是隐微问题的那些地方,不论

---

① Frank Kermode, *The Genesis of Secrecy: On the Interpretation of Narrative*, Cambridge, MA: Harvard University Press, 1979, 25 (加了强调)。
② 关于这种巨大的"学习代价"(被用于否认耶稣的隐微主义),参阅如上.,149n4; 另参阅 John Drury, "The Sower, the Vineyard, and the Place of Allegory in the Interpretation of Mark's Parables," *Journal of Theological Studies* 24, no. 2 (1973): 367-79; 以及 C. F. D. Moule, "Mark 4:1-20 Yet Once More," 载于 *Neotestamentica et Semitica: Studies in Honour of Principal Matthew Black*, ed. E. Earle Ellis & Max Wilcox, Edinburgh: T. & T. Clark, 1969。

在什么地方,在宗教领域,在哲学领域也一样,我们这个时代固执地站到了反面,完全孤身对抗其他的年代。

考虑到所有这些,我们就有必要改变我们的关注点,暂时把我们的注意力从隐微主义转到我们自身和我们的思想习惯上面,希望能够以此确定、面对和克服我们抵制隐微主义的缘由。

但是,这种自我审查就其本身也至关重要。不仅仅是为了理解隐微主义,更是为了认识我们自己。因为对隐微主义的视而不见(这具有深层次的理论性原因),实际上是现代思想本身最大、最显著的特征之一。换句话说,如果现代心灵(像所有时代的心灵)戴着眼罩,但自己却没有意识到,那它就要撞上一些自己无法看到的重要事实之后,才能意识到眼罩的存在。隐微主义现象正好起这种作用。它构成了一种暴露仪,把长期以来局限、限制了我们思考的众多隐秘假设都照出来。奇怪地说就是,它为我们的灵魂提供了一扇独特的窗户。

但是,我们需要清楚地记住,这里所考察的问题,并不是为何我们自己不进行隐微写作(或我们这样做是否正确),而是为何我们如此肯定地认为,别人[102]不进行隐微写作。我们抵制隐微主义这个历史事实的根源是什么?

现代文化中否认隐微主义的根源

我们为何本能地,也就是,未经反思地、深深地觉得隐微主义这个观念是讨厌、有害的,或无论如何是根本不可能的。对于这个问题,有一长串的原因,有些明显,有些不怎么明显。

最重要(但最不明显)的原因并不是隐微主义的显著特征或结果,而是它的根源,它的本质前提——关于理论与实践的对立观。不知为何,某种对现代心灵而言必不可少的东西愤怒地反对这种观念。让我简单地解释一下如何理解这句话。

首先,考虑这个经常出现的观察:现代人缺少一种悲剧意识。如果这是真的,那这就构成了一种关键的眼罩,它阻碍人们看到存在冲突的情形,这显然与悲剧的生活观有着很多的共同点。索福克勒斯的《俄狄浦斯王》(*Oedipus tyrannus*)无疑是最有表现力、最具代表性的古希腊悲剧。它正是一出关于理论与实践的悲剧,关于真理和政治生活存在难以克服的冲突的悲剧。它讲述了一位智慧的国王、一个具有独特视力的人的故事。他被迫触犯了最神圣的禁忌,并给所在的政治共同体带来了一场瘟疫。最后,他结束了这场灾害——通过弄瞎自己的双眼。如今,虽然人们经常被这出戏剧所吸引,但这出剧似乎并没有向他们传达什么,没有处理人们自己也面对的那个问题。完全相反:对我们而言,"俄狄浦斯"指一种经典的心理障碍,出现在我们不完美的原始思想之中,但或多或少可以被治愈——通过心理疗法,通过真理所具有的治疗生命的力量。对这个悲剧故事的颠覆具有典型的现代性:这个特别的观念,即生活本质上存在一个难以解决的问题——我们天性中的两个本质因素,理性和社会性,会永远都处于战争状态,现在只是让人们觉得太过悲剧,因而不可能是真的。①

---

① 为了简洁、清楚,当我用"悲剧的"来形容古典冲突观时,我对"悲剧"的使用并不是那么严格。在更确切的意义上,古典哲人虽然并不如现代思想那般积极地抵制悲剧观,但也不只是简单地接受它。他们毫不畏惧地接受生活中的众多永恒紧张和矛盾——首先就是真理和政治共同体之间的紧张和矛盾。他们把这种冲突看成是各种问题之源,认为它给政治共同体的稳定、公民的心灵正直和平静造成了巨大的问题。但是,他们最终也相信,存在一种解决方案——因为那些稀有的个体能够上升到哲学生活。当然,在实践层面,哲学个体实际上会经历越来越多的危险,因为他的生活和思维方式与城邦的生活和思维方式之间的冲突越来越激烈。不过,这些危险虽然很强大,但在大多数情况下,仍然是可以

(转下页)

因此,这种对悲剧——对冲突主义、以及对隐微主义——的抵制出自何处?为何我们觉得基本的无序(fundamental disorder)不太可能?当然不是因为某种幼稚的理想主义,信仰宇宙的神圣或自然秩序——"一切都互相吻合。"这是因为,一种坚强的现实主义,即认为这个世界具有偶然性和极度不完美性,是现代思想的另一个突出特征。[103]不知怎地,我们就像趋向于怀疑理想主义那样趋向于怀疑悲剧,像怀疑秩序(order)那样怀疑无序(disorder)。

我们抵制悲剧的根源因而似乎是某种更加复杂的新事物:一种全新的理想主义,它正好源于现代现实主义的基础——世俗人文主义(secular humanism)。这是一种对人,而不是对上帝、对自然的信仰,相信人迟早能够战胜他所处环境的极度不完美。这是对进步和人类征服的信仰。人文主义精神拒绝固定秩序这个愿景,也拒绝固定无序这个愿景。相反,人文主义的愿景是:这个世界具有一种原初的无序,但通过人类的努力,这种原初的无序可以逐步得到控制和解决。

如果我们转而继续寻求这个新人文主义立场的根源,就会发现,从很多不同观念来看,它是合理的、吸引人的。但是,这个精确的公式似乎首先对反教会和世俗化斗争,即把我们从更高力量的统治中解放出来至关重要。这是因为,如果这个世界原初井然有序,那就需要上帝来解释这种秩序。如果这个世界永远都混沌无序,那就需要上帝将我们从这种无序中解救出来。只有当生活原初是坏的,但却可以通过人类的努力得以补救,那才有可能上

(接上页注①)得到处理的。关键在于,在他自己的心灵内部,他将通过完全致力于真理而克服这种理论—实践冲突。他将会获得人类的幸福。因此,人类生活对大多数人类而言是悲剧的(因为它内在的各种矛盾),但对最高境界的个体而言并不如此。正是在这个意义上,我们或许可以说,古典哲人拒绝认为生活是悲剧的。

帝既不是一种必要的前提假设,也不是一种基本的需要。这就是为何这种特别的人文主义立场,与其说是关于这个世界的某种新发现,还不如说是这个世界的结果,是一种需要、一种要求、一种命令。这种人文主义信条,即生活没有我们无法解决的根本性问题,更多的是一种希望和坚持的结合,而非某种平静、固定的信念。① 因此,这种世俗化的命令看上去似乎就是某种坚实的基础,让我们坚定不移地不相信悲剧的生活观,不相信理论与实践是一种敌对关系,不相信哲学隐微主义是一个事实。

从现代哲学的基本发展过程中,可以找到一些证明这些宏大推断的简单证据。当我们回头看现代思想的起源,最震撼人心的一个事实是,它之所以热忱地信奉使理论与实践达成和谐的计划,更多的是基于一种轻举妄动,而不是任何证明这个计划有可能成功的合理可靠证据。比如,在自然哲学领域,当培根、霍布斯和笛卡尔等思想家宣布,他们意欲为沉思哲学进行新的导向,使之朝着这样的实际目的——通过让人成为"自然的主人和拥有者"(笛卡尔),而"改善人的生活"(relief of man's estate)(培根)——向前推进时,科学的进步还远远没有证明,这种影响深远的技术掌控实际上是可能的。

[104]我们可以在政治哲学领域看到相同的轻举妄动:在早期启蒙思想家热切地启动他们的事业,史无前例地致力于启蒙和理性化政治世界之时,并不存在什么任何可靠的历史证据,证明公共意识的彻底转变是有可能的,或有益的。

另外,随着这种启蒙行动不断地向前推进,人们很快就看清,

---

① "人类总是只给自己设定自己能够完成的任务。"马克思,参阅《政治经济学批判》(*A Contribution to the Critique of Political Economy*)序言,选自马克思与恩格斯,《马克思—恩格斯读本》(*The Marx-Engels Reader*), ed. Robert C. Tucker, 2nd ed., New York: Norton, 1978, 5.

虽然它取得了一定的成功，但实际上在很多方面都对社会的健康构成了威胁，正如反启蒙思想家雷鸣般地宣布。但又一次，我们看到了一些显而易见的东西：后者虽然被启蒙和谐主义的危害所困扰，但并不试图冒险回到冲突观和古典隐微主义。由于仍然被人文主义的和谐主义所推动，他们选择继续追求两者的统一。只不过，是以一种相反的方式，通过使理论服从实践。他们心甘情愿地用理性的政治化来取代政治的理性化。但是，当然，这种运动涉及到它本身存在的巨大危险，这最终在激进的历史主义观中达到了高潮（这种观念完全把理性相对化）。换句话说，现代和谐主义命令是如此强大，从而一位又一位哲人在这个目标上前赴后继，即使付出了代价——理性的主张（claims of reason）被严重削弱——也在所不辞，也不想回归到古典的二元主义和隐微主义。

总之，这似乎很清楚，现代思想中存在一种对古典隐微主义的根本性抵制——主要分为两个方面。最深层次的现代思想，即世俗化的、人文主义的、进步主义的、方案主义的、"反悲观的"计划，直接反对在理论与实践问题上持悲观、冲突主义立场的最深层次隐微主义。我们不仅自己拒绝隐微观念，还愤慨地抵制这个想法：早期的伟大心灵竟会信奉这个东西。我们平静地把它从哲学思想史中擦去。①

---

① 这种强大的人文主义—和谐主义倾向然后被前一章中所讨论的两个因素所加强。和谐观在逻辑上分成了两个版本，启蒙肆虐的理性主义与反启蒙的历史主义。在这两个对立的版本之间，存在着一场两败俱伤的宏大战争。信奉和谐观的现代哲学是如此执迷于这场战争，难以从中自拔，因而"有效地"忽略了这种和谐观所排斥的冲突观。

另外，由于这两种基本选择倾向于看上去像是它们自身的对立面，因而现代哲学排斥另一种选择的事实变得隐匿不见——长时间如此。通过激励政治行动主义，和谐观暂时强调哲学和社会之间的紧张，所以看上去很像是冲突主义的化身；但是，真正的冲突观却由于放弃了对改良的所有希望，因而只试图掩盖这个问题，因而看上去就像是和谐观。

否认隐微主义的更多根源

虽然现代思想的进步主义、行动主义精神趋向于封闭我们的心灵,让我们与古典隐微主义现象绝缘,但这种精神依然与现代政治隐微主义相容,确切地说,创造了政治隐微主义——现代政治隐微主义需要结合巧妙的自卫性修辞,在参与改革和理性化政治世界这一危险事业的过程中,他们需要这种修辞。所以,遗忘隐微主义——特别是在过去的两个世纪中——的第二个最重要的原因,是现代运动的不断胜利,[105]它最终使得行动主义和自卫性隐微主义不再必要。

另外,这种运动的胜利也创造了一个新的世界。我们很容易忘记,在这样的世界中,这样的修辞已不再是一种必要。生活于现代西方世界中的我们,被赐福生活于自由民主政体之中(已经好几代人都如此),这种政体保卫言论和思想自由,把言论和思想自由作为一种原则。但是,长久享有的伟大福佑经常带着诅咒:不再欣赏,甚至不再理解曾经被给予的福佑。被好运所娇惯,我们忘记了——在我们的骨子里,如果说不是在我们的脑子里,"思想"的天然条件是严重的脆弱和不安全,这在历史中几乎随处可见。特别是哲学,总是处于极度的危险之中。因此,在以前所有的时代,人们本能地理解自卫性隐微主义的必要性(最低限度)。只有我们,因为被独特的好运所诅咒,已经明显地疏远了这种古老的必要性,因而倾向于否认它曾经是如此重要。

此外,因为对这种隐微主义的必要性没有印象,我们自然对这种隐微主义内在和不可否认的问题更有感触。在我们眼里,问题被异乎寻常地放大,因为我们通过我们独特的自由-民主-

启蒙世界观的其他众多方面看待这些问题。的确,隐微主义这个观念看上去系统性地违反我们这个时代每一条被珍爱的道德和智识理想。

它明显的精英主义冒犯我们的民主平等主义。

它的保密性(secrecy)与我们对公开和透明的自由主义承诺相矛盾,也与启蒙的去神秘化和清醒计划相矛盾。

它的不诚实违反信任这一道德伦理,违反公开分享结果这一学术和科学伦理,也违反真诚或真实这一文化理想。

它的小心或"谨慎",即作出巨大的调整,以满足审查者和迫害当局的要求,让我们觉得十足的懦弱。相比之下,启蒙知识分子的现代理想,却是敢于冒一切险向强权说出真理。

它故意为之的晦涩有违我们讲究科学的文化:刻板、清晰和系统性的严格。

它保留知识的企图,即只让少数精英者享有知识,其他人则被偏见和不造成麻烦的假象所控制,[106] 与知识和启蒙得到普遍传播的伟大计划相矛盾;这个伟大的计划与现代时期道德、社会和智识上的进步观念紧密相关。

它奇特的幼稚(childishness)——玩弄难解之谜(pazzle)和谜语(riddle),与我们所拥有的理想,即哲学具有严肃性和庄重性不协调。

最后,这样的主张,即在字里行间,哲人拒绝他们所在社会的主流观念,但在作品的表面,他们却强烈地赞成这些观念,与我们的历史主义或文本主义确定性相抵触。根据后两者,没有心灵可以逃脱它所在年代和地点的背景假设与共同义务。

确实很难指出,还有哪种制度竟然以这么多不同的方式冒犯我们。

如果这里所讨论的制度与国王、贵族、将军或商人在历史上的活动有关，那它极端的攻击性就不一定会让我们知识分子倾向于拒绝其真实性。但情况却正好相反。隐微主义关乎智识生活——我们的生活。我们中的许多人追求这样的生活，恰恰就是希望能够找到一些更加诚实、更加纯粹和更加高尚的东西。因此，哲人（所有人）实践隐微主义——这样的行为在我们看来是如此地幼稚、懦弱、不诚实、精英主义、不真实，等等，在我们知识分子看来都是极端的不光彩和难以置信。无疑，隐微主义这种做法应该只发生在神秘主义者、占星家和炼金术师身上。真正的哲学家不会做这种事。

另外，隐微主义看起来不仅贬低智识生活——以所有这些方式，还对它构成了危害，因为如此轻易地被滥用，既被作者，也被读者所滥用。对于作者而言，这种做法只会鼓励各种各样的智识骗子的出现。他们会通过这种手法，将他们的欺骗和虚荣隐藏在表面上的妄言谬论后面。这个事实已经让一位学者冒昧地提出了如下主张——在《泰晤士报文学副刊》（*Times Literary Supplement*）上："是不是可以说，隐微主义的所有平常动机，比如，自我扩张、权力交易、势利和欺骗，都是坏的、邪恶的？"①

但是，隐微主义不仅会被作者滥用，也会被读者和解读者滥用。这是因为，这种理论破坏了解读文本过程中所有可能的精确性和确定性。这种不确定性还将产生进一步的后果。对任何具有活跃想象力，且心灵上发生了诡异转向的年轻才子而言，他可以想怎么解读就怎么解读。用萨拜因的评论就是，这整个理论是对"有悖常情的智慧"的公开邀请。

另外，由于一系列的原因，我们生活在一个对解释学感到极

---

① P. N. Furbank, "A No-Code Zone," *Times Literary Supplement*, June 4, 1999.

度悲观的年代。我们绝望地认为,不可能获得"真正的解读",[107]哪怕是最简单的文本。在这样的环境中,"早期思想家隐微地写作"这个观念就是一个最不受欢迎的建议,它威胁学术背上各种难对付的新要求。具体地说,人们如何阅读于"字里行间",如何能够知道自己掌握了作者真正的隐微教诲？每一种这样的困难(有可能是真实的),在我们眼中变成了全然的不可能。由于我们的解释学毛病,我们觉得这种理论完全无法处理、无法忍受、无法接受。

最后,具有讽刺意味的是,在某种程度上,隐微主义这种观念因为与施特劳斯——重新挖掘隐微主义的主要人物——的联系而被玷污。他的许多著作(特别是后期的著作)极度地晦涩,常常比这些著作试图阐释的著作还要晦涩。这给他的解释学方法打了个坏广告。更一般地说,施特劳斯的晦涩,当与隐微主义固有的怀疑主题放在一起时,(或许不可避免地)使得人们相当地怀疑。如果施特劳斯能够让学者们更清楚地看到,他到底在做什么,那学者们或许就会更加乐意严肃地倾听他的理论,虽然它极端又不合惯例。但是,照现状看,由于他暗中强调隐秘的教诲和高贵的谎言,人们怀疑(这种怀疑是可以理解的):施特劳斯和他的追随者们到底想要搞什么名堂？因而涌现出各种各样的猜测,大多数是政治的,一些则相当的放肆和诡异——米诺沃兹(Peter Minowitz)冒昧地称之为施特劳斯恐惧症(Straussophobia)。①

---

① 对施特劳斯思想的标准批评,仍然是德鲁里(Shadia B. Drury)的《施特劳斯的政治观念》(*The Political Ideas of Leo Strauss*)(New York: St. Martin's Press, 1988)。另外,可参阅她的另一著作《施特劳斯与美国右派》(*Leo Strauss and the American Right*), New York: St. Martin's Press, 1997. 更加极端的批评,参阅 Nicholas Xenos, *Cloaked in Virtue: Unveiling Leo Strauss and the Rhetoric of American Foreign Policy* (New York: Routledge, 2008)。有很多精彩的著作对这些批评作出了回应。　　(转下页)

反对它的力量如此之多、如此强大，难怪在过去的两百年中，西方心灵中几乎不再出现对隐微主义的理解。在这一章剩下的部分，我会试着对这些反对意见的其中一部分进行回应。其余的会在其他几章中得到更好的处理。在那几章中，我会结合与之极为不同的态度，即促使早期思想家们信奉隐微主义的原因，来考察这些反对意见。①

施特劳斯问题

从刚才的问题出发，为了相信隐微写作属实，一个人显然并不需要成为一个施特劳斯派，甚至不需要成为施特劳斯派的同道中人。正如相信美洲的存在，并不需要特别仰慕哥伦布。隐微主义的论证和证据自立自足（自生自灭）。确实，最近关于隐微主义这个主题的最佳研究中，其中一些就是由非施特劳斯派学者所做。② 所以，如果你不喜欢施特劳斯，那就试着把他晾一

（接上页注①）比如，Peter Minowitz, *Straussophobia: Defending Leo Strauss and Straussians against Shadia Drury and Other Accusers* (Lanham, MD: Lexington Books, 2009); Catherine H. Zuckert & Michael P. Zuckert, *The Truth about Leo Strauss: Political Philosophy and American Democracy* (Chicago: University of Chicago Press, 2006); Thomas L. Pangle, *Leo Strauss: An Introduction to His Thought and Intellectual Legacy* (Baltimore: Johns Hopkins University Press, 2006); 以及 Steven B. Smith, *Reading Leo Strauss: Politics, Philosophy, Judaism* (Chicago: University of Chicago Press, 2006).

① 冲突观与和谐观的中心问题，将会在第六章（论保护性隐微主义）进行解决。晦涩、幼稚或技巧等更加"文学"的问题将会在第七章（论教学性隐微主义）加以讨论。谨慎或懦弱的问题，以及隐藏/传播知识问题，将会在第八章（论政治性隐微主义）讨论启蒙的部分进行阐释。哲人秘密地摆脱他所在的时代与历史主义的语境主义将在第十章（隐微主义与对历史主义的批判）进行讨论。

② 参阅 Annabel Patterson, Perez Zagorin, Lev Loseff, David Berman, David Wootton 和 Moshe Halbertal 等人的著作。

边好了。

[108]绝对有可能以这样一种方式来解决施特劳斯问题。但是,这绝非最佳选择。一个人不需要借助施特劳斯来看清隐微主义的现实、历史普遍性和基本重要性。但最后,一个人的确需要求助于他——估计我会如此论证,如果一个人想要探索这个现象全部的历史含义,尤其是想要探索它与我们当代人的关系,以及它对现代和后现代思想轨迹的至关重要性。在这本书的最后,也就是第十章中,我会相当详细地考察施特劳斯在这些问题上所持有的极为复杂的观点。自然,不是每个人都会觉得这些观点具有说服力。但是,用历史悠久的封面导语的说话风格,我相信它们的确构成了有关这个特殊主题的"必要阅读"(封面导语会写必要性之类的话)。

所以,彻底避开施特劳斯并不是那么容易。但是,我的希望是,当读者们读到最后一章的时候,当已经相信隐微主义理论(曾经受到歧视)的确正确的时候,他们或许倾向于不那么怀疑地看待施特劳斯。但是,为了实现这个目的,需要在这里先初步回答这个引起了广泛怀疑的主要问题(不管回答地如何笼统,如何不加以论证):施特劳斯不可思议地沉浸于秘密和谎言之中,他到底有何居心?

施特劳斯确实有所图。他不只是在写那些碰巧吸引了他的东西。在他的学术生涯,以及广泛的研究中,从柏拉图、修昔底德和阿里斯托芬,到阿尔法拉比、迈蒙尼德和马西利乌斯,再到斯宾诺莎、柏克和海德格尔,他的确在追求一个简单、统一的目的——一个计划(project)。

但是,关于施特劳斯的智慧的开端,在于认识到他的计划并不是关于政治——正如几乎普遍认同的那样,而是关于哲学。的确,他的计划恰好涉及到这种努力,推翻现代社会所泛滥的使哲学从属于政治的倾向。诚然,他是一位"政治哲人",这一事实他也极为强调。但是,他以古典的方式来理解这个追求,认为这个追求不是用哲学指引政治(这样的可能性极小),而是通过政治通向哲学,用政治为哲学辩护。换句话说,"政治哲学"的最高主题,不是我们今天所认为的政治生活。相反:

> 政治哲学的最高主题是哲学生活:哲学不是一种教诲或知识的一个分支,而是一种生活方式,可以说,它提供了解决那个保持政治生活一直运转的问题的方案。①

[109]在辩证和教学之梯上,政治激情只是必要的第一步,最后一步是哲学激情。这种古典政治思想观源于施特劳斯对《理想国》之类的作品的隐微阅读——这类似于我们在第二章中所看到的那种阅读方式。当然,人们可以反对说,这种对古典政治哲学的"反政治"谬解似乎不太可能,也确实与流行的学术观点背道而驰。但是,我们此刻的目的是确定施特劳斯的思考到底是什么,而不是判断他的思考是否正确无误。此外,他的观点不同寻常,这只不过是强化了我的论点:颠覆性地使政治从属于哲学,是施特劳斯思想中最独特、最典型的主题。

因此,施特劳斯对隐微主义的特别关注,实际上与任何政治计划都没有关系。如果你从头到尾读《迫害与写作艺术》(在这本书中,他对隐微主义这个主题讨论的最为详细),就会发现,它根本就不是关于统治者使用"高贵的谎言"来控制大众(尽管

---

① 施特劳斯,《论古典政治哲学》("On Classical Political Philosophy"),选自《什么是政治哲学?》(*What Is Political Philosophy?*),91.

这是个真实存在的现象),而是关于哲人使用隐微写作来逃避统治者的控制。更一般地说,在他看来,隐微主义(在柏拉图那里找到了其最高形式)的真正目的,就是分离哲学与政治、理论与实践——让两者彼此隔绝,这对两者来说都是最好的选择。在施特劳斯看来,现代社会的大多数罪恶,最终都源于理论与实践的不恰当关系,特别是,将两者捆绑在一起的强扭行为。这种强扭行为最终导致两者都变得畸形不堪,产生了意识形态化的政治和政治化的哲学。这让他钦佩不已地论述柏拉图的隐微主义:

> 柏拉图用这样的方式来安排他的写作,以永久地防止他的作品被当作权威的文本……他的教诲永远都不可能成为教化的主题。归根结底,他的著作不可能用于任何其他的目的,除了用于哲学思考。尤其是,没有哪种社会秩序或哪个政党,不管是曾经存在的,还是以后会存在的,可以义正言辞地称柏拉图是其守护神。①

施特劳斯的著作也是为了用于哲学思考——不是为了服务于任何政党。当然,即使是哲人,也不得不生活于政治共同体之中。因此,作为一个公民,施特劳斯具有严肃的政治关怀和观点(主要是保守主义的)。他节制、但又强有力地表达了这些关怀和观点。但是,它们并不是施特劳斯的智识计划或工程的主题,不是[110]他所"图"的东西——当然也不是他极度关注隐微主义的缘由。

---

① 施特劳斯,"New Interpretation," 351.

这个事实应该在他的著作中显而易见：他写了大约15本书，但没有一本与当今的政治形势、与我们应该如何做有关。他在芝加哥大学和其他地方所讲的课程（现在可以在网上看到），也是如此。① 如果你把施特劳斯与其他一些著名的同时代人，比如阿伦特和马尔库塞（Herbert Marcuse）进行比较，就会发现，施特劳斯显然比那些同时代的人更少地参与政治活动。再说一遍，施特劳斯的计划是哲学上的，尤其以将哲学从政治中解放出来为导向，摆脱它所有扭曲的希望和幻想。

那么，他的哲学计划具体为何？施特劳斯的思想之路的出发点，是这样的观察：在我们这个时代，西方科学、哲学和理性主义的全部合法性都受到了极大的挑战，而且落入了两种相反、却相互强化的运动之手：一是"后现代的"历史主义或文化相对主

---

① 从1958年至去世的那年1973年，施特劳斯所有的讲课几乎都被用磁带记录下来，然后整理成稿。这些录音稿（总共约40份），以及原初的音频记录（被保存下来的那些）可以在芝加哥大学施特劳斯中心的网页上找到（http://leostrausscenter.uchicago.edu）。从我自己所阅读的15份录音稿来看，在施特劳斯的课程中，两个事实极为明显。首先，不像他已出版的很多作品，这些讲课稿非常地清晰，展示了某种（打动人心的）苏格拉底式的简洁（simplicity）。其次，它们明显是非政治的（unpolitical）。所有的课都致力于仔细地阅读以往的某位思想家或思想家们；没有一节课是围绕当今的政治问题、运动、或政体而展开。（他最靠近这些主题的地方，是一节关于历史主义或历史主义式相对主义的课。）

此外，大多数其他的政治理论家（包括我自己）在讲解早期思想家时，倾向于带入许多当代的政治实例，来使得相关的讨论更加具体和贴切。但是，令人惊讶的是，施特劳斯几乎很少这么做。比如，在所有古典政治著作中，修昔底德论两个敌对的帝国——雅典和斯巴达之间的伟大战争的历史著作，或许是最适合用来类比当代政治的一本著作（最明显地是美国和苏联之间的敌对）。在芝加哥大学，施特劳斯花了整整一个学期的课讲解修昔底德的这本历史著作（1962年冬季学期）。此时正处于冷战的顶峰时期，古巴导弹危机刚在一个多月前结束。但是，在整个学期的课程中，在一份长达400页（单倍行距打印）的录音稿中，他只在6处细微地提及苏联（其中三处是为了回答问题），只有1处顺带提到了肯尼迪总统，一处都没有提到古巴导弹危机。我觉得，如果有人阅读了所有的录音稿，那就很难会再继续相信，施特劳斯的智识活动主要是被某个狂热的政治计划所推动（特别是一个为了"美帝国"的计划，正如一些人最近所坚持的那样）。

义力量,另一是古代的宗教正统力量——现又被注入了理性的自我毁灭。这是我们这个时代巨大的智识困境,是"现代性的危机"。

施特劳斯的计划只是为了保卫哲学或理性主义——虽然是一种最低限度的苏格拉底式怀疑理性主义,使其免受上述两种力量的攻击。他的思想属于"哲学护教学":他并不怎么关心详细阐述一种哲学体系(政治体系则是更不关心),而是更关注于使这样的理性主义具有合法根基。他认为这是首要的哲学问题,也是最深切的哲学问题。

在他看来,被重新挖掘出来的隐微现象构成了为理性主义进行新一轮更加成功的辩护,并通过多种不同的方式反驳两种几乎已取得胜利的对手的关键。举一个例子——前一章已经有所铺垫。对于这个基本问题,即理论与实践是何种关系,历史主义和隐微主义是两种截然相反的答案。隐微主义理论(在其古典形式中)提出,理性与社会之间的紧张是固有的、不可避免的。这样一来,它就批判了历史主义的假定:理性与社会之间是一致的,理性也固然从属于社会及其根本任务。隐微主义因而对历史主义的核心构成了挑战。

总之,施特劳斯如此"沉迷"于隐微主义,是因为他参与了为理性主义进行辩护的哲学计划,而且他相信,他的发现,即发现这种遗忘已久的现象,突然开启了[111]新的思想道路。这些新的思想道路提供了最好的希望:克服当代的理性危机。

不用说,详细听完施特劳斯的论述之后,有些人会对他的计划深表同情,有些人则不会。有些人会否认这个计划所倚赖的危机的全部。但是,至少应该搞清楚这一点(对围绕着他的众多怀疑进行回应):他极度沉迷于隐微主义不是为了任何政治计划。①

有始有终,以我们开始时的问题结束。我们应该牢牢记住,不管一个人最终如何看待施特劳斯提出的复杂的哲学问题,隐微主义的历史证据和学术重要性都是确凿的事实,自立自足。

对隐微主义的学术性质疑

面对隐微主义问题,让我们转向那个更加实质性的方面。首先,一个令人烦恼的问题就是,一个人如何阅读才是阅读于文本的字里行间。是否真能以一种负责任的方式阅读于字里行间?这是一个必要的难题。这个问题将会在第九章中详细地展开(第九章对隐微阅读进行了介绍性的指引)。其中,我希望表明,这个问题可以以一种合理、不随心所欲的方式得到解决,特

---

① 大多数针对施特劳斯的怀疑都源于这个事实:施特劳斯不仅讨论隐微主义,似乎还实践隐微主义。讨论隐微主义的时候,施特劳斯不仅回答了以往哲人是否进行隐微写作的问题(我在这里只讨论的问题),也回答了一个更加困难、更加哲学的问题:他们这样做是否有必要和正确。他对这两个问题都进行了肯定的回答。因此,一点都不奇怪,他自己也会隐微地写作,而且几乎他所有的追随者,说实话,都一致认为他这么做。但是,他们的一致到此为止。关于施特劳斯为何这么做,以及他的真实教诲是什么,他们中间出现了较大的分歧。凯瑟琳·扎科特(Catherine Zuckert)和迈克尔·扎科特(Michael Zuckert)在他们那本精彩的作品《施特劳斯的真相》(*The Truth about Leo Strauss*)中概括得不错(115-154)。他们提出,施特劳斯的隐微主义只是一种教学性隐微主义。对于这个观点的批评,参阅 Steven J. Lenzner, "Guide for the Perplexed" (*Claremont Review of Books* 7, no. 2 [Spring 2007]: 53-57,以及随后在信件中所展开的讨论。关于另一个观点的详细阐述(这个观点我最终并不同意),参阅朗佩特(Laurence Lampert)的 *The Enduring Importance of Leo Strauss* [Chicago: University of Chicago Press, 2013]。我会论证,施特劳斯相信并实践保护性隐微主义(出于第六章中所详细阐述的那些原因)和教学性隐微主义,或许还包括自卫性隐微主义。但是,从我们这里的目的出发,最值得关注的是,在所有这些分歧中,没有一个追随者论证他实践政治性隐微主义,即他的隐微是为了一个秘密的政治改革计划。

别是通过在可能的地方,继续依赖以往作家和读者的公开证词。

但是,即使我们暂且假定可以负责任地进行隐微解读,但事实情况仍然是,这样的解读几乎不容许较大程度的清晰性。这千真万确,真是很不幸。但是,这个问题不容躲避。因为如果一本书是按照隐微方式所写,但我们却为了逃避不确定性而拒绝对它进行隐微阅读,那我们自然就会误解它。可以说,这才是此处的唯一确定性所在。

但是,有些人可能会说,如果与此相反的情况也正确,那这一论述就会更有说服力:如果我们隐微地阅读这本书,那我们就保证可以理解它——或者,至少有可能。但事实情况远非如此。如果我们搞砸了隐微阅读,我们可能同样误解这本书,甚至比我们坚持严格地进行字面阅读还要严重。这是因为,隐微解读异乎寻常地难以做对,它很容易做错——大错特错。通过让读者摆脱文本字面含义的束缚,它把众多不可避免的诱惑和腐蚀暴露给了读者。它会打开通向萨拜因的"有悖常情的智慧"的大门。

对于这个指控,我们只能回答:确实,它会。它肯定会。它已经做到了。[112]如果这本著作成功地让越来越多的人承认这种阅读方式的必要性,它自然也会让差劲的隐微解读不断增多——这是为了获得少量的好东西所要付出的代价。不可否认,这是重大的劣势。

但是,继续这种现实主义精神,我们也应该承认,严格从字面意义上阅读哲学史(和文学史)上的文本,亦没有成功地带来较多的一致性和确定性。出于一些令人困惑的理由,重大、烦人的解读问题仍然存在。特别是在上个世纪,由于这些问题的存在,非字面的解读方式剧增,令人眼花缭乱:黑格尔的、马克思主义的、弗洛伊德的、荣格的、结构主义的、后结构主义的、女性主义的、解构主义的、新历史主义的等等。我相信,我们可以说,大多数这些新解读方式也同样招致不确定性,同样招致有悖常情的智慧。①

事实上,它们不是比隐微主义理论更甚吗? 因为后者虽然

---

① 有些理论我在这里并没有具体指出,基本上我也会将它们排除在外,它们是"读者反应"派("reader response")和剑桥学派。前者通过谨小慎微地关注文本(至少在它更不主观主义、更统一化的形式中是这样,以艾瑟[Wolfgang Iser]和费什[Stanley Fish]的批评为代表),后者通过严谨地研究历史资源,两者都强加一种真正的解读原则。

另外,正如结果所示,两种理论都开启了一条清晰的道路,通向对隐微写作的承认(虽然初衷并不如此)。因为描述隐微主义理论的一种方式在于,文本可以传达比它们公开陈述的内容更多的内容;它们所说的并不是它们所做的全部;那些文本本身并不完全,文本只不过是开始了一个过程,这个过程由读者自己的思考来完成。但是,这个观念(被如此多的人认为是不可能的)是读者反应理论的核心观念,它被发现在所有文本中都起作用(在这个或那个程度上)。隐微主义理论只不过是更进一步———旦你采取了第一步,这一步就很难是不可能的,有一些作者确切地意识到了这个现象,因而故意采用这种(隐微)做法,以把某些东西传达给其中一部分读者(一个"解读群体"),但同时不让另外的人看到。

斯金纳(Quentin Skinner)和剑桥学派实际上也是从这个与读者反应理论相同的必要观念出发,虽然是通过奥斯丁(John L. Austin)的思想。"当我们说一些东西的时候,我们在做一些东西,"正如奥斯丁(Austin)喜欢说的这样(*How to Do Things with Words* [Cambridge, MA: Harvard University Press, 1962], 12)。我们的言辞具有一种"言外之力"(illocutionary force)(用奥斯丁不贴切的话说),它们传达的内容不仅仅是言辞的简单含义所包含的内容,还充满了读者自身的思考。这种观察自然导致斯金纳得出存在隐微交流可能性的结论。因此,他公开地讨论了"众多拐弯抹角的策略,一位作者可能常常决定采用这些策略来开始写作,并同时通过他所说的一些既定教条来掩饰他所指的内容"("Meaning and Understanding in the History of Ideas," *History and Theory* 8, no. 1 [1969]: 32)。比如,他提出,霍布斯的《利维坦》"充满修辞密码",特别是在讨论宗教的那些地方(《霍布斯哲学中的理性与修辞》(*Reason and Rhetoric in the Philosophy of Hobbes*),[Cambridge: Cambridge University Press, 1996], 13)。

但是,在奥斯丁的"言外之力"的理论上,斯金纳进一步提出,文本能够传达它未加以陈述的信息,主要是通过利用某些极度具有时代和地方特色的习俗。这导致他既批判施特劳斯派和读者反应派对文本的极力强调,也批判剑桥学派对语境和历史的极力强调。因此,在《理性和修辞》(*Reason and Rhetoric*)中,斯金纳极为细心地研究了英国文艺复兴时期的修辞理论和实践,以此来揭露霍布斯著作的隐微层面。

像它所有的对手那样,把读者从字面文本的权威中释放出来,但它与对手的不同之处在于,它这么做只是为了寻找一个更加权威和明智的文本层次,这个层次仍然归因于作者本人的智慧和技巧。因此,隐微主义理论本质上相当地保守(在解释学意义上),因为它导致了对文本更高层次的顺从——更高层次的谨慎、精确、以及对细节的掌握。它只不过是视文本为多层次现象,由作者的多层次意图巧妙地创造而成。相反,大多数其他解释学理论却鼓励一种摆脱——摆脱作为整体的文本,从而摆脱作者的意图;它们容许(在他们并不怎么颂扬的地方)一种更加无拘无束的感觉,即文本是我们的,我们想怎么用就怎么用。①

从这些明确性和学术严肃性标准来看,隐微主义理论还在另一个更重要的方面优于它的对手:它不只是根植于理论。它——只有它——可以用经验证据进行证明。"许多以前的思想家进行隐微写作"这个主张,可以通过参阅这些思想家的公开证词从事实上进行证明。至少,隐微阅读的一些技巧可以从中找到依据。

比如,下面卢梭的这段话公开地告诉我们,他是如何写作《论科学与艺术》(*First Discourse*)的——因而也就告诉我们该如何阅读:

> 我总是循序渐进地*为少许读者*展开我的观点,……我总是费尽心机地放入一个草率的句子、一行草率的话、一个草率的词,好像它们是长时间思考的结果。往往,*大多数读者必定会发现我的论文前后不通*,

---

① 参阅坎特(Paul Cantor)的精彩研究,"Leo Strauss and Contemporary Hermeneutics,"选自 *Leo Strauss's Thought: Toward a Critical Engagement*, ed. Alan Udoff, Boulder, CO: Lynne Rienner, 1991, 267-314.

几乎完全杂乱无章。这是因为他们没有看到其中的主干,我展示给他们的只不过是枝叶。但是,对于那些知道如何理解的人而言,这些枝叶就够了,反正我也从未想过对其他人讲。①

在这里,卢梭用再清楚不过的直言不讳和清晰明确确认了隐微主义理论的基本要点。首先,他并不认为他所有的读者都是一样的。他区分了"少许读者"和"大多数读者"。前者就是"那些知道如何理解的人"。其次,在他的著作中,他试着跟前者讲话,排除后者,他"从未想过要跟后者讲"。第三,他试图通过隐藏来实现这种技巧,即在同一个作品中向不同的读者讲不同的东西,并只是以这样的方式暗示他的真实观点:"大多数读者"只会看到问题重重的文本——"前后不通,几乎完全杂乱无章",但"少数读者"可以成功地观察到"主干"。

因此,人们可以十分确定地说,至少,为了解读卢梭的这本作品,隐微的方法是绝对合适和必要的。这个结论不是基于抽象的文学理论;而是基于卢梭本人直言不讳的说明(虽然这种解读的结果并不一定十分确定,这是肯定的)。这种证实性的证据对隐微主义理论而言是可能的,而且只有它是可能的,因为隐微主义通过参考作者有意识的意图,解释了文本中的难解之处。作者有可能选择公开地隐藏那些意图,正如卢梭此处所为。但是,其他的解释学理论——更怀疑作者,凭借无心或无意识的力量来解释文本,几乎永远都无法用它们自己的理由提出这种

---

① 卢梭,"Preface to Second Letter to Bordes," 出自《论科学与艺术》(*Discourse on the Sciences and Arts, and Polemics*),选自《卢梭选集》(卷2)(*The Collected Writings of Rousseau*), ed. Roger D. Masters and Christopher Kelly (Hanover, NH: University Press of New England, 1992), 184–85 (此处加了强调).

证词性的、经验性的证据。这些流行的解释学理论不可避免地只是理论性的。

我们可以走得更远:可以用来支持隐微主义的经验性证据,同时也倾向于削弱那些用来证明其他非字面解读方法的理论性论据。当人们论证那些其他的方法具有正当性的时候,他们必须最终都从这个相同的关键点出发:字面解读的失败。不谈这个,他们无权开始。文本表面所呈现的各种显著问题——矛盾、没有连贯性、没有顺序,使得对文本中其他隐藏信息的追问合法化,[114]比如,作者的宗教教养、文化环境、政治阶级、经济状况、心理特征、性取向、性别认同、语言和写作中固有的问题等等。但是,在上面的段落中,它的作者,卢梭,证明这些问题实际上并不源于无意识的力量——因为他自己对此进行了确切地描述。然后,他解释了它们到底源于什么:他故意创造了它们,以此作为进行隐微交流的一部分。通过以这样的方式解释文本表面的问题,卢梭是在拒绝赋予所有其他解读方法以合法性。至少,在可以表明文本中存在着其他的主要问题,但这些问题并不归因于他的隐微主义之前,是这样的。

换句话说,隐微主义的经验性证据也表明了下面这种可能性。或许,是哲人的隐微主义——通过故意把暗示性的问题放入文本之中而得以实现,该自始至终对字面解读的失败负主要责任。因此,具有讽刺意味的是,正是隐微写作导致了所有其他势不两立的解读理论的出现。这些敌对理论被创造出来,就是为了在这些文本问题的真正根源(在于隐微主义)被遗忘之际,对此加以解释。在下面这个令人好奇的事实中,存在一些能够证明这个想法的证据。那就是,虽然这些问题重重的文本存在了几个世纪,甚至是一千年,但只是在前两个世纪左右——只是在隐微主义被遗忘的时期,学者们突然被这些文本问题所推动,构建了那些新的解读理论。在这个时期之前,只存在一种非字面的解释学理论,那就是隐微主义理论,它已长达 2500 年之久。如果不否认这一点,即所有的非字面解读方法都带有很大的不确定性(这样的不确定性有问题),那我们就有充足的理由提议,隐微主义理论至少比它主要的非字面对手具有更坚实的基础。

关于抵制和视而不见

但是,严格地说,刚才的所有论证完全没说到点子上。因为哪怕它们是错误的,哪怕隐微主义的学术劣势每一点都如所说的那样严重,那会得出什么结论?所以,以往的思想家并不进行隐微写作?

显然,对上述所有反对的正确回应,不管是道德上的还是学术上的,都应该是这样的:摆在我们前面的问题不是我们[115]是否喜欢隐微这种做法(更不是我们是否喜欢施特劳斯或他的学生),而只是,事实上,它是真实的。正是因为如此,基于上面所列出的一长串理由,如果我们极度厌恶隐微这种做法,那就有充分的理由怀疑我们自己,而不是怀疑隐微主义的历史真实性——怀疑这种极度真实的危险:两百年来,我们一直都在拒绝关于隐微主义的真相。

想想这种拒绝造成了什么后果有助于我们推进这种有益的怀疑和自我批判。我们拒绝隐微主义,或觉得它令人厌恶,所以我们自己不这么做。这很容易理解。但是,问题恰恰在于,为什么从这样的心态出发,我们会认为早期的思想家也不会这么做——不承认早期的思想家曾经采用这种做法?我们憎恶奴隶制,但并不否认它曾经存在过。似乎可以用两种方法得出进一步的结论。

首先是"抵制"。不希望我们所钦佩的哲学被这种我们所鄙视的做法所玷污,或与此相反,不希望这种做法被哲学合法化,所以我们不看那些事实。基于简单的一厢情愿,我们抓住每一个机会来质疑、忽视和搁置那些证据。消除这种抵制,只要把我们众多的动机和偏见摆出来即可,让人们更为充分地意识到——正如这一章试图所做。

第二种,也是更加深邃的拒绝,是"视而不见"。这里,缺陷不是在于一厢情愿(wishful thinking),而是"时代错乱思维"(anachronistic thinking)。我们具有我们自己独特的厌恶之情,不管历史事实为何或由于民族优越感作祟,我们把这种厌恶代入以前的时代。然后,我们推理,以往伟大的思想家几乎不可能参与这种显然惹人厌的行为。我们不做,所以他们也不可能做过。但是,用这样的方式进行推理的话,我们就低估了我们这个世界的历史特殊性,忘记了我们到底离旧时的态度和信念有多远。由于这种脱离,我们自己的反对和厌恶变成了不靠谱的向导——用来指引旧时的态度,特别是隐微主义问题。但是,事实上,以前的年代似乎并不像我们这个时代这般感受到了对隐微主义的狂热反对,它几乎没有感觉到其中的任何一种反对意见——我会这么论证。那么,解决视而不见和民族优越感问题的对策,就仍然是更好地认识我们自己:我们的独特性,我们的历史特殊性——这样一来,我们就可以摆脱偏见,让我们对过去有一个更加真实和准确的理解,我们将设法理解过去独特的态度和行为。

记住所有这些之后,让我们考虑针对隐微主义做法的反对意见中,三种最为明显和强大的道德反对:涉及到精英主义、保密性和不诚实。

旧世界的不平等主义

[116]第一个使人们远离隐微主义的东西,是它傲慢、几乎卡通化的精英主义。当我们严肃地解释说,一本隐微书是为了秘密地同"少数人"或"智者"讲,将"多数人"或"庸俗大众"排斥在外,如今有谁可以忍受这种话?我们生活在一个民主时代,透过平等主义的视角观察这个世界。在这样的时代,正如托克维尔所指,"智识优越性这个一般性的观点,即任何人无论如何都可以胜过所有其他人,没多久就会模糊不清。"① 我们自然而然地倾向于拒绝整个的隐微主义理论,认为它出奇地傲慢和精英主义。

但是,当然,仅在几个世纪之前,整个世界都是被帝王和贵族所统治。大多数哲人也都认为,最佳的政府形式是某种形式的贵族政体。在那些年代,悠闲的、受过教育的精英阶级和辛苦劳作、没文化的大众阶级之间存在巨大的鸿沟。阶级和不平等感弥漫于生活的方方面面。以前那个异常精英主义的世界,竟然像我们一样在隐微主义这个观点面前畏缩不前(一种平等主义式的恐惧),这样想来真是有些奇怪和落伍。

如果我们倾向于犯这个错,那是因为,虽然很容易看到过去比如今更加不平等主义,但却很难完全理解这个事实。因为在民主政体中,正如托克维尔所指,人们倾向于痴迷地盯住少量仍然存在的不平等,而忽视已经被克服了的众多不平等。② 这意味着,平等主义社会倾向于误解他们自己:他们系统性地低估了

---

① 托克维尔(Alexis de Tocqueville),《美国的民主》(*Democracy in America*), trans. Harvey C. Mansfield & Delba Winthrop (Chicago: University of Chicago Press, 2000), 613 (2.3.21).

② Ibid., 479–82 (2.2.1).

他们自己的平等主义。因而,他们尤其低估了他们的所有观念和感情所产生的巨大变化,它们已经和早年非平等主义时代的观念、感情具有天壤之别。换句话说,我们现代西方社会的公民已经逐步经历了心灵上伟大的民主化,但却几乎没有意识到它。这使得我们不能领会到,早年非平等主义时代的态度是如此不同——这种差异是如此地触目惊心。考虑几个例子。

"在一个贵族社会,"托克维尔解释道,"每个阶级都有其独特的观念、感情、权利、道德观念和单独的存在……他们没有相同的思维或情感方式,他们几乎不相信,他们是同一人类的一部分。"①因此,皮埃尔·沙朗(Pierre Charron)毫不犹豫地宣称,一个明智的人"远远超过一个平常人,正如一个平常人远远超过动物。"②"说庸俗大众,"圭恰迪尼(Guicciardini)评论道,"实际上就是说一种疯狂的动物,他饱足一千零一种错误和困惑,缺乏品位、乐趣和恒心。"③[117]李维(Livy)断言,"没有什么如普通大众的心灵那般毫无价值。"④斯宾诺莎说"大众"就是"那些智力不足以清晰地理解事物之人。"⑤西塞罗甚至声称,理性这种

---

① 托克维尔(Alexis de Tocqueville),《美国的民主》(*Democracy in America*), trans. Harvey C. Mansfield & Delba Winthrop (Chicago: University of Chicago Press, 2000), 535 (2.3.1).

② 皮埃尔·沙朗(Pierre Charron),《论智慧》(*De la sagesse: Trois livres*), new ed., Paris: Lefèvre, 1836, 287 (第二卷第二章第二节). 我自己翻译。

③ 圭恰迪尼(Francesco Guicciardini),《杂感》(*Maxims and Reflections of a Renaissance Statesman*), trans. Mario Domandi, New York: Harper & Row, 1965, 76 (§140).

④ 李维(Livy),《罗马史》(*History of Rome*) 31.34, 被博厄斯(George Boas)所引用, 见《舆论:论观念史》(*Vox Populi: Essays in the History of an Idea*), Baltimore: Johns Hopkins University Press, 1969, 47.

⑤ 斯宾诺莎,《神学政治论》(*Theologico-Political Treatise*). 选自《斯宾诺莎主要作品集》(*The Chief Works of Benedict Spinoza*), trans. R. H. M. Elwes, New York: Dover Publications, 1951, 78.

特殊的官能"对大多数人而言是灾难性的,只对少数人而言才是有益的。"①

自然,在大家看来,这些巨大的不平等对交流问题产生了重要的后果。根据蒙田,"阿里斯顿(Aristo of Chios)很久以前有理由说,哲人损害了他们的听众,因为大多数灵魂不适合从这样的指导中受益。"②古希腊医生、哲人盖伦(Galen)写道:"我在这本书中所说不是针对所有人;我之所说只针对其中的某个人,他等同于上千甚至上万的人。"③类似地,迈蒙尼德在《迷途指津》的绪论中宣称,他"找不到其他的方法,只能用这样的方法来教导一个被证明的真理,那就是,使唯一一个有德性之人感到满足,但使上万个笨蛋感到不开心——我就是这样的人,他偏爱亲自跟那个唯一的人讲,不关心大多数人的谴责。"④类似的精神也可见于贺拉斯(Horace)的著名诗篇:"我厌恶那肮脏的大众,不给他们一席之地。让他们的舌头都保持安静!"⑤叙内修斯(Synesius of Cyrene)也问:"大众与哲学凭什么扯上了关系?真理必须被藏起来不公开,因为大众需要另一种心灵状态。"⑥与此类似,塞涅卡引用了伊壁鸠鲁所说的话:"我从未希望迎合大众;因为我所知道的,他们并不同意,他们同意的,我并不知

---

① 《论神性》(De natura deorum)3.27.
② 蒙田,《散文全集》(Complete Essays), trans. Frame, 104 (1.25).
③ 被胡拉尼(George Hourani)所引用,出自《阿威罗伊:论宗教与哲学的和谐》(Averroes: On the Harmony of Religion and Philosophy), trans. Hourani, London: Gibb Memorial Trust, 1961, 106.
④ 迈蒙尼德,《迷途指津》(Guide), ed. Pines, 16.
⑤ 贺拉斯,《颂歌集》(Odes)3.1,选自《贺拉斯全集》(The Complete Works of Horace), trans. Charles E. Passage, New York: Frederick Ungar, 1983, 209.
⑥ 信105(Epistle 105),被拉赫(Paul Rahe)所引用并翻译,出自《古今共和国:古典共和主义和美国革命》(Republics Ancient and Modern: Classical Republicanism and the American Revolution), Chapel Hill: University of North Carolina Press, 1992, 226.

道。"但塞涅卡继续评论:"这种来自每个流派的相同口号在你的耳边萦绕——逍遥派、学园派、斯多葛派、犬儒派。"① 拉美特利(La Mettrie)表达了相似的态度:

> 不管我在研究中如何思考,我在社会上的做法极为不同……在一个地方,作为一个哲人,我偏爱真理,但在另一个地方,作为一个公民,我偏爱错误。错误更在每个人的掌握之中;它任何地方、任何时代都是心灵的大众食品。到底什么才更值得用来启蒙、引导那群粗鄙的无脑之徒?在社会上,我从不谈论这些高尚的哲学真理,它们并不适合大众。②

尼采将这些观察转变为对写作的总结——关键但违背直觉:

> 关于清楚易懂问题——一个人写作的时候,他不仅希望被人理解;他当然也希望不被理解。[118]当人们发现不可能理解某本书时,无论如何都不一定是对这本书的质疑:或许,这是作者的目的之一——他只是不想被"任何人"所理解。那些拥有更高贵的精神和品位的人,都会对读者进行选择,如果他们希望进行交流;同时,他们也选择设立障碍,阻止"另一些人"看

---

① 塞涅卡,《道德书简》(*Ad Lucilium Epistulae morales*), trans. Richard Gummere, Cambridge, MA: Harvard University Press, 1917, 1:209 (24.11). 关于伊壁鸠鲁的引用,参阅 Hermann Usener, *Epicurea* frag. 187, Cambridge: Cambridge University Press, 2010, 157.

② 拉美特利(Julien Offray de La Mettrie), "Preliminary Discourse," 选自《人是机器》》(*Machine Man and Other Writings*), trans. & ed. Ann Thomson, Cambridge: Cambridge University Press, 1996, 162.

到。任何风格各种各样更微妙的法则都出于这一点：它们避开理解、创造距离、禁止"进入"理解，正如上所说——但同时让那些相关的人听到。①

最后，把这些都带回到平等问题，尼采说到了

> 显白和隐微之间的差异，以前被哲人所知——被印第安人，也被古希腊人、波斯人、穆斯林人所知，简言之，在所有相信阶级秩序、不相信平等和平等权利的地方，都被人所知。②

当然，有人可能会反对说，这一串引用虽然具有说服力，但西方哲学的这种非平等主义癖好也有例外。例外确实存在。但是，在1800年之前，也即这里所讨论的时代，平等主义的声音相对较少。更确切地说，即使如此，它们似乎也没有基于平等主义反对隐微主义。在这个时期，最公开、最真诚、最坚决的平等主义者无疑是卢梭。因此，他是一个很好的测试案例，可以让我们来检测、下定论，是否真的可以找到任一以前的思想家，他像我们一样，因为隐微主义太精英主义而加以拒绝。但是，结果当然已经出来。卢梭已经说过——用人们想要的清楚和坦白，他是个自豪的隐微作者，试图对"知道如何理解"的"少数人"讲，而排斥另外的所有人。

因此，用我们自己的平等主义去质疑以前的隐微主义显然

---

① 尼采，《快乐的科学》(*The Gay Science; with a Prelude in Rhymes and an Appendix of Songs*), trans. Walter Kaufmann, New York: Random House, 1974, 343（§381）.

② 尼采，《善恶的彼岸》(*Beyond Good and Evil*), 42（§30；此处加了强调）.

是个错误,错就错在搞错了时代。说实在的,在很大程度上,以前似乎认为隐微做法的精英主义特征还挺不错。

即便如此,也需要指出,在隐微主义的四个动机中,三个可以用本质上平等主义的术语得到辩护(这三个动机是渴望逃避迫害、渴望宣传政治变动、渴望用苏格拉底式方式教导人)。只有保护性隐微主义——向那些还未准备好接受危险真理的人隐藏危险的真理,是内在地精英主义的。

保密是正常、普遍的

[119]隐微主义理论也因其明白无误的不可能性对我们形成了冲击,因为它涉及到赋予以往的伟大哲人以一种秘密、神秘的行为。这样的行为对当代人的头脑形成了冲击,它们被认为是不正常、幼稚的。当我们在头脑中描绘亚里士多德、阿奎那或笛卡尔等人严肃地在写字桌上伏案写作,我们真的难以想象,他们竟然正在努力地同他们最宝贵的洞见玩捉迷藏游戏。这整个说法都是离奇、不光彩的。

但是,这种反对意见再次假定,以前的年代看待这种进行隐藏、保密和保留的现象,完全就像我们现在看待这个现象。但是,这又是一个极度缺乏历史根据的假设。一旦超越我们这个自由民主宇宙的狭窄界限,投眼于那个可以被大致称为"传统社会"的社会,我们就会看到一个沉浸于保密之中、尊崇保留和间接的世界(正如人们已经可以从上述众多引用中看到)。

我们生活在"开放社会"之中,也珍爱这样的社会。在这样的社会中,保密和保留是根本上令人怀疑的现象。我们实践自由民主公开的道德准则、认识论、甚至形而上学,认为最高的价值、最真的知识、最大的现实是公开、暴露的,所有人都可以得到。在政治领域,我们寻求"透明";在经济领域,我们寻求"公开";在学术领域,我们寻求"出版"。至于我们的私人生活,我们生活在一个日益注重表达的社会之中——生活在一种真挚文化,以及一种治疗文化之中。其中,人们在飞机上、直播节目中或网络上向陌生人吐露心声。我们满腔热情地歌颂公开——或作为忏悔,或作为展示,心怀奇异的希望,希望这会给我们带来健康和关系。我们是如此地习惯于所有这一切,以至于我们无法想象还有其他哪种选择像这样合情合理。这是世界上最自然的东西。

因此,我们深深地疏远了传统的暴露和隐藏倾向。这种倾向被我们认为是某种需要治疗的病症。我们实在无法理解,在众多以前的社会中,甚至在如今的印度和日本社会,丈夫和妻子、父母和孩子竟然可以整整一辈子都不说出:我爱你。

相反,很多传统文化也会觉得难以理解这样的现代观念,即如果一个人拥有了一些重要的知识,[120]就应该把它公布于众,让每个看它的人都可以阅读。这看上去似乎既愚蠢又不得体。实际上,在历史上的大多数时期,引起人们的怀疑眼光的——要求冗长的辩护、解释和这样的证据,并不是隐微主义做法,而是我们现代西方的公开和出版观念。

毕竟,在一个传统社会中,最高的知识既关注神(the divine),也源于神,这种如此神圣的知识不可亵渎(把它暴露给不配看到的人是一种亵渎)。根据普韦布洛印第安人(Pueblo Indians)的说法,"普韦布洛领导者经常用这样的理由来论证保密,如果宗教仪式被错误的人所知,那它就失去了力量。这个观念肯定普遍出现在世界上的大多数地方。"①正如我们刚刚所见,这种"保留"的本能不仅仅出现在异教徒和多神论者身上:"不要把圣物给狗,也不要把你们的珍珠丢在猪前。"

古希腊的地理学家和历史学家斯特拉波(Strabo)如此解释这种广泛的宗教保密倾向:"它与自然的命令相一致,即,应该这么做。"这是因为保密"带来对神的尊敬,因为它模仿了神的本质,也就是,避免被人类感官所知。"②简言之,这难道不是完美地解释了,最高知识的合适状态(proper condition),就像最高存在的合适状态,是它被隐藏起来的状态?③

同时,在更加世俗化和功利主义的层面,如果知识就是力量,那保密就是对力量的节俭使用和维持。统治者、牧师、武士、工匠和美术家、医治者和医师、商人、中世纪行会——所有人都拥有、也需要他们的行业秘密。确实,几乎没有人有兴趣无拘无

---

① Elizabeth A. Brandt, "On Secrecy and the Control of Knowledge: Taos Pueblo," 选自 *Secrecy: A Cross-Cultural Perspective*, ed. Stanton K. Teft, New York: Human Sciences Press, 1980, 131. 另见库朗热(Numa Denis Fustel de Coulanges),《古代城邦》(*The Ancient City*), Garden City, NY: Doubleday, 1956, 194.

② 《斯特拉波地理学》(*The Geography of Strabo*), Cambridge, MA.: Harvard University Press, 1969, 10.3.9.

③ 一般说来,与哲学隐微主义相比,宗教隐微主义现象得到了更广泛的承认和记载。比如, Hans G. Kippenberg & Guy G. Stroumsa, eds., *Secrecy and Concealment: Studies in the History of Mediterranean and Near Eastern Religions* (Leiden: E. J. Brill, 1995); Kees W. Bolle, ed., *Secrecy in Religions* (Leiden, E. J. Brill, 1987); Mary H. Nooter, "Secrecy: African Art That Conceals and Reveals," *African Arts* 26, no. 1 (January 1993): 55–70; Scholem, *On the Kabbalah*; Jean Danielou, "Les traditions secrètes des Apôtres," *Eranos-Jahrbuch* 31 (1962): 199–215; Guy G. Stroumsa, *Hidden Wisdom: Esoteric Traditions and the Roots of Christian Mysticism* (Leiden: E. J. Brill, 1996); Alex Wayman, *The Buddhist Tantras: Light on Indo-Tibetan Esotericism* (New York: S. Weiser, 1973); Mohammad Ali Amir Moezzi, *The Divine Guide in Early Shiism: The Sources of Esotericism in Islam* (Albany: State University of New York Press, 1994).

束地说出他所知道的一切。①

在前现代社会,与我们的本能直接相反,当一些东西"出版"或公开地揭露出来的时候,它就在一些重要的方面变弱、变没用了。因此,传统生活充满了保留、排斥和隐藏。事物的平常状态、默认立场不是公开,而是保密——知识的划分。置身于如此之多的保密本能和习惯中,一个人需要一个特别的理由来变得公开。

在这样的世界中,哲学隐微主义的秘密做法更多的是一种规则,而不是一种例外,虽然在我们看来,这种做法幼稚、不正常,因而并无可能。哲人当然也有他们的秘密。

[121] 只考虑一个简单的例子——西方传统中哲学生活的代表性例子:苏格拉底。在柏拉图式对话中,他被描述为以在雅典的各个地方永远都不给人直接的答案而出名。的确,他因一种讽刺,一种以他的名字命名的反讽而名垂千古。

在保密这个问题上,正如在精英主义那个问题上,我们显然被时代错置的假设所误导。我们错误地认为,以前的人也享有我们的道德习惯和本能。想想这个:西方传统中最伟大的两位导师耶稣和苏格拉底,都以他们的保密和间接言辞出名。

论善意的说谎

隐微主义基本上是不诚实的。过去最伟大的真理追求者骨

---

① 对秘密的一般讨论,见 Simmel 的经典讨论"The Secret and the Secret Society,"选自 The Sociology of Georg Simmel, trans. Kurt H. Wolff (New York: Free Press, 1950);另见 H. Webster, Primitive Secret Societies: A Study of Early Politics and Religion (New York: Macmillan, 1908). 亦可参阅 Hans Speier, "The Communication of Hidden Meaning," chap. 9, The Truth in Hell and Other Essays on Politics and Culture, 1935-1987 (Oxford: Oxford University Press, 1989), 206.

子里都是赤裸裸的说谎者,这是否真的可信？这或许是隐微主义所面对的最不安的挑战。

值得称赞的是,我们这个时代带着特别的严肃看待这个挑战。在其经典著作《欧洲道德史》(History of European Morals)中,莱基(W. E. H Lecky)提出,"真诚往往是一个工业国家的特殊美德,"因为在经济高度专门化的市场社会之中,人们是如此地互相依赖,因而信用(trustworthiness)成为最高的美德。① 阿伦特提出了与此相关的一点。她指出,"除了拜火教(Zoroastrianism),没有哪种主要宗教把这种不同于'作伪证'的说谎列为他们所规定的严重罪行之一。"她继续说道,"只是在现代时期,这样的情况才发生了改变,这很大部分是由于智力(intellectual)专门化的兴起,即有组织的科学的兴起。而科学的进步,以每个科学家绝对的诚实和可靠为坚实的基础。"② 还有,在民主政体中(这同样也是一个"信息社会",一个面临着各种复杂问题的社会,如核战争和环境恶化等),科学家们和专家们以尽可能清楚和完全诚实的方式向大众说出实情显得比以往更加重要。因此,我们无疑被隐微主义的不诚实搅得心神不安。

在自卫性隐微主义这种情况下——作者们被对迫害甚至处决的恐惧所驱动,大多数人会承认,使用欺骗是合情合理的。但更多的难题在于,所谓的"有益的"或"高贵的"谎言是否正当,

---

① 莱基(W. E. H. Lecky),《欧洲道德史》(History of European Morals from Augustus to Charlemagne), New York: D. Appleton, 1879, 1:138; cf. 155. 另见"人生的智慧"("The Wisdom of Life"),选自《叔本华文集》(The Essays of Arthur Schopenhauer), trans. T. Bailey Saunders, New York: Willey Books, 1935, 70—73. 亦可参阅福山(Francis Fukuyama),《信任:社会德性与制造繁荣》(Trust: The Social Virtues and the Creation of Prosperity), New York: Free Press, 1995.

② 阿伦特(Hannah Arendt),《过去与未来之间》(Between Past and Future: Eight Exercises in Political Thought), New York: Penguin Books, 1977, 232.

因为在这种情况下,一个人为了自己的利益而欺骗他人,不管是意识形态上的,还是教学的或政治上的。这些合法吗？幸运的是,摆在我们面前的任务[122]不是解决这个复杂的道德问题,而是解决相对简单的历史问题——过去的思想家们倾向于如何回答这个道德问题。

很容易证明,非常多的早期思想家们认为,在合适的情况下使用有益的谎言或至少隐藏一部分真理是正当的、允许的。当然,这与他们对人类不平等性的较强信念和他们对保密的尊崇没有关系。

首先,柏拉图和(他的)苏格拉底认为高贵的谎言是正当的。他们的这个立场众所皆知。至于色诺芬,金口迪奥(Dio Chrysostom)写道,如果非常仔细地阅读他的《远征记》(Anabasis),就可以学会如何"欺骗他的敌人以伤害敌人,欺骗他的朋友以有利于朋友,以一种不会使那些没必要被真理所困扰的人感到痛苦的方式言说真理。"①至于斯多葛派,普鲁塔克引用了克里希波斯(Chrysippus)的话,"确实,智者往往用谎言来防庸俗大众。"②格劳秀斯写道:"如果我们可以信任普鲁塔克和昆体良(Quintillion),那廊下派就是把在合适的地点以合适的方式说谎的能力列为智者的天赋之一。"③

---

① 金口迪奥(Dio Chrysostom), "On the Cultivation of Letters,"选自《演讲集》(Discourses) 18.16-17, 巴利特(Robert Bartlett)引用并翻译,出自《色诺芬论苏格拉底短篇著作》(Xenophon: The Shorter Socratic Writings). Ithaca, NY: Cornell University Press, 1996, 4.

② 普鲁塔克,《论斯多葛主义的自相矛盾》(On Stoic Self-Contradictions) 1055e-56a, 潘戈(Thomas L. Pangle)和艾伦斯道夫(Peter J. Ahrensdorf)引用并翻译,出自《国家之间的正义》(Justice among Nations: On the Moral Basis of Power and Peace), Lawrence: University Press of Kansas, 1999, 275n7.

③ 格劳秀斯,《战争法权与和平法权》(De jure belli ac pacis libri tres), trans. Kelsey et al., 610 (3.1.9.3).

在中世纪时期,我们发现迈蒙尼德声称:

> 这些(神学)问题只适合少量非常特别的慎独人士,不适合大众。由于这个原因,它们不应该让初学者知道,而且我们也应该阻止初学者拾起这些问题,就像我们不让一个婴幼儿吃粗糙的食物、提重物。①

阿威罗伊在注疏柏拉图的《理想国》时写道:

> 首领们向大众撒谎对大众而言是合适的,正如毒药对疾病而言是合适的……这是真的,因为教导公民需要不真实的故事。没有哪个立法者不利用编造的故事,因为这是让大众得到幸福的某种必需之物。②

在早期现代,伊拉斯谟说道:

> 虽然违背真理永远都是不合法的,但有时候,在这种情况下……隐藏真理却是权宜之计……神学家们自己在某些事情上达成了一致意见,但并不方便将之公布于众。③

[123] 伯内特(Thomas Burnet)较为详细地阐述了这个问题:

---

① 迈蒙尼德,《迷途指津》(*Guide*), ed. Pines, 79 (1.34)。
② 《阿威罗伊论柏拉图的〈理想国〉》(*Averroes on Plato's Republic*), trans. Ralph Lerner, Ithaca, NY: Cornell University Press, 1974, 24。
③ 伊拉斯谟致坎佩焦(Lorenzo Campeggi)(1520年12月6日),见伊拉斯谟,《书信集》(*Correspondence*), 8:113。

当正义或虔诚之人可以通过欺骗来增进儿童或疯子的安全和福祉时,他们是否对欺骗儿童或疯子有所顾忌?为何粗鲁、不易控制的大众不能受到同样的对待?……利用掩饰来伤害他人是种罪过:但是,我们无辜地欺骗他人,也被他人所骗,是为了公共善,是为了支持弱者。在善的本质之中,有一些东西比真理的本质之中的一些东西更加神圣不可侵犯,当两者无法结合在一起时,后者必须让位于前者。①

这是现代诚挚理想的倡导者卢梭所说:一个国家的伟大创始人,他那"至高无上的理性……超越普通人的理解水平",必须把他明智的命令置于"神之口,以用神的权威来使那些不能被人类精明所感动的人信服。"② 另外,在《百科全书》中,狄德罗也写了这样的一条条目,题为"出于好意而编造的谎言"(Mensonge officieux)——非官方或有益的谎言,它宣传了这条"智慧的箴言",即"产生善的谎言比引起伤害的真理更有价值"。③ 休谟则毫无保留地说出:"夸耀对庸俗大众的真诚,实际上是太尊重他们、太尊重他们的迷信行为的表现。有谁会认为,向儿童或疯子说实话是件关乎荣誉的大事?"④ 也考虑笛卡尔的论述:

---

① 伯内特(Burnet),《古代万物起源论》(*Archæologiæ Philosophicæ*),53-54.
② 卢梭,《社会契约论》(*Social Contract*),ed. Masters, 69-70 (2.7).
③ 《百科全书》(*Encyclopédie*),ed. Diderot & d'Alembert, University of Chicago ARTFL Encyclopédie Project, http://encyclopedie.uchicago.edu, 我自己翻译. 类似的结论可以在前一条条目"谎言"(Mensonge)中看到,由若谷爵士(Louis de Jaucourt)所写。
④ 休谟致埃德蒙斯通(Col. James Edmonstoune)(1764年4月),引自拉赫(Rahe),《古今共和国》(*Republics*),242.

> 有些人同意,通过先知之口,上帝会创造口头上的谎言。我不想批评这些人。这就像医生的谎言,医生为了治愈他们的病人而欺骗他们,但没有任何恶意的欺骗意图。①

但是,让我们直接切入最难的情况。大多数人或许会同意博克(Sissela Bok)在她关于谎言的经典著作中提出的论断,即在西方传统中所有主要的思想家那里(除了康德),奥古斯丁是唯一一个强烈反对谎言的人。② 但是,他的立场并不排斥隐藏,奥古斯丁这样看待隐微写作(我们之前引用过一次):哲学的纯净之流应该

> 被荫凉、多刺的丛林所指引,仅让少数人得到。不许它流过家畜(即"芸芸众生")乱跑的放养之地,[124]或无法使它保留清洁纯粹的地方……我觉得这种隐藏真理的方法或艺术是一种有用的发明。③

再说一遍,我们或许会觉得这个观点无礼、不道德,甚至危险,特别是在当今这个世界。但是,如果我们重视诚实,我们必须不能允许我们自己的道德情感,或我们这个民主和技术时代的新规

---

① 笛卡尔,《沉思录》(*Meditations*),《第二组反驳》(*Second Replies*),选自《笛卡尔全集》(*OEuvres de Descartes*), ed. Charles Adam & Paul Tannery, Paris: J. Vrin, 1964-69, 8:143, 被安德森(Abraham Anderson)引用,见《三个骗子论和启蒙问题》(*The Treatise of the Three Impostors and the Problem of Enlightenment: A New Translation of the Traité des Trois Imposteurs (1777 edition) with Three Essays in Commentary*), Lanham, MD: Rowman & Littlefield, 1997, 150n22.

② 博克(Sissela Bok),《说谎:公共和私人生活中的道德选择》(*Lying: Moral Choice in Public and Private Life*), New York: Vintage Books, 1989, 32-39.

③ 奥古斯丁,《书信集》(*Letters*) 1:3.

则,模糊这个显而易见的事实,那就是,在过去的哲人中,有益的谎言或隐藏的合法性被大家普遍接受。①

在前面几章中,我已经试着按理解力所允许的速度,急匆匆地进入了隐微主义大图的关键部分:支持它的证词证据,解释它的理论论据,以及模糊它的当代抵制。这三个部分只有紧密地彼此结合,才能到得到充分的理解。为了行文流畅,我略掉了大量的细节,尤其是隐微主义的各种形式。但是,随着这种初始轮廓已经成形,我们或许可以以一种更加从容不迫和细致的方式考察这个现象,区分隐微主义的不同形式和动机——自卫性、保护性、教学性以及政治性。

---

① 参阅格劳秀斯,《战争法权与和平法权》(*De jure belli ac pacis libri tres*), trans. Kelsey et al., 607-22 (3.1).

第二部分

哲学隐微主义的
四种形式

第五章

惧怕迫害：自卫性隐微主义

审查是隐喻之母。

——博尔赫斯（Jorge Luis Borges）

[127]让我们从最容易理解、最普遍的动机,即在历史长河中,促使哲人、以及文学、政治和宗教作家们实践隐微交流的最一般性的动机开始:避开审查或避免受到迫害的迫切需要。不过,为了恰当地领会这种需要所扮演的角色和具有的影响,我们必须不能把它的范围限制得过于狭窄。需要得到保障的,往往是作者及其家人的安全。但是,他的作品或他的哲学运动(如果他有的话),甚至哲学的生活方式本身的安全或许也要得到保障——而且,不仅仅是暂时的安全,还包括在合理可见的未来的安全。

这种意义上的迫害经历或对迫害的恐惧,往往导致含糊其辞的写作方式的出现。正如莎夫茨伯里(Lord Shaftesbury)实事求是地所言——实事求是之人相信,他所说的只是人人皆知之事:

> 如果禁止人们严肃地谈论某些问题,他们的言论就会带有讽刺意味。如果禁止他们谈论这些问题,或者,如果他们发现谈论这些问题确实十分危险,那他们就会加倍掩饰自己,[128]让自己变得神秘兮兮,说一

些难以被有意伤害他们之人所理解,或至少不会被这些人看得清清楚楚的东西。①

这种广泛、明显的文学现象很难被忽略。毕竟,没有人会否认,在历史上的大多数时期,大多数思想家和作者都面临这样或那样的审查。用我们经常引用的塔西佗的话说:"人很少被赐予这样的时代,可以思自己所爱,说自己所思。"②贝尔(Pierre Bayle)说出了这个显而易见的事实显而易见的后果:"那些著书立作时考虑将其思想出版之人,不仅让自己适应时代,还千百次地背叛自己已形成的判断。"③他们被迫让自己的作品舍弃某些他们自己相信为真的信条。或许,还要加上一些他们相信为假的信条。他们必须有意识地篡改自己的著作。到这里,隐微主义已基本成形。接下来,只需再走一小步,正如莎夫茨伯里所做:因气恼于要适应时代,许多思想家也冒险留下了提示,暗示他们真信什么,不信什么。

我们很难理解,人们怎么会如此抵制对这个现象的承认——或许也可以理解,如果我们不仅只是花一章的篇幅,而是花较多的篇幅,来探索使我们倾向于反对隐微主义这个一般概

---

① 莎夫茨伯里,《人、风俗、意见与时代之特征》(*Characteristics*), ed. Klein, 34.

② 1500年之后,因为被这句话所透露的永恒真理所打动,休谟把它作为自己的第一部主要哲学著作的题词。塔西佗,《历史》(*The Histories*),1.1;休谟直接引用并翻译了这句陈述,见《人性论》(*A Treatise of Human Nature*), ed. Ernest C. Mossner, Harmondsworth, UK: Penguin, 1969, 32; Paul Russell 间接引用了这句陈述,见"Epigram, Pantheists, and Freethought in Hume's Treatise: A Study in Esoteric Communication," *Journal of the History of Ideas* 54, no. 4 (Oct. 1993): 659–660.

③ 贝尔(Pierre Bayle),《彗星出现之际的各种思考》(*Various Thoughts on the Occasion of a Comet*), trans. Robert C. Bartlett, Albany: State University of New York Press, 2000, 8.

念的文化因素长单。但是,此时转向对自卫性隐微主义进行更加具体的分析之际,我们发现了其中的另一种曲解。当代文化也包含某些反抵制特征(countervailing features),它们实际上推动人们承认这种做法——或应该如此。这些因素完全"恢复"了我们持续性地抵制自卫性隐微主义的"怪异性",亦即,再次让我们认识到,我们不承认这个现象是多么奇怪。但同时,它们也给予我们这样的希望:如果多一些证据和讨论,这种抵制或许就会分崩离析。

自卫性隐微主义和当代文化

当代社会对小群体困境(plight of minorities)极为敏感。我们不仅承认迫害的显著危险,随着时间的推移,我们也教会自己理解边缘性所具有的所有复杂、微妙,有时被隐藏起来的后果。这或许是我们最大的文化强项。这样一来,就很奇怪,我们竟然迟迟不能将这种独特的敏感性和洞察力应用于哲学小群体(philosophical minority)困境(虽然这种困境不是出现在我们这个时代——而是出现在历史上的大多数时期)。

[129]另外,自卫性隐微主义之类的东西,正是当今所流行的文学理论能够预测到的东西,因为这些理论强调写作和权力之间的关系。如果每个地方都有一个文化"霸主",它维护着自己的权力(虽然这在不自由、"封闭"的社会中更为明显),且另一方面,对于那些没有权力的文化而言,它们通过欺骗得以自保,那么,事实肯定就是,世界上的大部分作者都会有系统地被迫进行字里行间地写作。

比如,对弗雷德里克·詹姆逊(Fredric Jameson)而言,文学世界总是普遍如此:"统治阶级的意识形态会探索众多策略来合法化其权力地位,但与之相抗的意识形态文化,却总会通过秘密或伪装等策略来角逐并削弱占统治地位的价值体系。"①但是,不知为何,这个重要的洞见并没有让詹姆逊或其他人承认,历史上普遍存在隐微交流,甚至,隐微交流几乎就是一种结构性需要。最值得注意的一个例外是著名的文学评论家安娜贝尔·帕特森(Annabel Patterson)。她写了一系列的书,用极大的原创性和大量的细节表明,如果人们想要恰如其分地理解16世纪至19世纪的英国文学,就需要采用她所说的"审查解释学"(hermeneutics of censorship)。②

除了这两点之外,必须还要再加上我们这个时代的另一个方面。它让人看到,我们对自卫性隐微主义的抵制是如此令人费解,如此令人不安:在上个世纪的大多数年代,极权主义政体就在我们眼前;在这样的政体中,持异见的作者们大胆地提出他们的抗议,将他们的自由荫庇于字里行间。在这里,我们不再置身于抽象的文学理论或遥远的历史臆测之中——人们只要问一问这些国家的任何一位普通公民。与来自这些国家的人进行交谈的过程中,我被再三告知,一本关于隐微主义的书不会在东欧

---

① 詹姆逊(Fredric Jameson),《政治无意识》(*The Political Unconscious*), Ithaca, NY: Cornell University Press, 1981, 84(加了强调),帕特森(Annabel Patterson)直接引用了这句话,见《审查和解读》(*Censorship and Interpretation: The Conditions of Writing and Reading in Early Modern England*), Madison: University of Wisconsin Press, 1984, 119.

② 帕特森(Patterson),《审查和解读》(*Censorship and Interpretation*);《寓言的力量》(*Fables of Power: Aesopian Writing and Political History*), Durham, NC: Duke University Press, 1991;《字里行间的阅读》(*Reading between the Lines*), Madison: University of Wisconsin Press, 1993. 根据帕特森的观察,美国现代语言学协会会刊(PMLA)(1994年1月刊)花了整整一期专门讨论文学和审查问题。另见 Sue Curry Jansen, *Censorship: The Knot That Binds Power and Knowledge*, Oxford: Oxford University Press, 1988.

出售。"每个人已经知道了关于它的一切。"

但是,我们或许也同样知道了关于它的一切。六十多年来,西方世界的人一直都可以接触到讲述俄国和东欧的主要作家的经历的血腥故事。比如,哈维尔(Vaclav Havel)公开地告诉我们,在被囚禁于共产主义捷克斯洛伐克期间,他如何写作《给奥尔嘉的信》(Letters to Olga):

> 实际上,这些信是无尽的旋涡。我试着把一些东西装进去。我很早就意识到,容易看懂的信不会通过。所以,这些信都是长长的复合句和复杂的说话方式。比如,如果要说"政体",我显然不得不写"对非我的社会性显著专注"之类的胡言乱语。①

[130]根据哈维尔,一种与此相关的技巧也被剧院所用。在《扰乱和平》(Disturbing the Peace)中,他说审查"使得小剧院采用日益复杂的一套密语、暗示、间接提及和模糊类比。"②

类似地,就罗马尼亚而言,著名诗人、散文家科德雷斯库(Andrei Codrescu)公开说道:

> 反抗历史,我们通过运用一种微妙、模糊的语言来发展共同体。这种语言可以以一种方式被压迫者听

---

① 哈维尔(Vaclav Havel),《给奥尔嘉的信》(Letters to Olga), trans. Paul Wilson, New York: Henry Holt, 1989, 8, 帕特森在《审查与解读》(Censorship)中引用,见 11. 另见匈牙利的异见人士塔马斯(G. M. Tamas)在"The Legacy of Dissent: Irony, Ambiguity, Duplicity"一文中对东欧不同政见情况的精彩讨论(Uncaptive Minds 7, no. 2 [Summer 1994]: 19-34). 塔马斯直接运用了施特劳斯的理论。

② 哈维尔,《扰乱和平》(Disturbing the Peace: A Conversation with Karel Hvizdala), trans. Paul Wilson, New York: Alfred A. Knopf, 1990, 55.

到,也可以以另一种方式被你的朋友们听到。我们反抗的武器就是模棱两可、幽默、悖论、谜、诗、歌和戏法。①

在《罗马尼亚的审查》(Censorship in Romania)一书中,维雅努(Lidia Vianu)确认了这种描述:

> 富有创造性的心灵找到了躲避审查的方法……作者和读者之间的强烈界限得以形成,作者渴望表达他不能说出来的东西,读者热切地等待关于如何阅读于字里行间的一丁点暗示——这种艺术在共产主义审查制度下得到了完善。被审查的作者和被审查的读者一起手拉手,共跳苦涩无奈之舞。②

另外,波兰诗人、诺贝尔文学奖得主米沃什(Czeslaw Milosz)在其名作《被禁锢的心灵》(The Captive Mind)中(出版于1951年),花了整整一章(题为"凯特曼"[Ketman])来描述苏联集团成员国中普遍存在的掩饰、假装和秘密交流。③ 他的同胞,著名的政治哲人柯拉柯夫斯基(Leszek Kolakowski)也同样观察到,

---

① 科德雷斯库(Andrei Codrescu),《外界的消失》(*The Disappearance of the Outside: A Manifesto for Escape*), New York: Addison-Wesley, 1990, 38-39.

② 维雅努(Lidia Vianu),《罗马尼亚的审查》(*Censorship in Romania*), Budapest, Hungary: Central European University Press, 1998, ix-x.

③ 米沃什(Czeslaw Milosz),《被禁锢的心灵》(*The Captive Mind*), trans. Jane Zielonko, New York: Alfred A. Knopf, 1953. 米沃什比较了东欧的言行举止习惯和传统上波斯的什叶派所采用的隐微实践或Ketman(在阿拉伯语中,这个词指隐藏、谨慎)。关于后者,可见古比诺(Gobineau)在《中亚的宗教和哲学》(*Les religions et les philosophies dans l'Asie Centrale*)中的描述(*OEuvres*, ed. Jean Gaulmier, vol. 2 [Paris: Gallimard, 1983])。

波兰知识分子几乎都实践隐微主义。在接受《代达罗斯》(*Daedalus*)杂志的采访之际,博斯特尔(Danny Postel)直接问柯拉柯夫斯基,是否有必要"在斯大林统治之下,求助于某种德尔菲式或隐微的写作习惯"。柯拉柯夫斯基回答说:

> 当我还在波兰时,所有我们这些知识分子都被迫使用一种密码式的语言,一种可以在既定框架中被接受的语言。所以,我们都有一种敏锐的感觉,关于我们可以说什么、不可以说什么,关于审查……我们试着让自己可以在不暴露的情况下被理解。①

类似地,在德语语境中,里奇(J. M. Ritchie)在其《纳粹德国文学史》(*German Literature under National Socialism*)中观察到:

> [131]有一种趋向于加以掩饰的评论、值得注意的停顿、双重或多重含义的倾向。它也有赖于读者能够敏感地看到,文学典故、圣经故事、历史事件都是为了影射、暗示或类比国家社会主义……没有新的形式,也没有新的风格,只有进步性的改良——关于如何进行间接陈述的技巧。②

---

① 柯拉柯夫斯基(Leszek Kolakowski), "Dialogue between Leszek Kolakowski and Danny Postel: On Exile, Philosophy and Tottering Insecurely on the Edge of an Unknown Abyss," *Daedalus* 134, no. 3 (Summer 2005): 85 (加了强调).

② 里奇(J. M. Ritchie),《纳粹德国文学史》(*German Literature under National Socialism*), Totowa, NJ: Barnes & Noble, 1983, 119. 对第三帝国(1933-1945)时期的隐微交流的更多讨论,参阅 R. Schnell, "Innere Emigration und kulturelle Dissidenz," 选自 *Widerstand und Verweigerung in Deutschland 1933 bis 1945*, ed. R. Löwenthal & P. von zur Muhlen, Bonn: Dietz, 1982, 211-225; Jerry (转下页)

因此,战后,在一篇关于东欧共产主义国家电影审查的文章中,贝格安(Daniela Berghahn)说道:"艺术被用于表达那些不能公开加以讨论,但却可以被非常熟悉字里行间阅读的公众所破译的问题。"①

但是,为了看清活着的隐微写作传统——或"伊索式语言"(Aesopian language)传统的最佳范例,人们必须看前苏联。因为在那里,这种传统已经广为人知长达数世纪。俄国虽然属于西方世界的一部分,但却从未出现过一个持久的自由政府或一种免于审查的自由。这是一条在智识上迷失了的山谷,一直都飘荡着古老的隐微主义实践和记忆。但是,在其他任何地方,它们都已经消失殆尽。因此,1975年出版的苏联《简明文学百科词典》(*Concise Literary Encyclopedia*),甚至1978年出版的美国《俄国和苏联文学现代百科词典》(*Modern Encyclopedia of Russian and Soviet Literature*),都包含了论"伊索式语言"的长词条。正如后一本词典中的一条条目所解释,这种涉及到"将潜台词译成密码,再将之破译"的平常做法,源于一个佛里吉亚(Phrygian)奴隶的名字。这个奴隶叫做伊索(Aesop),他之所以写寓言,是因为他没有权力公开说话。这种命名方法由萨尔蒂科夫-谢德林(M. E. Saltykov-Shchedrin, 1826–1889)提出。他解释道:

(接上页注②) Muller, "Enttäuschung und Zweideutigkeit: Zur Geschichte rechter Sozialwissenschaftler im Dritten Reich," *Geschichte und Gesellschaft 3* (1986): 289–316, 以及 *The Other God That Failed: Hans Freyer and the Deradicalization of German Conservatism*, Princeton: Princeton University Press, 1987.

① 贝格安(Daniela Berghahn), "Film Censorship in a 'Clean State': the Case of Klein and Kohlhaase's *Berlin um die Ecke*," 选自《现代时期的审查和文化管制》(*Censorship and Cultural Regulation in the Modern Age*), ed. Beate Muller, Amsterdam: Rodopi, 2004, 134.

我是个俄国作家,因此我有奴隶的两个习惯:首先,进行寓言写作;其次,发抖、颤动。关于寓言写作的习惯,我受惠于改革前的审查部。它对俄国文学的折磨已经到了这般程度,好似发誓要将俄国文学从地球上铲除。但是,文学依旧存在,因为它渴望活下去,因而它寻求掩饰的方式……一方面,出现了寓言;另一方面,出现了理解这些寓言的艺术,阅读于字里行间的艺术。一个非同寻常的奴隶的写作方式被创造出来,我们可以称之为伊索式写作。这种写作方式显现了非凡的足智多谋,因为它发明了有所保留、含沙射影、寓言、以及其他的掩饰方式。①

---

① Ray J. Parrott Jr.在"Aesopian Language"中引用,见《俄国和苏联文学现代百科词典》(*Modern Encyclopedia of Russian and Soviet Literature*), ed. Harry B. Weber, Gulf Breeze, FL: Academic International Press, 1977, 41.关于伊索式语言的其他例子和讨论,见 Katerina Clark & Michael Holquist, *Mikhail Bakhtin*, Cambridge, MA: Harvard University Press, 1984; Lauren G. Leighton, *The Esoteric Tradition in Russian Romantic Literature: Decembrism and Freemasonry* University Park: Pennsylvania State University Press, 1994; Lev Loseff, *On the Beneficence of Censorship: Aesopian Language in Modern Russian Literature*, trans. Jane Bobko, Munich: Sagner, 1984; Martin Dewhirst & Robert Farrell, eds., *The Soviet Censorship*, Metuchen, NJ: Scarecrow Press, 1973; Daniel Balmuth, *Censorship in Russia, 1865-1905*, Washington, DC: University Press of America, 1979; Roman Jakobson, *Pushkin and His Sculptural Myth*, trans. John Burbank, The Hague: Mouton, 1975, 50; Joseph Frank, *Dostoevsky: The Seeds of Revolt, 1821-1849*, Princeton, NJ: Princeton University Press, 1976, 220; G. A. Svirsky, *A History of Post-War Soviet Writing: The Literature of Moral Opposition*, trans. Robert Dessaix & Michael Ulman, Ann Arbor, MI: Ardis, 1981; Thomas Venclova, "The Game of the Soviet Censor," *New York Review of Books*, March 31, 1983, 34-35; Hedrick Smith, *The Russians*, New York: Ballantine, 1977, 508-9; Alexander Herzen, *My Past and Thoughts: The Memoirs of Alexander Herzen*, trans. Constance Garnett, New York: Alfred A. Knopf, 1968, 2:407.

"伊索是自卫性隐微主义的典型"这个观点,并不是只是被俄罗斯作家所持有。叛道者尤利安(Julian the Apostate)在4世纪中叶写道:"因为法律不允许他自由地发表言论,因而伊索没有办法,只能暗示他明智的建议,用迷人的外表装扮它,让它的倾听者能够听到并享用。" *To the Cynic Heracleios* 207c, 选自 *The Works of the Emperor Julian* (vol. 2), trans. Wilmer Cave Wright, London: William Heinemann, 1913, 81.

因此,俄罗斯科学院(Russian Academy of Sciences)的塞维尼奇(Lioudmila Savinitch)写道:"伊索式写作方式是几个世纪以来俄罗斯文学和新闻的独特特征。"①[132]或者,正如影响深远的文学理论家雅克布森(Roman Jakobson)所言,在阅读俄罗斯文学的过程中,有必要理解这一点:"鲁莽、不间断的审查变成了俄罗斯文学史的必要辅因子(co-factor)……阅读于字里行间这种意识在阅读群体中变得异乎寻常的尖锐,诗人沉溺于影射和删除。"②甚至,在写于革命前的文章《党的组织和党的文学》("The Party Organization and Party Literature")中,列宁提到"那些可恶的日子,充满伊索式讨论、文学上的束缚、奴性的语言、意识形态化的农奴制!"③

---

① 赛维尼奇(Lioudmila Savinitch), "Pragmatic Goals and Communicative Strategies in Journalistic Discourse under Censorship," 选自《不受控制的权力》(*Power without Domination: Dialogism and the Empowering Property of Communication*), ed. Eric Grillo, Philadelphia: John Benjamins, 2005, 107.

② 杰克布森(Jakobson),《普希金》(*Pushkin*), 50 (加了强调).

③ 《党的组织和党的文学》("The Party Organization and Party Literature"),选自《列宁文集》(*Vladimir Lenin: The Collected Works*), Moscow: Progress, 1972, 10: 44, 洛谢夫(Loseff)在《论恩泽》(*On the Beneficence*)中进行了引用,见7. 在与沙皇进行斗争的过程中,布尔什维克革命者们形成了伊索式习惯。这些习惯是如此根深蒂固,以至于他们在取得胜利之后,也依然保持着这种习惯。这使得新的统治精英阶级发生了较大的异常变化,它不同于历史上的其他统治阶级:不管是与内部人士进行交流,还是与民众进行交流,这个新的统治精英阶级都实行隐微交流。(这个大党的独特需要也造成了这种异常现象,因为这个大党采用民主集中制,且声称其意识形态才是真理。)洛谢夫举了个明显的例子:"[报纸上的]一篇文章可能会用大量的笔墨大肆宣扬农业进步,但却只是在倒数第二段中顺便提下,"某些地区"牛的收购情况并不可观;对于一位有经验的读者而言,这篇文章的内容就是事先告知人们,(这个国家)即将出现肉类食物短缺"(*On the Beneficence*, 56)。关于国家隐微主义,见 Myron Rush, "Esoteric Communication in Soviet Politics," *World Politics* 11, no. 4 (July 1959): 614-20, 以及 *The Rise of Khrushchev*, Washington, DC: Public Affairs Press, 1958, 88-94; Nathan Leites & Elsa Bernaut, *Ritual of Liquidation*, Glencoe, IL: Free Press, 1954. 另见 Alexander George, *Propaganda Analysis: A Study of Inferences Made from Nazi Propaganda in World War II*, Evanston, IL: Row, Peterson, 1959.

伊索主义做法——延伸到了虚构文学,也延伸到了非虚构文学;延伸到了诗歌,也延伸到了散文——绝不仅限于写作。在关于苏联著名电影导演爱森斯坦(Sergei Eisenstein)的第一项新研究中(通过参考他的个人档案以及他同事的回忆录写成),纽伯格(Joan Neuberger)表明,爱森斯坦的电影《伊凡雷帝》(*Ivan the Terrible*)虽然是受斯大林之命拍摄,而且还得了个斯大林奖,实际上却是一部伊索式作品,暗中传达了"对暴君的批判和对社会主义现实主义成规的精彩挑战。"

> 爱森斯坦很清楚,一部电影如此塑造伊凡,就必定需要一种特殊的技巧来逃过审查。"隐藏某些东西最有效的方式就是把它展现出来,"他写道……在《伊凡雷帝》中,爱森斯坦运用了几种形式的诡计。他先"展现"在政治上可以被接受的表层叙事。然后,他通过剪辑、风格和叙事转移来剪掉表层叙事。①

俄罗斯和苏联文化中是如此地弥漫着伊索主义,以至于根据一位艺术评论家,我们在解读社会主义现实主义传统中最棒的画家之际,必须考虑"几个世纪的官方文化是如何使得俄罗斯的艺术家和作家们如此狡猾":他们也参与了"字里行间的绘画"(他大胆地提出了这个说法)。② 另外,在音乐领域,作曲家肖斯

---

① 纽伯格(Joan Neuberger),《伊凡雷帝》(*Ivan the Terrible: The Film Companion*), London: I. B. Tauris, 2003, 32, 30. 伊凡雷帝三部曲的第一部上映没多久,爱森斯坦(Sergei Eisenstein)就完成了这个三部曲的第二部。但是,这一次,审查官们对他展开了行动,所以在他的有生之年,第二部一直都未能上映。

② Lee Siegel, "Persecution and the Art of Painting," *New Republic* 219, no. 9 (August 31, 1998): 41, 39. 米沃什(Milosz)也提出了相同的说法,见《被禁锢的心灵》(*Captive Mind*), 80.

塔科维奇(Shostakovich)(表面上亲苏),在其回忆录(死后出版)中以自己的名义提出了类似的主张。①

当然,并不仅仅只是在东欧和俄罗斯,我们才有足够的机会看到文学审查的后果。从当今世界的各个角落,我们都可以得到这样的教训。比如,缅甸。在《纽约时报》(*New York Times*)上一篇题为《缅甸编辑的密码:使眼色和小暗示》("Burmese Editor's Code: Winks and Little Hints")的文章中,驻东南亚记者麦登斯(Seth Mydans)描述了勇敢无畏的作者、编辑丁貌丹(Tin Maung Than)及其隐微艺术。

> [133]在缅甸,正如在其他受到镇压的国度,在审查之下写作本身就是一种艺术形式,对作者和聪明的读者而言均如此。它的许多规则都具有普遍性。"你不能批评,"丁貌丹说道。"你不得不进行暗示,暗示读者你正在批评,你正在谈论当前的体制。你可以自己选择用哪些词、哪种语调和哪种构思来进行暗示。你使用具有双重含义的字词。"

根据丁貌丹,这是"受军事独裁统治的缅甸共和国中,所有具有独立精神的作者都会玩的游戏"。②

在这个世界的另一个地方——受少数白人统治的南非也是

---

① 参阅 *Testimony: The Memoirs of Dmitri Shostakovich*, ed. Solomon Volkov, trans. Antonina W. Bouis, New York: Harper & Row, 1979. 但是,人们对这本书的真实性提出了质疑。参阅 Edward Rothstein, "Sly Dissident or Soviet Tool? A Musical War," *New York Times*, October 17, 1998; Terry Teachout "The Composer and the Commissars," *Commentary*, October 1999, 53–56.

② Seth Mydans, "Burmese Editor's Code: Winks and Little Hints," *New York Times*, June 24, 2001(加了强调)。

如此。我们听到诺贝尔文学奖得主、小说家和散文家库切(J. M. Coetzee)这样说道,在审查之下,"字里行间的写作当然是一种熟悉的技巧。"①另外,在《批判研究》(Critical Studies)上一篇由德鲁伊特(Michael Drewett)所写,题为《以伊索式策略进行文本上的反抗,争取在种族隔离的南非逃过对流行音乐的审查》("Aesopian Strategies of Textual Resistance in the Struggle to Overcome the Censorship of Popular Music in Apartheid South Africa")的文章中,我们看到:

> 当然,特别的控制方式导致了与之相应的反抗方式的出现。尤其是,那里具有这样一种悠久的流行歌曲作词传统——运用伊索式策略:遮掩歌词,听众参与其中[解读歌词]。②

最后一个例子,我们转向穆巴拉克(Hosni Mubarak)统治之下的埃及。正如诗人、散文家拉巴比迪(Yahia Lababidi)所解释:

> 限制性政体(restrictive regimes)之下的文学倾向于发展出一种寓言天赋——用密语直抒胸臆,或通过运用象征。正如博尔赫斯(Borges)敏锐地注意到,"审查是隐喻之母。"在受镇压的社会中,各种间接的交流

---

① J. M. Coetzee, *Giving Offense: Essays on Censorship*, Chicago: University of Chicago Press, 1996, 152.

② Michael Drewett, "Aesopian Strategies of Textual Resistance in the Struggle to Overcome the Censorship of Popular Music in Apartheid South Africa," *Critical Studies* 22 (2004): 193 (加了强调).

方式容易蓬勃发展。埃及人具有做这种事情的天赋。以前那些讽刺专家们,他们通过巧妙地使用双重含义来逃过舞台上和生活中的审查官。他们狡黠地在笑话、歌曲和视频片段中发泄他们的性(以及政治)挫败。这些东西设法暗示一切,实际上不言一切。①

不知为何,我们并没有注意到,隐微地主张自由实际上一直都围绕在我们周围。

国内的隐微主义

[134]但是,为了观察自卫性隐微主义这种做法,实际上并无必要看向这样的外国风情和专制政体。我们可以只看我们自身。因为在"性"(sexuality)这个领域(在自由政体之下,它仍然或多或少地受到审查),我们不也自动地回归到隐微模式?当性活动被认为不合法的时候,这种回归最为明显。比如,同性恋。"同志雷达"(gaydar)这个现象,即通过频率达到一致,同性恋者理解其他同性恋者所放出的暗示其性取向和性兴趣的秘密信号,是对话式(以及手势、服装和姿势上的)隐微主义的一部分。当它被转移到照片和电子媒体,特别是广告上时,这种发信号行为就被称为"同志暧昧"(gay vague)。正如商业柜台协会(Commercial Closet Association)网站所解释——这个组织宣传同性/双性/跨性群体(GLBT)对广告产业的经济利益,

---

① Yahia Lababidi, "Empire of the Senses," *New Internationalist*, May 1, 2010.

"同志暧昧"这个词由威尔克(Michael Wilke)于1977年在《广告时代》(Advertising Age)中所提出,用于形容那些对同性恋者秘密地说话、或似乎用眼色暗示同性恋气息的广告……这可以包括模棱两可的关系、模糊的性别界限、同性之间不经意的眼神对视或身体接触、男子故意带女子气/讨好自己、或秘密地暗示同性恋文化……(1990年代之前,也使用一个较老的词"同志窗"。)①

但是,即使在一切都被法律所许可的地方,性也天然是一件私事,容易在公共领域受到审查或限制。因此,在对话、大众音乐、电视情景喜剧、以及脱口秀中,我们不由自主地,几乎无意识地,回归到一种腼腆地暗示、暗指各种性事的套路——每个人即刻就知道该如何破译、理解这种套路。与此类似,在多年以前审查更为严格的年代,大多数听摇滚乐的青少年知道隐微这种做法。彼得、保罗和玛丽(Peter, Paul, and Mary)乐队在上世纪60年代晚期还依然唱道:"但我要是真的说出来,广播台就不会播出来,除非我把它藏在字里行间。"②

当然,跟那些来自迫害更为严重的社会的例子相比,这些来自现代自由民主社会的例子似乎有些微不足道。但是,也正是因为这个原因,它们显得尤其发人深省。它们证明了人们或许

---

① http://www.commercialcloset.org/cgi-bin/iowa/portrayals.html? mode=4(05/06/2018之后将看不到),载于 The Commercial Closet Association 网站(之后将换名为 AdRespect)。关于这个主题,参阅 A. J. Frantzen, "Between the Lines: Queer Theory, the History of Homosexuality, and Anglo-Saxon Penitentials," *Journal of Medieval and Early Modern Studies* 26, no. 2 (1996): 255-96.

② Peter, Paul, and Mary, "I Dig Rock and Roll Music," 选自 *Album 1700* (Stookey/Mason/ Dixon-Neworld Media Music ASCAP, 1967).

从不会怀疑的东西:只需一点点厄运,根本无需有系统的、充满暴力的迫害,就可以把真诚、高尚之人推向某种形式的隐微行为。《纽约时报》(New York Times)的一位记者曾经向我透露,他第一次听到隐微主义理论时,[135]觉得这是极不可能的东西——直到他想到,当自己面临来自编辑的阻力时,也常常会求助于各种更加间接的方式来表达自己的要旨。

一个更具深远影响的例子是罗尔斯(John Rawls)。罗尔斯被广泛认为是上世纪后半叶美国最重要的道德哲学家。关于罗尔斯思想的一项新研究表明,如果结合罗尔斯后来的《道德哲学史讲义》(Lectures on the History of Moral Philosophy, 2000),以及一份未出版的手稿(包含18份讲康德和黑格尔的讲座的笔记),来阅读他的《正义论》(A Theory of Justice, 1971),就可以明显地看到,罗尔斯理论中的重要因素来自对黑格尔思想详细、宏伟的解读。我们都知道,罗尔斯受惠于康德颇多,因为在《正义论》中,这阐述的非常详细。但是,罗尔斯欠黑格尔的学术债却几乎不被人所知,因为在当时以分析为重的哲学系中,黑格尔可以说是学术界的贱民,因而这一点就完全受到了压制。在《正义论》长达六百多奇数页的最初版本中,罗尔斯只在两个地方顺便提到黑格尔。所以,看上去似乎就是,罗尔斯因为害怕他的主要读者不同意或至少不理解,因而对一段有助于充分理解其思想的学术关系保持沉默。① 毋庸置疑,这种有限的隐藏行为并没有上升到百分百隐微主义的层次。但是,我想说的是,这位高尚、具有说服力的道德哲人(已经在哈佛安全地安顿下

---

① 参阅 Margaret Meek Lange, "Defending a Liberalism of Freedom: John Rawls's Use of Hegel" (PhD diss., Columbia University, 2009). 类似的结论,见 Jörg Schaub, *Gerechtigkeit als Versöhnung: John Rawls' politischer Liberalismus*, Frankfurt: Campus Verlag, 2009.

来),也仍然被迫在隐微主义之路上踏出真实的一步,虽然他所面对的"厄运"远非真正的审查或迫害。简言之,一旦你睁开双眼看这些,就会发现,自卫性隐微主义是一种如此自然而然的现象,因而即使在现代自由民主制非常公开、宽容的环境中,也经常会看到它的踪迹——且看到它的频率令人惊讶。

但是,隐微主义不仅自然而然、高频率地出现,它的出现还伴随着令人惊叹的自发性。在那些表明自己采用隐微主义的作者中间,没有一个曾经说它是自己突如其然的发明或聪明的突破。根据他们的描述,它似乎因环境所迫自然而然地出现:存在审查,因而我们当然应该求助于提示、谜语和暗指。隐微主义并不需要发明,因为这种工具已经躺在在我们的工具箱之中,一旦有需要,即刻就可以拿出来用。毕竟,智慧和幽默都利用讽刺、提示和谜语。性欲和调情都利用暗示和暗指。诗意的表达都利用隐喻和影射。在隐微写作中,这些早已存在、广泛实践的技巧[136]只不过是变成了一种新的运用。因此,并不需要事先的同意或计划、正式的训练或官方的密码本——连对这个现象、对其历史和名字的大体意识也不需要。甚至,都不用意识到要使用它。正如斯拜尔(Hans Speier)反思纳粹经历时所假定:

> 有很多证据支持这个观点,即不管何时,只要言论自由受到压制,对暗指的灵敏度就会提高。一位德国作者写纳粹政体时写道,那时,"不仅在阅读中,在对话中,最细微的暗指也能被理解。"……战后,我跟几位德国作家聊过——关于他们在纳粹期间自发地进行字里行间的写作和谈话的经历。他们也表明,在政治压力极大的情况下,听者对批评性的暗指具有高度敏

感性;但这种压力变弱之后,这种敏感性也随之消失。①

间接交流自然而然地生成,好像这是一种具有适应能力的策略,深深地根植于会说话的动物的本能之中。因此,一个人并不需要成为弗洛伊德(Sigmund Freud)(译按:指无须成为一个精神分析专家),才能假定存在一条普遍的人类行为法则:不管哪里,只要存在审查或险恶的权力差异,就会出现某种形式的加密信息。

但这的确是弗洛伊德的观点。他的作品《梦的解析》(*The Interpretation of Dreams*, 1899)在某种程度上与本书类似,因为它也旨在说服持怀疑态度的读者,让他们相信一条相关的心理学法则:我们的梦由掩饰和加密信息所组成,这是逃避内心审查的一种方式。为了让这个充满争议的提议更加合理,他用一种外在的东西——"与内部的心灵事件相类似的社会事件"——来进行比拟:

> 社会生活中,哪里可以找到一种类似的心理扭曲行为? 只可能是这样:存在两个人,其中一个掌握了一定程度的权力,另一个有义务顾及到这种情况。在这样的情形下,第二个人就会扭曲他的心理行为,或正如我们所说,就会掩饰。

---

① 斯拜尔(Speier),《地狱中的真相》(*Truth in Hell*), 202. 他直接引用了贝根格林(Werner Bergengruen)的陈述,在培切尔(Rudolf Pechel)一书的序言中,见 *Zwischen den Zeilen: Der Kampf einer Zeitschrift für Freiheit und Recht*, Wiesentheid: Droemersche Verlagsanstalt, 1948, 8-9. 另见米沃什(Milosz),《被禁锢的心灵》(*Captive Mind*), 78.

弗洛伊德继续从自己的作品中给出例子："当我向读者解析我自己的梦时，我不得不采用类似的扭曲。诗人[歌德]如此抱怨这种对扭曲的需要：'[137]毕竟，你所知道的，不可以透露给年轻人。'"然后，他提供了一个更广泛的例子：

> 如果一位政治作家要把讨厌的真理告诉那些当权者，那他就会面临类似的困难……一位作家必须意识到审查。在阐述其思想时，他必须温和、扭曲地表达自己的意见。根据审查的力度和敏感度，他发现自己被迫要么只是收住某些形式的攻击，要么用暗指取代直说，要么必须隐藏他那令人不快的声明，用一些显然天真无邪的东西进行掩饰……审查越严，掩饰就越厉害，让读者嗅到真正含义的方法也就越聪明。①

总之，我们可以非常明显地看到，一旦人们的自由表达遇到阻碍，哪怕这样的阻碍小之又小，他们都会自然而然地求助于隐微方法。此外，我虽然并不是一名弗洛伊德主义者（Freudian），但我的确认为，这一切在我们身上发生的如此自然而然，很可能是因为——可以说——我们在睡梦中就这么做。

无论如何，当我们最后转向历史证据时，我们找到了大量的证词支持这种"心理法则"。它们出现在历史上的每一个时期。在16世纪的法国，蒙田告诉我们，他生活在这样的一个时代之中，"我们不能谈论这个世界，除非带着危险或带着错误。"因此，他解释道，他们错误地谈论："掩饰是这个世纪最著名的品

---

① 弗洛伊德，《梦的解析》（*The Interpretation of Dreams*），ed. & trans. James Strachey, New York: Penguin Books, 1976, 223-224. 对歌德的引用出自《浮士德》（*Faust*），第一部，第四幕，1840-1841.

质之一。"①同样地,在 17 世纪的意大利,萨尔皮(Paolo Sarpi)向一位朋友声称:"我的特征就是,像一条变色龙,我模仿这些人的行为——在他们中间,我找到自己……我被迫戴上面具。或许,不戴个面具,就无法在意大利存活。"②另外,在 18 世纪的英国,托兰德说道:"日常经验足以表明,在大多数地方,发现真理——至少宣布真理,得冒丢失名誉、职业或生命之险。这些情况不会不引起糟糕的后果——伪善和掩饰。"他用当代作家应该熟悉的术语描述了这些后果,上面进行了引用:"人们变得……有所保留,不太愿意公开他们对大多数事情的思考,他们的表达也变得模糊不清,他们的行为则变得唯唯诺诺……这是何等隐秘的含糊话,何等卑鄙的诡计花招,那些拥有杰出天赋的人被迫求助于这些东西……只是为了逃避耻辱或饥饿?"③[138]总之,"在所有时代",霍尔巴赫悲叹道:"虽然不至于出现迫在眉睫的危险,但人们不能把偏见搁在一边,因为意见使得偏见神圣不可侵犯……启蒙程度最高的人所能做的,只能是说话时带上隐藏的含义(用安全的话语)。"④

这样一来,我们不就可以得出这个合理的结论,即在没有思想自由的地方,也就是说,在几乎所有的时代和地方,作者们都求助于这种或那种程度的自卫性隐微主义?这正是我们的文学理论(以及常识)可以预测到的;这正是我们自己的双眼在我们

---

① 蒙田,《全集》(*Complete Essays*), ed. Frame, 623 (3.3), 505 (2.18).

② 萨尔皮(Sarpi)致吉洛特(Gillot), 1609 年 5 月 12 日,见 *Lettere ai Gallicani*, ed. Boris Ulianich, Wiesbaden: F. Steiner, 1961, 133;伍顿(David Wootton)引用并翻译,见《萨尔皮:文艺复兴与启蒙之间》(*Paolo Sarpi: Between Renaissance and Enlightenment*), Cambridge: Cambridge University Press, 1983, 119.

③ 托兰德,《掌管钥匙的人》(*Clidophorus*), 67-68, vii, 加了强调。

④ 霍尔巴赫(Paul Henri Thiry, Baron d'Holbach), *Le bon sens puisé dans la nature; ou, Idées naturelles opposées aux idées surnaturelles* (Rome, 1792). 我自己翻译(加了强调)。

这个时代所看到的;这也正是被大量的记载所承认的。在每个时代,无权之人、被殖民者、濒临危险的少数群体、被禁锢的心灵,都用这种或那种形式的寓言说话。迫害导致掩饰。

哲人:"天然的"少数群体

但是,为了理解哲人的自卫性隐微主义,还需要知道这个群体所受到的迫害的类型、动机和主题。首先,一个人必须区分具有历史偶然性的迫害和更加永恒、甚或天然的迫害。在动荡不安的历史长河中,命运一会把这个群体弄成受迫害的少数群体,一会又把另一个群体弄成受迫害的少数群体——基督徒、犹太人、非裔美国人、富农、吉普赛人、库尔德人。但是,有一种相对永恒的东西,似乎深深地扎根于事物的本质之中:对哲人的迫害。毫无疑问,没有人会提出,哲人的遭遇是最严重的:与奴隶的遭遇或大屠杀相比,哲人的遭遇什么都不是。但是,哲人的遭遇毋庸置疑是最持久的。在近两千年之久的西方哲学史上,比如,在1800年之前,很难说出有哪位主要的哲人,在他生活中的某个时刻,不曾经历过迫害,或者,至少看到过迫害就在眼前。

对我们而言,极为严肃地对待"迫害哲学"这个想法是件难事。因为在我们所生活的这个世界中,哲学一方面已经变得极为狭窄,仅仅只是一种技术,另一方面又是如此善意好心、令人尊重。哲人那种大胆、越轨、犯法的品质几乎荡然无存(除非有人碰巧阅读尼采)。但是,正如我们所见,对理论与实践问题的早期理解,特别是古典理解却假定,哲人超越了普通的实践生活,这使得哲人与其所在社会长期以来形成的习俗、神话和偏见存在一种紧张。他在根本上独树一帜、稀奇古怪,怀疑这个、怀疑那个——就像追随某种异教神的信徒。[139]由于形成并实践这种生活方式需要世间少有的天赋和不同寻常的心灵力量,因而在哲人可以存活的地方,他们必定是最为脆弱、规模最小的少数群体。因此,从对哲人的定义几乎就可看出,哲人在社会上是孤单的,不存在什么哲学党或哲学派。他们本质上就是异乡人和格格不入之人,不仅仅只是由于历史事件或习俗才如此。

这就是为何我们发现蒙田这样说道,"在大众群体与那些具有罕见、卓越的判断力和知识的人之间,存在天然的不兼容,因为这两个群体朝着两个完全不同的方向走。"①另外,正如伏尔泰所补充:"我们可怜的人儿是如此被造,因而那些走寻常之路的人总是指责那些教导新路的人……每个哲人的遭遇都有如先知在犹太人中的遭遇。"②与此类似,歌德的浮士德评论道:"少数人对这个世界、人类心灵(minds)和内心(hearts)略知一二,但又愚蠢至极,不抑制自己全部的所思所想(即不实践隐微主义),而将内心的情感和愿景透露给粗俗大众,这些人过去都被钉在十字架上烧死了。"③在柏拉图(或他的苏格拉底)更加极端的构想中,城邦中的哲人"就像是偶遇野兽之人。"④这里所道

---

① 蒙田,《全集》(*Complete Essays*), ed. Frame, 97 (1.25;加了强调).
② 伏尔泰,"Letters, Men of Letters, or Literati,"选自《哲学词典》(*Philosophical Dictionary*), trans. Peter Gay, New York: Basic Books, 1962, 349(加了强调).
③ 《浮士德》,1.588-593,施特劳斯在《关于马基雅维利的思考》(*Thoughts on Machiavelli*)中引用,174(加了强调).
④ 《理想国》496d;另见《斐多》64b;《高尔吉亚》185d-186d. 关于哲人的危险,其他类似观念可见伊索克拉底(Isocrates),《论财产交换》(*Antidosis*) 243, 271-273, 304-305;西塞罗,《图斯库罗姆谈话录》(*Tusculan Disputations*) 2.4;阿尔法拉比,《柏拉图的哲学》(*The Philosophy of Plato*) 22.15;阿威罗伊,《论柏拉图的〈理想国〉》(*On Plato's Republic*) 63.20-25, 64.23-28;迈蒙尼德,《迷途指津》(*Guide of the Perplexed*) 2.36;波埃修斯(Boethius),《哲学的安慰》(*The Consolation of Philosophy*) 1.3.

出的强大恐惧并不是无根无据。的确有充足的历史记载表明,人类具有扼杀圣人和智者的癖好。

所以,西方宗教史上的事件产生了所谓的"犹太问题",美国历史上的偶然事件产生了"种族问题",某些接近于事物本质的东西产生了"哲人问题"。在广大愚者中间成为智者,在巨婴泛滥的世界中成为成年人,本质上是一件危险之事。人类社会中的哲人就像是外星人和多心多疑的角色:谨慎、紧张、一只眼睛总盯着出口。正如《百科全书》所言,"圣人的处境非常危险:几乎没有一个民族不浸染少数忠于圣学之人的鲜血。"它继续写道:"那么,应该怎么做?必须成为愚蠢之群的其中一员?不;但是,必须善于保密。"① 必须戴上某种面具,扮演某种角色,运用某种将某些东西隐藏起来的修辞。正如皮埃尔·沙朗(Pierre Charron)在其伟大著作《论智慧》(*On Wisdom*)中所言,智者典型地迫使自己

> 外表表现为一个样子,内心用另一种方式进行判断。在现实世界中扮演一种角色,在心灵世界中扮演另一种角色。整个世界都扮演某种角色(*universus mundus exercet histrioniam*)这个平常说法,说的就是智者之举。如此理解才是确切的……如果他的外在即为他的内在,[140]人们就不知道如何理解他,他就会太冒犯这个世界。②

---

① "Pythagorisme ou Philosophie de Pythagore,"选自《百科全书》(*Encyclopédie*), ed. Diderot & d'Alembert, University of Chicago ARTFL Encyclopédie Project, http://encyclopedie.uchicago.edu(加了强调)。我自己翻译。关于憎恨哲人的多种理由,第六章将给出更为详细和具体的解释。那一章将讨论保护性隐微主义,以及哲学与社会之间必要的紧张。

② 沙朗(Charron),《论智慧》(*De la sagesse*), 289 (2.2). 我自己翻译。

这个问题恒久远,解决这个问题的方案也恒久远。哲学和保密天然地同进同退。

因此,我们发现,在历史上,"要善于保密"这条普遍命令差不多已是老生常谈。比如,当笛卡尔看到伽利略受到谴责、被关押入狱、最终又改变论调,他被深深地震撼了。(在一封写给梅森的信中)他表达了自己绝望的渴望,希望能够"生活在和平之中,继续他已经开始的[哲学]生活,"他进行了补充,说要按照奥维德(Ovid)的古老名言那样做:藏得深,活得好(*bene vixit, bene qui latuit*)。① 他视自己的特殊困境为一个古老故事的一部分,这个古老的故事具有古老的解决方案——正如奥维德往回看三个世纪,看伊壁鸠鲁及其跟随者的著名格言:"隐身地活着。"②

在廊下派那里,也可以找到这样的建议,绝不亚于在伊壁鸠鲁派那里。塞涅卡极力主张哲学隐藏自己与世界的差异:"莫让她(哲学)脱离人类习俗,也莫让她习惯于谴责那些自己不做之事。不炫耀、不引起敌意之人,或许可以成为智者。"③换句话

---

① 笛卡尔致梅森(Mersenne),1634 年 4 月,见《笛卡尔作品集》(*OEuvres de Descartes*),1:284-291;奥维德,《哀怨集》(*Tristia*) 3.4.25.

② 伊壁鸠鲁,《伊壁鸠鲁残篇》(*Extant Remains: With Short Critical Apparatus*),trans. Cyril Bailey, Oxford: Clarendon Press, 1926, 138 (frag. 86). 这条格言当然包含了多层意思。不过,它往往只是被解读成这个意思:荣誉、名声、政治地位是空追求(empty pursuits)。但是,对于伊壁鸠鲁而言,它们之所以是空的,首先在于它们实际上是虚妄的追求(deluded attempts)——他们以为能够借此"受到保护,免受人类伤害",但实际上却并不能,因为只有退出人类生活才可以实现这一目标。"实际上,平静的生活和避开大众所带来的免疫力……才是避免受到人类伤害……最纯粹的来源"(98[frag. 14],《主要学说》["Principle Doctrines"])。我已经改变了翻译。另见 frags. 6, 7, 13, 39; 以及 卢克莱修,《物性论》(*De rerum natura*)5.1127-1128.

③ 塞涅卡,《道德书简》(*Ad Lucilium Epistulae morales*),trans. Gummere, 3:189 (103.5).

说,"隐身地活着"最好的方式就是"融入其中",言行举止与大众保持一致。

10世纪的伊斯兰柏拉图主义者阿尔法拉比提出了一个类似的忠告:哲人必须努力地"用大众普遍认可、普遍熟悉、普遍接受的观点"同大众讲。这意味着,"哲人考虑到大众,保护好自己,因而不会使自己成为沉重的负担,也不会让自己被人所厌;因为大众有这样的习惯,把自己陌生的东西看成沉重的负担,对自己难以企及的东西感到厌恶。"①

类似地,在帕斯卡那里,我们看到:"我们必须隐藏我们的思想,用它来判断一切,但像大众一样说话。"②昔兰尼的辛奈西斯(Synesius of Cyrene)说,需要"在家爱智慧,出门用寓言。"③克雷莫尼尼(Cesare Cremonini)也说:"家里,随心所欲;出门,按习俗来。"④培根说:"应该像俗人一样说话,但像智者一样思考。"⑤格拉西安(Gracian)则说:"像少数人一样思考,像大多数人一样说话。反对大众意见之人,不可能建立真理,因为他可能落入危险之中。"⑥哈里法克斯侯爵(Marquess of Halifax)说道:

---

① 阿尔法拉比,《亚里士多德〈论题篇〉释义》(*Paraphrase of Aristotle's Topics*), MS, Bratislava, no. 231, TE 40, fol. 203, 马赫迪(Muhsin Mahdi)在"Man and His Universe"中引用并翻译,见113。

② 《沉思录》(*Pascal's Pensées*), trans. William Finlayson Trotter, New York: E. P. Dutton, 1958, 94 (aph. 336)。

③ Epistle 105, 拉赫(Rahe)在《古今共和国》(*Republics*)中引用并翻译,见226。

④ 如诺德(Gabriel Naudé)等人所述., 见 *Naudaeana et Patiniana, ou, Singularitez remarquables*, Amsterdam: F. vander Plaats, 1703, 53-57, 拉赫(Rahe)在《古今共和国》(*Republics*)中引用并翻译,见237。

⑤ 培根,《学术的进展》(*Advancement of Learning*), 2.14.11。

⑥ 莫拉莱斯(Baltasar Gracian y Morales),《成功的科学和谨慎的艺术》(*The Science of Success and the Art of Prudence*), trans. Lawrence C. Lockley, San Jose, CA: University of Santa Clara Press, 1967, 43 (aph. 13)。

"我们应该倾听少数人,学习思考什么;应该倾听大多数人,学习该说什么。"①萨尔皮(Paolo Sarpi)说道:"你内心深处的思考应该受理性之引导,[141]但你的言行举止应该如他人一般。"②蒙田则说:"明智之人应将自己的心藏起来,远离大众,让它自主、自由,可以自由地进行判断;但是,至于表面上,他应该完全紧跟公认的潮流和形式。"③伊拉斯谟则说:"正如没有什么比不得其所的智慧更加愚蠢,没有什么比荒唐的谨慎更加粗心大意。不使自己迎合事物本来面目之人、'不愿意紧跟市场之人'是荒唐的。"④皮埃尔·沙朗(Pierre Charron)说道:"生活中所有表面上的行为、日常行为……应该与具有普遍性的行为保持一致;因为我们的规则不延伸至外表和行动,而只在于内在的东西(思想)和秘密的东西(内心的判断)。"⑤最后,查尔斯·布朗特(Charles Blount)这样说:哲人"过于聪明,冒毁灭自己之危险教导愚者……因此,异教徒中的最明智者在他们的对话中坚持这样的规则,像庸俗大众一样说话,像智者一样思考;如果这个世界想要被骗,那就让它被骗吧[*Loquendumcum vulgo, sentiendum cum sapientibus*; & *si mundus vult decipi, decipiatur*]。"⑥把自己的

---

① 萨维尔(George Savile),《汇编》(*Miscellanys*),选自《萨维尔著作集》(*The Works of George Savile, Marquis of Halifax: In Three Volumes*), ed. Mark N. Brown, Oxford: Clarendon Press, 1989, 3:281.30-31, 拉赫(Rahe)在《古今共和国》(*Republics*)中引用,见241.

② 萨尔皮(Paolo Sarpi),《歌剧》(*Opere*), ed. Gaetano Cozzi & Luisa Cozzi, Milan: R. Ricciardi, 1969, 92, 伍顿(Wootton)在《萨尔皮》(*Paolo Sarpi*)中引用并翻译,见128.

③ 蒙田,《全集》(*Complete Essays*), ed. Frame, 86 (1.23).

④ 伊拉斯谟,《愚人颂》(*The Praise of Folly*), trans. Hoyt Hopewell Hudson, Princeton: Princeton University Press, 1941, 38.

⑤ 沙朗(Charron),《论智慧》(*De la sagesse*), 286 (2.2). 我自己翻译.

⑥ 布朗特(Charles Blount),《以弗所的亚底米崇拜》(*Great Is Diana of the Ephesians, or, the Original of Idolatry*), London, 1695, 22.

智慧隐藏起来这种艺术,似乎长久以来一直都被认为是哲人最基本的需求——当然也是标志——之一。

但是,一旦与目标契合,哲人也公开他们的谨慎与隐微。西塞罗说(跟随波西多尼乌斯[Posidonius]),"伊壁鸠鲁其实并不真的信神,他说他对不死之神做了这个、做了那个,只是为了反对大众的厌恶之情。"①孔多赛说到古代希腊人时声称:"哲人想着通过运用双重教义来逃避迫害,就像祭司那样,他们只向经过考验、受到信任的门徒吐露真实意见——但是,这些东西却非常直接地冒犯大众的偏见。"②与此类似,卢梭坚持:

> 毕达哥拉斯是第一个运用隐微教义之人。他并不把它透露给自己的门徒,直到他们接受漫长的考验,具备最高程度的神秘。他秘密地给予他们有关无神论的教诲,严肃地献祭朱庇特神。哲人们如此习惯于这种方法,因而它在希腊传播的很快,后来又传到了罗马,正如在西塞罗的作品中可以看到——西塞罗以及他的朋友们都嘲笑诸神,但在讲坛上,他又雄辩地证明诸神的存在。中国的隐微教义并不传自欧洲,它在那里也

---

① 西塞罗,《论神性》(*De natura deorum*),1.123. 我在这里引用这个解读的意思是,这是隐微的——而不是说,这一定是正确的。考察它正确与否,并不是我的目的所在。当然,证明任何一位哲人身上都存在隐微主义这个事实的证词和一致意见,肯定远远多于证明那些隐微主义的确切内容的证词和一致意见。话虽如此,对伊壁鸠鲁的相同解读或许也可以从下列作品中找到:Sextus Empiricus, *Against the Physicists* 1.58; Pierre Bayle, *Various Thoughts on the Occasion of a Comet*, para. 178; Condorcet, *Sketch*, 64; Ralph Cudworth, *The True Intellectual System of the Universe*, London: Thomas Tegg, 1845, 104–105.

② 孔多赛,《人类进步史纲要》(*Sketch*), 46.

是伴随着哲学的出现而出现。①

洛克也说,苏格拉底

[142]反对、嘲笑[雅典人的]多神主义和关于神的错误意见。我们也看到他们是如何回敬他的。不管柏拉图以及最清醒的哲人[亚里士多德]如何看待唯一神(the one God)的本质和存在,他们不得不在表面上承认并崇拜诸神,像大众一样遵守法律所确立的宗教。②

虽然可以举出这些证据,但有人或许仍然会反对说,在上面的论述中,哲人的危险似乎被严重地夸大了。诚然,很多伟大的思想家遭到了迫害,但许多其他的思想家并没有遭此厄运。当人们说哲人在社会上是孤单的、不存在什么哲学党或哲学派的时候,其实忽视了这个事实,那就是,许多哲人都受到强大势力的保护,或者他们本身就身居高位。因此,在这个讲述哲人之孤独和危险的情景剧中,难道不存在受伤的虚荣,更不用说迫害情结?

毫无疑问,我们容易这样想。但是,哲人证明自己处于危险之中的证词是如此清晰、如此明确、如此之多。如此傲慢地不理会这些证词将会何等奇怪。因此,我们自身在这个问题上的直觉或许存在某些成见或偏见。

实际上,我们觉得上述反对意见似乎充分有理,有可能只是

---

① 卢梭,"Observations,"选自 *Collected Writings*, ed. Masters & Kelly, 2:45-46n.

② 洛克,《基督教的合理性》(*Reasonableness*), §238.

因为，两个世纪以来，我们在忽视所有激烈的自卫性手段的情况下（它们实际上存在于幕后），形成了我们关于这个世界的全部观念。比如，我们看到伊壁鸠鲁并没有经历迫害，而自然而然地认为他并不曾面对危险。但真相却是，他曾面临巨大的危险。只不过，他通过运用隐微修辞而成功地得以避免被害（西塞罗对这种隐微修辞进行了描述）。因为我们没有看到他所有有效的自卫性努力，因而我们错误地假定，他的安全并不是自卫性努力的结果，他从未处于危险之中。我们似乎是这样的人：看着这个世界，然后得出结论，这天然就是个安全、和平的地方——但我们没有看到，正是大量防卫性和保护性手段的存在，这个世界才得以安全、和平。如果我们能够充分地意识到，人们不仅精心地策划，还广泛地运用隐微的自卫性手段，并带着这种意识重新考察关于迫害的全部记载，那摆在我们面前真正清晰的一点，就不再是少数哲人成功地逃避了这种危险，而是众多哲人虽然作出了复杂的自卫性努力，但却仍然未能逃脱被害的厄运。具有讽刺意味的是，我们对隐微做法的忽视使得我们系统性地低估哲人所面临的危险——因而隐微主义的需要也大打折扣。这是隐微主义一旦被忘，就永远都容易被忘的原因之一。

与此类似，哲人的确往往因受到某些国王、暴君或贵族的庇护而得以安身立命。[143]这些人恰好具有智识上的兴趣和抱负，或（在后来的几个世纪中）在挣脱教会的过程中寻求哲学的帮助。但是，人们再次忘了，哲人之所以能够成功地结盟，又使这种关键性的结盟得以维持，只是因为他们在隐微方面作出了努力。他们并不公开地表达自己，也不真实地表现自己。他们不得不有所保留——或者，至少尽量克制住自己，不要与他们那些非哲学的保护者的抱负、偏见或意识形态上的兴趣相矛盾。只要读一些题词，就可以感觉到这一点。按照定义，哲人并不爱他人之所爱；哲人的最大兴趣也必然不同于所有非哲人的兴趣。他们确实可能会通过一定的方法——通过巧妙地伪装他们真实的信念，找到自己的庇护者或结其他形式的盟。但是，这没有提供任何可以驳倒如下观点的证明：在不戴任何面具或采取隐微的自我保护之前，哲人乃是最孤立、最脆弱的人。

总而言之，在历史上的大多数时期，哲人相信自己是——也的确是——濒临危险的生物。这是哲人最核心的本质所在，必定会彻底地显现出来。为了在这样的环境中生存下去，他们被迫发展出副保护性的面具和一种隐微的说话艺术，以此作为哲学的生活方式的标准配置。

对哲学政治学史的注释

为了领略真正的哲学隐微主义精神，有必要首先强调哲人与生俱来的天然脆弱性，正如我所试着做的那样：我所谓的"哲人问题"。但是，看到这个问题之后，同样也有必要强调，随着时代的变迁，哲人所面临的危险的根源、表现形式、程度——以及，相应地，处理这些问题的修辞手段，都发生了众多变化。

这个问题，归根结底就是政治问题。由于哲人天然就是脆弱的、孤独的，因而为了保护自身及其同类，他们必须比其他任何类型的人都更政治(politic)、更政治性(political)。每一种哲学修辞都预先假定和服务于一种哲学政治学(philosophical politics)：这是一种评估，估测在盛行的政治和宗教环境之下，谁是哲人的敌人、谁是哲人的朋友或保护者、每一种人都需要如何进行处理。在不同的年代和地方，哲人曾试着与贵族恩主、古代君主、天主教、得到启蒙的现代暴君、中产阶级的自由秩序等进行结盟。哲人就像寄居蟹：他们天然裸露无壳，[144]但却可以（确实也是）从其他生物身上找到保护壳——当时当地恰好有什么，他们就借用什么。

随着时代的变迁和环境的变化，哲人与自己所在的宗教—政治群体的关系也发生了众多变化。不过，若要描述后一种变化到底有哪些，那就需要对历史进行大量细致入微的学术研究。这样的工作——"哲学政治学史"或"比较哲学社会学"（a Comparative Sociology of Philosophy）——从未开启。但是，如果我们想要真正地理解西方哲学史，这样的分析是必要的。①

每个少数群体都是被误解的。我们需要作出一种特别的努力，以这个世界的本身之所是为视角来看待这个世界，并理解这个世界的特殊困境。最近几年，在这个多元文化的时代，许多少许群体的历史被写出来。但是，这个少数群体的历史却没有。诚然，我们并不缺少对历史的"阶级分析"，但我们总是武断地将哲学阶级并入某些更大的社会或经济阶级。关于哲学阶级的独特兴趣、需要和危险等，都被人所忘。从卡尔·曼海姆（Karl Mannheim），或者涂尔干（Emile Durkheim）开始，我们拥有了"知识社会学"。但是，它探索的是思想对社会所具有的作用，并不涉及到社会带给哲学思想的危险。两个世纪的言论自由之后，我们或多或少想当然地认为，这种令人好奇的文化增长——哲学——以及哲人的社会地位就是那样的。对于以往那些推动哲学政治学史的问题，我们不再有任何感觉。

在缺少这种工作的情况下，让我们考虑一些解释性的（如果非常临时性的）概括总结，它们或许有助于唤醒我们的沉睡

---

① 但是，在《迫害与写作艺术》（*Persecution and the Art of Writing*）的导言中，施特劳斯却写道："接下来的文章可以说为未来的哲学社会学提供了有用的素材"（7）。

状态,让我们关注其中的关键问题。① 不仅政治权威审查、迫害思想,宗教权威也同样审查、迫害思想。那么,就让我简单的比较一下哲人在这两个世界中的情形:一是前现代的基督教、犹太教和穆斯林世界,二是古典世界。(但是,考虑到这部分内容专注于宗教维度,我们需要记住,接下来的讨论并不完整。为了简洁起见,它省略了由政治权威的需要和兴趣所引起的迫害)

伏尔泰在表达通俗的启蒙观时声称,"在所有的宗教中,基督教应该说最鼓励宽容,但直到现在为止,基督徒是所有人中最不宽容的。"②卢梭虽然在很多其他问题上反对伏尔泰,但在这一点上,却完全同意伏尔泰的观察。他用基督教中促使该教特别热爱迫害的三条关键教义说明了这一点。

首先,基督教(像犹太教和伊斯兰教)[145]通过这样的主张,即只存在唯一的上帝,整个世界只需承认唯一的道德和宗教真理,用一神论取代了异教的多神论所固有的多元主义和宽容。其次,基督教对带有永恒奖赏和惩罚的来世的极端强调,把获得拯救的赌注提高到了无限的高度,以至于它诱使人通过最暴力的手段来保护这种信仰,或强迫其他人皈依于这种信仰。

在这个语境中,第三个也是最重要的教义是,通过信仰或信念得到拯救。古希腊和古罗马的异教信仰是高度"政治化的"宗教。在这样的宗教之下,诸神被视作城邦及其基本法律的制定者和支持者。这种政治因素也出现在犹太教和伊斯兰教中。

---

① 在接下来的内容中,我在很大程度上依赖施特劳斯在《迫害与写作艺术》的导言中提出的论点,以及勒纳(Ralph Lerner)和马赫迪(Muhsin Mahdi)合编的《中世纪政治哲学选本》(*Medieval Political Philosophy: A Sourcebook*)(New York: Free Press, 1963)的导言部分。另见拉赫(Paul Rahe),《古今共和国》(*Republics*), 219-232。见胡拉尼(Hourani),《阿威罗伊》(*Averroes*),导言。

② 伏尔泰,"Toleration,"选自《哲学词典》(*Philosophical Dictionary*), 485(加了强调)。

这两者都是具有神法的宗教：神给予其信仰者托拉(Torah)或沙利亚(Sharia)一部详细、细致的行为法典(code of behavior)，且一个人主要的宗教义务是遵循并研读这部法典。但是，基督教与犹太教的分裂，恰好在于吸收或超越这种古老的律法，并脱离对一个特殊的政治群体或"被选"民族的依附。关于这种异常的变化，这种宗教与民族及其法律的分离，库朗热(Fustel de Coulanges)进行了精彩的描述：

> 在所有的古老民族之中，法律都服从于宗教，法律的所有准则也都源于宗教。在波斯人、印度人、犹太人、古希腊人、意大利人、高卢人那里，法律被包含于神圣的书籍或宗教传统之中……**基督教是第一个声称自己并不是法律之源的宗教**……人们看到它既不规范财产法，也不规范继承法，也不规范各种义务或合法程序。它把自己置于法律之外，置于所有人间事物之外。法律是独立的；它可以从自然、人类良心、以及人们心灵之中关于正义的强大观念中得出其准则。它的发展可以完全是自由的。①

现在，通过史无前例地废除或超越托拉，基督教用什么取而代之？一种内心深处的抽象命令：信上帝，爱上帝，爱邻人。因此，与异教、甚至其他的一神论宗教相比，基督教首先是一种关于内心信念或信仰的宗教；由于这种信仰的官方内容随着时间的流逝变得越来越详细，因而基督教变成了一种与教义相关的，教条的或神学的宗教。因此，拯救有赖于对某些常常模糊不清或具

---

① 库朗热，《古代城邦》(*Ancient City*)，186-193（加了强调）。

有争议的教义(即,从无中创造出宇宙)的接受。"谁没看到,"卢梭问道,"教条化、神学化的基督教,由于其教条的数量之多和模糊性,尤其是其承认教条的义务,是经常对人开放的战场?"而且:"为了得到拯救,你必须像我一样思考。正是这一可怕的教条,使得这个世界凄凉不堪。"①因此,根据卢梭,一神论、永恒赏罚、神圣教义的中心地位这三者的结合使得基督教独具迫害性。

但是,这个熟悉的启蒙故事还有另外的一面。在基督教的统治之下,哲人往往要经受极为仔细的审查,且常常因为一些被认为是异端的特殊教义而受到迫害——但,不是因为哲人这个身份。举最著名的例子。伽利略受到教会的审判并被监禁,是因为他信奉被禁止的教义——太阳中心说,而不是因为他是一位自然哲人,也就是,不仅仅是因为敢于"研究天上地下之物。"

---

① 卢梭,《山中书信》(*Lettres écrites de la montagne*),选自《作品全集》(*OEuvres Complètes*), vol. 3, ed. Bernard Gagnebin & Marcel Raymond, 4 vols., Paris: Gallimard, Bibliothèque de la Pléïade, 1959-69, 705, 我自己翻译;《日内瓦手稿》(*Geneva Manuscript*),选自《社会契约论》(*On the Social Contract, with Geneva Manuscript and Political Economy*), ed. Roger D. Masters, trans. Judith R. Masters, New York: St. Martin's Press, 1978, 199, 加了强调。另参阅《日内瓦手稿》(*Geneva Manuscript*), 199, 160-161;《社会契约论》(*Social Contract*), ed. Masters, 124-131;《爱弥儿》(*Emile: or, On education*), trans. Allan Bloom, New York: Basic Books, 1979, 257; 伏尔泰, "Religion,"《哲学词典》(*Philosophical Dictionary*); 洛克, "Error," "Sacerdos," 选自金(Lord Peter King),《洛克生平和书信集》(*The Life and Letters of John Locke with Extracts from his Journals and Common-place Books*), New York: Burt Franklin, 1972, 282-283, 288-290; "Essay on Toleration," 选自伯恩(H. R. Fox Bourne),《洛克传》(*The Life of John Locke*), London: Henry S. King, 1876, 194; 霍尔巴赫, "Le Christianisme dévoilé," 选自 *Premières oeuvres*, Paris: Editions Sociales, 1971, 118-122。参阅"The Political Problem of Christianity" 这部分(345-50), 载于 Arthur M. Melzer, "The Origin of the Counter-Enlightenment: Rousseau and the New Religion of Sincerity," *American Political Science Review* 90, no. 2 (June 1996): 344-360.

不过，这却是苏格拉底受到审判并被处决的罪行之一。① 在基督教统治之下的中世纪，天文学是四高级学科（quadrivium）之一——四高级学科指为自由教育（liberal arts）所开设的课程。但是，在伯里克利（Periclean）的雅典，虽然古希腊启蒙运动正处于鼎盛时期，但这却是主要的罪行。

正是因为唯独基督教是教条主义或神学化的宗教，因而它需要哲学来帮助自己阐释和澄清其教条。所以，哲学非但没有被禁止，它还成了神学学生必须接受的官方训练之一。伏尔泰甚至声称，"是柏拉图的哲学造就了基督教。""当一些基督徒最终采纳了柏拉图的教诲，并融一点哲学于他们的宗教之中，他们就从犹太教派中分了出来，并渐渐地赢得了一些名声。"② 基督教不仅需要哲学或形而上学，以之为神学的侍女，它也需要政治哲学。通过将神法（divine code）撤出法律和政治领域，新约解放了这些领域，并使它们受人之自然理性之光的统治。正如库朗热在前面一段中所言，"法律是独立的；它可以从自然之中得

---

① 柏拉图，《申辩》，19a. 参阅普鲁塔克，《伯里克利》（Pericles），选自《希腊罗马名人传》（Lives），trans. Dryden, 206（sec. 32）. 考虑阿奎那说的 "all knowledge is good and even honourable"（所有知识都是好的，甚至是高尚的），《亚里士多德〈论灵魂〉注疏》（Commentary on Aristotle's De Anima），trans. Kenelm Foster, O.P., & Sylvester Humphries, O.P., New Haven：Yale University Press, 1951, http://dhspriory.org/thomas/english/DeAnima.htm#11L, html edition by Joseph Kenny, O.P.），I-1：3. 见雅基（Stanley L. Jaki, *The Savior of Science*, Washington, DC：Regnery Gateway, 1988）对如下观点的有力辩护：自然科学虽然也在任何其他地方出现，但最终在西方取得了成功，这都是基督教的功劳。

② 伏尔泰，《基督教建教史》（Histoire de l'établissement du Christianisme），《伏尔泰全集》（OEuvres Completes）（vol. 3），ed. Louis Moland, Paris：Garnier, 1877-83, 72；"Toleration,"《哲学词典》（Philosophical Dictionary），486. 类似的观点，参阅卢梭，Observations, 选自 Collected Writings, 44-46. 我们想到尼采的著名公式："基督教是针对'大众'的柏拉图主义。"（《善恶的彼岸》，3）. 关于这些主题，参阅 Allan Arkush, "Voltaire on Judaism and Christianity," AJS Review 18, no. 2 (1993)：223-243.

出其准则"——在最佳情况下,从公共利益或被哲学所发现的自然法中得出。

因此,基督教迫害某些异端的哲学教义的强烈倾向(启蒙运动是如此强调这点),只是基督教特别信奉、特别需要哲学的反面而已。基督教是唯一哲学化的宗教。但是,反过来又可以说,对哲学而言,这种接受比迫害更加危险,因为它威胁到哲学的生存,它会吸收哲学。基督教的确使哲学活了下来,但却是让哲学以一种被驯服、被软禁的状态活下来。

[147]总之,在基督教之下生活,哲人的处境是复杂的。他面临着双重的危险:被特定的教义所吸收,被特定的教义所迫害。但是,他的生活方式本身本质上并不受到质疑。哲学或理性主义这样的观念并不是被诅咒之物。在基督教世界中,"哲人"在很大程度上是一个代表荣誉之词。① (现代学术由于起源于基督教世界[部分是因为这个原因],因而倾向于只从这些不怎么极端的术语去理解"哲人问题"[这些术语具有基督教世界的特色]。)

在(前现代的)犹太教和伊斯兰教中,情形却大为不同——对我们而言更加奇怪,但其本身或许更容易理解:"哲人"一般是个贬义词。这些宗教具有神法,没有神圣教义,因此,他们把法学——对上帝之法的详细研究和解读,而不是把神学,作为最高的人类科学和通往神圣事物的恰当途径。在这样的环境之中,哲学不能如此轻而易举地建立其合法性。正如乔治·胡拉

---

① 当然,这条规则也有很多重要的例外。最著名的是德尔图良(Tertullian)(160-230)。"别再制造混杂着斯多葛、柏拉图和辩证法的基督教了。耶稣基督之后,我们不再需要好奇心;《福音书》之后,我们也不再需要探究"(德尔图良,《反异端的法规》(*De Praescriptione Haereticorum*), 7, 拉赫(Rahe)在《古今共和国》(*Republics*)中引用并翻译, 221)。

尼(George Hourani)对伊斯兰世界智识文化之描述:

> 他们主要通过参考《古兰经》[Koran]以及经外传统[the Traditions]来判断人的对错;若对书中的解读存在疑问,则按照富有学识之人的共同意见来进行解决;律师的独立思考被认为是最后的途径,且律师只能释经[Scripture],不能基于公共利益、自然法、或任何其他独立于经文的标准判断对错。①

唯一合法的独立思考,只能是释经——法学。

类似地,《托拉》最出名的犹太释经者赖希(Rashi),在注解《创世记》的第一行时,就提出了一个没有哪个基督教神学家(以及现代人)会想到的问题:圣经为什么包含这段关于上帝如何创造宇宙的描述?我们关心这个问题并不合适。宇宙的神圣起源远远不是这种信念的必要教义,它并不是人们明确需要研究的东西,正如在基督教中那样。"托拉,作为以色列人的律法书,"赖希写道,应该从《创世记》第12章的第一行开始,因为这是"给予以色列人的第一条诫。"②赖希对这个问题的最终回答是,我们需要知晓上帝创造了这个地球,以此来理解他把应许之地从迦南人手上转交到以色列民族手上的合法权利。赖希所理解、所代表的犹太教[148]是如此毅然决然地不形而上学或反哲学,因而,哪怕对最基本的思辨或宇宙知识的追问是正当的,

---

① 胡拉尼(Hourani),《阿威罗伊》(*Averroes*),2.
② 赖希(Rashi)[Rabbi Shlomo Itzhaki], *Chumash with Targum Onkelos, Haphtaroth and Rashi's Commentary*, trans. Rabbi A. M. Silbermann, Jerusalem: Routledge & Kegan Paul, 1934, 1:2.

也只不过是因为它和律法有着直接的关系。①

因此,迈蒙尼德的《迷途指津》最大的责任在于表明,研究哲学实际上被律法所允许。类似地,同时期的阿威罗伊的《宗教与哲学的和谐》(*Decisive Treatise*)则明确地表明,该书旨在"以对律法的研究为视角,考察哲学和逻辑学研究到底是被律法所许可,还是被禁止,还是被命令。"②这恰恰与阿奎那的《神学大全》(*Summa Theologica*)的处境相反——这本书之于基督教,正如上述书籍之于伊斯兰教。它的第一条是:"除了哲学,是否需要任何其他的教义[即,神圣启示]。"因此,在犹太教,以及某种程度上程度更低的伊斯兰世界,哲人所面临的危险在类型上有所不同,且在程度上更甚于基督教世界中的危险;这种危险不仅针对特定的教义或特定的哲人,还针对哲学事业或哲学的生活方式本身。③ 在这个地方,我们看到了最充分、最彻底的"哲学问题"。

如果我们转向古希腊和古罗马世界,还会发现另一种不

---

① 另见卢梭:"上帝所选之民从未培育科学,也从未有人建议他们研读科学……他们的领袖总是努力地使他们远离周围那些崇拜偶像、富有学识的民族,离得越远越好……科学在埃及人和古希腊人中间广泛传播开之后,它仍然需要面对希伯来人头脑中的千百个问题。"(*Observations*,选自 *Collected Writings*, 2:44) 以及,斯宾诺莎:"没有一个使徒比保罗更加哲学化,因而叫他去向非犹太人传教;其他的使徒向犹太人传教,因为犹太人鄙视哲学,因而这些使徒让自己习惯被传教者的脾气,传播一种不含任何哲学思考的宗教。"《神学政治论》,1:164.

② 胡拉尼(Hourani),《阿威罗伊》(*Averroes*), 44.

③ 这并不是否认,在某些时代和地方——在10世纪和11世纪的伊拉克、叙利亚和波斯,以及在12世纪的西班牙——哲学曾经得到了蓬勃的发展(最终对基督教西方世界更"受到保护"、更与宗教融为一体的哲学产生了一种彻底的、解放性的影响,特别是通过拉丁阿威罗伊主义的形式)。但是,原则上,这常常是个更加可疑的现象,它总是不得不采取更多的斗争,来为自己的生存权进行辩护——但最终,它在这场斗争中失败了。在伊斯兰世界,哲学探索差不多在12世纪末消失;在犹太教世界,它差不多15世纪末消失。见 Richard Walzer, *Greek into Arabic: Essays on Islamic Philosophy*, Cambridge, MA: Harvard University Press, 1962, 1–28.

同的危险。一方面,不存在基督教世界中哲学既受教义之迫害,但又被官方所信奉的奇怪现象——后者保护并吸收哲学,并将哲学融入其中。另一方面,也不存在犹太教和伊斯兰世界中有系统地、正统地敌视哲学的现象——这种敌视不仅让哲学落入险境,同时也激发了哲学,但最终毁灭了哲学。不过,综合考虑,它与犹太教/伊斯兰教中的危险更为相像,与基督教中的危险较不类似。但是,这个说法,即在古代世界,哲学面临根本性的危险,却遭到了现代古典学界的反对。这不仅是因为后者(现代古典学界)倾向于想当然地认为基督教时期的模式是那样的,还因为它是启蒙运动的后嗣,继承了启蒙运动以古典时代为武器来攻击基督教的做法——但这种做法是"有问题的"。

自启蒙运动以来,古希腊作为一个黄金年代的形象——代表哲学、宽容和自由的黄金年代,对于激励、武装为自由而战的现代斗争起到了关键的作用。最为重要的是这样的主张:古希腊鲜有或没有对思想或信仰的迫害——这一主张用于证明,基督教的迫害既是史无前例的,也是毫无必要的。"雅典人,"伏尔泰声称,"不仅予以哲学,也予以所有宗教以彻底的自由。"至于这个理论最大的破绽,即对苏格拉底的审判和处决,伏尔泰就用当时的一个新奇观点进行反驳。这个观点就是,苏格拉底之所以被处决,根本就不是因为他的意见或所谓的不虔诚,而是党派之争带来的政治原因。① [149]古代的这种形象牢牢地占据了西方人的想象和西方的学术界——除了库朗热、多兹(E. R. Dodds)等人。他们作了大量的努力来

---

① 伏尔泰,《风俗论》(*Essai sur les moeurs*), 1:94.

改正这个观点。①

这个观点当然有其正确的一面。在古希腊和古罗马,并不存在对异端邪说,即与得到详细说明的强制性正统教义有偏差的教义的迫害。这种迫害到基督教那里才出现。(但是,有很多对不虔诚的控告——不虔诚是指不神圣的行为或一般性的无神论信仰。)类似地,也不存在宗派冲突或圣战,来逼迫不信仰上帝之人皈依唯一、真正的上帝。似乎也不存在什么有组织、有系统的思想审查:没有专门负责文字审查的公职部门,没有出版许可,没有事先限制或保护性审查,没有被禁书籍索引,没有宗教法庭。

但是,所有这些并没有增进哲学的自由或安全。即使一个人同意启蒙关于基督教的不宽容具有怎样的独特特征的所有观点,他也一定不能低估古希腊多神论的迫害倾向。后者至少包含了一颗被带有道德个人主义的基督教所舍弃的迫害种子。这颗强大的种子就是:害怕诸神会因为某个个体的罪行而惩罚整个城邦。(比如,考虑索福克里斯的《俄狄浦斯王》。这部剧描述了笼罩在西波斯城的毁灭性瘟疫,这场瘟疫源自俄狄浦斯过去的错误行为。)

---

① 参阅库朗热,《古代城邦》(*Ancient City*); E. R. Dodds, *The Greeks and the Irrational* (Berkeley: University of California Press, 1951)。拒绝承认或最小化古典时期的迫害,参阅弥尔顿(John Milton),他直接忽视了苏格拉底的情况(见 *Areopagitica*,出自 *John Milton: Selected Prose*, ed. C. A. Patrides [Columbia: University of Missouri Press, 1985], 201-3)。布里(J. B. Bury)在其经典著作《思想自由史》(*A History of Freedom of Thought*)(New York: Henry Holt, 1913, 50)中提出,"我们几乎可以说,在整个古典时期,思想自由就像人们呼吸的空气。人们相当然地认为就是这样,没有人专门想这个东西。"对于这整个问题,另见 Jansen, *Censorship*; Peter J. Ahrensdorf, *The Death of Socrates and the Life of Philosophy: An Interpretation of Plato's Phaedo* (Albany: State University of New York Press, 1995); Connor, "Other 399"; Eudore Derenne, *Les procès d'impiété intentés aux philosophes à Athènes au Vme et au IVme siècles avant J.-C.* (Liège: Vaillant-Carmanne, 1930)。

另外,古代的城邦可以比松散、无组织的基督教国家更加极权和危险(至少现代民族国家联合在一起之前是如此),因为古代城邦面积小,统一、同一,非常、如果说断断续续地虔诚,不存在教会和国家之间的分离或差异,也不存在对个体权利的原则性承认,不管是思想上的还是任何其他事物上的。城邦不仅可以紧密地控制公共行为和经济关系,还可以统治家庭生活、教育、公共崇拜和大众娱乐。事实上也的确如此。诚然,这些城邦并不对个人作品进行系统性的审核和审查——这是我们迫害智识的模式。但是,对个人作品的官方审查,是官方对一般文学作品及其必要性或合法性予以承认的反面。在古代城邦中,后者经常同前者一道缺席。因此,罗马禁止出现一个永久性的剧院,直到奥古斯都的时代,这种情况才有所改变。有时候,在罗马,甚至在雅典的一小段时期内,所有哲人都一概被逐。① 不管在哪个地方,思想自由都得到了相对的保护;但是,它永远都没有得到原则性的保护。它并不是一种永久、合宪的权利,而只是政治性的。它伴随着[150]某些特殊群体或个体的政治运气而出现,与他们的政治运气相依相随。因此,虽然——或者不如说,因为——存在这个事实,雅典并不存在官方的制度化审查,但那里却存在大量的临时指控、控告和起诉。苏格拉底、阿那克萨哥拉、达蒙(Damon)、欧里庇得斯、迪亚戈拉斯(Diagoras)和普罗泰戈拉——所有人都在雅典被告,所有人都生活在苏格拉底所生活的年代。"这是个奇特的错误,"库朗热写道,"竟然相信人们在古代城邦享有[个体]自由。"②

---

① 参阅格利乌斯(Aulus Gellius),《阿提卡之夜》(*The Attic Nights*),15.11;第欧根尼·拉尔修,《泰奥弗拉斯托斯》("Theophrastus"),选自《名哲言行录》(*Lives*)5.38–39;色诺芬,《回忆苏格拉底》(*Memorabilia*)1.2.31.

② 库朗热,《古代城邦》(*Ancient City*),223.

但是,考察古代世界的哲人的安危,并不需要借助现代的学术思考:我们可以咨询哲人本人的证词。这个问题显然占据了他们的思想,虽然如今很少被观察到。比如,如果有人从这个角度考察柏拉图,就会看到,那些对话并不怎么关心呈现成形的哲学教义或体系——著名的"柏拉图主义",而是更加关心对每种意义上的哲学的生活方式的基础进行研究:它对我们本性的好处,它的理论可能性,它的道德合法性,以及它在城邦中危险的政治处境。比如,人们注意到,在柏拉图那里,一切都被置于某个政治语境之中,甚至最深奥的形而上学讨论也是如此。① 所有的对话都不断地回响、影射着对苏格拉底的审问和苏格拉底之死。比如,《理想国》的开篇描述了这样一个场景,玻勒马霍斯及其随从嬉皮笑脸地逮住了苏格拉底——在第五卷的一开始,柏拉图再次对这个场景进行了扼要地描述。

所以,根据柏拉图,哲人的政治境遇是怎样的?当然,此处无法对此进行完全、充分的分析,但从一些公开显明的陈述之中,主要是《理想国》的第六卷和第七卷,我们能够获得一种大致的理解。在那里,柏拉图的苏格拉底非常公开地声明,"最体面的人[哲人]在城邦中所遭受的境遇是如此艰难,因而没有哪种境遇可以与之相比"(488a)。他还把哲人的情形比作"一个遇见野兽之人"的情形(496d)。

在所有的普通城邦中(不同于由哲人王所统治的最佳城

---

① 阿尔法拉比在对柏拉图哲学的总结中,以及阿威罗伊在关于《理想国》的摘要中,是走的如此之远,因而完全没有提到理念论。参阅施特劳斯,"Farabi's Plato,"选自 *Louis Ginzberg Jubilee Volume on the Occasion of His Seventieth Birthday*, New York: American Academy for Jewish Research, 1945, 357-393; Joshua Parens, *Metaphysics as Rhetoric: Alfarabi's Summary of Plato's "Laws"*, Albany: State University of New York Press, 1995.

邦),哲人"自发地出现,反对每个所在政体的意志"(《理想国》,520b)。① 他被不同的敌人所包围。他们的主要危险来自未受教育的迷信大众。因为这是"人类普通信仰的一部分,"根据西塞罗在《论修辞术的发明》(De inventione)中所言,"哲人却是无神论者。"② 因此,正如他在别处所言:"哲学满足于少数判断,它故意避开大众,因而它就沦为被大众怀疑、讨厌的对象,[151]结果就是,如果应该安排某个人来斥责所有的哲学,这个人就有大众的支持帮他撑腰。"③ 根据柏拉图的苏格拉底,大众具有强烈的信仰,特别是宗教信仰,并热烈地维护这些信仰,"他们惩罚那个不被羞辱、罚款和死亡所折服的人"(《理想国》,492b-d)。

大众也因哲人的超脱而憎恨哲人。由于大多数人都非常严肃地对待他们自己以及生活中的细节,因而他们根本就无法超越个体性,也无法超越他们用自己的感官所看到的任意东西,因而无法感知到宇宙、必要以及超感觉之物。因此,"大众成为哲学的……是不可能的……那些的确进行哲思的人必然受到大众……以及所有与民众勾结、渴望巴结民众的自私之人……的责骂……"(《理想国》,494a;见《蒂迈欧》28c)。面对死亡,大众也无法超脱或接受;所以,当苏格拉底在《斐多》(Phaedo)中称,哲人只研究"死亡(dying)和练习死亡(being dead),"他的对话者答道:"我觉得大众……会说,你非常正确,我们城邦内的人会完全同意你的观点,哲人渴望死亡。他们还会说,他们也

---

① 此处以及下面加了强调。
② 西塞罗,《论修辞术的发明》(De invention, De optimo genere oratorum), Topica, trans. H. M. Hubbell, Cambridge, MA: Harvard University Press, 1949, 85—87 (1.29.46)。
③ 西塞罗,《图斯库罗姆谈话录》(Tusculan Disputations), trans. King, 149 (2.5)。见普鲁塔克,《尼基阿斯》(Nicias)。

非常清楚,哲人的确该死"(64b;见65a)。因此,在洞穴比喻中,当看到真理的哲人回到洞穴中时,"如果他们[大众]能够找到并杀死那个试图释放和引导他们之人,他们难道不会杀了他吗?毫无疑问,他[格劳孔]说道"(《理想国》517a)。

危险不仅来自大众,也来自政治阶级,特别是上面提到的那些人,"那些与大众勾结,并渴望巴结大众的人"。这样的人便是《高尔吉亚篇》(Gorgias)中的卡里克里斯(Callicles),一个爱大众之人(481d)。面对哲学式超脱那被动消极、无男子汉气概的姿态,他显然感受到了其中的威胁,并被它所惹怒。他有预兆地宣称:"每次我看到一位老人还在进行哲学思考,不能从哲学中走出来,我就觉得这个人,这个苏格拉底,好像真的要痛打一顿"(485d)。更一般地,城邦中那些雄心勃勃的政治人物,虽然他们缺少真正的主张——统治的艺术,却叫喊着要进行这样那样的统治。他们坚持认为,这种艺术"甚至并不可教,他们已准备好将那些声称这种艺术可教之人打个落花流水"(488b)。类似地,柏拉图让普罗泰戈拉声明——在那篇以普罗泰戈拉的名字命名的对话中,"智术"(sophistry)这种艺术——按照这个术语的原初含义,即作为一个并非贬义的词来进行使用,把它作为对"实践智慧"的自由教育——自然会产生巨大的敌意,因为它含蓄地声称,家庭和父亲缺少教育子女的智慧。

[152]现在我告诉你,智术是种古老的艺术,古时实践这种艺术之人,由于害怕它牵涉到人们的憎恶,因而将它包裹在体面的外表之中,有时是用诗歌,正如荷马、赫西俄德、西蒙等人;有时是用神秘的仪式和寓言,正如俄耳甫斯(Orpheus)、穆塞厄斯(Musaeus)及其教派等;有时候,我也看到是用体育竞技……;音乐则是

你们自己的阿加索克勒斯(Agathocles)采用的手段……所有这些,正如我所说,都源于对祸害的恐惧,因而利用这些技艺作为外在的掩盖。①

最后,危险不仅来自无知的大众和雄心勃勃、实力强大的政治人物,也来自哲人在智慧方面的对手:诗人。

哲学和诗歌之间存在古老的争论。因为[诗人说]"爱叫的狗对着自己的主人狂吠","极为擅长傻子空洞的口才","统治饱学之士的乌合之众","优雅的思想家,但真的很穷",以及无数其他的说法都体现了这种对立。(《理想国》,607b-c)②

在《申辩》中(18a-d),苏格拉底暗示,在针对他的偏见中,最早、最危险的偏见来自诗人阿里斯托芬在《云》(Clouds)中对他的攻击。③

因此,这似乎已经相当清楚,在柏拉图看来——又有谁敢说自己比柏拉图更清楚当时的情形,在公元前5世纪,哲人在古希腊是危险的、不安全的。他们并不是令人尊敬的人物,就像我们现在看待他们一样。他们危险地活着。

正如上所提,哲学在古希腊的境遇更类似于它在犹太教和伊斯兰教世界中的境遇。由于哲学的生活方式整个都受到

---

① 柏拉图,*Protagoras and Meno*, trans. Robert C. Bartlett, Ithaca, NY: Cornell University Press, 2004, 316d-e (加了强调)。见柏拉图,《游叙弗伦》(*Euthyphro*)3c。
② 所引用的段落都出自失传的剧目或诗歌。
③ 关于哲人的危险,其他的讨论见伊索克拉底,《论财产交换》(*Antidosis*)243,271-273,304-305;波埃修斯(Boethius),《哲学的安慰》(*The Consolation of Philosophy*)1.3;普鲁塔克,《尼基阿斯》(*Nicias*)。

了各种各样的挑战,因而思想家们不停地被逼迫着去面对那些最严重、最极端的挑战——既有理论上的,也有实践上的。甚至,如果有人咨询柏拉图的中世纪伊斯兰注疏者,就会发现,他们对我上面所引用的段落非常敏感、非常熟悉。在《理想国》摘要中,阿威罗伊甚至比柏拉图本人更着力强调:"如果这些城邦之中碰巧出现了一位真正的哲人,那他就有如置身于危险的动物之中……因此,他会与世隔绝,过一种隐居生活。"在几页前的某个地方,对柏拉图把哲人比作医生(489b-c)这个段落进行总结时,阿威罗伊超出文本,说道:"如果医生告诉[大众]他们可以被治愈,他们会用石头砸死医生。"①类似地,阿尔法拉比以自己的名义宣称,若非置身于最佳政体之中,哲人[153]"在现实世界中是个陌生人,在生活中悲惨不堪。"他认为这也是柏拉图的观点,因为柏拉图"说完美的人,即研究[万事万物]之人,以及富有德性之人,处于巨大的危险之中",这种危险来自大众。②

上面已经把主要的柏拉图式主题交代得清清楚楚。柏拉图的伊斯兰注疏者们不仅理解,也强调这种主题。但是,现代西方

---

① 阿威罗伊,《阿威罗伊论柏拉图的〈理想国〉》(*Averroes on Plato's Republic*),78,76。

② 阿尔法拉比,《政治家箴言录》(*Aphorisms of the Statesman*), trans. D. M. Dunlop, Cambridge: Cambridge University Press, 1961, 72;《柏拉图和亚里士多德的哲学》(*The Philosophy of Plato and Aristotle*), trans. Muhsin Mahdi, Ithaca, NY: Cornell University Press, 1962, 67. 哲人是"异乡人"、"杂草"(weed)、"隐居者"、"生活于野兽之中的人类"这样的观念是伊斯兰思想中经常出现的主题。见伊本·巴哲(Avempace)的《索居指南》(*Governance of the Solitary and Ibn Tufayl's Hayy the Son of Yaqzan*). 至于在犹太作家中的情况,见迈蒙尼德,《迷途指津》,ed. Pines, 372 (2.36):哲人应该"根据人们的具体情况来看待人,考虑他们到底是像畜还是像猛兽。如果独居的完美之人真的对这些人进行思考,那他这么做就只有一个目的,把他自己从周围对他有害之人可能引起的危害中解救出来……或获得一种可能从他们身上得到的好处,如果他自己的一些需要迫使他去获得一些好处。"

学者却几乎没有注意到。比如,《理想国》的现代注疏者几乎不提,或根本不提上面所引用的惊人段落。① 同样奇怪的是,在对苏格拉底的审判——柏拉图式主题的主要象征——的当代解读中,伏尔泰式观点几乎彻底消失了:"如今,这已是平常观点,"根据芬利(M.I.Finley),"苏格拉底受到审判和被处决,是所恢复的民主制的一种政治复仇行为。"②对哲学根深蒂固的恐惧和憎恨,虽然柏拉图是那般强调,却已与此毫无关系。这个非同寻常的事件虽然回荡了几个世纪,但却只不过是件令人遗憾的雅典地方政治小事,别无其他。置身于和谐主义之中的现代思想似乎听不见冲突主义观。柏拉图,至少恰好采取截然对立的观点。苏格拉底的审判和处决体现了一个基本、永恒的人类困境。因此,柏拉图不仅在《申辩》中讨论了这个问题,在所有其他对话中,也把它作为中心主题进行探讨:宗教—政治群体对理性生活的原则性抵制和天然敌意。

现在,我们已经简单地表明,哲人在这三个宗教—政治环境中的境况有哪些不同。接下来,我们还要讨论这些差异对

---

① 举三本没有提及《理想国》的这些段落内容,即488a,492b,496d和517a的标准著作(或者,更一般地说,没有提及厌恶理性[misology]和憎恨哲人这个主题的三本著作)。Nicholas P. White, *A Companion to Plato's Republic* (Indianapolis: Hackett, 1979); C. D. C. Reeve, *Philosopher-Kings: The Argument of Plato's Republic* (Princeton, NJ: Princeton University Press, 1988); Terrence Irwin, *Plato's Ethics* (New York: Oxford University Press, 1995).

② 芬利(M. I. Finley),《古典面面观》(*Aspects of Antiquity*), 2nd ed. (Middlesex: Penguin Books, 1977), 64. 再次:"使苏格拉底丢了性命的,是政治,不是宗教。"Arnold Toynbee, *A Study of History* (London: Oxford University Press, 1939), 7: 472. I. 斯通(F. Stone)在《苏格拉底的审判》(*The Trial of Socrates*) (Boston: Little Brown, 1988)中提出了相同的观点。关于当代对这个问题的讨论,康纳(Connor)进行了较好的概述,见"Other 399."康纳虽然回到了这个观点,即不虔诚这个指控是认真、严肃的,并不是政治问题的借口和托词,但他继续以这样的视角处理这个事件:这只是个历史突发事件,没有更大的重要性。

自卫性隐微主义,或置身于其中的哲人所实践的哲学政治学所产生的影响。在基督教这种独特的哲学宗教中,哲人往往可以仅通过掩饰他们所秉持的某些非正统的意见而寻得安全。但是,在古代、以及犹太教和伊斯兰教中,哲人往往被迫掩饰他们本质上就是哲人这个事实,或者,掩饰哲学的真正特征和含义。

萨德拉(Mullah Sadra Shirazi)的一段著名描述,可以让我们获得一些对这种更大程度的欺骗的理解(萨德拉是哲人阿维森纳[Avicenna]的信徒,他试图在17世纪的伊朗恢复哲学)。这段描述由古比诺(Arthur Gobineau)所提供。在19世纪中叶,古比诺以一位法国外交官的身份在伊朗生活了六年左右。他描述了阿拉伯语中"伟大、复杂的权宜之计——*Ketman*"。在阿拉伯语中,这个词指隐藏、谨慎。

> [154]他[萨德拉]也害怕毛拉(译按:伊斯兰教对老师、先生、学者的敬称)。引起他们的不信任是不可避免的。但是,提供充分的依据、用更多的证据来反驳他们的控告是不可取的,因为这就暴露了自己,后面将有无止尽的迫害,同时也葬送了他思考了许久的哲学事业的未来。因此,他顺从那个年代的要求,求助于伟大、精彩的权宜之计——*Ketman*。每到一城,他都谨记,在这个地方的所有博学之士面前谦逊地表现自己。在他们举办的沙龙、塔拉(talars)中,他坐在某个角落,沉默不语,谦虚地说话,同意从他们令人尊敬的嘴唇中蹦出来的每个词。有人问他掌握了什么知识;他只说那些出自最严格的什叶派神学的观点,一点都不表露出他实际上关注哲学。

几天之后,见他如此温顺,博学之士们就答应让他上公共课。他立马开始工作,把净礼学说的教义(doctrine of ablution)或一些类似的教义作为他自己的文本,并对最微妙的理论家的教导和怀疑吹毛求疵。这种行为让毛拉们开心不已。他们把他笑上了天;他们忘了留意他。他们自己想要看看,他如何把他们的想象力引向较不温和的问题。他没有拒绝。从净礼学说的教义出发,他讲到关于祈祷的教义;从关于祈祷的教义出发,他讲到关于启示的教义;从关于启示的教义出发,他又讲到关于与神合一(divine unity)的教义。到了这个地方,带着各种奇迹:别出心裁、寡言少语、对最高年级的学生的信心、自我矛盾、模棱两可的命题、谬误的三段论(只有入门的人才能够看到其中的奥妙)、再配上对信仰无懈可击的表达,他成功地在一节带有固定讲稿的课中传播了阿维森纳主义;最后,当他相信他可以完全暴露自己的时候,他揭开面纱,否认伊斯兰教,露出自己作为一个逻辑学家、一个形而上学家的真实面目。

尤其必要的是,他不仅谨慎地掩饰自己的言辞,也谨慎地掩饰自己的书籍;这就是他所做的。读这些书,人们所形成的关于他的教诲的观点是最不完美的。我是指,读这些书时没有一位已经掌握了传统的导师的指导。一旦有了这种指导,要理解这些书就没什么困难。传了一代又一代,萨德拉的学生都是他的真教诲的传人,他们能够理解他所使用的术语的含义。不是把他的思想告诉他们,而是把他的思想暗示给他们。正是由于这种口头上的改善方法,导师的众多专著如今十分受人尊重,且从他那时起,他们就已经形成了这种乐趣:一群人沉醉于辩证、渴望宗教反对、迷恋秘密的大胆、狂喜于巧妙的欺骗。

实际上,萨德拉既不是一位发明者,也不是一位创造者。[155]他只是一位恢复者,一个恢复了伟大的亚洲哲学的人,他的独创性在于以一种被当时的人所认可,也被他所生活的那个年代所接受的方式将它披上外衣。①

我们在古代世界中找到了类似的行为模式。甚至,如果我们带着这种问题意识去解读古典思想,那么,其中一些广为人知、但令人困惑的事实就都呈现出新的含义。我们发现,哲人有时隐藏他们完全是哲人的事实,有时只承认他们的哲学活动的一部分,有时虽然承认他们的确是哲人,但也同时为哲学穿上一件新的"外衣",使哲学更加容易被人接受。

在上面引用的一个段落中(来自柏拉图的《普罗泰戈拉》),普罗泰戈拉声称,早期的"智者"(他是指"智慧的人")因害怕大众的憎恶,而把自己伪装成诗人、占卜者、神秘主义者以及教体育和音乐的老师。普鲁塔克提出了类似的主张:"达蒙是一位智者,但他用音乐这个职业来掩盖自己的真实身份并不是没有可能,因为这样一来,他就可以向众人隐藏自己

---

① 米沃什在《被禁锢的头脑》(*Captive Mind*)中引用并翻译,59-60(除了最后两个段落,这两个段落是我自己翻译的)。古比诺(Gobineau),《中亚的宗教和哲学》(*Les religions*), 465-467 (加了强调).米沃什引用了这个段落,因为"Ketman 和新信念[即,共产主义]东欧国家中所培育的习俗传统之间的相似性是如此惊人,因而我允许自己详尽地引用这些段落"(57)。

在其他方面的技艺。"①

或者,苏格拉底公开承认——在讲述自己生平的公共演讲中(根据柏拉图的《申辩》的描述),他的确是一位哲人,但并不是一位自然哲人。他声称,在他的成熟时期,他总是使自己局限于人类事务(伦理学和政治学),局限于那些基于公共精神的努力——让他的同胞成为更好的公民。但是,从柏拉图和色诺芬著作中的众多段落来看,情况明显并非如此。虽然苏格拉底的确赋予了人类或政治哲学以一种全新的重要性,但他绝对没有抛弃自然哲学。用色诺芬的话说,"与他的同伴一道,他从未停止对每一种生物之本质的考察。"②在柏拉图的对话中,这一点在《理想国》中最为明显。其中,柏拉图如此描述苏格拉底:他对整全提出了一种形而上学的解释,涉及到理念论和关于善的观念(idea of the good)。③

---

① 普鲁塔克,《伯里克利》(*Pericles*),选自《希腊罗马名人传》(*Lives*),trans. Dryden, 184. 关于达蒙(Damon),参阅伊索克拉底,《交换论》(*Antidosis*) 235-36:"伯里克利在两位智术师门下学习,他们分别是阿那克萨戈拉(Anaxagoras of Clazomenae)和达蒙。后者被誉为他那个时代最智慧的雅典人"(见 *Isocrates*, vol. 2: *On the Peace, Areopagiticus, Against the Sophists, Antidosis, Panathenaicus*, trans. George Norlin, Loeb Classical Library 229 [Cambridge, MA: Harvard University Press, 1929], 317.)

② 色诺芬,《回忆苏格拉底》(*Memorabilia*) 4.6.1;柏拉图,《申辩》19c, 26d. 见《斐多》96a6-99d2;色诺芬,《齐家》(*Oeconomicus*) 6.13-17, 11.1-6;《会饮》6.6-8;第欧根尼·拉尔修(Diogenes Laertius),"Socrates" 2.45, 选自《名哲言行录》(*Lives*)。对《申辩》中原初主张之模糊性的精彩讨论,见莱波维兹(David Leibowitz),《苏格拉底的反讽答辩》(*The Ironic Defense of Socrates: Plato's Apology*, Cambridge: Cambridge University Press, 2010, 50-52). 另一方面,考虑亚里士多德,《形而上学》1.6.2 和 12.4.3-5,以及下面所引用的普鲁塔克的话。

③ 当然,柏拉图学者们并不是没有注意到这一点。但是,因为不愿意接受这样的可能,即苏格拉底(或柏拉图)是谎称自己避免自然哲学,他们被迫得出这样的结论,柏拉图不知怎地,在写作他后期的对话时,决定把自己的物理和形而上学教义算到苏格拉底头上。比如,格兰特(Alexander Grant)说道,"哲学的巨大发展由这位门徒所实现,但这位门徒却带着一种虔诚的尊敬,将它放入了导师的 (转下页)

柏拉图的新颖、大胆之处在于,他不仅公开将哲学生活作为主题,还歌颂这种生活,没有任何保留。他所有的对话,不管它们特定的哲学主题是什么,最终都是关于哲学本身。他的全部文集,似乎都旨在呈现一种更加有效的新"申辩",来最终使得这种濒临危险的边缘化活动合法化。他力图这样做的主要方式,是将哲学披上宗教的外衣。根据普鲁塔克,正是通过这些使哲学的公共形象得到彻底改变的努力,柏拉图成为第一个为哲学的生活方式赢得一些长久安全的人。

[156]第一个把关于月球的光辉和阴影[即月食]最清晰、最大胆的观点写出来的人是阿那克萨戈拉。他并不古老,他的观点也并不值得赞誉,因而它一直都是秘密的,仅在少数人中间流传,带有某些谨慎或信任。因为他们[大众]并不能忍受自然哲人和夸夸其谈之人关于天空的论述——他们把这些人称为"流星诗人"(*meteorolesches*),这些人把神圣还原为非理性、没有遮拦的权力和必要的财产。普罗泰戈拉被逐出城邦,但被监禁的阿那克萨哥拉,却勉强被伯里克利所救。至于苏格拉底,虽然他并不关心这些问题中的任

(接上页注③)口中"(*The Ethics of Aristotle, Illustrated with Essays and Notes* [London: Longmans, 1885], 1:158)。一般说来,一位哲人将自己最伟大的发现归于另一位哲人的做法有些奇怪。如果这样做的动机是出于"虔诚的尊敬",那这就是一种非常奇怪的"虔诚的尊敬",因为这是一种错误的做法——被赐予形而上学理论的这位思想家在整个城邦面前庄严地发誓,他没有这样的理论,他完全不进行这种研究。无论如何,这个谜题不管以何种方式得到解决,它都提供了充分的证据,证明隐微主义的确存在。要么苏格拉底的说法为真,他的确使自己局限于对人类事物的思考。在这种情况下,出于一些缘由,柏拉图有意识地弄错自己对苏格拉底式生活的描述(在后期的对话篇中)。或者是柏拉图的阐释为真,是苏格拉底在描述自己的生活方式时撒了谎。

何一个,却因哲学而死。但是,后来,柏拉图的名声却闪耀着光辉,因为他描述了苏格拉底的生平,也因为他把自然必要性置于神性和更加权威的原则之下,使人们对这些观点的诽谤烟消云散。他还告诉所有人,该采取怎样的路径通向这些研究。①

的确,普鲁塔克因不希望毁灭柏拉图之所做而暗示,不是公开地表明,那些关于哲学的宗教阐述,实际上是一件为保护哲学免受社会之害而专门订做的外衣。但是,孟德斯鸠却如此解读这个至关重要的段落:

> 普鲁塔克的《尼基阿斯传》(*Life of Nicias*)中,那些用自然原因解释月食现象的物理学家如何被大众怀疑。大众把他们叫做流星诗人(*meteorolesches*),相信他们把所有的神性都归结为自然和物理原因……柏拉图所建立的存在一位智能[即,神圣]存在(an intelligent being)的教义,只不过是一种保护性、自卫性的武器,用于对付狂热的异教徒的污蔑。②

---

① 普鲁塔克,《尼基阿斯》(*Nicias*) 23,艾伦斯道夫(Peter Ahrensdorf)在《苏格拉底之死》(*The Death of Socrates*)中引用并翻译,12.

② 孟德斯鸠,*Mes Pensées*, 2097,选自《孟德斯鸠作品全集》(*OEuvres completes*),Paris: Librairie Gallimard, 1949, 1:1546-1547,我自己翻译(加了强调)。关于亚里士多德,在讨论亚里士多德的"分离的实体"教义(doctrine of separated essences)的结尾处,霍布斯提出了类似的建议。"这一切应该足以作为例子,说明亚里士多德的实体和本质给教会带来的错误(可能有人明明知道这是错误的哲学,但仍然把它当成符合、又能确证他们的宗教的东西写出来了——由于害怕苏格拉底的命运)"。另见狄德罗:"一个人对教士的恐惧曾经毁灭了、毁灭了、将会毁灭所有的哲学著作;[它]使得亚里士多德既是目的因的攻击者,又是目的因的辩护者。"《驳爱尔维修》(*Refutation d'Helvétius*),选自《狄德罗作品集》(*OEuvres complètes*),Paris: Garnier, 1875, 2:398,我自己翻译。对如下观点的强大展示,即亚里士 (转下页)

或许有人会反对这个解释,认为柏拉图在这个方面并无创新之处,因为苏格拉底之前的所有哲人(不管我们是否熟悉他们的作品),都把自己展现为信神的有信仰者。但是,这显然是种不堪一击的伪装;因为在《法义》中(967a-d),柏拉图的雅典异乡人公开地说出,他们中的大多数人——如果不是所有人,实际上都是无神论者,甚至最终大多数人也都是如此看待他们。正是由于这个问题,古代存在诗人攻击哲学的现象。

柏拉图似乎致力于回应这个关键的问题。他的作品充满了虔诚——各种各样的虔诚。不仅各篇对话总是提到奥林匹亚众神、宗教故事和神话、以及神秘兮兮的形而上学讨论,而且哲学也被呈现为真虔诚(genuine piety)的一种必要前提,[157]甚至它本身就是一种宗教活动。比如,在《申辩》中,苏格拉底依照德尔菲神庙的命令从事哲学活动。这算是一种神圣的任务。类似地,在《斐多》(69c)、以及《会饮》(210a)中,借用厄琉息斯秘仪(Eleusinian Mysteries)的相关术语来描述上升到哲学真理是怎样一个过程。最后,正如在《斐多》中所描述(118a7-8),苏格拉底的临终之言,即这位伟大哲人最后的想法,是嘱咐克利同(Crito)献一只鸡给阿斯克勒庇俄斯(Asclepius)。正如18世纪的自然神论者托兰德在他关于隐微写作的论文中所言:

> 苏格拉底被当局赐予毒饮之后,柏拉图明智地为自己提供了安全……通过史诗般地把事物的本质、元素、以及天上的球体……转化为诸男神、诸女神、天赋

(接上页注②)多德的目的论——至少在极端和半宗教的形式上(亚里士多德常常把它呈现为这个形式)——是显白的,见博洛汀(Bolotin), *Approach to Aristotle's Physics*.

和心魔……他写得相当诗意,而非哲学化。①

总之,柏拉图的伟大成就在于,通过独特地运用诗歌和宗教来描绘哲学,他把哲学从一种被民众认为是亵渎神灵的边缘行为,有点像活体解剖或巫术,转变为一种成为西方文化永恒特征之所在的可敬行为。对柏拉图的这一重新评价是伟大的壮举,它似乎可以解释关于柏拉图的另两个显著事实。首先,在古代哲学作品中,他的作品首先被完整地保存下来,而不只是一些碎片。其次,他也是第一个能够在光天化日之下建立哲学学派或开设学园的哲人——在接下来的八个世纪中,这个学派一直都未中断。

不用说,上述多处引用并不能用于解决有关柏拉图宗教思想的宏大问题(因为我们至少可以确定,他极为严肃地对待神学问题)。但是,这些段落的确表明,按照大多数思想家所坚持的那种悠久传统来看,柏拉图和其他古代哲人所说的有关城邦的传统神灵的观点,大多数都必须从这种永恒的需要进行理解,即需要处理哲学与社会之间的相互敌对。

自卫性隐微主义:古代和现代

但是,在自卫性隐微主义和哲学政治学不断变化的历史中,最根本的改变是启蒙时期前的现代思想到现代思想的转变。

[158]上面,我们区分了一种偶然的或具有历史偶然性的迫害和一种更加天然的迫害。这种区分需要结合两点进行重新

---

① 托兰德,《掌管钥匙的人》(*Clidophorus*), 75.

考察，一是理论与实践问题，二是古代的冲突观和现代的和谐观之间的分歧。

根据冲突观对理论与实践问题的理解，所有社会都从根本上需要某些形式的假象，所有哲人都从根本上需要免于假象的自由(freedom from illusion)。因此，对其中一方而言乃是至善，对另一方而言却是至恶。这就是为何两者处于冲突之中——为何这种冲突不是依情况而定，而是"天然的"。

对前现代自卫性隐微主义实践而言，这种冲突观具有三个后果。首先，这意味着，对哲学的迫害被视作一个永恒的问题：它可以在不同的时代用不同的方式进行控制或处理，但永远都无法得到彻底地根除。基于这种理解，那么，隐微主义和哲学政治学的目的必然就是消极或自卫性的：躲避或遏制迫害。不会想到主动出击——直面迫害，一劳永逸地消灭迫害。

其次，从冲突主义视角来看，对哲人的迫害被认为不仅源于无知和误解或野蛮的不宽容(虽然这些的确是重要的原因)，还源于一种准确的暗示——哲学确实对社会有害。这使得看待不宽容和迫害的态度发生了一些变化，与我们所熟悉的那种态度有所不同。虽然古典哲人对对抗和逃避迫害具有一种生死攸关的兴趣，并不亚于现代哲人，但他们并不认为迫害就是一种邪恶和不合理。他们说出"迫害"这个词时，并没有撅起嘴巴，带着启蒙思想家所感受到的那种愤怒和恶心。因为最终，他们总不能谴责大众的自我保护行为——保护自己免受一些对他们真正有害之物的伤害。

相反，他们倒觉得自己被召唤着去帮助社会、保护社会——通过使社会隔绝颠覆性的思想。因此，第三点就是，如果基于冲突主义视角来思考自卫性隐微主义，那自卫性隐微主义就指出了对保护性隐微主义的需要。这些隐微主义是同一个硬币的两面。由于哲学和社会存在冲突，因而需要隐微主义来保护一方免受另一方的伤害。因此，此时转向保护性隐微主义——尤其是哲学给社会造成的危害所具有的特征——之际，我们也会继续并深化我们对自卫性隐微主义的探索。

但是，正如我们所见，对于这一切，现代哲学中出现了一种非常不同的理解。[159]现代哲学坚定不移地致力于理论与实践之间的潜在和谐。基于这种观点，哲学在社会中的危险境遇其实并不像古代人所相信的那样，是一种自然而然、必然的现象，虽然也不是一种历史偶然。所有的传统社会都确实倾向于迫害哲学——可以说，这种倾向对这样的社会而言是"自然的"。但是，启蒙思想家却提出，有可能构建一个彻底不同的新社会；这个新社会以理性为基础，在这样的社会之中，社会和哲学之间的紧张将会被永久地克服，因而引起迫害的最深层次的原因也会被克服。

基于这种和谐观，上面所描述的自卫性隐微主义的三个特征发生了转变。首先，现代思想家不再受制于自卫性隐微主义的消极、保护性立场，而是上升到一种积极、变革性的修辞——我所说的"政治性隐微主义"，它旨在以一种能够使迫害最终得以被灭的方式（当然也包括其他的方式），颠覆并重建社会。其次，由于认为不宽容和迫害是不必要、完全不合理的，因而他们也让自己毫无保留地污蔑它们，称它们是唯一的至恶，这是古代思想家们从来没有做过的。第三，这个以消灭迫害为目标的颠覆性激进计划，它本身暂时地变成了一种对迫害具有刺激作用的新刺激，因而也成为一个需要自卫性隐微主义的新缘由。

第六章

危险的真理：保护性隐微主义

向柔嫩的双眼隐藏强烈的真理，乃是真正的人性和仁慈。

——莎夫茨伯里

[161]在四种形式的隐微主义中,保护性隐微主义引发了最深刻的问题,引起了人们最强烈的抵制。

没有人否认迫害这个事实——社会给哲学造成的威胁。但如今,几乎每个人都否认"危险的真理"这个事实——哲人给社会造成的威胁。因此,我们发现,很少有人相信,过去的哲人显然都曾参与保护性隐微主义。①

但是,大量的证据表明,人们过去以一种非常不同的角度看待这个现象。我们必须试着用他们的眼光进行考察。

保护性隐微主义的三个前提

在《对〈论法的精神〉的分析》(*Analysis of the Spirit of the*

---

① 当代对这两种隐微主义的反应形成了强烈的对比。关于这点,帕特森(Annabel Patterson)解释的最为清楚。帕特森写了几本极好的作品来论述英语文学中的自卫性隐微主义做法。但是,在第一本著作的修订版的导言,即《审查和解读》(*Censorship and Interpretation*)中(24-28),她却猛烈地批判了有关保护性隐微主义的整个观念(以及施特劳斯,因为施特劳斯描述并强调这种隐微主义)。

Laws)中,达朗贝尔(Jean d'Alembert)总结了孟德斯鸠的特点,并对其中两个特点——"自愿的晦涩"(voluntary obscurity)和"假装缺失方法"(pretended lack of method)进行了评论。他给出了如下简单、令人满意的解释:

> [162]有时候,由于不得不呈现这样的重要真理,它们那绝对、直接的宣言或许只会伤到人,不会有任何效果,孟德斯鸠需要用谨慎将它们包裹起来。通过这种无邪的技巧,他就可以把真理遮盖起来,不让那些有可能被真理伤到的人所看到,但同时也不会让明智之人看不到。①

这种文学上的谨慎,蒙田进行了更一般性的描述:"圣人传道,往往看传教于谁,而不是看传教者为谁,这并不是什么新鲜事。真理有其麻烦之处、劣势短处和不相容性。"②显然,蒙田认为保护性隐微主义是一种有根有据、为时甚久的做法。它可以说依赖于三个前提,它们隐含于上述简短的陈述之中。

首先,一些重要的真理是"麻烦的"——对社会或日常生活有害。在最高层面,人类理性和人类政治性常常互相冲突。

其次,每个人处理这种如此之难的真理的能力并不相同:有"圣人"这种人,对他们而言,真理或许就是善,甚至是至善;但是,对大多数人而言,真理可以在这种或另一种程度上有害。

---

① 孟德斯鸠,《孟德斯鸠作品全集》(*OEuvres completes*), Paris: A. Belin, 1822, 3:450-451, 潘戈(Pangle)在《孟德斯鸠的自由主义哲学》(*Montesquieu's Philosophy of Liberalism: A Commentary on The Spirit of the Laws*)一书中引用并翻译,Chicago: University of Chicago Press, 1973, 12.

② 蒙田,《蒙田全集》(*Complete Essays*), ed. Frame, 769 (3.10).

第三，前一种人向后一种人撒谎，或者，至少隐藏或稀释真理，在道德上是允许的，这是为了后一种人自身的好处。

如果这三点成立，那就可以得出，哲人可以——或许，他们必须——向那些会被某些真理严重伤到的人隐藏真理，就像我们常常保护孩童或虚弱之人，不让他们接触他们无法处理的东西一样。阿奎那非常简洁地陈述了这个问题："一位导师应该斟酌自己的用词，它们应该帮助，而不是妨碍他的倾听者……但是，有些东西如果被公开地讲出来，就会有害于那些听到这些东西的人。"他总结道："因此，这些东西应该被隐藏起来，不让那些有可能被它们伤到的人听到。"①根据沃伯顿主教在其隐微主义简史中所述，几乎所有的古典思想家都这样推理：

> 为了公共善之故，进行欺骗既是合法的，也是有利的。这被所有的古代哲人所信奉：塔利（即西塞罗）——借柏拉图之权威——认为这是如此清楚，因而把不这样做的行为叫做"神所不许"（Nefas），即一种可怕的邪恶。

甚至，在沃伯顿看来，保护社会免受危险真理之害的这种欲望，而不是避免迫害的欲望，才是历史上[163]哲学隐微主义做法的主要动机。《百科全书》中的词条"显白的和隐微的"重复了相同的主张："这些秘密的指示，它们的目标是公共善。"②

---

① 阿奎那，《信仰、理性和神学》（*Faith, Reason and Theology*），53（art. 4）.
② 沃伯顿（Warburton），《摩西的神圣使命被证实》（*Divine Legation*），13（加了强调）；Formey, "Exoterique & Esoterique," 选自《百科全书》（*Encyclopédie*），ed. Diderot & d'Alembert, University of Chicago ARTFL Encyclopédie Project, http://encyclopedie.uchicago.edu.

对莎夫茨伯里、达朗贝尔、蒙田、阿奎那、以及沃伯顿如此明显、直接、平常的东西,在我们看来却是另一番光景。正如我们已经看到的那样,这些前提在我们看来既难以置信,又令人恶心。第一个前提——关于理论与实践问题的冲突观——亵渎我们深刻的人文主义和启蒙信仰,即理性与社会是和谐的。第二个前提——对"圣人"的信仰——触犯我们的民主平等主义。第三个前提——允许为了别人好而向他人撒谎——违背我们道德上对诚实的忠诚和学术上对诚实的承诺。所以,讨论保护性隐微主义这个问题,我们绝对有如进入陌生的异国他乡。

为了使这场旅行变得轻松,提醒我们自己这一点很重要:我们这里的目的并不是为这些观点进行辩护(或攻击这些观点),并不是对这个困难的哲学问题,即为保护性隐微主义提供了基础的这三个前提是否正确,作出任何的回答。我们的目的只在于回答这个历史问题:这些前提是否被以往的思想家广泛相信并奉行,特别是在前启蒙运动时期。

我们已经结合后两个前提——关于不平等和善意的说谎——对这个问题进行了考察,并给出了非常肯定的答案。在这一章中,我们将会考察更多的证据来支持这些结论,特别是以往大多数政治思想的不平等主义迹象。

这里还剩下第一个前提需要研究。这个关键前提就是,真理可以是有害的或危险的。这是哲学隐微主义最深层次的问题所在,是在理论与实践问题上所持冲突观的核心所在,也是现代社会抵制隐微主义最深层次的原因所在。我们的目的是试着放松对隐微主义的抵制,并对这个前提获得一些真正的、富有同情心的理解。为此,我们不仅需要考察这个事实,即以往的思想家信奉这个奇特的观点,还需要考察他们为何如此。我们需要对它的经验性基础和理论性可能有一些了解,需要对这个观念的内在有一些具体的理解。我会尽量从正面的角度来呈现这个观点。它或许最终会被证明是错误的(或者,或许对某些社会而言是正确的,比如传统社会,对某些社会而言是错误的,比如现代自由社会。)但是,作为一种主要的哲学选择(philosophical alternative),它不可能完全错误,或无缘无故地有错。这是个值得探访的异域国度。

危险的真理的基本思想

[164]从一些非常一般性的思考开始。显然,很长一段时间以来,危险的真理这个观念是一种老生常谈,更不用说是一种陈词滥调。"一知半解,真是危险。""好奇害死猫。""无知是福。""不知道,无伤害。"

在更深的层次上,一个人只需反思一下智慧树和巴别塔的故事,或关于普罗米修斯、达代罗斯和俄狄浦斯的神话,或塞壬女妖的故事,或柏拉图的《理想国》中对"高贵谎言"的论证,或浮士德和弗兰克斯坦的故事,就可以看到,在西方世界,危险或被禁知识(forbidden knowledge)这个观念具有一段悠久、庄严的历史。甚至,在西方文化的两大本源,即苏格拉底和圣经中,前者教导我们,善、最高存在、以及真理这三者的理念犹如太阳,我们几乎无法直视;后者教导我们,如果我们凝视上帝的正脸,就必死无疑。① 由于某种原因,最高的真理不仅强迫我们的人类能力要理解,还要忍受。

---

① 柏拉图,《理想国》515e-516a;《出埃及记》33:20, 20:19, 24:1-2;《申命记》,18:15-18;《以赛亚书》,6:5;《提摩太前书》,6:16。见《传道书》1:18:"因为多有智慧,就多有愁烦;加增知识的,就加增忧伤。"

但是，为何真理始终都应该是危险的？我们坚持问这个问题。如果一个人对于这个事情，即世界是如此地吻合不是过度地乐观，或如果一个人不是一个极端乐天派，那他难道不可以只是回答：为何真理不应该是危险的？为何人人都要希望这个世界成为我们狂热地希望它成为的那个样子，或需要成为那个样子？为何真理必须总是要与日常生活的美好希望和令人欣慰的设想不谋而合，这是否有什么原因？拒绝、一厢情愿、自欺、偏见、幻想、神话——为何这些现象在人类事务中（的确）扮演着主要角色，如果不是因为现实很少符合人类心中最深层次的要求？实际上，我们中有谁能够大胆地宣称，生活无需假象？哪个国家能够不求助于某种形式的神话，而完全将它的诞生、边境、阶级结构、以及政治合法性正当化？

相反，当我们想象自己严肃地追求真理时，我们并不认为这种追求除了愉快、平静而别无其他。我们之所以敬畏真理（Veritas），认为它是一种伟大、高贵的理想，正是因为我们知道并感觉到，这种东西并不容易，它需要我们最大的勇气、坚定和牺牲。因此，它必定对那些没有力量承认并适应它的人构成了威胁。

这些非常一般性的考察表明，危险的真理这个观念并不如我们倾向于认为的那样骇人，且支持冲突观的基本常识很有可能要多于支持和谐观的基本常识。[165]甚至，和谐观或许只是启蒙超级理性主义的产物，也就是说，它正好就是现代时期假象或迷信倾向于采用的一种形式。

太高的真理和太低的真理

如果真理有时候不能成功地与日常生活的假设相吻合，那一般来说,要么是因为真理太低于后者,要么是因为真理太高于后者。这两种相反的可能导致隐微作家之间出现一种基本的分歧:有一些人隐藏真理,是因为害怕真理对大多数人而言太残酷、太令人失望;另一些人掩盖或稀释真理,是因为害怕真理太高贵、太难以企及。

卢克莱修属于第一个阵营。他自己承认,自己朴素的唯物主义削弱了所有崇高的人类希望和道德/政治虔诚,"对那些不曾处理过它的人而言,似乎过于冷酷无情,大众一阵战栗,缩了回去。"正如他自己公开所言,这是他选择用一种故意弄得很甜蜜的诗歌形式,来呈现这个野蛮乏味的教义的其中一个原因所在。①

在另一个相反的阵营中,我们可以找到神秘主义者以及那些宗教和形而上学思想家。他们视真理为一种高贵之物,认为它远远超出大多数人的理解能力。他们害怕,真理一旦被公开,就会迷惑或腐化大多数人。这是因为,真理会破坏大多数人可以企及的伪真理和伪善(类似于真理和善的东西),但最后却不能将这些东西取而代之。

这个版本的隐微主义,当然比与之相对的颠覆性隐微主义更加值得尊敬。因此,在历史上,它也更加公开地承认其隐秘方式。人们一般都非常愿意接受这个观点,的确存在高贵、高尚的真理,它们超越了他们的理解能力。所以,历史悠久、影响深远的犹太神秘主义传统(以卡巴拉[Kabbalah]著称)几乎不隐藏

---

① 卢克莱修,《物性论》(*On the Nature of Things*) 1.943-50 (见 4.10 ff.),尼克斯(James H. Nichols Jr.)在《伊壁鸠鲁式政治哲学》(*Epicurean Political Philosophy: The De rerum natura of Lucretius*) 中引用(Ithaca, NY: Cornell University Press, 1972, 34). 诗意的"甜蜜化"带有双重目的,吸引潜在的哲学读者,同时保护或慰藉"大众"。

这个事实:它参与隐微写作和阅读。同样广为人知的是,新柏拉图主义者是——他们公开宣布自己是——隐微作家和读者。这两个群体对他们的隐秘性是如此公开,因而对隐微主义的整个观念怀有敌意的学者也不否认,隐微主义的确存在于这两种情况之中。但是,这样的学者往往提出,这个现象本质上只发生在这两类人(以及更臭名昭著的神秘学人士)身上。若有其他人提出相反的意见,他们就报之以嘲笑,并称他们是"卡巴拉主义者"或"新柏拉图主义者"。① 但是,这个恐惧,即最高真理[166]可能压垮或至少迷惑大多数人,并不是那么奇怪或不合理。所以,它为何如此少见?实际上,我们很容易发现,这样的顾虑甚至导致主流的犹太教、基督教、伊斯兰教和其他宗教,以及主流哲人那里都出现了隐微做法。②(甚至,由于隐微主义远非局限于神秘主义者,因而肖勒姆[Gershom Scholem]主张,卡巴拉主义者实际上从犹太教和伊斯兰教哲学家那里借来了这种做法。)③

比如,人们并不是在任何神秘主义作品,而是在《塔木德》(Talmud)中(这是圣经之后犹太教的主要文本),看到这些话:

> 乱伦的法律不可以详细讲解给三个人听,创世的故事不能在两个人面前讲解,神车论不能在一个人面

---

① 实际上,只是近来冲破重重阻碍之后,卡巴拉派才再次被认为是一种严肃的犹太教传统。正如最重要的犹太神秘主义学者肖勒姆(Gershom Scholem)所言:"几个世纪以来,卡巴拉对于犹太人理解自身一直都至关重要。"但是,"这个世界已经在欧洲犹太人中消失。到我们这一代,学习犹太历史的学生几乎不理解卡巴拉著作,并几乎完全忽视它们。"《论卡巴拉》(On the Kabbalah),1-2.

② 参阅 Kippenberg & Stroumsa, *Secrecy and Concealment*; Bolle, *Secrecy in Religions*; Wayman, *Buddhist Tantras*.

③ 肖勒姆,《论卡巴拉》(On the Kabbalah),50-51.

前讲解,除非他是个圣人,理解他自己拥有什么知识。不管是谁,只要他的心灵思考这四个故事,他就最好还没有来到这个世界。①

与此类似,迈蒙尼德(确实不是卡巴拉主义者)写道:

古代圣人命令我们私下讨论这些主题,且只和一个人讨论,且他必须是智慧的,能够进行独立的理性思考。在这种情况下,每一章的标题都传达给了他,他接受了这个主题最细微部分的教导。接下来,就要他自己来得出结论,并渗入这个主题的深处。这些话题极其宏大;不是每一个有才智之人都能够接近它们。②

在基督教中,一种类似的保护性隐微主义传统曾经非常广泛,名为"秘传教规"(disciplina arcani)。在《天主教百科全书》(*Catholic Encyclopedia*)中,有一条条目专门对此进行了解释。根据这一词条的描述,它是"流行于教会最早时期[即,至少是6世纪]的习俗,通过这一习俗,基督教较为核心的奥秘被仔细地保存起来,异教徒无法触及,甚至那些在信仰中接受指示的人也无法触及。这个习俗本身不容置辩。"③这种做法在耶稣本人的

---

① 密西拿(Mishnah),喜庆祭(Hagigah) 2.1, Roger Shattuck 在 *Forbidden Knowledge: From Prometheus to Pornography* 中引用(New York: St. Martin's, 1996, 341)。参阅巴比伦塔木德(Babylonian Talmud),《喜庆祭》(Hagigah) 11b, 13a, 14b.

② 迈蒙尼德,密西拿托拉(*Mishnah Torah*),第一卷,第二章,第12节,载于 *A Maimonides Reader*, ed. Isadore Twersky, New York: Behrman House, 1972, 47.

③ Charles G. Herbermann et al., eds., *The Catholic Encyclopedia*, vol. 5, New York: Gilmary Society, 1909, 32(加了强调)。另参阅 F. L. Cross, ed., *The Oxford Dictionary of the Christian Church*, London: Oxford University Press, 1957, 405.

言行中塑造成型。他告诉各位使徒,他同他们讲话,会讲得明明白白,但对众人讲话,只用比喻(马太福音,13:10-17)。

因此,甚至在13世纪,当阿奎那在注疏波埃修斯(Boethius)的过程中,回答[167]"神圣事实是否应该用晦涩、新奇的言语进行遮盖"这个问题时,他毫不犹豫地进行了肯定的回答。因为"当抽象的教义传给未受教育的人时,他们会在自己并不完全理解的地方犯错。"他继续举例支持自己的观点。首先是使徒保罗的例子。保罗告诉哥林多人,他不能把关于上帝的最高智慧显现给他们。只有真正的属灵人(spiritual men)才能够理解,"但是,兄弟们,我不能称你们为属灵人,你们乃是血肉之躯,是基督怀中的婴孩。我用牛奶喂养你们,而不是用固体食物;因为你们还没有准备好接受它。"然后,阿奎那加上了圣格雷戈里(Saint Gregory)的证词。"注疏创世记21:33……格雷戈里说道:'不管是谁,只要感知到了神圣言语的深度,都应该在不理解这些深层次含义的人面前,用沉默隐藏它们高贵的含义,因而他不会通过内在的丑闻,伤害一个不成熟的信仰者,或一个有可能成为信仰者的不信仰者。'"最后,求助于奥古斯丁之权威,阿奎那写道:

有些东西,我们可以在私底下解释给智慧的人;在公共场合,我们应该保持沉默。因此,奥古斯丁说道:"有一些段落,并没有得到合适的理解,或者难以被人理解,不管讲解这些段落的人讲解的如何伟大、如何全面、如何清楚。这些东西几乎不用透露给大众,除非有一些紧急原因,否则永远都不要透露。"但是,在写作中[不同于说],这种区别并不要紧,因为一本书可以落入任何人手中。因此,这些问题应该用晦涩的语言进行遮盖,所以它们会受益于那些理解它们之人,但不能掌握它们的未受教育者,则无法看到。①

在伊斯兰教中,也有一种非常强烈的保护性隐微主义传统,几乎所有主要的伊斯兰哲人都公开地讨论它。比如,阿威罗伊解释说道,如果一个人把对可兰经某个段落的深度解读(超越表面上显而易见的含义)透露给另一个人,但那个人却"不适合接受"这样的解读,那么,那个人就会成为不信仰者。

> 原因在于,这样的解读包含两个东西,一是对显而易见的含义的拒绝,二是对这种解读的肯定;因此,如果有人只能掌握显而易见的含义,他在头脑中拒绝了显而易见的含义,但与此同时没有肯定这种解读,那结果就是不信仰。②

[168]总之,保护性隐微主义倾向于因为两个原因掩盖真相。这两个原因本质上截然相反,一个太反动,另一个太高尚。后一种情况更加可敬,他们通常对自己的隐微做法非常公开,前一种情况则更加深藏不露。

但是,这种一目了然的区分产生了进一步的复杂性:一种高尚的、被公开接受的隐微主义的存在,为另一种隐微主义提供了

---

① 阿奎那,《信仰、理性》(*Faith, Reason*), 53-54 (art. 4). 在这一段中,阿奎那是在引用《哥林多前书》3:1-2, 圣格雷戈里(Saint Gregory)的《道德论集》(*Moralia*) 17.26.38, 以及奥古斯丁(Augustine)的《论基督教教义》(*De doctrina christiana*) 9.23. 关于基督教中的隐微主义,另见 Stroumsa, *Hidden Wisdom*.

② 阿威罗伊, *The Decisive Treatise*, trans. George F. Hourani, 选自《中世纪政治哲学读本》(*Medieval Political Philosophy: A Sourcebook*), ed. Ralph Lerner and Muhsin Mahdi, New York: Free Press, 1963, 181. 参阅 Moezzi, *Divine Guide*.

自然而然地掩饰自己的方式。因此，区分两种形式的隐微主义可以很简单，但要说哪位思想家运用了哪种隐微主义却并不简单。我们或许可以用迈蒙尼德的一句话来说明这种困难。他声称，"[关于神圣科学的]真正意见""被隐藏、包裹在难解之谜中，有知之人用尽技巧进行解读；通过这些技巧，他们可以教授它们，但不公开地详细解释它们。"但是，为何它们是用这种方式被隐藏起来？"不是因为一些坏东西隐藏在它们里面，或因为它们削弱了律法的根基，就像无知之人所认为的那样——这些人断定，他们已经进入适合思考的境界。相反，它们被隐藏起来，是因为在一开始，有才智的人还无法接受它们。"①在这个语境下，"无知之人"或许是错的。但是，考虑他们的怀疑，即那种高尚的隐微主义，有时候可以是另一种隐微主义的前锋，当然是合理、必要的。

经典的例子似乎应该是阿威罗伊。使自己融入历史悠久的伊斯兰宗教隐微主义传统，他公开、详细地写下了自己和其他哲人所实践的隐藏行为。但是，历史悠久的解读传统表明，阿威罗伊实际上所隐藏的，是他对大多数——如果不是全部——教义的拒绝。

关于这一点，再次考虑柏拉图的《普罗泰戈拉篇》中的一个段落。其中，普罗泰戈拉声称，在古时候，怀疑哲学或实践"智术"之人

> 由于害怕它牵涉到人们的憎恶，因而将它包裹在体面的外表之中，有时是用诗歌，正如荷马、赫西俄德、西蒙等人；有时是用神秘的仪式和寓言，正如俄耳甫斯

---

① 迈蒙尼德，《迷途指津》(*Guide*), ed. Pines, 71.

(Orpheus)、穆塞厄斯(Musaeus)及其教派等。①

传统社会和现代社会

现在,我们已经看到了这种明显的区别,并较为详细地考察了高尚的或宗教方面的保护性隐微主义。接下来,就要更加仔细地考察另一种形式的隐微主义。因为颠覆性的真理这个观念如今已经没有什么可信度。我们都是受到启蒙的世俗、自由、多元化、多元文化社会的公民[169],敢于向每一个观点和每一种教义打开大门;我们最终发现,这种做法可能造成的所有危险都被大大地夸大了。所以,我们倾向于带着一些怀疑,不能说是傲慢,提出这样的问题:真理或哲学怎么就成了社会的一种威胁?

为了一目了然、不偏不倚地回答这个问题,花一些时间考虑下面这个事实的后果是有用的。那就是,根据历史记载,人们十有八九不是生活在受到启蒙的世俗、自由、多元化、多元文化的社会中(就像我们所生活的这个社会),而是生活在我们可以简单地称为"传统社会"的社会中。相对而言,前者或许不受哲学理性主义之危害的影响,但后者必然不是。通过考察传统社会和我们这个社会的不同,我们就能看到,为何对前者而言,冲突

---

① 加了强调。格兰特、博厄斯和其他支持"传说"论的学者试图打发哲学隐微主义的历史证词——通过把它归因于新柏拉图主义者和其他神秘的思维方式的影响,这里我们看到证据,实际上,事实有时候正好相反。有时候,是神秘主义传说必须被打发,它是世俗哲人所戴的一种隐微面具。另见科耶夫的观点,尤利安大帝(Emperor Julian)、撒路斯提乌斯(Sallustius)和大马士革乌斯(Damascius)曾被认为是新柏拉图主义者,因为他们把自己表现为这样,但实际上,他们是高度值得怀疑的"伏尔泰式"哲人,隐藏在神秘主义外衣之下。Kojève, "Emperor Julian," 95–113; Strauss, *On Tyranny*, 269–275. 另外,考虑肖勒姆在上面提出的观点,即(真正的)犹太神秘主义者是从更早的哲学隐微传统中借来了隐微主义做法。

观似乎显然正确，但对我们而言，冲突观明显错误。

"封闭"社会和"开放"社会

人类是政治的动物，处处都统一在社会之中。但是，他们联合起来到底是为了什么？他们在共同体中分享、享有什么？只要看看前现代历史，就可以发现，不管在哪里，不管是在原始部落，还是在古代雅典城邦，还是在中世纪村落中，人类联合起来最流行、最普遍的原因，不是基于对生命、自由和财产的渴望（像有限的自由城邦那样），而是基于共同享有的传统和风俗：关于"正确的生活方式"的共同概念，关于"道德和神"的集体观念。这似乎是出于一系列相互关联的原因才是自然而然的。首先，由于政治共同体是最至高无上或最权威的共同体，正如亚里士多德所言，因此，这个最终掌控所有其他共同体、要求我们最高程度的服从和忠诚的共同体，难道不应该关切生命中最高、最重要的东西，即道德和神吗？第二，如果作为社会动物的我们，试图构建一个最完全、最深层次意义上的共同体——试图分享彼此的生命，那么，我们难道不应该带着最完全、最深层次意义上的关切而联合起来吗？我们难道不应该对我们最珍视的东西保持一致意见吗？第三，即使暂不考虑这些较高的东西，即使从制造基本的服从、稳定和不压迫这个基本的视角来看，难道通过暴力本身，通过警察，这些最低要求的目的就可以得到充分地保障吗？难道它们不需要道德和宗教共识带来的社会压力吗？出现自由国家之前，所有这些都是基本的政治常识。[170]政治共同体这个定义，正如奥古斯丁所言，是一群人"被一种对他们所爱之物的一致同意(common agreement)绑在一起。"①

当然,这并不是指,所有或甚至最传统的社会,都成功地达成了道德和宗教方面的共识。但是,这种一致同意正是他们的目标所在,正是他们试图依赖的东西。社会到了缺少这些东西的程度的时候,他们就真的经历了远大目标的丧失,以及共同体和基本稳定的丧失。总之,传统社会依赖于共同体的道德和宗教共识来获得它最基本的必需品,实现它最高的抱负。它把所有的赌注都压在这种共识之上,压在"对他们所爱之物的一致同意"之上。

这种构建共同生活的传统模式意义深远、道德高尚、可以理解。但是,它也非常危险,因为这样的共识本质上脆弱不堪——至少在开化的文明国家中是如此。差异和分歧此起彼伏,特别是与生命中那些宏大、不确定的问题有关的差异和分歧。因此,在传统模式中,人们必定需要保护共同体的共同使命或基本信仰。所以,我们发现,几乎所有的传统社会都反对不同的宗教、风俗和文化融合于同一个社会之中(而我们如今却正好歌颂这种融合),至少原则上如此。此外,我们也发现,所有的传统社会都审查观念,虽然程度上有所差异。总而言之,通过对本质上具有不确定性的基本问题进行绝对肯定的回答,并把所有的赌注都压在这种绝对肯定、作为教条的权威答案之上,传统社会是、也需要是封闭社会,也就是,反对思想自由,这是一种结构性需要。这就是传统社会必定把哲学活动——对所有既定观念最坚决、最极端的质疑,看成是其对立面、其主要的直接威胁的原因所在。

如今,我们鄙视这种对观念的恐惧,认为它怯弱、愚昧,因为

---

① 奥古斯丁,《上帝之城》,19.24.

它不适合我们自己的社会模式。但是,我们这种反应(显然不合时宜)也非常具有讽刺意味。这是因为,我们的现代社会很大程度上是由对宗教战争作出回应的思想家所建立。这些思想家主要是被一种恐惧,一种对道德和宗教共识之脆弱性的恐惧所推动。他们比以前的思想家更甚。

我们可以说,政治生活的缺陷,这种简单、悲剧性的缺陷就是这样。最低程度的善,如食物、房子、衣服、安全,对所有人而言都是不言自明的,但较高程度的善更不容易被一般人所看清、所理解,虽然从程度上而言,它们对我们而言更加高尚和重要。[171]这个事实使得较高程度的东西不仅难以捉摸,也肯定具有危害性。这是因为,由于这种晦涩,对所有更高尚的生活之善的讨论和追求,内在地倾向于造成教派冲突、狂热和蒙昧,以及怀疑、虚伪和腐败。因此,带有这种高尚的企图,并试图把人们联合在针对上述最高问题提出的观点所形成的固定观点周围的传统社会,冒着迟早染上这些病症的巨大危险,特别是自从西方世界出现哲学、宗教改革、出版社、以及其他历史环境之后。这些新事物削弱了对地方既定传统和惯例的坚持,使得一种稳定的道德—宗教共识几乎没有可能。

牢记这些切实的恐惧,早期现代思想家,比如马基雅维利、霍布斯和洛克,试图找到一种完全无涉共识的新政治模式。经过深思熟虑,他们开始颠覆传统社会,用一种根本上不同的社会组织取而代之。这种新的社会组织公然抛弃了过去的危险企图,即试图定义关于至善的真理。相反,它用这样的承诺来联合众人:避免最显著、最基本的恶——对基本"权利"的侵犯,生命、自由和财产的丧失,回到"自然状态"。至善(*summum bonum*)已不可避免地在形而上学和宗教争论中被搁浅,但至恶(*summum malum*)——暴死——却是个中立的事实,不管是在形而上学，还是在宗教的意义上，是一个"不证自明的真理"，它被所有人所知所觉，不管他们更大的理论意见是什么。因此，通过使传统社会发生翻天覆地的变化，通过公然地把国家的目的和道德基础从我们的最高目的转变为我们的最低目的，他们试图把政治从具有争议的道德和宗教领域中分离出来，把国家从它的传统基础中拎出来，将它置于不证自明的基础之上——这个新的基础不仅隔绝，还独立于所有更大的理论问题。①

当然，这并不意味着，现代社会的这一努力已经彻底成功。实际上，他们依然保留了传统社会的诸多方面。甚至，在有关个人道德和生活方式的每一个问题上，没有一个国家可以保持真正的中立（几乎所有的自由主义思想家都已经承认这个事实）。不过，现代社会仍然代表一种关键的转变，即政治上不再依赖道德和宗教共识。

正是这个激进的创新，使得它有可能史无前例地建立一个正式的、有意为之的"开放社会"：一个宽容、世俗化、道德上中立、多元化的现代国家，它致力于思想自由，思想自由乃是一种原则。在这样的社会之中，[172]意见、极端的怀疑、以及哲学百花齐放、百家争鸣，这在过去，只不过是政治衰退的副产品和症状，但此时却第一次被认为是社会健康的一种形式。由于现代国家是这样被构建起来，因而它尽可能地是一个利益共同体，而非信仰共同体。所以，它不再把同样重要的赌注压在公民们所信仰的东西之上。它可以提供智识上的放任和逍遥。

此外，由于传统社会更多地是以人的完美或拯救，而不是以人的安全为目标，更多地是以人的义务，而不是以人的权利为宗

---

① 对现代革命的这种解读，参阅 Robert P. Kraynak, *History and Modernity in the Thought of Thomas Hobbes*, Ithaca, NY: Cornell University Press, 1990.

旨，因而它常常要求公民作出艰苦的努力和痛苦的牺牲。由于只有基于强大、强烈的信仰，这一切才有可能，因而社会必须对它进行培养和保护。但是，现代社会由于并没这么大的野心，因而对公民的要求更少——不要偷窃，找个工作，交税，抚养自己的孩子。所以，它可以承受这样的奢侈：对公民们的各种信仰的内容和说教保持一定程度的充耳不闻。因此，它丧失了所有惧怕思想自由的实际需要，对思想自由的恐惧很快就被认为是愚蠢怯弱的。

我们还可以走得更远：以物质利益为基础的现代社会，不仅可以负担开放性、启蒙和思想自由，也肯定需要这些东西。这是因为，保护生命、自由和财产，最终并不真的是不证自明的目的，在形而上学上是中立的，被所有的世界观平等地信奉。许多不同的生活观，比如，中世纪基督教或当代伊斯兰原教旨主义，不仅鼓吹牺牲、顺从和禁欲主义，还谴责现代西方国家所流行的那种唯物主义是有罪的、堕落的。因此，为了如约起效，现代国家需要削弱这些信仰。它需要一种"合理的"、"受到启蒙的"公民，他们可以被指望去追随他们长期的物质自利（material self-interests）。由于这个原因，现代国家不仅宽容，实际上还要求哲学怀疑主义。这就走到了与传统社会的情形完全相反的另一个极端。哲学与社会之间天然的敌意被人为的和谐所取代。

另外，现代国家可以说建立在"同意不一致"（agreement to disagree）原则之上，即人们可以对宗教和生活的最终目的持不同意见。但是，这种同意必须时刻受到保护，以防对同质共同体的渴望重新抬头——通过不断地证明，不可能以一种让所有人都信服的方式解决有关生活的更大问题。因此，现代国家毕竟不是如此不关心公民的信仰状况。[173]它需要具有批判性的公民群体，他们死死地拽住一种怀疑、宽容、"谁能说"（Who's to say)的世界观。它嘲笑对哲学和思想自由的传统恐惧,但它却惧怕传统宗教和对共识的渴望。在传统社会中,这样问很平常,"一位无神论者是否可以是一个诚实的人?";在现代社会中,这个问题就变成了"一个有信仰者是否可以是一个宽容的人?"正如前一种社会要求信仰的统一和强度,后一种社会倾向于要求多元主义和怀疑主义。

总之,我们是现代社会的后人;它塑造了我们在哲学与政治、理论与实践之间的冲突这个古老问题上的所有本能。特别是,我们具有误解——或不如说,忽视和遗忘——这种冲突的系统倾向,因为我们所生活的国家的整个模式,正是为了模糊或消灭这种冲突而造。现代的自由社会将我们联合起来,不再基于脆弱的道德和宗教共识,而是基于一种共同的恐惧,即惧怕我们倾向于为这些问题而决斗。这样的社会不再与哲学开放性相互紧张,而是和谐一致,因为它要求的不是保护,而是瓦解较高的确定性(higher certainties)(当然,对瓦解加以权衡)。大众不断地得到启蒙,知识分子和艺术家不断地增多。这些人领悟到,他们的义务和社会功能是震惊中产阶级(épater le bourgeois),震惊社会,使社会去除其"自鸣得意",去除旧习(iconoclastic)。考虑到这种特殊的作用,现代知识分子本质上几乎无法欣赏这里所提出的东西:传统社会中惧怕"危险真理"的合法性和必要性。

但是,传统社会具有根本的不同。它还没有发明这种现代艺术:将关于最高问题的不确定性和不一致意见转化为合作和服从的缘由。除了回答最大的道德和宗教问题,它不知道还有什么方式可以被接受用来解决基本的政治问题——谁有权统治。这样的社会由于无法将政治从智识稳定(intellectual stability)中分离出来,因而必定是一个封闭社会。因此,它必然与哲学的极端开放性处于本质性的紧张之中。用更加现代的一个词,传统社会的确、也需要在根本上"反智"(anti-intellectual)。

这样一来,这里就有一个关键的问题,我们如今的社会环境让我们遗忘了这个问题,但它却塑造了所有的前现代哲学。实践领域需要确定下来的(settled)答案;理论领域需要尚未解决的(unsettled)问题。人性既有封闭的一面,也有开放的一面,因为我们既是政治动物,也是理性动物,每一面对另一面必定是一种危险。

习俗作为社会的基础

[174]如果这个关于这种根本紧张的观点具有一定程度的可信度,那就让我们对它进行更为详细的考察。我们已经看到,哲学与传统的政治共同体相冲突,因为哲学是对真理的不懈、大胆追求,而传统的政治共同体却是对有关生活的根本性问题的权威性解决(authoritative settlement)。两者是相反的,正如开放与封闭相反。显然,理性造成了生活开放、动态的一面。那么,是什么造成了、并维持着封闭的一面?是什么力量或是人的什么官能使得"权威性解决"成为现实?社会的纽带或基础是什么?这种纽带与理性官能又是何种关系?

在传统社会中,正如这个名字所示,权威性解决根植于传统,根植于习俗的力量和权威。传统这种力量不仅不同于理性,还与理性存在根本的紧张——由于众多原因,我们现在必须试着阐明清楚这点。因此,哲学与社会的冲突,不仅源于开放与封闭之间的一般性对立,也源于理性与习俗之间的特殊冲突——这是引导人类的两股敌对力量。让我们从对人类境况的一些基本思考开始,来接近这对对立,因为它关系到实践智慧,关系到这种知识：如何生活。

人类是理性的动物。这个模糊的公式部分是指，我们本质上并不受本能的引导。随着理性不断地得到进化，本能的力量似乎就不断减弱，以给理性让出位置。因此，与其他动物不同（它们基本的"生活方式"由本能所决定），人类拥有的真本能少得可怜，但这些本能使得人类的生活方式本质上悬而不定。这就是为何，其他动物是"非历史性的"：今天的狮子生活的就像千万年前的狮子，但人类的生活方式却随着年代和地点的不同而千差万别。人类是日本武士、美国商人、基督教苦行僧、享乐的贵族、佛教和尚、古典哲人。总之，理性的动物是自由、非本能、历史性的动物，被社会所构造。

但是，让我停下来先强调一下，这众多的生活方式，以及这种摆脱本能的相对自由，并不一定意味着，不存在人类本性，不存在人类行为的自然标准（虽然如今都普遍认为是"一定意味着"）。比如，我们并不是受本能之驱使，而吃特定的食物或形成特定的饮食习惯，就像其他动物那样。因此，人类的饮食习惯随着时间和地点的不同而千变万化。[175] 不过，这仍然千真万确：我们具有一种天然的构造（natural constitution），它被某些食物所滋养，被另一些食物所毒害。我们甚至可以说一种最佳的饮食习惯，或一种最"符合我们本性"的饮食习惯，虽然并不是天性，即本能，导致我们具有这样的饮食习惯。所以，在更大的意义上，我们具有一种天然的构造——某些天然的身体官能和心灵官能，以及天然的需要、倾向和快乐。我们的天然构造包含这些能力，比如，直立行走、理性思考、言说并传达我们的思想、爱、生殖。这样的说法是合理的（除非被证明不合理）：一些生活方式发展、加强、活跃、愉悦我们的天然构造，其他的生活方式抑制、削弱、停止、折磨我们的天然构造。同样可能的是，一种最佳生活使得我们的众多官能和渴望达到最大程度的和谐、繁荣和满足,即我们所指的"幸福"。

如此一来,如果没理解错的话,理性动物独有的自由和不确定性就在于:我们并不是受本性之推动,去过一种与本性相一致的生活,过一种良好、幸福的生活。甚至,我们根本就不是受本性之推动,过上任何一种特定的生活。人类这种"理性"、"自由"的动物,其首要特征在于一种极端的无知(其他任何动物都不知道这种无知),对自身、对何物对自身具有好处的无知。由于不受本能的指导,我们只能靠自己,凭一己之力来回答最根本、最不可避免的问题:对我们而言,何为正确的生活方式?我们的构造到底如何?什么可以使这种构造"枝繁叶茂"(flourish)?

当然,如果这个问题极易回答,那情形就不会如此糟糕。但事实却是,这个问题并不容易回答。人类的构造相当复杂。另外,它总是被各种各样的偏见和假象所淹没、歪曲。我们的身体包含了许多不同的部分、官能和欲望。它们相互竞争,争取能成为人们眼中最高或最重要的东西,成为人们眼中真正的目标——这个目标应该被用于安排我们的生活,不管是我们的个人生活,还是我们的集体生活。

长话短说。良好生活是否为享乐主义者,即爱快乐之人的生活?这个说法是基于以下理论:人们普遍追求的"快乐",甚或孩童和野兽也追求的"快乐",乃是唯一真实、真正自然的善。或者,与此相反,我们应该成为爱安全之人,因为我们最基本的需要是自我保存——我们天生的快乐和痛苦似乎就是为了引导我们走向这个目标。但是,有些东西却可以让人类心甘情愿地冒丧失快乐、甚至生命本身之危险:这是否就是一种最明显的测试,说明我们应该为我们愿意为之去死的东西而活?其中一种这样的东西是爱。那么,爱,是否就是答案所在——或者,它是"盲目的",只不过是一种浪漫的假象?另外,它到底想要什么?[176]在人类众多目的之中,另一种我们显然愿意为之去死的东西是荣誉(honor)或高尚(the noble)。但是,这两个几乎总是搅和在一起的目的需要区别开来。荣誉只是对高贵或道德卓越(moral excellence)的外部承认和奖赏;人们所尊敬之物,是否必须比荣誉本身更有价值?甚至,如果我们问自己,我们最欣赏什么——不只是我们所欲之物,像上面那样,那么,道德卓越的生活似乎就是最有吸引力的。它让我们理性,让我们成为人,让我们比动物优越。但是,道德行动,即勇气、节制、正义和谨慎的行动,最终必须服务于一些超越它们本身的目的。勇敢的行动必须促进一些有价值的目的的实现,而不仅仅只是采取勇敢的行动;要不然,它就只是蛮勇。但是,这种进一步的目的可以是什么?如果我们需要保留道德的尊严,那这种进一步的目的就不能是一些低于道德的东西,比如纯粹的快乐或安全,而必须是一些高于道德的东西。那么,是否是共同体的福祉,公共善?但是,它又在于什么?如果它在于共同体纯粹的安全和繁荣,那就再次使得道德屈居于一些较低的东西之下。但是,如果它是公民的德性或道德,那就只不过是让我们回到了之前的问题:何为道德卓越的最终目的。我们的最终目的,是否一定在于我们本身和我们的"人性",即我们所独具的理性官能最纯粹、最充分的发展?目的是否必须是知识或哲学,或对宇宙的超脱思考?不过,人类本性的真正实现怎么可能在于某些仅被极少数人所追求的东西?人类心灵是否真的能够理解宇宙?甚至,是否存在一个一成不变、有待我们去理解的宇宙?

从这最后的一步,我们看到,在不知道更大的自然或超自然整体的情况下(人类本性是这个整体的其中一部分,也是这个整体的产物),我们无法充分地回答这些关于人类本性和幸福的问题。某些形而上学问题不可避免。我们是否就像其他任何东西一样,由纯粹的物质所构成,遵循其决定性法则?或者,这个世界包含第二要素——自由或精神?它引起了道德责任感,解释了人类灵魂的真正渴望?那它是否可以使灵魂独立于身体而存在?因此,已死之人生活在某个看不见的地方?那是否存在其他看不见的生物——各种各样的神?许多严肃的人声称,他们具有关于某神的知识,且此神将其意志和智慧显现给了人类,告诉人如何生活——背后有神的奖赏和惩罚作为支撑。这是否真实?何况,关于神,存在许多不同的阐释;哪种才是真的,犹太教的,基督教的,穆斯林的,印度教的,还是佛教的?

[177]这些问题虽然很难回答,但不能避而不谈。它们不是学术问题,不是讲究实际的人可以简单地因为被它们的抽象和似是而非的无用所打败,而不予理睬的问题。如果我们要解决这个急迫、不可逃避的人类问题,即"我应该过何种生活?",这些问题就必须得到处理——其中的大多数问题必须得到回答。无数的东西存在问题。但是,显然,大多数人并没有相应的天赋、教育、精力、能力或时间来参与这种庞大的哲学和神学追求。这是不可能完成的任务。因此,如果缺少本能、极为自由、无知的令人绝望的理性动物,只有理性来指导自己,那它必定早已灭绝,早已因不确定、困惑、难以抉择和分歧而一瘸一拐,早已在一个充斥着它无法回答、又不能置之不答的问题的世界面前麻痹瘫痪。在现实中,让我们得以活着的,以及找到某种形式的安全和共识的,是我们身上第二种官能的存在,它比理性更加封闭和盲目,但比本能更加开放和锐利:习俗或传统,社会惯例、文化、风俗、法律、诺莫斯(*nomos*)。通过权威地解决我们所有人(除一些哲人之外)用自己的理性无法解决的问题,即如何生

活,习俗使生活成为可能,不管是个人的生活,还是共同体的生活。

理性和习俗,人类生活基本上是这两种极为不同的力量的产物。当然,在很大程度上,它们一起运作:理性所发现的东西,经常被吸收进习俗之中,所以文化得到继承和发扬,不需要由每个个体来重新发现。但是,在较深的意义上,这两股力量相互对立、相互敌对,是人类心灵和社会中的一种基本冲突。

从理性和哲学的角度来看,习俗是唯一一种最大的障碍。习俗是理性的天然解毒剂:它让我们停止理性思考,不再质疑、怀疑或找寻。它的这种成功,在于为信仰提供一个独立于理性的基础。这个基础,是我们终止讨论、作出决断,得出确定性、实现信任和达成共识的另一个源泉。

另外,它可以说通过让理性处于沉睡状态,而先发制人地保护另一种信仰不被理性所削弱。理性因意识到任意性或偶然性而处于运动之中。它被驱使着去思考、质疑每一件偶然或无根据之事,被驱使着去寻找原因、解释(explanation)和表面之下的必然(necessity)。"为何是这样,不是那样?"但是,习俗却恰是这样的一种力量,它赐予偶然以必然之表象(appearance of necessity)。它让我们觉得,现在和过去必须是这样的,不可能是那样的。因此,[178]在重要的问题被提出来之前,习俗就已经隐而不宣地解决了所有的问题。虽然本应将其他答案放在一起比较,但其他答案的可能性被习俗隐藏了起来。通过切断思考或怀疑的时机,习俗让理性进入了休眠状态。没有什么东西需要思考。习俗当然并不治愈我们彻底的无知;相反,它把它遮起来,诱使我们过一种不省察的生活。在习俗社会这个沉睡世界中,需要一种伟大的武艺,即去熟识化(defamiliarization)——这绝对是一种哲学努力,来唤醒、恢复我们的无知之知。

相反，从习俗或习俗社会的角度来看，理性和哲学必定造成一种巨大的危害。它们威胁着要揭开习俗的霸道专横，揭示出习俗的无根无据，揭示出习俗、以及为社会和日常生活奠定基础的整个信仰系统都是一种虚假的必要。另外，它们也威胁着要表明，在虚假的习俗之下，或者说，习俗所覆盖的，不是一个清楚、明显的天然或本能基础，而是一种可怕的（如果也是清新、诱人的）无知深渊——对最重要之事的无知。

习俗权威的三大要素

关于理性与习俗之间的极端对立，我们已经有了一个大致的了解。如果我们暂时停一下，先思考下面这些问题，那两者的对立可以更加具体和生动：习俗如何起作用？它拿什么要挟我们？它如何使得我们相信它的主张，服从它的束缚？习俗施加于人类心灵（minds）和内心（hearts）的巨大力量似乎源于三种不同的力量。我们还可看到，每一种力量都与理性存在基本的紧张。①

首先，习俗的力量是习惯的力量。没有本能，人这种动物就是一种习惯性生物：我们会对长期以来已经"习以为常"的东西具有一种倾向、喜爱和忠诚。

但是，习惯化（habituation）的这种作用导致习俗（或习俗

---

① 这个部分总的观点受下面这些著作的启发。Mircea Eliade, *Cosmos and History: The Myth of the Eternal Return*, trans. Willard Trask, New York: Harper and Row, 1959, *Myth and Reality*, trans. Willard Trask, New York: Harper and Row, 1963; Strauss, "Progress or Return?", *Natural Right and History*; Edward Shils, *Tradition*, Chicago: University of Chicago Press, 1981. 另见 Daniel Lerner, *The Passing of Traditional Society: Modernizing the Middle East*, Glencoe, IL: Free Press, 1958.

法)与理性之间出现一种必要的紧张,正如亚里士多德在他的经典回答中所言。有些人主张,法律也应该像工艺或技艺那样(两者是理性最基本的显现),向改变和改革开放。对此,亚里士多德进行了回复。

> 从技艺这个例子所展开的论证是错误的。技艺之变不像法律之变;因为法律只有成为一种习惯才有实力让人服从,这种实力经过一段时间才得以形成。因此,轻易地改变现存法律,赞成有所不同的新法,削弱了法律本身的力量。①

[179] 因为习俗通过习惯化起作用(它要求固定不变),因而一个健康的传统社会本质上是一个静态社会。这样的社会是沉睡的、保守的。它顽固地抵制改变——这是一个更被现代人所注意到、所哀悼的事实。按其本性,它也必须如此。但是,这就让它与理性、技艺和哲学之间存在必然的冲突,因为这三者本质上都是动态的现象,以多样化、改变、意气风发、创新和进步而兴旺发达;它们自然鄙视习俗的霸道专横和令人窒息的固定不变。

但是,习俗不仅只是个人的习惯,还是整个共同体的习惯。习俗是"我们的方式"。因此,习俗对我们心灵的控制不仅源于"习惯的力量",也源于"社会压力"。社会——特别是社会中最年老、最受尊敬之人——的基本共识具有巨大的权威是合理的。但是,这种对集体智慧的理性尊重,因公共意见、荣誉和羞耻具

---

① 亚里士多德,《政治学》,1269a19-24。我们不容易感到这个观点的力量,是因为动态的现代国家以宪法和正式法(regular law)的强烈区分为基础。这种区分正是为了使改变或改革后者更容易、更没有问题。但是,当我们思考宪法的时候,我们却本能地回到亚里士多德关于保持相对不变之必要性的观点。

有异乎寻常的地位而得到了进一步的加强,因为它们奖赏温顺服从,惩罚离经叛道。换句话说,由于各个群体天然地倾向于服从、封闭和不宽容,习俗得到了它的大部分力量。这是现代文化所悲悼,被现代文化认为愚蠢不堪并与之进行斗争的倾向,虽然对一个传统社会的自我保存而言,这种倾向似乎是必要的(在一定的限度之内),因为支持这种倾向的,并不是理性和客观的证明,而只是"这是长久以来的约定"这个粗鲁的事实。"这就是为何应该这么做,因为……我们以前都是这么做的。"共同体共识之外是无底的深渊。因此,"有可能不同"这样的证明带着深深的威胁。所以,人们自然害怕陌生人,憎恨来自异域的东西。他们联合起来保卫"我们的方式",带着一种排外、仇外、种族优越感的热情。"我们的方式是正确的、好的,因为它们是我们的方式。"忠诚——对某人自己的东西的爱和信仰,只是因为它是自己的,是所有智慧的根基所在。

但是,哲学,正如它在古典意义上被理解的那样,本质上却与这种思维模式存在冲突:它本质上是不忠诚的,是我们中间的叛徒。它毫不关心、甚至敌视我们自己的(仅仅是我们自己的)东西。它看到的不仅是我们自己的东西,而是那本质上好的东西;不仅是习俗,而是自然。它带着惊奇和快乐凝视外面的世界,试图从熟悉的东西以及所在共同体的共同义务和无可争议的假设中解放出来。它渴望不要沉浸于其中,渴望去熟识化。它试图站在共同体之外,做一个超脱、客观之人,倚赖由合理论证和经验证据所构成的不偏不倚的基础。尼采尤其被这点所触动,他看到柏拉图的作品清楚地表达了这一点:

> [180]柏拉图极好地描述了哲学的思想家如何必须,在每个现存社会中,被算作所有邪恶的典范:因为

作为所有习俗的批判者,他是道德人的对立面,如果他不能成功地成为新习俗的制定者,那他在人们的记忆中就一直都是"邪恶之源"。①

但是,一个被整个共同体所分享的习惯,根本上仍然还不是习俗或传统所指。它也必须非常古老。此外,它还必须是祖传的。这是习俗力量的第三个根源,也是最大的根源。那些非常古老的东西,就像那些非常巨大的东西,天然地激发人们的敬畏之情,因为它们让我们自身在时空中的有限存在相形见绌。古老的习俗向我们走来,它来自遥远的过去,来自一个我们永远都不可触及,但又挥之不去的"远处"。我们也敬畏这样的习俗,因为它们代表漫长历史中一代又一代人的共识;它们接受了时间的筛选测试,是时间筛选出来的东西。

但是,这里的关键在于,习俗不仅仅是古老的,还是祖传的:它们是"我们的父亲和老祖宗的方式。"长者的权威与父母对孩子的权威相关。习俗不是个人的:它们是我们最远古的先父们的命令(这些老祖宗是传统社会、父权社会的最高权威)。

但是,如果这种祖传权威(以及所有其他因素)独立自足,没有其他因素的进一步支持,那它也不能持续抵抗蕴含在下面反思之中的对古老习俗的揭露:

> 原始人类,不论其为土生居民或为某次灾劫的遗黎,似乎都与[如今的]平庸或愚蠢民族类似……所以,如果遵守他们的意见,那就未免荒唐了(亚里士多

---

① 尼采,《朝霞:关于道德偏见的思考》(*Daybreak: Thoughts on the Prejudices of Morality*), trans. R. J. Hollingdale, Cambridge: Cambridge University Press, 1997, 202 (aph. 496)。

德,《政治学》,1269a3-8)

祖先不是无知的原始人吗？老东西实际上不是不如新东西,过去也不如现在吗？进步的观念威胁着要颠覆对传统的坚持。因此,最终是这种本质上乃是一种宗教信仰的传统信仰,即我们的祖先不是原始人,他们远比我们卓越,为对习俗(以及总体上,对父权权威)的尊敬进行了辩护。我们并没有取得进步胜过他们;相反,我们已经堕落,从他们那个高尚的状态跌了下来。

这个观点具有某种逻辑。正如父母比孩子更强壮、更智慧,所以祖先比父母更伟大。一般而言,先人总是优于后人,因为先人创造或生下了后人。[181]甚至,如果追思这个世界的开端,人们就会意识到,第一代人是神人,他们不是由任何前一代人所生;相反,他们创造了这个世界本身。因此,他们绝对是最强大的。后来,在我们这个脆弱的年代,这种力量要么不断变弱,要么从这个世界抽身而退,因为那种翻天覆地的巨变——大山大河得以形成——不再出现。但是,在这个世界的高水位线上,在英雄们大踏步前进、人与神相互交谈的黄金年代,我们的祖先却与这种力量近在咫尺。

这样一来,从祖先传至我们这些可怜、堕落的追随者身上的古老传统,将因为一种比我们自身更伟大、更智慧的神圣起源而受到珍爱和尊敬。因此,习俗在其充分意义上,就不仅仅是一个血缘或宗法观念,而是一个宗教观念:习俗乃是神法。习俗社会本质上是一个宗教社会,是一个神圣的共同体。它必定是神圣的,不仅因为(对公民提出各种严厉要求的)诸种习俗和法律需要通过神的赏罚得到强化,还因为更根本地,祖先的智慧和优越性最终只有在神的基础上才是可以理解的。最终,只有当习俗对社会的整个定位是神圣的(我们信任习俗,从中找到安全),

社会的方向才是有意义的。这就是为何,没有前现代哲人,确切地说是,贝尔之前,没有思想家曾经公然地提出,社会可以与宗教相分离。传统社会是一种宗教现象。

这种对过去、习俗法、以及以之为基础的共同体的神圣性的基本信仰,代表了哲学理性主义和传统社会之间不可避免的紧张的第三个根源,这也是最大的根源。理性不仅威胁习惯化所需要的固定性和共同协定所需要的忠诚,还首先威胁对上帝和神法之信仰和尊敬的关键态度。

换句话说,在最深的层面,这意味着,一个社会成为"传统的"社会,不仅在于其臣民恰好追随古老的习惯和习俗,还在于在某种层面上,他们明白自身的堕落,明白自己已从这个世界原初的完整性中跌落,已从神圣的领域跌落。他们明白,他们生活在回忆和忏悔、以及对过去的渴望之中。他们还明白,他们带着一种神圣的敬畏忠于传统,忠于祖先所赐之物。这种敬畏虽然脆弱不堪,但却是他们与赐予他们生命、但后来不断消退的神圣起源之间的唯一联系。相反,只要有东西有可能让他们遗忘或背离自己的祖传方式,他们就会惊恐地退避三分。新奇和创新本质上都是背叛。技艺虽然必要,但深深地值得怀疑——永远都被焦虑和内疚所折磨,正如普罗米修斯会发现的那样。[182]骄傲地声称具有一种独立于神法的善恶之知是根本的罪恶。因为所有人的智慧都在于恐惧上帝。哲人的伪智慧,即鲁莽地拒绝接受、尊重祖传的东西,以及任何不能此时此地出现在我们自身独立的人类官能之前的东西,总而言之是不神圣的、荒谬的。

由于这第三种维度,即宗教维度,哲学的生活方式与传统社会之间的根本冲突在古典时代也被称为"哲学与诗之间的古老争论",正如柏拉图所言(《理想国》607b;见《法义》967c-d)。

因为诗人是神圣习俗和神灵的代言者和捍卫者（如果说是以一种复杂的方式）。索福克勒斯的经典悲剧《俄狄浦斯王》(*Oedipus tyrannus*)，以及阿里斯托芬的伟大喜剧《云》(*Clouds*)，描述了寻找被禁的知识和允许理性勇于超越神圣习俗的界限所造成的毁灭性后果。在这两部剧中，这种后果的高潮都是家长权威和传统社会的基本前提受到侵犯：禁止殴打父亲、乱伦这样的神圣禁忌被打破。知识的祸害是极端的、根本的。在《酒神的伴侣》(*Bacchae*)中，欧里庇得斯(Euripides)述说了这种道德："祖传的传统，它们很久以前就属于我们——没有逻各斯[*logos*]能将之推翻：即使它们来自高贵心灵的聪明才智，也不能。"因此："对与神有关的东西保持节制和敬畏，这是最好的。我觉得，这是凡人最明智的做法。"①但是，这与哲人的做法正好截然相反。

当然，如今，"哲学与诗之间的古老争论"在我们听来怪异陌生、不清不楚，就像理性与社会之间的冲突听起来那样（我们正在试着把理性和社会重新联系起来）。但是，前者至少的确非常类似于我们能够立即理解的东西："理性与启示"这种著名的冲突。根据后者，哲学生活以拒绝接受任何对信仰具有重要性的东西为原则，它必定与基于信仰或启示的生活相冲突，必定违背这样的生活。一个寻求自主权和自力更生；另一个却寻求虔敬的奉献和服从。"理性与启示"这个公式，有助于带出我们正在讨论的这种冲突本质上的宗教特征，也有助于展示这种冲突的绝对性和不可逾越性。它涉及到一种我们不能真正摆脱或妥协的根基。

---

① 欧里庇得斯，《酒神的伴侣》(*Bacchae*), 200-204, 1150-1153, 拉赫(Rahe)在《古今共和国》(*Republics*)中引用并翻译, 215, 216.

但是,抛开它在这个语境中的所有作用(以及它内在的深度),"理性与启示"这个基督教公式也在某种程度上歪曲了[183]"理性与社会"这个冲突的原初含义——我们正试图将这一含义阐释清楚。因为基督教倾向于切断或模糊它所引进的新术语"启示"与它所取代的术语"社会"之间的紧密联系。"理性与启示"遗漏了原来那个冲突的政治维度;更确切地说,它模糊了政治维度与宗教维度变得不可分割的方式——通过这种方式,社会是一种宗教现象,宗教是一种政治现象。

"启示",正如基督教内部所理解,是一种明显与政治无关(apolitical)的现象:它关切的是某些抽象、根本的真理或原则,不是具体的社会习俗、风俗和惯例,也不是安排日常社会生活的政治体制。基督教与古希腊和罗马的异教信仰,甚至与犹太教和伊斯兰教形成了鲜明的对比。它并不声称自己是律法(the law)、地方传统和风俗的源泉。实际上,耶稣与犹太教的决裂,正是通过废除或超越摩西律法,以及对某个特定民族或民族国家的依附而得以实现。基督教是一种超验或普世的宗教;作为这样一种宗教,它的信仰脱离存在于某个特定社会中的特定风俗、习俗、法律和政治制度。因此,原则上,它将宗教从政治中分了出来,上帝的归上帝,凯撒的归凯撒,将教会从国家中分了出来;所以,它破坏了,或者不如说,复杂、模糊了神学-政治领域(或许这种叫法较为合适)必要的统一。(后来,现代自由国家强化并深化了这种至关重要的政教分离。)

相反,异教却高度政治化。根据库朗热,在古代城邦中,"所有的政治体制都是宗教制度,节日是祭拜典礼,法律是神圣准则,国王和地方治安官是祭司。"① 人们或许还可以说,这些制

---

① 库朗热,《古代城邦》(*Ancient City*),352.

度也是"道德"制度。但是,我们现代人的独特倾向,即把"道德"、"政治"、"宗教"概念与"道德"、"政治"、"宗教"领域区分开来(这部分是基督教的产物,部分是现代哲学的产物),却深刻地改变了这种现象,它无疑不忠于(前基督教的)传统社会。比如,"祖传习俗"这个词,就像我们仍然能感觉到的那样,指一些必定同时既属于道德又属于宗教,又政治性的东西。此外,这些内在的联系是否真的已经被完全切断值得怀疑:所有的道德观念都深深地隐含着关于这个世界如何运作,关于政治上和宇宙中的统治者应该是、确实是什么的某些背景信仰。

因此,"理性与启示"这个熟悉的公式,非常有助于[184]我们快速、本能地理解,在哲学与传统社会的冲突中(宗教方面),什么东西最终危如累卵。但是,它这样做的代价却是,它模糊了这一冲突的神学和政治维度的内在联系。(换句话说,不仅现代政治思想或自由启蒙运动,以及在某种程度上,还包括基督教,都需要对我们现代人疏远我们正在讨论的这个问题进行负责。)"理性与习俗"这个公式可能更清楚、更全面。因为习俗在其完全意义上,是祖传的和神圣的律法,是"启示"。但同时,它也延伸为具体的风俗、惯例、制度,这些东西塑造了日常的社会和政治生活的方方面面。

但是,如果进一步推进这个问题,人们可以说,我们一直都在使用的这个词"习俗",像"启示"一样,仍然过于狭窄,不够政治。在古典政治思想词汇中,人们用城邦(polis)一词来形容我们正在讨论的这个全面、不可分割的整体:道德—神学—政治共同体。古典城邦,即我一直在说的"传统社会"最为充分的发展,是完整、彻底的联合。它将道德、政治和宗教生活推向了顶峰。可以说,它是神圣之物的天然家园和被选载体,是人间诸神之意志和力量的首要显现。考虑到这点,正在讨论的这种冲突(归入理性与启示之间的冲突)最哲学化的公式就是:"哲人与城邦"。通过毅然决然地坚持他自己自发的理性,并以此作为其信仰的唯一根基,哲人很快将自己置于神圣城邦之外,并与神圣城邦处于颠覆性的对抗状态:对抗整个习俗世界对宗教的尊敬,对抗整个习俗世界的政治忠诚和道德义务,对抗道德—神学—政治整体。换句话说,哲学理性主义不仅对抗"启示"——如果这指某些抽象、超政治的神学和道德原则,还对抗传统生活上上下下整个的神圣结构。

正如哲学必然威胁城邦,所以,相反地,哲学首次出现于传统社会之中,是通过颠覆性地意识到,不同的社会具有不同、甚至相互矛盾的传统、风俗和关于社会起源的解释。由于被不同观念之间的冲突所触动,哲人决定寻求唯一的真解释。但是,他知道,他的心灵不是一张白纸,他不是从一无所知开始,而是从偏见和民族优越感假象开始。因此,为了寻求真理,他必须首先将自己从那阻碍了真理的东西,从"洞穴"中解放出来。[185]他已经看到,假象的主要来源是传统世界——各种习俗、风俗和神话,它们维持了每种文化或每个社会,也因每种文化或每个社会而得以维持。因此,在追求真理的过程中,他必须竭尽全力努力地摆脱城邦,摆脱洞穴,摆脱神圣的习俗共同体。在一定程度上,社会以及它最本质的信仰,是他最大的敌人。换句话说,哲学表现为对 *phusis* 或自然(nature)的追求——*phusis*(指本性、自然)被理解为 *nomos*(指法律、习俗、惯例)的对立面。因此,关于哲学的生活方式,有一些东西必定违反法律,是非法的,字面上看就如此。

共和主义德性

到这里为止,我们已经讨论了理性与习俗本身(不管习俗的特定内容)之间的系统性冲突的多个方面。现在,我们开始考虑哲学与某些特定的习俗,与曾被叫做"共和主义德性"(republican virtue)的习俗之间的具体对立。

在传统社会中,社会纽带的一个关键要素是公民对共同体福祉的道德承诺(moral commitment)。古典共和主义传统尤其强调这个——对此,大多数前现代思想家和许多现代人都同意。该传统认为,政治自由和社会健康不可或缺的前提是"共和主义德性",一种朴素、热烈、无私的爱国主义。(对以开明的自利为基础,以个人主义和商业化为特征的大型现代共和国而言,这个主张当然有些陌生。因此,再次需要极大的努力,将一个已经消失了的世界的经历和内在问题联系起来。)

曾经有一种古老的共和主义道德艺术(现在已经失传),它教导世人,为了培养和保护这种热心的公共精神,有必要消灭每一种使人变软弱、"变自私"的东西——唯物主义、奢侈、享乐主义、不平等、固定不动的方式、懒散,并保护每一种让人变硬朗、动起来的东西:"斯巴达"式艰苦朴素、纪律、持续有活力的活动、一种尚武精神,以及一剂仇外良药。

但是,沉思或哲学生活——如果公开地让人看到其本来面目——却直接与这种积极、尚武的爱国主义所理解的德性背道而驰。通过提升心智的高度,使之关注永恒的宇宙,哲学将心灵从城邦中撤了出来。从这样一个高度看,城邦突然变得好小。它是特殊的、不完美的、短暂的。作为对普遍和永恒的追求,[186]哲学必定与特殊和短暂、此时和此地、以及对某人自身的忠诚存在矛盾。哲学与城邦相冲突,正如世界主义与爱国主义相冲突。

此外,它用沉思的姿态取代了行动的姿态——它削弱爱国主义式动员,宣传闲暇和闲散。通过展示一种比公共义务还要高尚的私人快乐，它将固定不动的私人生活和自我沉醉合法化，甚至使之变得高贵，但在此之前，这些却是最羞耻之事。它也鼓励温文尔雅、理解、以及一种削弱尚武精神、专注于沉思的消极被动。总之，没有什么可以对共和主义德性和爱国公民的观点造成更大的破坏。斯巴达和哲学并不协调一致。

因此，马基雅维利在反思政体的历史循环，即各个国家的兴衰规律时观察到：

> 德性生平静，平静生闲暇，闲暇生混乱，混乱生毁灭；类似地，从毁灭中，诞生秩序；从秩序中，诞生德性；从德性中，诞生荣誉和好运……因为，正如好的、有序的军队带来胜利，胜利带来平静，得到武装的精神的实力最能被文字这种光荣的闲暇所腐蚀……当哲人第欧根尼（Diogenes）和卡涅阿德斯（Carneades）因被雅典人推为议会的发言人而来到罗马时，加图（Cato）最清楚的就是这点。因此，当他看到罗马的年轻人是如何开始带着倾慕之情跟随他们时，因为他意识到了这种光荣的闲暇可以带给他的祖国的恶，他明白，在罗马，没有哲人可以被接受。①

当然，在使罗马远离哲学的战争中，加图最后以失败告终。在著名的《论科学和艺术》（*Discourse on the Sciences and Arts*）中——这本著作是从启蒙运动的核心出发，对古典共和主义观进行激进的重述，卢梭对这场战争的结局进行了描述：

---

① 马基雅维利，《佛罗伦萨史》（*Florentine Histories*），trans. Laura F. Banfield & Harvey C. Mansfield, Princeton, NJ: Princeton University Press, 1988, 185 (5.1).

罗马充斥着哲人和演说家;军事纪律受到忽视,农业受到轻视,[哲学]学派受到拥护,祖国被忘的一干二净。那些自由、公正无私、服从法律的圣人的名字,被伊壁鸠鲁、芝诺和阿瑟希拉(Arcesilas)这些名字所取代。①

类似的说法也出现在雅典语境中——在阿里斯托芬的著作中。阿里斯托芬攻击并嘲笑苏格拉底、欧里庇得斯、以及公元前5世纪的整个古希腊启蒙运动,批评它腐蚀了道德,削弱了雅典的政治和军事实力。蒙田点评道:

[187]当哥特人侵略希腊时,他们之所以没有烧掉任何一个图书馆,是因为其中一个侵略者散播了这个观点:这种东西最好完好无损地留给敌人,这样就可以转移他们的注意力,让他们疏于军事练习,忙于安静、闲暇的事业。②

这一切在现代人听来真是莫名其妙、过度紧张。但是,对于传统特别是古代共和主义世界而言,这却只不过是种道德常识:沉思和公民身份——思想生活和行动生活——根本上有别,且相对立。正如塞涅卡所证实:"因为富有学识的人已经出现在我们中间,因而好人就开始消失。"——引自蒙田和卢梭用赞许的态度引用过的一句话。③

---

① 卢梭, *The First and Second Discourses*, trans. Roger D. Masters and Judith R. Masters, New York: St. Martin's Press, 1964, 45.
② 蒙田,《蒙田全集》(*Complete Essays*), trans. Frame, 106 (1.25).
③ 塞涅卡,《道德书简》(*Ad Lucilium*), 95.13;蒙田,《蒙田全集》(*Complete Essays*), trans. Frame, 103 (1.25);卢梭, *First and Second Discourses*, trans. Masters & Masters, 45.

我们还可以从某些基本的历史事实中找到一些支持这种冲突观(在理论与实践问题上)的经验证据。众所周知,各民族的政治巅峰很少与他们的智识巅峰相重合(特别是在前现代时期)。在政治健康达到顶峰的地方,特别是根据古典共和主义传统的定义,在早期罗马共和国或斯巴达,哲学基本被排除在外。只有当政治健康和共和主义德性开始衰败,哲人和其他知识分子才开始茁壮成长。正如莱基(W. E. H. Lecky)在其经典著作《欧洲道德史》(*History of European Morals*)中所言:

> 这也是个最显而易见的事实,不管对个人还是对时代而言,在智识成就最为杰出的时候,美德并不是最高尚的,一个高度智识化……的文明往往与严重的堕落共存。①

诚然,这是个复杂的问题,伴随着很多特殊情况。但是,在历史上的大多数时期,用黑格尔的那句名言,密涅瓦的猫头鹰只在黄昏起飞。

总结一下,哲学和城邦之间的冲突,正如我们到现在为止所考察,不只在于某些特定的哲学主题("危险的真理")与城邦某些特定的教条或法律之间的对立——尽管这样的对立的确存在,我们很快就会看到。相反,它在于两种不可兼容的生活方式之间的冲突。城邦需要权威性解决和封闭;哲学需要质疑和开放。城邦必定以习俗为基础,哲人试图使自己的生活以理性为基础——这两种基础,即习俗和理性,在根本上相对立,正如固

---

① 莱基(Lecky),《欧洲道德史》(*History of European Morals*), 1:149-150.

定性与[188]创新和动态相对立,忠于集体信仰与伤风败俗的独立思考相对立,谦卑、虔敬的服从与自主和自力更生相对立,启示与理性相对立。最后,古代尚武共和国那种积极、爱国、自我牺牲的生活与哲学沉思那种超脱、爱世界、温和和自我放纵的生活相反。

论虔诚、爱国主义和快乐

由于存在这种系统性的冲突,因而哲人若不经常尽他们所能来处理这种冲突,并将这种冲突的后果最小化,那就确实有些奇怪。哲人为了逃避迫害而采取的众多策略(前面的章节有所描述),他们也用来避免危害社会。总的说来,他们试图像大多数人一样说话,但像少数人一样思考。表面上,他们努力遵从普遍盛行的习俗,不管这些习俗可能为何。

但更具体地说,在哲人的种种迁就行为中,正如我们在一定程度上已看到,首先是某种程度的宗教欺骗。正如奥古斯丁所言——得自塞涅卡和瓦罗(Varro)的著作(不过这些作品已失传):

> 对于公民神学的这些神圣仪式,塞涅卡喜欢(作为一位明智之人的最佳做法)表现出佯装尊敬它们的样子,但内心却并不真正关心它们……[塞涅卡]敬拜他所谴责的东西,做他所谴责的事情,喜爱他所责骂的东西,因为,哲学当然已经教会他一些伟大的东西——也就是,在这个世界上,不要迷信;但是,为了城邦的法律和人间的习俗,要做个演员,不是舞台上的演员,而

是寺庙中的演员。①

类似地,蒙田在评论一般意义上的古代哲人时写道:

> 他们写的一些东西是为了满足社会的需要,比如他们的宗教;由于这个缘故,他们不想剥去大众意见的外衣就合情合理,因为这样就不会引起人们不服从他们所在国家的法律和习俗。②

甚至热情的唯物主义者和享乐主义者伊壁鸠鲁,也在表面上作出尊重流行风俗的样子。正如第欧根尼·拉尔修(Diogenes Laertius)声称:"没有言语可以形容他对诸神的虔诚和他对自己国家的喜爱之情。"③

[189]但是,除了宗教问题,还有其他一些基本问题——我们分析理性与社会之冲突时已经提到——也常常唤起哲人的保护性隐微主义。在这里,我会简单地谈谈其中的两个。

最明显的一个,第欧根尼·拉尔修在讲述伊壁鸠鲁时已经提到——他强调伊壁鸠鲁"对自己国家的喜爱之情",强调他的爱国主义。因为在大多数传统社会中,尤其是在尚武的共和国中,如果哲人要避免伤害与被害,他就必须表明自己不仅爱上帝,还爱国家。当然,柏拉图做了大量的努力,来把苏格拉底呈现为一位公民哲人,而苏格拉底之所以做到这样(即使疏远了自己的同胞),只不过是对同胞的德性和雅典的福祉表现出极大的热情。但是,在其他地方,柏拉图却让我们看到这样的一个

---

① 奥古斯丁,《上帝之城》(*City of God*),6.10.
② 蒙田,《蒙田全集》(*Complete Essays*), trans. Frame, 379 (2.12).
③ 第欧根尼·拉尔修,《名哲言行录》(*Lives*),10.10.

苏格拉底:他承认,即使在最佳政体中,哲人也不愿统治,除非被迫。① 在柏拉图最政治性的著作,即《法义》中(803b-804b),雅典异乡人(苏格拉底的替身)这样暗示他在政治和人类事务上的复杂立场:

> 异乡人:当然,人类事务不值得过分严肃的对待;但是,我们不得不认真对待。这不是件什么幸运的事……
>
> 麦吉卢:先生,你在贬低我们人类,每个方面都是!
>
> 异乡人:不要大惊小怪,麦吉卢,但原谅我!因为我刚才那样说时,我正扭头看着神,我是在这种情况下说。所以,让我们人类变得不低劣吧,如果这是你喜欢的,让人类配得上某种程度的严肃。

哲人严肃地对待政治和他所在的城邦,但不是因为他以之为贵,视它为高贵之物,本质上值得被严肃对待,而只是因为一种实际需要——特别是作为一种妥协,对非哲人顽固珍爱之物的妥协。帕斯卡描述了这种对待政治的哲学态度,他这样论述柏拉图和亚里士多德:

> 当他们通过写作《法义》和《政治学》来娱乐自己时,他们把这种事情作为一种消遣;这是他们生命中最不哲学、最不严肃的部分……如果他们写政治,就好像是给疯人院带去秩序;如果他们表现出谈论一件宏大

---

① 《理想国》520a;见347c-d;亚里士多德,《尼各马可伦理学》,1134b4-7.

之事的表象,那是因为他们知道,他们正在跟疯子说话,这些疯子相信自己是国王和帝王。他们干涉这些人的原则,是为了让他们的疯狂尽可能地减少伤害。①

[190] 人们甚至可以在西塞罗那里看到这种掩饰的成分——西塞罗可是古代哲人中在政治上最为活跃的。在其《论法律》(Laws)和《论道德的目的》(De finibus)中,他为高度政治化和道德化的廊下派教义进行了辩护;甚至,他本人在这些对话中也扮演了廊下派的角色。在其《论共和国》(Republic)中,他——或者说,拉埃利乌斯这个角色——为某种版本的斯多葛主义进行了辩护。他在这种主义的爱国主义上走的如此之远,因而甚至证明罗马是最佳可能政体,罗马那辽阔的帝国完全与自然法相一致。但是,从他的《图斯库罗姆谈话录》(Tusculan Disputations)以及其他著作中却可以明显看到,实际上,西塞罗根本就不属于廊下派,而是一位学园派怀疑论者(an Academic Skeptic),即高度怀疑的新学园派的成员——新学园派完全拒绝廊下派,廊下派质疑自然法的合法性,且对罗马,确切地说,对所有的政治政体的缺陷和毁灭不抱幻想。②

许多古典哲人所戴的这种公民身份面具——这种夸大的爱国主义和共和主义德性,说明了保护性隐微主义的第三个、也非常普遍的内容:反享乐主义或对快乐的极端谴责。正如我们已经看到,在传统社会,尤其是古典共和国中,道德特性问题主要是从"德性与快乐"这种二分法进行看待:要么过一种艰苦的生活,致力于义务、德性和基于公共精神的奉献,正如健康的共和

---

① 帕斯卡,《帕斯卡沉思录》(*Pascal's Pensées*), trans. Trotter, 93 (aph. 331).我对翻译进行了稍微的修改(加了强调)。

② 见西塞罗,《图斯库罗姆谈话录》(*Tusculan Disputations*) 2.4, 4.47, 5.11。

国所要求的那样；要么屈服于感官享受、享乐主义和自我放纵。人们相信，大多数人，即"大众"，非常容易滑向后一种生活；只要受到一丁点的鼓励，他们立马就可以踏入这种生活。因此，许多哲人试图通过对快乐进行夸张、彻底的谴责，来反抗这种危险——哲人知道大众的上述倾向，也害怕哲学生活会不可避免地成为一个危险、腐蚀性的典范（它本身涉及到一种更高程度的自我放纵）。比如，在《尼各马可伦理学》中，亚里士多德写道：

> 因为一些人认为快乐就是善。另一些人却认为，正好相反，快乐完全是坏的——在后面那些人中，有些人这样说，或许是因为有人劝诫他们，快乐实际上就是这样。另一些人这样说，是因为他们认为，最好带着这样一种观念看待生活，即使快乐不是坏的，也要声称快乐是坏的。他们认为，这是因为大多数人趋向于快乐，实际上也被快乐所奴役。因此，一个人应该引导他们走向对立面，因为通过这种方式，他们或许能够到达中间的位置。①

亚里士多德继续说，他不会追随这种做法，因为这种做法长期并不可行，但是[191]从随后他对柏拉图的批判中看出，他似乎显然相信，后一种做法确实可行。当然，人们长久以来就注意到，柏拉图式对话融合了许多对快乐的强烈谴责，但有些关于快乐

---

① 亚里士多德，《尼各马可伦理学》，1172a27. 另见 Aristide Tessitore, "A Political Reading of Aristotle's Treatment of Pleasure in the *Nicomachean Ethics*," *Political Theory* 17, no. 2 (1989): 247-265.

的讨论却是对快乐表示赞同。① 更一般地,根据蒙田:

> 从所有古代哲学作品中,你会发现,同一个哲学工匠既发表节欲的规则,同时也发表多情多淫的著作……这并不是因为有什么神奇的变换装置一阵一阵地搅动他们。相反,这是因为:梭伦此时代表他本身,彼时又表现为一个立法者;此时为大众说话,彼时又为自己说话……
>
> 对于那些脆弱的胃,我们需要制定严格的食谱。那些好的胃,则只要接受他们的天然食欲的指示。所以,我们的医生也是如此,他们吃甜瓜、喝新酒,但却让他们的病人只喝糖浆、吃剩菜。
>
> 我们必须经常被人骗说我们不会欺骗自己;如果要矫正和修改,我们的眼睛要被蒙蔽,我们的理解要受到阻碍。"因为进行判断的是无知者,他们必须经常被骗,以免他们犯错"[昆体良]。当他们[圣人]命令我们爱我们面前30、40、50度的东西时,他们模仿弓箭手的技术——为了射中目标,弓箭手瞄准一个比该目标更远的目标。为了弄直一根弯了的枝条,你把它往另一个方向扳。②

另外,在西塞罗的对话《论法律》中,我们吃惊地看到,西塞罗的老朋友,终生的伊壁鸠鲁主义者阿迪克斯(Atticus)同意廊下派道德教义,对快乐予以谴责。西塞罗似乎明显表明,不管一个人

---

① 柏拉图,《斐多》64c-65c.
② 蒙田,《蒙田全集》(*Complete Essays*), trans. Frame, 757 (3.9), 769 (3.10). 昆体良的这句话引自《雄辩术原理》(*Institutes*) 2.17.28.

私底下如何看待快乐(正如看待上帝一样),公共场合有必要扮演成一个斯多葛主义者。①

类似地,在对柏拉图《理想国》的注疏中,阿威罗伊强调了政治上对高贵谎言的需要。他首先将这个问题与快乐问题联系了起来:

> 领导向大众撒谎对领导而言是合适的……教导公民时,不真实的故事是必要的……首先,他们应该拒绝那些有益于[全神贯注于]快乐的观点……他们会听那些提醒他们避开快乐的观点。②

进行总结之前,得重新强调这一点,那就是,这里所引用的少量段落还无法解决这个问题:柏拉图或亚里士多德或[192]任何其他人,到底在关于虔诚、爱国主义和快乐的复杂问题上持什么立场。(色诺芬和西塞罗的清晰案例足以表明,不管理论基础是什么,哲人都可以成为一流的将军和政治人物。)但是,他们的确强烈地建议,哲人在这些特殊问题上的表面说法(这些问题对古典共和国的健康至关重要),或许在很大程度上归功于他的这种双重努力:保护社会,保卫哲学。

高贵的谎言

到这里为止,我们已经考察了两种生活方式之间的一般性

---

① 西塞罗,《论法律》1.21–39, 3.26.
② 阿威罗伊,《阿威罗伊论柏拉图的〈理想国〉》(Averroes on Plato's Republic), 24.

冲突：一种是哲学的生活方式，另一种是传统社会，特别是古典共和国的生活方式。但是，除此之外，或者不如说，作为其中的一部分，人们也可以指出对社会构成了威胁的某些特殊的哲学主题——某些"危险的真理"。或者，反过来说，存在某些善意的神话，它们对社会而言是必要的。

最明显的例子，在柏拉图对"高贵谎言"臭名昭著的解释中有所暗指（《理想国》[414b-415d]）。① 在这个地方，柏拉图，或他的苏格拉底，需要同他人一道，描绘最佳和最正义可能社会。因此，当苏格拉底宣布有必要让社会相信一个巨大的神话或高贵的谎言时，真是犹如五雷轰顶。这一点，即不正义的政体需要用谎言来遮盖它们的罪行，其实并不大大地出人意料。但是，苏格拉底的主张的含义是，由于某种原因，政治生活本身就具有这样的瑕疵：即使最佳可能政体也会存在根本性的缺陷，因而需要对自己撒一些关于自己的谎，需要躲避某些危险的真理。高贵的谎言可以说包含四个关键的主张，它们是每个传统社会必须告诉自己的四个谎言。

高贵的谎言——早期社会常见的一种宣言——的第一个要素是"本土性和独立性"（autochthony）：所有的公民都是土生土长的地球人，地球是他们的共同母亲。直至今日，我们仍然可以看到这种原初信仰的踪迹，因为我们发现自己说母邦或父邦。在最简单的层面上（以及在苏格拉底所强调的层面上），这样的神话显然有助于推动公民热爱并保卫祖国。但是，如果这是这个神话唯一的目的，那我们就不明白，为何这个神话是绝对必要的。离开了它，爱国主义就无可能？习惯和感激的力量不也让

---

① 见布鲁姆在解读《理想国》一文中的精彩讨论，出自 Plato, *Republic*, 365-369.

我们热爱自己的祖国嘛？就像它们让我们热爱自己的家园。

但是，这里有个进一步、更深层次的问题：公民不会全心全意地热爱并保卫他们的祖国，除非他们觉得祖国正当地属于他们。[193]但是，是吗？我们的地图有边境线，但地球却没有。地球并没有被自然或任何值得的原则所捆绑，并依此而被划分给各个民族。地球的划分只是通过武力和偶然。人类是地域性的陆生动物，他们生活在哪里，就拥有哪里的土地，其他的陆生动物也通过同样的方式拥有它们的领土——最突出的是狮子。不管过去的情况如何，比如，5万年前，地球上还没多少人时，所有有记载的历史表明，地球上很少有哪个民族不是通过用武力驱逐原先定居者的方式来获得它的土地。不过，原先定居者的抱怨也不正当，因为他们也驱逐了他们之前的定居者。简言之，几乎所有现存的社会都是建立在征服之上，虽然对一些幸运的民族而言，这些事件可以消失于时间之雾中。这个残酷的事实必须用一个关于正当起源的神话进行掩盖：我们在这块土地上出生；或者，这是上帝赐予我们的希望之乡（Promised Land），或者我们通过天定命运（Manifest Destiny）而拥有它。

为了理解这个问题，我们必须记住，社会初始阶段的原始暴力是对传统社会，而非对我们自己的社会，提出了更大、更显著的问题。前一种社会根植于习俗，它基于"过去优于现在"的信仰，基于对祖先或开国之父们、以及对他们继承给我们的传统的尊敬。因此，原始罪恶或侵略这个事实对传统的整个定向构成了直接的挑战。这样一来，正如需要用超自然的事件来解释或证明古代习俗或法律的智慧，就像我们所看到的那样，人们也需要用另一个东西来解释为何对祖国的占有是合法的，需要为这种合法占有提供基础。

相反，现代国家不是基于对神圣、古老秩序的尊敬，而是基于对我们原始无序的恐惧,基于对回到野蛮的"自然状态"的恐惧,基于对我们人类征服这个有缺陷的自然条件所产生的骄傲。总之,它们所倚赖的,是对进步的信念,不是对传统的信仰;是有关未来的神话,不是有关过去的神话。这就是为何现代思想家们,比如,马基雅维利和霍布斯,想方设法地强调甚至夸大原初的暴力,但古代思想家们,比如,柏拉图和亚里士多德,却尽其所能地将它隐藏起来(但在字里行间指出)。①

第二条教义直接紧跟第一条教义。它是指,出生于这块共同土地的公民都是兄弟姐妹——同样地,如今的公民也经常这么说。又同样地,其目的不仅是为了表达或加强爱国主义。更加重要的是,它是为了掩盖另一个棘手的关于人类境况的政治真理:正如地球没有天然的边境线,因而人类也没有被天然地划分成[194]不同的政治群体——尽管我们必须当这种划分是存在的。人性是统一的,正义是普遍的,但是,国家是特殊的。人类生活是政治生活,它在于任意地分割人类的一些部分,再将之组合——很大程度上,这通过反抗另一些这样的任意组合而得以完成。我们的道德和政治存在,本质上根据自己人和外人之分、公民和外国人之分进行安排组合,虽然这样的划分最终是任意的、错误的。自然并没有塑造雅典人和斯巴达人。所以,只有当国家是一个普世的世界国家时,它才可能是真正正义、理性的,但这是不可能的(特别是在前现代时期)。理性要求世界主义;政治生活要求爱国主义。

的确,我们对这个问题的感觉不如以前那么敏锐,因为我们生活在多语言、全球化的现代社会中。其中,公民和外国人之分已经变得不那么重要(至少,在和平时期是如此)。甚至,现代

---

① 参阅柏拉图,《法义》3;亚里士多德,《政治学》,1.2.

的社会契约国家公开承认自己的人造特性(artificiality)。但是，即使到了现在，我们仍然觉得，如果一些人正在圣地亚哥之类的地方挨饿或受到镇压，那是非常不对的，是一种巨大的不公平，是一个丑闻，是一种针对我们所有人的道德反思。我们说：这些人是美国人！但是，如果这些挨饿或受到镇压的人碰巧生活在向南几英里处，住在提华纳(Tijuana)，我们就想：好吧，真是不幸，但这不是我们的问题；这个世界就是这个样子。这个事件具有根本上不同的道德状态。一件是正义之事；另一件，至多是慷慨或怜悯之事。

在历史上的大多数时期，特别是在古典共和国，这个现象——道德和边境的联系——更加明显。起作用的道德必定是"公民道德"：善待朋友，伤害敌人。这种道德导向本质上与这个事实存在紧张：只不过是由于偶然，这个人成了我的同胞，我的生命致力于他的权利和福祉；我不把生命奉献给一个外国人，对于外国人的利益，我毫不关心，心怀敌意。正如帕斯卡在《思想录》中所写：

> 你为何杀我？——什么！你不是生活在河(water)的另一边吗？我的朋友，如果你生活在这边，而我是个刺客，那像这样残杀你是不正义的；但是，因为你生活在另一边，那我就是个英雄，杀人是正义的。
> (第293条)

世界国家之外，政治生活从来都不能完全逃脱这种需要，即将某些偶然的差异扭变为道德上的必要差异。在《理想国》中，这个问题以下面的方式进行了暗示。[195]在第一卷中(331e - 335e)，当玻勒马霍斯把正义定义为帮助朋友、伤害敌人时，苏格拉底通过某种戏谑的悖论论证立即让他承认，真正的正义在于帮助所有人类，不伤害任何人。但是，后来，在第二卷中（375a-e）中，当苏格拉底参与构建最佳可能政体时，他被迫恢复他之前所拒绝的公民道德：占统治地位的"护卫者"必须像"高贵的狗"一样，善待公民，敌视外人。政治生活需要一个隐藏普世真理的神话（这个真理就是这个事实：我们拥有共同的人性），并使政治共同体的任意划分正当化：我们公民是一个四分五裂的种族，我们都是兄弟姐妹，出生于这块土地之上；或出生于同一个家庭，都是亚伯拉罕的后代，或出生于同一个"国家"，有自己的"民族精神"（Volksgeist），或出生于独特的"文化"，有自己的群体权利。

到这里为止，我们所看到的是，政治生活通过划分联合起来：它切下地球的一块和人类的一块，然后用一种高贵的谎言使得这种任意的划分看上去像是一个道德联合体和一个自然的整体。但是，一个政治共同体也需要内在的"分割"：统治者和被统治者之分。完美的一致，即所有人的统治，并不可能；因此，在每个社会之内，这个整体的某些部分——一个、少数或许多人——必须统治剩下的那些部分。这样一来，选择谁作为统治者就需要正当化，这就是（高贵的谎言）第三条教义的目的所在。当公民们在地底下被造好之后，苏格拉底的故事继续说道，神把铁和铜混入那些天然注定是农夫和工匠阶层的人，把银混入那些天然适合做辅助或军事阶层的人，把金混入那些天然要进行统治的人。

但是，有人或许会问，为何需要一个神话来正当化这种阶级制度。至少，根据柏拉图以及大多数古典思想家的原则，这是真的：某些人具有一项天然的统治权利。人与人并不处处相同、处处平等，并不是所有人都适合相同的工作。一些人比另一些人更智慧、更富有德性；他们提出，那些最受人尊敬的人是天然的统治者，因为他们单独就可以统治好，也就是，他们可以正义地、智慧地统治。理性统治是理性之人的统治。所以，如果统治者/被统治者之分具有一种天然、理性的基础，那神话又有何必要？

这种需要源于人类境况的另一种基本缺陷，正是这种缺陷削弱了真正的"天然统治者"的政治权力和相关意义。尽管智慧和德性确实是合适的统治所必要的，尽管它们是真正、客观的品质，但是，它们表面上并不显而易见，它们并不容易被人看见，特别是对那些缺少智慧和德性、最需要认识和听从它们的人而言。[196]由于这个关键的"不可见"问题，在实际操作中，真正天然或理性的统治原则，即"智慧和有德之人应该统治愚蠢和邪恶之人"，几乎总是导致一种混乱的自由混战，因为众多真正优秀之人和假装优秀之人都提出他们的主张。要是自然得到了较好的安排，要是心灵和品质内在的优秀成功地与一些明显、轻易可量的外在表现——比如，身高——结合起来，那么，智慧和德性的权利就会在这个世界上产生功效，因而政治权威也会直接基于理性和真理。但是，事实上，唯一最为合理的统治基础在政治上是不能用的，因此，所有的实际统治必须将自身合法化——通过诉诸于习俗和神话：统治者属于金，或拥有较高贵的血液，或是诸神的后代，或被神权所指定。几乎在所有的传统社会中，政府声称自己具有合法的权威，都通过这样或那样的方式以神话为基础。

高贵的谎言第四部分处理和正当化了第四个必要、但有很大问题的划分：每个发达社会中人的划分。文明——以及经济剩余、闲暇、理性与艺术的高度发展——的兴起，只有通过劳动的分工才成为可能。但是，正如我们早已看到，这导致了这个极大问题的出现，即有些工作是社会所需，但对必须做这些工作之人有害。文明的兴起以丧失社会的正义为代价。这种带来文明的关键制度只有通过追溯到自然或诸神才可以得到正当化。因此，根据高贵的谎言，公民们从地球上出生之时，还带着他们命定工作的工具。人类像蜜蜂一样，天生天然地适合社会所需的特定工作类型，数量上也正好相符。存在天然的收垃圾工和天然的矿工。

还有天然的奴隶。劳动分工问题最极端、最明显的形式是奴隶制问题。古希腊和罗马共和国高度的自由和文明具有一个经济前提，那就是庞大的奴隶阶级。实际上，工业革命之前，高度文明的社会不可避免地建立在农奴、奴隶或其他形式的经济剥削制度之上。这就是为何，亚里士多德在《政治学》的一开始（1253b15-1255b40）论证"城邦是自然的"之时，他显然有必要论证——这是亚里士多德版本的柏拉图式高贵谎言，当然，我们人类天生分为两种：天然的主人和天然的奴隶。[①] 这个显而易见的事实是，所有发达的传统社会都建立在不可避免的巨大压迫之上，它们需要神话来使之正当化。

日常生活的神话

上面的讨论强调了理性主义和严格意义上的政治的冲突。但是，实际生活的许多其他方面亦与理性存在类似的冲突。考虑几个明显的例子。

[①] 关于亚里士多德对天然奴隶制的讨论，详细的隐微解读见 Wayne Ambler, "Aristotle on Nature and Politics: The Case of Slavery," *Political Theory* 15, no. 3 (August 1987): 390-410; Thomas Pangle, *Aristotle's Teaching in the Politics*, Chicago: University of Chicago Press, 2013, 42-51.

浪漫的爱情这种激情以深深地根植于假象或错觉而著称。它召唤我们夸大所爱之人的德性、爱情的力量，以及浪漫关系的永久性、甚至永恒性。

家庭制度，特别是传统家庭、贵族家庭，依赖于某些必要的假象，比如财产或贵族身份（对"血统"的信仰）的可继承性，又如祖先对当代人、老者对年轻人、长子对其他子女、男人对女人的天然优越性。它也依赖于这样的希望，即我们去世之后，我们能够以某种方式真正地长存于我们的后嗣之中。

对名声或荣誉的激情依赖于这种错觉：我们可以名垂千史，这（如果成真）将会在我们死后，以某种方式影响到我们。

对金钱无穷无尽的欲望源于这种错觉：无穷无尽的快乐，或一定数量的财富可以给我们带来绝对的安全。

关于我们对我们自己的意见，即我们对我们的价值、社会地位，以及最终在宇宙中的地位的估量，我们也抱有错觉。

日常生活尽是"高贵的谎言"。正如在一部早期喜剧中，莱辛安排其中一个角色说道："照道理，我们应该幸福地活在这个世界上……无论何时，只要真理对这个伟大的最终目的形成了阻碍，人们就必定会把它搁在一边，因为只有少数灵魂能够在真理本身之中找到他们的幸福。"[①]确实，哪里有人不带着错觉生活，他的生活经得起苏格拉底式省察的考验？实际上，这个问题构成了柏拉图式对哲学的辩护的核心：哲学生活胜于其他生活，不仅因为哲学生活更令人满足，还因为它是唯一真正诚实、自洽、"大彻大悟"的生活。所有的非哲人，都以这种或那种方式

---

① 莱辛（Gotthold Lessing），《自由思考者》（The Freethinker），选自《莱辛神学著作集》，（Lessing's Theological Writing），trans. Henry Chadwick, London: Adam and Charles Black, 1965, 42–43. 布鲁门伯格（Hans Blumenberg）在《现代的正当性》（The Legitimacy of the Modern Age）中引用，Cambridge, MA: MIT Press, 1983, 421.

怀有"灵魂深处的谎言"。

那么,到底是人性中的什么东西对真理避而远之,对假象大献殷勤?或许,只有真正的哲人,上面所说的那种意义上的哲人,才能够彻底地解决这个问题,并得出相应的结论。但是,这似乎相当清楚:这个答案的重要组成部分之一,涉及到人必有一死这个问题。照这样说来,人类生活中倔强的二元性最终源于这个事实,即每一种本能和我们本性的每一种渴望把我们推向[198]存活(preservation)和生命(life),但我们独特的理性官能却告诉我们,我们以及我们所爱的每一种东西都必会死亡。这就是为何,在某种程度上,每个不够哲学(subphilosophic)的灵魂与它本身、以及真理处于战争状态。我们生活在对死亡的拒绝之中。

大概是因为这个原因,在《斐多》中(64a),柏拉图的苏格拉底并不把哲学定义为关于理念或形而上学真理的知识:"那些正确地追求哲学之人,什么都不研究(study),只研究死亡,练习死亡。"从心理学上讲,这是对一个人而言最难做的事。正如拉罗什富科(La Rochefoucauld)所评论:"太阳与死亡都不可直视。"①蒙田说道:

> 只有一流之人才能纯粹地沉思这个东西本身[死亡],思考它,判断它。只有唯一的苏格拉底能够认识带着一副平常面孔的死亡,熟悉它,逗弄它。他不寻求它本身之外的慰藉;对他而言,临死似乎是件自然、无

---

① 拉罗什富科(François de La Rochefoucauld),《道德箴言录》(*Collected Maxims and Other Reflections*), ed. & trans. E. H. Blackmore, A. M. Blackmore & Francine Giguère, Oxford: Oxford University Press, 2007, 第26条箴言。

关紧要的事。他正视它,下定决心奔赴它,没有左顾右盼。①

但是,很少有人能够这样凝视死亡,正视现实。在柏拉图式比喻中,对大多数眼睛而言,真理之光太明亮。这一比喻已成为标准的修辞。

最后再说一次,不管是什么充分的理由造成了这个事实,人们对它的反应一目了然:保护性隐微主义(这是自然而然的反应)。正如辛奈西斯(Synesius of Cyrene)所言:

> 哲学智慧,虽然旨在观察真理,却默许可以使用谎言。只考虑这个类比:光之于真理,犹如眼睛之于智者。正如享受无穷无尽的光对眼睛有害,正如黑暗更有助于残缺的双眼,所以,我说,谎言对大众有利,真理对这些人有害:他们力不从心,无法目不转睛地盯着真理的明确启示。②

与此类似,莎夫茨伯里写道:

> 理解跟用眼睛看是一样的:对于这种尺寸和形状,这点光就够了,无须更多。多出来的那些光,带来的是黑暗和困惑。向柔嫩的双眼隐藏强烈的真理,乃是真正的人性和仁慈。③

---

① 蒙田,《蒙田全集》(*Complete Essays*),trans. Frame, 632 (3.4).
② 第 105 封信,拉赫(Rahe)在《古今共和国》(*Republics*)中引用并翻译,*Republics*, 226 (加了强调).
③ 莎夫茨伯里,《人、风俗、意见与时代之特征》(*Characteristics*), ed. Klein, 30.

最后，思考艾米丽·狄金森(Emily Dickinson)的话：

[199] 说出全部真理，但别太直接——
迂回的路才引向终点
真理的惊喜太明亮，太强烈
我们不敢和它面对面

就像雷声中惶恐不安的孩子
需要温和安慰的话
真理的光也只能慢慢地透射——
否则人人都会变瞎①

"颠覆性观念"是否真有颠覆性？

我一直都在努力地给这个古典观念，即理性与日常生活之间固有的紧张使得保护性隐微主义成为一种必要，以一些内在的合理性。但是，这仍然有待商榷：即使有人承认这种紧张属实，也并不一定意味着需要这样的隐微主义。

人们如今倾向于提出如下反驳。关于保护性隐微主义的整个理论夸大了理性或真理的力量。确切地说，如果古典思想家的做法，即强调假象强大的心理动力和社会必要性是正确的，那这些假象很有可能具有经受住少数哲人的相反意见的力量和耐力。我们的错觉不是像玻璃一样易碎，一碰到真理就会破裂。

---

① 《说出全部真理，但别太直接》("Tell all the Truth but tell it slant")，选自《迪金森诗歌全集》(*The Complete Poems of Emily Dickinson*)，ed. Thomas H. Johnson, Boston: Little, Brown, 1960, 第1129首。

我们脚下不会裂开虚无主义的深渊。人们不会在大街上疯掉。考虑到理性的心理弱点，"危险的真理"实际上并不真的危险，因此隐微保护并不真的必要。

的确，假象和真理在人类心灵以及社会之中以何种方式相互作用，是个需要谨慎对待的问题，正如这种反驳所提。没有研究人类非理性的精确科学，没有研究错误信仰的精确社会学。有时候，在有些人身上，错觉的确像玻璃一样破裂，伤疤从他的眼睛开始。但是，这很罕见。特别是在社会中，信仰倾向于逐步发生变化，因而人们必须追踪它们一代又一代的突变。

不过，在这个古典猜想中，没有什么是不合理的，即如果哲人——他们那个时代最显赫的心灵——总是公开谈论他们对流行信仰的拒绝，那随着时间的流逝，这些信仰虽不至于破裂，但会变弱或衰败，或以某种重要的方式被歪曲。[200]当然，在不同的历史境况下，基本信仰的衰败会产生极为不同的后果。它必定可以导致对我们的基本冲动具有约束力的道德和社会约束的减弱，从而导致不法或反社会行为的增加。但是，它即使不会释放我们最糟糕的冲动，也可能导致我们最好的冲动不断地变弱；也就是，导致理性主义、献身、奋斗的衰微，而导致萎靡、冷漠或一种堕落的对狭隘的自我沉溺的关注。

此外，基本信仰的衰弱也可能导致不确定性和焦虑，这反过来又引起萧条、放弃和绝望。或者，这种不确定性可能引起人们对新的、更教条的确定性的疯狂拥护——在对待理性的怀疑能力方面，这些新东西更冷酷，更强硬。在非常良好的环境中，现存信仰的衰弱可能导致更健康的新信仰的形成。没有总的规则。这是政治判断问题。因此，正如哲人在保护自己免受社会伤害的对策中不得不估量自己所在年代和地方的独特危险和资源，所以，在努力保护社会免受他们的哲学活动的伤害之际，他们也不得不决定,哪些盛行的神话和偏见可以受到公开地质疑,但不会带来长期的负面效果,哪些则不可以。

但是,即使面对这种更为微妙的论述,当代思想家们仍然可能持怀疑态度。由于当今的人乃是被现代自由主义民主社会独特的智识环境所塑造,因而他们强烈地倾向于怀疑,保护性隐微主义是否真的有必要,不管是在过去的哪种历史环境中。因为我们的经历往往如此:我们看到,长期以来被认为具有颠覆性的骇人意见最终得到了公开的表达,但这个国家也得以繁荣发展。这似乎是个经验事实:所谓的有害真理并不产生危害。

这个现象最清晰、最极端的例子,涉及到现在广为传播的历史主义或文化相对主义教义,也就是这个观点,道德价值和社会规范并没有客观或普遍的合法性,它们源于某种文化的主观义务;这种主观义务是随意的、武断的,并不内在地优越于其他文化有所不同或截然相反的义务。随着这种教义在过去的两百年中不断地得到发展,它不断地提醒我们,如果被接受,它将产生一种虚无的焦虑和麻痹状态,毁灭所有坚定的是非感。但是,如今,在美国,大部分人开始拥护某种版本的历史相对主义,但生活继续,跟以前没有什么两样。[201]我们已经变成了开心的虚无主义者和道德上的相对主义者之国。

因此,我们自己的特殊经验——以及那些最极端教义的经验——直接教会我们,由于某种原因,颠覆性的观念并没有颠覆性。理性是肤浅的;谈论是廉价的;观念几乎不起作用。这就是我们实在难以严肃地对待对保护性隐微主义观点的最终原因所在。最后,我们实际上同意这个古典观念:所有的社会生活都是基于没有根基的假象、神话或义务。奇怪地是,我们的不同意只在于,我们声称,这个重大的事实并不重要。

我们如今怎么看万事万物,就是这样来的。因此,为了准确地判断过去的年代对"危险的观念"所持的态度和相应的隐微做法,我们只需领悟,我们在观念的作用这个问题上的经验是如何地与历史不符。不幸的是,充分地分析这个现象需要更多的纸墨和更好的信仰社会学,比我们现在唾手可得的要好。再谈一些简短的建议就够了。

从一开始,我就已经提出,现代自由主义国家的诞生带有这个明确的目的,那就是转变我们看待观念的姿态,使得大的道德和宗教信仰——不稳定和冲突的重要来源——尽可能地与政治无关。国家被置于新的基础之上。自由的公民将会基于对分歧的共同恐惧而联合起来,而不再是基于道德和宗教协定。信仰共和国将会被利益共和国所取代。一个新的实践世界就这样被创造出来,它显然是"意识形态上中立的",不受大观念的影响。随着时间的流逝,这样的一个世界自然倾向于创造这样的公民:同样不受观念的影响;他们的每一个观察和每一种经验都教会他们,由于上面提到的一些缘由,与以前的年代相比,在这个世界上,观念更不重要,更不发挥功效。

不可否认,由于法西斯主义和共产主义,以及随之产生的极为严重的观念战的兴起,这个世界在 20 世纪经受了巨大的冲击。但是,这些战争结束之后,我们很快就回到了"意识形态的终结"(如果不是"历史的终结")。(说与伊斯兰原教旨主义的斗争可能改变这种局面还为时尚早。)冷战后后现代主义的快速传播,可以说代表了早期现代的最初意图,即抽干所有"宏伟叙事"的严肃性和力量的最终实现(如果说是通过不同的方式)。

这种态度又因彻底的开放和言论自由给人造成的影响(意识形态中立的新国家使这两者成为可能)而得到了进一步的加强。[202]当人们在这样的环境中长大,即一切都得到公开地讨论和质疑,人们对平常的东西持令人震惊、背道而驰的意见,一个常见的结果就是,他们最终绝望地认输,对所有的基本问题都采取一种"谁能说"(who's to say)的姿态。正如我总是从我的学生那里听到:"一些人这样想,另一些人那样想。这只是意见不同而已。你喜欢什么,你就可以相信什么。没什么关系。随便。"正如马尔库塞在一篇著名的论文中所言,我们受"强制性的宽容"(repressive tolerance)之折磨:在所有固定不变的闲谈中,所有东西都被聊死了,所有的棱角都被磨平了,所有的对立都中立化了,心灵麻木了。① 到某个时候,神经已经达到某种程度的麻痹,但没有什么东西渗入其中,观念只是失去了震惊或感动我们的力量。

人们如今并不是没有真正或由衷的信仰,而是受"怀疑论和争论大行其道"的大环境所迫,他们把这些信仰藏了起来、遮了起来。这也是一种保护自己的方式,以免受到危险观念的伤害。因此,在我们的想法和我们内心深处的真正信仰之间,产生了一条裂缝。我们真正的信仰变得越来越不可及,我们的思考变得越来越不诚恳。正如许多观察我们境况的人所坚持的那样,我们这个时代是伟大的"不真实年代"。我们不再用我们全部的灵魂进行理性思考。我们不再共鸣。一些这样的解释似乎是必要的,如果要解释我们这个时代最显著的智识现象:欢乐的相对主义者和微笑的虚无主义者激增,他们并不相信他们所思考的东西或并不思考他们相信的东西。

我一直都在证明(诚然,非常松散),如果说我们的世界鄙

---

① 马尔库塞(Herbert Marcuse),《强制性的宽容》("Repressive Tolerance"),选自沃尔夫(Robert Paul Wolff)、摩尔(Barrington Moore Jr.)与马尔库塞(Herbert Marcuse),《纯粹宽容批判》(*A Critique of Pure Tolerance*),Boston:Beacon Press,1965,81-123.

视并抛弃了保护性隐微主义,但没有什么不良的副作用,这主要是因为,由于政治自由主义和个体的不真实,它找到了新的保护方式来对抗险恶的观念。在我们这个意识形态上中立和智识上不诚恳的世界中,颠覆性观念已经失去了颠覆世界的力量。我们不再被震惊。所以,对我们而言,在很大程度上,保护性隐微主义已变得多余。

但是,如果我们理解这种状况是多么地反常,那我们就不会允许它误导我们得出搞错时代的结论,认为以前也是这种情况,以前的人们也像我们现在一样,总是不为危险的观念所动。别的不说,一段悠久的迫害史证实了如下事实:过去的年代感到并恐惧观念的力量。因此,过去的哲人感到一种强大的冲动去拥抱保护性隐微主义。

不真实与隐微主义

[203]我们的进一步结论得自我正在阐述的提议,即在晚期现代奇怪的智识氛围中,不真实在很大程度上取代了隐微主义,成为我们主要的智识防卫机制。它有力地阐释了隐微写作的第三种动机的重要性。我们现在转向这第三种动机:教学性动机。

我们必须记住,尽管哲人试图保护一般意义上的人,不让他们失去他们的错觉,他们也试图帮助潜在的哲人逃离他们的错觉。这确实是他们的主要任务——哲学教育。现在,如果错觉倾向于一碰到真理就像玻璃一样破裂,那后面一种任务,即智识上的解放,至少将是轻而易举的。但是,情况并非如此。相反,正如我们刚刚所见,如果人们总是面对过多的质疑或过于令人不安的观念,且这些东西远非他们能够处理,那他们就会用多种方式保护自己,包括一种智识上的隐退和麻木,它阻止他们真正地感受他们的思想。也有可能是,在我们这个时代,这种不真实状态就像隐微主义一样,用于保护社会不被颠覆。但是,它永远都不可能满足哲学教育的需要。或许可以说,自由社会高度的开放性和中立性造成了不真实。与更封闭的社会最真实的地方主义特征相比,这种不真实给真正的哲学自由设置了更难以捉摸和顽固的障碍。

因此,为了从假象中解放出来,更有必要在交流真理的过程中有所克制——比为了维持假象而这么做更甚。这至少是教学性隐微主义背后的思想。

第七章

"晦涩"在教育方面的益处：
教学性隐微主义

智慧者的言辞和谜。

——《箴言篇》1:6

[205] 在哲学隐微主义的四种动机中,教学方面的动机是最哲学的。其他三种形式所追求的,是躲避迫害、预防颠覆和推动政治变革。这些都是哲人可以追求的有价值之事,但它们不是哲学。教学性隐微主义的目标却正好相反,它更直接地关乎哲学本身:传递哲学理解。在这种意义上,它是隐微主义最纯粹的形式。

教学性隐微主义的基本前提是这样的:人们必须接纳正确的晦涩(obscurity),把它看成是有效的哲学交流的必备之物。这自然有违直觉,更不用说变态和丧心病狂。此外,它还涉及到把晦涩誉为一种积极的善——不像其他形式那样,仅仅把晦涩纳为一种必要的恶。

由于这些原因,教学性隐微主义虽然是最纯粹的隐微主义形式,但也是最奇怪的形式。我们发现,这种形式最难理解——也最难忍受。但是,如果我们稍作思考,就有可能用一种相反的态度来看待它。

如果隐微写作的确是个真实、广泛的历史现象,[206] 那对学者而言,这在很大程度上是个坏消息。这意味着更多的工作。但是,如果这种做法也有一些好的、吸引人的东西,那让人们接受这个恼人的事实就会更加简单。这正是教学性隐微主义——只有教学性隐微主义——所承诺的东西。它主张,隐微的晦涩(esoteric obscurity)并不只是一种有碍于理解的丑陋障碍,正如我们到现在为止所认为的这样。相反,它是某种迷人、甚至富有魅力,且无论如何都有益于我们的东西——一种有助于我们的哲学发展的重要工具。因此,带着它那奇怪、积极的承诺(如果证实),教学性隐微主义可以让我们更容易接受隐微主义这个事实,甚至喜欢它,谁知道呢。

发生过更奇怪的事。举19世纪俄国伟大的作家和革命家赫尔岑(Alexander Herzen)的例子。他被捕几次,直接知道沙皇审查的罪恶。此外,他也知道"伊索式语言"的艰难限制。他致力于为每种形式的自由而奋斗——首先是出版自由。但是,作为一位作者,他也对修辞和说服力之类的东西较为敏感。这使他在赞赏隐微写作之际得出下述观察结果:

> 审查非常有助于人们在掌握风格、克制言语方面取得进步……在寓言式话语中,存在着可以感觉到的激动和挣扎:这种话比任何直白的说明都要更慷慨激昂。暗含在其面纱之下的言辞具有更强大的力量。对于那些想要理解它的人而言,它总是透明的。那些被审核的思想,其中凝聚着更大的含义——这样的思想具有更尖锐的棱角;用这种方式说话,即(其中的)思想暗示的清清楚楚,但有待于读者自己来把它说出来,是最好的劝说。含蓄增加语言的力量。①

---

① 被洛谢夫(Loseff)引用,见《论恩泽》(*On the Beneficence*), 11. 另参考维雅努(Lidia Vianu)在《罗马尼亚的审查》(*Censorship in Romania*)一书中的这段论述:
审查给文学带来了一件好事:正如瓦雷里(Paul Valéry)常说的　(转下页)

没错,最终移民伦敦,并在那里成立了自由俄国出版社(the Free Russian Press)的赫尔岑憎恨审查,这种憎恨带着一种由苦涩的经历所点燃的激情。但是,令人难忘的是,他不允许他的憎恨和个人遭遇阻止他同时也认识到,某种隐微风格具有文学和修辞方面的多种优势——甚至,没能阻止他喜欢这些优势。他明显看到了晦涩积极的一面。① 面对我们自己的憎恨,我们必须努力地用一种类似的精神接近这个现象。

最后,即使我们仍然倾向于怀疑教学性隐微主义传说中的益处,但重要的是,我们要再次提醒我们自己,这里的关键问题,不是我们觉得教学性论点是否具有说服力,甚或它是否真实,[207]而是以前的作者是否相信它并这么做。关于这个,正如我希望展示的那样,毫无疑问。

直白、清晰是现代伦理

鉴于这个老观念的怪异性和我们对这个老观念深深的抵制,让我们从公开陈述我们现在对这个主题的直觉开始。这容

(接上页注①)那样,横亘在创造面前的任何阻碍都是真正的太阳。"不能说出你的想法"是学习"诗意的不直接"的好学校,它带来"狡猾"的作者和"热切"的读者,他们总是乐于在字里行间摸索。作者-读者阴谋是一个关于叛逆和异见的奇迹。(x)

① 这并不是否认他也欣赏出版自由的优势。正如他在他的回忆录中所言:两三个月之后,奥加雷夫(Ogarev)经过诺夫哥罗德(Novgorod)。他给我带来了费尔巴哈(Feuerbach)的《基督教的本质》(Essence of Christianity)[一本公开无神论和世俗化的著作];读了前几页后,我高兴地跳了起来。没有面具的装饰;没有结巴的寓言!我们是自由人,不是克珊托斯(Xanthos)[伊索的主人]的奴隶;我们没有必要用神话来包裹真理。(《往事与随想》My Past and Thoughts),2:407)

易做到：我们发现晦涩令人憎恨。诚然，有些领域本身非常地难以理解、有违直觉，因而一定程度的晦涩是不可避免的——正如在当代物理学中。我们憎恨的是自发的晦涩。在这种情况下，造成不清晰（unclarity）的根源几乎都是渴望自己看上去更智慧，渴望自己被一种神秘或深奥的个人崇拜气氛所围绕，渴望自己避开他人的批判。自发的晦涩源于虚荣，或不安全（在最好的情况下），或欺骗（在最坏的情况下）。那么，显然，所有体面、严肃的思想家都会努力地尽可能确切、公开、直接地说话。他们的意思是什么，他们就说什么。其他的东西，简直就不该说。

这正是我们想要说的，特别是我们这些生活在英美世界的人。在这个世界中，哲学被认为是，或至少应该是一种确切、严格的东西，它不应该屈尊于"修辞"、模棱两可或任何类型的暧昧话语。我们自豪地站在直白和清晰伦理（ethic of literalness and clarity）这边。

在我们看来，这种态度或许是明显、正常的；但从历史上来看，却非常罕见。一旦有人大胆地越过我们现代世界的狭隘边境，不管是看向古代的希腊和罗马，还是看向圣经和古兰经，还是看向东方、非洲和美洲土著的传统社会，几乎在每个地方都可以发现同样的东西："智慧者的言辞和谜。"这是智慧者不直接地说话，而用各种形象（figures）、谚语和谜进行交谈的典型方式。前现代文化的所有圣人似乎都相信，公开的陈述是无效的，直接的交流是肤浅的。智慧如果可以简单地由一个人"告诉"另一个人，那它就不大会是一种如此稀少、如此之难的东西了。

我们当然意识到了这种观点，但却认为它是原始、不合理或迷信的而不予理睬。但是，是吗？过去的哲人很少试着用对我们而言极为必要的方式，即精确、有条不紊的方式进行写作。与我们相比，他们似乎对教育和交流持一种更加复杂的观点，认为人类的众多表达方式在其中扮演着关键角色,包括那些更具暗示性、更加隐蔽的方式,[208]比如暗指、隐喻、寓言、警句、讽喻和谜。由于同样的原因,他们也采用更多的组合形式:不仅包括如今这样的论文,还包括诗歌、格言、对话、散文、注疏、字典和书信。

甚至,巅峰时期的古典理性主义(不同于启蒙理性主义)把智慧是否完全可教这个问题看作是一个重大、公开的问题。在柏拉图的《普罗泰戈拉篇》中(319a-320c),我们看到,苏格拉底提出,智慧和德性不可教(虽然它们可以学习)。这位伟大的老师认为,"一个人可以向另一个人解释什么",受到极大的限制。由于某种原因,哲学教育内在地存在问题。

结合这种困难,古典思想家也非常关注写作问题。书籍对这样的教育是否有用,或所有真正的哲学指导都必须是口头的、亲力亲为的?在柏拉图的《斐德若》中,苏格拉底坚定地认为,这个问题的答案是否定的——像之前的毕达哥拉斯一样,他彻底回避哲学写作。甚至柏拉图本人,也在其《书简七》中(341c-e,343a,344c-345a)对此提出了严肃的怀疑。另外,阿奎那在解释这个事实,即耶稣——西方另一位伟大的老师——也不写作的时候提出,最优秀的老师必须追随毕达哥拉斯和苏格拉底的做法,因为"基督的教义……也不能见诸明文。"①简言之,古典和中世纪理性主义赞同并探究了这个深刻的直觉——这在现代西方世界之外处处可见:用书籍来传播哲学智慧,是一项格外困难、可能徒劳无功的事业,如果追求这项事业,就需要远远超出当代直白和清晰伦理的修辞技巧。

---

① 阿奎那,《神学大全》(*Summa Theologica*),第三卷,第三部分,问题42,第四节。

这就表明,这种伦理绝不显而易见,绝不具有历史普遍性。实际上,它是现代启蒙这种非常特殊的文化的产物。正如杰出的社会学家莱文(Donald Levine)在其重要的研究《飞越模糊性》(The Flight from Ambiguity)中所言:

> 由西方知识分子所领导、始于17世纪的反对模糊性运动,在世界历史中扮演着独一无二的角色。在我所知的前现代文化中,从未出现这样的运动。①

莱文的著作考察了这种伟大,但几乎完全未被我们加以研究的转变,即从早期现代开始的修辞和交流文化的转变——我们看到它已不觉惊讶。

[209]这种转变或许可以归结于许多不同的因素。人们在培根、笛卡尔和霍布斯那里看到的对哲学整个的重新定位,特别是和谐主义的努力(使哲学理性在实践世界中所具有的力量和对实践世界的控制达到一个新的高度),赋予确定性和精确性以一种全新的基本重要性。因为在智识事务上,精确就是力量。因此,现代认识论在其唯理论和唯经验论分支上都不信任人类心灵的自然运作。它声称需要"方法",需要采用人为设计的思考和说话方式。

后来,现代科学范式惊人的成功鼓舞了这种观点:不管在哪个领域,智识的进步都需要语言革命,需要用一种严格缜密的专业词汇来取代日常话语。另外,在经济领域,世界的不断"理性化"——官僚主义、工业技术、商业、专业化和法律法规(legal

---

① Donald Levine, *The Flight from Ambiguity: Essays in Social and Cultural Theory*, Chicago: University of Chicago Press, 1985, 21.

regulation)的兴起,使得清楚、明确的交流成为一种实际需要。①类似地,在宗教领域,禁欲的清教以真诚为理想,不喜欢装饰,怀疑晦涩、僧侣式的教义,呼吁朴素、简单和直接的说话方式——一种语义学上的拘谨。

最后同样重要的是,在政治层面,培根、斯宾诺莎、霍布斯和启蒙思想家们强调,偏见和迷信以及它们所支持的压迫性的政治和宗教力量,从人类容易被晦涩的言语、比喻、修辞、诗歌和人类话语的其他不理性方面所愚弄的倾向中汲取了大部分的力量。因此,为了正义和战胜压迫,公共话语总体上必须尽可能地直白、精确。②

通过这些因素以及其他因素的持续性压力,现代西方话语已经得到强有力的净化和"理性化"。不管是在学术、教学、工作场合,还是在日常交流中,我们都信任一种加以克制、没有废话、实用有效的谈话方式:清晰、直白、朴实、直率、切题。除此之外,都被我们认为是浮而不实、虚情假意或天真幼稚的。这种转变是如此普遍,以至于我们失去了对它的全部意识。但是,正如我们已经看到,这种转变对非西方人而言却非常显而易见。此外,在众多有关跨文化交流的作品中,它也得到了一遍又一遍清楚地说明。当然,正如我一直在说的那样,从我们不理解隐微主义这种历史特殊性中,也可以看到这种"飞越模糊性"现象。

对我们而言,这似乎很明显,哲学应该纯粹只是假设和论

---

① Donald Levine, *The Flight from Ambiguity: Essays in Social and Cultural Theory*, Chicago: University of Chicago Press, 1985, 2-8, 37-38.

② 参阅 Gordon Wood, "Conspiracy and the Paranoid Style: Causality and Deceit in the Eighteenth Century," *William and Mary Quarterly 39* (1982): 403-41. 另参阅 Bryan Garsten, *Saving Persuasion: A Defense of Rhetoric and Judgment*, Cambridge, MA: Harvard University Press, 2006.

证,[210]应该被严格地"摆出来",正如在当代分析哲学期刊中所示。但是,这种态度有赖于一个前提:一个继承自启蒙时期的超理性主义假设,人类可以从一开始就被视作寻求真理的理性主义者。

不过,正如古典理性主义传统所强调,我们可能是"理性的动物",因为我们具有理性官能,但我们几乎不是天生的理性主义者。相反,我们出生在"洞穴"之中。假象在我们身上扎了深根,不管是社会上的还是心理上的。我们被众多激情所推动,大多数激情都与对真理的爱存在冲突。因此,哲学教育的主要目标必须更多的是转变,而不是指导;更多地是引起"灵魂上的转变",也就是,使个体爱真理,为真理而活,而不是详尽地阐述某种哲学体系。但是,如果教育的主要目的正是培养对真理的爱,那这种爱的方式就不能被预先假定。相反,爱的方式必须基于灵活多变的教学修辞。由于知道我们在一开始是如何地抵制哲学真理或对哲学真理无动于衷,因而这种哲学修辞必定使用动机,而不使用对真理的爱;必定使用技巧,而不是"确切地说出你所指"。总之,现代的直白和清晰伦理显然过于狭隘和教条,至少在大多数过去的年代看来是如此。无可否认,糟糕地使用晦涩和隐藏——百分之九十是这种情况——终究是可恶的。但是,的确存在好的运用。好的运用——教学性隐微主义——之所以必要,是因为这样两类问题:哲学教育天然的困难和写作固有的短处。

那么,这些困难是什么?简单地考察一下通过书本所传达的哲学教育具有哪些障碍,我们将会明白,为何隐微的隐藏常常被奉为这个问题唯一的解决方案。

阅读的三种危害

写作的发明给人类文明带来了划时代的变化，其中大多数是好的。但是，书籍也使得智识上的各种邪恶和歪曲成为可能——尚无文字的口头社会（oral society）并不知道这些东西。关于哲学，则有一种真正的危害，用伏尔泰的话说，就是"大量的书让我们变得无知"。在很多方面，"书本知识"是哲学的死亡，甚至一本"哲学书"几乎就是一种术语上的矛盾。

在第三章中，我们简短地讨论了写作的单一性（univocity）与生活的二元性之间的矛盾。其中的问题[211]在于哲学书的潜在危害，即它落入非哲学的读者之手时可能造成的危害。这个问题导致需要自卫性和保护性隐微主义。这里，我们考察这样的书可以对哲学的读者——这是教学性隐微主义的根——造成怎样的危害。

书是一种奇怪、不合时宜的东西。它把从一个人的思想中提取出来的精华传递到另一个人的手上。它给予一个人不是他自己挣得的东西。这正是核心的困难所在，所有更加特殊的问题都由此而来，我们后面将会看到。这也是为何，解决所有这些问题的那个方案，会涉及到某种形式的隐微主义：试着赠送的更少，让读者自己为他或她将要获得的东西付出更多。

阅读书的第一个危害在于，它允许你跳过很多阶段，在智识发展之路上走捷径。特别有害的地方在于，它妨碍你谦逊地面对你自己的无知。阅读使你过早地智慧。在你有机会面对这些问题，并思考一下这些问题之前，你就已经看到了答案。书给人一种错误的感觉，基于借来的智慧，基于"我读过什么，我就知道什么"这个信仰，它让人错以为自己学富五车、精明老练。因此,它们剥夺了你接受真正的教育所需要的合适心灵状态。正如苏格拉底在《斐德若》中所言——他把这些话放入埃及神泰姆斯(Thamus)的口中,这位神正在指责写作的发明者,通过写作,"你给你的学生智慧的表象,没有给他们真正的智慧,因为他们会在没有指导的情况下阅读很多东西,因而他们似乎知道很多东西,但实际上很大程度上一无所知"(275a-b)。正如我们已经看到,柏拉图自己也给出了这样的解释。他在《书简七》中断言,他不曾、也不会承诺公开地陈述他最深刻的思想。他解释道,阅读这样的阐释不仅不会有助于读者,反而会给他们灌输一种"高尚、空洞的希望,好似他们学到了极好的东西"(341e)。这种由书产生的错误设想(false presumption of wisdom),即自认为有智慧,是获得真材实料之路上的最大障碍。这是来自弥尔顿的描述的内在逻辑。他说过:"精通书本,自身浅薄。"①

在卢梭论教育的著作《爱弥儿》(Emile)中,这个问题得到了有力的阐释:"我讨厌书。它们只教会人谈论他不知道的东西。"另外:"过多的阅读只会产生自以为是的无知之徒。"关键在于书呆子气的自以为是使人成为无知之徒。"书的滥用扼杀了科学。相信我们知道自己读过的东西,我们相信可以不再学习它。"②智识上的谦逊和敏锐的无知感是真正的哲学进程必要的出发点;[212]因此,书在传递才华横溢的哲学洞见的同时,削弱了哲学的根基。

作者抵抗这种危害最明显的方式,在于小心谨慎地避免给予读者任何清晰、预制的答案。甚至还可以走的更远:特意在书中包含足够的困难和晦涩,以此来使读者变得谦逊,逼迫他面对

---

① 弥尔顿,《失乐园和复乐园》(Paradise Lost and Paradise Regained), ed. Christopher Ricks, New York: New American Library, 1968, 389 (第四卷,第327行).
② 卢梭,《爱弥儿》(Emile), trans. Bloom, 184, 450).

自己的无知。19世纪德国哲学家、神学家和古典学家施莱尔马赫（Friedrich Schleiermacher），正确地把这种修辞策略归于柏拉图。在其对话中，柏拉图试图"使依然无知的读者更接近知识状态"；但是，柏拉图也清楚地认识到，极有必要"莫让读者在头脑中形成对自身知识的空洞、自负想法"。

[因此，]哲人的主要目标必定是从一开始就用这样的方式来展开每一项研究，以至于他可能指望读者要么被迫内在地、自发地得出其中所隐含的思想，要么乖乖地、最果断地屈服于这种感觉，即他自己什么也没发现，什么也没理解。为此，就有必要不直接阐述、不直白地写明这项研究的最终目标，因为这会轻而易举地让很多乐于知足的人陷入其中，只要他们掌握了最终的结果，他们就会如此；要使心灵（mind）陷入不得不寻找这个最终目标的地步，并把它放到可能找到这个最终目标的路上。第一种情况的完成在于，心灵被带入这样一种状态，即它如此清楚地意识到自己的无知状态，以至于不可能心甘情愿地继续无知下去。另一种情况要么通过谜起作用，即各种矛盾编织成一个谜，解决这个谜的唯一可能方案可以在其中所隐含的思想中找到，并且往往还有一些暗示，它们以一种显然完全陌生和偶然的方式被抛出来，只有那些真正主动进行研究的人才能够发现和理解。要么真正的研究被另一种东西透支，这东西不像面纱，但可以说是一种具有粘性的皮肤，它向不细心的读者，也只向这样的读者隐藏那些将被恰当考虑或发现的内容，但它只会磨练、澄清一位细心的读者的心灵，让这样的读者感知到内

在的联系。①

根据施莱尔马赫,这种形式的隐微手段,对于避免我这里所说的"阅读的第一种危害"是必要的。

[213]但是,书本学习阻挠哲学教育,不仅在于培养一种自认为有智慧的错误设想,还在于培养一种使人变弱的被动性(an enfeebling passivity)。"较多的阅读是对心灵的压迫,"佩恩(William Penn)评论道,"它熄灭天然的蜡烛,所以世界上有那么多的蠢学者。"②正如蒙田所言:"我们如此依靠他人的臂膀,以至于我们消灭了自己的力量。"③叔本华也提出了相同的一点:

> 阅读的时候,另一个人替我们思考:我们只是重复他的思维过程……所以,如果有人把近整整一天的时间都用于阅读……那他就逐渐失去了思考的能力;就像经常骑马的人最后忘了如何走路。这就是许多老学究的情形:他们把自己读蠢了。④

这个问题的解决之道,依然在于运用一种有益的晦涩,它并不允许读者被动地依赖于作者的思考,而是强迫他们亲自思考。

---

① 施莱尔马赫,《柏拉图对话导论》(*Introductions to the Dialogues of Plato*),17-18。

② William Penn, *Fruits of a Father's Love: Being the Advice of William Penn to his Children Relating to their Civil and Religious Conduct*, Dover, NH: James K. Remich, 1808, 第二章, 第19段。

③ 蒙田,《蒙田全集》(*Complete Essays*), trans. Frame, 101 (1.25)。

④ 叔本华(Arthur Schopenhauer),《论书和读书》("On Books and Reading"),选自《论宗教》(*Religion: A Dialogue, and Other Essays*), trans. T. Bailey Saunders, New York: Macmillan, 1899, 51。

因此，在考虑这个问题，即圣经为何往往运用有所隐藏的比喻性语言时，阿奎那评论道："真理藏于各种形象之中有助于训练深思熟虑的思想。"①奥古斯丁说了同样的一点：门徒们"用一种有用、健康的晦涩说话，为的是训练并改善他们读者的心灵。"②类似地，在讨论希腊人为何将他们的宗教教诲隐藏在神话中时，4世纪的新柏拉图主义者撒路斯提乌斯(Sallustius)评论道：

> 这是来自神话的第一个好处，我们不得不寻找，我们不会让自己的脑子闲下来……希望把关于诸神的全部真理教给所有人，这引起对愚蠢之人的蔑视，因为他们不能理解，也缺少对善的狂热；但通过神话来隐藏真理，则阻止了对愚蠢之人的蔑视，还迫使好人实践哲学。③

在《致达朗贝尔的信》(Letter to M. d'Alembert)的序言中，卢梭对他的写作风格的描述与此类似。在这本书中——他把这本书定为一本通俗作品，不同于他其他那些只为少数人所写的哲学著作，他说道："我这里并不是对少数人说，而是对公众说，我也并不试图让其他人思考，而是清楚地解释我自己的思想。因此，我得改变我的风格。"④卢梭惊人地颠覆了我们看待写作的

---

① 阿奎那，《神学大全》(Summa Theologica)，第一卷，第一部分，问题1，第九节。
② 奥古斯丁，《论基督教教义》(De Doctrina Christiana)，4.61.
③ 萨卢斯特(Sallustius)，《论神与世界》(On the Gods and the World)，选自《希腊宗教的五大阶段》(Five Stages of Greek Religion)的第三部分，trans. Gilbert Murray, New York: Columbia University Press, 1925, 242-243.
④ 卢梭，《致达朗贝尔的信》(Politics and the Arts, Letter to M. d'Alembert on the Theatre)，trans. Allan Bloom, Glencoe, IL: Free Press, 1960, 6.

态度,他在这里对"使其他人思考"和"清楚地解释我自己的思想"进行了严格的区分,[214]前者是他的哲学著作的目标,后者仅是他的通俗著作的工作。为了让他人思考,必须小心避免为他们做每一件事。孟德斯鸠的一句名言——可能一直都支持卢梭的精神——表达了相同的观点:"作者必须不能总是如此详尽地阐述某个主题,以至于读者无事可做。问题不在于让他阅读,而在于让他思考。"①

阅读的另一个危害(与思维被动性紧密相关),是产生对作者的过度信任和依赖。书——由于它们在较长时间内坚定的耐力,它们对同种言辞和思想坚定的重复,以及它们这种东西超乎常人的规律性(从古登堡[Guttenberg]开始)——激发了一种尊敬。作品具有一种成为"圣典"的倾向。我们经历了一种奇妙的心灵扭曲;我们到书本中,而不是到世界中去寻找真理。我们用阅读代替了思考。在研究伟大的哲人时,这尤其正确。用蒙田的话说:

> 我们知道如何说:"西塞罗这样说;这是柏拉图的道德教训;这些是亚里士多德的话。"但是,我们自己说什么?我们评判什么?我们做什么?一只鹦鹉同样可以说的这么好。②

西塞罗清楚地描述了这个问题——以及他独特的解决方案:

> 那些试图学习我在每一个问题上的个人意见的

---

① 孟德斯鸠,《论法的精神》(*The Spirit of the Laws*), trans. Anne Cohler, Basia Miller & Harold Stone, Cambridge: Cambridge University Press, 1989, 186 (11.20).

② 蒙田,《蒙田全集》(*Complete Essays*), trans. Frame, 100 (1.25).

人,表现出了过分的好奇。在讨论中,应该要求的,与其说是权威的重量,还不如说是论证的重量。事实上,那些一来就教训人的权威往往是初学者的绊脚石;他们不再运用自己的判断,而是把他们所选择的老师所提出的意见奉为定论。①

正如他后面所解释,西塞罗的方案是通过确保他自己最终的立场依然不清不楚,来挫败读者"过分的好奇"。他这样做的方式,是将哲学著作写成对话或论文,它们只能传达正反两方的观点,赞成和反对各学派的观点都有。

总之,哲学与书之间存在内在的紧张。哲学作者在试图帮助读者的时候,也通过培养一种不健康的假想、被动性和依赖性,而危害着读者。

哲学教育的悖论

[215]但是,这样描述写作问题——及其笼统的解决方案:克制住,不要充分、公开陈述一个人的思想,还没有达到最深刻的水平。因为哲学教育所要求的,不仅是避免用上述三种方式阻止读者运用自己的头脑,还在于积极地激发读者思考——最重要的是,真正地思考、亲自思考。必须以某种方式在读者身上产生一种新水平的觉醒、内部导向(inner-directedness)和自我拥有(self-ownership)。但是,一本书、甚或一位鲜活的老师,如何能够做到这样?不管是通过书本完成,还是老师亲力亲为,哲学

---

① 西塞罗,《论神性》(*De natura deorum*),1.5.

教育的中心悖论都在于：一个人如何能够向另一个人传递一种永远都无法从外部给予，只能由内而生的东西？因为这是哲学的关键：它永远都不能为你做好。这是我们"最自己"（ownmost）的活动：你必须亲自做，要不然，你根本就没做过。

由于一系列相关的原因，情况如此。根据定义，哲学的目标不是"正确的意见"，而是"知识"：不仅在于掌握正确的答案，还在于知道它们如何正确，又为何正确。它以真理为目标——真理的根源和基础完全得到理解。因此，把答案告诉一个人并没有什么用——这往往是一种阻碍；真正重要的是一个人从头开始，依靠自己、亲力亲为，重新颁布自己的发现。

但是，这种重现（rediscovery）不仅仅只是追溯论证的逻辑序列。因为哲学所旨在的"知识"，不纯粹是智识上或学术上的——就像书本知识。一个人必须内在地感受这些真理，让它们成为他自己的东西，让它们富有生命力。因此，重现必定始于一个人自己的个人困惑，借助于他自己的生活经历，利用由自己的理性和领悟能力所产生的内心活动。在一个人广泛的思考范围之内，他必须维持思想与生活之间具体又重要的联系。换句话说，"亲自思考"不仅仅指亲自进行思考，还指思考自己的情况，从自己的关怀、未来和命运出发进行思考。

最后，只有在这种深刻的个人意义上的亲自思考，才对灵魂产生了真正的影响，产生了促使灵魂发生转变的影响。只有通过这种方式，一个人才能经历柏拉图所说的，可以明确称为真正的哲学生活的东西：一种"灵魂上的转向"，一个人对他所渴望的东西和存在方式的定位发生根本性的转变。

如果这是真哲学的特征所在，[216] 那"哲学是否可教"就真的是一个开放的问题。智慧无法被告知。再说一遍，哲学教学的中心悖论是：一个人如何能够外在地传递一种只能由内而生的东西？一个人是否可以为另一个人做点什么,因而那个人会出于某种缘由而亲自做一切？

这个问题,正是"苏格拉底式方法"(我们逐渐这么叫)试图解决的问题。它至少包括四个方面,每个方面都运用这种或那种意义上的"隐微主义"。首先是这个消极命令——我们已经一次又一次地看到:不要给出答案。苏格拉底式老师不说最重要的东西,或至少说的不清不楚。不过,其次,老师或作者也可以做一些积极的事情:他可以巧妙地运用正确的问题、暗示和谜,激励学生自己思考,但隐约对这种思考进行指导。

但是,第三,为了让这种思考和质疑与学生的生活维持一种真实的联系,它必须是辩证的。这尤其是指,必须从学生的实际情况出发,从学生此时此刻所相信的东西出发,通过内在的批判而向前推进。如果学生真要亲自思考,他自己的生活变得岌岌可危,那就不能抽象地开始——从第一原则或对大问题的一般性陈述出发。因为学生并不是作为一张白纸开始。不管出生时的情况如何,到他年纪大到足以思考哲学问题时,他早已完全沉浸在信仰和答案的世界中。他已陷入满是假象的洞穴。因此,他的教育必须从他早已相信的东西——他早已过上的那种生活的基础——被照亮开始,然后这些东西受到怀疑。他不能惊叹不已,立即改头换面:他必须由内而外,慢慢地、费力地走出洞穴。

但是,人们主要是从他们所在的特定社会的世界观中形成他们最初的信仰。因此,试图用苏格拉底式辩证法进行哲学教育的作者,必须作出特别的努力,富有同情心地考虑他所在时代和地点被普遍接受的意见——尽管他可能认为它们是错误的,但同时也平静地表明这些意见的某些令人困惑或矛盾之处。这意味着,哲学教育学的要求,很大程度上类似于自卫性和保护性动机的要求。在其著作表面,哲学作者将会接纳他所在时代的流行观点,这不仅是为了保卫自己免于迫害,保护社会免受伤害,也是为了帮助学生从对他而言是必要出发点的东西出发,开始他的哲学思考。

[217]克尔凯郭尔很好地表达了这个观点;他走得如此之远,以至于把它称作"助人艺术的秘密"。在一篇解释自己的写作技巧的自传性文章,《对我著作事业的看法》(*The Point of View for My Work as an Author*)中,他说道:

> 可以为了真理欺骗一个人,(想想古老的苏格拉底)可以把一个人骗到真理那里。实际上,只有通过这种方式,即欺骗他,才有可能把一个身处假象之中的人带到真理那里。不管是谁,只要拒绝这个观点,就背叛了这个事实:他并不是很精通辩证学,但这正是在这个领域内特别需要的……直接的交流预先假设,接受者的接受能力没有受到干扰。但是,这里的情况并不如此;假象挡道……那么,"欺骗"意味着什么? 它意味着,一个人并不直接从他想要交流的东西开始,而是以接受另一个人的假象为出发点。①

这是必要的,因为"如果真正的成功在于努力地把一个人带到某个确定的位置,那就必须首先努力地找到这个人所在的位置,

---

① Søren Kierkegaard, *The Point of View for My Work as an Author; A Report to History, and Related Writings*, trans. Walter Lowrie, New York: Harper & Row, 1962, 39-40.

然后从这个位置开始。这是助人艺术的秘密。"①

苏格拉底式方法的第四个方面是(实际上,这只是其辩证特征的另一个方面),一种恰当的哲学教育必须分阶段循序渐进。正如教育必须始于对学生所处位置的明确定位,因而随着他不断地学习、改变,教育必须跟他保持同步。对已接受意见的内在或辩证性批判,并不是一蹴而就,而是在不断靠近真理的过程中得以完成;每一次批判,当时看来似乎都是最后一次。必须不能鼓励学生匆忙地经过每个阶段,一下子跑到终点。相反,应该让学生安定下来,在每个阶段都待一会儿。这样一来,他就有时间真正地了解每个阶段,吸收它——并允许它转变他。我们的生活不会像我们的思想那样迅速改变。如果学生试着过快地前进,他就把生活抛在了身后,他的思考就纯粹只是智识上的思考。他不再相信他所思考的东西,也不再思考他所相信的东西。节奏就是一切。对教育而言,提前成熟——展示给学生的东西过多,他当时没有准备好理解、消化这么多——是伟大的破坏

---

① Søren Kierkegaard, *The Point of View for My Work as an Author; A Report to History, and Related Writings*, trans. Walter Lowrie, New York: Harper & Row, 1962, 27. 在这里,关于隐藏和不直接的必要性,克尔凯郭尔还提供了另一相关但有所不同的论证:

不,假象永远都不可以被直接消灭。只有通过不直接的方式,它才能够被彻底消除……直接的攻击只会让人在假象中越陷越深,同时,也激怒他。没有哪种东西需要像假象一样被温和相待,如果一个人希望驱逐它。如果有什么东西促使潜在的俘虏坚定相反的意志,那一切都毁了。这正是直接攻击的结果,同时,这也意味着一个人需要对另一个人作出假定,或者,在他面前,那个人需要承认(自己处于假象中),但这种承认他私底下向自己作出最为有利。这是不直接攻击的结果,由于爱并且效忠于真理,不直接的攻击为潜在的俘虏辩证地安排一切,然后羞怯地退出(因为爱总是羞怯的),因而看不到他独自在上帝面前向自己承认——在此之前,他一直都生活在假象之中。(24-26)

克尔凯郭尔的这一观点,即隐微主义实践背后总是精致、微妙的谦逊,对我们而言极度重要,因为它有助于消除我们身上的这种强烈倾向:认为隐微主义不可避免地根植于排外和傲慢而对它退避三舍。

者。正如卢梭在《爱弥儿》中所言,"永远都不要展示给孩子任何他看不到的东西。"另外:孩子"必须依然处于对观念的绝对无知之中……观念不是他所能及。我的整本著作只是这个教育原则的永恒证据而已。"①

这个原则——需要合适的节奏和阶段,适应学生的个体特征,因而他的思考仍然坚定地[218]根植于他自己的经历和生活——解释了,为何一种完美的教育要求《爱弥儿》中所描述的东西:一位哲人将自己的全部时间用于养育、教育唯一的一位学生,这种教育从学生一出生就开始。虽然我们几乎不能期待实际生活中出现这样的事,但它突显了,就书本而言,什么东西存在很大的问题:它们是与人无关的,是固定不变的,它们向所有人述说相同的东西,不管这些人是否做好了准备。这确实是苏格拉底对写作的首要反对意见,正如在《斐德若》中所示(275d-e)——写作的一元性。如果有什么方法可以解决这个问题,那就又是隐微主义——两个或甚至多个层次上的写作,因而同一本书将会向不同的人说不同的东西,或者向不同阶段的同一个人说不同的东西,取决于他处于哪个理解阶段。

总之,为了推进一种真正哲学的教育,有必要至少在四个方面隐微地写作——扣留答案,从接纳被接受的意见开始,通过暗示和谜的方式指导读者,通过多层次写作处理不同阶段的理解。

晦涩具有的修辞效果

为了澄清、扩展上面的其中几点,特别是这个核心假设——

---

① 卢梭,《爱弥儿》(*Emile*), trans. Bloom, 183, 178.

晦涩可以、也应该被用作真思想的一种刺激，让我们来处理一种明显的反对意见。即使这是真的，即告诉学生太多会以多种方式阻碍哲学教育，那告诉学生太少岂不更阻碍哲学教育？将自己知道的东西隐藏起来，并在作品中铺满绊脚石的作者，只会挫败读者，让读者灰心。没有人否认，一种在教学上有效的写作必须首先激励心灵自己作出努力，但没有什么比晦涩更令人窒息。

不得要领、不可理喻的晦涩的确令人窒息。但是，正确的晦涩——通过恰当的努力，人们可以破译、洞悉它——实际上最能激发思想的产生。每个人都爱秘密。奥秘是诱人的。隐藏一些东西，我们就会寻找它。这个简单的事实是所有教学性隐微主义的首要前提。

古往今来，人们都注意到了这个事实。把自己的思想隐藏在比喻之中的耶稣，给出了这个著名的文学建议："不要把圣物给狗，也不要把你们的珍珠丢在猪前。"(马太福音，7：6)在中世纪的《标准注释书》(*Glossa Ordinaria*)中，有一段详尽地写道："藏起来的东西[219]更被热切地寻求；遮住的东西似乎更值得尊敬；花更多时间找到的东西更被珍视。"①类似地，奥古斯丁评论道："唯恐明显的东西引起厌恶，隐藏的真理唤起渴望；渴望造成某种重生；重生带来甜蜜的内在知识。"②另外，根据尼采：

> 头脑清晰、容易理解的作者遭受了这样的不幸，他们被人看轻，人们不花力气来阅读他们：晦涩的作者伴有这样的好运，读者费尽心力地阅读，把自己的热情带

---

① 阿奎那在《信仰、理性》(*Faith, Reason*)，52 (art. 4)中引用。

② 奥古斯丁，《书信集》(*Letters*)，ed. Ludwig Schopp & Roy Joseph Deferrari, trans. Wilfrid Parsons, vol. 3, New York: Fathers of the Church, 1953, 34 (第137封信)。

来的快乐归功于他们。①

在《杂记》(Stromata)的其中一章《用象征遮盖真理的理由》(Reasons for Veiling the Truth in Symbols)中,亚历山大的克雷芒看到,"那透过面纱闪闪发光的东西,都将真理展示的更加宏伟壮丽;就像水果透过水闪闪发光,面容透过面纱熠熠生辉。"②简言之,上面所说的反对意见具有完全相反的修辞情况(rhetorical situation)正好相反:正确的晦涩比清晰、直白的陈述更具有刺激性,更能刺激智识的发展。正如奥古斯丁所言:

> 用比喻的方式所呈现的真理,在某种程度上,倾向于培养和唤起爱的火焰……与不经装饰地出现在我们面前,没有任何神秘的象征相比,这样的真理更能激起、点燃爱。要解释为何如此很难;但是,这是真的,与用清晰的语言直白地呈现出来的教义相比,用寓言的形式提出的教义更能够影响、愉悦我们,也更加受到尊敬。③

这可能确实可悲可叹,但实际情况就是这样。

不过,承认正确的隐藏和晦涩确实具有这种刺激性力量之后,人们还可以继续提出另一种相反的异议,反对在哲学教学中使用这两者。因为如果可以证明,这种刺激性力量最终源于不

---

① 尼采,《人性的,太人性的》(Human All Too Human),第一卷,第四章,节181。
② 《杂记》(Stromata),选自《亚历山大的克雷芒作品集》(The Writings of Clement of Alexandria), trans. Rev. William Wilson, Edinburgh: T. & T. Clark, 1869),254-255(第二部,第五卷,第9章)。
③ 奥古斯丁,《书信集》(Letters), 1:277(第55封信)。

理性或不成熟的冲动,那人们就几乎不会想在严肃的写作中激发它。这似乎是憎恨教学性晦涩这一观念的人真正的异议所在:不是这样的著作太令人窒息,而是太激动人心;不过,是在错误的方面太令人兴奋,它诉诸于人们对秘密和奥秘的着迷,但这种着迷原始、幼稚、容易被滥用。恰当的教育应该努力地让人变得成熟、冷静、头脑清晰。[220]难道我们真要相信,以往最伟大的心灵能够找到的最佳教育方式,即教育人使其具有理性的最佳方式,是利用他们对埋藏着的宝藏不成熟的幻想?

这个问题因而就变成:晦涩所具有的修辞力量的真正根源是什么?它简直就是幼稚的?它如何起作用?它在具有哲学理性的作品中是否具有合法地位?我们不希求详尽地讨论这个复杂的主题,让我们关注哪三个要素构成了晦涩(obscurity)的申诉。

晦涩与读者参与

第一个、也是最没有争议的申诉是,通过拒绝给予答案,用暗示和谜说话,隐微的文本强迫读者亲自思考。我们早已看到,亲自思考在哲学上是必要的;这里进一步的观点是,对读者而言,这是一种强烈的刺激,能够强有力地激发、鼓舞读者。正如尼采所言,"读者费尽心力地阅读[晦涩的著作],认为这些著作给予了他们快乐,但这种快乐实际上来自他们自己的热情。"

当然,这并不是对每个读者——或大多数读者而言都是正确的。对那些宁可被告知答案的人来说,并不一定如此。但是,"如果你需要被告知一切,那就别阅读我,"卢梭宣布(因为"如果你需要被告知,那你如何能够理解它呢?")。① 这是所有隐微文本未阐明的格言。正如达朗贝尔在其《对〈论法的精神〉的分析》中,评论孟德斯鸠著作有名的晦涩时所说:"我们要说那种可以出现在这种著作中的晦涩,它跟我们说的凌乱是同一种东西;对粗俗的读者来说晦涩的东西,对作者所考虑的读者来说并不晦涩。"②为了理解运用隐微修辞的著作,一个人必须明白,这坦白说是一种精英主义做法。它狭隘地为某类相对罕见的特殊读者所设计:那些爱思考的人,那些从小就被人听到说"等等……别告诉我"的人。这样的读者会被文本的令人困惑之处所刺激:他们会因运用自己的官能而充满活力,会对自己的理解有所进步而感到骄傲,会因强烈地感觉到自己在作出发现的过程中所具有的洞见而开心不已。

如果这种描述是对的,那这样说似乎就是公平的:在晦涩所具有的产生这些哲学动机的力量中,没有什么是不成熟或不合理的。实际上,这是一种被一长串思想家所关注、所赞赏、所运用的力量。尼采是含糊其辞和警句风格方面的专家,他说

> [221]有效的不完全(the incomplete)。——就如浮雕中的形象之所以能对想象产生如此强烈的效果,是因为他们好像就要从墙上走出来,但突然不知怎地被打断了,所以,关于一种思想或一整套哲学思想的浮雕式不完全描述,有时候比详尽的阐释更有效果:更多的事情有待观察者去做,他被迫要继续造就那出现在

---

① 卢梭,《爱弥儿》(*Emile*), trans. Bloom, 137, 111.
② 达朗贝尔(Jean d'Alembert),《达朗贝尔全集》(*OEuvres completes*), Paris: A. Belin, 1822, 3:450-451, 潘戈(Pangle)在《孟德斯鸠的哲学》(*Montesquieu's Philosophy*)中引用, 12.

他面前、轮廓如此分明的东西,他被迫要直到最后都想着它。①

上面提到了孟德斯鸠的一段著名评论。其中,他对这种"有效的不完全"进行了影射:"作者必须不能总是如此详尽地阐述某个主题,以至于读者无事可做。问题不在于让他阅读,而在于让他思考。"实际上,孟德斯鸠精巧地计算出了一种巧妙的"不完全",来逗弄、愉悦敏锐的读者。对于这种巧妙的不完全,依波利特·泰纳(Hippolyte Taine)在阐释《论法的精神》时精彩地描述道:

> 他似乎总是对加以选择的一群人说话,他们具有敏锐的心灵,以这种方式,他使得他们每时每刻都意识到他们自己的敏锐。没有什么奉承可以比这更精致;我们很感谢他让我们对自己的理解力感到满意。我们必须拥有一些理解力才能够阅读他,因为他故意削减转承启合,省略过渡;我们需要填补这些内容,理解他隐藏的含义。他是严格体系化的,但这个体系被藏了起来,他那没有丝毫赘述的句子一句接着一句,但都彼此独立,像许多珍贵的保险柜……他用总结进行思考;……总结本身往往带有谜的味道,这种魅力是双重的;我们既有因理解文本而产生的乐趣,也有因预言到文本内容而产生的满足。②

---

① 尼采,《人性的,太人性的》(Human All Too Human),第一卷,第四章,节178.

② 泰纳(Hippolyte Taine),《古代政制》(The Ancient Regime), trans. John Durand, New York: Henry Holt, 1876, 4:260.

泰奥弗拉斯托斯(Theophrastus)也表达了非常类似的观点。在论修辞的著作《论风格》(On Style)中，作者赞许有加地描述了泰奥弗拉斯托斯的观点(《论风格》的作者不是公元前4世纪的演说家法德米特里[Demetrius of Phaleron]，但真正的作者冠上了德米特里之名)：

> 这些是说服力的必要要素；或许，还可以加上泰奥弗拉斯托斯说这些话时的暗含之意：不应一丝不苟、冗长地阐述所有可能的要点，应该留一些让听的人自己来理解、推测，听者一旦察觉到你省略的东西，就不再只是你的倾听者，而是变成了你的目击者，一个非常友好的目击者。他觉得自己聪明，因为你给了他把自己的聪明表现出来的方式。[222]把一切都告诉听者，似乎是对听者的一种耻辱，好像他是个笨蛋。①

另外，卢梭在其论教学的著作《爱弥儿》中强调，为了突出学生的兴趣和动机，关键在于不把话说明。他对现代作家进行了批判，比如拉·方丹(La Fontaine)——在故事的最后，他们总是要放一段关于"道德"的大白话。

> 大多数寓言在结尾时候提示的寓意是最空洞不过的，也是最为人们所误解的——似乎通过寓言本身，不能或不应该理解这种寓意……那么，为何要在结尾的地方加上这种寓意，剥夺[读者]自己找到寓意的乐趣

---

① 德米特里(Demetrius of Phaleron)，《论风格》(On Style), trans. W. Rhys Roberts, Cambridge: Cambridge University Press, 1902, 222.

呢？指导的艺术是使学生喜欢你的指导。但是，为了让他享受指导，不应该让他的心灵对你所说的一切都那么地被动，以至于他彻底无事可做。老师的自尊固然重要，但也要给学生的自尊留出一席之地；他必须能够对自己说，"我想一想，我懂了，我看出它的意思了，我学会了。"……一个人必须总是让自己被他人所理解，但必须不能总是说出一切。①

一页之后，卢梭暗示，他在《爱弥儿》这部作品中追随了这种教学方法。他宣称："我也不想说一切。"②

古代作家是掌握了这种技术，即将"不完全"激活的真正大师，正如卢梭所强调。他尤其敬佩修昔底德的教学风格："他陈述事实，不加以判断，但他没有省略任何有助于我们自己对它们进行判断的情节。"③

另一个最以其简洁和晦涩出名的古代历史学家是塔西佗（Tacitus）。他的修辞所带来的愉悦和鼓舞，英国历史学家、作家贝克爵士（Sir Richard Baker, 1568-1645）描述的很确切。贝克的观点跟尼采、孟德斯鸠、泰纳、泰奥弗拉斯托斯、德米特里和卢梭的观点本质上是一样的：塔西佗的晦涩

> 对任何努力地对付它，并发现真正含义的人而言是令人愉快的；因为他然后视之为自己的分内之事；从这些句子中抓住机会读出更多的东西，没有被骗，他得到了人们听寓言时常有的那种快乐，即发现用比喻说

---

① 卢梭，《爱弥儿》（*Emile*），trans. Bloom, 248.
② 同上书，249.
③ 同上书，239.

话之人的含义。①

[223]戈登(Thomas Gordon)的一段论述也表达了相同的一点（此人是8世纪将塔西佗的著作翻译成英文的译者）。塔西佗

> 以卓越的简洁著称……他开始那个观念,但却让读者自己来想象它。他给你的例子是如此恰当,以至于你马上就想要看到全部的内容,然后你也享受到了有所发现的滋味;但是,有些有才干的作者,却忘记给予他们的读者以这样一种恭维。②

另外,罗马的修辞学家昆体良建议,在法庭上辩论的时候,一个人应该含蓄地说话,只让事实平静地表明你的主张,因为

> 这保证法官会自己寻找一些东西;如果这些东西是他亲耳听到,那他可能不会相信;因此,他会相信那些他觉得是他自己所发现的东西。③

后来,他补充说道,用这样的言辞,"听的人享受理解它,高度评价自己的聪明,并因其他人的言辞而对自己赞许有加。"④

---

① Vergilio Malvezzi, *Discourses upon Cornelius Tacitus*, trans. Richard Baker, London: R. Whitaker and Tho. Whitaker, 1642, 参阅译者前言, Alfred Alvarez 在 *The School of Donne* 中引用, London: Chatto and Windus, 1961, 40.

② Thomas Gordon, *Discourses upon Tacitus: The Works of Tacitus, With Political Discourses Upon that Author*, London: T. Woodward & J. Peele, 1770, 4:149-150, 拉赫(Rahe)在《古今共和国》(*Republics*)中引用, 246.

③ 昆体良,《雄辩术原理》(*Institutes*),9.2.72.

④ 同上书,9.2.79

薄伽丘(Boccaccio)在《但丁传》(*Life of Dante*)中声称:"凡是经千辛万苦获得之物,都有某种快乐……因此,为了[真理]更受到人们的欣赏,因为它是通过努力获得,且因为这个原因被保存的更好,诗人把它隐藏在看似与真理相反的众多细节之中。"①另外,巴特勒(Samuel Butler)在对法国自然主义者布丰(Buffon)的隐微解读中观察到,布丰"希望他的读者自己得出推论,并由此之故而更珍重它们。"②

总之,通过让读者变得积极主动负责任,正确的晦涩不仅激活,还愉悦正确的读者。这是历史特别悠久的"读者反应理论"被遗忘的一部分。

对隐秘之物的爱,对晦涩之物的尊敬

第二个申诉是这个众所周知的现象,即遮起来的东西对我们而言更诱人、更值得拥有。正如艾米莉·狄金森所写:

看,魅力投入一张
不完美的脸——
这位淑女不敢撩起面纱
唯恐魅力被驱散③

---

① 薄伽丘(Boccaccio),《但丁传》(*Life of Dante*), trans. Bollettino, 40.

② Samuel Butler, *Evolution Old and New: Or, the Theories of Buffon, Dr. Erasmus Darwin and Lamarck as Compared with That of Charles Darwin*, New York: E. P. Dutton, 1911, 87.

③ 《魅力》("A Charm"),选自《狄金森诗歌全集》(*The Complete Poems of Emily Dickinson*)的第421首诗, Roger Shattuck 在 *Forbidden Knowledge* 中引用, 125.

[224]这个现象至少有两个原因。如果某种东西被完全呈现出来,完全可得,公开可见,那就没有想象或渴望的空间了。它是它所是。你见即为你所得。但是,部分被遮住的东西,却保证可以让人得到更多——我们的想象可以自由地把我们的希望和渴望投射到这个公开的承诺上。这就是为何,缺席(absence)使得心灵更欢喜雀跃。出席(presence)会有点沮丧。

此外,我们具有这样的一种自然倾向:用我们的付出来评价万事万物。我们鄙视太容易得到的东西。因为受到阻碍,我们变得更加清醒,我们的欲望变得更加强烈。困难使之高贵。我们更热切地追求难以得到的东西。因此,隐微的文本——意味深长、富有挑战性,满是承诺和阻碍——唤醒心灵,使它充满强烈的希望和有力的挣扎。

最后,晦涩也用第三种方式激发、鼓舞读者,一旦它不仅源于有意的含糊其辞,还源于一种似乎难以被我们所理解的内在的高贵。然后,它威慑我们,让我们觉得自己眼前的东西比我们自身更伟大。因此,正如《标准注释书》(*Glossa Ordinaria*)所言(前面已经引用):"隐藏的东西似乎更值得尊敬。"晦涩所具有的这种天然的修辞效果,将会引起我们的注意,激起我们的尊敬、敬畏和惊奇。

所以,后面两种修辞效果——对隐秘之物的爱和对晦涩之物的尊敬——是幼稚、荒谬的吗?我们几乎不能称它们是"幼稚的",但可以控告它们迎合我们的"不理性倾向",这取决于一个人对终极实在(ultimate reality)的理解。如果"真正的世界"是一个美丽、完美的世界,远远超越感官世界,那我们的这种倾向,即我们的想象容易将被隐藏的东西理想化,将会显露为一种对真理的重要预测。类似地,如果有一位上帝,那么,圣经的晦涩容易激起人之尊敬这种倾向就是一种合适、准确的效果,它有助于我们踏上通往真理和正义之路。另一方面,更唯物主义或至少更怀疑的思想家,会否认这些修辞效果的合理性。

但是,即使那些发现晦涩具有的修辞效果是荒谬的思想家,也可能依然会作出这样的判断,晦涩是一种合法、有用的工具,有助于完成哲学教学这个困难的任务。毕竟,如果哲人的读者早已完全成为理性的生物,可以被纯理性的方式所激发、所指导,那转向哲学这种任务就不会那么难以完成。[225]实际上,一个人必须经常巧妙地利用学生不理性的动机,直到他成功地强化了他们理性的动机——正如我们使用分数来激励学生,直到到达这个我们所希望的时刻:他们开始看到分数内在的好处或效用。

另外,如果晦涩能够对我们产生如此强烈和不理性的影响,那只可能是因为我们自己仍然是不理性的。晦涩有方法挖掘出我们内心一直存在的没有理由的希望和恐惧。净化我们自己、去除这些东西的最好方式,很有可能就是激励它们,让它们公开化,真正地解决它们,而不是忽视它们,或对它们不理不睬。一个人只有完全了解埋葬在内心深处的不理性诱惑,才有机会真正变得理性。也因为这个原因,一种有效的哲学教学法,不一定会因害怕而避开一种首先求助于我们的不理性倾向的隐微修辞。实际上,它可能很需要这样的隐微修辞。

平淡具有的修辞效果

对那些拒绝在教学上使用晦涩或任何形式的修辞,认为修辞不哲学的人,我的最后一点回答是:真的还有其他选择吗?是否可能避开修辞及其不理性效果?在实际操作中,真正的选择似乎只是在有用的修辞和没用的修辞之间。信仰直白和清晰的现代理性主义者认为,通过用枯燥、中立和严格的方式写作,一个人直接诉诸于理性官能,根本不会涉及到修辞上的偏见。问题在于,这样的风格并不真正中立,因为平淡也有一种强大的修辞效果,还不单纯是理性或有益的。

我们不理性地将被隐藏之物理想化,反面就是我们不理性地贬低公开、熟悉之物。这就是上面尼采所说的"头脑清晰、容易理解的作者遭受了不幸"的原因;也就是,"他们被看轻,因而人们不怎么花力气来阅读他们。"我们具有一种极为强大的奇妙倾向——但它令人遗憾,倾向于对公开、可得之物封闭我们的心灵。如果真理并不以某种方式隐藏起来让我们看不到或把我们抛弃,那我们似乎就会抛弃它。在我们身上,"显而易见"是一种侮辱;清晰代表肤浅;熟悉引起轻视。这是由表面上回避修辞所引起的修辞上的歪曲。公开、平淡的东西在智识意义上是清楚的,但在生存意义上是迟钝的;它传达了正确的信息,却传达了错误的观念;它让心灵深处进入睡眠状态。[226]它对工程学是好的,对哲学却是坏的。深刻的观念一旦被公开地呈现在每只看来看去的眼睛面前,它们就莫名地消失不见。它们变得过于暴露;它们被释放、被亵渎。它们失去了感动我们的力量。为了维持它们的效力,我们需要省着点用它们。"沉默是智慧四周的篱笆,"迈蒙尼德说道。① 的确,毕达哥拉斯以这一举动闻名:在他的学生面前保持一长段时间的沉默,以让学生的灵魂准备好接受哲学。

许多早期思想家都被这种节省精神所感动。他们拥护"隐

---

① 迈蒙尼德, *Laws concerning Character Traits*, 选自《迈蒙尼德伦理著作集》(*Ethical Writings of Maimonides*), trans. Raymond Weiss & Charles Butterworth, New York: Dover Publications, 1975, 33 (2.5).

藏"这种修辞方法(尽管它涉及到某些不理性的效果),认为它是一种必要的解毒剂,有助于抵抗"平淡"和"公开"所带来的更加不理性的效果。比如,第欧根尼·拉尔修在解释赫拉克利特臭名昭著的晦涩著作时评论道:"根据一些人,他故意把作品弄得更晦涩,因而只有专家才可以接近它,唯恐熟悉会产生轻视。"①我们早已看到奥古斯丁的一句类似评论:"唯恐明显的东西产生厌恶,隐藏的真理产生渴望。"

如今,我们已经失去了这种节俭的本能。开放社会对晦涩所具有的危害高度敏感,但对直白和清晰所具有的危害却视而不见。我们似乎假定,终极实在就是暴露在光天化日之下的东西,是每个人怀着平常的心情都可以得到的东西。但是,许多早期思想家却正是从平淡使灵魂麻木的效果中,看到了获得哲学洞见之路上的最大障碍:琐碎的平淡无奇,它源自我们在这个世界上的分散,源自我们过分的喋喋不休,源自陈腐习俗和惯例的控制,源自神秘、惊奇和敬畏的消失。

通过多种方式,隐藏这种修辞有助于对抗清晰这种修辞所产生的有害效果。它以一种对待思想和世界的正确态度训练精神。简洁、不直接的交流使心灵集中。它教导慎重、耐心、谨慎和尊重。它言简意赅。同时,通过用它自己的例子表明,在熟悉、肤浅的东西之下藏着神秘、有趣的东西,它让我们从昏昏欲睡的平淡无奇中醒过来,从我们对世界漫不经心的蔑视中醒过来。

最后,这样的写作既来自一个人对自己的灵魂及其罕见状态的尊重,对一种含蓄感的尊重,对一种"微妙"的尊重(这种"微妙"在于,它遮蔽了一个人因经历大众粗鲁的目光和笨拙的言辞与说法而产生的更高、更脆弱的经历),也产生对这三者的

---

① 第欧根尼·拉尔修,《名哲言行录》(*Lives of Eminent Philosophers*), 9.6.

尊重。"每一个出类拔萃的人",尼采写道:"都本能地寻求避难所和隐居处,在那里他可以摆脱人群。"另外,[227]"所有深奥的东西都喜欢面具……有些东西是如此精细,以至于人们有些粗鲁地把它们遮的严严实实,以把它们藏起来。"①一个人不能在公开场合进行哲学活动,犹如不能在公开场合做爱。现象学心理学家欧文·施特劳斯(Irwin Straus)区分了两种类型的羞耻(shame):隐藏性的和保护性的。前者是人们所熟悉的一种冲动——将不道德的东西藏好,但后者是人们不怎么注意到的一种本能——将珍贵和脆弱的东西藏好。② 不要把你们的珍珠丢在猪前。尤其是教学性隐微主义,它非常天然地显现了保护性羞耻;它本能地喜欢隐藏、荫庇和节省我们更高的精神状态。展示了这种羞耻的作品,也激励读者产生这种羞耻。

的确,教学性晦涩常常诉诸于我们的不理性倾向。但是,任何其他把话讲清楚的风格也同样如此。对于正确的读者而言,这实际上是增进哲学理性的最佳方式。

隐微解读的负担

考虑针对教学性隐微主义的最后一项异议,我们将会看到教学性隐微主义的另一个维度——以及当代心灵对它的本能抵制。即使前面提到的所有论据都成立,大多数人如今依然认为,以前那些伟大的哲学作者不大可能出于教学方面的缘由而隐微地写作——因为这明显适得其反。这种做法似乎与哲学学习的实际

---

① 尼采,《善恶的彼岸》(*Beyond Good and Evil*), 节26,节40.
② Irwin Straus, *Phenomenological Psychology*, trans. Erling Eng, New York: Basic Books, 1966, 217–224.

需求太不一致了。如果以前的思想家故意用这种方式著书立作，那他们就会给读者施加一种沉重的负担，读者需要穿过人造的迷宫，解决复杂的难题，破解晦涩的密码。为了理解这本著作的真正论点是什么，所有这些努力都是需要的。这样一来，读者就几乎没有时间或精力来从事真正的哲学活动：考察论点，把它与其他作者的相关论点进行比较（这些作者也必须进行隐微解读），最后决定他自己如何看待这个论点。解读的任务会排挤哲学思考的任务。即使在最好的情况下，哲学也极为困难。有谁会选择难上加难，再给它添上隐微解读这个无止尽的不确定任务呢？不管隐微教学在抽象意义上有何优势，在实际生活中，它毫无意义——人们根本没有时间来弄这个东西。为了逃避迫害，以前的思想家[228]有时被迫进行隐微地写作，这是可信的。但是，要说他们也自愿地这样做，以加强哲学理解的传播，那就极度不合理了。

  毫无疑问，我们强烈地感受到了这个反对意见。但是，同样地，我们必须再次提醒自己，问题不在于我们自己是否同意和倾向于实践教学性隐微主义，而在于以前的思想家们是否这样做。到现在为止，我们已经看到了来自他们的大量论述。从中，我们可以看出，这些以往的思想家不仅承认出于教学目的而运用隐微写作，还对这样的做法表示了赞赏。在这个语境下，下述事实或许更震撼人心：在19世纪之前的著作中，我找不到任何因上述问题而批判隐微主义的论述。所以，由于这样或那样的原因，以前的年代似乎并不像我们这样被这个问题所困扰。

闲暇与隐微素养

  之所以出现这种差异，一个可能的原因是历史条件的改变。

如今，我们在哲学传统的重压之下辛勤工作——这种传统已达2500年之久。有成百上千本主要的哲学著作有待我们掌握；另外，自从大约150年前出现现代学术之后，还出现了成百上千本致力于解释每一本主要哲学著作的二手著作。实际上，在我们这个年代，如果走过主要的研究型图书馆一排又一排的书架后，还不觉得这些书的重量犹如大山一样压在我们身上，那几乎是不可能的。事实是，现代学者发现自己处于一个不可能的智识环境之中。虽然他们很少对这个环境作主题讨论，但它却限制了他们所有的解释学本能。它强烈地使我们倾向于拒绝任何会增加我们学术负担的建议，并认为这样的建议不合情理——因为简直难以承受，我们早已不堪重负。

但是，这种过度负载的情况当然不是一直都存在。在古典时代——教学性隐微主义的全盛时期，智识生活的氛围大不相同。那时的思想家和书都更少。书也不是由忙碌的学者和常常受出版压力之迫的大学教授所写。由于没有这些负担，智识生活更加悠闲和专注。这极大地影响了人们写书和读书的整个方式。历史学家恩格尔辛（Rolf Engelsing）和霍尔（David Hall）等人曾经提出，18世纪中期出现了一场"阅读革命"，传统的"精细"阅读（反复阅读几本书）[229]被现代的"广泛"阅读（一本书看了一遍之后，接着看另一本书）所替代。① 因此，一百年之后，密尔（John Stuart Mill）评论道：

---

① Rolf Engelsing, "Die Perioden der Lesergeschichte in der Neuzeit: Das statische Ausmass und die soziokulturelle Bedeutung der Lektüre," *Archiv für Geschichte des Buchwesens* 10 (1969), 944-1002, *Der Bürger als Leser: Lesergeschichte in Deutschland*, 1500-1800, Stuttgart, 1974; David Hall, "The Uses of Literacy in New England, 1600-1850," 选自 *Printing and Society in Early America*, ed. W. L. Joyce, 2nd ed., Worcester, MA: American Antiquarian Society, 1983, 1-47. 见 Dorinda Outram, *The Enlightenment*, Cambridge: Cambridge University Press, 2005, 16-18.

> 必须记住,他们[希腊人和罗马人]有更多的时间,且他们主要是为选出来的阶级,即拥有闲暇的阶级写作。但我们却是急匆匆地写,我们的读者也是急匆匆地看。因此,对我们来说,像他们一样精致地写作就是损失时间。①

我们在托克维尔那里看到了类似的观察结果:

> 还应当指出,在整个古代,书籍是很少的,且价格昂贵,不论是出版还是发行都有着很大的困难。这种情况使得对文学的爱好和享用集中于少数一些人身上。在一个大的政治贵族集团中,这些人形成了一个小的文学贵族集团。②

托克维尔继续说道,在这样的智识环境中,作者可以指望极有素养的读者具有"耐心、持续不断和不断重复的注意力",没有什么是"草率或随意地完成;一切都是为行家所写。"③作者非常细心地写作,读者也非常细心地阅读。因此,没有人根深蒂固地抵制这个观念,即一本书应该故意向读者施加一种重要的解读负担——如今我们却强烈地感受到了这种抵制。

相反,这正是他们的趣味和嗜好。古典文化的整个倾向,用温克尔曼(Winckelmann)的名言来说,是高贵的简洁和平静的

---

① 密尔(John Stuart Mill),《圣·安德鲁大学就职演说》(*Inaugural Address Delivered to the University of St. Andrews*), London: Longmans, Green, Reader, & Dyer, 1867, 34.

② 托克维尔,《美国的民主》(*Democracy in America*),第二卷,第一部分,第15章.

③ 同上书,第二卷,第一部分,第15章.

伟大。通过这种文学风格,即温文尔雅的轻描淡写和简洁优雅的简明扼要,它把自己表现的淋漓尽致。正如密尔所言:"古代人是简明扼要的,因为他们尽心尽力地写作;几乎所有的现代人都是冗长的,因为他们不尽心尽力。"他继续说道,现代散文容易啰嗦、累赘,"因为缺乏时间和耐心,因为出于某种必要——我们的所有著作几乎都是针对忙碌、完全没有准备好的大众,因而有必要这样做。"①相反,古典作品的主要读者来自人少、精致、专属和同一的文学贵族,具有极为形似的背景,有着共同的趣味和理解,因而自然喜爱细微、经济的表达,以看到最小的暗示到底可以传达多少东西为乐。这种文化理想不仅体现在他们的著作中,同样也体现在他们的对话中。在《吕库古传》("Life of Lycurgus")中,普鲁塔克描述了斯巴达的孩童[230]如何被教育"用少量的词理解大量的思想"。因此,"正如他们的剑短小而锋利,在我看来,他们的话也是如此。他们能更好地切中要害,吸引听者的注意力,比任何人都要好。"②不过,不仅只是拉哥尼亚(Laconia)的斯巴达人如此,古人总体上都是有名地简明扼要(laconic)。因此,即使抛开闲暇问题,这种对精妙的轻描淡写的古典趣味,也使得古典读者自然而然地乐于接受教学性隐微主义观念——缺少这种趣味的现代读者显然不会欣然接受。

另外,由于喜好文字上的精妙,且从小到大所看的文学作品都实践这种风格,古代读者在学会"阅读"这种艺术本身的时候,就已经学会了"隐微阅读"的基本原理。他们被这种简明扼要的文化同化了。因此,与当代读者相比,他们觉得隐微解读所带来的负担并不是那么沉重或恶心——当代读者可以

---

① 密尔,《就职演说》(*Inaugural Address*),37-38(加了强调)。
② 普鲁塔克,《吕库古》(*Lycurgus*),选自《希腊罗马名人传》(*Lives*, trans Dryden, 64-65)。

说是在对隐微一无所知的环境中长大,因而自然对此持不同印象。

隐微主义与两个现代观念:进步和出版

但是,不仅仅是未读书籍的压力、贵族式轻描淡写这种闲暇文化的消失、以及对被隐微方式所同化的渴望,使得我们认为教学性隐微主义如此麻烦,(因而)不大可能。进步观念在塑造现代智识生活过程中的核心作用也同样很重要。

进步观念(它如今似乎显而易见,用不着多加解释)认为,人类知识倾向于持续性地进步,因为每一代都可以以前一代的成就为基础。不过,这其中包含着一个未阐明的前提,它与传播问题有关。进步信仰基于这个非常非苏格拉底的主观设想,那就是,智慧或知识不仅可教,还可"出版"(现代意义上的出版):写成书,可以被人轻易地、真正地占有,因此,下一代人经过短暂的学习之后,可以从前一代人停止的地方开始。

现代进步哲学的第二个相关设想是,智识产品与经济产品的运作方式基本一样:两者的进步都是"团队"的结果,都是劳动分工或团体内部实现专业化的结果。正如经济上劳动分工的必要前提是交换,所以智识专业化的前提[231]是知识的有效交换——通过出版。

在现代时期,哲学和科学的整个事业都是围绕这个进步观念展开的。对知识的追求已经无与伦比地"社会化"。它变成了一种团队努力,一项集体事业——既跨越不同代的人,也跨越同一代中不同的人。这影响了我们全部的智识生活经历。最终,现代学者或科学家活着并不是为了——也不能——在安静的研究中亲自思考。他活着是为了为不断前进的公共事业、为"我们知道"的东西"尽一份绵薄之力"。他已经将自己的智识生活外在化。他的思考已经变成写作的一种手段。他活着是为了出版。因此,这种致力于集体认识的努力,它的生命核是现代出版制度。通过这种制度,每个人都可以作出自己的贡献,并便利地占用他人的贡献。对现代思想而言,写作和出版具有一种独特的含义;他们扮演了一种不被早期思想家所知的特殊角色,虽然他们也著书立作。

因此,在自愿的晦涩和教学性隐微主义这个观念面前,现代智识本能地退避三分就并不奇怪;这种做法及其前提直接违背这些核心的现代设想,即容易通过出版来传播知识,因而也违背现代智识生活整个的集体性安排。我们不可避免地认为,它不仅是毁灭性的,也是有违道德准则的;它是对神圣的出版伦理的侵犯——这些伦理是现代认知的生命力所在。

但是,对前现代世界而言,这种反应却是完全陌生的;前现代世界倾向于拒绝进步观念背后的基本设想。不管哲学某些有限、技术化的方面如何,真正的哲学奥秘和洞见并不能被写下来,从一代传给另一代。智慧不能被告知。所以,每一代绝不从前一代停止的地方开始。古代人并不相信进步,因为他们并不相信现代意义上的出版。实际上,正如我们所见,他们怀疑每一种形式的书。

他们也拒绝进步哲学的第二个支柱:劳动分工。哲学生活是一种"努力把生命看作一个整体"的个人努力,它永远都不能当作阅读彼此文章的专家们的一项集体事业进行追求。只有当哲学被外在化,当哲学的原初含义(一种独特的生活方式)和某种内在的清晰或启蒙成就[232]被一项集体、公共事业所取代的时候——在这项集体事业中,每个个体的思想变得只不过是他作出贡献的一种手段,这整个系统才是有意义的。从古典视角来看,进步哲学可以说是自我驳斥的(self-refuting),因为它本身构成了一种巨大的衰退。

不可否认,劳动分工之类的东西一直都存在。每个年代,人们都强烈地倾向于依赖其他人的思考和发现。这往往像是一条有用的捷径。但是,如果哲学要依然是内在的、真实的,不堕落为一种"传统",那么,它就必须抵制现代进步哲学试图倚赖的那种危险诱惑。这是最为重要的。我们已经看到,正是为了抵制这种诱惑,古典思想求助于使用教学性隐微主义:通过用正确的方式隐藏真理,它希望迫使其他人独自、亲自重现真理,不要过分地依赖他人。但这意味着,正是上面所提的异议——通过这种异议,我们现代人倾向于拒绝教学性隐微主义做法,认为它不合理,因为它对即将发生的知识传播是一种如此之大的障碍——促使古人拥护隐微实践:便利地利用他人的观念反而是一种巨大的障碍。

隐微书籍作为对自然的模仿

但是,即使同意视角方面的这种巨大差异,我们也依然会借用古典前提对教学性隐微主义提出新的异议。让我们跟古代人一样假设,哲学著作的主要目标不是为了促进一项集体性智识事业的进步,而是为了提升罕见个体的哲学真实性。那么,增加一本书的解读难度是否真是促使读者亲自思考的最佳方式?的确,这可以阻止他不假思索地接受作者的观点。但是,正如上所述,这也会给他添加一种困难的解读任务,它会阻碍他的主要工作——哲学思考。作者制造的文学之谜只会让读者深陷于文本的细枝末节之中，把他的注意力从这个世界的巨大谜团中转移开。因此，这种形式的写作很可能使读者并不真正地哲学，而是相当地书呆子气、迂腐。

我们其实已经看到回应这个异议的大部分内容。古典哲学文本主要不是为学者和一项集体事业中的其他工作者所写，而是为"罕见个体"所写；[233]这个罕见之人具有异常的哲学和解读天赋，因而不会过多地被解读方面的挑战所累。此外，我们已经看到，在过去的年代，对封闭式阅读（close reading）的趣味和封闭式阅读的艺术都高度发达。

但是，对于这个异议，有一种回答更为深刻，它也表明了教学性隐微主义的一个关键维度——不过，到现在为止，这个维度一直被我们所忽略。这个异议假定，破译隐微文本这项任务不同于哲学思考，因而，它破坏哲学思考。它假定，隐微文本中包含的谜纯粹是"人为的"，与哲人所关注的现实中的谜无关。但是，情况并不一定如此。实际上，教学性隐藏的主要目标之一，正是训练读者形成进行哲思所需的思考方式。但是，它是否、以及如何能够服务于这个目标，取决于一个人如何理这两者的真正特征：哲学，以及哲学试图看透的实在。

比如，如果哲学能够通过某种演绎系统认识这个世界，那"哲学思考"（philosophizing）大概与隐微阅读没有任何共同之处。但是，另一方面，如果现实被意见或习俗之穴隐藏了起来，我们看不到，正如柏拉图所坚持的那样，如果哲学很大程度上并不在于几何推理科学，而在于这种微妙的艺术，即通过洞察这个洞穴细微的瑕疵和矛盾，使自己摆脱被接受的意见，那隐微解读的艺术很可能就是训练哲学的最佳可能方式。在学习如何阅读文本的过程中，你学习如何阅读这个世界。更一般地，如果这个世界由表象和现实所构成，由"表"（surface）和"里"（depth）所构成,那么,一本有意识地模仿这种结构的书或许为一个人理解这个世界做了最好的准备。

另外,如果真正的哲学是教条化、系统性的哲学,可以驱逐世界上所有的神秘,那人类的"质疑"行为或姿态就不可能是哲学生活真正的中心,隐微文本的开放性就与哲学没有本质的联系。但是,如果真正的哲学是某种形式的怀疑主义——不是现代笛卡尔式怀疑主义(这只是教条主义的前奏),而是古典的探究式怀疑主义或充满爱欲的怀疑主义,将人类的质疑、好奇和渴望立场永远置于哲学生活的中心,那一本隐微的书难以捉摸的问题世界可能就是哲学最合适的训练基地。

比如,苏格拉底就是这种意义上的怀疑论者,因为他声称,他只知道他什么都不知道——这里采用施特劳斯的解读。[234]对苏格拉底而言,哲学是关于无知的知识。但是,如果一个人不知道这个世界给出的根本问题是自己无法进行确切地回答的,他就不可能*知道*自己根本上无知。那么,无知之知就不是无知;它是知识。它是关于永恒问题、根本困惑的知识——这些困惑激发并构成了我们的思考。因此,对于怀疑的苏格拉底而言,这些问题(而不是永恒的理念)是他所知的最根本、最永恒的存在,是不断召唤他进行思考的存在。他所体验的整全既不完全透明,又不完全不透明,它是难以捉摸、诱惑迷人的。这种体验不只是源于人类理性的局限,还源于这个世界的特征:隐藏是存在(being)本身的一种特性。自然是隐微的。现在,如果情况是这样的,那么,隐微文本迷惑重重的性质就不是人为的、阻碍哲学的,而是相当地自然和必要,是对现实的精确模仿。因此,根据施特劳斯,柏拉图这样写他的对话,以便"给予我们的,与其说是对存在之谜的一种解答,还不如说是对存在之谜的一惟妙惟肖的'模仿'。"①与此类似,修昔底德的历史"模仿了现实的神秘特征。"②隐藏的修辞对于揭露现实有所隐藏是最有用的,甚或是必要的。③

---

① Strauss, "New Interpretation," 351.
② 施特劳斯,《修昔底德》("Thucydides: The Meaning of Political History"),选自《古典政治理性主义的重生》(*Rebirth*), 94.
③ 对这些主张的讨论,参阅施特劳斯,《什么是政治哲学》("What Is Political Philosophy?"),选自《什么是政治哲学?》(*What Is Political Philosophy?*), 38-40. 另见《海德格尔式存在主义导论》("An Introduction to Heideggerian Existentialism") (*Rebirth*, 43),其中,施特劳斯似乎追随海德格尔的观点,坚持"存在(to be)意味着难以捉摸(to be elusive)或神秘(to be a mystery)"。参阅施特劳斯,《城邦与人》(*The City and Man*), Chicago: Rand McNally, 1964, 61-62. 伯纳德特(Benardete)在这个基础上认为古代人拥有"形而上学的隐微主义"(metaphysical esotericism)。见Benardete, "Strauss on Plato,"选自 *The Argument of the Action*, Chicago: University of Chicago Press, 2000, 409.

第八章

理性化这个世界：政治性隐微主义

> 没有实验可以比我们现在所尝试的更加有趣；我们相信，我们这个实验最终将确立这个事实：人可以受理性和真理之支配。
>
> ——杰弗逊(Thomas Jefferson)致泰勒(John Tyler)

> [隐微主义]并不唯独被古代人所实践；为了宣布真理，它更被现代人所使用。
>
> ——托兰德，《泛神论要义》

第八章 理性化这个世界

[235]最后,我们转向第四种,也是最后一种隐微写作形式——政治性隐微主义。它独立于其他三种形式,因为在四种形式中,唯独它是一种现代形式。到现在为止所讨论的三种隐微主义,尽管彼此之间有着明显的不同,但并不相互排斥或对立。相反,它们显然融为一体:大多数前现代作者实践过所有这三种隐微主义。这是因为,在很大程度上,它们只不过是同一个根本原则,即理论与实践问题上的"冲突主义观"的三个不同结果。如果哲学理性主义与日常的社会生活存在不可避免的严肃冲突,那么,任何一方都必须被保护起来,不受另一方之害,由此产生自卫性和保护性隐微主义的双重必要。此外,基于相同的前提,具有天赋之人的转向,即从日常生活[236]转向哲学生活——从一组根本对立的一端到另一端,将会涉及到一种艰难的决裂,它需要一种巧妙的教学修辞为之做好准备,并给予慰藉。

政治性隐微主义是个特例。尽管它似乎以多种方式与其他三种形式有所重叠或极为相似,但它最终不仅不同于它们,还在很大程度上与它们对立,与它们形成了鲜明的对比。因为它是另一个相反的前提,即"理论与实践之间存在潜在的和谐"的结果。

当然，乍看之下，人们可能会期待，这个新的前提会让隐微主义消失，而不是引起某种新的隐微形式的出现。如果理性与社会真是和谐的，那还有什么必要藏藏掖掖？这个问题的答案，取决于"潜在的"这个词在这个前提中所扮演的关键角色。最先信奉这个前提的早期现代哲人并不是不同意以往思想家的观点，即在所有现存以及到现在为止存在过的社会中——在"传统社会"中，哲学、理性和真理的世界，与政治、习俗和神话的世界之间，的确存在着深深的分歧。他们与以往思想的决裂，不在于否认这种悲剧性裂缝的存在，而在于否认它是自然的或必要的：在一个完全不同的新社会中，它可能会被缝合。如果哲学可以首先彻底地改革自身——对政治领域采取更现实、更不乌托邦的途径，运用更科学或精确的方法，坚持更积极的立场，对自然领域采取更具有征服欲的姿态，那么，它就可以彻底地改革政治世界，消灭传统社会，在理性的基础之上重建政治共同体。简言之，这个新的前提，即理论与实践的统一，最初并不是被视为一个事实，也不仅仅被视为一种可能，而是被视为一个计划（project），一个给予现代哲学以全新的方向和目的的计划。

但是，具有讽刺意味的是，这个旨在创造一个理性社会，以及与此相关，让社会不再敌视和审查哲学的计划，首先需要一种严格的新隐微主义。从整体上而言，这种新的隐微主义会对哲学著作的新追求，即成为政治力量的工具有所帮助；更具体地说，它会以安全、谨慎的方式，帮助它们逐步瓦解传统社会，并用一种具有哲学根基的政治学取而代之。这就产生了我正在说的"政治性隐微主义"（political esotericism），它可以被定义为这样一种隐微主义：服务于哲学新出现的政治目标，即通过政治世界不断推进的理性化，实现理性与社会生活之间的潜在和谐。

[237]牢记这个定义,就可以理解政治性隐微主义与其他三种隐微主义之间表面上的相似和本质上的差异。① 政治性与教学性隐微主义的共同点,首先在于两者都是哲学出版(philosophical publication)的积极目标(positive objective)自然而然的结果。自卫性与保护性隐微主义是对写作意想不到的后果,即消极的副产品——"迫害和颠覆"的回应,但政治性与教学性隐微主义从一开始就都直接源于写作的积极目的。不过,根据这种相似性,可以更明显地看到两者的差异。

大多数古典哲学著作主要的积极目标是哲学上的目标。毫无疑问,它们也追求实际目的,很大程度上类似于我所谓的"哲学政治学"(philosophical politics)。但是,我会说,它们最根本的目标是哲学思考和哲学教育。但是,在现代时期,正如我们刚刚所见,哲学著作的目标(以及对哲人或知识分子的公共角色的整个理解)发生了彻底的改变。在更大程度上,哲学文本是为社会而写(尽管并不一定如此),具体地说,是为了启蒙和改变政治与宗教世界。但是,哲学出版物主要的积极动机所发生的这种从教学到政治的历史性转变,带来的结果不是隐微主义的式微,而只是隐微形式的变化。这是因为,虽然在教学事务上,需要巧妙地说话,但在政治事务上,更需要巧妙地说话。因此,哲人进行写作的积极动机继续迫使他们隐微地写作。只不过,他们不再是向少数具有哲学天赋之人说话的教育者,而是向政治阶级或整个社会说话的政治行动者(political actors)。这样

---

① 在这个部分的其余部分,为了理论上的清晰,我将尽可能精确、清晰地区分政治性隐微主义和其他三种形式的隐微主义。但是,在实践中,思想家却可以采取折中的立场——在某些方面持冲突主义观,在另一些方面持和谐主义观,这样的立场模糊了这些差异。接下来,当我们考察政治性隐微主义的具体表现和历史表现时,这个事实会变得越来越突出、越来越重要。

一来,从哲学写作的积极目标这个视角来看,政治性隐微主义可以被描述为教学性隐微主义的现代翻版和替身(尽管并没有完全代替)。①

积极目标方面的这种差异,引起了隐微形式或技巧方面的独特差异:与其他三种形式相比,政治性隐微主义往往更透明或更容易解读。这是因为,它的目标不仅是被哲学的少数所理解,它还要被更普遍的读者所理解。它试图引起政治变化;不仅如此,它还要引起普遍的"启蒙",使公共意识逐渐发生改变。与以隐藏哲学(如果说有时非常公开)为主要宗旨的古典隐微主义不同,它想要公开地挑衅、甚至颠覆一些东西——不过,是以一种加以权衡、加以策划、含沙射影的方式。

[238]但是,变得更公开的同时,以及在政治上更坦率、故意更反动,它不可避免地引起了更多的质疑和反对。由此可见,它必须与自卫性隐微主义极度相似或与之重叠:它必须集中关

---

① 教学性隐微主义保留了下来,因为不管他们的政治改革计划如何,哲人对哲学教育总是依然非常感兴趣。尽管这种教学上的关切并不一定导致隐微主义,但它事实上经常导致隐微主义。因为几乎每个时代和派别的哲人都以引导他们的学生自己思考为主要目标,因而苏格拉底式隐微——不呈现答案只呈现谜——经常是这样做的最佳途径。这就是为何,在前面论教学性隐微的一章中,很多证词实际上来自现代思想家。

但是,我们也看到了现代时期并不能完全被认为是这种隐微主义之"家"的两个原因。首先,基于理论与实践问题上的前现代冲突主义观,哲学生活代表与日常生活的彻底决裂,且这种决裂一开始是痛苦的。与现代的和谐主义观相比,基于这种冲突主义观的哲学教育要执行更艰巨、更个人化的任务。它不仅需要智识上的训练,还需要其他东西,比如,一种转向。它更关注改变一个人的生活,而不是传授哲学教义。这是一种微妙的事业,更需要辩证、隐微的处理技巧。第二,现代的"进步哲学"很大程度上是以这样的观念为导向,即每一代都需要快速接受和吸收早于他们出现的进步,以便向新的发现迈进。这就需要哲学著作是清晰的、精确的,不隐微、不迷雾重重,以便快速、便利地进行传递。但是,前现代思想的导向,不是哲学作为一种集体和进步事业需要什么。它关注哲学个体的内在状态,关注他若自己思考一切需要什么——彻底的、回到原点的思考,不接受任何只是传授给他的东西。教学性隐微主义非常契合这种需要,因为它阻止学生过于容易地吸收以往的思想。

注迫害问题和社会对哲学的敌意。不过,这里亦存在着关键的差异。由于认为社会的敌意是自然的、不可避免的,因而古典自卫性隐微主义本质上听任这种敌意;它只试图帮助哲人躲开它,或用某种有限的方式将之驯服。由于政治性隐微主义以哲学与政治在一个更好的世界上的和谐为前提,因而它不只是试图逃避迫害,从长远来看,它还试图消灭迫害。

最后,政治性隐微主义非常类似于保护性隐微主义,因为两者都集中关注社会的福祉。但是,前者最终变成了后者的反面。这是因为,保护性隐微主义试图以这样的方式,即把"社会"与被社会视作理性之"不可避免的腐蚀性效果"隔离开来而保护社会。政治性隐微主义的目标恰好相反:通过诱导社会——虽然是谨慎地、逐渐地——向理性敞开大门,拥抱政治理性化而帮助社会。政治性隐微主义试图推进的东西,正好是保护性隐微主义所欲阻止的东西:哲学理性主义广泛的社会影响。

最终,政治性隐微主义推翻、甚至消灭了它自身:它力求消灭对隐微主义的全部需要。因此,它帮助创造了我们如今所生活的这个世界和观念模式——其中,隐微主义的整个现象慢慢地成为"昨日黄花",慢慢地被遗忘,最后,被强烈地否认。

用最简单的话说,政治性隐微主义是一种服务于政治计划,而非哲学或教学计划的哲学掩饰。因此,我们可以通过两步来让它有血有肉:首先,考察政治活动如何导致隐微言辞;然后,考察哲学在现代时期如何转向政治活动。

政治言辞的隐微特征

最后一种隐微主义涉及到对掩饰的政治运用。在某些方面,它是我们最熟悉,在我们看来最有道理的隐微主义,部分是因为它是现代的,特别是因为它是政治的(political)。因为我们尽管深深地抵制这个观念,即真正的哲人会撒谎,但我们非常愉快地肯定,大多数政客是说谎者。实际上,在谷歌上搜索"所有的政客都撒谎"(all politicians lie),检索到两万多条结果。[239]但搜索"所有的哲人都撒谎"(all philosophers lie),只检索到一条结果(目前为止)。在《华盛顿邮报》(*Washington Post*)的一篇专栏文章中,作者金斯利(Michael Kinsley)以这样一个观察开头:"成功的政客,至少得有一些这样的天赋——隐瞒心中真实的想法、进行撒谎,让人们相信谎言就是真理。"或者,在他更尖锐的构想中:"政客说真话就是出丑。"①与此类似,斯通(I. F. Stone)有一本传记名为《所有政府都撒谎》(*All Governments Lie*),这一书名取自这位声名显赫的记者一篇有名的声明。② 奥威尔(George Orwell)在其名篇《政治和英语语言》("Politics and the English Language")中解释道:"政治语言是为了让谎言听上去更真实。它(以及各种变体)适合所有政党,从保守党到无政府主义者。"③另外,阿伦特(Hannah Arendt)在其《真理与政治》("Truth and Politics")一文中直截了当地宣布:

> 从来没有人怀疑过,真理和政治之间的关系极为

---

① Michael Kinsley, "McCain and the Base Truth," *Washington Post*, 2006-5-19; "Political gaffe," *Wikipedia*, http://en.wikipedia.org/wiki/Political_gaffe (2013-9-24).

② Myra MacPherson, *All Governments Lie: The Life and Times of Rebel Journalist I. F. Stone*, New York: Scribner, 2006.

③ 奥威尔(George Orwell), "Politics and the English Language,"选自《所有艺术都是宣传》(*All Art Is Propaganda: Critical Essays*), New York: Houghton Mifflin Harcourt, 2008, 286.

糟糕,而且据我所知,从来没有人把诚实算作一种政治德性。谎言经常被认为是必要、正当的工具,不仅是政客或煽动者的工具,也是政治家的工具。①

简言之,每个人都知道,政治领域与倾向性报道、修辞、宣传密不可分。没有一个人会幼稚到认为,政治主体的言辞总是代表他们衷心的信仰。他们的言辞常常是"政治的"和"外交的"(我们通常这么说),这两个词表达了政治和巧妙言辞之间强烈的内在关系。

因此,涉及到政治领域时,几乎每个人都遵循一种隐微的交流理论——但从没这么叫。听了一篇重要的公共演讲之后,我们转向不可或缺的"政治评论员",他们帮助我们拨开文章的层层云雾,阅读于字里行间,弄明白发言者到底在说什么。他使用了这个表达,是因为它规范地表达了这个观点;他作出那种让步,是为了平息那个地方的选民;他在这个话题上保持沉默——在他以前的演讲中却是那么突出,是为了赋予自己以一种新的形象,如此之类,不一而足。2008 年总统初选期间,《纽约时报》(*New York Times*)官网开设了一个定期专栏,题为"破译候选人"。对这个专栏的解释性简介如下:"你已经听到总统候选人所说的话,但他们所说的到底指什么?谣言和倾向性报道之下,藏着怎样的真实观点?"政治演讲的隐微言辞和隐微解读是政治生活的普遍特征。不可否认,这是个丑陋的事实,但我们往往会承认,甚至夸张这个事实。[240](甚至,我们极不愿意承认智识世界中任何形式的不诚实,有可能部分是因为我们对政治

---

① 阿伦特,《过去与未来之间》(*Between Past and Future*), 227. 关于国际关系,见 John Mearsheimer, *Why Leaders Lie: The Truth about Lying in International Politics*, New York: Oxford University Press, 2011.

领域泛滥的不诚实感到恶心和厌恶。)暂且把哲人放在一边,让我们想一想政客以及他们"政治地说话"的需要。

政治演讲的本质是什么?它不是理论性的,而是实践性的。它的目标不是为了真理而交流真理,而是说服并制造一些实际效果。政治演讲所服务的不是知识,而是行动。因此,判断它成功与否的标准就不是真理,而是有效性。诚然,为了实现预期效果,最有效的方式是真诚地解释它的目标和好处。但是,这提前预设人们对行动的最终目标没有分歧。若对最终目标存在分歧——利益或信仰发生强烈的冲突(在政治中往往如此),那具有说服力的演讲就可能需要使用真话之外的一些东西。

从最愤世嫉俗的例子开始。有时候,政治主体所寻求的好处主要是他自己的扩张(或他那个阶级、教派、党派、或家族的扩张),所以,他必须撒谎,以便给他的自私目的以公共善的表象。比如,主要是看到这样的情况,马基雅维利断言,野心勃勃的君主会"深知如何掩盖他的本性,做一个伟大的伪善者和伪君子;人们是如此单纯,如此顺从于当前的需要,因而行骗之人总能找到那些让自己受骗上当之人。"①

但是,也有相反的情况,政治主体心怀公共善,但他所面对的政治或宗教制度却没有。在这样的环境中,他必须将自己的良好意图隐藏起来。他必须找到一种方法来传达他有益的设计,但同时向统治、压迫社会的权力隐藏这种有益的设计。

但是,在其他情况下,问题可能在于社会本身。一位善意的政治主体可能发现,社会被划分为不同的党派或利益群体。为了成功,他必须建立一个不稳定的联盟,这个联盟可能要求他

---

① 马基雅维利,《君主论》(*Prince*), trans. Mansfield, 70. 在外交政策中,几乎所有的领导者有时都必须这样做——这种情况下往往没有共同利益。

"用不同的方式向各方说同样的东西",因此每一方都可以在他的论述中找到自己想要的东西。1689年,英国众多敌对党派达成协议,同意詹姆斯二世逊位。麦考利(Macaulay)对这一著名协议的描述,经典地说明了这种情况。严格地讲,协定的方案既是模棱两可的,也是相互矛盾的。在为之辩护的时候,麦考利解释道:

> [241]这样的言辞不是被视作言辞,而是被视作行动。如果它们影响了它们打算影响的东西,那它们就是理性的,虽然它们可能是矛盾的。如果它们没有实现它们的目的,那它们就是荒谬的,虽然它们证明了某些东西。逻辑不容妥协。政治的本质是妥协。因此,世界上一些最重要、最有用的政治工具,竟然也是最不符合逻辑的作品,实际上并不奇怪……[制定协议之人]不关心它们的主要[前提]是否与它们的结论相一致,如果这个主要前提保证两百张选票,而结论保证两百多张选票。实际上,这个决议的其中一个美妙之处就在于不一致。其中的措辞照顾到了获胜方的每个派别。①

最后,社会问题可能比单纯的党派问题更深刻。一个善意的政治主体或党派,可能被某些人的无知或不理性所阻挠——这些人不理解抽象的原则,看不到他们的长期利益。为了赢得他们的拥护,可能有必要求助于不理性的因素。再次引用麦考

---

① Thomas Babington Macaulay, *The History of England from the Accession of James II*, eBookMall Inc., 2000, 674-675.

利的话：

> 每个政治教派都具有针对初始者的隐微和显白学派、以及抽象教义，针对粗俗大众的形象象征、壮观形式和神话般的虚构传说。它通过所有的异教或教廷迷信手段，帮助那些无法提升自己的人致力于对纯粹真理的思考。它具有自己的圣坛、神化的英雄、遗迹和参拜圣地、被封为圣徒的殉教者和被迫害者、以及节日和传奇般的奇迹。①

这个普遍现象最极端、因而最清晰的例子，与伟大的建国者有关。他寻求革命性的变化，这些变化会引导社会摒弃它已经习惯的方式。因此，他所追求的公共善非常之新、非常之大，远非他的受益者所能理解。因此，他就会求助于某种形式的神话，以此来说服人们相信他们不能用理性掌握的东西。正如马基雅维利所言：

> 的确，我还从未见过有哪个给人民创立了不同寻常之法的人不求助于神明，因为不然的话，他们是不会接受这种法律的。精明的人知道，很多好事情，[242]单凭它们自身明显的理由，尚不足以服人。所以，有心消除这种困难的聪明人，便会求助于神明。所以，吕库古如此，梭伦如此，和他们目的相同的许多人，亦复如此。

---

① Macaulay, *Critical and Historical Essays Contributed to the Edinburgh Review*, 6th ed., London: Longman, Brown, Green, and Longmans, 1849, 1:116.

我们早已看到卢梭所提出的相同观点：一个国家的伟大奠基者，他们"崇高的理性……远非普通人所能理解"，必须让他的命令"从神的口中说出，以用神圣的权威说服那些不为人类谨慎所动之人。"①

由于所有这些理由——有些理由较高，有些较低，那些试图在社会中有所作为的人往往被迫"政治地"说话。不过，尽管政客如此，但这跟哲人和哲学的言辞又有什么关系？

现代时期哲学的"政治转向"

纯粹的思想完全是件私事。但是，哲人一旦发表自己的思想，就参与到了公共行动之中——尽管并不一定是政治行动。他的发表行为可能危害社会或他自身。为了应对这两种危害，他可能需要实践保护性和自卫性隐微主义。但是，就这种行为而言，即仅仅只隐藏他最危险或最挑衅的观念，不让这些观念进入公共领域，他并不也无需参与政治行动。他可以只通过改变他自己的行为，不试着改变其他人的行为而控制这样的局面。

但是，这种纯粹的自我克制和与政治无关的隐微策略，可能并不是在所有形势下都最有效。有时候，一位思想家会断定，保护他所在的社会不被哲学观念所颠覆的最佳方式，在于在某种程度上改变社会的信仰；如果他可以的话，在于使社会的信仰相对不那么脆弱，或与真理之间的矛盾更小。另外，有时候，一位哲人可能会得出这样的结论，即保护他自己不受迫害的最有效方式，不是简单地把自己藏起来，而是积极地寻求社会上某个群

---

① 马基雅维利，《李维史论》，1.11；卢梭，《社会契约论》，2.7。

体的庇护,并同时尽自己所能强化这个群体的政治力量和影响力。通过这些更加积极的隐微策略,哲人在某种程度上开始参与到政治之中——参与到我所谓的"哲学政治学"中;[243]像其他政治主体一样,他可能发现自己被迫"政治地说话"。通过这种方式,保护性和自卫性隐微主义实践可以逐渐蜕变为另一种东西,它或许也可以被称为"政治性隐微主义"。

但是,如上所示,更有用的是将"政治性隐微主义"这一术语留给这个更加激进的独特现象:在这个新信仰的影响之下,即相信在改革过的世界上,理性与社会之间将是和谐的关系,哲学著作的主要目的发生了转变,不再是教学,而是政治。此外,他们所转向的政治不是平常意义上的政治,而是一种革命性的政治,一种试图理性地构建社会生活的政治。最后,这个改革性的政治计划也是独一无二的,因为它试图通过这样的哲学著作的力量,通过书籍,来实现它的(世俗)目标,到达一个前所未有的世俗程度。

这种关键的转向,即从哲学转向政治,是被关于理论与实践问题的和谐主义观所推动。我们可以用更加熟悉的术语来重新描述它。不同派别的学者几乎都同意这一点,即从文艺复兴开始,随着"人文主义"的出现,哲人们开始抛弃他们的象牙塔、伊壁鸠鲁花园或修道院。他们摒弃了古典和基督教思想的立场——孤僻、超世脱俗、奥林匹克山一般神圣。他们拒绝了这个观点:高于实践事务、本质上无力改变实践事务的沉思生活,必须平静地孤立于世界之外。他们开始提出,理论可以直接指导实践生活,只要它抛弃早期思想失败的乌托邦理想。他们开始不怎么说理论或沉思理想,更多地说实践和具有紧迫性的事务;不怎么说哲学小群体单薄的目的,更多地说人类的共同福祉;不怎么说知识作为目的本身的乐趣,更多地说知识是政治、经济和技术进步的一种手段。用马克思的著名表述说就是，他们开始相信，哲学的真正任务不是理解世界，而是改造世界。理论承担了实践目的，哲学变得"忙碌"和政治化。哲学著作虽然没有完全抛弃它们的教学重任，但也越来越呈现出政治小册子和"时论册集"的特征。

因此，柏克论述了他那个时代特别明显的一个新奇现象：涌现出"新的一类人……我指政治文人。"①随着这些新奇、积极的哲人的出现，也出现了另一类人：现在所谓的知识分子。根据孔多赛：

> [244]欧洲很快出现这样一类人，他们并不怎么忙于发现或深化真理，而是忙于传播真理……[他们]认为自己的荣耀在于消除普遍流行的错误，而不在于扩展人类知识的边界。②

这种理论上的"政治转向"既新且杂。它带来了另一件与之相关的新鲜事——政治上的"理论转向"，即现代时期意识形态或教条化政治的著名崛起。

当然，柏拉图的《理想国》和《法义》、亚里士多德的《政治学》和《伦理学》等著作具有——也要求具有——普遍的政治影响，这是它们的其中一个主要任务（教学任务）。但是，它们不是政治短文，并不"参与"政治。它们并不宣传某个特殊的党

---

① 柏克（Edmund Burke），《法国革命论》（*Reflections on the Revolution in France*），选自《柏克选集》（*Select Works of Edmund Burke: A New Imprint of the Payne Edition*），Indianapolis: Liberty Fund, 1999, 2:88）。

② 孔多赛（Condorcet），《人类精神进步史纲要》（*Esquisse d'un tableau historique des progrès de l'esprit humain*），ed. Monique Hincker & François Hincker, Paris: Editions Sociales, 1971, 215. 我自己翻译。

派,也不支持某种形式的政府,并视之为唯一合法的政府。相反,犹如站在奥林匹克山上俯视这个世界,它们探讨了所有党派和政体的各种优缺点。当然,它们流露出了大致的偏好,但这些偏好是乌托邦的、不实际的。它们没有给出立马就可被采用的特定建议或命令,没有宣布法律条文,也没有声明普遍原则。相反,它们努力地给予读者以一种治国才能方面的通识教育,升华、拓宽他们的政治观点。最重要的是,让他们的政治观点变得适度。

以这种"政治适度"(political moderation)作为最后一个阶段,它们表明,超脱的理论生活最终优于所有的政治生活。柏拉图式对话和亚里士多德的著作的开头,都被最紧要和最实际的问题所笼罩——"什么是正义"、"什么是勇气"。但是,通过精彩绝伦、不难料到的辩证法,它们总是得出同一个答案:哲学!它们从政治开始,似乎更多地是出于教学理由,而不是出于政治理由:因为它们的大多数读者就是从这里出发。它们与政治的初次结合,就像在其他著作中,它们与浪漫的爱情或贪婪(love of gain)的结合,只是迈入辩证之梯的第一步。在这个辩证长梯的顶端,便是那沉思生活。因此,即使是他们最具政治性的书籍,最后也是超政治的。与其说《理想国》是一幅严肃的政治改革蓝图,还不如说《会饮》是一本爱的指南。两本书的结尾都与它们的开头相距甚远。

霍布斯的《利维坦》、洛克的《政府论(下)》和卢梭的《社会契约论》,则与它们形成了鲜明的对比。这些都不是教学著作,而是真正的政治著作。它们是关于自然宪法的著作,描述了普遍的正当或合法原则所要求的特定的政府形式。[245]这样的书不是为指向沉思生活而设计——它们甚至都没提到这种生活。相反,它们只言政治。不仅如此:它们积极地参与政治。将它们出版,这本身就是一种政治行动。通过这种行动,作者试图参与到他们正在描述的那个世界之中。就像马克思的《共产党宣言》,这些书召唤行动。它们变成了——有意变成——政治和文化之变的强大载体。它们用前现代哲学著作从未梦想过的方式改变了这个世界,也继续改变着世界。

诚然,很难找到两位现代思想家,对政治积极主义这种新姿态所追求的确切目的持完全相同的看法。但是,在嘈杂的分歧之下,对他们共同的"启蒙计划",即推翻根植于权威、习俗和启示的传统社会,用在历史上从未出现过的社会组织形式取而代之(这个新的社会或多或少地以理性为基础),依然存在着广泛、基本的共识。他们共同的敌人是"黑暗王国"(用霍布斯的话说):中世纪的迷信和教权世界,以及要么是弱政、要么是暴政的政治体制。①

因此,仅说这些现代思想家及其著作更"参政议政",并不能充分地说明他们的独特性——这个词似乎更适合西塞罗,而不是霍布斯。关键在于另外两个方面。首先,正如刚刚所提,它们所参与的政治不是常规的政治,也不是普通的治国之道(像西塞罗的那种政治才能),而是一种以哲学为根基,有关革命性历史剧变的"伟大政治"。

其次,大胆追求这一计划之人,典型地不是拥有政治权威(如西塞罗)、军事实力、或财富与地位之人。他们是哲人和知识分子。他们对付这场野心勃勃、危机四伏的战斗,用的是一种崭新的力量:观念和书籍的力量。这种力量,西塞罗从未想象过。他是一位碰巧参与政治的哲人(或者,对贬低他的人而言,

---

① 值得强调的是,从参与这个计划的意义上而言,并不是每个现代思想家都是"现代的"。另外,在那些被认为是这个计划之原型代表的思想家之间,存在着关于这个计划的重要分歧。下面会对此进行详细的讨论。

是一位碰巧参与哲学的政客)。但是,启蒙思想家参与政治,正是由于他们作为哲人所具有的能力。换句话说,他们的这种乐观,即可以实现史无前例的政治剧变,与他们的另一种乐观齐头并进,那就是,通过书籍(在崭新的出版时代),通过哲人和知识分子的共同努力(两者统一在"文字共和国"和"理性党"之中),他们真的能大有可为。[246]用某位学者的话说:这个时期的思想家出现了"一种意识,意识到他们逐渐成为这个世界的一股力量;出现在知识界的这种现象,即自己意识到自身的力量,是现代时期的革命性事件之一。"①正如柏克所言,他们发现,"作者们,特别是当他们朝着一个方向亲自行动的时候,对民心产生了巨大的影响。"②总之,他们的新政治不仅是革命性的,还是意识形态上的:他们渴望彻底地改变世界,不是用剑,而是用笔。

这样一来,他们就像普通的政客一样,强烈地被迫"政治地说话"——只能如此,因为对他们而言,说就是他们全部的作用方式。这就产生了严格意义上的政治性隐微主义,一个具有历史独特性的现象。

此时,哲学著作变成了愈演愈烈的观念战中的精良武器。肩负这种职务,它们发展了一种新的修辞:有时具有颠覆性和毁灭性,有时具有启发性和建设性,但总是巧妙的、操纵的(manipulative)。简言之,在文艺复兴和启蒙时期得到了发展的政治性隐微主义,是"意识形态"和"宣传运动"等独特的现代现象的

---

① 施瓦布(Richard N. Schwab),《狄德罗〈百科全书〉序言》(*Preliminary Discourse to the Encyclopedia of Diderot*)导论,trans. Richard N. Schwab and Walter E. Rex, New York: Bobbs-Merrill, 1963, xii.

② 柏克,《法国革命论》(*Reflections*),选自 *Select Works of Edmund Burke: A New Imprint of the Payne Edition*, Indianapolis: Liberty Fund, 1999, 2:89.)

先驱。

因此,政治性隐微主义是思想和行动的关系以及哲学和政治生活的关系进入一个全新的阶段所带来的部分结果。在一定程度上,这是我们所熟悉的阶段,是政治意识形态化、哲学政治化的现代阶段。这是现代知识分子的阶段;正如孔多赛所述,爱好真理之人发生了变化,他们活着更多地是为了传播真理,而不是发现真理。这是因为,他追随历史上从未出现过的召唤:统一理论与实践。

但是,我们属于这个阶段的晚期。此时,在很大程度上,这种统一已经实现,一开始那种对隐微主义的强烈需求,也因被自身克服而被人遗忘。这样一来,我们需要重识我们历史上的早期隐微阶段。

现代的哲学阴谋:一些外在的迹象

保密(secrecy)有两种。如果需要挑一个词,它最好地表达了前现代哲学保密的本质特征,那这个词将是修道院(cloister)——致力于创建一个永远被隐藏起来、受到保护的知识花园,只有少数理解之人可以进入。但是,对于现代政治性隐微主义而言,这个词将是阴谋(conspiracy),即,为了将来进行暴露而一开始进行隐藏。不像修道院,阴谋[247]认为保密不是最终的目的,而是一种暂时的手段。它隐藏某些东西,不是为了隐藏之;这是一种手段,为的是最终更强有力地公开之。在致伏尔泰的一封信中,达朗贝尔描述了他和狄德罗作为《百科全书》的编辑所施加的那种隐微克制(esoteric restraint)。他使用了这个熟悉的法语表达"*reculer pour mieux sauter*"(以退为进):后退,以更好地前进。① 面对一个沉湎于偏见和不理性的世界,政治性隐微主义所给出的姿态,不是永久地退出(就像在前现代隐微主义中那样),而是为了未来的前进战略性地退出。

很多历史证据可以证明,早期现代哲学著作带有这种政治阴谋。最明显的一个迹象是,在这个时期,文学地下城得到了戏剧性的发展,且变得越来越重要。其中,反动的手稿被秘密地传来传去,极像前苏联的地下出版物(samizdat)。这个现象得到了广泛的记录。② 根据伊斯雷尔(Jonathan Israel):

> 被禁的哲学作品以手稿的形式传来传去(大部分是在法国),极大地加快了17世纪晚期和18世纪早期欧洲激进思想的传播。秘密的哲学以手稿的形式进行传播,这本身当然不是什么新鲜事。作为欧洲的一种文化现象,它至少追溯到博丹(Bodin,1530－1596)和布鲁诺(Giordano Bruno,1548－1600)时期,可能还要更早。但是,大约从1680年开始,这样的行为得到了关键的扩张和强化。在接下来的半个多世纪中,它对推进被禁观念起到了关键作用。③

---

① 达朗贝尔致伏尔泰,1757年7月21日,选自《达朗贝尔作品和书信集》(*OEuvres et correspondances inédites de d'Alembert*),ed. Charles Henry, Geneva: Slatkine, 1967, 5:51.

② "自1912年以来,秘密的哲学文学开始成为一种公认的研究领域。当时,古斯塔夫·朗松(Gustave Lanson)在法国各省的市政图书馆中发现了许多'哲学'或反基督教文本的手稿复制品。" Antony McKenna, "Clandestine Literature,"选自 *Encyclopedia of the Enlightenment*, ed. Alan Charles Kors, Oxford: Oxford University Press, 2005.

③ Jonathan Israel, *Radical Enlightenment: Philosophy and the Making of Modernity, 1650-1750*, Oxford: Oxford University Press, 2001, 684.

更具体地说,写于这个时期的重大哲学著作,几乎都是"被禁的"手稿和书籍。正如终生都在研究这个现象的达恩顿(Robert Darnton)在《法国大革命前的畅销禁书》(*The Forbidden Best-Sellers of Pre-Revolutionary France*)中所言,文学地下城是"庞大的"。

实际上,它几乎包括了整个的启蒙运动,以及后来被莫奈(Mornet)认为是法国大革命之智识根源的一切。对18世纪的法国读者而言,不合法的著作实质上就是现代著作。①

在其他著作中,也可以看到类似的观察,如韦德(Ira O. Wade)的名作《法国的秘密组织和哲学观念的传播:1700-1750》(*The Clandestine Organization and Diffusion of Philosophic Ideas in France, 1700-1750*),[248]贝尼特斯(Miguel Benitez)的《启蒙运动的黑暗面:对古典时期秘密的哲学手稿的研究》(*The Hidden Face of the Enlightenment: Research on the Clandestine Philosophical Manuscripts of the Classical Age*)。②

另一个现象也表明了现代哲学的高度隐秘性,那就是笔名以及其他继续保持匿名状态的形式的广泛使用。谈到对荣耀的

---

① Robert Darnton, *The Forbidden Best-Sellers of Pre-Revolutionary France*, New York: W. W. Norton, 1995, xix(加了强调)。另见 Robert Darnton, *The Literary Underground of the Old Regime*, Cambridge, MA: Harvard University Press, 1982.

② Ira O. Wade, *The Clandestine Organization and Diffusion of Philosophic Ideas in France, 1700-1750*, Princeton, NJ: Princeton University Press, 1938; Miguel Benitez, *La face cachée des Lumières: recherches sur les manuscrits philosophiques clandestins de l'âge classique*, Paris: Universitas, 1996. 另见 Guido Canziani, ed., *Filosofia e religione nella letteratura clandestina: secoli XVII e XVIII*, Milan: FrancoAngeli, 1994.

爱时,西塞罗说了句著名的话:"那些哲学家在标题页上署上自己的大名,甚至在自己所写的鄙视荣耀的书中,也这么做。"①古时候,几乎都这么做。但是,与此相反,早期现代作者却迫于反动的政治计划所具有的危险,而几乎都避免把自己的名字放在标题页上。笛卡尔的《谈谈方法》(Discourse on Method),斯宾诺莎的《神学政治论》(Theological-Political Treatise),洛克的《政府论》(Two Treatises of Government),休谟的《人性论》(Treatise of Human Nature),孟德斯鸠的《论法的精神》(Spirit of the Laws)和《波斯人信札》(Persian Letters),以及伏尔泰、狄德罗和霍尔巴赫的主要著作——一开始都是匿名出版。② 尤其是伏尔泰。作为启蒙运动文化战争中的战略家,他不停地恳求他的门徒和同胞"莫以自己的名义说出一切。"③他昭示自己喜爱智识上的游击战。他的座右铭是"打吧,藏好你的手。"④

另一个有案可稽的历史现象也证实,在现代哲学观念的传播过程中,隐秘和阴谋具有核心重要性。那就是,神秘的共济会在这个时期扮演着出人意料的角色。这个兄弟会具有神秘的入会仪式和秘密教义,我们如今对它充斥着大量的怀疑,更不用说鄙视。它代表启蒙所代表的每一种东西的对立面——启蒙对去

---

① 西塞罗,《为诗人阿基亚斯辩护》,选自《西塞罗演讲集》(第二卷),11.26 (*The Orations of Marcus Tullius Cicero*, trans. C. D. Yonge, London: G. Bell & Sons, 1874–1897)。

② 对这个现象的论述,参阅凯利(Christopher Kelly),《作者卢梭》(*Rousseau as Author: Consecrating One's Life to the Truth*), Chicago: University of Chicago Press, 2003, 12–13。

③ 凯利(Christopher Kelly)在《卢梭对启蒙时代公共知识分子的批判》("Rousseau's Critique of the Public Intellectual in the Age of the Enlightenment")中引用,选自 *Between Philosophy and Politics: The Public Intellectual*, ed. Arthur Melzer, Jerry Weinberger, Richard Zinman, New York: Rowman & Littlefield, 2003, 56。

④ 弗班克(P. N. Furbank)在《狄德罗传》(*Diderot: A Critical Biography*)中引用, New York: Alfred A. Knopf, 1992, 167。

神秘化坚定不移。无疑,不管对普通人而言情况如何,哲人反正不入共济会。因此,知道启蒙时期的很多主要人物私底下都与共济会运动有染时,真是令人大跌眼镜。尽管这个证据有时是不完整的——考虑到会对会员的身份进行保密,但与共济会密切相关的人有牛顿、托兰德、柏克、孟德斯鸠、伏尔泰、爱尔维修、孔多赛、达朗贝尔、莱辛、莫扎特、华盛顿、杰弗逊和富兰克林。莱辛甚至还写了一部关于这个主题的对话式作品——《恩斯特与法尔克》(*Ernst and Falk: Dialogues for Freemasons*),它明确将共济会与哲学隐微主义联系了起来。①

不可否认,共济会是个复杂、甚至矛盾的现象,它在不同的地方代表不同的东西。但是,这个时期许多严肃的思想家似乎的确心怀一愿,那就是,希望利用这个秘密运动来进一步推进进步观念,另外:[249]希望它是这样一个组织,或可在某种程度上效仿、抗衡教会和大学的力量。他们的希望绝不是不合理的。正如雅各布(Margaret Jacob)和其他学者所示,从18世纪开始,共济会的确成了某些地方秘密传播启蒙观念,尤其是发展"致力于围绕启蒙观念建立新秩序"的社会组织和运动的重要媒介。② 在美国,众所周知(如果没有得到充分的赞赏),许多开国

---

① 参阅 Chaninah Machler, "Lessing's Ernst and Falk: Dialogues for Freemasons, a Translation with Notes," *Interpretation* 14, no. 1 (January 1986): 1-49. 对这一作品的解读,见施特劳斯,《显白教诲》("Exoteric Teaching"),选自《古典政治理性主义的重生》(*Rebirth*), 63-71.

② 参阅 Margaret Jacob, *The Radical Enlightenment: Pantheists, Freemasons and Republicans*, Boston: G. Allen & Unwin, 1981, 以及 *Living the Enlightenment: Freemasonry and Politics in Eighteenth-Century Europe*, Oxford: Oxford University Press, 1991; Richard Weisberger, *Speculative Freemasonry and the Enlightenment: A Study of the Craft in London, Paris, Prague, and Vienna*, Boulder, CO: East European Monographs, 1993; Bernard Fay, *Revolution and Freemasonry: 1689-1800*, Boston: Little, Brown, 1935.

之父都是共济会成员。类似地,科赛雷克(Reinhart Koselleck)写道:"在欧洲大陆,两种社会结构在启蒙时期留下了决定性印记,它们是文字共和国和共济会。"①

这三个有力的现象——庞大的文学地下城,笔名和匿名的广泛使用,共济会的重要作用——阐明了现代哲学明显的秘密特征的不同方面。或许,在我们看来,它是矛盾的,因为一场珍爱启蒙、公开和智识自由的运动,竟然是通过隐藏、欺骗和阴谋等手段向前推进。但是,我们需要提醒自己,我们这个公开社会的诞生需要一场革命——而革命需要阴谋诡计。

哲学阴谋家

作了上述介绍之后,我们便能更好地理解、更严肃地对待有关现代哲学鼻祖和他们后来的追随者的历史记载中那些较为具体的内容。这些有关马基雅维利、培根、笛卡尔和斯宾诺莎等的更为具体的描述,指出、阐明了上述政治性隐微主义的众多特征。

我们先不看最早的例子。让我们从最令人惊讶、最具启发性的例子开始,它或可被称为现代启蒙及其政治理性化计划的旗舰:伟大的《百科全书》。如果有人想要坚持这一点,即启蒙什么都不代表,只代表对神话和谎言的大胆揭露、对公共诚信和公开的执著奉献、以及真理的传播,但又不想借用上述证据,那他就会想到这本著名的作品。因此,世界之大,著作浩渺,如果

---

① Reinhart Koselleck, *Critique and Crisis: Enlightenment and the Pathogenesis of Modern Society*, Oxford: Berg, 1988, 62.

偏偏可以在《百科全书》中找到隐微主义,那在其他地方看到它也就不好大惊小怪了。

我们已经看到,在《百科全书》中,实际上有20多条条目公开、肯定地提到隐微主义实践。[250]这些条目由多位作者所写。其中,有一条条目题为"显白的和隐微的"。还有一条,题为"善意的谎言"(Mensonge officieux),它捍卫这条"智慧的格言,即,带来善的谎言胜过引起伤害的真理。"①类似的结论也出现在这一条目的上面一条条目中——该条目题为"谎言"(Mensonge),由若谷爵士(Louis de Jaucourt)所写。

不过,不止如此:根据两位主要编辑,即达朗贝尔和狄德罗的公开陈述,《百科全书》不仅谈到隐微写作,不仅对它赞许有加,还有条不紊地参与隐微写作。正如达朗贝尔在致伏尔泰的信中所言(前面已经引用):

> 毫无疑问,关于神学和形而上学的条目,有一些并不怎么好,但神学家们虎视眈眈……我要你们把它们写的更好。有一些条目更不公开,它们已修改完毕。随着时间的推移,人们能够区分我们所思考的和我们所说的。②

这种双重话语(doubletalk)到底是如何起作用的,狄德罗在《百科全书》中解释得更充分。他写了一长条目,题为"百科全书"。这可以说是一份不公开的说明书,告诉读者如何恰当地从整体

---

① 《百科全书》(*Encyclopédie*), ed. Diderot & d'Alembert, University of Chicago ARTFL Encyclopédie Project, http://encyclopedie.uchicago.edu. 我自己翻译。
② 达朗贝尔致伏尔泰,1757年7月21日,选自达朗贝尔,《达朗贝尔作品和书信集》(*OEuvres et correspondances*), 5:51(加了强调)。

上使用这本书。其中,他出人意料地提出,《百科全书》的创作唯一一个最重要的特征是附注(renvois),即交叉引用(cross-references),词条后面附上看似平淡无奇的"见XXX"。他解释道,交叉引用在两个相反的方面有用。最明显的是,它们把主题相关的条目联系在了一起,这有助于把各个观念连结起来,构成一个更大的思想体系。但是,有时候,它们也会被用于做完全相反的事情,用一条条目削弱另一条条目——正如达朗贝尔在其信中所建议。狄德罗解释道:

> 必要时,[交叉引用]也会产生完全相反的效果:观念得到反驳,原则变得对立,人们不敢公开辱骂的荒谬意见受到秘密地抨击,被秘密地打乱和推翻……在后面这些交叉引用中,藏着一种伟大的艺术和一种无限的优势。整本著作可以因此而具有内在的力量和秘密的效用。随着时间的推移,人们必定能够感受到它们无声的效果。比如,每当某种全国性的偏见会带来某些尊重时,应该毕恭毕敬地撰写关于这个偏见的条目,并使有关它的全部内容都看似有理、令人陶醉;但是,也应该通过相互交叉引用的条目,来推翻这种垃圾建筑,除去没用的扬尘,因为在这些条目中,[251]可靠的原则服务于相反的真理。这种使人醒悟的方式,在好心灵那里立马见效,在所有心灵那里都行之有效、无任何不良后果(秘密进行、没有丑闻)。这就是这样一种艺术:默默地推导最明显的结果。如果这些互相证实、彼此驳斥的交叉引用事先计划的很好,准备的很妙,它们将会让百科全书具有一本好的字典应该具有

的特征：改变平常的思考方式。①

《百科全书》是启蒙的伟大象征，它最为坚决地致力于推翻偏见和传播真理。这里，正是在《百科全书》的这个地方，我们看到，它明确、公开、明显无误地拥抱隐微主义。但是请注意，这种隐微主义是现代的、政治性的：保密是一种阴谋，现在把观念隐藏起来，不是真的为了把它们隐藏起来，而是为了将来更好地传播它们。百科全书派实践"默默地推导最明显的结果"这种艺术。他们对此坚定不移，即虽然不会立马见效，但随着时间的推移，这种迂回艺术将会"行之有效"，不仅对"好心灵"有效，对"所有心灵"都有效，从而改变"平常的思考方式"。

我们有很好的理由相信，对《百科全书》而言千真万确的东西，对更早的现代哲学奠基者们而言也千真万确：因为他们企图启蒙这个世界，他们也需要使用这种新的隐微主义。比如，在《百科全书》的"马基雅维利主义"（Machiavellianism）这一条目中，作者狄德罗认为，这位伟大的佛罗伦萨人具有一种隐微的技巧，它成了现代作者之所爱：以一种令人不信服的方式为某种政治或宗教制度进行辩护，从而狡猾地削弱这种制度。他提出，帝王和暴君最著名的指南《君主论》，表面上看似推荐并解释了绝对君主制，实质上却不遗余力地暗中败坏它的名声。

> 他好像对自己的同胞们说，好好读这本书。如果你接受一位君主，那他就是我所描述的那样：这是一头凶猛的野兽，你将对它忠心耿耿……培根没有被[《君

---

① 《百科全书》(*Encyclopédie*), ed. Diderot & d'Alembert, University of Chicago ARTFL Encyclopédie Project, http://encyclopedie.uchicago.edu. 我自己翻译（加了强调）。

主论》]愚弄,他说:这个人没有教暴君任何东西;他们只清楚自己应该做什么,但他却告诉人们应该害怕什么。①

不仅在狄德罗和培根那里,在斯宾诺莎和卢梭那里,也可以找到这种对马基雅维利的隐微解读。前者推测,在《君主论》中,马基雅维利的真实意图是"为了显示,[252]将自己的福祉全权授予一个人时,自由的大众应该何等谨慎。"②卢梭则在《社会契约论》中说道:

> 由于附属于美第奇家族,在祖国受到压迫期间,[马基雅维利]被迫掩饰自己对自由的爱。选择恶人为英雄[恺撒·博尔吉亚(Cesare Borgia)],这本身足以昭示他隐藏的意图。

他那"隐藏的意图"是这样的:"他虽然假装给国王上课,但实际上却给民众上了精彩的课。马基雅维利的《君主论》是共和国之书。"但是,马基雅维利的靶子不仅是王位,还是圣坛。卢梭继续写道:"罗马教廷严禁此书。我对此深信不疑;他描述得最清晰的,乃是教廷。"③

与此类似,18世纪法国翻译培根著作的译者拉萨尔(Antoine de La Salle)透露,培根也提到了对王位和圣坛的隐微

---

① 《百科全书》(*Encyclopédie*), ed. Diderot & d'Alembert, University of Chicago ARTFL Encyclopédie Project, http://encyclopedie.uchicago.edu. 我自己翻译(加了强调)。

② 斯宾诺莎,《政治论》(*Political Treatise*),5.7。

③ 卢梭,《社会契约论》(*Social Contract*), ed. Masters, 88, 88n. 斯宾诺莎对《君主论》的类似解读,见斯宾诺莎,《政治论》(*Political Treatise*),5.7。

抨击。想象一下,培根如果可以打开天窗说亮话,那会如何解释其著作的真正特征和目标。拉萨尔写道:

> 在专制、多疑的教士面前跟国王说话——国王是个偏执狭隘的神学家,我不能充分地表达自己的观点;对主流偏见而言,它们的冲击力太大。由于经常要用大致、模糊、甚至晦涩的表达来伪装自己,因而首先,我不会被他人理解。但是,我会小心翼翼地提出真理的各个原则——我敢说,它们将会有长期的影响,且这些影响迟早会被吸引……如今,王位和圣坛沉瀣一气,两者都基于这个三角基地——长期的忽视、恐怖和习惯,在我看来都不可动摇。但是,我不会直接抨击它们,而是在字面上始终都尊敬它们,这样我就可以来个斩草除根。①

达朗贝尔的话更令人震惊。在《百科全书》的"序言"(*Preliminary Discourse*)中,他对现代哲学史进行了简单的介绍。其中,他宣称,笛卡尔——我们往往把他解读为一位超脱、远离政治的思想家,就像当代的哲学教授——应该被视为"阴谋家之首"。他对笛卡尔赞许有加,因为笛卡尔有勇气第一个"起来反抗暴虐和专制的力量,并在准备彻底的革命之际,为一个更正义、更幸福的政府奠定基础,不过他自己却未能看到这个政府的建立。"②[253]"暴虐和专制的力量"即教会(以及教会在经院

---

① Antoine de La Salle, *Preface générale*, 选自 *OEuvres de Fr. Bacon*, trans. Antoine de La Salle, Dijon: L. N. Frantin (1799-1800), 1: xlii-xliv.

② 达朗贝尔,《序言》(*Preliminary Discourse to the Encyclopedia of Diderot*), trans. Richard Schwab and Walter Rex, New York: Bobbs-Merrill, 1963, 80.

派亚里士多德主义中的智识根基);1633年,它刚刚逮捕了伽利略,并强迫他放弃哥白尼学说或日心说。被这一事件所触动,笛卡尔决定暂不发表他刚刚完成的著作《论世界》(*The World*)——其中阐释了自己的机械论和亲哥白尼学说的物理学。8年之后,他反倒出版了一本表面上局限于形而上学和神学的著作《沉思录》(*Meditations*)。但是,在致梅森(*Marin Mersenne*)的一封信中,他透露:

> 里面有很多其他的东西;我们之间,我可以告诉你,这六大沉思包括了我的物理学的全部基础。但是,这决不能传出去,请千万替我保密;因为让那些追随亚里士多德的人同意它们更难。我希望[我的读者]会不知不觉地习惯于我的原则,在发现它们破坏了亚里士多德的原则之前,认识到它们是真理。①

从另一方面来看,关于斯宾诺莎的阴谋家角色,贝克莱(George Berkeley)提出了旗鼓相当的主张:

> 斯宾诺莎是现代不信教之人的伟大领导者。在他那里,可以发现被后人欣赏和追随的众多体系和观念:——比如,假装为宗教辩护、解释宗教,实质上破坏宗教。②

---

① 《笛卡尔作品集》(*OEuvres de Descartes*),3:297-298,卡顿(Hiram Caton)在《主观性之起源》(*The Origin of Subjectivity: An Essay on Descartes*)中引用并翻译(New Haven: Yale University Press, 1973, 17)。

② George Berkeley, *Alciphron, or the Minute Philosopher*, ed. David Berman, New York: Routledge, 1993, 155-156.

定义"斯宾诺莎主义者"(Spinozist)时,贝尔传达了类似的观念:"人们把所有这样的人称为斯宾诺莎主义者,他们几乎没有宗教信仰,也不怎么隐藏这个事实。"①在这个定义中,确定的东西不是斯宾诺莎主义者几乎没有宗教信仰或他们隐藏这个事实(在前现代思想家中,这非常普遍),而是他们不怎么隐藏这个事实。作为政治性隐微主义者,斯宾诺莎主义者试图尽可能大胆地广泛传播他们所隐藏的东西,以推进一项政治计划。对于现代思想和写作的这个方面——以及它们跟前现代方式的显著分离,柏克也有所暗示:

> 之前,大胆并非无神论者的品格。他们甚至具有一种与此相反的品格;他们原先像古老的伊壁鸠鲁主义者,相当没有冒险精神。但是,近来,他们变得积极、狡猾、吵吵嚷嚷、富有煽动性。他们是国王、贵族阶级和教会人士的劲敌。②

[254]孔多赛也形象地描述了,始于17世纪晚期和18世纪早期的现代思想家如何有意识地运用一种狡猾、形式多样的政治性隐微主义,来将针对王位和圣坛的哲学阴谋发扬光大。

在英国,柯林斯(Collins)和博林布鲁克(Bolingbroke);在法国,贝尔、丰特奈尔、伏尔泰、孟德斯鸠,以

---

① 伊斯雷尔(Jonathan Israel)在《激进的启蒙》(*Radical Enlightenment*)中引用,13n39,伊斯雷尔转引自 Georg Bohrmann, *Spinozas Stellung zur Religion*, Giessen: A. Töpelmann, 1914, 76.

② 柏克,《论法国事务》(*Thoughts on French Affairs*), 选自《柏克著作集》(*The Works of Edmund Burke*), London: George Bell & Sons, 1909, 377.

及由这些名人组成的各种学派,他们站在理性这边进行战斗,运用学识、哲学、才智和文学天赋可以供给理性的所有武器;他们使用每一种语调,运用每一种形式,从幽默到悲伤,从最博学、最庞大的汇编到当代的小说或小册子;他们用面纱遮盖真理,以拯救那过于脆弱的眼睛,至于其他人,则给予他们占卜真理的乐趣;有时候,他们巧妙地抚慰偏见,以更有效地批评它们;他们几乎从不威胁它们,也从不同时威胁好几个,也不同时威胁某一个的全部;有时候,他们给予理性的敌人以慰藉,似乎他们只要宗教上一半的宽容和政治上一半的自由;他们宽恕专制,如果它打败宗教之荒谬,或宽恕宗教,如果它奋起反抗暴政;他们是在批评这两种祸害的原则,即使看上去只是在批评对它们的滥用(这更恶心或荒诞),他们是在鞭打这些致命之树的根部,虽然看上去只局限于修剪一些零枝散叶;有时候,他们教育自由的朋友,迷信用坚不可摧的盾遮盖了专制,迷信是他们必须烧毁的第一受害者,是他们必须打破的第一个枷锁;有时候则相反,他们向暴君告发,宗教是他们的权力真正的敌人,他们把宗教的阴谋诡计和血淋淋的愤怒画下来,用这样的画吓唬暴君;但是,他们总是联合起来证明,理性之独立和出版之自由既是人类的权利,也是人类的拯救;他们奋起反抗,不屈不挠地对付狂热与暴政的所有罪行。①

---

① 孔多赛,《人类精神进步史纲要》(*Esquisse*, 216-217).我自己翻译(加了强调)

正如这段精彩的陈述所证实——与前面的陈述完全一致,早期现代哲人把自己看作观念大战中的阴谋家。心中牢记这场战争,他们从高度政治性和战略性的视角,反思了所有关于修辞和文学形式的老问题。一些人发现写哲学作品有用,另一些人发现写小说、小册子、词典、剧本和百科全书有用。但是,几乎所有人都发现,在追求大众启蒙和言论自由的过程中,有必要[255]采用巧妙的隐微主义。由于只是原则上反对所有现存的政治和宗教权威,因而他们并没有强大到足以——或鲁莽到足以——突然将他们真正的信仰昭告于天下。因此,他们不得不小心翼翼地战斗;不得不暂时联盟一敌以制另一敌。他们需要隐藏他们全部的目标,需要常谈改革但密谋剧变。他们不得不对真理进行事先的处理,只把安全剂量的真理注入这个世界,因而真理就可以发挥作用,但不伤害他们自己和他人。

现代时期的隐微主义到底有多广泛,可以从狄德罗致赫姆斯特豪斯(François Hemsterhuis)的一封信中看出一些眉目(这封信之前引用过一次)。其中,他们谈到了赫姆斯特豪斯对这种技巧有些笨拙的使用:"在不宽容的环境下,许多人被迫隐藏真理,给哲学套上小丑服,你就是其中之一……我知道只有一位现代作者把话说的清清楚楚,没有迂回曲折;但他几乎不为人知。"①卢梭的话也值得再提一遍。尽管他有名地直言不讳、将真诚浪漫神圣化,但他明确断言,他的哲学计划需要巧妙的谨慎和隐微的暗讽:

有如此多的利益要争夺,如此多的偏见要克服,如

---

① 狄德罗致赫姆斯特豪斯,1773 年夏,见狄德罗,《书信集》(*Correspondance*),13:25-27,我自己翻译(加了强调)。

此多的难事要陈述,为了我的读者好,我相信,我应该用某种方式留意他们的胆怯,让他们逐渐察觉到我要对他们说的东西……因此,一些警惕首先对我而言是必要的,这是为了在我不希望说出一切的情况下,让一切都能够得到理解。我总是循序渐进地为少许读者展开我的观点。我所仔细对待的,并不是我自己,而是真理,从而它可以更清楚地被人所理解,更有用。我总是费尽心机地放入一个草率的句子、一行草率的话、一个草率的词,好像它们是长时间思考的结果。大多数读者必定会发现我的论文前后不通,几乎完全杂乱无章。这是因为他们没有看到其中的主干,我展示给他们的只不过是枝叶。但是,对于那些知道如何理解的人而言,这些枝叶就够了,反正我也从未想过对其他人讲。①

这是对政治性隐微主义的经典坦白,特别是卢梭的这一主张:隐藏真理是一种"更确切地传达真理,让真理更有用"的手段。

[256]关于这一点,再考虑意大利外交官和政治经济学家加里亚尼(abbé Galiani)写于1770年的一封信——这封信主要是为了与友人探讨他的主要著作《关于谷物贸易的对话》(*Dialogues on the Grain Trade*)。

你先跟我说,读了我的书之后,你几乎都搞不清这个问题的核心是什么了。真是见鬼了!你与狄德罗一派,也与我一派,难道你不读书中的"白字"吗?当然,

---

① 卢梭,"Preface," 184–185(加了强调)。

那些只读了"黑字"的人,也看不到书中的关键内容;但是,你,读"白字",读没写出来但实际上在那儿的东西;然后,你就会找到。①

显然,加里亚尼既惊讶又愤慨,这人竟然如此之蠢,不明白有必要隐微地阅读。加里亚尼想当然地认为,这是当时的聪明人应该明白的东西。

爱尔维修提供了另一个例子。狄德罗在后期著作《驳爱尔维修的著作〈论人〉》(*Refutation of the work of Helvétius entitled Of Man*)中,描述了爱尔维修在隐微方面的谨慎。狄德罗当然喜爱这样的自我克制,但他发现爱尔维修的谨慎既过度又懦弱。

> 只要作者说到宗教,他就用"天主教会"(papisme)代替"基督教"(Christianity)。由于这种胆怯的慎重,后人就不会知道他的真正情感,他们会说:"什么?这个因思想自由而惨遭迫害的人,竟然相信三位一体、亚当之罪和道成肉身!"因为基督教的所有教派都有这些教义……因此,对神职人员的恐惧毁了所有的哲学著作,过去和现在如此,将来也会……这种恐惧使现代著作夹杂着令人反感的不信仰和迷信。②

在这段话中,狄德罗证实了上面引用的长段落中孔多赛所提出的主张,即现代作者经常使用的一种隐微技巧,是提出一个大胆

---

① 加里亚尼(Abbé Galiani),《书信集》(*Correspondance*),Paris:Calmann Lévy, 1881, 1:245. 我自己翻译(加了强调)。

② 《狄德罗作品全集》(*OEuvres complètes de Diderot*), ed. J. Assézat, Paris:Garnier (1875-1877), 2:398.

的改革计划,以此来掩盖另一个更加激进的计划。爱尔维修假装是一个勇敢无畏的宗教改革家,接受基督教的核心教义,只反对腐败的教皇权威制度——但实际上,他反对基督教本身。的确,根据狄德罗,现代哲学著作的总体特征是将不信仰和不诚恳的"迷信"混合起来。

[257]最后的例证,让我们考虑萨尔皮(Fra Paolo Sarpi, 1552-1623)的惊人事迹。他是意大利政客,伽利略的密友,忠仆会会士(Servite friar),早期现代最伟大的历史学家之一。他曾经是一个大人物,在欧洲广为人知,其著作被广泛阅读,但此后却落入了晦涩。在他的一生及逝后的很长一段时间内,关于他的行为和著作之下究竟隐藏着怎样的原则或目的,众说纷纭。有时,他似乎是个正统的天主教徒,是威尼斯共和国的国定神学家(state theologian),两次被推荐为主教。但是,在其他方面,他似乎是天主教改革家,是反宗教改革运动的一部分。比如,他的主要著作《特利腾大公会议史》(*History of the Council of Trent*),本质上是对教皇专制主义的抨击。不过,关于他是一位秘密的新教徒的谣言也不断。这个谣言得到了如下事实的证实:他通过多种方式帮助新教在威尼斯建立教会,甚至鼓励新教权力侵略意大利。

萨尔皮的动机到底是什么?如果不是下面这件事,这个谜团的答案很可能被他带进了坟墓:威尼斯档案馆竟然藏有他的私密日记或笔记本——他的《思想录》(*Pensieri*)(不过,直到1969年,它才得以完整地出版面世)。从这些笔记本中,有人发现,萨尔皮真正的信仰和动机看上去总是神神秘秘绝非偶然。他写道:

> 永远都别轻易说出任何一个反对公共意见的字。

相反，要让"言词在你的掌控之中"（verba in tua potestate），以"跟别人说的话尽可能地少；跟自己说的话尽可能地多"（minimum cum aliis loqui, plurimum secum）；如果你能用这种方法戴好面具，不要让任何人看到你的面目。①

他的真面目最终被阿克顿勋爵（Lord Acton）看到了。阿克顿勋爵似乎是唯一一位在《思想录》出版之前（完整版本在一个世纪之后的1969年才出版），就已经在威尼斯档案馆找到了它，并对它进行了阅读的历史学家。在1867年所写的关于萨尔皮的一篇文章中，阿克顿说道：

> 犹太教和基督教，以及天主教和新教，是他所思考的形式，他试图用人的原因来进行解释……把它们作为现象进行研究，对它们不如对谢林或孔德的兴趣来的大——没有激情，但不赞许，也不在任何程度上同意它……现在可以确定，他不仅蔑视他所教的教义，还嘲笑他所在的职位应该歌颂的神话。[258]因此，他的著作必定是为了毁坏，而不是完善他宣称要为之献身的宗教。②

对萨尔皮及《思想录》进行了关键性研究的伍顿（David

---

① 萨尔皮（Sarpi），《歌剧》（Opere），92. Christopher Nadon, John Alcorn, trans.，未出版（加了强调）。这两句拉丁文来自塞涅卡，《哲学书信选》（Epistles），59.4,105.6,Jenny Strauss Clay 翻译，未出版。

② Lord Acton, *Essays on Church and State*, ed. Douglas Woodruff, London：Hollis & Carter, 1952, 255.

Wootton),对阿克顿的判断进行了证实和详细的阐述。根据伍顿,这些私密的笔记本揭露,萨尔皮不仅是个不信仰者,坚定不移地抨击基督教有害的政治后果,还拥护这个观点,即一个井然有序的政体可以是世俗的,社会可以完全免除宗教的支持(几乎比贝尔公开地说出这个观念早了近一百年)。由于这一信仰,萨尔皮的无神论和他的秘密带上了现代政治性隐微主义无法掩饰的阴谋色彩。正如伍顿所言:

> 像他那个时代其他的不信仰者一样,萨尔皮不得不只让自己小圈子里的人知道自己的不信仰。但是,不同于这个圈子内的大多数人,萨尔皮试图通过公开地声明自己的"信仰"来实现两方面的目的,既被动地防卫迫害,又以此为盾牌来推进反宗教事业。①

他的保密不仅是一种自卫,还是一种阴谋。

从《思想录》中,伍顿也能够重建萨尔皮在试图推进他的事业的过程中所追随的基本策略。在这本著作中,萨尔皮探索了伍顿所谓的"宣传理论":系统地思考如何削弱流行的信仰,引入新的信仰。我们早已看到关键的第一步:"不要让任何人看到你的面目。"萨尔皮坚持认为,正面抨击流行的错误、直白地陈述真理很少会成功。偏见和迷信根植于需求和脆弱,但人的需求无法在一夜之间就得到满足,人的脆弱也无法在一夜之间就被克服。因此,更拐弯抹角的方法更胜一筹。

首先,应该抨击潜藏在流行观念之下的基本原则,但批判完了,就别再说什么了。慢慢地,随着时间的推移,它会产生预期

---

① 伍顿(Wootton),《萨尔皮》(*Paolo Sarpi*), 3. 见 2-3, 19, 27.

的效果——上述引用过的许多思想家都这样认为。

其次,为了削弱流行的错误,可以借用其他同样流行、但与之相抗的错误。为了阐明这一点,伍顿以萨尔皮的生涯中最令人困惑的一面为例:萨尔皮为新教在意大利和威尼斯的落脚和强大大费周章,这很奇怪,但不会有错。[259]从《思想录》中,可以非常清楚地看出,这并不是因为他真的以新教信仰为使命。相反,伍顿提出,这必须被理解成是一项"旨在看到天主教力量被新教力量所抵消"的计划。萨尔皮"确信有这样的需要,运用与敌人一样的武器,用宗教对付宗教。"①尤其是:

> 毕竟,法国的宗教冲突导致了政治运动的蓬勃发展[政治运动寻求一个更加世俗的社会,以消灭宗教冲突];此外,大家普遍认为,它还导致了道德无神论的传播。这种宗教冲突难道不是建立世俗社会的必要前提吗?②

这确实是最被当代的历史学家所完善,来解释西方的自由或世俗政体革命的论据:随着宗教改革的出现而出现的宗教冲突,创造了对在宗教上保持中立的政治学的政治需求。但是,几乎所有的历史学家都把各事件之间的这种联系看做是一种偶然的联系,并非各事件的相关人员有意为之。但是,现在看来,萨尔皮至少认为这种历史动态是一种有意识的策略。

因此,萨尔皮的例子在多个方面都特别具有启发性。多亏他的《思想录》,我们得以看到,他不仅直接供认自己的政治性

---

① 伍顿(Wootton),《萨尔皮》(*Paolo Sarpi*), 3. 见 2-3, 38, 127.
② Ibid., 38;见 127-35.

隐微主义实践,还将这种做法正当化,证明这种做法明显是一种战略上的必要。更重要的是,由于萨尔皮,我们能够看到这种隐微主义的一些具体内容。特别是,我们看到了对下述主张的解释说明(这一主张由孔多赛提出):现代哲学作者不仅有所保留,还诡计多端、老谋深算,满是政治计谋——比如,与一个敌人暂时联盟,以对抗另一个敌人。他们不仅隐藏了自己的真正信仰和目标,还经常从智识上支持他们并不赞同的运动或力量,以此作为他们的长期战略,即宣传他们的真正目标的一部分。

总之,有很多证据证明了托兰德和狄德罗等人的明确主张,即几乎所有的早期现代哲人都实践一种充满活力的隐微主义,这种隐微主义独一无二地是"政治的"——不仅在于其终极动机或目的,还在于其手段之阴险狡猾和诡计多端。

早期现代对待隐微主义的态度:
越来越公开——越来越敌视

[260]既然我们已经看到了政治性隐微主义的基本细节,那继续追这个故事将既有趣又有益。我们可以把它与古典隐微主义进行更充分的对比,进一步澄清这两者。但是,在展开有关政治性隐微主义的故事的过程中,我们将会发现,这本著作的两个基本主题汇聚到了一起:关于隐微主义在历史上是否真实存在的"存在问题"和关于后现代性中对这个事实加以拒绝的"接受问题"。在探索这种新隐微主义形式的历史的过程中,我们将会看到,它不可避免地带来了态度上的根本改变。我们对待旧式的隐微主义,甚至对待隐微主义本身的态度都发生了变化。最终,我们遗忘了隐微主义。

早期现代对待隐微主义的态度的第一个变化,是对隐微主义越来越公开。这个时期的哲人不仅继续隐微地写作、阅读,还用一种前所未有的频率和坦诚开始写关于隐微主义的东西。比如,在《百科全书》中,大量条目与这个主题有关;在托兰德和沃伯顿那些富有影响力的著作中,对这个主题的讨论几近长文——且这一切都发生在 30 年内(1720-1751)。① 诚然,在古典和中世纪世界,对这个主题的讨论来的更长,比如,在迈蒙尼德那里,特别是在亚历山大的克雷芒(Clement of Alexandria)那里。但是,在现代时期,隐微主义却变成了公共讨论相对而言经久不衰的主题。我们需要问,是关于政治性隐微主义的什么东西,使得对它的讨论前所未有的公开。

但是,这第一个变化也使得我们瞥到第二个变化。透过这扇由这种新的、更自由的讨论所打开的窗户,我们能够看出我们态度上的第二个变化。但奇怪的是,第二个变化与第一个变化相抗衡:对隐微主义更负面的评价。最初,我们对待前现代隐微主义(自卫性、特别是保护性隐微主义)的态度发生了这种变化。但是,在新政治性隐微主义的众多实践者身上,我们也发现,他们对待自己的隐微主义存在大量的矛盾心理。因此,政治性隐微主义的兴起,不知怎地也促进了现代后期对所有形式的隐微主义的独特敌意。

当我们把态度上的这两种变化放到一起的时候,我们还要探究的问题是:现代时期为何突然对隐微主义前所未有地公开,[261]但随后却对它越来越敌视,最终在我们这个时代愤怒地拒绝它曾经存在过?

---

① 正如这些例子所示,变得越来越公开的情况,似乎不是出现在现代性刚诞生的 16 世纪,而是出现在现代性达到成熟的启蒙时期。

早期现代对隐微主义越来越公开

在这本著作中,到现在为止,我们或多或少只关注这个问题:什么动机导致哲人隐微地写作?但是,"公开"问题却归属于另一个不同的问题:是什么动机导致他们写关于隐微主义的东西,公开地讨论这个现象,而不仅只是暗中实践隐微主义?让我们首先大致地探索一下这第二种动机,然后转向我们特定的问题:为何在早期现代,这些动机突然导致哲人对隐微主义越来越公开?

为何论及隐微主义:实践和理论动机

有很多不同的原因促使人谈论隐微主义,这不足为奇。但这些原因都可以被归为两大类,"实践上的"和"理论上的"。对那些较为公开地谈论隐微主义实践的隐微作者而言,当他们希望可以借此使自己的隐微交流在实践上更有效,即更成功地通过微妙的隐微努力,既传达又隐藏某个教诲的时候,他们是出于实践上的原因谈论隐微主义。相反,当他们强调历史上的隐微主义实践,从而对哲学史作出某个理论要点的时候,他们是出于理论上的原因公开地谈论隐微主义。在某种程度上,实践性动机可以在所有时代中找到;但理论性动机似乎是现代时期所特有。

关于实践性动机,首先考虑卢克莱修。他在《物性论》(*On the Nature of Things*)中公开地说明,他用甜蜜的诗歌形式遮盖了自己的真正教义——这些教义一开始品尝起来是如此苦涩。或者考虑孟德斯鸠。他在《波斯人信札》(*The Persian Letters*)的扉页中宣布,他这看上去杂乱无章的书信体小说,实际上有"一条秘密的,且以某种方式不为人所知的线索"贯穿始终。看来这些作者"公开地讨论"隐微主义(可能非常有限),是出于一种实践性渴望:他们渴望提醒聪明的读者,阅读于字里行间是必要的;他们也渴望给予这些读者一些极为笼统的暗示,[262]暗示他们如何阅读于字里行间。① 换句话说,他们把这样的讨论作为一种作出必要的调整(即精致的微调),以在他们的著作中恰当地有所隐藏和有所揭露的方式。

众所周知,在迈蒙尼德那里,或许可以找到一位作者对自己的隐微主义最广泛、最详细的讨论。在《迷途指津》(*Guide of the Perplexed*)的绪论,以及第三篇的绪论中,他大声、明确无误地宣告,他的著作(以及圣经,解释起来可不容易)是高度隐微的文本。他也解释了出现这种写作方式的一些原因,甚至还给予读者一些指导,教他们如何隐微地阅读——当然,这一切都没有公开地泄露秘密教诲本身。

迈蒙尼德彻底地——实际上痛苦地——意识到,他在隐微问题上的极度公开前所未见,可能还会造成伤害(因为太露骨),因而他努力地陈述自己这样做的动机,以此来为之进行辩护。这些又是"实践上的"(我在说的正是这个)——实际上,它本质上是我们在卢克莱修和孟德斯鸠那里所看到的动机的极端版本。他解释道,他所面临的是一个危机四伏的局面。在这种局面下,真正的隐微教诲和隐微阅读濒临着完全消亡的危险。多个世纪以来,犹太人不断地流亡,不断地顺从于异域的风俗和教义。最终,出现了这样一种局面,即"有关这件事的知识从我

---

① 卢克莱修,《物性论》(*On the Nature of Things*),1.943-950;孟德斯鸠,《波斯人信札》(*Lettres persanes*,Paris: Garnier, 1960, 4)。

们整个宗教共同体中消失殆尽，因而它变得不轻不重。"①他相信，在这些特殊的历史环境下，通过一种不同寻常的公开讨论，恢复业已消失的隐微主义意识是一种实际必要。②

最后一个例子，考虑《尼各马可伦理学》。在详细讨论享乐主义之际（前面引用过），亚里士多德不仅透露了这个事实——以往的一些作者隐微地写作，甚至还揭示出了他们的秘密。他并没有指名道姓，但他声称，那些"证明快乐总的说来是卑劣"的哲人，实际上并不真的相信他们的主张。他们之所以这样说，是因为

> 他们认为，最好带着这样一种观念看待生活，即使快乐不是坏的，也要声称快乐是坏的。他们认为，这是因为大多数人趋向于快乐，实际上也被快乐所奴役。因此，一个人应该引导他们走向对立面，因为通过这种方式，他们或许能够到达中间的位置。③

亚里士多德公开地讨论、甚至揭露隐微主义的缘由似乎很清楚：他相信，这种特殊的隐微策略是适得其反的，[263]所以他想要挫败其他人追随这种做法（以及，或许，为他自己不这样做的决定进行辩护）。正如他继续解释道，那些在著作中过分地反对

---

① 见迈蒙尼德《迷途指津》第三部分的绪论（*The Guide for the Perplexed*, ed. Pines, 415. 另见 175（1.71）. 迈蒙尼德对隐微的公开讨论引起了犹太思想内部的一连串行动和反应，哈尔博塔（Moshe Halbertal）对此展开了精彩的研究，见 *Concealment and Revelation: Esotericism in Jewish Thought and its Philosophical Implications*.

② 我相信，在部分地解释他为何对隐微主义如此公开之时，施特劳斯对于我们这个时代失去了有关隐微主义意识的情况，会提出类似的论点。

③ 亚里士多德，《尼各马可伦理学》，1172a27.

快乐的人,很快就被他们自己的行为所驳倒。这种虚伪一旦暴露,证明"应该节制对快乐的追求"的所有论据,甚至那些好的论据,都被抹黑,都在大众眼里变得不可信。这样一来,在这种情况下,讨论隐微主义的动机仍然是实践性的,但它的目标不是为了告知或教育读者该如何阅读,而是为了告诉其他作者该如何写作。

但是,公开地讨论隐微主义,并不都是为了向读者和作者传达这样的实践建议。正如我如上所言,公开讨论也可以具有理论目的:用关于这种实践的事实,来完善有关哲学思想史的一些观点。这具体指什么,我们马上就可看到。但是,由于这是现代所特有的动机和论证形式,我会以这样的方式,即回到我们所出发的问题来进行阐释。这个问题就是:在隐微主义问题上,为何在早期现代突然变得前所未有的公开?我们将会看到,这种历史性转变源于理论和实践动机上的一些改变。

前所未有的公开:由哲学的历史转向所带来的理论动机

在理论层面,对待隐微主义的变化源于另一个更大的变化:早期现代性中兴起的一种新现象,它可被称为哲学对历史的兴趣。这种兴趣的其中一个方面,便是促使人们开始从理论上讨论历史上的隐微实践。

正如哲学在这个时期出现了明显的"政治转向",正如上所证,所以与此紧密相关的是,它也出现了"历史转向"。比如,考虑这个简单的事实,除了色诺芬之外,没有哪位主要的古典或中世纪哲人写过历史著作。但是,很多早期现代哲人(实际上是大多数)却写过:马基雅维利、博丹、培根、霍布斯、伏尔泰、孟德斯鸠、休谟等等。这种新现象,即哲学史学(philosophical historiography),具有多种原因和含义,但大体上似乎都是这样一种新的努力,即不仅只是从抽象的理论论点中,也从具体的历史证据和(后来的)历史进程内在的逻辑和轨迹中提取哲学真理,或以此为哲学真理奠定基础。在黑格尔、马克思和19世纪中期其他思想家那里出现的成熟的历史哲学,[264]以及在他们之后所出现的"历史主义",只不过是在最早的现代思想家身上已经出现的众多倾向的终结(距离起点很远)。①

正如卡西尔(Ernst Cassirer)等人所提出,早期现代哲学的历史转向首次、也最深刻地出现在关于理性与启示问题的语境中(这种语境中的历史转向也最深刻)。② 似乎是发现这个核心的哲学问题在纯粹哲学——思辨的形而上学和神学——的层面上难以解决,因而现代思想家被迫寻求其他方式来处理这个问题,被迫转向历史,希望历史领域的现象可以用来解决这个问题(通过这样或那样的方式)。比如,正是由于这种精神,斯宾诺莎踏出了影响深远的一步:对圣经进行历史批判。通过将圣经置于历史年代和语境中,对圣经各卷和作者进行解析,并提出有关传播、解读和真实性的难题,这种新的历史转向做了大量的努力来削弱圣经启示的权威,强化理性的主张。

历史也通过启蒙自然神论的中心论点,以另一种有些不同的方式移到了理性—启示争论的中心:独立的人类理性能够依靠自身得到根本的宗教教义——唯一、仁慈的创造者上帝,来世神的奖赏和惩罚。因此,根据自然神论者,上帝给予人类理性之时,就使得自己和自己的命令充分地被所有人所知。由此可以

---

① 关于这个主题,见施特劳斯,《霍布斯的政治哲学》(*The Political Philosophy of Hobbes: Its Basis and Its Genesis*). trans. Elsa M. Sinclair, Chicago: University of Chicago Press, 1952, 79-107.

② Ernst Cassirer, *The Philosophy of the Enlightenment*, trans. Fritz Koelln & James P. Pettegrove, Boston: Beacon Press, 1951, 182-196.

得出,启示显然是某种不必要、累赘多余的东西,因而它极不可能出自神的行为。因此,它的根源更有可能追溯至野心勃勃的教会人员或立法者的行为,他们创造了启示来获得统治易受骗的大众的权力,并在这个过程中滥用纯粹、自然的理性宗教,让这个世界充满非理性的仪式、迷信、神话,以及他们不可避免会引起的迫害和冲突。

但是,这个自然神论观点面临着一个关键的困难:一个人如何证明,人类理性的正常使用实际上指向(point to)这种纯粹的自然神论;一个人如何表明,所谓的自然宗教真的是自然的?证明你可以提出听上去理性的论点来支持上帝和来世,这并不足够,因为你如何可以确定,在你的方法论、假设、分类中,以及其他使用理性的过程中,你没有无意识地接受你实际上只是通过启示而知道的东西的指引?经过长达两千年之久的基督教文明的熏陶,你如何能够确定什么东西纯粹归功于"独立的人类理性"?[265]自然神论的劲敌和基督教启示的捍卫者沃伯顿主教(Bishop Warburton)清楚地提出了这个难题。

> 近来看到一些精彩的道德体系,名为自然宗教的原则,它否认,或至少不承认启示的帮助。我们倾向于诚心诚意地认为,这是对自然理性的发现;因而视[理性的]力量,为对任何[启示之]光的必要性的反对。反对貌似有理;但可以肯定的是,本质上必定有错;纯粹理性所假定的产物,以及最博学的古代人真实的产物,这两者的卓越不可同日而语,两者的巨大差异会增加我们的怀疑。真相是,这些现代体系的制定者有其他东西相助,但他们并不承认;所以,我会相信,这是因为他们没有意识到。这些外援是宗教的真正原则,它

们由启示所带来:这些原则很早很早之前就已被吸收,并且被如此清晰明确地演绎出来,因而现在被误认为是我们最初、最自然的观念;但是,研究过古代之人知道,事实远非如此。①

沃伯顿的观点是,为了真实地评价独立于启示、未受启示之矫正的人类理性的自然倾向,有必要转向历史,看在基督教启示还未出现之前,特别是在古典理性主义时期(在这里,理性达到了其前基督教时期的顶峰),理性真正的产物是什么。通过这个论点,一个纯粹的历史问题——古希腊和罗马哲人相信什么——变成了从哲学上确切地评价独立的人类理性可以做什么、不可以做什么的核心。

如果我们接受这个历史问题,那在一开始,结果似乎就与自然神论者关于理性以及存在普遍的自然宗教的大胆主张相矛盾——正如沃伯顿所提。首先,古希腊人和罗马人是多神论者,他们似乎从未成功地推出一个唯一、仁慈、作为创造者的上帝的观念。多么不同寻常的证明,证明人类理性在没有被神圣的启示导向正确的道路之前具有不充分性和不稳定性! 甚至最伟大的古代哲人也支持这种幼稚的多神论。

如果你从字面上阅读。但是,正是在这个地方,隐微主义问题进入了这个故事。或许最具影响力、但肯定最多产的自然神论者托兰德,发表了书名经过精心准备的著作《掌管钥匙的人,或显白和隐微的哲学;即,古代人的外部和内部教义:一是公开、公然的教义,顺应大众的偏见和法律所定的宗教;另一是非公

---

① 沃伯顿,《摩西的神圣使命被证实》(*Divine Legation of Moses*),144-145(3.5)。

开、隐秘的教义,顺应少数有能力者和远离大众者,传授去除了一切伪装的真正真理(*Clidophorus, or, of the Exoteric and Esoteric Philosophy; that is, Of the External and Internal Doctrine of the Ancients: The one open and public, accommodated to popular prejudices and the Religions established by Law; the other private and secret, wherein, to the few capable and discrete, was taught the real Truth stripped of all disguises*)。[266]托兰德写这篇明确、详细的论文(关于隐微主义)是为了证明,人类理性的历史——此时已成为核心的哲学问题——根本就不是它表面上看上去的那样。由于对迫害的恐惧,所有的古代哲人都在其著作表面拥护当时盛行的多神论,但在这层表面之下,他们却拒绝多神论,赞成更加一神论的概念。一种自然理性宗教的存在,以及由此得出的人类理性的自足,只有在恰当地意识到隐微写作这种做法的基础上才能得到辩护。

在批评托兰德和其他自然神论者的过程中,沃伯顿试着反驳这个观点——但不是通过否认隐微主义的存在,他认为隐微主义现象的存在毫无疑问。相反,他转而发表了自己有关隐微主义的论文,对隐微主义进行了清楚、详细的阐释,作为他的主要著作《摩西的神圣使命被证实》(*Divine Legation of Moses Demonstrated on the Principles of a Religious Deist*)的一部分。在这篇论文中,他设法让自然神论论点自相矛盾:运用独立的人类理性的古代哲人,的确秘密地超越现存宗教原初的多神论。他们和理性都非常值得称赞。但是,他们也秘密地拒绝所有对来世赏罚的信仰(这是自然宗教的第二个关键要素)。因此,根据沃伯顿,当他们的隐微立场展露无遗的时候,独立的人类理性最伟大的代表——古代哲人,明显都拒绝自然神论者所假定的普遍理性宗教的本质要素。

但是,沃伯顿继续证明,古代哲人隐微地写作,遮盖这种对来世的普遍拒绝,主要不是因为惧怕迫害,就像托兰德所坚持的那样,而是惧怕危害社会。因为他们都看到,信仰来世赏罚对维系人类社会是绝对必要的。因此,对沃伯顿而言,历史上的隐微主义制度——普遍觉得需要遮盖哲学理性的结果——实际上是官方对破产(bankruptcy)的一种承认,一种长期有效的承认:自立自足的人类理性,不能给人类生活(或者,至少,人类社会)提供所需要的基础。因此,启示非但不是对人类而言不必要或有害的东西,就像自然神论者所主张的那样,反而是一种必要的东西。

我们这里的简短讨论并不意味着对托兰德和沃伯顿之间的争论的全面阐释,[267]更不意味着对更大的自然神论争议的阐释。它只是提供了一个例子,对早期现代人讨论隐微主义的新理论动机进行解释说明(这个动机导致人们越来越公开地讨论这个主题,我们这里说的就是这件事)。

总结一下这个有些绕的论点。从文艺复兴时期开始,现代哲学开启了复杂的"历史转向"。这种转向最终的结果之一,就是有关人类心灵之实际行为和成就的历史记载,特别是有关独立理性在基督教时期之前的实际产物的记载,变成了理解人类理性、特别是与启示相较量的理性的关键资料。但是,显然,有关人类思维的历史记载越具有哲学重要性,对隐微主义的公开承认也就越具有哲学重要性——需要后者来避免对前者的系统性误读和误解。换句话说,理解隐微主义现在变成了一种必要,不仅是为了理解特定思想家在特定问题上的真实信仰和论点(以前总是为了如此),同时它也是理解人类理性本身之特征的崭新途径的一部分。它变成了现代独有的努力——或可被称作"历史认识论"(historical epistemology)——的一部分:利用有关人类两千年之思考和写作的历史记载,把这种真实的历史记载作为探索理性如何运作的线索,作为证明独立的人类心灵可以做什么、不可以做什么的经验证据。这样一来,作为哲学转向历史的结果,隐微主义现象获得了它在过去的年代不曾具有的理论重要性。相应地,这导致对隐微主义的讨论越来越公开,越来越主题化,正如我们刚刚在托兰德和沃伯顿的著名例子中所见。①

前所未有的公开:三个实践动机

但是,现代在隐微写作上前所未有的公开还有另一个根源:第一种动机,即实践动机层面发生的变化(我们最先讨论的是实践动机)。这些动机涉及到试着调整隐微作品的写作,从而使它们更好地起作用,更有可能成功地实现它们特定的交流目的。

出现于现代时期的新政治性隐微主义之所以不同于过去的形式,正是由于其主要的交流目标有所不同:不再是教育哲学的

---

① 在公开、专题谈论隐微主义的时候,施特劳斯除了有上面提到过的实践动机("迈蒙尼德式"动机)之外,还有这种"理论"动机。现代的"历史转向",最终在我们这个时代以广泛传播的"历史主义"运动或历史相对主义而告终——根据历史相对主义,理性无法上升到任何普遍、超历史的真理,它总是依然根植于某个特定年代和地点的基本假定。施特劳斯的明确计划,就是试着为理性进行辩护,抵御历史主义以及启示的挑战。但是,历史主义的挑战(比启示的挑战多得多),根植于历史数据,根植于历史上对失败的哲学体系的众多记载(比如),根植于那些把每位哲人的最高真理跟他那个时代的既定信仰和实践联系了起来的看似明确无误的证据。但是,由于隐微写作让哲人有系统地声称自己精确地反映了他们的时代(因为哲人彻底反对他们的时代),因而从隐微写作的视角来解读这种极为重要的历史记录时,它们就呈现出完全不同的含义——对历史主义观不再那么有利。这样一来,在"历史主义的核心挑战"这个语境下,隐微现象变得具有基本的哲学意义。这(和实践性动机一起)就是导致施特劳斯对隐微进行非常专题化的讨论的原因。第十章会对此进行详细的解释说明。

少数,而是逐渐地启蒙大多数。[268]鉴于受众更为广泛,因而它不再需要或渴望维持如此高度的隐藏,就像早期形式那样。因此,我们看到,比如,在上面所引用的段落中(来自《百科全书》),狄德罗公开宣告了这部作品的隐微性,甚至还解释了所运用的主要(隐微)技巧——使用交叉引用。如果可以更自由地讨论隐微写作,如果隐微写作更是一个公开的秘密,那隐微写作就显然可以更好地服务于现代隐微主义的新政治目标,也会有越来越广泛的读者知道如何探索于字里行间。

也有第二种方式——仍然在实践层面。通过这种方式,新隐微主义使得人们的讨论越来越公开,甚至使得人们对隐微主义做法展开激烈的公共讨论。由于其独特的政治特征,这种隐微主义不仅试图跟更广泛的读者说,还试图牵涉更大的作者群体——以一种和谐统一的方式。政治性隐微主义是政治的,不仅在于其目标,也在于其方式:这是一种集体(collective)行动。这种新的写作方式不仅是单个哲人的事业,就像在前现代隐微主义中那样,还是采取一致行动的哲人团体的事业——一种哲学阴谋,一个文字共和国,一个理性党,一场"运动"。

但是,作为这种新的努力,即协同行动不可避免的结果,每一位思想家的隐微主义实践突然变成了其他任何一位思想家的"正当业务"——合法的批判对象。众所周知,试图用共同行动构建一个紧密团结的党派的努力往往产生截然相反的结果:在这个共同行动具体应该怎样的问题上,大家的分歧越来越大。如果这个党派由哲人和知识分子组成,那这种危险就更大。因此,这种新隐微主义独特的政治或集体特征自然导致实践者之间出现愈来愈多的公开争论和公共批判。

这种引起公开争论的倾向内在于新隐微主义之中,它进一步被第三种环境所放大:因为这种隐微主义是如此之新,因而有很多东西需要争论。毕竟,政治性隐微主义的出现,是因为思想上的一场伟大革命:对社会能够接受什么样的改革,哲学又能够产生什么样的政治影响的认识发生了剧变。它代表在理论与实践问题上从冲突主义观到和谐主义观的重大改变。因此,自然就有很多东西需要厘清和争论。隐微主义的整个目标和策略都有待众人来确立,这在过去所有的年代都未曾出现。这也引起对隐微主义的讨论越来越公开。

关于隐微主义的三场主要讨论

[269]尽管详细、全面地阐释这些复杂的讨论远远超出这本书的范围,但一些细节至少有助于我们对隐微主义历史上这个重要的新阶段有一些内在的认识。

这场讨论讨论的到底是什么问题,可以从政治性隐微主义的定义中推出来。政治性隐微主义是这样一种努力:用既谨慎又反动的方式写作,逐步将哲学观念传播给更多的人,最后建立一种或多或少以理性的根基为基础、粗俗的迷信被消灭的新政治秩序。这一描述的主要要素指出了三个主要问题——正是围绕这三大问题,当时的隐微主义讨论颇为激烈。首先,"既谨慎又反动"在实践中到底指什么?什么是大胆和审慎的恰当结合?第二,在试图把启蒙传播到"更多的人"的过程中,究竟应该将哪些人涵括在内:每一个人,还是受到严格限制的群体?第三也是最根本的是,宗教迷信可以被消灭得多彻底?对纯粹理性的基础的依赖可以多彻底?也就是,理性和社会如何可以完全达成和谐?

关于第一个问题,即勇敢与谨慎,站在谨慎立场上的极端例子以法国作家丰特奈尔(Fontenelle,1657–1757)为代表。丰特奈尔虽然是一位伟大的普及者,经常被称作哲学家中的第一人,但却在某个晚上的巴黎沙龙中宣布,如果他的手里抓满了真理,他绝不会松开手,将它们散到人间,因为不值得这样做或冒这种险。这句简单的话震惊了大半个世纪以来响彻法国社会和文学界的那根心弦,引发了持续不断的讨论。但最后,对大多数人,甚至对丰特奈尔自己而言,它似乎并不怎么代表对启蒙计划的深切拒绝,也不代表对每个人面对这一危险和阻挠重重的事业,必定在这种或那种程度上所感受到的恐惧和挫折的有力发泄。①

达朗贝尔和著名的"启蒙的暴君"——普鲁士的腓特烈大帝(Frederick the Great of Prussia)就这个主题进行了频繁的书信往来。在这些书信中(这是关于隐微主义讨论的伟大文件之一),丰特奈尔的声明再次出现。在最绝望的时刻,腓特烈强调大众难以克服的无知,支持丰特奈的话。达朗贝尔回复:

> [270]在我看来,一个人若确信自己手中握有真理,就不应该像丰特奈尔那样,紧紧地攥住自己的手;只需要用智慧和谨慎将手指一个一个伸开,手就慢慢地完全张开了……哲人若突然张开手,就是傻瓜。②

作为一种大致的陈述,达朗贝尔冷静的回答似乎代表早期现代思想家中几乎一致的共识。因此,几乎没人始终支持丰特奈尔反启蒙的话也是顺理成章的事。但是,更明显的是,与此相对的

---

① 丰特奈尔在这个问题上的行动和言辞之间令人困惑的紧张,见 Steven F. Rendall, "Fontenelle and His Public," *Modern Language Notes* 86, no. 4 (May 1971): 496-508.

② 达朗贝尔,选自《腓特烈大帝》(*OEuvres de Frédéric le Grand*), Berlin: R. Decker (1846-1857), 24: 470-476,我自己翻译(加了强调)。

另一个极端并没有"丰特奈尔":没有人公开反对,在揭露真理的过程中,需要"智慧和谨慎"以及隐微克制。(或许霍尔巴赫最接近这个极端,像狄德罗所说。)几乎每个人都同意,"哲人若突然张开手,就是傻瓜。"不过,这种普遍共识仍然没有解决这个特殊的问题,即在每一个个体身上,什么程度的谨慎和勇敢才是恰当的。这个问题(一种困难的本能判断)引起了不断的讨论和争论。

关于对不谨慎以及轻率的谴责,最明显的例子来自较早的时期:伊拉斯谟对路德的著作的回应。尽管伊拉斯谟支持路德的目的,即基督教的激进改革,但却对路德的手段感到颇为震惊,因为这些手段实在太不谨慎。正如他在一封信中所解释:

> 因为看到真理本身对大多数人而言有些苦涩,且它本身就是一种反动的东西,要将长期以来被普遍接受的东西连根拔起,因此,更聪明的做法是使一个天然痛苦的话题变得柔和——借助处理这个话题时的谦恭有礼,而不是不断地引起憎恨。……谨慎的管家会节俭地使用真理。我是指,正经需要的时候,就拿出来;要多少,拿多少;谁该得,就给谁。[但是]路德却在这股小册子洪流中,把它一下子都倒了出来,把一切都昭告天下了。①

有个例子与此类似,但没这么极端。贝尔指责笛卡尔——或不如说他的追随者们——太大胆,以至于引起了很多反对,不必要

---

① 伊拉斯谟致朋友约拿斯(Justus Jonas),1521年5月10日,选自伊拉斯谟,《书信集》(*Correspondence*),8:203.

地阻碍了他们的观念的进步。贝尔此处的立场,依然明显是现代的,因为它的终极目的是逐步公开传播笛卡尔的观念;但是,他提出,实现这个目的的恰当方式,在于某种程度上更紧密地跟随更隐秘的、古老的隐微主义形式。因此,在《历史词典》(*Historical Dictionary*)论亚里士多德的词条中,[271]描述亚里士多德主义为何被神学家如此欣然地接受时,贝尔加上了下述评论:

> 如果所有接受笛卡尔先生之哲学者,都拥有这种明智的保留(由于这种保留,一个人到达某个位置时骤然停下);如果他们知道如何分辨什么必须说出来,什么必须不能说出来,那他们就不会引起这种针对一般意义上的宗派的强烈抗议。古代大师那样做,有很好的理由。他们有针对一般大众的教义,也有针对刚入奥秘之门的门徒的教义。无论如何,尝试将笛卡尔先生的原则应用于宗教教义,引起了对他的教派的巨大偏见,也阻止了它的进步。①

默西尔(L.S. Mercier)广为传颂的著作《巴黎景象》(*Tableaux de Paris*)写于大革命之后。其中,默西尔表达了类似的抨击——也带着类似的对更加古老和隐秘的隐微主义的渴望:

> 这或许更称心如意,如果双重教义这个观念落入这个国家最初的写作者的头脑中。古代哲人教导我们,要根据自己觉得是否应该揭露自己真正的观念而使用双重教义。他们不会在傻子、笨蛋和坏人喧闹、无

---

① Bayle, "Aristote," 328–329(评论 10).

礼的夸夸其谈中暴露哲学；他们不会引起教会人员和主权者的憎恨和复仇……公共善，或代表它的东西——公共的宁静，有时候要求一个人隐藏某些真理。它们若毫无准备地落入人间，就会引起爆炸。这东西并不会给真理带来好处，只会激怒所有启蒙的众多对手。①

虽然有这些例子，但大多数时候，哲人往往会发现，其他每个人的著作都犯了过于谨慎和隐秘的错误。或许，不可避免地，这个特殊的缺点不能简单地归咎于判断上的失误，而应该归咎于性格上的缺陷——归咎于懦弱。比如，伏尔泰再三批评丰特奈尔的著名宣言，称他是个懦夫。② 在前一部分，我们已经引用《驳爱尔维修的著作〈论人〉》(*Refutation of the work of Helvétius entitled Of Man*)中的一段话。其中，狄德罗表达了对爱尔维修的谨慎的极度反感——他把它称为"胆怯的慎重"(pusillanimous circumspection)，因为爱尔维修只抨击"罗马天主教"(popery)，[272]但他的真正目标却是基督教。但是，在更早的著作《论精神》(*Of Mind*)中，我们发现，爱尔维修自己也这样批评孟德斯鸠。他赞许地引用了查斯特菲尔德公爵(Lord Chesterfield)的一封信中的一段话：

毫无疑问，孟德斯鸠先生因惧怕牧师而踌躇不前。

---

① L.-S. Mercier, *Tableau de Paris*, Amsterdam (1783-1789), 204-205.
② 见伏尔泰致爱尔维修，1765年6月26日，1763年9月15日；伏尔泰致达让塔尔(d'Argental)，1766年6月22日，选自伏尔泰，《伏尔泰作品集》(*Les oeuvres complètes de Voltaire*), ed. Theodore Besterman et al., Geneva: Voltaire Foundation, 1968, vol. 110.

他没有勇气说出一切,这真是一种耻辱。一个人能够大致感觉到他在某些主题上怎么想;但他自己表达的并不清楚,不够有力。①

根据这些不断的指责,我们能够更好地理解前面引用过的卢梭的一句话。在描述他自己如何运用隐微手法进行隐藏的过程中,他赶紧补充说道:"我所仔细对待的,并不是我自己,而是真理,从而它可以更清楚地被人所理解,更有用。"在这里,他是在先发制人地为自己进行辩护,因为别人可能会说他是个懦夫。

实际上,尽管卢梭的谨慎足以让他隐微地写作,但他却用一种当时看来鲁莽大胆的行动进行了"弥补":他在自己所有著作的封面(front page)上都放上自己的大名。他勇敢无畏、引人注目地与"作者匿名"(或使用假名)之法进行了决裂。但其他哲人几乎都跟随这种做法,伏尔泰还捍卫这种做法。这实际上是其他所有人对卢梭产生巨大敌意的主要原因所在:卢梭的标题页(title page)暗中谴责他们是懦夫。②

另外,头脑清醒的达朗贝尔经常在致伏尔泰的信中为自己进行辩护,因为伏尔泰谴责他在编辑《百科全书》时太胆小。③但是,在《百科全书》的"序言"中,达朗贝尔自己却谴责培根"或

---

① 爱尔维修,《论精神》(De l'esprit), Paris: Durand, 1758, 518 (discourse 4, chap. 4). 爱尔维修在另两封信中提出了同样的指责,一封是写给孟德斯鸠的,另一封是写给索兰(Saurin)的,见孟德斯鸠,《孟德斯鸠全集》(OEuvres completes), ed. Roger Caillois, Paris: Librairie Gallimard (1949-1951), 6:313-322.

② 关于这个问题,见凯利(Christopher Kelly)的精彩研究《作者卢梭》(Rousseau as Author), 8-28. 卢梭的反匿名姿态有个很大的例外:在《爱弥儿》第四章中,他以"萨瓦牧师"的名义对宗教进行了长篇论述。

③ 参阅达朗贝尔,《达朗贝尔作品和书信集》(OEuvres et correspondances), 5: 48-60.

许太过胆小"。这是因为,虽然培根大胆地渴望推翻那歪曲了所有科学的经院主义体系,"但是,他似乎有点表现得过于谨慎,或对他那个世纪的主流旨趣过于顺从,他频繁地使用经院派术语,有时甚至还使用经院派原则。"因此,尽管达朗贝尔似乎认为培根的思想内容绝对胜过笛卡尔的思想内容,但他却称笛卡尔是一个"极富勇气"之人,是"阴谋家"真正的"领导",因为笛卡尔"至少敢于向聪明的头脑展示如何摆脱经院主义、俗见和权威。"①

我们常常看到,启蒙期间,哲人之间的关系出奇地恶劣。这不只是人格或民族性格的偶然结果(反法国之流认为是民族性格造成的),[273]而是政治性隐微主义的兴起、以及随后其他新形势的出现不可避免的结果:伴随着政治性隐微主义的兴起,他们绝望地挣扎着,以维持哲学前线的统一,但同时又面临着各种危险,因为政治激进主义带来的危险越来越多。在这些新形势下,政治勇气成为一种关键的哲学德性;有史以来第一次,沉思者开始经常地互相谴责对方之懦弱。

这场席卷政治性隐微主义者的讨论,其第一个主题,即大胆与谨慎,主要关乎手段或策略问题。不过,随着另两个问题慢慢地浮出水面,这场讨论变得越来越根本。

人人皆知,启蒙哲人的目标是推翻偏见和迷信。当启蒙目标用这种熟悉、抽象的方式来进行陈述的时候——似乎这些邪恶是自存的实体,它确实是个人人皆可享有的目标。但是,这个目标一经确立,分歧就随之出现:我们到底要把谁的心灵从偏见和迷信中解放出来?是否包括大众中的大多数——那些无知的农民?

---

① 达朗贝尔,《序言》(*Preliminary Discourse*), 76, 80.

尽管对"人性"的关心是这个时期的哲人嘴里常说的修辞，但许多、甚至大多数哲人实际上却认为，只有一小部分人能够真正地从偏见和迷信中解放出来。伏尔泰是最明显的例子：

> 我把"民众"理解成只能依靠双手生活的平民。我怀疑，这个阶层的公民是否有时间或能力来教育自己；还没成为哲人，他们就已经饿死了。在我看来，无知的可怜人似乎是必要的……必须接受教育的，不是那些计日工，而是那些良好的中产阶级，那些城市居民，这个事业异常艰难、异常伟大。①

由于生活在工业革命之前，没有展望赤贫最终的消除或普遍教育最终的到来，伏尔泰和其他许多人都认为真正的启蒙不可能延伸到社会的所有阶级。穷人总会与我们同在。但是，这个表面上的经济学观点，最终基于一种心理学上的假设：偏见的主要根源在于人类心灵本身，在于激情和感觉的错觉。这就是为何，需要一种非常广泛、严格的教育来将它根除——一种需要闲暇，从而无财富者不可得的教育。

[274]那些更激进的思想家，如卢梭、狄德罗、爱尔维修，特别是霍尔巴赫和孔多赛，经常基于三个主张，对这个观点进行毫不留情的抨击。在心理学层面，偏见的根源不是内在的（就像卢梭所言，我们"性本善"），而主要是外在的，是我们的政治和宗教暴君强加给我们的。在哲学层面，需要将每个问题和观念分解为基本要素（照这样就容易理解）的分析法表明，清晰的理

---

① 伏尔泰致达米拉维尔（Damilaville），1766年4月1日，选自《伏尔泰全集》（*OEuvres complètes de Voltair*）e, vol. 110.

解并不需要罕见的智力或天赋。方法可以取代天赋。在认识论层面,经验主义者主张,我们出生时都是一张白纸,这就表明,智力的差异也是由外部因素所引起。因此,用爱尔维修著名的公式来说就是,"教育是万能的。"从这些主张出发,可以得出如下结论:在一个没有压迫的新社会中,每个人都可以得到最小程度的教育,偏见和错误或许对所有人而言都是可以消除的。但是,即使这些思想家(除了霍尔巴赫和孔多赛),最终也对实现这种可能的机率感到悲观;在实际生活中,他们也只把自己的启蒙努力局限于中产和上流阶级。①

第二个问题直指第三个问题。这个运动的终极目标,可以在多大程度上是一个纯粹以理性为基础的社会的构建?如果真正的启蒙仍然只属于一小部分人,那么,由于这个或其他原因,社会不就继续需要理性无法支撑的政治、道德和宗教信仰?高贵的谎言、善意的欺骗、值得尊敬的偏见——以及支持这些东西的古老的保护性隐微主义,不就在某种程度上依然是一种必要?简言之,我们指望真理与政治、理论与实践之间可以达成和谐,但这种和谐到底可以有多彻底?

在18世纪的书信、著作和学术论文中,这个关乎启蒙与政治性隐微主义之中心前提的问题得到了热烈的讨论(尽管,非常明显,现在学术界对这个时期的研究几乎不再论及这场讨论)。当然,我们都知道,卢梭在《论科学与艺术》中,对整个的

---

① 关于这些主题,见 Lester Crocker, "The Problem of Truth and Falsehood in the Age of Enlightenment," 选自 *Journal of the History of Ideas* 14, no. 4 (October 1953): 575–603; Harry C. Payne, *The Philosophes and the People*, New Haven: Yale University Press, 1976, 94–116; D. W. Smith, "The 'Useful Lie' in Helvétius and Diderot," *Diderot Studies* (vol. 14), Geneva: Librairie Droz, 1971, 190–192; Peter Gay, *Voltaire's Politics: The Poet as Realist*, Princeton, NJ: Princeton University Press, 1959, 220–227.

启蒙计划进行了批判,因为它过于广泛地散播知识。他指责那些没有恰当地用隐微克制自己的哲学普及者,

> 扫除了通向文艺女神神殿的种种困难,而这正是自然布置下来,作为对于那些有意求知的人的能力的一种考验……[他们]轻率地打开了科学的大门,[275]把不配接近科学的芸芸众生带进了科学的圣堂。①

但是,我们往往忽视卢梭的这篇早期论文(应第戎学院[Academy of Dijon]的征文而作),认为它是一个年轻的叛逆者怪异、甚或不诚恳的情感迸发,一个孤立的事件——没有严肃的历史先例或后果。但是,除了这个事件,即卢梭的论文获奖,他因此在欧洲名声大噪之外,之前也有一个类似的事件跟它一样有名,与丰特奈尔有关。这两个事件表明,真理和社会之间确切是怎样的一种关系仍然是个非常开放的问题,即使是当时启蒙程度最高的人,也对此热论不休。

为了明了这场讨论,快速地考察一下18世纪短短的几十年间发生的相关事件。卢梭的论文于1750年获奖。之后,出现了一长串的批评和驳斥(包括波兰斯坦尼斯洛斯国王的驳斥)。卢梭对此进行了回应,一回应就是三年(写了原初论文8倍之多的东西)。1751年,《百科全书》论隐微主义的条目出版。然后,1762年,伯尔尼经济协会(Economic Society of Berne)举办了自己的征文竞赛,题目与此相关:"是否存在值得尊敬的偏见,

---

① 卢梭,《论科学与艺术》(*Discourse on the Sciences and Arts*, *Collected Writings*, 2:21)。另见 *Final Reply*, ibid., 2:115.

好公民公开抵抗它时应该仔细斟酌?" 1763 年,伏尔泰出版了《论宽容》(Treatise on Toleration),有一章题为"维持人们的迷信状态是否有用"。一年之后,他的《哲学词典》(Philosophical Dictionary)面世,其中包含了许多与这个问题相关的条目,特别是这个著名的条目:"欺骗:是否应该善意地欺骗普通大众?"这让伏尔泰和蒂凡德夫人(Mme du Deffand)在 1765-1766 年间保持了长时间的书信来往,就这个问题进行讨论。1769-1770 年间,达朗贝尔和腓特烈大帝(Frederick the Great of Prussia)也通过书信探讨了这个问题。1770 年,霍尔巴赫在《论偏见》(Essay on Prejudices)中对这个问题进行了彻底、激烈的分析。同年,腓特烈大帝在《对〈论偏见〉的考察》(Examination of the Essay on Prejudices)中进行了回应。这又使得狄德罗带着《论〈对"论偏见"的考察〉》(Letter on the Examination of the Essay on Prejudices)进入了这场战斗。1776-1777 年间,莱辛写了《恩斯特与法尔克》(Ernst and Falk: Dialogues for Freemasons)。这是莱辛对哲学隐微主义的讨论。1777 年,为《百科全书》撰写条目"隐微主义"的作者福尔梅(Samuel Formey),出版了《对这个问题的考察:是否所有真理都对国家有益?》(Examination of the Question: Are All Truths Good to State?)。1780 年,又出现了一场征文竞赛,不过这次是由柏林科学院(Academy of Berlin)发起(在腓特烈大帝的敦促之下,因为他已被达朗贝尔激怒),题目是"欺骗民众是否有用?"[276]这样的竞赛在 18 世纪的智识生活中扮演了非常重要的角色。这次竞赛尤为成功,参加人数比之前任何一次竞赛的参加人数都要多。大约有三分之一的参赛者进行了肯定的回答(赞成欺骗),三分之二的人进行了否定的回答。孔多塞为这次竞赛写了篇论文,但最终单独出版,以"对如下问题的批判性思考:被欺骗是否有用?"(Critical Reflections *on This Question: Is It Useful to Men to Be Deceived?"*) 为题。四年之后的 1784 年,康德写了那篇著名的文章《什么是启蒙?》,它同样触及到了这些问题。

34 年的时间里,发生了所有这些文学活动。这就是我正在说的"前所未有的公开"。在长达两千年的哲学隐微主义历史中,据我们现在所知,从来没有哪个时期像这个时期一样,对这个中心问题,即谎言和真理的社会效用进行如此激烈、公开的讨论。

至于这场讨论的内容,主要的问题是宗教(当然,这不是唯一的问题)。激进派有贝尔、狄德罗、霍尔巴赫和孔多赛,他们的终极目标是一个完全世俗化或无神论的社会,因而也是一个完全理性的社会(在他们看来)。较为温和的一派有伏尔泰、孟德斯鸠、卢梭、腓特烈大帝、以及爱尔维修。由于认为所有社会都需要某种类型的宗教支持,因而他们试图宣传一种非常基本、自然神论的公民(或道德)宗教。

总之,18 世纪出现对隐微主义异常公开和激烈的讨论,既有理论动机,也有实践动机。在理论层面,现代的"历史转向"意味着,哲学史本身开始成为哲学论证的关键事实。特别是,以往思想的内容和发展轨迹,被看作是证明人类心灵在没有启示的帮助下可以做什么、不可以做什么的关键证据(也是经验证据)。这反之又赋予隐微写作现象和历史以一种新的理论重要性——在前现代思想中,这种重要性并不被人所知。这是因为,只有隐微写作得到正确的理解,哲学史以及人类理性才能得到正确的理解。这自然导致对这个主题的讨论越来越公开。

同时,在实践层面,由于新的隐微主义是"政治的",因而它必然导致有关它的讨论越来越公开,因为它需要面对更广泛的受众,比古典隐微主义的受众更为广泛。另外,它的行动方式也是"政治的":它是(或试图成为)集体(collective)隐微主义,是哲人这个统一体和谐统一的行动。[277]为了追求这种难以捉摸的和谐统一,有必要开展较多的讨论和争论。最后,整个的哲学—政治计划之新颖,也增加了对这场讨论的需要。作为政治性隐微主义者,现代哲人需要解决这些问题:他们试图启蒙谁,他们可以希望多彻底地启蒙这些人,在追求这些以及其他目标的过程中,他们应该多大胆或多谨慎。

总结之前,还需要对这个话题进行最后一项观察。18世纪对隐微主义喧嚣的讨论,与当代学界启蒙研究领域对这场讨论近乎彻底的沉默形成了鲜明的对比。我发现,对这场讨论的最佳讨论(几乎也是唯一的讨论),是克罗克(Lester Crocker)的《启蒙时代的真理/谎言问题》("The Problem of Truth and Falsehood in the Age of Enlightenment")(1953)。这篇文章以下述观察开头:

> 启蒙时代新的批判性理性主义认为,它的使命在于让世界摆脱谎言的困境。18世纪受到抨击的错误和偏见,以及新理性主义对万事万物的解释,都得到了集中的研究。但是,对这个前提本身的争论,即错误和偏见应该被消除,却受到了忽视。但是,理性主义者却毫无疑问对这个问题兴趣更为浓厚。①

1969年,当莫提埃(Roland Mortier)在"隐微和智慧"(Esotérisme et Lumières)中对这个相同的主题进行研究的时候,他具有相同的反应。16年后,他只能参考克罗克的文章,因为克罗克的文

---

① Crocker, "Problem," 575.

章是"唯一一项深刻地触及到了这个问题的研究。"①

这样一来,我们就又想起了使我们在这个主题上遭罪的"少见的迟钝"。实际上,这真是令人惊叹,曾经讨论的如此公开、如此激烈的现象,竟然可以如此快速在意识中消失殆尽,甚至那些致力于研究这个时期的学者也完全忘了。

这种提醒也是及时的。现在转向伴随着政治性隐微主义的出现而出现的态度上的第二种变化——越来越敌视这整个现象,我们也能够找到我们现在看不见它的一些深层原因。

现代时期对隐微主义越来越多的矛盾心理和敌意

[278]新的政治性隐微主义不仅带来了高度的公开化和争论,也带来了对隐微主义越来越严重的不同意或敌意。起初,这种敌意只是针对过去的隐微主义,即自卫性、特别是保护性隐微主义。但最终,这种新政治性隐微主义的支持者,也开始对他们自己的隐微实践感到七上八下。

拒绝旧式隐微主义

这种变化的前半部分——反对旧式隐微主义——容易理解。毕竟,新隐微主义以另一种相反的前提,即在实践与理论问题上的和谐主义前提为基础。因此,对保护性隐微主义的敌意正是政治性隐微主义的实质所在:保护性隐微主义所保护的东

---

① Roland Mortier, "Esotérisme et lumières," 选自 *Clartés et ombres du siècle des lumières: Etudes sur le 18e siècle littéraire*, Geneva: Droz, 1969, 60.

西——社会不理性的传统和神话,正是政治性隐微主义意欲削弱和取代的东西。反之,保护性隐微主义试图阻止的东西——通过理性主义的腐蚀能力改变社会,正是政治性隐微主义要促进的东西。

比如,在狄德罗为《百科全书》所写的条目"占卜"(Divination)中,就出现了这种对保护性隐微主义的敌意:

> 但是,如果偏见的普遍性[即,古代世界的占卜做法]可以阻止胆小的哲人反抗它,它也不能阻止他发现它是好笑的;如果他勇敢到可以牺牲自己的安宁、暴露自己的生活,从而纠正他的同胞们关于某种错误制度的观念(这种制度使得他们悲惨、缺德),他只会是最难能可贵的,至少在后人看来是如此,因为后人不偏不倚地判断以往的俗见。如今不是觉得西塞罗论神和占卜之本性的著作是他最好的著作吗?但是,这些书自然给他招来过骂名。异教教士骂他不虔诚;那些认为必须尊重大众偏见的温和人士,则称他是"危险、骚乱的东西"。从这里推出,不管在什么年代,不管在什么人中间,只有德性和真理值得我们尊敬。如今,在18世纪中期,[279]在法国,不是仍有大量的勇气将异教的奢侈踩在脚下吗?这不是仍然功德无限吗?在尼禄统治之下,谴责朱庇特神是极好的。这正是基督教的第一代英雄们敢做之事。但是,如果这些英雄也在狭隘的天才和胆怯的心灵之列,那他们就不会这么做,因为宣布真理会有一些危险时,狭隘的天才和胆怯的心灵就会死

守真理。①

显然,狄德罗是在抨击保护性隐微主义做法,因为根据这种做法,一旦真理可能颠覆盛行的信仰,"就必须尊重大众的偏见","死守真理"。不管在哪里,"只有德性和真理值得我们尊敬"。在《百科全书》中,可以发现许多类似的陈述(如在"多神论"、"希腊人"这些条目中),它们批判希腊和罗马哲人没有那么公开地反抗当时的偏见和迷信。让我更有系统地阐明暗含在狄德罗有些不连贯的陈述中的论点。

古代保护性隐微主义的基本主张是,当哲人发现所在社会的基本神话和偏见为假时,他们应该为了社会好而守口如瓶,将这个发现留在心底。因为有些信仰,特别是那些让人们尊敬并服从法律的宗教和迷信观念,是良好的社会秩序必不可少的。不可否认,这些信仰也会涉及到迷信,它们不理性、残忍、令人不快。若有可能,哲人或许可以帮着有选择地除掉那些最糟糕的迷信。但是,他们的基本姿态将是沉默和适应,而不是坚定不移的改革,因为推翻在社会中已经根深蒂固的悠久传统是危险的。此外,由于许多这些信仰源于民众强烈的迷信倾向,因而它们不可能被轻易根除。它们被除掉之后,很快就会有新的信仰取而代之。这些新的信仰往往同样糟糕,甚至更糟糕。这样一来,保护性隐微主义就是哲人最明智、最具社会责任感的公共姿态。

对此,新的政治性隐微主义的实践者进行了这样的答复。社会实际上并不需要宗教的支持(根据更极端的早期现代分子),或至少只需要一种最低限度的自然神论宗教的支持。这

---

① 狄德罗,"占卜"("Divination"),选自《百科全书》(*Encyclopédie*),ARTFL Encyclopédie Projet, http://encyclopedie.uchicago.edu.proxy2.cl.msu.edu/. 我自己翻译。

种自然神论宗教去除了所有传统的寓言、迷信和仪式。推翻根深蒂固的信仰绝对有可能,虽然大家都同意,在这个过程中必须非常谨慎地逐步向前推进。[280]不用担心这样做的结局是带来更糟糕的信仰,因为民众并不是不可救药地迷信。民众的迷信是被神职人员和统治者所教——这两者创造了迷信,并把迷信作为一种控制和压迫的手段。如果我们仍然看到民众自发地倾向于迷信,这很大程度上也是这种压迫的结果。所以,那些据说对社会的好必不可少的信仰和神话,实际上并不必不可少。他们只是对社会的剥削者而言必不可少。因此,存在偏见和假象的环境,既可以得到改变,也必须得到改变——通过慢慢地张开手,手指一个一个地伸开。

这种推理的终点,是对保护性隐微主义进行彻底的重估。保护性隐微主义远不是最智慧的政策,它以一个基本的错误(关于社会需要宗教支持)为基础。它远不是对社会最负责任或最具公共精神的做法,而只不过是给了社会的压迫者强有力的(如果说是无心的)帮助。哲人隐身而退至自己的花园,将这个世界抛弃,任由它疯狂。更糟糕的是,通过沉默或显白的支持,他们用自己的权威为这种疯狂添砖加瓦,从而阻碍了进步和改革。简言之,保护性隐微主义只是在需要与偏见进行斗争的时候,保护了偏见。因此,它延长了迷信时代,帮助这个世界一如既往地无知、被奴役。

这样说来,保护性隐微主义的根源是一个错误,一个有关社会之所需的错误。但是,这是否只是个智识上的错误?在前面的段落中,狄德罗说到"胆小的哲人"、"狭隘的天才"和"胆怯的心灵",暗示勇气的缺失,或者,至少,隐身而退过一种沉思生活的倾向,使得哲人不愿看到改革社会的机会。他反之似乎把这种"胆小"归因于他们不够爱荣耀。要是哲人非常看重后人的赞美，就会看到社会进步的机会，还会找到勇气抓住这些机会，因为这将为他赢得后人的赞美。换句话说，在对保护性隐微主义的新批判中，除了对社会的修正理解，对哲学的修正理解——对纯粹的沉思理想的批判——也是一个重要要素。① 这就是早期现代哲人抨击旧式隐微主义的特点和基础。

新隐微主义的自我厌恨

这种抨击虽然强大，但并没有导致现代哲人全然拒绝这样的旧式隐微主义。相反，正如我们所见，它导致现代哲人发展出新的政治性隐微主义——对他们的新启蒙计划而言必不可少。[281]这种新隐微主义得到了广泛、严格的实践。

虽然如此，这种新隐微主义却从未像前现代隐微主义那样，成为一种"不使内心受到困扰"的持久现象。从这个时期的许多思想家身上，都可以察觉到一种矛盾心理，近似于对他们自己的隐微实践的厌恶。这种矛盾心理并非偶然，而是源于这个事实：政治性隐微主义与它本身存在内在的冲突。这种新隐微主义的根本基础和目标，是政治与真理、社会秩序与自由思想最终的和谐。因此，接受这种隐微主义的确切目的，正是为了创造一个不再需要隐微主义的世界。它只不过是种手段，是种必要的恶。但更重要的是，它是一种暂先妨碍它试图追求的目的，然后再起作用的手段。它是一种旨在制造公开（openness）的阴谋，是一个用于结束所有谎言的谎言。政治性隐微主义者审查并删去自己对思想和言论自由的渴望。他们如何可能不恼怒于这种手段的使用？如果他们不憎恨这样的手段，又怎么可能热爱这

---

① 关于这些主题，见凯利（Christopher Kelly），《作者卢梭》（Rousseau as Author），147。

样的手段所追求的目的？正因为厌恶这种新的隐微主义,所以采用这种新的隐微主义。

与这种极其痛苦的自我矛盾相比,前现代隐微主义——自卫性、保护性、教学性隐微主义——看来显然是自洽的、稳定的、和谐的。服务于古典哲人的三种根本目标——保卫自己、保护社会、教育潜在的哲人——的策略都相同,都是隐藏自己的思想。因此,比如,纠缠早期现代哲人的大问题——"胆怯问题",几乎不会出现。这是因为,由于谨慎这一策略同样也被认为是最有益于社会的(尽管它可能阻碍了他潜在的学生和门徒),因而如果一位思想家异乎寻常地谨慎、隐秘,人们也不能指责他胆小地背叛了社会的事业。

另外,前现代隐微主义者没有任何对他们需要采取的隐微克制感到愤怒的迹象。他们认为这是值得自豪的东西。那为了安抚审查员而所需的谨慎行为(除了在极端形势下),不是任何可耻或蒙羞之举,因为出于其他的缘由,甚至在没有审查的情况下,也需要这种谨慎。他们也不认为恰当的审查本身就是不合理的:他们并不生活在对一个没有自由言论的世界的强烈愤慨之中。总之,在他们看来,隐微克制与"胆怯"这种恶、"屈服于残酷的暴力"这种耻辱都绝无干系。正好相反,这被他们认为是一种真正的品格德行,甚至是唯一伟大的古典德性:节制(moderation)。隐微正是言辞方面的节制德性:[282]做个"安全的说话者",客客气气地说话,不逾矩。智者是沉默寡言、得体的人。

相反,许多现代政治性隐微主义者却往往非常憎恨对这种隐微克制的需要,即使他们承认暂时需要这个东西(但实际上持续了更长时间)。这是一种策略,不是一种德性———一种以如下观点为前提的策略:隐藏真理最终对所有人而言都是一种巨大的不幸。因此,在论隐微主义的著作中,托兰德不仅承认,还描述了在一个没有言论自由的世界中隐微克制的必要性。但是,正如我们所见,他也反对它:

> 这是何等隐秘的含糊话,何等卑鄙的诡计花招。那些拥有杰出天赋的人被迫求助于这些东西……只是为了逃避耻辱或饥饿?①

与此类似,狄德罗虽然也坦率地承认了自己对隐微的使用(再次引用他写给赫姆斯特豪斯的信),但作出如下描述时,"不宽容如何约束了真理,给哲学穿上了小丑服,所以被他们的矛盾所震惊的后人,会因为不知道其中的原委,而不知道如何辨别他们的真实想法"②,却泄露了真正的苦涩。因此,他在别处宣布:"我爱清楚、干净、坦率的哲学,比如[霍尔巴赫的]《自然的体系》(System of Nature)中的哲学,我甚至更爱《健全的思想》(Good Sense)中的哲学。"③

当狄德罗抱怨后人会误解这些隐微作者,不知如何"辨别他们的真实想法"的时候,也体现了现代对隐微主义之不满的另一个方面。在致埃皮奈夫人的信中,加利尼亚(Galiani)表达了对用笔名出版著作,即给自己的著作冠上已故作者之名这种通常做法的关切。

> 给新的著作冠上古人之名的做法越来越广泛,我

---

① 托兰德,《掌管钥匙的人》(Clidophorus), vii.
② 狄德罗致赫姆斯特豪斯,1773年夏,选自《书信集》(Correspondance), 13:25-27. 我自己翻译。
③ 狄德罗,《驳爱尔维修》(Refutation d'Helvétius), 2:398.

很不喜欢;对后人来说,这太令人困惑了。至少应该有个秘密的档案馆,专门存放署上作者真名的作品——真正的作者去世之后,就把署上他们真名的作品放到里面。①

后面这些反对意见的要点如下。我们已经从前面所引用的狄德罗的长篇段落中看到,在他看来,驱使现代哲人摒弃古人的沉思姿态,并激发他冒生命之险摆脱偏见世界的,主要是对荣耀的爱。[283]但是,如果情况果真如此,那现代哲人必定对隐而不露这种必要感到十分恼怒。他希望自己能够被充分看到,被充分理解,特别是被后人充分地看到和理解。所以,我们再次发现了实践隐微主义之人对政治性隐微主义的不满——这种不满不可避免地从这种做法和采取这种做法的动机之间的紧张中产生了。

总之,这种新的政治性隐微主义,由于其定义和内在逻辑,导致对待隐微主义的哲学态度发生了两种根本性的转变:越来越公开,越来越敌视。后者表现为两种形式:对保护性隐微主义的敌意,因为保护性隐微主义保护它本该颠覆的东西;对政治性隐微主义自身的敌意,因为政治性隐微主义为了诚实和言论自由之故,接受掩饰和自我审查。

我们对隐微主义的抵制和视而不见

现代后期对隐微主义实践的各种抛弃,是政治性隐微主义

---

① 加利尼亚(Galiani)致埃皮奈夫人(Mme d'Epinay),1772年9月19日,Mortier在"Esotérisme at lumières"中引用,60-103, 92.

前所未有的双重敌意的直接后果,它首先清除了古典形式的隐微主义,然后以自我克服的形式,最终清除了它自身。

但是,对我们而言,首要的问题不是人们最终停止了隐微主义实践,这很容易理解,而是在某个时刻之后,他们不再相信其他人曾经实践过隐微主义。这种奇怪的遗忘正是我们花大力气想要理解的东西。

在前面的每一章中,我们探讨了我们这个世界——我们这个人文主义、和谐主义、启蒙、科学、平等主义、同质、自由、热爱真实、以进步为导向的世界——的众多原则和义务如何导致一厢情愿(wishful thinking)和时代错乱思维(anachronistic thinking)的结合(这种结合有力地削弱了隐微行为在我们眼中的全部可能)。这一章从两个方面进行进一步的讨论。

首先,关于政治性隐微主义,我们已经看到,一方面,这或许是四种形式中最容易理解和信任的一种形式。此外,它本身的内在逻辑导致它不同寻常的公开。然而,我们依然发现很难相信众多哲人竟然都采取了这种做法。由于同样的原因,最终,这种隐微主义的实践者自己也开始对此感到不安:它具有内在的矛盾。它运用秘密来宣传公开。因此,我们发现这难以置信:[284]《百科全书》竟然是用隐微手法写成。对我们而言,"启蒙隐微"这个观念似乎是个明显矛盾的术语。在这里,我们所忘记的是,或理解的不充分的是,在这个时期,投身于政治行动领域的哲学,实际上被迫承认目的和普遍折磨目的的手段之间的矛盾。

同时,古典隐微主义的合理性也被政治性隐微主义长期的成功所削弱。随着启蒙实验向前推进,古老的偏见和迷信被推翻,且(大多数地方)可怕的后果没有出现或社会没有崩溃,因而保护性隐微主义的整个前提,即一个健康的社会绝对需要偏见和假象,似乎变得越来越不合理。缓慢的进步——通过真理的公共传播而改善世界——慢慢地埋葬了冲突主义观,直到人们忘记,它曾经存在过。古典理性主义似乎开始变得只是18世纪那和谐、启蒙、进步的理性主义的雏形。启蒙哲人的形象——把光带到这个世界、具有公共精神的理性主义者——似乎是哲人唯一的形象。因此,隐微做法从来都只是神秘主义者和占星家之举。

第三部分

恢复隐微主义的结果

第九章

隐微阅读新手指南

你跟我说……读了我的书之后,你几乎都搞不清问题的核心是什么了。真是见鬼了!……你不读书中的"白字"吗?当然,那些只读了"黑字"的人,也看不到书中的关键内容;但是,你,读"白字",读没写出来但实际上在那儿的东西;然后,你就会找到。

——加里亚尼(Abbé Galiani)致友人

现代读者的孤独

如果19世纪之前的大多数哲人真的隐微地写作,那我们最好隐微地阅读。要不然,我们冒着发现自己陷入加里亚尼朋友那般不舒服之境的危险。

实际上,他的朋友所说的经历不是有些熟悉吗?我们中的很多人,起初都是激情澎湃的本科生,热切地希望向过去那些伟大、睿智的思想家们学习——人们谈论这些思想家时是那样地敬畏。但是,花了一些时间阅读他们的作品之后,我们往往发现,自己"几乎都搞不清问题的核心是什么了"。虽然这些书包含许多[288]有趣的观点和情感,但似乎也矛盾重重、语无伦次、思想跳跃(leaps of faith)。小小年纪,一种强烈的失望感便盘旋在我们这种阅读经验之上。

不过,我们知道以前的人说,这些经典著作极大地感动、塑造了他们。不知何故,这些书对他们有所言,对我们却不。那么,怀疑我们与过去的作者之间独特的疏远是因为,至少部分是因为我们对他们的写作方式的忽视难道不合理吗?如果我们能够恢复隐微阅读的艺术,或许也能够恢复与过去之间的一些联系。

不过,说"我们"必须学习隐微阅读,并不一定意味着我们中的每个人都必须如此。学术界一定数量的劳动分工既是可能的,也是必要的。谨慎的分析型头脑会做周密分析,大胆的综合型头脑会提供扫荡式分析。那些能够吸收来自不同时代、用多种语言写成的大量资料的头脑,会发现并详述历史语境。所以,既喜欢周密的文本分析和字里行间的阅读,又具有这方面天赋的人,会追求隐微的维度。

我们所有人都无须精通这些工作中的每一种工作,但都得欣赏每一种工作的必要性。我们也需要通晓这些工作中的每一种工作,以便能够理解、判断和吸收每一种工作的特殊贡献。简而言之,我们中的一些人需要致力于隐微阅读,剩下的人则需要愿意、并能够倾听这项工作,且听得懂。

你可以学习隐微解读

对于试图学习隐微阅读的人而言,首先需要明白,既不存在、也不可能存在隐微阅读的科学。它是一种艺术,甚至是一种特别微妙的艺术。因此,它不是什么容易教的东西。

当然,如果隐微写作包括采用一种精确的"秘密代码",其中的加密信息可以用一种严谨、机械的方式进行破译,那就有可能存在一门隐微阅读的科学。但是,这样的代码,在战争年代和其他情况下有用的代码,显然无法实现隐微写作的目的。因为如果作者试图躲避迫害,特别是检举,他或她最不想做的事,就是以秘密信息能够被准确、科学地破译的方式来隐藏秘密信息。[289]再说,如果作者出于教学理由而隐微地写作,即逼迫读者自己思考、自己有所发现,可以被机械地破译的信息也是完全没有用的。考虑到隐微的哲学写作历史悠久、纷繁复杂,一个人就会犹豫要不要直截了当地声称,未曾有人用过这种严格的代码,但我大体上同意坎特(Paul Cantor)的公式:"可证明的隐微文本是一种自相矛盾的说法。"①因此,隐微写作不可能是一门科学,首先因为其目的逼迫它避免成为一门科学。

但是,即使没有这种逼迫,隐约阅读也永远都不可能成为一门科学,因为它包含了太多的个体差异:没有两位隐微作者如出一辙。思想家们拥有不同的信仰,进行隐微写作的动机也千差万别,而且面临的外部环境——就审查制度、他们所在年代主流的政治和宗教思想、社会的健康和腐败程度等而言——也迥然不同。即使所有这些因素本质上都相同,就像柏拉图和色诺芬那样,生活在相同的年代,在同一个城邦出生、长大,还都是苏格拉底的门徒,人们也依然看到了整体的创作方式以及隐微技巧方面的巨大差异。

但是,最为根本的是,就像没有读诗或讲笑话的科学,也没有隐微解读的科学。这些都不是基于规则的活动——就其性质而言,它们不可能有什么规则。诗与笑话一旦变得显而易见或可以预见,那就被毁的一干二净了。隐微写作显然也是如此。不可能有关于不可预见——关于间接、暗指和暗示——的科学。诚然,这些都是人类完全能够理解的交流方式——对此没有任何严肃的怀疑。但是,人们不是通过遵循一些总的原则和可以阐述的原则而理解它们,而是通过欣赏并结合成百上千种小规则和特殊的观察而理解它们。这些小规则和特殊的观察若放在

---

① Cantor,"Leo Strauss",277. 在这一章中,我依赖于这篇精彩的文章,请读者直接查阅此文。

一起,就构成了我们所指的直觉、机智、敏锐、敏感、趣味和艺术。

如果隐微阅读是种艺术,那一个人如何获得这种艺术? 用亚里士多德式方法思考这个问题,或许可以说,如果它是一门科学,遵循固定的理性原则,那它就是完全可教的。如果情况完全相反,它是一种天赋,比如,就像乐感,那它就不能教,甚至不能习得,而是天生的。但是,作为一种艺术,它就处于中间位置:它无法教,但可以习得。那么,一个人如何学习这种艺术? 好的亚里士多德式答案是:通过实践(doing it)。

比如,没有人教你如何理解笑话——但你的确学会了[290](尽管这里或许也有"天赋"的因素,读诗和隐微阅读都一样)。没有可以或的确由一个人传达给另一个人的幽默原则,只有每个人必须靠自己的努力进行练习、开发的幽默感。你理解笑话,仅仅是通过听笑话,并试着理解它,其他人则只是告诉你理解对了还是错了(或偶尔解释这个或那个特定的笑话,但不传达任何更一般的信息)。通过这个过程,幽默感——涉及到的特殊的直觉和敏感——被唤醒,得到练习和锤炼。

诗的解读——就像隐微阅读——与此类似,只不过更加复杂。两者最终都是通过实践得以习得和完善。但是,在这里,对于诗的解读,"教"具有相对较大的作用。

为了读好,第一件也是最重要的事,仅是用正确的方法关联(connect with)文本。如果你做到了,剩下的事就是水到渠成。为了较好地关联文本(connect well),一个人需要用某些态度对待文本,对文本进行某些操作,这些态度和操作都能被老师所描述、解释和传达。比如,面对一个刚学诗的学生,一个人首先可能会解释,为了激活一首诗的全部力量,缓慢、大声地朗读诗很重要。与此类似,一个人必须完全沉浸到诗词的声音和旋律之中,让声音和旋律在自己身上产生它们的效果,但阅读散文时一般避免这么做。

除此之外,某些一般性的技巧、窍门和经验法则也可以大有作用,虽然它们并不能让人进入问题真正的核心之处(就像在科学中一样)。这些也是完全可教的。因此,一个人可以向我们的读诗新手解释不同格律和韵律的特征及其使用,以及比喻、提喻、拟声等方法的修辞效果。

最后,有模特可以模仿,观察导师练习他们的艺术——不管是口头的,还是书面的,对于激励和训练一个人的解读能力非常有用。导师无法教他们的艺术,但却可以将它表演、展示出来。学生们也能够从中受益,不知不觉地开窍。

总的说来,为了指导读者读诗——和隐微的文本,一个人可以尝试提供这三样东西:关联或态度,共同的技巧和经验原则,供模仿的模特。接下来,就要看他们自己的本事了。

"只要关联":对待文本和阅读的正确态度

成为任何类型的好读者,特别是好的隐微读者的根本,仅仅是站在一个合适的位置对待文本——关联文本。正是这个合适的位置唤醒了必要的直觉官能,并在不久之后向我们展示,我们远比之前所想象的要敏锐和犀利。这可以用一个简单的例子进行说明。

想象你收到了一封来自心爱之人的书信,但你跟她已分开好久(一个过时的故事,还有心爱的人——以及书信)。你担心她对你的感觉可能已经有所变化。当你用有些颤抖的双手拿着她的书信的时候,你立刻就置身于使一个人成为一位好读者的位置上。你对她说的每个词都产生了共鸣。你对她说的——和没有说的——点点滴滴都特别地敏感。

"最亲爱的约翰。"你知道她写信给你时总是用"最亲爱的",所以这个词并没有什么特别的意思;但是,她的结束语"祝好"(with love),却是她经常使用的三个用语中感情最弱的。这封信相当的愉快,详细地描述了她一直都在做的那些事。其中一件事让她想起了你俩曾经一起做过的某些事。"那真有趣,"她感慨。"有趣"——绝对是个友好的词,不是个浪漫的词。你发现自己用比例秤掂量着每个词:它不仅代表它本身,还代表对每一个可能用在此处的词的否定。大概在这封信的中间位置,突然出现了看上去非常刻意的随意,她简单地回答了你问过她的问题:是的,正如现在的结局所示,她投入了史密斯——你的主要情敌——的怀抱。然后,闲聊和愉快的描述又出现了,直到结束。

你已清楚这封信的意思。她是在让你渐渐地失望,是在为最终的分手做准备。这个意思部分在于她已经说出来的话——比尔的话,以及那个不温不火的结束语,但主要在于她没有说出来的话。这封信说的都是她做了什么。至于她的心情,则一点没提。没有亲密的时刻。虽有说有笑、撩人心弦,但无情无义、冷若冰霜。最冰冷的是她的愉悦之情:如果她在思念你,她怎么可能这么开心?这指出了最关键的事实:她丝毫没提对你的思念。这沉默的声音在你的耳边尖叫。

这个例子,即这封信和对这封信的阅读,虽然是想象出来的,但却是真实的:[292]如果你真的处于这番情境之中,你就真的会用这样的方式读这封信;也就是,具有某种程度的敏锐和犀利——从字面转到字里行间几乎毫不费力。你读其他本文时远没有这种敏锐和犀利。如果对此没有异议,那就证明,关联优先于技巧:一个人只有站在合适的位置对待文本,才能在事先没有训练的情况下,突然变成一位过得去的隐微读者。它自然而然就出现了,因为从这个特殊的位置,我们的"交流直觉"官能——在我们大多数人身上都处于休眠状态或未被充分利用,可以说突然被激活,变得异常地敏感。

这样一来,教隐微阅读的第一个任务,就是教如何与一本书实现类似于这种形式的关联。但这意味着,决定性的起点在于先选择一本正确的书。因为阅读不是一种机械技能,可以笼统地应用于任何文本。一个人怎么读,跟一个人为什么读、读什么密不可分。

因此,必须选择一本因希望学习最重要的东西,而自己能够热情、亲身地感受的书。如果只是怀着干燥乏味的学术兴趣读书,就可能只实现干燥乏味的学术阅读。好的阅读要求极大的努力和强度。为了激发这种极大的努力和强度,首先需要的是真正的激情。正如梭罗(Thoreau)在《瓦尔登湖》(Walden)中所说:

> 读得好,即以真正的精神读真正的书,是一种高贵的活动。它与当代风俗所尊崇的任何活动都更使读者感到劳累。它需要运动员般的训练,几乎一生都不变初衷,致力于此。**书是被谨慎、含蓄地写出来的,也必须被谨慎、含蓄地阅读。**①

我们也必须热情地感受,以唤醒、激活更深层次的直觉和关切——充分联系(文本),用全部的灵魂阅读(文本)。最后,激

---

① 梭罗(Henry David Thoreau),《瓦尔登湖》(Walden), ed. Stephen Fender (Oxford: Oxford University Press, 1997), 92(此处加了强调)。

情对于和书的作者建立真正的关联也是必要的,作者可能跟你分享了这种对书的主题的激情。①

但是,为了实现这种关联,一个人也必须用正确的"速度"接近书。隐微阅读非常困难,它需要一个人慢下来,花更多的时间在一本书上,比平常在一本书上花的时间要多得多。一个人必须读得非常慢,把书作为一个整体来读,来回地读。或许有必要调低你期待一生可以读多少本书的期望值。

[293]这里的问题不只是看完一本书花了多少时间,还在于花了何种时间——就像开车和徒步之间的差异,两者都是走遍世界的方式。当你徒步旅行的时候,你不再是开车的状态——"在途中"。一种停留和参与精神让你完全进入你所到之地的生活。这就是你必须该如何走遍一本书。在《朝霞》(*Daybreak*)前言的最后一段,尼采对此进行了非常精彩的描述。这一段可以作为每一本大作的前言。

> 一本这样的书,一个这样的问题,是不能急于求成的;我们,我就像我的书,都是慢板(*lento*)之友。我过去是个语文学家,或许现在仍是个语文学家,也就是,

---

① 当然,这种激情和关联不可能简单地想有就有。只有基于某些格外不寻常的预设,才可以感受到它们。一个人必须是一个真实、老式的信书者,相信书,特别是那些老书(老的足以是隐微之作的书)。也就是说,一个人必须心怀这个活泼的希望,即,一些经典可以教给人对一个人的生活而言头等重要的东西,这些东西在更现代的书中不容易找到。但是,如果正好相反,一个人坚定地信仰进步(因而后面的书不可避免地包含前面的书的所有智慧),或坚定地信仰历史主义(因而老的经典之作不可避免地具有时限性,它们表达的只是它们那个社会毋庸置疑的假设),那就会缺少这种激情所需的所有合理基础。出于好心,一个人会在心理上对这些老书怀有学术兴趣,但也只是学术兴趣而已——鉴于它们的难度,学术兴趣作为动机和关联过于微弱,不能使一个人撬开这些书,真正地理解它们。这样一来,进步和历史主义教义——带着对过去的思想和著作隐晦但又不可避免的不屑——开始变得是自我确证的:我们预计那里没有什么真正重要的东西,我们的发现也正好如此。

一位教慢读的老师,这不是徒劳无功的:——结果,我也慢慢地写。如今,不再写任何不搞得每一种"匆匆忙忙的人"都失望透顶的东西,不仅是我的习惯,还是我的趣味——一种恶趣味,或许?因为语文学是一种令人尊敬的艺术,它要求其崇拜者首先:走到一边,不急不忙,静下来,慢下来——这是金匠的艺术,词的赏析;它什么都不做,只做微妙、谨慎的工作;如果不能慢慢地获得,就什么都得不到。但正是由于这个原因,它如今比往昔更为必要;正是通过这种途径,在"干活"的年代,也就是,在匆忙的年代,在快的不成体统、快的大汗淋漓的年代,即想要马上"解决一切"的年代,包括解决每一本旧书或新书,它最能诱惑我们,最能让我们心醉:——这种艺术并不轻易地解决一切,它教我们**好好地读**,也就是,读得慢、读得深,看前看后,有所保留,有所敞开,眼灵手巧……我耐心的朋友们啊,这本书只渴望完美的读者和语文学家:学习好好地读![1]

一位隐微老师,像尼采一样,必定也是一位这种意义上的慢读老师。

以这种较慢的速度,新的经验与关联开始成为可能。你开始适应这本书。它变成了你的同伴和好友。你与它之间的互动变得更从容不迫,从而更广泛、明显,更具有试验性;同时,也变

---

[1] 尼采(Friedrich Nietzsche),《朝霞》(*Daybreak: Thoughts on the Prejudices of Morality*), trans. R. J. Hollingdale, Cambridge: Cambridge University Press, 1997, 5 (强调为原文中所加)。弗莱彻(Lance Fletcher)的网站让我注意到了这段内容,我从这个网站免费地借用了这段话。在那个网站上,弗莱彻也对此进行了有趣的讨论。见 http://www.freelance-academy.org。

得更加脆弱、微妙和亲密。

　　对隐微读者而言特别重要的是，以这种较慢的速度，文本的"特性"开始出现。因为当你第一次读这些隐微著作中的其中一本时，比如柏拉图的《理想国》，你简直不知所措。[294]三百页的观点、论证、观察、想象和故事。所有你能希望的，只是掌握这本书最显著的特征。至于剩下的大部分内容，你不可避免地迷迷糊糊就过去了——只不过是一件事接着一件事。只有长时间的多次慢读之后，你才能开始看到它的所有细节。

　　然后，看到的不仅仅是细节：它的特性。这就是，你开始思考——就像你开始思考你深爱之人的信，为何这里使用这个词，不用其他的词？为何现在打开这个话题，不是另一个话题？在这之前，你感觉不到这些问题，因为你实在太不知所措，也因为文本本身被错误的迫切需要感所掩盖。这本书是经典之作，是正典的一部分。那些印刷字印在页面上，具备机械性的完美——永恒、无暇、普世，同样的字也出现在无数其他的复印本上，安放在世界各地的图书馆书架上。这本书的所有细节似乎像柏拉图式理念一样必要、一成不变。

　　但是，在你通过多次慢读，逐渐适应这本书的时候，这种错误的必然感消失了，你开始感到每个话题、每个论点、每个词如何是某种选择的结果。这的确就是写作之所是：并非固定、必要的东西，而是一张巨大、微妙的人类选择网。当你完全领悟到这一点的时候，你开始真正地关注文本，开始对每种选择和每个细节都感到好奇。现在，它们呼吁询问和理解。正是从这个地方——这种关联，你开始成为一位好读者。

　　但是，对于书，不同于个人书信，很难到达——并停留在——这个地方。在你读书的时候，提醒你自己这个故事往往有帮助。这是个真实的故事。古希腊一个风和日丽的日子，柏拉图,一个有血有肉之人,坐在他的书桌前,前面是一张干净的纸莎草纸。略作沉思之后,他选择写一个字,再写另一个字,接着写另一个字。这些字变成了《理想国》。一本书是选择的结果。

接下来,为了理解这些选择,一个人必须力求接近文本,力求尽可能充分地熟悉文本。重复一下,这就是为何一个人必须慢慢地读。但是,除此之外,如果可能的话,一个人必须读原文书。文本语言的许多微妙之处对于隐微阅读尤其重要,但它们可能会消失在翻译之中。但是,一个人不可能学习每种语言,所以如果读原文书不可能,那就至少应该寻找直译程度最高的可得版本。最要不得的是那些因为急切地渴望捕获现代读者的芳心,[295]而掩盖了文本难以理解、杂乱无章、不可思议之处的翻译,因为这些东西可能正是作者的匠心所在。

因为没有文本存在于真空中,所以熟悉与文本有关的历史——政治史和哲学史——也很重要。政治史在所有年代都是重要的,因为作者针对的观众总是习惯于当时的政治安排。对于那些旨在制造重大政治效果的作者而言(一般是现代作者),它显得更为重要。这样的作者是政治行动者,如果不是非常熟悉当时总体的政治氛围,就无法理解他们这样的作者。

研究与文本有关的哲学史,对于帮助一个人弄清作者的术语、概念和问题也很重要。作者往往会在某个段落中与某个人进行辩论,但并不公开承认这一点,特别是这个人是同代人的时候。一个人要非常熟悉相关的背景知识,才能弄清其中的来龙去脉。① 但是,当然,我们也应该记住,那些对作者产生了最大

---

① 参阅斯金纳(Quentin Skinner)的《霍布斯哲学中的理性与修辞》(*Reason and Rhetoric in the Philosophy of Hobbes*)。这本著作将强有力地证明,对霍布斯那个年代的修辞实践进行仔细的历史研究,可以极大地帮助我们理解他的隐微写作艺术。

的影响,或作者真正在回应的思想家,并不一定是离作者最近的,不管是在时间上,还是在空间上。比如,如果我研究阿奎那的《神学大全》,我显然会将更多的背景研究时间用于阅读亚里士多德和阿威罗伊,因为前者被托马斯称为"哲人",后者被称为"注疏者",而不是用于阅读多明我会会长约翰(Brother John of Vercelli)。

但是,与文本形成这种重要的关联还不够:一个人必须也能够,在某种程度上,保护和维持这种关联,抵御阻止这种关联的强大力量。虽然强烈的学习欲望可能让我们关联一些经典著作,但当我们真正靠近这些书的时候,第二股力量不可避免地出现,它把我们从文本中推开。这股阻力是配比不尽相同的复合物,主要由自负、懒惰和民族优越感组成。因此,在阅读的过程中,当我们遇到一个在我们看来错的相当离谱的论断的时候,我们苦思一会儿,但很快就因为懒惰而放弃了它,认为它是作者方面的薄弱推理,我们足以将之识破,或认为它是作者那个年代的一种偏见。"这就是当时的人们所想。"我们搁置作者的论断,断绝我们已有的关联,而不是做我们的真欲望和真兴趣会做之事:弄清每一条线索,看其论断是否真的不含更高的智慧;搜寻我们自己的灵魂,看有时代偏见的是否并非他们而是我们。

与此类似,当我们遇到一个与上下文不连贯的文本段落时,[296]即这个段落没有明确的意义,或与之前的论述相矛盾,或违背作者所宣布的计划等等,我们快速地倾向于漠视这个问题,把它归咎于作者方面的疏忽大意或悄无声息的心思转变,或归咎于后面的编辑、相互较劲的势力等方面的缘故。我们屈服于自己的懒惰怠慢,不积极探索所有其他的可能——这尤其包括,文本的不规则是作者进行精心的控制,以实现隐微交流的一部分。

这些正是逐渐磨损我们的阻力所在。这样一来,就有必要寻找一些系统的方法来维持我们的关联,使其仍然如当初一般真挚、热切。

最佳方式在于暂时接受"作者基本无所不知"这个假定,以之为一种工作假设或探索装置:作者不仅在其思想中的所有主要方面都是对的,还完美地控制了其写作的所有主要方面。尽管,这个建议会遇到巨大的阻力。由于人类永远都不无所不知,所以这个假定显然极为夸张(这一点下面会进行较为详细的讨论)。然而,信奉这个假定——就像我说的那样,暂时地,是有用的探索装置,甚至是理性的权宜之计,因为它对于抵消我们大多数人心目中那个更加有害和扭曲的倾向,即相信作者一无所知是必要的。这是个自我管理问题。我们需要一种夸张的信仰,即相信作者无所不知,来拯救我们于由懒惰、自负和偏见带来的使人衰弱的影响之中,来使得我们能够依然开明——开明乃是我们真正所意欲。

孟德斯鸠给出了类似的建议。在《随想录》(*Pensées*)中,孟德斯鸠简单地阐释了应当如何阅读一本书。

读书的时候,有必要倾向于相信,作者早已看到自己所想象的那些矛盾——第一眼碰见矛盾,就想象作者有所矛盾。因此,有必要这样开始:不相信自己仓促的判断,再看看被人认为存在矛盾的段落,先将这些段落逐个进行对比,再将这些段落与前后段落进行对比,看它们是否遵循同样的前提假设,看是真的存在矛盾,还只不过是一个人自己认为存在矛盾。做完这些事后,就可以作为一位大师宣布,"存在矛盾"。

但是,这往往还不够。遇上自成体系的著作时,还必须确认自己理解其中的整个体系。你看到一架巨大的机器被造出来,以产生一种效果。你看到轮子朝相反的方向转动;第一眼看到,你就会想,这架机器[297]会自灭,所有的旋转都会卡死自己……它保持前行:初看之下,这些零件似乎相互毁灭,但却为了所提出的目标而组合在一起。①

但是,再说一下,这种姿态已跟我们时代极不协调,它会引起愤怒和怀疑。人们会急着提出反对,认为这种假定,即作者无所不知,很容易弄过头而被滥用。这是显而易见的。历史上曾有这样的时期,比如中世纪,盛行的宗教和哲学教条使人们过度地尊崇过去的思想家,因而思想被极大地扼杀。在这样的时代,需要一种极为不同、持极大怀疑的探索装置来刺激思想。

但是,我们并不生活在中世纪。我们生活在数字化时代,冒犯是轻松愉快的,注意力是短暂的。在这样的年代,退一步讲,过于尊崇作者并不是我们的主要问题。另外,我们如今盛行的哲学教义歌颂"作者之死"(用罗兰·巴特[Roland Barthes]的名言),它们都有力地朝着另一个方向推进,好像它们的目标就是顺应抵制和漠视的力量。所以,作者无所不知这个假定虽然总是危险重重,如今却大有必要,因为它恰恰与我们这个时代的倾向背道而驰。

这个暂时的假定也有另外一个很大的优势:它是自我校正的(self-correcting),而其反面则是自我确证的(self-confirming)。通过假定作者是无辜的,给予自己机会证明自己是对的,一个人

---

① 孟德斯鸠,《作品全集》(*OEuvres completes*, ed. Caillois), 1:1228, 潘戈(Pangle)在《孟德斯鸠的哲学》(*Montesquieu's Philosophy*)中引用并翻译, 13(我自己加了强调)。

很有可能会失败,从而证明自己是错的。这个暂时的"绝对无错"假定最终会校正自身,如果它并不成立。但是,如今流行的相反假定——称之为"作者大错特错"——倾向于确证自身。通过迎合我们的倾向,即作者不同意我们时,我们不做什么努力就搁置作者,这个假定有效地封死了发现作者归根结底是对的的可能。如果你假定不会有很多东西有待我们去发现,那你就很有可能什么都发现不了。因此,尽管两个假定都有所夸张,但前者作为探索装置——作为对实现真正的关联和取得真正的发现的辅助——明显更胜一筹。

但是,为了维持并合适地发展与一本书的关联,还需要更进一步的工作假设(working hypothesis)。这一个不是与我们的时代,而是与这本著作的中心论点相冲突。一个人至少应该在一开始和很长的一段时间内基于这个假设前进,[298]即这本书并不是隐微之作。在《迫害与写作艺术》中,施特劳斯列举了如何负责任地进行隐微阅读的规则。头两条如下:

> 在那些通过非字里行间的阅读反而更能确切地理解文本的地方,字里行间的阅读是严格被禁止的。只有这样的字里行间的阅读,即从对作者的明确陈述的恰切考虑开始,才是正当的。①

换句话说,一个人必须总是从字面阅读(reading literally)开始,根据文本表面"明确的陈述"进行理解。如果一个人用这种方式就能够充分地理解、解释文本,那就不得再到表面之下去搜查。但是,如果文本在字面的层面包含重大的问题,一个人历经

---

① 施特劳斯,《迫害与写作艺术》(*Persecution*), 30.

千辛万苦也不得其解，那考察这些问题是否可以通过非字面的隐微解读成功地解决就是正当的，也只有在这个时候，这样的考察才是正当的（特别是，如果作者通过谈论其他作者的隐微做法等暗示了这种可能）。但即使在这个时候，当然，也不是任何的隐微解读都是许可的。可以说，只有从文本表面出发，从对特定问题和谜团的恰切理解出发的隐微解读才是许可的。

施特劳斯提出的这些规则是合理、必要的，但在实践中，它们却造成了下述重大困难。一个人意识到文本也许或甚至有可能是隐微的（这种意识由他的著作和我的所引发），可以轻易地削弱一个人严肃地对待文本表面并尽所需之力的能力。特别是在研究生身上，我们看到了这些问题（但不仅仅是在这些人身上）。他们一旦学了隐微主义，就会觉得自己已经获得一个特许的视角。他们不想从事这项费力费时的工作：研究表面论据。表面是留给容易上当受骗之人的。他们想直入正题。秘密是什么？不管何时，只要他们遇到文本中似是而非的矛盾或谜团，他们就立刻决定，这并不是作者真意，他此处是隐微的。但是，进一步的艰难思考或历史调查可能揭示出，此处在字面上就可以进行很好的解释。换句话说，隐微主义意识本身变成了另一个促进前面提到的抵制和漠视的力量的因素：它阻碍人们带着必要的精力和严肃去思考文本的表面论据。

这是个真正的问题，对此没有简单的解决方法。当然，[299]意识到这个问题也是有用的。另外，还要尝试另一个工作假设或探索姿态：一个人必须向自己强调这种不确定，即作者是真的隐微，还是至少非常隐微，还是在最小程度上，文本中这个特殊的谜归因于隐微。一个人必须坚持不懈地强调一个人的学术义务：充分对待字面层面。甚至可以为自己制定某种规则：只有完成三次仔细的字面阅读之后，包括对二手文献的全面阅读,才能进行隐微解读。

对待二手文献的态度是这里所讨论的问题的一大部分。学生们听到隐微的时候,他们的第一冲动是不理会那些不隐微的学术文献。我们需要向他们表明,与之相反的态度才是他们特别需要的。因为考虑到绝对有必要先对文本进行缜密的非隐微阅读和字面阅读,考虑到他们作为信隐微者在隐微这个领域"辛勤耕耘"的特殊劣势,他们最需要那些致力于非隐微解读的二手文献。

简而言之,学习隐微阅读的一个重要方面是意识到、并当心这种解读途径本身不可避免会带来的危险诱惑。

一些常见的隐微技巧

我一直都在论证,如果一个人真正地关联某本书,就会不由自主地带着敏锐、机智,以及对隐微的敏感(在合适的地方)开始读这本书。这是有可能的,因为许多隐微技巧——就像诗歌和喜剧技巧——在直觉上显而易见,不需要研究。这种直觉产生效果的方式之一,是当你怀疑作者隐藏了一些东西的时候,你开始思考,如果你处于作者的境地,会如何隐藏这个东西。像每一个好的侦探一样,你开始像罪犯一样思考。沿着这个脉络,我会试着描述、解释,并结合历史确认其中一些较为常见的隐微写作技巧。

但是,有必要再次强调,每一位隐微作者都迥然不同。因此,对每一位思想家进行单独地处理将会使论述更加确切。由于篇幅有限,更不用说其他的缺点,我没法这样做。我这里所能希望提供的,只不过是一个基本的"新手工具包"。读者转向任何一位作者时都需要进行补充。

[300]让我们从我们停下来的地方开始:隐微解读必须从字面阅读开始,接受表面文本的字面意思。只有字面阅读碰到各种问题——矛盾、模棱两可、惊奇、谜团,这些问题迫使它超越表面文本,它才获得冒险超越表面文本的权利和手段。表面本身必须指示你超越它。

如果大多数人看不到表面文本的这些指示,那反而是因为他们读得不够字面。非常简单地考虑一下我们阅读的时候会做什么。我们不像二年级的学生一样艰难前进,一个字一个字地读。我们沿着字词和语句前进(举个具有代表性的例子),然后基于这部分信息形成关于文本含义的猜测——推测性地重建文本含义。某些速读技巧甚至教你从左到右读一行,然后为了节省时间,下一行从右往左读——或几行一起读。令人惊奇地是,我们能够这样做——正是因为我们在阅读时不是被动的,而是主动的。由于我们借助推测拼凑出含义,所以不按正确的顺序看各个部分也并不一定是个问题。

这个司空见怪的观察(阅读具有建构性)具有重要的进一步后果。这个推理过程的部分困难在于,不仅其中的一些词消失的无影无踪,而且其他的词,即那些出现的词,还不轻易符合我们借助推测自己建构出来的含义。所以,这个过程离不开这样一种能力,那就是,忽视或舍弃不符合我们含义—假设的文字片段(除非明显狗屁不通,我们不得不回头,重新开始)。换句话说,正常的、"字面的"阅读不仅是一个建构过程,也是一个镇压过程(后者必定伴随着前者),让我们对似乎不符合推测的东西视而不见。

对于那使得隐微写作成为可能的,这个过滤过程是很大一部分。它证明,你可以在文本的表面安放所有形式的"指示"——各种问题和矛盾,它们不会被注意到。你可以一目了然地隐藏东西。要么读者忙着自己建构含义,渴望理解一切,根本不会注意到它们,要么即使读者注意到了,也只会不理不睬,认为它们是在每个文本中都会碰上的毫无意义的喧杂之词。关键在于:不理睬文本问题是正常的建构性阅读过程的一个重要方面。由于没有意识到这些问题的存在,我们总是在梳理文本,盼望着使它变得比它本身更连贯一致。这就是为何,这种阅读往往意识不到各种不规则和谜团;在一本隐微著作之中,表面文本通过这些不规则和谜团而指出它本身之外的东西。

[301]因此,当我说隐微解读的第一步是字面阅读的时候,我指的是真正的字面阅读。这不是平常的阅读,而是与平常的阅读进行有意识的决裂之后才成为可能的阅读。一个人不得不停止这样的想法:抓住几个词,然后忙不迭地建构某种含义。不得不停下来,紧扣文本,慢慢地读每个词,但最重要的是,不得不停止将不符合推测的东西过滤掉的行为。一个人不得不看杂乱的文本。只有通过这种意义上的字面阅读,才能遇上使隐微解读变得正当,并指引隐微解读的文本问题。

一旦通过这个过程开始意识到文本中的问题,那下一步就是解读或隐微地理解这些问题。但是,具体如何操作?托兰德在其论隐微主义的论文中建议,应该在文本本身之中寻找线索:"它大多由熟练之人借自作者自身。"①由于作者显然渴望聪明的读者能够看透他的层层面纱,因而他可能努力给读者提供一些巧妙的指导也讲得通。因此,警惕这样的线索非常重要,特别是当作者谈到一般意义上的写作或他自己的著作的时候。比如,卢梭在《论人类不平等的起源和基础》(Second Discourse)的

---

① 托兰德,《掌管钥匙的人》(Clidophorus),76。

开头写了"关于注释的声明("Notice on the Notes")。其中,他声称:

> 这些注释有时偏题偏的厉害,因而并不适合跟文本一起读……有勇气重新阅读的人,能够在披荆斩棘、尝试看完注释的过程中再次愉悦自己。这些注释一点都不读,也不会有什么妨碍。

以此作为线索是合理的,那就是,他更深层次的思想,为"那些知道如何理解的人"所准备的思想,尤其可以从注释中找到;如果注释和原文之间有任何的矛盾(的确有),就以前者为准。

与此类似,培根在其《学术的进展》(*Advancement of Learning*)中对写作大大地讨论了一番——虽然分散在不同的地方。这对解读他的著作非常有用。① 其他思想家则通过展示他们自己如何阅读其他作者的书,而提示读者该怎么读他们的书。因此,施特劳斯解读迈蒙尼德、斯宾诺莎和马基雅维利的时候,主要是看前两者如何阅读圣经,后者如何阅读李维。②

除此之外,尝试隐微地交流也具有某种内在的逻辑。[302]它使人有可能推出某些基本的策略。如果要进行传达的思想具有"我主张关于 Y 的 X"的结构,那么在交流这个思想的时候,基本上可能有三种方式进行掩饰。可以对提出主张的人,即"我"进行掩饰,或对该主张所针对的对象"Y"进行掩饰,或

---

① 这些例子,参阅坎特(Cantor)在《施特劳斯》("Leo Strauss")一文中的精彩讨论。

② 参阅《〈迷途指津〉的文学特性》("The Literary Character of the Guide for the Perplexed"),选自施特劳斯,《迫害与写作艺术》(*Persecution*), 55-78;《如何研读斯宾诺莎的〈神学政治论〉》("How to Study Spinoza's Theologico-Political Treatise"), ibid., 142-201;施特劳斯,《关于马基雅维利的思考》(*Thoughts*), 29-53.

对这个主张的内容本身"X"进行掩饰。当然,也可以将几种这样的策略结合在一起。

在第一种情况下,一个人公开地陈述令人反感的观点,但成功地借他人之口说出。在最广泛的意义上,这样做是通过匿名或以笔名出版整本著作。没有人否认,一直都有这种做法,特别是在早期现代。所以,理所当然,作者也可能通过安排一些真实或虚构的角色来表达某个特定的观点(作者明显可以远离这些人),以此来更有针对性地贯彻同样的策略。一种可能是借孩童、疯子、醉鬼或傻子之口说出。这些人享有一定的豁免权,因为我们假定,他们不知道自己在说些什么。比如,狄德罗在致沃兰(Sophie Volland)的信中解释道——关于其作品《达朗贝尔的梦》(D'Alembert's Dream):

> 它是最奢侈的,同时,也有着最深刻的哲学;让一个做梦的人说出我的观点有一些聪明之处:往往有必要给智慧披上愚蠢的外衣,以获得对它的认可。①

在《愚人颂》(In Praise of Folly)中,伊拉斯谟恰当地让愚人自己解释这个观点:

> 出自[愚人]之口,不仅真实的东西,甚至尖锐的谴责,也会有人倾听;一段话若出自智者之口,可能会是种死罪,但若出自愚人之口,却会产生难以置信的愉悦。你知道,诚实若无什么冒犯之处,便有带来快乐的

---

① 克罗克(Lester G. Crocker)在《狄德罗:四面楚歌的哲学家》(Diderot: The Embattled Philosopher)中引用并翻译,New York: Free Press, 1954, 311.

真实力量:但诸神只将它授予愚人。①

或者,一个人可能借真实或虚构的恶棍之口说出令人不悦的主张。比如,英国的自然神论者经常会引用霍布斯或霍尔巴赫的邪恶作品中一些没有宗教信仰的段落,并相应地对此进行强烈的鄙视和驳斥。但是,他们也会确保驳斥与所引用的段落相比,显得温和、薄弱。按照这种方式,他们试图——借用前面引用过的伯克利主教的评论——"在证明它无辜、对它进行解释的伪装下削弱宗教。"②[303]类似的策略也在文艺复兴时期的意大利,被康帕内拉(Tommaso Campanella)、瓦尼尼(Giulio Cesare Vanini)和克雷莫尼尼(Cesare Cremonini)等思想家普遍地运用——也受到他们的批判。③ 在沙俄和苏俄,这种技巧也非常常见。根据洛谢夫(Lev Loseff)——苏联异见分子作家,写有一本关于伊索式语言在俄国的使用情况的书,

> 自19世纪以来,在政治新闻业,引用遭受了伊索式语言的控制,这种控制来自一种广为人爱,如今仍然广泛使用的方法:引用反政体意识形态者的观点时,用与之相反的观点进行表达,从俄国审查的角度来看,后者在意识形态上是正确的;但是,后者采用了如此平庸

---

① 伊拉斯谟,《愚人颂》(*Praise of Folly*), trans. Hudson, 50.
② 精彩的阐释,见 David Berman, "Deism, Immortality and the Art of Theological Lying," in *Deism, Masonry, and the Enlightenment: Essays Honoring Alfred Owen Aldridge*, ed. J. A. Leo Lemay (Newark, NJ: Associated University Presses, 1987), 61-78; *A History of Atheism in Britain: From Hobbes to Russell* (New York: Croom Helm, 1988).
③ 参阅 Zagorin, *Ways of Lying*, 305-16; Don Cameron Allen, *Doubt's Boundless Sea; Skepticism and Faith in the Renaissance* (Baltimore: Johns Hopkins University Press, 1964).

的形式——有意为之的平庸,因而它们并不被读者所信任,只不过是掩饰罢了。①

正如施特劳斯所指,这种一般策略的广为流行,有助于解释过去的伟大著作一个令人费解的事实,那就是,它包含"这么多有趣的魔鬼、疯子、乞丐、智者、醉汉、伊壁鸠鲁派和傻瓜。"②

第二个策略在于以自己的名义公开地表达某种批判,但掩饰真正的批判目标。在《李维史论》中,马基雅维利在谈论帝国统治之下的罗马作者之际,而非谈论他自身时公开地讨论了这个策略。这些罗马作家不得批判后世帝王权威之祖凯撒。由于要在这个方面闭嘴,他们就通过批判喀提林(Catiline)来暗中表达自己的观点——喀提林尝试了凯撒之事,但未成凯撒之业;他们也赞扬布鲁图斯(Brutus):"迫于凯撒之威无法谴责凯撒,他们就歌颂凯撒的敌人。"③

但是,在描述这个策略的时候,即说的是 Z,指的却是 Y,马基雅维利同时也在运用这个策略,因为对罗马作者的公开描述也暗指对他自身的描述——告诉我们如何阅读他的作品。正如施特劳斯所言,这在接下来的那一章变得一清二楚。其中,马基雅维利歌颂异教罗马宗教的伟大德性——这是对其劲敌基督教的间接批判。④

另一个例子,许多学者已经指出,是蒙田对穆罕默德、尤其是柏拉图之来世教诲极为露骨的批判:他的真正目标是别的东

---

① 洛谢夫(Loseff),《论恩泽》(*On the Beneficence*),109。
② 施特劳斯,《迫害与写作艺术》(*Persecution*),36。
③ 马基雅维利,《李维史论》(*Discourses*),1.10(trans. Mansfield and Tarcov, 32)。
④ 施特劳斯,《关于马基雅维利的思考》(*Thoughts*),33。

西。正如某批评者所言:"蒙田……通过柏拉图之躯刺入基督教教诲。"①这的确是种非常常见的做法,特别是在早期现代思想家那里:唠唠叨叨地谈论古代人、中国人、美国印第安人、印度人,[304]要么过分地夸张,要么过分地谴责,以此来间接地批判他们自己的政府和宗教。

在更现代的作者那里,这种策略也同样显而易见。根据里奇(J. M. Ritchie),纳粹德国的作者能够依赖"读者的敏感来挑选文学典故、圣经故事或历史事件,以此来类比国家社会主义。"②与此类似,《纽约时报》上的一篇文章描述了缅甸异见分子作者和报纸编辑丁貌丹(Tin Maung Than)的隐秘做法。这篇文章写道:

> "你不能批评,"丁貌丹说道。"你不得不进行暗示,暗示读者你正在批评,你正在谈论当前的制度。他写了英国殖民统治之下教育制度中的镇压。只需稍微的指点,读者们就能得出如今的教育制度是怎样怎样的结论。他写了发生在美国的焚烧国旗(事件),表面上进行批评,但字里行间却让人看到自由。"如果你想谈论恐惧,我们不能谈论政治语境下的恐惧,"他说。"所以,我们谈论孩童的恐惧及其对社会的影响。关键在于,你得给出小小的暗示,暗示你不是真的在谈

---

① 蒙田,《蒙田随笔集》(*The Essays of Michel de Montaigne*), ed. & trans. Jacob Zeitlin (New York: A. A. Knopf, 1934), 2:500–501, 舍费尔(David Schaefer)在《蒙田的政治哲学》(*The Political Philosophy of Montaigne*)中引用,见 Ithaca, NY: Cornell University Press, 1990, 94.

② 里奇(Ritchie),《纳粹德国文学史》(*German Literature*), 119.

论孩童。"①

另外,根据《俄国和苏联文学现代百科词典》(*The Modern Encyclopedia of Russian and Soviet Literature*)中的条目"伊索式语言"(Aesopian Language):

> 作者们往往会运用许多的陈年往事、比较和对比,以及技巧。这包括通过论述国外的生活来暗指作者自己所在社会的生活,比如谢德林(Saltykov-Shchedrin)的文章"法国的寄生虫剧作家"(Parasite Dramatists in France, 1836)……包括通过阐释过去来论述当代的事情。②

洛谢夫(Lev Loseff)同意并强调,这种技巧特别受欢迎:

> 在文学写作中,特别是在自 19 世纪下半叶以来的俄国文学中,增长最快、最广泛的伊索式阴谋之一是异域转换。尼克拉索夫(Nekrasov)具有讽刺意味地宣誓,这种阴谋错不了:
>
> 情节转到披萨城
> 万千小说都省掉。③

---

① Seth Mydans, "Burmese Editor's Code: Winks and Little Hints," *New York Times*, June 24, 2001.
② Parrott, "Aesopian Language," 43.
③ 洛谢夫(Loseff),《论恩泽》(*On the Beneficence*), 65.

[305]我们目前所讨论的这两种策略相对来说较为具体,并不复杂,因为主要的东西,即涉及到的观点或思想的内容被公开地表述出来。所有被掩饰起来的,只不过是这个有限的问题,即这个观点出自谁或针对谁。对于这样的问题,答案并没有那么多的可能。在每种情况下,隐微读者实际上都只面对一个简单的是否问题:与表面相反,这个在隐秘之中层层推进的观点是否被作者自己所信奉,是否真的意指作者自己所在的年代和地点?不可否认,找到答案或许仍然很难,但至少,问题本身非常明显、非常确定,读者可以确切地知道他或她在寻找什么。

当我们转向第三个策略的时候,情形就变得更加复杂不定,它涉及到对思想或观点的内容进行掩饰。这里,至少在原则上,作者被藏起来的思想可以是任何东西。隐微读者更加茫然不知所措。不可否认,有一些思想家,关于他们的可能性,实际上少之又少。比如,大多数霍布斯学者会同意,如果有什么隐微的话,那也只限于这个非常特殊的问题:无神论者,还是非正统的信徒?(但即使在这里,也不是很清楚,宗教信仰问题是否可以与霍布斯思想中的其他部分,如自然法的地位、义务的含义、以及同意和社会契约之间的约束力的来源完全分开。)不管怎样,许多其他的思想家,比如柏拉图,可能性就更加广泛。仅从从古至今解读柏拉图和"学园派"的历史来判断,就可以得出,他的隐微教诲可以是从神秘主义到伊壁鸠鲁主义,从极端的教条主义到极端的怀疑主义——以及,两者之间的任何教诲。

使第三个策略更加复杂不定的是这个事实,即当一个人试图遮盖,但隐约暗示其思想内容时,有一系列广泛的可能方法和技巧可以使用。接下来,我会描述其中一些最重要的方法和技巧,不求穷尽所有。

不过于清楚地表达某个思想最明显的方式,只不过是不说

清这个思想。在这种或那种程度上,每一位隐微作者都采取这种基本的权宜之计。我们已经看到阿奎那公开推荐这种方法:

> [306]有些东西可以私底下解释给智者,但在公共场合,却应该对此保持沉默……因此,这些东西就应该用模糊的语言进行隐藏。这样一来,它们就会受益于那些理解这些东西的智者,但又隔绝那些无法掌握这些东西的无知之人。①

但是,"不说清"的方式有很多很多。在前面引用的一封信中,狄德罗已经陈列了其中的大多数。在那封信中,他解释了自己如何避开审查官:"我,通过我可以找到的最机敏的反讽,通过概括,通过精炼,通过晦涩,拯救了自己。"②他建议,一个人可以通过如下方式来避免清晰,用非常概括、不具体的术语说话(概括),或把一个人的思想压缩成少许词(精炼),或用看上去词不达意的术语来表达自己(晦涩),或用与自己心中所想完全相反的话来表达自己(反讽),或者——我会加上——用不只一件事来表达自己(模棱两可)。

由于这些形式的"模糊"都非常明显,让我只简单地陈述其中的两种。关于晦涩的一个例子由哈维尔(Vaclav Havel)所提供。在前面引用过的一个段落中,他描述了自己在共产主义捷克斯洛伐克期间,如何在监狱看守的监视之下写作《给奥尔嘉的信》(Letters to Olga)。

---

① 阿奎那,《信仰,理性》(Faith, Reason), 53-54 (art. 4).
② 狄德罗致赫姆斯特豪斯(François Hemsterhuis),1773 年夏,见狄德罗,《书信集》(Correspondance), 13:25-27. 我自己翻译成英文。

> 我很早就意识到,容易看懂的信不会通过。所以,这些信都是长长的复合句和复杂的说话方式。比如,如果要说"政体",我显然不得不写"对非我的社会性显著专注"之类的胡言乱语。①

精炼或简洁是另一种历史悠久的模糊形式。比如,我们已经看到卢梭关于他如何写作《论科学与艺术》(First Discourse)的论述:

> 我总是费尽心机地放入一个草率的句子、一行草率的话、一个草率的词,好像它们是长时间思考的结果。大多数读者必定会发现我的论文前后不通,几乎完全杂乱无章。这是因为他们没有看到其中的主干,我展示给他们的只不过是枝叶。但是,对于那些知道如何理解的人而言,这些枝叶就够了,反正我也从未想过对其他人讲。②

在他想来,他参与了长时间的思考("主干"),但只把结论("枝叶")展示给读者,因而[307]看上去似乎前后不通,杂乱无章。他展示给我们一些"点",然后向我们提出挑战,要我们自己把这些点连起来。根据泰纳(Hippolyte Taine)(之前引用过),孟德斯鸠采用了一种与此类似的精炼形式:

> 我们必须拥有一些理解力才能够阅读他,因为他

---

① 哈维尔,《给奥尔嘉的信》(Letters to Olga),8,帕特森(Patterson)在《审查和解读》(Censorship and Interpretation)中引用,11.
② 卢梭,"Preface," 2:184–185.

故意削减转承启合,省略过渡;我们需要填补这些内容,理解他隐藏的含义。……他用总结进行思考。①

类似地,迈蒙尼德在《迷途指津》(*Guide for the Perplexed*)的绪论中宣布,他在这本著作中隐藏自己教诲的一种方式,是运用极端的简洁,只传达"章标题"。在使用这种技巧(以及这个短语)的时候,他只是在追随《塔木德》的公开命令:

> 神车论[即神圣科学]不应该教给别人,哪怕一个人,除非他是智慧的,能够自己理解,在这种情况下,只能把章标题传达给他。②

有一种避免清晰的方式与刚刚所考虑的这些方式——概括、精炼、晦涩、反讽和模棱两可——迥然不同,但也暗含巧妙的暗示:使用故事、讽喻、神话、寓言、比喻等等。隐微主义实践在俄国被誉为"伊索式语言"这一事实证实了这种技巧的流行。在《学术的进展》中,培根列举了诗歌的多种形式和使用。他说道,诗的风格可以用于证明、解释思想主体,但也可以用于相反的目的:"将它隐藏,使之晦涩;也就是,当宗教、政策或哲学的秘密和神秘包含在寓言或比喻之中的时候。"③类似地,霍布斯说古代人"宁可选择把关于正义的科学包裹在寓言之中,也不

---

① 泰纳(Taine),《古代政制》(*Ancient Regime*),trans. Durand,260 (4.1.4),潘戈(Pangle)在《孟德斯鸠的哲学》(*Montesquieu's Philosophy*)中引用并翻译,17-18。

② 迈蒙尼德,《迷途指津》,6,引自巴比伦塔木德(*Babylonian Talmud*),喜庆祭(Hagigah) 11b, 13a。

③ 培根,《学术的进展》(*Advancement of Learning*),2.4.4。

要公之于众供争论。"①这种技巧柏拉图显然甚是喜爱。在运用类比、编戏剧、讲故事、制造神话的过程中,他不仅是诗意的,还是隐微的。正如我们听到阿尔法拉比在注疏《法义》(Laws)时所说:

> 智慧的柏拉图并不随意地把科学显现、揭示给所有人。因此,他遵循这样的做法:使用象征、谜、晦涩和难题。②

[308]当托兰德说柏拉图"用诗"写作,而非"哲学地"写作,以之作为一种进行隐藏的手段的时候,他说的就是这一点。③ 对于认为这似乎不大可能的读者,考虑柏拉图自己也恰恰说过这一点——关于一个更加不可能的主题:他声称,荷马、赫西俄德和其他一些早期诗人提出诸神谱系和其他神话故事的时候,隐秘地呈现了赫拉克利特的自然观。正如苏格拉底在《泰阿泰德》中所言:

> 我们这里不是有种来自古人的传统吗?他们用诗歌中的人物来表达自己的意思,不让普通人看到,俄刻阿诺(Ocean)和[他的妻子,河神]忒提斯(Tethys)是万物之源,是不断流动的河水,没有什么是静止的。(180c-d)④

---

① 《论公民》(*De Cive*)前言,见 *Thomas Hobbes: Man and Citizen*, ed. Bernard Gert (Indianapolis: Hackett, 1991), 103.
② 阿尔法拉比,《柏拉图的〈理想国〉》(*Plato's Laws*), 84-85.
③ 托兰德,《掌管钥匙的人》(*Clidophorus*), 75.
④ 另见 152e;《克拉底鲁》(*Cratylus*) 402a-c. 类似的观点,见恩披里克(Sextus Empiricus),《反驳数学家》(*Against the Physicists*)1.4-9;亚里士多德,《形而上学》(*Metaphysics*) 1.984b15-30.

与此类似,蒙田这位以频繁地使用故事和引用而出名的作者一度承认,他经常使用这些形式来暗示他不愿公开陈述的东西:

> 我传播了多少这样的故事啊,它们不言自身,但任何费心用一点聪明才智进行挖掘的人却可以写出无数的论文。这些故事或我的引用往往都不只是为了服务于例子、权威或修饰。我并不只是因为从它们那里得到的用处而尊重它们。它们常常为我自己——一个不希望表达更多的人——和明白我意思的人,孕育更加丰富和大胆的材料(超出我的主题)的种子,间接地释放一种妙之又妙的音符。①

正如我们已经看到的那样,甚至耶稣也公开说道,他运用他那著名的比喻,就是为了模糊自己的意思:

> 然后门徒进前来,问他说,"为何你用比喻[跟众人]讲?"他回答他们,"因为天国的奥秘,只叫你们知道,不叫他们知道。"(马太福音 13:10-12)

另一个方法——与柏拉图算到荷马和赫西俄德头上的方法是"远亲"——是陈述某人的观点,但尽可能地通过给它们穿上主流哲学和宗教正统的术语与分类的外衣,而隐藏它们的新奇和出格之处。[309]在写给更不谨慎的门徒的信中,笛卡尔清楚地描述了——甚至坚决支持——这个策略:

---

① 蒙田,《蒙田随笔集》(*Essays*),185(1.40)。

勿提崭新之见，留下一切旧术语支持新推论；如此，便无人可找你茬；掌握你的推理之人，自己就会总结出他们该理解的东西。你有何必要如此公开地拒绝［亚里士多德式］实体形式［教诲］？难道你没想起，在《论流星》(Treatise on Meteors) 中，我公开否认自己拒绝或否认它们；我只是宣布，它们对于说明我的推论并不必要？①

在《学术的进展》中，培根——亚里士多德学派和经院派的另一个敌人培根——暗示，他也追随这个做法。但是，当然，他没有公开说明原因。"只要我的概念和观念可能与古代有所不同，我就特意保留古代的术语。"②达朗贝尔不仅非常清楚地看到培根实践这种隐微技巧，甚至还批评他做得太甚，过分地隐藏了自己的创新之处，就像我们看到的那样。"对于他那个世纪的主要趣味，"培根"似乎有点过于谨慎或顺从，他频繁地使用经院派的术语。"③

因为很多隐微作者在这种或那种程度上采用这种做法，所以一条重要的隐微阅读规则，就是仔细盯住文本中关键术语和概念的使用及其含义的潜在变化。比如，有必要紧盯马基雅维利对"德性"这个词的每一次使用，以看他如何慢慢地赋予这个关键、传统的术语以一种崭新的含义。

还有一种非常普遍的隐微策略，也能使作者极为清晰地陈述

---

① 《笛卡尔全集》(OEuvres de Descartes), 3: 491-92, 卡顿 (Hiram Caton) 在"笛卡尔的真诚的问题"("The Problem of Descartes' Sincerity") 中引用并翻译，文章出自 Philosophical Forum 2, no. 1 (Fall 1970): 363.
② 培根，《学术的进展》(Advancement of Learning), ed. Kitchen, 88 (2.7.2)；见 89.
③ 达朗贝尔，《序言》(Preliminary Discourse), 76.

一个新奇或危险的思想,如果他是如此渴望这么做——只要他用矛盾将之收回。更具体地说,他必须以一种温和、不唐突的方式作出这个危险的陈述,并在周围加上更多、更清晰、更显著的相反陈述。他很快就会发现,大多数读者会找到一百个理由不重视和忽视第一个陈述。因为在阅读一本书的过程中,正如阅读这个世界,我们都从一种深刻、强大的倾向开始。我们倾向于相信,到处可见的东西必定是真的。但是,在这两个领域,智慧的开端都在于认识到,这是一种基本的错觉。相反,最重要的真理往往是罕见、隐秘的,被到处可见的东西所遮盖。因此,[310]在隐微阅读中,我们必须坚决推翻各种评价,把更多的权重和信任给予平静、孤立的陈述,而不是书中到处叫嚷、重复的陈述。

这样一来,隐微读者必须尤其警惕那些独特之处:表面的顺从如面具般暂时脱落,异端的真理被允许让人瞥见。不管如何,在这些时刻,尚未被完全征服的习俗之声可能重申自己的地位。一个人想:"作者花了所有这些时间、尽了所有这些努力,来主张、甚至深思熟虑地解释、辩护这个正统观点,但实际上却并不相信它,是否真的可能如此?"对于这个问题,一个人必须坚定地回答:更容易明白为何一个异端的思想家经常会说正统的东西,而不是一个正统的思想家会说一丁点异端的东西。由于这个原因,托兰德提出了相当可靠的隐微阅读规则:

> 若一人维护众人普遍之所信,或信奉众人公开之所爱,那他所说总不一定是他所想;但是,他若严肃维护违反法律之所规定,公开主张大多数人之所反对,那么很有可能,他所说即为他所想。①

---

① 托兰德,《掌管钥匙的人》(*Clidophorus*), 96.

马勒伯朗士(Malebranche)提出了极为相似的观点。后来,贝尔(Bayle)褒引了这个观点:

> 良好判断力(good sense)的规则是,如果某人以大家的语言说话,跟风普遍的偏见,那我们不应对他说的一切都信以为真,即使他用相同的术语不断地进行重复;但是,如果某人只说了一次有悖于偏见的东西,那我们就必须极为严肃地对待。如果哲人在其生命中只说了一两次,动物并不有意识地察觉,那我就因此而相信他是一位笛卡尔门徒,我有理由相信这个;但是,即使他一天说几百次他的狗知他、爱他,我也不知道该怎么考虑他的情绪,因为一个人像其他人一样说话,跟风普遍的观点时,总是不说他心中是怎么想的。①

当然,有时候,一位作者不会公开、正面地与传统或正统观点相矛盾,而只是间接地否定其中一个根本的前提或后果。因此,我们在施特劳斯那里找到了这个稍作修改的规则:

> [311]如果一位有才能的作者具有清晰的头脑,也具有关于正统观念及其所有分支的全部知识,但却暗中与其必要预设或结果之一相矛盾,在其他的每个地方又对此公开表示承认和支持,那我们就可以合理

---

① Nicolas de Malebranche, *Réponse à une dissertation de Mr Arnaud contre un éclaircissement du traité de la nature et de la grace* (Rotterdam: Reinier Leers, 1685). 贝尔(Pierre Bayle)在这本书中引用:Bayle, Daniel de Larocque, Jean Barrin, Jacques Bernard, *Nouvelles de la république des lettres* (Amsterdam: H. Desbordes, May 1685), 794-95 (art. 8).

地怀疑,他反对正统制度本身——我们必须重新研读他的整本著作,比以前读得更仔细、更成熟。①

但是,在这个地方,一个非常普遍的对立观点要被提出来了。我们可以称之为"易错异议"(fallibility objection)。虽要冒离题之险,但对此做一番详细的讨论是有用的。刚才所推荐的阅读原则以这个假设向前推进,即一个人在文本中遇到的矛盾(和其他疏忽)是故意的,是作者控制地极为巧妙的隐微设计的一部分。但是,一个人如何能够确保一定如此?人们一直都在自己的著作中犯错、自相矛盾。这样一来,这种特殊形式的隐微解读,不就是通过某种过时的对人性的理想化,假定作者的疏忽乃是故意为之,抓住作者这种故意为之的疏忽而起效?它不就忽视了我们这个更加现实或诚实的时代能够看得更清的东西:人类易错这个简单的现象,即每本著作中都可以找到的偶然失误、无意义错误和不可避免的不规则?容许这样的隐微解读,即从细微的不规则中得出结果,只是有着太多的"人体静电"之险。②

这个异议(继续前一部分提出的"作者无所不知"讨论),是作为我们时代主要特征的解释学悲观主义的一种显示。但是,我们时代的这种显著倾向代表的是一种独特的洞见,还是一种狭隘的偏见?这正是不清楚的东西所在。

对这个特殊异议的回复,必须从一种被忽视的区别开始。大多数书都充斥着各种无心的错误和缺点,这当然确凿无疑,大家也一直都心知肚明。但是,这里所建议的隐微阅读步骤并不

---

① 施特劳斯,《迫害与写作艺术》(*Persecution*), 32; 见 169-70, 177-81, 186.
② 论证这个论点的好例子,见 John Dunn, "Justice and the Interpretation of Locke's Political Theory," *Philosophy* 16, no. 1 (1968): 68-87.

打算适用于大多数书：它们并不旨在提供任何"普遍的解释学理论"。它们是专为一小系列的书所设计——主要是那些伟大著作和少数天才之作。虽然稀有的天才也会犯错——如果说"甚至荷马也会疏忽"，正如贺拉斯所言，但他们有时仍然具备专注、控制和完美这样独一无二的技艺。我们都想坚持我们平常的合理感(ordinary sense of plausibility)，但事实上，[312]关于《神曲》(*Divine Comedy*)、B小调弥撒曲或圣母怜子像(*Pietà*)，根本就没有什么是合理的。如果我们不知道有这样的东西存在，我们很可能会说，它们是不可能的。选一个更简单的例子，大多数人甚至都不能想象有人可以下蒙眼棋，但的确有人能够同时下20盘蒙眼棋。现在的世界纪录是46盘。① 宣称知道人类能够做什么、不能够做什么非常危险。

显然，我们如今非常强烈地感到，过去的年代幼稚地高看伟大思想家和作者的观点。但是，如果我们是诚实的，我们就必须承认，情况正好相反，可能是我们不知怎地眼光过于狭隘。要是我们可以跳出我们自己的视角，从早期观察者的角度来看待我们自己，就有助我们判断出后面这种可能。

看托克维尔。在刚才这个问题上，他已备好一些恰当的观察。我们已听到他描述民主文化熟悉的整平趋势："智识优越性这个普遍观点，即任何人都可能战胜所有其他人，没多久就被淡化了。"② 除此之外，他强调，在我们这个非正式、流动和动态的商业社会，我们已危险地习惯于草率、冗长、拙劣和不精确的写作；总之，尤其习惯于"容易犯错"的写作。在《论美国的民主》(*Democracy in America*)中，他用整整一章致力于阐释这个主

---

① Eliot Hearst & John Knott, *Blindfold Chess* (Jefferson, NC: McFarland, 2009).
② 托克维尔，《美国的民主》，2.3.21(Tocqueville, *Democracy in America*, trans. Mansfield and Winthrop, 613).

张:为了获得一种解毒剂,我们极需让自己沉浸于古代经典著作之中,以免我们全都忘记,伟大的作者真的具有多么精益求精的谨慎和精致,多么美妙绝伦的灵敏和精确。① 简而言之,他预言了类似于即将到来的解释学悲观主义和"易错主义"之类的东西,并把它视作一种受文化制约的扭曲。

可以给托克维尔的观察加上这个密切相关的事实:在修辞和作文的整个问题上,过去的年代似乎比我们更加严肃。最伟大的古典哲人——柏拉图、亚里士多德、西塞罗——都把主要著作献给修辞学,正如某些中世界和早期现代哲人,如奥古斯丁、阿奎那、伊拉斯谟和霍布斯。更一般地,从古代到 19 世纪晚期,作为"三学科"之一的修辞学,一直都是高等自由教育既定课程的必要部分。但如今,它已被完全忽视,以至于大多数人完全没有意识到,它曾被认为如此重要。修辞和作文之类的东西,在非常初级的层面上,是在我们的小学教,很少在大学本科教——除非是在补救的基础上,在研究生院则根本就不教。② [313] 不知怎地,如今没人发现,最奇怪的是,研究生,即未来的学者,将把余生用于阅读、写作和讲课的人,一点都不学修辞学。我们的行动和制度铿锵有力地泄露了一个无可争议的深刻假设:此处学不到什么特别严肃的东西。

这种明显的忽视似乎代表了托克维尔所担心的文化变迁的最终表达,那就是,以现代社会为土壤,我们根本上开始忘记,散文创作是或曾经是一种高雅的艺术,我们可以研究它,实践它,通过持久不懈的努力,还可以把它打磨得更完美。因此,我们接

---

① 托克维尔,《美国的民主》,2.1.15:"为什么在民主社会里研究希腊和拉丁文学特别有用";另见 2.1.11-14, 2.1.16-21。

② 诚然,许多学者如今也写关于修辞学的东西,把它作为一个理论主题,但这使得他们更加惊人地忽视了,它是一种实践——可以教他们以及其他人如何写作。

近写作时,既无艺术经验,又无文学严肃性。这或多或少使得这种情况不可避免:我们在阅读以往大师的著作时,往往不能欣赏他们精炼的创作艺术,甚至不能认识到这样的艺术的存在,不能意识到他们是在实践这种艺术。因此,我们系统性地低估了以往这些伟大的散文作者所渴求,也能够实际获得的控制和精确程度,虽然他们有着普遍的人类易错性。

我们关于以往作家的经验也因一个额外的因素被进一步扭曲:我们对隐微主义的无知。这使得我们假定,我们在文本中所发现的众多矛盾和其他错误是无意的,然而许多矛盾和错误,特别是最异常的那些,或许是作者的隐微设计的一部分。结果,我们有系统地高估了在最伟大的作者那里可以找到的真错误和真矛盾的频率。这样一来,对隐微主义的无知不可避免地导致了对易错性的夸张。这又导致我们得出结论,仔细的隐微阅读是不可能的。这样,长久以来对隐微主义的否认开始变得是自我确证的。

尽管这些论据还不足以解决这个问题,但至少有充分的理由怀疑,我们显著的悲观主义和超易错主义这两种本能受到文化的制约,它们源于我们特殊的历史环境和经验所施加的某些限制。牢记这个怀疑,让我们回到刚才岔开话题的地方,即文本中的主要矛盾(和其他疏忽)是否应该被视为有意为之的问题。让我们试着通过考察其他不同历史时期的读者在这个问题上的观点,来评价我们文化的显著模式。请教过去的读者的观点在这里尤其重要,因为在过去的时期,在遗忘年代之前,人们拥有大量更具体的隐微阅读实践经验,[314]比我们所具有的更具体,所以他们的反应可能比我们的更训练有素,更有经验基础。他们从经验说起,我们从本能的直觉和抽象的理论说起。

当然,在迈蒙尼德那里,我们找到了一种与我们自己的态度明显不同的态度。迈蒙尼德为《迷途指津》(*Guide of the Perplexed*)撰写了详细的绪论,并在其中着手处理这个问题:如何理解在各种文本中所发现的矛盾。在这里,他主要是以文本(包括隐微文本)读者的身份说话。他探索了不少于七种引起矛盾的原因。从他细致入微的论述中,我们可以清楚地看到,他要比我们"现实"和精明,充分熟知人性易错、懒散、任意的一面。因此,他说道,引起矛盾的原因之一,是作者改变了想法,但把两种观点都留在书中;原因之二,是作者没有意识到有所矛盾。但与此同时,迈蒙尼德强调,人类心灵之间存在着巨大的不平等。他毫不犹豫地声称,他在较高层次的思想和文学艺术方面特别有经验。正是这种直接的经验给了他信心声称,在我们所掌握的最伟大的作品中(在他自己的作品中也一样),那些主要的矛盾几乎都是有意为之的结果,由一种或另一种形式的隐微设计所产生。① 这就是他自身的阅读和解读经验——以及隐微写作经验——告诉他的。

托兰德得出了类似的结论。他先是同意西塞罗关于哲学著作的一个观察,即哲学著作中矛盾非常常见:"[西塞罗]正确地得出结论,同一个哲人似乎并不总是说同样的东西,尽管继续保持同一个意见。"托兰德补充说道,这个关于矛盾的古典主张"对我们这个时代的许多作者"而言,也"像真理一样千真万确。"那么,是什么造成了这个惊人的现象?他回答:

> 我们也不再思考,同一个人似乎并不总是在同样的主题上说同样的东西,问题只可能通过外在的和内

---

① 迈蒙尼德,《迷途指津》, ed. Pines, 17—20.

在的教义之分得以解决。①

另外,我们已经看到马基雅维利的劝诫和蒲柏的类似陈述。马基雅维利说:"看到敌人犯下大错时,应该相信其中必有欺诈";蒲柏则说:"这些都是手段,虽看似有错,不是荷马在打盹,而是我们在做梦。"②甚至在彻底的现代主义者乔伊斯(James Joyce)那里,都可以看到:

——[315]这个世界相信莎士比亚犯了个错,他说,并尽快用最巧妙的方式脱了身。
——胡说!斯蒂芬粗鲁地说道。天才不会犯错。他的错都是有意为之,都是通向发现之门。③

与如今流行的看法相反,这些代表许多不同时代和地点的思想家都同意,虽然我们具有严重的人类易错性,但在最伟大作家的作品中可以发现的重大矛盾,应该——仔细地说,可以——被理解成他们刻意的隐微设计的一部分。

在这些不同的陈述中,这一点也显而易见,即在过去的两千年中,刻意制造矛盾这种策略得到了广泛的实践。从这个简单的事实、这种长久的流行出发,我们或许有可能借此

---

① 托兰德,《掌管钥匙的人》(*Clidophorus*),77,85.
② 马基雅维利,《李维史论》,3.48(Machiavelli, *Discourses*, trans. Mansfield and Tarcov, 307);蒲柏,《论批评》,第175–180行(Pope, *Essay on Criticism*, 69).
③ 乔伊斯(James Joyce),《尤利西斯》(*Ulysses: An Unabridged Republication of the Original Shakespeare and Company Edition, Published in Paris by Sylvia Beach*),1922(Mineola, NY: Dover, 2009),182.虽然斯蒂芬·迪达勒斯(Stephen Dedalus)明显是乔伊斯的另一个我(alter ego),但不能假定这里的观点是乔伊斯的固定意见。

而得出进一步支持我们结论的东西。因为这似乎表明,这种隐微技巧也取得了合理的成功,它往往会得到目标读者的认可。

毕竟,隐微的哲学作者一开始通常是他之前的哲人的读者——甚至是隐微读者。这最初的解释学经验,对于帮助他们决定在自己的隐微写作中采用何种策略可能非常重要。如果在他们自己个人的隐微解读努力中,他们普遍发现,由于不有意为之的错误较为频繁(正如易错论所预测),因而矛盾以及其他刻意疏忽的技巧极难破译,那他们肯定不会在自己的写作中使用这些技巧。毕竟,他们想要自己被读者理解。因此,当一位思想家重用一种确定的隐微技巧的时候,他同时也在通过这种行动,坚持他经过慎重考虑而得出的信念——或许基于自己长时间的隐微阅读经验,这种技巧的确可以被仔细的读者所破译。因此,当我们遇到一种广受欢迎的隐微技巧时,比如,刻意的矛盾,我们必须视这种流行为对其可破译性的充分证明——在这种情况下,证据广泛地分布于各个时代和地方,代表一些最伟大的心灵对大范围的第一手解释学经验深思熟虑的反思和思考。与此相反,我们当代人的怀疑主义和悲观主义异议却基于少量——如果有的话——亲身的隐微解读经验。鉴于所有这些,得出以下结论似乎就是合理的:我们应该以极大的怀疑态度看待我们时代所特有的解释学悲观主义,[316]对仔细的读者而言,托兰德和施特劳斯所说的解读文本矛盾的规则可能证明既是合理的,也是可操作的。

与此相似,警惕其他有意为之的疏忽也很重要。比如,一种常见的操作是对引用进行改动。我们已经在第二章中见过一个经典的例子:马基雅维利描述、批评大卫的残暴行为时,引用了新约中的一个短语;但是,在圣经中,这个短语并不是指大卫的行为,而是指上帝的行为。①

　　另一个非常常见的隐微技巧是分散,这在某种程度上与矛盾技巧相反。通过矛盾,你把危险的观念都说出来,然后通过提出一个完全相反的观念,否定这个危险的观念。通过分散,你把危险的观念分成几个部分,把一个部分放在这个地方,把另一个部分放在另一个地方,因而整个观念虽然在书中得以呈现,但却是隐藏的,因为被分割、分散了。②

　　正如我们已经看到的那样,迈蒙尼德在《迷途指津》的绪论中宣布,他打算传达的真理

> 在这本著作中并没有依序写出来,也没有按照连贯一致的方式进行排列,而是打乱分散了,夹杂着其他要澄清的主题。因为我的目的是真理被瞥见,然后又被隐藏起来。③

　　类似地,2 世纪信奉柏拉图哲学的教父亚历山大的克雷芒,在其中一本著作——《杂记》(*Stromata*)或"汇编"(*Miscellanies*)——的标题中暗示了他使用这种隐微技巧的意图,"因为作文旨在隐藏。"正如他在题为"书名杂记的含义"的一章中所言:

---

①　马基雅维利,《李维史论》,1.26(Machiavelli, *Discourses* 61-62)。
②　关于这个技巧,勒纳(Ralph Lerner)在《设计出来的分散:作者的选择》("Dispersal by Design: The Author's Choice")中讨论的极好,我受益匪浅。参阅 *Reason, Faith, and Politics: Essays in Honor of Werner J. Dannhauser*, ed. Arthur Melzer & Robert Kraynak (Lanham, MD: Lexington Books, 2008), 29–41;以及 *Playing the Fool: Subversive Laughter in Troubled Times* (Chicago: University of Chicago Press, 2009)。
③　迈蒙尼德,《迷途指津》,绪论(ed. Pines, 6-7)。

> 让我们的这些注释……具有多种特征——正如名字本身所示,拼凑在一起——经常从这个转到另一个,在一系列的讨论中暗示这个,证明另一个。

正如他在后面一章中继续说道,他的书

> 到处点缀着教义,它们是真知识的起源,因而发现神秘的传统对任何外行而言,或许都不是易事。①

[317]孟德斯鸠是另一位采用这种技巧的作者,虽然他不怎么愿意像迈蒙尼德和克雷芒那样将之公布于众。但是,运用这个技巧,但又不将之公开的显著缺点在于,你的书往往会被认为是杂乱无章的而遭唾弃。这显然是《论法的精神》(Spirit of the Laws)所遭受的命运,尤其是在最近的年代。只有在一封反驳这种特殊的指控、为他的书进行辩护的私信中,孟德斯鸠才较为公开地陈述了他如何写了这本书:

> 使得此书中某些条目晦涩不清、模棱两可的,是它们与对它们进行解释的条目往往存在距离,是你所注意到的关系链的各个环节往往存在距离。②

达朗贝尔带着钦佩之情分析这本书的时候,也类似地感受到了

---

① 《杂记》(Stromata),选自《亚历山大的克雷芒作品集》(The Writings of Clement of Alexandria), trans. Rev. William Wilson (Edinburgh: T. & T. Clark, 1869), 140–141(第4卷,第2章), 489(第7卷,第18章)。

② 孟德斯鸠致格罗斯里(Pierre-Jean Grosley),1750年4月8日,被拉赫(Paul Rahe)引用,见《孟德斯鸠和自由的逻辑》(Montesquieu and the Logic of Liberty), New Haven: Yale University Press, 2009, 87.

对"一些读者所谴责的,装出来的'方法的缺失'"进行回应的必要。他声称,有必要"区别表面的无序和真正的无序"。

> 当作者把他使用的观点放在合适的位置,让读者补充与此相连的观点时,无序只是表面上的:正是因为如此,孟德斯鸠便想,他可以、也应该在为这样的人所注定的书中前进,他们思考,他们的天赋应该补充故意和合理的遗漏。①

孟德斯鸠遇到了他所制造的问题,很大程度上是因为,由于各种各样的原因,他试图将分散技巧与一本具有系统著作外表的书结合起来。这种技巧使得这本书无序,从而让这本书看上去似乎具有根本的缺陷。

其他的文学形式——对话、散文、词典和百科全书——本质上更脱节,更没有希望成体系、有秩序,更自然地与分散技巧相伴相随。比如,通过写对话,柏拉图能够从一段非常片面的论述转到另一段片面的论述,但不产生缺陷或失败的表象。根据施特劳斯,理解柏拉图的关键之一,是理解每篇对话都故意是片面的或单方面的,从与其主题相关的一些重要内容中进行提取。比如,在论正义的对话《理想国》中,生命的爱欲方面受到贬低和诋毁——想想家庭生活的集体化(即废除)或[318]把暴君等同于爱欲(eros),但在《会饮》中,却正好相反。②

---

① 达朗贝尔,《达朗贝尔作品集》(*OEuvres completes*),Paris:A. Belin, 1822, 3:450-451,潘戈(Pangle)在《孟德斯鸠的哲学》(*Montesquieu's Philosophy*)中引用并翻译,11-12.

② 参阅施特劳斯,《城邦与人》(*City and Man*), 62, 69, 110-111; Strauss, *Rebirth*, 154-155.

蒙田是另一位实践分散技巧的经典人物。他的《随笔集》(*Essays*)完美地展现了这种技巧。其中，他再三声称这是率性之作，有意避免了条理秩序。他虽然假装让自己的心灵随处漫游，想到哪里是哪里，但却仔细地安放了其系统观点的各个部分。正如他在某一刻承认：

> 我的观点一个接着一个，但有时存在距离；彼此相视，但要转眼才能看见……抓不住主题的，并不是我，是不专心的读者。关于主题的某个词，总会在某个角落找到，虽然没占多少地方，但不会不够充分。①

明白了这种特别的游戏如何玩，一个人接下来可能会怀疑贝尔，因为他恰好非常欣赏迈蒙尼德和蒙田，也似乎在其杂乱无章的《历史与批判词典》(*Historical and Critical Dictionary*)中，运用了某个版本的分散技巧，词典中有杂乱无章的随笔，又有注释中的多重注释。为了回应宗教权威的一些批评，贝尔在第二版中加了"说明"。其中，他或多或少公开承认这个。谈到他在《词典》中所宣告的一些异教观点时，他说道：

> 如果一个人……要涉及浩瀚的历史和文学作品中，关于宗教或道德的某个错误，他一点儿都不应该因此而心神不宁……在这件事上，没有人把这样的作者作为向导：他只是顺带说一下这个，而且事实上，他表现得好像在抛出自己的观点，他要让大家都知道，他一点都不关心这样的观点是否有人追随……对于蒙田的

---

① 蒙田，《随笔集》, 3.9(*Complete Essays*, trans. Frame, 761)。

书,法国的神职人员就是这样表现的。他们允许这位作者的所有准则都通过,他不遵循任何体系、方法或顺序,把心灵中想到的都堆在一起,混在一起。但是,当沙朗(Pierre Charron)(蒙田的朋友和门徒)……想在一部论道德的系统著作中涉及蒙田的一些观点时,神学家们不平静了。①

贝尔公开承认,在创作其《词典》的时候,他试图给予这本词典以与蒙田给予其《随笔集》一样的免疫力和无害外表,[319]并运用相同的手段——故意无序、冷淡随意、打乱分散。

孔多赛详细地描述了早期现代哲人针对王权和教权所发动的狡猾的文学运动(前面对此有所考察)。从孔多赛的描述中,可以找到更多证明这种技巧广为流行的证据。他描述这些作者

运用每一种形式,从幽默到悲伤,从最博学、最庞大的汇编到当代的小说或小册子;他们用面纱遮盖真理,以拯救那过于脆弱的眼睛,至于其他人,则给予他们占卜真理的乐趣;有时候,他们巧妙地抚慰偏见,以更有效地批评它们;他们几乎从不威胁它们,也从不同时威胁好几个,也不同时威胁某一个的全部。②

最后这几条指分散技巧:从不在任何一处彻底摊牌,或呈现全部的批判。

---

① 贝尔(Pierre Bayle),《历史与批判词典》(*Historical and Critical Dictionary: Selections*), trans. Richard H. Popkin (Indianapolis: Hackett, 1991), 396-397.
② 孔多赛,《人类精神进步史纲要》(*Esquisse*), 216-217. 我自己翻译成英文(加了强调)。

施特劳斯说道,这正是他在斯宾诺莎和霍布斯研究中的发现:

> 夸张是为了讲清楚,我们可以说,[斯宾诺莎的]《神学政治论》的每一章服务于驳斥某一条正统教义,但不触及所有其他的正统教义……在《利维坦》的第三部分,霍布斯基本上也遵循这样的步骤。①

让我引用关于这种分散技巧的最后一段论述。它出自另一位仔细的读者,洛克。洛克《政府论》的上篇——如果说并不那么出名,是对菲尔默《父权制》(*Patriarcha*)的详细解读和驳斥(洛克隐微地阅读)。正如洛克所解释,由于菲尔默担心,对其权力学说过于精确、完整的阐释会让读者分心,因而"清晰、确切的话并不处处达到他的目的,你决不能希望在他那儿看到这样的话。"相反,菲尔默故意将他的教诲"分散"在"著作的几处地方"或"角角落落"。菲尔默表现得

> 像一个机警的医生,他想要自己的病人咽下一些刺激性强或腐蚀性的药液,他把它与大量可以将它稀释的液体混合,药液散开之后就可以下咽,但不怎么被感觉到,也不怎么令人恶心。②

[320]当然,也可以思考洛克自己是否也运用了他归于菲尔默

---

① 施特劳斯,《迫害与写作艺术》(*Persecution*),184,以及注释82。
② 洛克,《政府论·上篇》(*First Treatise*),选自 *Two Treatises of Government*, ed. Peter Laslett (New York: New American Library, 1965),节 23, 8, 9, 7。

的技巧。①

在到目前为止所讨论的所有隐微技巧中,危险的思想的确被讲出来了,但却以某种方式被隐藏了起来——被弄得模棱两可、自相矛盾或打乱分散。但是,最纯粹或最古典的隐微技巧,在于交流一种想法时不把它说出来——通过意味深长的沉默或显而易见的省略。这可能听起来特别神秘,但这的确是一种相当常见和直观的交流形式。比如,根据交流研究领域学者高歌(Ge Gao,音译)和丁允珠(Stella Ting-Toomey),这是发现于当代中国的间接式交谈的特点所在。间接式交谈"强调隐含或未说之意,而不是言说之意……也就是,关注怎么说,关注没说什么,等同于(如果不是更加重要)说了什么。"②

在这个语境下,回想你深爱之人的信也很好:几乎所有的重要想法都是通过明显的省略得以表达,特别是,她绝口不提思念你。在正常的交流中,当时的情境、共同的理解、之前的陈述都会令读者产生某种预期。但是,每一种积极的陈述都是通过对预期保持沉默,而透露出它的大量含义。正是这使得不说某些东西但将观点传达,也就是,显眼地违背这些预期成为可能。

因此,在《斯巴达政制》(*Constitution of the Lacedaemonians*)的第一章中(色诺芬提议在此考察著名的斯巴达政制的独特和智慧),色诺芬安排了一种特定的结构或旋律:首先,他描述某些东西其他的希腊城邦是怎么做的,然后,解释斯巴达极为不同、几乎截然相反的做法。但是,正如施特劳斯所指,在一种情况下,色诺芬省略了这种类比。色诺芬告诉我们,在其他的希腊

---

① 见对洛克的阅读和写作的讨论,Richard Cox, *Locke on War and Peace* (Oxford: Clarendon Press, 1960), 1-44; Michael Zuckert, *Launching Liberalism: On Lockean Political Philosophy* (Lawrence: University Press of Kansas, 2002), 33-43.

② Gao & Ting-Toomey, *Communicating Effectively*, 38.

城邦,年轻的姑娘饮食极为简朴,但他忘了说清楚,在这件事上,斯巴达是怎样的。这是一种响亮的沉默,因为它破坏了规定的旋律,违背了作者刚刚创建的预期。这鞭策我们自己来补充缺失的想法。跟随已经建立的模式,我们被迫得出结论,斯巴达的姑娘必定饮食无节制。这个观念显然正中另一个广为接受的观点之意,即斯巴达的女人相当放荡,不仅在饮食上如此,而且在性事上也是如此——或许是后者的放纵导致了前者的放纵。色诺芬在很多段落中通过巧妙、好玩的沉默,将关于斯巴达的这种严肃颂词转变成了非常微妙的讽刺,这是其中一段。①

[321]关于隐微地使用省略,另一个非常惊人的例子出现在阿尔法拉比的《柏拉图的哲学》(The Philosophy of Plato, Its Parts, and the Grades of Dignity of Its Parts, From Its Beginning to Its End)中。这本书是对柏拉图思想的总结,它的标题让人期待详尽的考察。但结果,一处都没提到来世或灵魂不朽,甚至总结《斐多》时也完全不提。施特劳斯提出,这种惊人的省略是阿尔法拉比用隐微的方式暗示,柏拉图的真正信念不包括他那著名的灵魂不朽教诲。②

进一步的隐微技巧(并非与省略技巧无关)涉及到写作的结构安排或设计。因为你不仅可以通过"你所说的(或没说的)"来传达信息,还可以通过"你在哪里说"来传达。比如,如果你以一种明显的模式,比方说,按照重要性从低到高的顺序,来安排你要说的主题,那你不用说明白任何东西,只要把讨论放

---

① 参阅施特劳斯,《斯巴达精神或色诺芬的品味》("The Spirit of Sparta or the Taste of Xenophon"), Social Research 6, no. 4 (1939): 502-536. 关于斯巴达女人臭名昭著的放荡,见504n3。

② 参阅施特劳斯,《迫害与写作艺术》(Persecution), 9-16. 对省略技巧的进一步讨论,见施特劳斯,《关于马基雅维利的思考》(Thoughts), 30-32。

在相应的地方,就可以传达你的观点,即你如何看待众多问题或现象的相对重要性。在《法义》(Laws)的第十卷中,柏拉图对神学进行了大量的阐述。但是,若更仔细地观察,就可以注意到,他将这段论述放在讨论刑事立法的语境之中。这透露出他是如何看待宗教在政治生活中的角色的。显然,一段讨论所处的位置或语境,可以通过一百种方式无声地传达关于该语境的一些重要东西。相反,一个人也可以通过违背自己的计划给读者提出一个暗示或谜,要么暂时离题或引入一个先前完全不曾宣告或风马牛不相及的主题,要么运用令人惊讶的省略。由于这个原因,隐微读者接近文本时,首先应该建构一个仔细的框架,特别留意跑题和异常。

另一个就顺序而言的隐微技巧是重复。一位作者可以提出一个主张或论点。不久之后,进行"重复"——只不过有一些重要的改变(但或许只是隐约可见)。以这种方式,作者示意仔细的读者,第一段陈述并不是他最后或真正的观点,并给读者表明他的真正理解。①

最后,就一般的顺序或结构安排而言,有可能制定基本的规则。常识告诉我们——正如西塞罗在其论修辞的著作中告诉我们,在创作一篇演讲或一部著作的过程中,那些最重要的要点,应该置于首尾。次要的或更不重要的,应该置于首尾之间。这是因为,听者或读者在一开始注意力最集中,越往中间越恍惚,到结束时——听到"最后……"——又精神了。[322]因此,一位作者若试图悄无声息、隐秘不宣,而不是一清二楚、理直气壮地传达一个异端观点,就会谨慎地遵循与这种基本的修辞规则

---

① 参阅施特劳斯,《迫害与写作艺术》(Persecution), 62-64;施特劳斯,《关于马基雅维利的思考》(Thoughts), 42-45。

背道而驰的规则,把危险的观点藏在靠近中间的地方,首尾则义正言辞地一再声明正统观念。的确,通过这种做法(常见做法有些程式化的延伸),许多作者经常会通过把自己的真实想法(或一些相关的暗示)放在他们所构建的清单或序列的正中位置,而示意他们的心灵真正藏着怎样的想法。①

隐微技巧清单远不能详尽无遗。我只是试着将最常见的那些涵括在内,由于它们内在的逻辑和(或)外在的证据,它们也是最直接易懂和合情合理的。

一些隐微解读例子

除了与文本建立真正的关联,基本掌握常见的隐微技巧之外,隐微读者新秀还应该研究一些隐微解读的例子——看隐微解读的完成。不幸的是,在我看来,没有哪本书结合了人们从这样的指导和仿效模型中想要获得的所有品质(qualities)。下面这个短清单列举的是不完美的模型。

但是,在使用这个清单的时候,读者必须选择真正让他们感兴趣的作者的作品。为了欣赏隐微解读表演,并向它学习,你必须做一个参与者,而不是一个旁观者。你必须从对文本的独立、细心阅读开始,努力地解读文本。只有到了这时,你才会随时准备好理解并欣赏解读者的发现。如果你双臂交叉坐着,像一个国王命令智者说一些智慧的东西,那就会彻底失败。

依我自己的经验来看,我的确相信,就隐微洞察力、特别是

---

① 参阅西塞罗,*Orator*,15.50;《论雄辩家》(*De oratore*) 2.313-15;施特劳斯,《迫害与写作艺术》(*Persecution*), 185; Cantor, "Leo Strauss," 273-274.

哲学深度而言,施特劳斯的解读总体来说是最好的。在我看来,那些解读看上去也相当地审慎和准确,根本不倾向于是"有悖常情的智慧"。但是,对于这里的目标而言,它们的缺陷在于它们本身相当地难以理解。由于趣味以及信念,施特劳斯反对让读者容易理解。他偏爱以一种相当精简的方式来陈述其结论,并向读者提出挑战,让他们自己弄明白他如何得出这些结论。他也喜欢在解读某位思想家的时候,用思想家本人的词汇说话,而不用当代的术语和概念进行重新包装,这也可以使他的著作[323]在一开始显得古色古香、令人生畏。下面我会推荐他的一些著作,但它们并非最好的起点。

首先,我们需要一位作者,在他的解读中,他愿意遵循非常"非施特劳斯式"的禁令:写清所有步骤(show all work)(这条禁令经常出现在数学考试中)。我们需要看,一两次,香肠是怎么做出来的。我所熟悉的满足这个目标的最佳著作,来自一位合适的非施特劳斯式作者:费希(Stanley Fish)。他的《心灵的农事诗:培根〈论说文集〉的经验》("Georgics of the Mind: The Experience of Bacon's Essays"),精彩、微妙地练习了紧扣文本的分析,公开地呈现了在与文本的每一个邂逅阶段,他想的是什么,他为什么想这个。① 他向我们展示,真正严肃地对待文本是什么感觉,带着耐心和敏感与文本的每一个词发生互动是什么感觉,真正信任自己选择阅读的作者是什么感觉,在试图理解的过程中,体验由作者用巧妙的手段为仔细的读者所准备的复杂经验又是什么感觉。

另一个极为健谈的优秀读者是康纳(Robert Connor)。他和

---

① Stanley Fish, "Georgics of the Mind: The Experience of Bacon's Essays," in *Self-Consuming Artifacts: The Experience of Seventeenth-Century Literature* (Berkeley: University of California Press, 1974), 78–156.

费希一样，属于读者反应批评学派。康纳的《修昔底德》(*Thucydides*)是对修昔底德的伟大历史著作极为敏感的阅读。这一阅读公开不隐蔽，清晰不晦涩。① 相应地，还应该读欧文(Clifford Orwin)的杰作《修昔底德笔下的人性》(*The Humanity of Thucydides*)。② 在这之后，可以尝试施特劳斯在《城邦与人》(*The City and Man*)中论修昔底德的那一章。这是一篇精彩的论文，虽然不容易读。③ 对我而言，这三部曲或许是精读和隐微阅读方面唯一最好的初级课程，但它需要非常严肃的时间承诺，特别是当修昔底德本人的一些阅读也必须被涵括在内时。

至于更短、更简单的，我会推荐——再次从非施特劳斯式作者开始——伍顿(David Wootton)的《吉尔本〈罗马帝国衰亡史〉中的叙事、反讽和信念》("Narrative, Irony, and Faith in Gibbon's *Decline and Fall*")，④伯曼(David Berman)的《自然神论、永生和神学谎言》("Deism, Immortality, and the Art of Theological Lying")。⑤ 然后，对于一些施特劳斯派：安博乐(Wayne Ambler)的《亚里士多德论自然与政治：以奴隶制为例》("Aristotle on Nature and Politics: The Case of Slavery")，他隐微地解读了《政治学》(*Politics*)中亚里士多德对自然奴隶制的辩护。⑥ 另外，欧文(Clifford Orwin)对《君主论》第17章的仔细阅读：《马基雅维

---

① W. Robert Connor, *Thucydides* (Princeton, NJ: Princeton University Press, 1984). 读者反应是与这里所提议的阅读方法最有相似之处的当代方法。对这两者的简单比较，见 Cantor, "Leo Strauss," 271–272.

② Clifford Orwin, *The Humanity of Thucydides* (Princeton, NJ: Princeton University Press, 1994).

③ 施特劳斯，《城邦与人》(*City and Man*)，第3章。

④ David Wootton, "Narrative, Irony, and Faith in Gibbon's Decline and Fall," in *History and Theory* 33, no. 4 (December 1994): 77–105.

⑤ Berman, "Deism, Immortality," 61–78.

⑥ Ambler, "Aristotle," 390–410.

利的非基督教仁慈》("*Machiavelli's Unchristian Charity*")。① 以及,施特劳斯密集但清晰的《论卢梭的意图》("On the Intention of Rousseau")。②

施特劳斯另一特别清晰的作品,是去世后出版的著作《施特劳斯论柏拉图的〈会饮〉》(*Leo Strauss on Plato's Symposium*)。③ 这其实是施特劳斯在芝加哥大学授课时一门课的讲课稿(由伯纳德特[Seth Benardete]编辑并稍加润色)。一本更难、更精湛的作品是《论僭政》(*On Tyranny*),施特劳斯写这本书,正是为了证明如何阅读隐微文本。这本著作包括[324]对色诺芬的短对话《希耶罗》(*Hiero or Tyrannicus*)的详细解读,以及与科耶夫(Alexandre Kojève)关于这篇对话的讨论。

其他特别有用的论柏拉图的作品有:莱博维茨(David Leibowitz)的《苏格拉底的反讽答辩:柏拉图的〈申辩〉》(*The Ironic Defense of Socrates: Plato's Apology*);布鲁姆的《柏拉图的〈理想国〉》(*The Republic of Plato*);④布鲁尔(Christopher Bruell)的《论苏格拉底式教育:柏拉图短篇对话导论》(*On the Socratic Education: An Introduction to the Shorter Platonic Dialogues*)。⑤

还有两本要推荐的是:潘戈的《孟德斯鸠的自由主义哲学:评〈论法的精神〉》(*Montesquieu's Philosophy of Liberalism: A*

---

① Clifford Orwin, "Machiavelli's Unchristian Charity," in *American Political Science Review* 72, no. 4 (December 1978): 1217–1228.

② 施特劳斯,《论卢梭的意图》("On the Intention of Rousseau"),选自《霍布斯与卢梭》(*Hobbes and Rousseau: A Collection of Critical Essays*), ed. Maurice Cranston & R. S. Peters, Garden City, NY: Anchor Books, 1972, 254–290.

③ Leo Strauss & Seth Benardete, *Leo Strauss on Plato's Symposium*, Chicago: University of Chicago Press, 2001.

④ Allan Bloom, "Interpretive Essay," in *The Republic of Plato*, 305–436.

⑤ Christopher Bruell, *On the Socratic Education: An Introduction to the Shorter Platonic Dialogues* (Lanham, MD: Rowman & Littlefield, 1999).

Commentary on the Spirit of the Laws），以及雅法（Harry Jaffa）的《托马斯主义和亚里士多德主义：关于阿奎那〈尼各马可伦理学〉注疏的研究》（Thomism and Aristotelianism: A Study of the Commentary by Thomas Aquinas on the Nicomachean Ethics）。

最后，我想提最后两个隐微阅读的例子，它们的出处或许比它们的内容更有趣：都是由早期哲学家所写。在《上帝之城》（The City of God）中，奥古斯丁对罗马哲人瓦罗（Varro）（以及，较小程度上，塞涅卡）的宗教著作进行了有所延伸的隐微解读。① 这似乎是清晰、缜密的解读，遵循前面描述过的许多原则。但是，它对我们的作用最终受制于这个事实：在这几个世纪里，瓦罗的作品消失了。

另一个特别令人陶醉的例子由巴特勒（Samuel Butler）（1835—1902）所提供。这人是《众生之路》（The Way of All Flesh）的作者，大约是个哲人，又是个小说家。1879年，他出版了一本论进化的书《新旧进化论：布丰、伊拉斯谟·达尔文和拉马克的学说与查尔斯·达尔文的学说》（Evolution Old and New: Or the Theories of Buffon, Dr. Erasmus Darwin and Lamarck as Compared with That of Charles Darwin）。其中，第9章和第10章论述法国自然学家、哲人布丰，对布丰的名作《自然史》（Histoire naturelle, générale et particulière）进行了隐微阅读。巴特勒试图表明，除了别的以外，布丰虽然表面上坚持圣经的观点，字里行间却信奉进化论。巴特勒写得机智风趣，展现了对隐微写作与解读的动机、技巧和乐趣特别好的感觉。他的作品比大多数作品都更好地表明，一个人如何能够真正地享受隐微阅读。不幸的是，这里也有个缺点：布丰的书虽然没有失传，但却长达三十多卷。

---

① 奥古斯丁，《上帝之城》，4.31—32，6.2—9（Augustine, City of God, trans. Dods, 138—40, 185—201）。

第十章

保卫理性：隐微主义与对历史主义的批判

> 世界和人类历史最深刻、唯一真正的主题，仍然是信仰与不信仰之争。其他都是其次。
>
> ——歌德

> 历史与理性的关系，仍然是现代性话语的组成部分——不论是好是坏。
>
> ——哈贝马斯

[325]假如这里关于广泛的隐微写作实践的论断千真万确,那会怎样?接下来会发生什么?最明显、最确定无疑的结果,是前一章中所总结的实践结果:当我们邂逅隐微著作时,应该做好准备认出它们,并恰当地阅读它们。

但是,事关重大,后果可能不止如此。可能也有深刻的理论影响,涉及到人类理性的整体特征和理性主义的合法性。在为哲学理性主义奠定基础,与反哲学理性主义的强大力量进行抗争的持久斗争中,重现隐微主义开辟了全新的争论路径。这种进一步的哲学影响[326]不应该是一种意外,因为正如我们所见,隐微主义从一开始就是理性(reason)的一个中心问题,即理论/实践二元主义问题的直接产物。这个问题源于"我们不是纯粹的心灵"这个事实,是理性如何处理与非理性语境和前提条件的关系的问题。最后,我们转向这个更大的哲学维度。

我相信,转向这个哲学维度最简单、最好的方式,就是考察施特劳斯的思想。不管前面关于隐微主义的整个论述如何,我们最终到了一个明显需要他的地方。这是因为,几乎只有施特劳斯对这个关键的问题进行了探究。这是他伟大、独特的贡献所在。甚至,这(而非任何想象中的政治计划)构成了其思想的真正核心,构成了其终身智识工程的焦点。鉴于此,阐释这个问题,以先介绍施特劳斯为佳;理解施特劳斯,也以先阐释这个问题为宜。

当然,即使对这个复杂的问题进行这番详细的探究,许多读者也仍然不会被说服。因此,有必要最后一次强调:即使接下来对哲学隐微写作(esoteric philosophical writing)的哲学重要性的解读遭到彻底地否定,哲学隐微写作的历史真实性,以及这个历史事实巨大的现实意义,都会继续安然无恙、屹立不倒。

施特劳斯和当代理性危机

随着我们晚期现代人从20世纪进入21世纪,我们发现自己置身于非常奇怪的智识之邦。我们看到,理性受到了前所未有的双重攻击。西方科学、哲学以及理性主义的合法性,正在经受着两场截然相反、但又相辅相成的运动,即古老的宗教正统势力和"后现代的"历史主义或文化相对主义势力的极大挑战。理性受到了来自基于信仰的思想家和最前沿的世俗知识分子、"教会"和"大学"的严重攻击——受到了一种自发的钳形攻势。这是我们这个时代巨大的哲学困境,被施特劳斯称为"现代性危机"。他的整个思想,便是回应这种危机的一种努力。

但是,如今很难对这个问题进行富有成效的讨论,因为很大程度上作为这种理性危机的结果,我们这个时代是一个[327]"万家争鸣"的时代。我们经常各说各话。不仅答案随便你怎么给,问题——以及恰当的正义概念、类别和原则——也随便你怎么提。被一些人认为是我们时代主要的哲学问题的,被其他人认为是无聊的伪问题——一旦获得恰当的观点,就会烟消云散。这一切的结果就是,一个人必须先花大量的时间证明问题的合法性,就像我会在这里所尝试的一样,再形成答案。历史主义、相对主义和理性主义问题,情况更是如此。施特劳斯主要关注这些问题,但在如今的许多圈子里,这种对理性之命运的沉重关注,这种重大的"危机意识"模式(很大程度上是自尼采以来西方思想的特点所在),已经极为落伍。

让我们试着寻找某个中立的阵地。1995年,波兰科学院在华沙举办了一场专门致力于澄清"哲学现状"的会议。哈贝马斯、罗蒂和柯拉柯夫斯基(Leszek Kolakowski)受邀讨论他们在这个核心问题上的不同观点。哈贝马斯无疑是当代保卫某种启蒙理性主义的第一人,罗蒂无疑是后现代主义立场的首要代表,柯拉柯夫斯基则是熟悉双方的最佳思想者之一,因此这场讨论安排得极好。特别是,哈贝马斯和罗蒂坚持不懈地致力于熟悉、讨论相对立的立场——大陆和英美立场。哈贝马斯的论文题为"应对偶然性——历史主义的回归"("Coping with Contingencies-The Return of Historicism");罗蒂的论文题为"相对主义——发现与制造"("Relativism-Finding and Making"),柯拉柯夫斯基的论文题为"评我们相对的相对主义"("A Remark on Our Relative Relativism")。正如会议组织者、会议记录的编辑尼兹尼克(Jozef Niznik)在前言中恰切地评论道:

> 特别有意思的是,出现在三位主要与会者文本中的主要概念和问题,毫无例外都是相对主义和理性(rationality)的概念和问题……这场讨论以一种有趣的方式表明,这些问题所产生的东西,或许是当代人类生活

最重要的哲学问题,它们构成了当代智识焦虑的核心。①

这也正是施特劳斯的观点。

但是,让我们看看,我们是否可以以一种更具体,可以说"由下而上"的方式得出相同的观点。如今有很多观察者,他们的流行度不亚于学者,[328]说人们对理性及其在生活中的作用越来越没有基本的尊重。首先,在大众层面,有一大摞质量参差不齐的书致力于阐述这个明显的现象。其中包括两本畅销书,雅克比(Susan Jacoby)的《美国非理性年代》(*The Age of American Unreason*)和前副总统戈尔(Al Gore)的《对理性的攻击》(*The Assault on Reason*)。两本书都提出,如果你看看我们在这个国家所展开的众多辩论和冲突,就会看到,近年来,忽视或蔑视对推理、逻辑、经验证据和科学的关注变得更可接受。关键不在于人们不会推理,而在于理性本身的声望和权威,特别是对科学的尊重,似乎正在减弱。②

---

① 哈贝马斯、罗蒂和柯拉柯夫斯基,《关于哲学现状的争论》(*Debating the State of Philosophy*),ix.

② 雅克比,《美国非理性时代》(*The Age of American Unreason*, New York: Pantheon Books, 2008);戈尔,《对理性的攻击》(*The Assault on Reason*, New York: Penguin, 2007)。另见 Todd Gitlin, "The Renaissance of Anti-intellectualism," *Chronicle of Higher Education*, December 8, 2000; Charles P. Pierce, *Idiot America: How Stupidity Became a Virtue in the Land of the Free* (New York: Doubleday, 2009); Chris Mooney, *The Republican War on Science* (New York: Basic Books, 2005); Alex B. Berezow and Hank Campbell, *Science Left Behind: Feel-Good Fallacies and the Rise of the Anti-Scientific Left* (New York: Public Affairs, 2012); Maggie Jackson, *Distracted: The Erosion of Attention and the Coming Dark Age* (Amherst, NY: Prometheus Books, 2008); Richard Shenkman, *Just How Stupid Are We?: Facing the Truth about the American Voter* (New York: Basic Books, 2008); Mark Bauerlein, *The Dumbest Generation: How the Digital Age Stupefies Young Americans and Jeopardizes Our Future (or, Don't Trust Anyone under 30)* (New York: Jeremy P. Tarcher/Penguin, 2008); Nicholas G. Carr, *The Shallows: What the Internet Is Doing to Our Brains* (New York: W. W. Norton, 2010).

这种变化的根源是什么？这些作品指出了一系列不同的原因：政治原因，比如，在我们日益党派化的世界中，进行控制、制造恐慌等手段用的越来越多；各种各样的社会学原因，比如，娱乐业、广告和24小时滚动的新闻对情感的过度刺激，由电视引起的愚笨迟钝或由网络引起的活跃多动所造成的注意力时间的缩短。但是，这些可能都是短暂的趋势，无论如何都不是根本原因。

正如大多数这些作品最后总结得出，使得"对理性的严肃攻击"或"对科学的严肃战争"成为可能的，是诉诸于理性之外、超过理性的权威——诉诸于启示。在我们这个时代，理性受到严重地削弱的关键，是宗教感情和原教旨主义信仰（更不必说伊斯兰教原教旨主义、印度教原教旨主义，以及世界各地类似的现象）在我们国家戏剧性的崛起。这个原因，而非任何其他有所提到的原因，使得科学证据在关于神创论、堕胎和干细胞研究之类的大型讨论中胜出成为可能。这就是为何，猴子公案90年之后，神创论变得越来越强大，只有39%的美国大众说自己相信进化论。① 再说一遍，这种现象是宗教、以及古老的理性与启示之争在晚期现代的惊人复兴。不知为何，在肩负理性化和世俗化重任的启蒙运动兴起和胜利250年之后，我们正在经受理性主义最根本、最古老的挑战的死灰复燃。

不过，如果这种宗教复活本身只不过是种流行运动，来了又走，那它就并不一定是什么持久和根本的东西（特别是在施特劳斯的时代，大众层面还没有真正出现这种复活现象）。更为

---

① 见2009年达尔文诞辰200周年之际盖洛普的一项调查，http://www.gallup.com/poll/114544/darwin-birthday-believe-evolution.aspx。

关键的是,[329]一个多世纪以来,最高水平的哲学反思之中也出现了宗教的复兴——克尔凯郭尔、威廉·詹姆斯(William James)等思想家激进的宗教回归,柏格森和维特根斯坦的神秘回归,海德格尔、以及近来的后现代主义者,如瓦蒂莫(Gianni Vattimo)、德里达(Jacques Derrida)和利奥塔(Jean-François Lyotard)的宗教牢骚。因此,最近的宗教复活似乎不仅是一种流行的社会现象,还是一种哲学现象,是西方思想最深层次的理性-启示平衡的一种变化。在努力应对这个宗教问题的过程中,施特劳斯发现了上述情况。

但是,对理性的第一个挑战(宗教的挑战)虽然很强大,也仍然只不过是故事的一半。奇怪的是,戈尔、雅克比以及其他认真探索宗教对理性的批判有何非理性效应的人往往容易忘记,在我们这个时代,还有另一种东西攻击理性。它跟宗教相比不相上下,主要驻扎在它们自己的智识或意识形态范围内。我指的是一种极为广泛、但难以名状的智识运动,通常被称为后现代主义。在很大程度上,它等同于施特劳斯所谓的——用一个较老的词——历史主义。

如今,用把后现代主义或历史主义的众多变体和实践者都涵括在内的方式来定义两者极为困难。况且,为了实现当下的目的,也不一定非得这样做。在这里,只要说这些就够了(我马上就会多说一些):在其大多数形式中,哲学后现代主义是对"现代主义"的质疑和颠覆。"现代主义"主要被认为是从普世的角度理解理性、霸权地设计世界理性化的启蒙计划,其缩影是笛卡尔和黑格尔,前者是源头,后者是顶峰。后现代主义,用利奥塔的著名定义,是"对元叙事的怀疑",也就是,一种进行矫正的努力,致力于将理性具体化、地方化和世俗化——用一个词说，就是历史化。① 正因如此，它涉及到对理性的广泛批判——对启蒙理性主义的羞辱，对"普世、客观和永恒真理"观念的揭露。在众多支持后现代主义的人中，这种批判涉及到拒绝基础主义（foundationalism）、本质主义（essentialism）、主/客观二元主义和二元对立，拉平文学与哲学、修辞与逻辑之间的区别等。对大多数人而言，对理性的这种批判，关键在于这个主张，即所有思想必定以一些未加思考的东西和一些由语言、政治或历史所给予的东西为基础，或以之为条件，因此是特殊的、偶然的、短暂的。[330]后现代主义对理性的这种广泛剥夺（现代哲学似乎在此终结），构成了当代第二个攻击理性的强大源头。

正是理性的这一危机，构成了施特劳斯的思想之路及其哲学计划焦点的出发点。从 1930 年代开始，施特劳斯第一个清楚地看到了这种双重挑战。作为面对这种挑战的第一人，他也第一个对这种双重挑战进行了解释——解释这两种截然相反的反理性力量之间的内在联系，解释这种内在的联系何以使得两者竟同时兴风作浪。施特劳斯提出，晚期现代奇怪的宗教复兴、理性—启示平衡的转变，很大程度上源自后现代主义或历史主义的胜利，因为后现代主义削弱了那一直都在削弱宗教的启蒙理性主义。后现代主义批判认为，理性无法获得任何普世、永恒的真理；我们的文化能轻易学会该怎么做，无需这样的真理。我们可以用我们的地方性"叙事"活下去。但是，对理性的这种批判剥夺了理性用于反抗启示的最坚实基础。你可以用"叙事"做很多事情，但你不能驳倒上帝。因此，在现代性落幕之际，古代宗教势力获得了惊人的新生——不是由于社会学原因，而是由

---

① 利奥塔（Jean-François Lyotard），《后现代状况：一份关于知识的报告》（*The Postmodern Condition: A Report on Knowledge*, Minneapolis: University of Minnesota Press, 1984, xiv）。

于强大的哲学原因:通过后现代主义的崛起,具有腐蚀性的现代理性最后开始攻击自身,削弱了它自身对启示的各种主张进行反驳的能力。

但是,历史主义或后现代主义本身为何崛起?根据施特劳斯,现代启蒙理性主义之所以最终造成了后现代主义,也就是,它自身的自我毁灭,很大程度上是因为在这种理性主义内部,它的根基就呈现出一些特殊的缺陷。这些根基由马基雅维利、笛卡尔和霍布斯等思想家所奠定,它们教条地要求确定性、无预设的"基础"、政治现实主义和实际功效以及历史进步,最重要的是,教条地要求理论与实践、合理性(rationality)与政治性(politicality)的和谐。但是,他继续说道,现代哲学的这种致命弱点本身并不是偶然,它源自现代哲学与宗教之间那场激烈的战争的特殊要求。两者之战,既是一场政治之战,也是一场哲学之战。与启示进行不可避免的殊死搏斗之后,现代"理性主义"最终变得面目全非。相比而言,古典以及中世纪理性主义就没有如此不堪。

因此,在施特劳斯看来,现代思想在我们如今所面临的、对理性主义独特的双重攻击中实现终结并非偶然。根据施特劳斯的描述,这是"正统通过[331]理性哲学的自我毁灭[即历史主义]而取得胜利。"①这样一来,施特劳斯的哲学计划,就是看面对启示和相对主义的双重挑战,是否可能对某种形式的理性主义进行辩护,特别是通过往回走,回到现代理性主义存在缺陷的开端之前,回到正确意义上的古典理性主义,也就是,回到最低限度的、怀疑的苏格拉底式理性主义。施特劳斯的众多著作和

---

① 施特劳斯,《斯宾诺莎的宗教批判》,30;见施特劳斯,《剖白》("Giving of Accounts"),460;施特劳斯,《〈霍布斯的政治学〉德文版前言》("Preface to Hobbes Politische Wissenschaft",453)。

广泛研究都服务于"哲学护教学"(philosophic apologetics)这个唯一的目的。与其说他所关心的是详细地阐述某个哲学体系,还不如说他更关心是否可以通过对这两个最根本的挑战进行回应,合理地证明整个理性主义事业的合理性。

但是,不得不立即说一句,施特劳斯不是本着肯定或愤怒的精神展开这种回应。他不是理性主义十字军。他是个探索者。由于被历史主义和宗教(犹太教)强烈地吸引,他感受到了它们的力量和吸引力。但与此同时,他也深深地震撼于针对它们的大多数攻击的狭隘和肤浅。在他看来,在这个问题上,任何一方都不具备简单、无懈可击的证据。人们需要不断地向这个问题敞开怀抱,对这个问题保持敏感,不断地欣赏其中的错综复杂。

接下来,为了让内容在掌控范围之内,我会搁置宗教问题,只论述施特劳斯回应历史主义或后现代主义的基本框架。宗教问题与当前的探究并不怎么相关,因为它与隐微现象的关系并不那么密切、复杂,虽然在施特劳斯眼中,这显然是更为根本的问题。①

我会提出,在施特劳斯的批判中,对历史主义的批判或许是最有力的。这部分是由于这个事实:因为精通尼采和胡塞尔的思想,又在海德格尔圈子内外接受教育,施特劳斯始于对这三位思想家的内在理解和欣赏。就把历史主义观点发展到极致而言,这三位是最重要的。对后来所有的后现代主义形式而言,他们仍然是根本所在。

---

① 施特劳斯思想中被遗漏的宗教方面,见 Kenneth Hart Green, *Jew and Philosopher: The Return to Maimonides in the Jewish Thought of Leo Strauss* (Albany: State University of New York Press, 1993); Leora Batnitzky, *Leo Strauss and Emmanuel Levinas: Philosophy and the Politics of Revelation* (Cambridge: Cambridge University Press, 2006);以及迈尔(Heinrich Meier)的名作《施特劳斯和政治-神学问题》(*Leo Strauss and the Theological-Political Problem*, Cambridge: Cambridge University Press, 2006)。

但是,施特劳斯的批判,其独特力量首先归功于施特劳斯思想中那个乍看上去与此最不相关的方面:他的隐微写作理论。施特劳斯的隐微主义理论通过多种方式——我会试着表明,通过6条不同的依据——构成了对历史主义高度原创、多层次、强有力的攻击。这样一来,这六大论证就构成了施特劳斯对一个更大的问题,即隐微主义之哲学重要性的回答。这,正是我们正在探索的东西。[332]这六大论证放在一起表明,重现隐微也许开辟了一条通过重新回归真正的苏格拉底式理性主义,实现对理性的"后历史主义"或"后—后现代主义"重新合法化的路径。

"历史主义危机"

让我们这样开始:把施特劳斯竭力批斗的东西说的更清楚一些。"历史主义"——回到这个尽管仍然流行,但比较古老的术语——指什么?它为何必须受到批斗?

"永远历史化!"詹姆逊(Fredric Jameson)在《政治无意识》(*The Political Unconscious*)的开篇宣布。① 这似乎就是当代思想的基本命令。在过去的两个世纪中,确切地说,自文艺复兴开始,现代思想家顶着越来越大的压力,孜孜不倦地把文本、教义,甚至人类理性的每一种表达都理解成是时代的体现。然而,对于时代到底由什么所构成或决定,却说法不一。在这场持续不断的斗争中,主要角逐者包括黑格尔的时代精神(Hegelian zeit-

---

① 詹姆逊,《政治无意识》(*Political Unconscious*),9,赫尔曼(Peter C. Herman)在《历史化理论》(*Historicizing Theory*)中引用,Albany: State University of New York Press, 2004, 1).

geist）——它被理解成"绝对理念（the Idea）辩证地展开"过程中的一个阶段，马克思的生产力和生产关系、语言和语法规则、统治和征服的政治关系，维特根斯坦的"生活形式"（forms of life），库恩的"常规科学的范式"（paradigms of normal science），以及海德格尔划时代的存在宿命（destinings of Being）。但是，一切惊人的分歧，只不过让表面之下的一致更令人惊叹；每个人都觉得，时代中的某种东西统治并塑造了人类思想。奇怪的是，我们比较确定我们是时代的产物，而不怎么确定我们如何是时代的产物。那种深刻的哲学抱负，从永恒（eternity）的角度或从我们共同的人性出发来看待万事万物的哲学抱负，渐渐地丧失了公信度。我们的所有信仰和愉悦都在于把思想简化到其外部环境。这种激进地"意识化"和"语境化"理性的冲动，这种不仅把人类心灵从它无条件、超越的栖息之地移出来，还把它完全埋没在由实际需要和地方性偶然情况所组成的土壤之中，因而精神永远都只不过是时代之产物的倾向，就是"历史主义"所指。

　　显然，这是对所谓的柏拉图主义的反叛——所谓的柏拉图主义，是指："上帝视角"理想、纯粹精神理想，不以实践为条件，只与纯粹、不变的真理有关。但是，柏拉图式理性主义只试图"超越"（transcend）不确定的实践世界，启蒙理性主义却试图征服、改革这个世界。[333] 启蒙理性主义追求完全非柏拉图式的方案，企图通过理性化政治世界而统一理论与实践。这样一来，历史主义首先就是一种反抗这种现代普遍形式的理性的特殊起义。或许，它还可以被描述成是长期受到镇压和贬低的实践世界对启蒙理性殖民主义的报复。换句话说，比起反柏拉图主义，历史主义更反启蒙（或后现代）。但是，与此同时，它虽然反抗启蒙帝国主义，但却并不回归柏拉图式隐退。它仍然分享启蒙的积极目标：改善这个世界，统一理论与实践，只不过，是以一种相反的方式,通过完全使理性屈从于实践生活的需要,而不是相反。

在过去的两个世纪中,这种倾向已经变得越来越广泛和强大。曼海姆(Karl Mannheim)在他著名的论文《历史主义》(1924)中写道:

> 历史主义已经发展成为一种特别重要的智识力量;它成了我们世界观(Weltanschauung)的缩影。历史主义原则不仅像一只无形的手组织安排了社会和文化科学工作,还渗透到了日常的思考之中。①

这是1924年时的情景。在当代后现代主义这个反基础、多元文化的世界中,这种情况变得更甚。因此,伽达默尔(Hans-Georg Gadamer)强调这种日益强大的历史主义感所具有的普遍、深刻影响:

> 历史自我意识的出现,很有可能是自现代诞生以来,我们所经历的那些革命中最重要的革命……我们把历史意识理解为现代人充分意识到每一种东西都具有历史性、所有意见都具有相对性的特权。②

与此类似,哈贝马斯在前面提到的讨论中提出:

---

① 曼海姆(Karl Mannheim),《历史主义》("Historicism"),选自《知识社会学文集》(*Essays on the Sociology of Knowledge*, ed. Paul Kecskemeti, London: Routledge and Kegan Paul, 1952, 84).

② 伽达默尔(Hans-Georg Gadamer),《历史意识问题》("The Problem of Historical Consciousness", trans. Jeff L. Close, *Graduate Faculty Philosophy Journal 5*, Fall 1975, 8).

如何处理"哲学现状"这个相当不确定的主题？一种方式是关注当代各种讨论的一个明显特征——**语境心态**(contextualist mood)，它盛行于大多数讨论之中，不管是道德和政治哲学，语言哲学，还是科学哲学。

[334]他把这种语境主义等同于历史主义，特别地，他说德里达和罗蒂代表了"当代最复杂的历史主义版本"。①

正如曼海姆和哈贝马斯在这里所暗示，历史主义更多的是一种总体的趋势，而非一种特殊的教义或学派。它虽然具有不同的名称、构成和主要人物，但几乎在所有的社会科学和人文学科领域都有所体现。在哲学领域，有新实用主义(neopragmatism)、后结构主义(poststructuralism)、反人文主义(antihumanism)、解构主义(deconstructionism)、反本质主义(antiessentialism)和知识论多元主义(epistemological pluralism)。在历史和科学哲学领域，有库恩学派和费耶阿本德(Paul Feyerabend)的认识论无政府主义(epistemological anarchism)。在社会学领域，有知识社会学(sociology of knowledge)、社会认识论和社会建构主义(social constructionism)。在心理学领域，有语言相对性或萨皮尔-沃尔夫假设(Sapir-Whorf hypothesis)。在人类学领域，有美国人类学博厄斯学派(Boasian school)、后结构主义和格尔兹象征人类学(Geertzian symbolic anthropology)。在法学领域，有批判法律研究。在众多文化和文学学科领域，有后殖民主义、酷儿理论(queer theory)和文化研究。尽管这每一种运动都涉及到大相悬殊的方法、词汇和受众，但都有意识地承诺实

---

① 哈贝马斯、罗蒂和柯拉柯夫斯基，《关于哲学现状的争论》(*Debating the State of Philosophy*)，1-2(加了强调)。

现这个现代命令:永远历史化。

但是,这个历史主义命令在过去几个世纪中茁壮成长的同时,也日益意识到了自身的危害性。从尼采的《历史对人生的利弊》(On the Advantage and Disadvantage of History for Life, 1874)开始,"历史主义危机"——后来在特勒尔奇(Ernst Troeltsch)著名的《历史主义及其问题》(Der Historismus und seine Probleme, 1922)中被这样命名——已经成为现代思想的主要顾虑。历史主义,特别是海德格尔的极端历史主义,似乎牵涉到过去数十年中一大堆书籍大声宣布的东西:"哲学的终结"。它甚至似乎会导致所有道德、科学和哲学思考的相对化。因为如果存在无限多相互冲突的文化、元叙事或世界观(Weltanschauungen)——关于上帝、宇宙和人性的综合观念,如果除此之外不可能有用于判断一个观念比其他观念更真的立场,那就很难理解,我们如何可以说某一系列的基本信仰和价值胜过任何其他系列的信仰和价值。

相对主义:危机或万灵药?

但是,正是在这一点上,我们智识生活的根本断裂(上面有所暗指),变得最明显和成问题。[335]因为正如许多人已经指出,第一波由海德格尔的影响所造成的"存在主义"浪潮让咖啡馆和大学充满了关于虚无主义、无意义、焦虑和深渊的严肃讨论,第二波"后现代主义"浪潮却特许一种完全相反的立场:轻松的反讽、戏谑姿态,因摆脱上帝和形而上学而得到的充满自由气息的喜悦之情。突然之间,那种极具尼采特色的严肃变得似乎是愚昧、过时的。无论这种巨大的转变代表的是理解的深化和后形而上学的日益成熟,还是一种精神上的疲惫与拒绝(此处无法进行详细探究),让我们只评价构成了后来这种积极态度背后一个重要组成部分的道德/政治论点。在历史主义式相对主义(historicist relativism)那里,这种积极态度看到的不是危机,而是机会,甚至是万灵药。

在《论人类多样性》(On Human Diversity)中,托多洛夫(Tzvetan Todorov)考察法国历史主义者/后现代主义者情景时说道:"相对主义,被认为是解决我们各种问题的神奇方案。"① 与此类似,在英美传统中,普特南(Hilary Putnam)谈到"时尚的相对主义万灵药。"② 托多洛夫这样总结如今这个耳熟能详的观点(对相对主义的道德需求):

> 几个世纪以来,普世主义主张被证明只不过是民族优越感戴着的面具而已。因此,普世主义意识形态应该对欧洲近代史上堪为最不幸的事件——也就是,殖民征服——进行负责……普世主义是帝国主义……即使在国家内部,异质性也以这些同样的(伪)普世理想之名而窒息身亡。这就是为何到了应该把普世主义主张抛在身后的时刻,该认识到所有判断都是相对的:与时间、地点和语境相关。这种相对主义不应该与虚无主义或犬儒主义(拒绝所有价值)混为一谈;从这个

---

① 托多洛夫(Tzvetan Todorov),《论人类多样性:法国思想中的民族主义、种族主义和异国情调》(On Human Diversity: Nationalism, Racism, and Exoticism in French Thought), Cambridge, MA: Harvard University Press, 1993, 389.

② 普特南(Hilary Putnam)、康耐特(James Conant),《人类现实主义》(Realism with a Human Face), Cambridge, MA: Harvard University Press, 1990, 18.

视角,价值被认识到,但它们的扩张受到限制。①

比如,罗蒂在他简短的自传中谈到,意识到"景象是如此之多,但帮助你作出选择的论据又是如此之少",将会带来我们极为需要的宽容。②

部分来说,这个观点,即对那个问题的理解,很有道理。因为这里对严重的政治之恶——不宽容、迫害、帝国主义——的恐惧(理性得意洋洋地掌握"普世真理"会导致这些政治之恶),实际上只不过是对我们正在探究的、关于理论与实践的冲突观的重述,是这种冲突观的其中一种版本。理论真理可以对实践生活有害。

[336]但是,这个观点的新颖、有问题之处,在于其解决方案,在于它转向了相对主义,把相对主义作为抵抗不宽容和相关邪恶的万能良药。(这种方案的发现也让它的支持者带着报复之心回归和谐观,因为它意味着,真正的理论真理并不是什么危险的普世道德观,它本身就相当相对主义——在他们看来,这是一种与现实世界最迫切的需要极度契合的教义。)

这个观点的基本论点认为,相对主义会因为两个原因带来宽容:它既减少对不宽容的诱惑,也加强对宽容的赏识。相对主义减弱了不宽容倾向,因为通过削弱对大写的真理(Truth),即唯一、客观、普遍和永恒真理的信仰,它弱化了人们的信仰和确定感,因而使得他们不容易狂热地、不宽容地致力于将他们的观点强加到他人身上。同时,相对主义加强了对宽容的积极赏识,

---

① 托多洛夫(Tzvetan Todorov),《论人类多样性》(*On Human Diversity*),387-388。

② 罗蒂,《哲学和社会希望》(*Philosophy and Social Hope*, New York: Penguin Books, 1999, 20)。

宽容被视作一种德性,因为通过表明并不存在真正、绝对的价值,它证明——或似乎证明,唯一合理的道德姿态,就是宽容地对待所有的价值立场。由于一切价值都无根基,所以一切价值都应受到尊敬。

这两个论证相当合理。毫无疑问,在正确的环境下,相对主义可以增加宽容,减少迫害、性别歧视、种族主义、对同性恋的恐惧、帝国主义、殖民主义以及其他形式的道德不宽容。这个方案的唯一问题在于,相对主义是个复杂的现象,孕育着其他的可能。具有讽刺意味的是,相对主义的倡导者,虽然在其他每个方面都极为自豪地反普遍主义,但在描述相对主义的道德和社会效果时,却似乎幼稚地犯了普遍主义病。让我快速地描述一下从相对主义直接走向不宽容的五种路径。

上面提出,相对主义在逻辑上带来宽容;宽容是唯一与"不存在普遍价值"意识相一致的价值。我们可以对此提出质疑,接下来也的确会进行质疑,但让我们暂时先看其表面。如果这完全是经过深思熟虑的,那它本身就开辟了一条通往不宽容的新路径。因为它不仅支持宽容这种价值:它还产生对这种价值空前的兴奋。根据这个论点,宽容变成了唯一还屹立不倒的价值,其他种种,每个假设,都被相对主义所削除。它不再是德性之一,而是变成了唯一的德性,变成了道德价值的唯一源泉。同样地,不宽容变成了一切罪恶的唯一根源。[337]现在,正如提倡相对主义之人自己会特别地理解,这种形式的道德强化,特别是将恶统一到一种东西身上的做法,对某种特性的妖魔化,可以是极为有害的,不亚于非相对主义者的普世真理主张。它不可避免地会导致某些具有道德倾向的人指责"普遍主义者"、"绝对主义者"或"非相对主义者"是唯一的恶人,这个群体永远都不能得到宽容。通过这种方式,相对主义论点就轻而易举、(或多或少）合乎逻辑地转到了它那独特的不宽容部分：以宽容之名进行迫害。这本质上就是"政治正确"的意思，我们如今的确经常看到这个现象。

与此同时，在其他民族中，相对主义可以以一种完全相反的方式导致不宽容。通过弱化对价值义务（value commitments）教条化的自信和狂热，相对主义起初可以带来宽容，就像宣传的那样。但是，这种"弱化效应"最终可以，在某些人身上，延伸到宽容价值本身（这种结果比刚才所描述的结果，即对这种价值的强调，更符合逻辑）。到这步田地之后，情况开始反转：人们变得更接受不宽容。这意味着，他们在道德上变得过于随和，因而不能反抗其他人的不宽容，更重要的是，不能克服他们内心粗鲁或不宽容的冲动——对很多人而言，这些冲动构成了他们良好的自我感觉的必要部分。诚然，这些成熟的相对主义者不怎么会参与十字军东征那样残忍的道德不宽容，但他们会参与自私和无情的不宽容——一种趾高气扬、小圈子式的傲慢，或至少一种自满、随和的无礼。我们看到，我们周围这种情况也日益增多。

不过，相对主义还可以通过第三种明显的方式，有效地破坏宽容信仰。宽容这种价值，其心理力量主要源自一种共鸣：一种信念，相信不管我们表面的差异如何，我们根本上都是一样的，我们享有共同的人性、唯一的本性和普遍的尊严。但是，这种对人类本性——本质主义和普世主义——的信仰，受到了大多数形式的历史主义式相对主义的断然拒绝，因为这些相对主义通常秉持，我们一路下来都是由社会所建构。有德国人、中国人和尼日利亚人，但世界上没有"人类"这种东西。托多洛夫指出了可能的结果：

> 坚持不懈的相对主义者毁掉了人类种族的统一。这是一种更加危险的姿态，比某些殖民主义者幼稚的种族中心主义还要危险。没有统一，排外就是允许的，这可以导致斩尽杀绝。①

[338]简而言之，相对主义破坏了所有解释这个问题，即"那些奇怪、恼人的人侵犯了我的价值，我为何应该宽容他们"的好答案。

从相对主义到不宽容，还有另外一条路径。这一条是最严重的。历史主义式相对主义反基础主义。它认为，人类思想的真正源头，不是在人类理性处处可及、常常可及的普遍真理和不证自明的真理中找到，而是在特定的文化共同体独特的实践、传统和习俗中找到。这说明，最深邃思想的获得，不是通过脱离所在共同体，接受一种中立、客观、世界主义的、因而宽容的立场，而是通过尽可能密切地坚持自身的传统、"共同的义务"，寻求真正本土、土生土长的东西。这样，相对主义导致以义务理想（ideal of commitment）替换超脱理想（ideal of detachment），以协同性理想（ideal of solidarity）替换客观性理想（ideal of objectivity）（正如罗蒂公开要求的那样）。这种转变不仅推翻了宽容这种中立立场的尊严，还容易导致对"国外污染"的过分恐惧和智识方面的民族主义。这种民族主义是由哲学所推动的恐惧，与不宽容和法西斯主义、而非与宽容和开放社会有更多共同之处。

第五点，也就是最后一点建立在第四点的基础之上。根据相对主义观点，所有意义、真理和价值都源自地方传统和习俗。

---

① 托多洛夫（Tzvetan Todorov），《论人类多样性》（*On Human Diversity*），389.

如果真是这样,那我们就需要问,反过来,这些习俗又源自哪里?是什么使得它们得以维持?回答这个问题时,人们如今喜欢用"社会建构"这个被动、中立的术语。但是,这个过程到底如何运转?当一些东西由社会建构而成时,是谁做了建构工作——他们又如何建构?显然,并不是我们所有人。是那些拥有权力的人,霸主。另外,他们并不是通过共识进行建构。为何中美和南美(不包括巴西)现在都说西班牙语,崇拜耶稣?这不是大众自发组织的亲伊比利亚运动(philo-Iberian movement)的结果。这是西班牙征服者之作。文化和习俗主要来自征服者、伟大的建国者、以及统治精英——来自强力与意志。一切都是政治性的:真理服从权力。这就是——肯定是——相对主义观点。

非相对主义者虽然承认权力的作用,但会补充说,事物的客观真理、正义的内在原则也扮演了重要的角色。这两者是永恒的,不为人类力量和"建构"所动,它们不仅让自己随着时间的流逝被人类所知,还塑造了人类的信仰和价值。但是,对于相对主义者而言,强行的人类创造之上并不存在客观真理。一切都是由人建构而成——由霸主建构而成。当然,也不存在什么优先、客观的[339]正义,有助于决定霸主会是谁、或应该是谁。只存在赤裸裸的统治斗争。最后,胜者不仅撰写历史,也创造价值和真理。相对主义一开始似乎只是一种温和的反殖民势力,因为它消除了以普世价值之名进行征服的诱惑,但这样一来,它就转而成为对征服的一种刺激,因为它创造了新的、更大的诱惑:让自己成为新价值和世界观的创造者。换句话说,尼采的两大主题"相对主义和权力意志"之间,具有一种直接的联系。

由于这个原因,听到墨索里尼(Benito Mussolini)那段著名的对相对主义富有见地的溢美之词时,就不应感到惊讶:

> 在意大利,相对主义只是一个事实……在过去的这些年中,我所说的、所做的每一件事,凭直觉都是相对主义……如果相对主义表示对固定类型,以及对声称自己带来了客观永恒真理之人的蔑视……那么,没有什么比法西斯态度和行动更相对主义……从这个事实出发,即所有意识形态都是等价的,所有意识形态都是虚构的,现代相对主义者推出,每个人都具有自个儿创造他自己的意识形态,用他所具有的所有精力努力地强行推行这种意识形态的权利。①

的确,考虑到当代相对主义最深刻的根源是尼采和海德格尔,考虑到两人都不——退一步讲——把它理解成是对"自由的宽容"的论证或推动,很难理解如今的聪明人如何可以如此轻率地相信这种联系。相对主义充满了各种可能性,但它们矛盾重重,其中一些非常恐怖。没有人可以说,长时期内哪种会胜出。

此外,看向宽容问题之外,我们找到了许多其他害怕历史主义式相对主义的理由。它或许不会导致我们最卑鄙的冲动的胜利——正如一些人所担心,但却能轻而易举地减弱我们最高的冲动,正如相对主义者自己所强调。这可以挫败我们拥抱理想主义的能力,让我们不再精力充沛地挣扎努力,让我们陷入漠然、反常的泥潭。② 最直接地,它似乎对建立在对真理的渴求之

---

① 墨索里尼(Benito Mussolini),*Diuturna*(Milan: Imperia, 1924, 374-377),库恩(Helmut Kuhn)在《自由:被遗忘与被记住》(*Freedom Forgotten and Remembered*, Chapel Hill: University of North Carolina Press, 1943, 17-18)中引用。施特劳斯也提出,相对主义有着更强的导致不宽容、"盲目的蒙昧主义"和法西斯主义的内在倾向;见施特劳斯,《自然权利与历史》,5-6。

② 见第六章中"'反动观念'是否真的有所颠覆?"部分对这些主题的简短讨论。

上的生活构成了威胁。由于这个原因,在对华沙大讨论的贡献中,柯拉柯夫斯基这样描述"哲学现状":

> 面对相对主义对欧洲文明的腐蚀,胡塞尔不屈不挠地请求真理(Truth)——注意大写。但他的请求很大程度上被[340]置之不理;这并不是因为他的论点必然有误,而是因为盛行的文化趋势朝着另一个方向发展,一步一步地摧毁了对智识作品之永恒有效标准的信仰,对变动的知识理想的信仰,最终,对真理概念之极度有用的信仰。这些趋势在我们时代达到了顶点。①

这就是"历史主义危机"。

在哈贝马斯自己对华沙大讨论的贡献中,他把当代历史主义和后现代主义放在"柏拉图主义者"和"反柏拉图主义者"之间的长久斗争这个语境中进行讨论——这两者之间的斗争,以这种或那种形式,自柏拉图时代就已开始。至于他自己,他说道,虽然他对"反柏拉图主义的反叛者"具有政治上的同情,但他的哲学同情完全落在他所谓的"理性看守人"这边——当对理性的正当批判开始让理性的极大可能置于危险之境时,这些人仍然守护着理性。②

施特劳斯的哲学同情或许可以用同样的方式进行描述。他正是一位"理性看守人"。虽然施特劳斯对过度的"柏拉图主义"充满怀疑(甚至怀疑柏拉图是否是"柏拉图主义者"),但他

---

① 哈贝马斯、罗蒂和柯拉柯夫斯基,《关于哲学现状的争论》(*Debating the State of Philosophy*),69(加了强调)。
② 同上书,6.

坚持救理性于历史主义的水深火热之中。

如何应对历史主义

但是,如果确信有必要与历史主义进行斗争,那很快就会遇到随之而来的巨大障碍:面对这场如此模糊的运动,很难展开明确清晰的对抗。正如施特劳斯所评论——仿效前面曼海姆的论述,历史主义"不只是众哲学学派之一,还是最强大的哲学学派,对如今所有思想或多或少都有所影响。"①因此,"历史主义的伪装形式最多,层次差异最大。教义和论点若吹嘘自己是某种类型的历史主义,便会惹拥护其他类型的历史主义的人发笑。"②简言之,存在许多历史主义,它们表现出不同程度的复杂和严密。在试着回应历史主义之前,必须先重新建构关于历史主义的严肃事实。

施特劳斯提出,历史主义立场不在于任何单一的论点,它是不同证据综合影响的结果,至少有三种——让我们称之为历史证据、理论证据和经验证据。首先,有纯粹的历史证据,[341]比如这种令人沮丧的景象:哲学体系不尽相同。但是,这种证据本身证明的东西少之又少:分歧并不是反证。

需要用第二种证据,即"理论"证据进行补充:一种哲学分析,或一种"对理性的批判"。这种批判是休谟和康德的论证的延伸,既表明了理性伦理学和理论上的形而上学的不可能,也表明了实证科学对道德和形而上学前提不可避免的依赖性。但

---

① 施特劳斯,《政治哲学与历史》,选自《什么是政治哲学》,57.
② 同上书,59.

是，施特劳斯提出，对理性的这种批判，只能把我们带向怀疑主义。与历史主义不同，怀疑主义仍然与哲学兼容。（施特劳斯甚至认为，正是正确意义上的怀疑主义，苏格拉底式或探究的怀疑主义，是最正当有理的哲学姿态。）此外，理论上对理性的批判，如果是自洽的，不是相对的，就不会以历史主义告终。①

因此，施特劳斯提出，彻底的历史主义立场——海德格尔的激进历史主义或存在主义的历史主义——源自、也在于一种不再是理论上的，而是"坚定的"批判：它着手并试着阐述一种特殊的经验，所谓的"历史经验"或"历史性"（historicity）。这是历史主义的第三个根基，即"经验性"根基。诚然，这种内在经验是被上面提到的历史观察，即没有意义的历史情境和信仰变迁所激活，但它又超越它们。它声称自己代表一种独特的意识或天启，几乎就像是一种特殊的启示，被给予了最近的几代人。它是一种痛苦或焦虑的感觉，一旦被诚实地面对、说出来，就揭露出这样一种意识：所有意义、所有可理解之域，都只不过是命运的安排，虚无缥缈。"根本经验，即，比每一种科学都更为根本的经验，是思想和行动的所有原则在客观上都毫无根基的经验，是虚无经验。"②

但是，施特劳斯提议，诉诸于这种不可简化的经验（很像诉诸于启示）必须面对这个问题：这样的经验或启示表面上的多样性。我们拥有很多这样的经验，声称已把一切都进行了恰当的分门别类——比如，道德经验，或"谦卑的敬畏和惊奇"经验。

---

① 见施特劳斯，《自然权利与历史》，20,24-27。
② 施特劳斯，"相对主义"，选自《相对主义与对人的研究》（*Relativism and the Study of Man*），ed. Helmut Schoeck & J. W. Wiggins, Princeton, NJ: Van Nostrand, 1961, 155；参阅施特劳斯，《自然权利与历史》，19-28；以及"海德格尔导言"，32,35-36。

那么,我们如何知道,痛苦的历史经验乃是揭示了人之为人的根本处境的基本经验？另外,经过仔细的考察,这样的经验实际上有着微妙的前提,[342]它们可以、也必须由理性揭露出来,成为人所共知,并接受理性的考验。因此,这种关键的诉求,即诉诸于启示经验,无法完全逃出或胜过理性论证的权威。①

由于施特劳斯认为历史主义倚赖不同证据极为复杂的结合,所以他的回应也同样错综复杂。他的著作可以说充满了各种观察和论点,均是对历史主义这个或那个部分的回应。但是,施特劳斯的确拥有一种基本的首要策略。在《自然权利与历史》,甚至整个儿的学术全集中,施特劳斯都对它进行了清晰的阐述和追问。在这本著作第一章的结尾处,施特劳斯宣布,为了评判历史主义,

> 首先,我们需要对非历史主义哲学的非历史主义理解。但是,我们也亟需对历史主义的非历史主义理解,也就是,对历史主义起源的理解,这种理解并不想当然地认为历史主义是正确的。②

施特劳斯这里宣布了双管齐下的方法。

首先,为了评价历史主义的整体合理性,驳斥这里的某个论点或那里的某种观察是不够的。我们需要清晰地看到代替它的另一种选择。但是,历史主义并不是某个特殊或孤立的论点;它

---

① 参阅施特劳斯,《自然权利与历史》,18,22；"海德格尔导言",32；施特劳斯,"如何着手研究中世纪哲学",选自《古典政治理性主义的重生》(Rebirth),215；"进步或回归？",255；施特劳斯,"里茨勒",选自《什么是政治哲学》,260。

② 施特劳斯,《自然权利与历史》,33；参阅施特劳斯,"论柯林伍德的历史哲学"(On Collingwood's Philosophy of History), Review of Metaphysics 5, no. 4 (June 1952): 559–86, 585–86。

是、或依赖于对人类经验的综合解读。因此，就必须是整个儿的历史主义与整个儿的另一选择进行对质。现在，历史主义思想这种东西，我们有幸能够在海德格尔的思想中看到其顶峰——此人是(当时)具有顶级天赋的在世哲人，往往让所有同时代者都因相形见绌而沉默不语。为了让我们的心灵摆脱自惭形秽，也为了思考对历史主义所强调的现象和经验的另一种解读会是怎样，我们需要看顶峰时期的非历史主义思想。施特劳斯相信，这可以在古典思想中找到。问题在于，古典思想的当代解读本身以历史主义的前提假设和史学研究方法为基础。为了避免循环，我们需要"对非历史主义哲学的非历史主义理解"。这就是施特劳斯在《自然权利与历史》的第三章和第四章、以及许多其他著作中，对古典政治哲学或苏格拉底式理性主义的新解读试图提供或准备的东西。按照这种"重获新生"的独特方法，我们可以开始严肃地考虑这种可能，即历史主义已是一个巨大的错误。

但是，其次，为了有助于证实这种猜疑，我们也需要历史主义的历史，[343]它解释这种错误何以产生，解释历史主义为何虽是错的，但却被如此多的伟大心灵认为是如此正确。在对早期现代思想，以及马基雅维利、霍布斯、斯宾诺莎的众多研究中，施特劳斯试图揭开现代哲学被遗忘的——和有问题的——基础，解释它何以坚持不懈地向下旋转，转进了历史主义。

历史主义的自我克服或"后历史主义"的兴起

不得不说，这两条研究路线不仅依其自身就讲得通，而且可以说，至始至终坚持历史主义也要求如此。迟早，施特劳斯提出，它们会让历史主义打倒自己。

看施特劳斯的第二条研究路线,即历史地分析历史主义本身,这一点就最清楚不过。他指出,真正自洽的历史主义"必须适用于它自身。"

> 历史主义方法恰好会迫使我们提出这样的问题:历史主义与现代人之间的本质关系是什么;或者,更确切地说,现代人所特有的,不同于前现代人的什么特殊需求,构成了其热烈地转向历史的基础。①

施特劳斯试图历史地解释现代心灵奇怪、独特的历史主义倾向。他将历史主义历史化。

与此类似,施特劳斯的第一路攻击,即致力于恢复对非历史主义或古典思想的真正理解,也是自洽的历史主义的必然结果。这是因为,他提出,真正的历史主义迫使一个人寻找对过往思想更不偏狭、更富同情的理解,揭示出它隐藏的根基,从而更彻底地将之克服。施特劳斯这里是在思考海德格尔著名的"解构传统"工作。② 比如,海德格尔的"意图是将亚里士多德连根拔起:因此,他不得不挖出根基,揭露它们,好奇地看着它们。"更一般地,"通过根除、而不只是拒绝哲学传统,在许多世纪之后——很难说几个世纪,[海德格尔]第一次让人们有可能看到传统根基的本来面目。"③但是,这种早期思想,即自洽的历史主义者必

---

① 施特劳斯,"政治哲学和历史",73。
② 关于施特劳斯与海德格尔的关系的精彩讨论,参阅维克利(Richard Velkley),《海德格尔、施特劳斯和哲学的前提:论原初遗忘》(*Heidegger, Strauss, and the Premises On Original Forgetting*),Chicago: University of Chicago Press, 2011。
③ 施特劳斯,"一段未说的开场白"("An Unspoken Prologue"),选自格林(Green),《犹太哲学和现代性危机》(*Jewish Philosophy and the Crisis of Modernity*),450;见施特劳斯,"剖白",458, 462-63;《城邦与人》(*City and Man*), 9。

须孜孜不倦不断接近的思想,从性质上讲完全是非历史主义的。因此:

> [344]历史学家若一开始就相信,真正地理解人类思想,就是就其特殊时代来理解每种教诲,或明白每种教诲是其特殊时代的表达,那就必定要使自己熟悉这样一种观点(他的论题经常向他强调这种观点),他的最初信念是没有根据的。①

他最终开始"理解海德格尔无心打开的可能:真正地回归古典哲学的可能。"②这个最终的结果,施特劳斯明确地称之为"历史主义的自我毁灭。"③

施特劳斯承认自己欠海德格尔学术债意味着,正是处于巅峰的历史主义,最终——如果说是无意地——带来了对处于巅峰的非历史主义思想的全新开放性,让处于巅峰的非历史主义思想重新振作了起来。因此,在其两路攻击中,施特劳斯认为自己的思想路线不仅自成一格,还代表历史主义的自我克服。这或许是施特劳斯心中可能怀有的信心,即"未来定会回归非历史主义的思想模式"的基础所在。④

许多人用更现代的词汇来说这个。他们声称,我们已经进入一个后现代时期,不仅与现代思想实现了最终的决裂,且某种版本的历史主义已经胜出。不过,施特劳斯会说(正如我们将

---

① 施特劳斯,《迫害与写作艺术》,158.
② 施特劳斯,"一段未说的开场白",450.
③ 施特劳斯,《迫害与写作艺术》,158.
④ 见施特劳斯,《柏拉图政治哲学新解》("On a New Interpretation"),326;《政治哲学与历史》,77.

会看到),历史主义并不真的是后现代的,因为它虽然拒绝重要的现代元素,但最终却最为充分地表达了现代思想的潜在倾向。但是,他进一步提出,这种现代主义式历史主义本质上并不稳定,它超越自身,重回古典哲学。这种情形,即历史主义在克服自身的过程中,开辟通往恢复苏格拉底式理性主义的路径,或许可以称为"后历史主义"。按照这些术语(施特劳斯本人并没有使用),施特劳斯代表的是真正的后现代主义——也就是后历史主义。

隐微主义与对历史主义的批判

我们终于要对施特劳斯驳斥历史主义的具体论点进行考察了。施特劳斯对历史主义的驳斥是复杂的。在接下来的内容中,我会选取其中的六个方面,展示隐微主义教义或现象在每个部分中所发挥的重要作用。

非常简单地说,前两个方面涉及到施特劳斯对证明历史主义的历史证据的回应,后几个方面涉及到他对[345]理论证据和经验证据的回应。在这六个方面中,第三、第四个方面是施特劳斯努力恢复对处于巅峰的非历史主义思想,即苏格拉底式理性主义的真正理解的一部分;最后两个方面则关系到他的这种尝试:历史性地解释历史主义的兴起。

1. 历史证据(一)

历史主义观最简单、最常见的一个方面,是诉诸于历史证据。正如施特劳斯所言,这种论点认为,人类历史呈现了"这幅令人绝望的景象,思想和信仰多的要命,最为重要的是,人们所拥有过的每种思想和信仰都会烟消云散。"几乎有多少哲人,就有多少不同的哲学。罗蒂问道:"为何哲学家们现在仍然吵个不停,就像西塞罗的时代那样,仍然绕着同样的辩证循环兜圈子,永远都说服不了彼此?"①长达几个世纪的分歧和失败,似乎最终暴露了非历史主义思想的巨大错觉:不存在终极的、超历史的普遍真理。②

从很多方面而言,这个论点都不堪一击。施特劳斯指出,自古以来,宗派分歧的景象就众所周知,但人们并没有因此就推出历史主义结论。那么,为何唯独在我们身上产生了这种效果?况且,从"人们存在分歧"的事实出发,得出"他们中谁也没有真理——或更糟糕,不存在真理"的结论,是一种明显的谬误。那么,我们为何深深地被这种错误的推理所诱惑?

施特劳斯的答案是,从一开始,现代思想就渴望"现实主义":要有效果,要克服理论与实践之间的鸿沟。它寻求的不仅只是理解这个世界,还要改变这个世界。③ 因此,它倾向于把"合理的"等同于"真实的"或"强大的"——等同于"起作用的"或"获胜的"。更粗俗地说,它倾向于崇拜成功。古典思想的标志是奥林匹亚式超脱——超脱这个世界和历史,但我们现代人缺少这种超脱精神。结果,我们的一切思想都由这个不言而喻的知识论前提所塑造:如果存在真理,那它就会在这个世界中显现出来,会在观念市场中脱颖而出,会被历史所证明。正是因为这个问题重重的前提,我们被熟悉、古老的百家争鸣景象弄得垂

---

① 哈贝马斯,罗蒂和柯拉柯夫斯基,《关于哲学现状的争论》(*Debating the State of Philosophy*),36.

② 施特劳斯,《自然权利与历史》,18-19;见施特劳斯,《政治哲学与历史》,62-63.

③ 施特劳斯,《什么是政治哲学》,40-45.

头丧气,得出了无根无据的结论:不存在超越历史的永恒真理。

但是,除了上述回答之外,施特劳斯也提出,[346]主要哲人之间的差异,实际上并没有对他们作品的传统解读让我们所想的那么大。正如我们已经看到,在19世纪之前,所有哲人都在这种或那种程度上,让思想的表达与当时当地所盛行的特定习俗相一致。这种隐微做法具有系统性地夸大哲学分歧的效果,让哲学分歧看上去很大。与此同时,哲人倾向于隐藏他们最深的思想和体验,特别是处于哲学生活根基处的那些。这具有系统性地模糊他们的一致观点的效果——观点的一致或许可以称为哲学体验的统一。

比如,在现代古典学界,柏拉图和亚里士多德之间存在根本的分歧是条公理。但是,施特劳斯通过隐微阅读,回到了古希腊和中世纪阿拉伯注疏者论柏拉图和亚里士多德的悠久传统——这一传统认为,柏拉图和亚里士多德在最重要的问题上基本一致。① 类似地,施特劳斯提出,为了看到早期现代思想隐匿的统一,欣赏隐微主义是必要的:

> 我们不再理解,尽管这些思想家之间存在着重大的分歧,但他们其实都属于同一个阵营,他们都与同一

---

① 这里的经典著作是阿尔法拉比的《两圣相契论——圣人柏拉图和亚里士多德意见的一致》(*The Harmonization of the Two Opinions of the Two Sages, Plato the Divine and Aristotle*)。见施特劳斯在"法拉比关于柏拉图《法义》的知识"("Farabi's Plato")中的讨论。另见施特劳斯,"柏拉图政治哲学新解"("On a New Interpretation"),345-349,354-355. 见 Carol Poster, "Aristotle's *Rhetoric* against Rhetoric: Unitarian Reading and Esoteric Hermeneutics," *American Journal of Philology* 118 (Summer 1997):221:"在流传下来长达15000页的《亚里士多德古希腊评注》(*Greek Commentaries on Aristotle*)中,柏拉图和亚里士多德的基本统一几乎被普遍承认。"这也是西塞罗的老师安条克(Antiochus)的观点;西塞罗的《论至善与至恶》(*De finibus*)5.3和《论学园派》(*Academica*)1.17说明了这一点。

种势力进行斗争——这种势力就是黑暗王国,正如霍布斯所称……我们越是开始学着像他们理解自己一样理解这些思想家,越是熟悉他们在不同程度上所采用的隐约其辞、难以捉摸的写作艺术,这一点就会对我们而言越是清晰可鉴。这样,这些思想家在我们面前就是同一条战线上的斗士,他们偶尔暂停反抗共同敌人的斗争,参与他们中间多多少少有些激烈、但永无敌意的争论。①

当然,这不是否认哲学家之间存在真正的分歧。但是,对隐微写作现象的忽视导致了对哲学史的系统性误解,导致哲学史被描绘的比它实际的模样更纷繁复杂、杂乱无章。

2. 历史证据(二)

历史主义者会回复,只凭多样性这个事实,并不能得出从历史证据中可以得出的主要结论。正如施特劳斯写道,"大多数历史主义者认为这个事实极为关键——[346]通过历史研究可以获得这个事实:在每一种政治哲学与出现这种这种政治哲学的历史状况之间,存在密切的联系。"②比如,科林伍德在《历史的观念》(*The Idea of History*)中写道:

> 柏拉图的《理想国》论述的不是政治生活的永恒理想,而是柏拉图接受、并重新阐释的古希腊理想。亚里士多德的《伦理学》描述的不是永恒的道德,而是古

---

① 施特劳斯,《关于马基雅维利的思考》,231(加了强调)。
② 施特劳斯,《政治哲学与历史》,63(加了强调)。

希腊绅士的道德。霍布斯的《利维坦》解释的是 17 世纪英国特色的绝对主义政治观念。康德的伦理学表达的是德国虔诚派的道德信念。①

到现在为止,由哲学家和思想史家在过去两个世纪中所汇编的大量历史证据证明,即使过去最伟大的思想家,也只不过是他们时代各种设想的喉舌,但他们却幼稚地误认为它们是超越时间的永恒真理。正如马克思在一段著名的话中所评论,"观念史除了证明精神生产随着物质生产的改变而相应地改变其特征之外,还证明了什么?每个年代的统治观念就是统治阶级的观念。"②马克思认为这个历史发现不仅真实可信,还显而易见。

马克思并没有错。证明这个观点的历史证据确实很多。但是,施特劳斯重现隐微主义使得下述回复成为可能:当然,过去的伟大思想家似乎是他们时代的囚徒、流行习俗的小贩,但这是他们故意将自己真正的思想隐藏在习俗面纱后面的缘故。在历史上的大多数时期,真正的智识自由需要付出代价;而这种代价,就是苦心孤诣地把自己表现成是时代的囚徒。因此,为了解决前面科林伍德的两个例子,如果仔细地阅读柏拉图的《理想国》和亚里士多德的《伦理学》——字里行间地阅读,就可以轻而易举地发现,前者最终对希腊的政治生活理想有着极大的保留,后者对希腊绅士的道德观也是一样。③通过这种方式,隐微写作学说——唯独这种学说——可以反驳其他有利于历史主义

---

① 柯林伍德,《历史学的观念》(*The Idea of History*),Oxford: Clarendon Press, 1946, 229;施特劳斯在"论柯林伍德的历史哲学"中引用,575。

② 马克思,《共产党宣言》("Manifesto"),489(加了强调)。

③ 见施特劳斯,《城邦与人》(*City and Man*),50-138;雅法(Jaffa),《托马斯主义和亚里士多德主义》(*Thomism and Aristotelianism*)。

的众多历史证据。①

这个学说也解释了另一个相关的谜团。如果证明历史主义的证据像历史主义者所坚持的那样明显,那么,在之前的几个世纪中,它们为何没有被注意到?为何唯独现代思想家得出了历史主义结论?这一答案再次由隐微主义所提供。不像以前的读者,唯独我们幼稚地把过去的著作虔诚、传统的表面当做它们的真正教诲。我们把自己的盲目无知当做洞察力。简而言之,[348]是现代对隐微主义的遗忘,在很大程度上造成了现代心灵对历史主义奇怪、独特的易受性。

因此,在历史层面,这种证据若得到恰到的解读——根据隐微现象进行解读,那它就绝不显而易见地指向历史主义。甚至,正如施特劳斯继续提出,它实际上背离历史主义。

> 历史远远没有证明历史主义的推论,而是似乎证明,所有的人类思想,以及所有的哲学思想,都关切相同的根本主题或同样的根本问题;因此,在人类知识(包括事实和原则)的一切变化中,都存在一种永恒不变的框架。②

即使永恒的答案非我们所能及,生命的根本问题至少还在我们的掌握范围之内。这种关键的"无知之知",便是以充满爱欲的怀疑和热情澎湃的追问为特征的苏格拉底式生活的全部所需。

---

① 施特劳斯,《政治哲学与历史》,63-63;《自然权利与历史》,199n43;施特劳斯,"一种被遗忘的写作艺术",选自《什么是政治哲学》,227;以及《迫害与写作艺术》,*Social Research* 8 (November 1941): 503n21.

② 施特劳斯,《自然权利与历史》,23;见32;《政治哲学与历史》,59-60,69-72.

3. 古代人和现代人

根据施特劳斯,最严峻的历史主义不是来自第一类证据,即纯粹的历史论点,而是来自第二类和第三类证据:我所谓的理论依据和经验依据。历史主义者提供了详细的理论分析,它们旨在展示人类知识的内在局限。另外,理论上"对理性的批判",也有助于阐释根本的"历史经验"或"历史性"——这大抵是现代心灵最深的体验。哲学批判和内在体验的这种结合揭示出,西方理性主义从一开始,即从大约 2500 年前的古希腊开始,就是根本上自欺欺人、虚无缥缈的,以它无法辩解或甚至无法完全说清的前提假设为基础。之后,整个儿的哲学史都是这种雄心勃勃、但又失败的理性主义事业一步一步不可避免地走向自我毁灭的历史。正如施特劳斯所述,尼采和海德格尔都"认为虚无主义极为关键——根据这两者,它始于柏拉图(或更早)……它的最终结果就是今日的式微。"①

虽然施特劳斯对这一论点深表同情,但他基本表示拒绝:"我开始……思考,理性的自我毁灭[349]是否是现代理性主义——完全不同于前现代理性主义——不可避免的结局。"②这让施特劳斯主要的智识计划:首先,揭开古今理性主义之间的基本鸿沟,然后证明,前者不同于后者,前者——巅峰时期是非历史主义思想——真正地自知,能够充分地证明自己。这个计划的两个部分都决然依赖于隐微主义的重新发现。

首先,存在这个核心问题(这个问题主要取决于我们如何阅读):现代思想是否本质上不同于古典(和基督教)思想?两

---

① 施特劳斯,《作为严格科学和政治哲学的哲学》,选自《柏拉图式政治哲学研究》,Chicago: University of Chicago Press, 1983, 33.

② 施特劳斯,《斯宾诺莎的宗教批判》,31.

者之间是否存在根本的分歧？启蒙运动曾经似乎是这样理解自身的,因为它夸耀自己的创新性,忙于著名的"古代人和现代人之争"。但是,不知怎地,这个关键观念消失匿迹了,如今明显不流行。

在19世纪,一种修正主义观点取而代之。当时,浪漫主义开始起来反抗启蒙运动,从理性到传统的转向使得新一代的历史学家,特别是萨维尼(Friedrich Carl von Savigny)和基尔克(Otto von Gierke)的"历史学派",倾向于低估这种决裂的彻底性,强调从现代一直回溯至古希腊和罗马思想的传统的基本连续性。

另外,反启蒙也涉及到向基督教的回归和致力于用基督教术语重新解读启蒙。正如施特劳斯所言,"从对启蒙的这种[基督教]回应出发,启蒙本身[开始]被解读成是由基督教所推动。"他又说道——讲到了隐微主义:"这[重新解读]成功了,因为启蒙总是出于政治原因,使自己适应于基督教。由此而创造的约定寓言(fable convenue),是今日主流观点的基础。"[①]"今日主流观点"的一个例子,是下面这个普遍的主张,虽然它在黑格尔、狄尔泰(Wilhelm Dilthey)、韦伯等人那里表现为不同的形式:启蒙代表的不是与前现代的彻底决裂,而仅仅只是基督教,特别是清教思想的"世俗化"。

随后的西方哲学界,很大程度上便是由这两种修正主义观所塑造。我们或许可以称之为"连续性理论"和"世俗化理论"。尼采和海德格尔似乎也是后来这种史学传统的后人。他们认为,整个西方理性主义虽然有其内在的变异,但或多或少是

---

① 施特劳斯,《关于现代性的通信:洛维特和施特劳斯》("Correspondence concerning Modernity: Karl Löwith and Leo Strauss"), *Independent Journal of Philosophy* 4 (1983): 112((原文强调)。

一个整体。①

[350]施特劳斯试图恢复早年的"鸿沟"观念。但是,这种观念一旦失去,就极难恢复,只能肤浅地恢复。这是因为,由于早期现代思想家有意识地与过去进行彻底、颠覆性的决裂,因而花了不少心思模糊这种决裂,至少是将其全部的范围和意义弄得模棱两可。比如,"洛克让我们极难看清楚……他偏离自然正确传统有多远。他是个特别谨慎的人……因此,我们面对的似乎是一个不曾断裂的悠久传统,从苏格拉底延伸至洛克。"②学者们看出,在早期现代思想家那里,明显有一些新的东西。但是,对于这些思想家偶然提出的原创性主张,他们又半信半疑(这可以理解)。这主要是因为,在这些主张周围,围绕着更多着重论述宗教及相关事务的内容,且这些内容明显表明了对基督教传统的持续性依赖——至少,对非隐微读者而言是如此。③

因此,施特劳斯重新发现隐微,是他著名的"古代人—现代人"主题的关键前提:他对"连续性"与"世俗化"史学观的拒绝,对西方思想中那一急剧的断裂的恢复。不过,"古今之裂"部分

---

① 见唐格维(Daniel Tanguay)在《施特劳斯:思想传记》(*Leo Strauss: An Intellectual Biography*)中对连续性论点和世俗化论点的精彩讨论(New Haven: Yale University Press, 2007)。关于海德格尔对萨维尼(Savigny)和历史学派的依赖,见维克利(Richard Velkley),《海德格尔、施特劳斯》(*Heidegger, Strauss*), 183-184n16, 185n40. 至于施特劳斯对最著名的世俗化论点,即韦伯的理论——现代资本主义源于衰弱的加尔文主义的高度批评性评价,见《自然权利与历史》,60n22. 关于黑格尔和世俗化,见施特劳斯,《论僭政》,191-192. 另见《现代性的三次浪潮》,选自《政治哲学导言:施特劳斯论文十篇》(*An Introduction to Political Philosophy: Ten Essays by Leo Strauss*), ed. Hilail Gildin, Detroit: Wayne State University Press, 1989, 82-83, 95. 对连续性和世俗化论点的极力辩护,见吉莱斯皮(Michael Allen Gillespie),《现代性的神学起源》(*The Theological Origins of Modernity*), Chicago: University of Chicago Press, 2008.

② 施特劳斯,《自然权利与历史》,165.

③ 施特劳斯,《霍布斯的政治哲学》,1-5.

被隐藏了起来。但是,正是由于这种断裂,古典哲学与不断堕落、自取灭亡的现代哲学的割裂成为可能。

4. 对古典哲学的新解读

现代思想与古典思想的背离只不过是第一步。接下来,施特劳斯需要证明,与现代理性主义不同,古典理性主义实际上能够为自己辩护,抵御历史主义对理性的批判,不管是"理论性"的批判还是"经验性"的批判。

但是,他相信,只要古典理性主义还是用传统的方式,即由"预设历史主义为真"的解读方法所塑造的方式进行解读,它就不能为自己辩护。为了逃出这个怪圈,施特劳斯看到,需要对古典思想进行新的、非历史主义的理解。通过恢复隐微解读艺术——这种艺术表明,与其说古典哲人在反思他们的时代,还不如说在躲避他们的时代,他开辟了全面、全新地理解古典思想的路径。在他看来,这种解读不仅更名副其实,还更能抵挡历史主义的批判。

这里显然不可能详细地阐述施特劳斯对古典思想的解读。但是,让我简单地谈一谈[351]他的解读的三个关键方面。它们对于回应历史主义都很关键。另外,它们都倚赖隐微阅读。

古典怀疑主义

第一个方面是古典理性主义的极简或极端怀疑主义。施特劳斯通过中世纪思想,特别是迈蒙尼德,以及迈蒙尼德公开推荐的阿尔法拉比回到古典思想。这些思想家公开地谈论他们自己和古典作者的隐微主义。正是在他们的帮助下,施特劳斯重新发现了隐微现象。以阿尔法拉比对柏拉图的隐微解读为引导,施特劳斯开始形成这个观点:真正的柏拉图式哲人——与苏格拉底式或亚里士多德式哲人并无两样——并不是"柏拉图主义者",不是知晓理念的教条的形而上学者,而是探究的怀疑者,知道自己的无知,生活在惊奇和疑问之中。在另一位长期受到冷落的作者色诺芬那里,施特劳斯找到了这种对柏拉图的非正统解读的重要确证。自18世纪末开始,色诺芬大致就处于被忽视的状态,被认为不具有哲学深度。的确,如果一个人看不到其苏格拉底著作的隐微深度,就只会看到关于一位退休将军有时迷人、有时无聊的回忆。

施特劳斯对古典理性主义的新解读源于阿尔法拉比、柏拉图和色诺芬。在这种怀疑主义解读中,

> 苏格拉底远没有致力于某种特定的宇宙论,以至于他的知识只是无知之知。无知之知不是无知。它是关于真理具有不可捉摸性的知识,是关于整全的知识。因此,苏格拉底鉴于整全之神秘性来看待人。由此,他认为,我们更为熟悉的是人本身的处境,而非这种处境的终极起因。我们或许还可以说,他鉴于永恒不变的理念,即根本、永恒的问题来看待人。①

用这种极简、怀疑的方式来理解古典哲学,那它就是个小得多的靶子。在这个基础上,古典理性主义相对而言并没有受到对目的论的拒绝、现代科学的兴起——以及,对理性的"理论性"批判(这构成了历史主义的第二个基础)等的影响。比如,基于这种解读,古典理性主义逃过了海德格尔的主要指控,即[352]古典理性主义教条地把"存在"(being)等同于"可理解的"(intelli-

---

① 施特劳斯,《什么是政治哲学》,38-39;见施特劳斯,《进步或回归》,262.

gible)或"客体"。① 与此类似,只有基于这种解释,前面提到的历史证据,即虽然答案千变万化,但根本问题千年不变,才可以被当作是对哲学的决定性辩护,证明历史主义的指控并不成立。"在原初的苏格拉底意义上,证明哲学的合理性,无需[比问题的永恒性]更多的东西。"②

宗教和诗歌的双重挑战

与这种对怀疑主义的强调相关的,是施特劳斯对古典思想之重新解读的第二个关键方面:(哲学)与宗教和诗歌的对峙具有核心地位。因为如果这是真的,即"原初的苏格拉底意义上"的哲人并不掌握完整的形而上学体系,而是"鉴于整全之神秘性"而生活,那么,面对城邦和诗人的神圣要求,他可以通过什么方式来捍卫自己的理性主义?类似地,如果我们对更大范围的整全不具备一定的理论知识,如果我们必须求助于我们作为人直接的人类经验,那哲人不就非常笨拙、准备不足,正如阿里斯托芬在《云》中经典地所述?因为哲人往往脱离、蔑视人类事物和纯粹的凡界,是探求普遍、必要和永恒之物的理性主义者。这样一来,真正的智慧就不是哲人的专属,而是诗人的专属。诗人们置身于人类生活之中,由里及表地知晓生活,能够模仿和阐释人类的独特经验不可避免的特殊性、偶然性和变化性。在施特劳斯的新解读中,应对这个基本难题,即神性和诗性智慧施加给怀疑的理性主义不可避免的挑战,是古典政治哲学的明确任务和苏格拉底式革命的核心含义。

但是,这根本就不是柏拉图式对话的表面——或这个领域的学术传统——的教诲。相反,用施特劳斯的话说,柏拉图式对

---

① 施特劳斯,《自然权利与历史》,30;施特劳斯,《进步或回归》,262

② 施特劳斯,《自然权利与历史》,32.

话的表面教诲认为,"古典政治哲学的反面或对立面是诡辩术,即希腊智者的教诲和做法。"苏格拉底是公民—哲人,是伟大的守护者,与智者对抗,捍卫德性和正义。但是,在施特劳斯的隐微阅读中,真正的中心人物并不是智者,而是诗人。"古典政治哲学的劲敌是诗歌。"又一次:"我只关注与这三者有关的问题:古典政治哲学的特征和主张,它试图解决的问题,它试图克服的障碍。[353]在阿里斯托芬对苏格拉底的描述中,后两者十分清晰。"①因为"关于诗歌和哲学本身之间的古老分歧和对立,在我们能够找到的记载中,阿里斯托芬对苏格拉底的描述是最重要的。"②

这个主张的极大重要性在于,表面之下,苏格拉底、以及古典政治哲学所面临的真正问题,非常类似于在施特劳斯和我们自己的时代哲学所面临的重大问题:宗教和诗歌——当然不是历史主义——的双重挑战,因为诗歌诉诸于历史主义所诉诸的大量现象和经验。甚至,尼采式的苏格拉底批判,在很多方面是对古代诗歌的苏格拉底批判的重新论述(后者以阿里斯托芬为缩影)。③ 因此,在施特劳斯的隐微阅读中,柏拉图对话和色诺芬对话的主要目的,是展示苏格拉底如何能够凭借其独特的政治哲学转向,成功地捍卫哲学生活,抵御宗教和诗歌(或"历史主义")对哲学合法性的双重挑战。

---

① 施特劳斯,《苏格拉底问题五讲》("The Problem of Socrates: Five Lectures"),选自《重生》(*Rebirth*),169,171,168-169.
② 施特劳斯,《苏格拉底和阿里斯托芬》(*Socrates and Aristophanes*),New York: Basic Books, 1966, 311. 考虑尼采:"关于柏拉图的秘密和其令人猜不透的性格,我思考得最多的就是那件被保密得很好的小事,即他临终时,枕头下放的不是《圣经》,不是埃及人的书、毕达哥拉斯的书,或他自己的书——而是阿里斯托芬的一本书。"《善恶的彼岸》,trans. Kaufmann, 41.
③ 见施特劳斯,《苏格拉底问题》,103;《苏格拉底和阿里斯托芬》,3-8.

在施特劳斯看来,苏格拉底式政治理性主义不仅能够为自己辩护,还能够为反击历史主义及其第三个基础,即"经验性"基础提供基础。极端历史主义知道,它自身最终依赖于一种独特的内在经验——关于历史性的经验,这种经验像启示一样被授予了晚期现代心灵。但是,施特劳斯提出,"发现历史"这种独特的发现,实际上可能是"对早已众所周知,在'历史意识'出现之前就已经得到更为恰当地解读的现象的随意解读。"① 施特劳斯试图表明,这种更为恰当的解读,可以在苏格拉底对来自诗歌智慧的挑战富有同情的理解、以及回应中找到。换言之,通过对柏拉图、色诺芬和阿里斯托芬的隐微解读,施特劳斯呈现了苏格拉底转向与历史主义转向之间的惊人相似——以及前者较之后者的根本优势。

隐微主义理论:理论与实践的冲突

施特劳斯对古典思想的隐微阅读,第三个主题是哲人与城邦、理论与实践之间的必然紧张。这个主题从前两个主题而来,从苏格拉底式怀疑主义和对诗歌与宗教的批判而来。因为城邦不能是怀疑者:它们具有、也需要它们的确定事物。因为这些确定事物不能建立在理性的基础之上,所以它们需要神和诗歌的支持。[354]因此,理性主义与社会存在之间、哲学的生活方式与公民的生活方式之间、理论与实践之间存在不可避免的紧张。

在传统的古典思想研究领域,这个主题几乎又是完全缺席的。但是,我们这里有这样一个主题,它不仅出自隐微阅读,还指出了隐微写作的衍变。基本上是因为哲学和城邦本质上相互对立、彼此有害,所以哲人必须隐微地写作。

现在,这个事实转而表明了隐微主义与历史主义之间更加

---
① 施特劳斯,《自然权利与历史》,32,33.

直接、更加本质的关系,这一点在第三章中进行了详细的阐释。隐微主义和历史主义,实际上是对同一个根本问题的两种相反回答。这个问题就是,理论与实践之间的关系是什么?正如我们已经看到,一般来讲,两种答案是可能的:它们要么和谐一致,要么相互对立。

  一种情况是相信理论与实践和谐一致。施特劳斯会说,这是现代思想的明确特征。这种信仰逻辑上分为两种对立的形式,取决于两种力量中哪一种被认为起主导作用。启蒙观点认为,理论与实践和谐一致,因为理论能够统治实践,让社会符合理性。与此对立的是历史主义观点(但仍然属于和谐主义观点)。根据历史主义观点,理论与实践和谐一致,因为理论最终服务于实践,理论是当时社会生活的产物或表达。①

  我们习惯性地认为,"启蒙理性主义"与"浪漫主义和历史主义"之间的著名对立是彻底的,因为现代思想的基本前提假设让我们这样认为。但是,这种习惯隐藏了现代思想的基本前提假设。古典立场与这两种和谐观都截然对立。它拒绝承认实践统治理论或理论统治实践。相反,它认为,这两者之间存在无法逾越的鸿沟、根本的对立或不兼容性,因而必须用隐微主义进行调节,以让双方相安无事。

  因此,施特劳斯对古典思想的新理解的第三个部分——隐微主义理论,构成了对历史主义(以及整体上的现代和谐主义观点)的直接批评。它认为,哲人最深层次的知识,即让哲人成为哲人的知识,并不是他那个社会的信仰的表达。原因很简单。

---

① 见施特劳斯,《信仰和政治哲学:施特劳斯与沃格林通信集》(*Faith and Political Philosophy: The Correspondence between Leo Strauss and Eric Voegelin*, 1934-1964), trans. & ed. Peter Emberley & Barry Cooper, University Park: Pennsylvania State University Press, 1993, 65-66, 71, 75.

那种具有社会破坏性的知识永远都不可能构成一个社会的基础。他的真理不是其历史现实的表达,因为这样的真理不能在任何历史现实中得到具体的体现。隐微主义理论提出,历史主义以对理性与历史这两者之关系彻底不正确的解读为基础。①

抛弃隐微主义之后历史主义的壮大

[355]历史主义与隐微主义之间的联系,比我暗示的要复杂、密切的多。如果我们现在转向历史主义的历史起因问题,就可以看到。

回想一下,施特劳斯应对历史主义的策略包含两个部分。第一个部分,我们已经讨论过,是恢复处于巅峰时期的非历史主义思想——苏格拉底式怀疑理性主义。这一努力的第一步是将这种非历史主义思想与狭隘、教条的现代理性主义区别开来("古代人—现代人"之分),第二步是对它提出新的、未被历史主义假设和史学方法所污染的解读,最后一步是表明,如果得到恰当地理解,这种思想能够为自己正言,反驳历史主义对理性的理论性批判,更重要的是,它对处于历史主义根基处的根本经验构成了更好的解读。它也带来对理论与实践之关系的更佳解读——与历史主义观点相矛盾。

施特劳斯的回应的第二部分,是将历史主义应用于历史主义自身,正如自洽的历史主义要求:历史地解释现代心灵奇怪的

---

① 见施特劳斯,《信仰和政治哲学:施特劳斯与沃格林通信集》(*Faith and Political Philosophy: The Correspondence between Leo Strauss and Eric Voegelin*, 1934–1964), trans. & ed. Peter Emberley & Barry Cooper, University Park: Pennsylvania State University Press, 1993, 66, 75–76;《迫害》,7–8, 21.

"永远历史化"冲动。施特劳斯对历史主义的因果解释自然非常复杂,但一个特别重要的方面是:"现代历史意识兴起的同时,隐微主义传统中断。"①由于某种原因,隐微写作的式微与历史主义的兴起有着重要的因果联系。实际上,这是由于三个不同的原因。

第一个我们早已看到。在过去的两个世纪中,对隐微主义的遗忘导致现代读者认为,以往作品显白、传统的表面便是那些作者的真正思考。这种重大的解读错误导致了对哲学分歧的系统化高估,也产生了这种错误的表象,即所有的人类思想都只不过是对盛行习俗的反思。

但是,施特劳斯会说,历史主义的兴起不仅源于隐微阅读的式微,更根本地,还源于隐微写作的式微。如果古代经典是正确的,理论与实践具有本质性的不兼容性,那么,削减或移除保护社会和哲学不受彼此伤害的隐微盾牌,就必定会对两者都造成危害。施特劳斯提出,历史主义的兴起是对每一种危害的回应,或者是每一种危害的结果。

5. 历史主义作为对下述危害的回应:隐微写作的式微对社会造成的危害

[356]为了寻找历史主义这个现代独有的现象的历史起源,必须看现代性本身的起源。我们已经看到,在施特劳斯的阅读中,现代性创始人(哲学方面)的主要推动力是对黑暗王国的反抗或他所谓的"反神学怒火"。② 在最深层次的意义上,这指

---

① 施特劳斯,《迫害》,58。
② 施特劳斯,《什么是政治哲学》,44;见施特劳斯,《帕多亚的马西里乌斯》,选自《政治哲学史》,ed. Leo Strauss & Joseph Cropsey, 3rd ed. Chicago: University of Chicago Press, 1987, 294。

他们试图让自己确信,启示的各种主张都虚假不堪。① 相信不可能基于完整的形而上学体系从理论上驳倒启示,他们被迫进入实践领域。在某种程度上,启示可以"经验地"驳倒,可以被历史驳倒,如果哲人能够放弃他们的沉思和超脱,积极地密谋创建一个正义、繁荣的新世界——在这个世界中,人们可以完全"在家"(at home),有所属,有所满足,因而在这个世界中,宗教现象和宗教经验现象在人们的视线中消亡消失。②

为此,现代思想家要求,理论应该放弃古典思想的乌托邦形式,变为"现实的"——也就是,将自己根植于真实和实际的东西。因此,一方面,它可以强大、有效地改变这个世界,另一方面,它可以因此而避免建立始终超越、因而贬低历史现实的标准。它们让自己反对所有的超验标准,反对所有的"超越"观念,不管是宗教的还是哲学的。换句话说,它们要求理论与实践的和谐或统一:理想与历史现实、应该与是、合理与真实的和谐或统一。通过克服这些古典二元论,它们希望杜绝造成疏远或不满的每一种根源,去除事实之外的每一条申诉理由,将人类空间与每一种自称更高的东西隔绝开来,从而制造一种绝对的依恋、忠诚和牢固,一种完全的此世感,一种可以证明其自身合法性的世俗化。③

现代社会这种致力于消灭一切超越性、统一理论与实践的伟大工作,最初的形式是启蒙理性主义。古代隐微主义试图保

---

① 施特劳斯,《关于马基雅维利的思考》,231;施特劳斯,《马基雅维利》,选自施特劳斯和克洛普西合编的《政治哲学史》,296-297。

② 施特劳斯,《哲学和律法》,trans. Fred Baumann, New York: Jewish Publication Society, 1987, 12-13。

③ 施特劳斯,《自然权利与历史》,13-16,33,178;《什么是政治哲学》,40-41,51;《现代性的三次浪潮》,83-89;《论僭政》,106n5,210-212;"进步或回归",242-245。

持理论与实践的分离,试图保护政治生活不受哲学理性的腐蚀。但是,在笛卡尔、霍布斯、洛克和狄德罗等思想家那里,这种传统的尝试遭到了抛弃。取而代之的是与此相反的启蒙计划:传播哲学或科学知识,希冀可以逐渐实现实践世界与理性的和谐一致。当然,正如我们已经看到,[357]这个启蒙计划本身也需要某种隐微主义来完成颠覆进程(当然要加以仔细斟酌)。但是,这种暂时的"政治性隐微主义"在隐匿程度以及持续程度上,远比古典隐微主义要来的有限。

但是,正如历史教会我们(加上第三世界国家的现代化经验),理论性理性释放到实践世界,不管效果怎样,都产生了大量的问题。它导致一种危险的普遍主义、政治教条主义和意识形态帝国主义,这集中体现为法国大革命(以及,后来的共产主义革命);它让人们脱离他们的古老传统和当地习俗;它让异化、怀疑主义、唯物主义茁壮成长,让传统风俗不断衰败。伟大的启蒙努力旨在让人更扎根于土地、更"在家",实际上却在许多方面与预期的效果背道而驰。

以卢梭和柏克为首,伟大的浪漫主义者和保守主义者开始起来反抗启蒙,他们最先指出了其中的政治危害性。正是这些思想家,特别是"历史学派",发生了关键的历史转向。当然,重新发现古人的洞见,即不加稀释的纯理性主义会带给政治无尽的危险之后,他们可能简单地接受这种冲突,然后回到古典的隐微主义方案。但是,他们并不,正好相反。他们向前走,走向了历史主义。他们虽然慷慨激昂地反对现代性,表面功夫十足,但在关键方面仍然是现代思想家:他们仍然与"黑暗王国"不共戴天,仍然坚持"统一理论与实践"这个基本的现代策略,而这个策略,也激励过他们的启蒙对手。他们只是通过使思想屈服于社会现实,而用一种相反的方式来看待追随这种策略的必要性。

通过把理论嵌入实践,通过让思想建基于当地传统,简言之,通过将理性历史化,他们拼命阻止理论对实践造成伤害,或竭力与这种伤害进行斗争。①

因为逐渐抛弃隐微写作,理性与社会生活的冲突得到了释放。在施特劳斯的论述中,悠久、痛苦的现代哲学史,很大程度上便是关于这种冲突的故事。被启蒙所解放的哲学理性主义越是雄赳赳气昂昂地走到光天化日之下,就越是会给健康的道德和政治生活构成危害性,因而就越是会对理性产生敌意。这导致来自非哲人的迫害,但更糟糕的是,导致来自哲人的迫害——导致知识分子的背叛(la trahison des clercs),也就是,飞越理性,哲学的政治化,哲学反理性主义的兴起。

[358]对现代哲人而言,由于越来越深地有感于"理性的社会危害性",但又不愿意放弃"通过调和理性与政治生活而消灭一切超验性"的人文主义希望,所以就被迫参与更加极端的尝试,致力于重新解释和驯服理性,强迫它服务于实践生活。② 于是,出现了伟大的现代命令"永远历史化"——发自内心地怀疑理性主义,急切地渴求打败它。如今,这一命令继续推动着我们。正如我们已经看到,那种对理性有些简化的政治批评,即理性普遍主义导致不宽容和帝国主义,仍然处于当代历史主义和后现代主义的中心。这就是为何,隐微主义的式微——放弃"隔绝实践与理论、隔开哲学与政治"的古典努力——极大地促进了历史主义的兴起。③

---

① 施特劳斯,《自然权利与历史》13-16;《论卢梭的意图》,285.
② 施特劳斯,《自然权利与历史》,13-16,26,252,256-263,302-323.
③ 不是说这是历史主义意愿的唯一根源。更根本的是现代性一开始的潜在计划:致力于让人彻底置身于其所在的年代和地点,因而对宗教的彼岸漠不关心。历史主义是这种原初反超验现代冲动的最终表达。但是,这种冲动很快 (转下页)

6. 历史主义作为下述危害的结果：隐微写作的式微给哲学造成的危害

隐微主义的式微不仅以这种方式促进了历史主义的兴起。施特劳斯的历史主义史还涉及到另一种更直接的方式。前面的讨论就那种命令如何发展成这样的观点——就对这种观点的巨大需要和渴望——追溯了历史主义的发展。启蒙理性主义的政治危害性以及神学问题让我们需要在现代思想框架内否定一切超然性，需要看到理论性理性服从实践，不能超越其历史状况。但是，仍然要问：现代思想家何以变得不仅如此渴望，还如此能够拥抱历史主义论点？历史主义不是由来已久的哲学立场之一，不是随想随得。几乎过去的所有年代都发觉它是个极不可能的论点。那么，是现代心灵的什么情况，使得它发现历史主义是合理的？

历史主义是正确的——适合现代思想

部分答案我们已经看到。由于忽视隐微主义，我们错误地认为，以往哲人著作中那个符合习俗惯例、具有历史狭隘性的表面就是真正的教诲所在。

但是，施特劳斯也提供了另一个更深邃的答案。他提出，由于众多原因，现代心灵已经陷入极不寻常、[359]极不自然的状态——借用著名的柏拉图式比喻，他有时称之为"第二洞穴"。②"洞穴"是柏拉图描述人类心灵陷入其所在的历史状况的术语。

（接上页注③）就走到了其最终的历史主义终点，因为它的第一次现形，即启蒙理性主义，带来了政治之恶；这些政治之恶产生了更加合理的动机——让理性服从于历史。但是，后面这种关切并没有发展起来，因为如果现代首要计划并没有首先让哲人与政治与宗教史进程利益有关，没有让他们从理论上关注这个进程，哲人就不会如此尽力地关注纯粹的政治问题。

② 施特劳斯，《哲学与律法》，112n2, 37-38；《迫害》，155；见迈尔，《施特劳斯》，56-57, 57n2。

对柏拉图而言,我们天然地在充满偏见和假象的洞穴中长大,它们来自人类感官的局限和社会习俗的随意。但与此同时,这些基本假象往往简单粗糙、矛盾重重,因而有一条相对清晰的辩证路径,引领那些愿意走这条路的人走出这些假象,走进现实之光。谈到第二洞穴,施特劳斯提出,现代思想制造了第二个偏见层和历史困境。由于这是哲学思想的产物,因而要看穿它、逃避它就更加困难。唯独现代心灵受困于其历史状况。

借用这个看似奇怪的主张,施特劳斯只是在阐述对一长串思想家的观察,其中包括席勒、黑格尔、胡塞尔和海德格尔等。大意是,现代思想尤其抽象和复杂(特别是与古代思想相比):它缺少与前理论的常识性经验的直接联系。它不联系它自身的前提、概念和问题的根源。① 因为这个,我们现代人研究某些早期现代哲人的思想,或诚实、反思性地思考我们自己的思想时,几乎总是拥有相同的体验:我们被如下这个事实所震撼,那就是,这个思想的基础是还未得到证明、甚至未经考察的前提假设,是传承自过去的某个时代、但从未得到彻底质疑的观点和态度。简而言之,我们不断地体验历史嵌入性、历史性和我们自己的想法。这就是为何,我们现代人自然而然地趋向于历史主义,并发现它是合理的:它与我们自己的内心体验一致。

---

① 席勒,《论素朴的诗和感伤的诗》(*On Naive and Sentimental Poetry*), trans. Julius A. Elias, New York: F. Ungar, 1966;黑格尔,《精神现象学》(*The Phenomenology of Mind*), trans. J. B. Baillie, New York: Harper and Row, 1967, 94;胡塞尔,《欧洲科学的危机和超验现象学》(*The Crisis of European Sciences and Transcendental Phenomenology*), trans. D. Carr, Evanston, IL: Northwestern University Press, 1970, 366-367, 373-375;施特劳斯,《政治哲学与历史》,75;《作为严格科学的哲学》,31;克莱因(Jacob Klein),《古希腊数学思想和代数的起源》(*Greek Mathematical Thought and the Origin of Algebra*), trans. Eva Brann, Cambridge, MA: MIT Press, 1968, 117-125;《克莱因演讲和论文集》(*Jacob Klein: Lectures and Essays*), ed. Robert Williamson & Elliot Zuckerman, Annapolis, MD: St. John's College Press, 1985, 65-84.

因此,根据施特劳斯,对于历史主义,有一个相对真理:它适合现代思想。不知为何,现代心灵虽然骄傲地宣称解放,但实际上却更奴役于其所在的历史和传统,在洞穴中陷得更深,比之前的年代陷得还要深。然后,现代思想家调和这个问题的方法是,幼稚地将他们的特殊情况——他们自身思想的历史性——一般化,认为所有的人类思想本身都有这样的特点。

进步观念作为现代思想之历史性的根源

[360]正如施特劳斯试图所做,为了解释历史主义在现代社会的兴起,还要解释为何现代思想如此抽象,如此忘我,如此脱离它自己的根基,因而如此深陷于其历史洞穴之中。施特劳斯引用了不同的原因。首先,现代思想依赖长达两千年之久的哲学传统,而传统自然会让很多东西被认为是理所当然,让很多东西被遗忘。第二,这个哲学传统很长一段时间内都与启示传统,也就是,智识上的接受和无条件服从传统纠缠在一起,现在难以解开。

第三,现代哲学源于对中世纪和古典思想的激烈反抗。现代性的这个好辩特征具有两个后果。一是让现代思想家特别难以认识到,在他们嘈杂的对立之下,他们实际上有多么依赖早期思想。二是让现代哲学具有针对性和学术性,因为这意味着现代哲学不是"自然而然地"源于与现象的直接对峙,或源于对永恒的生活之谜的好奇,而是源于对已经存在的哲学观念的回应。换句话说,古典哲学针对的是非哲学生活和常识性的"意见"领域(哲学生活出自这个领域)。但是,现代哲学却正好相反,它针对的是现存的错误哲学、经院哲学,因而更有学术性和历史偶然性。①

---

① 施特劳斯,《论古典政治哲学》,49-50;《什么是政治哲学》,27-29;《政治哲学与历史》,73-77;《哲学与律法》,37-38,112n2;《迫害》,154-158;参阅克莱因(Klein),《古希腊数学思想》(*Greek Mathematical Thought*),117-125.

但是,根据施特劳斯,在现代思想的各种特征中,应该对忘我和历史性付最大责任的,是它著名的对进步观念的依赖。由于现代理性主义承诺要注重实际,要具有政治功效,要克服怀疑主义,取得确定不易的答案,所以它信奉一种极端基础主义(hyperfoundationalism):它希望一劳永逸地规定固定不变、甚至不容置疑的基础,并在这个基础上建立一座伟大、可靠、不断增高的知识大厦。简言之,它试图让哲学不断进步,就像技艺。

> 这个[进步]观念暗示,最基本的问题可以一劳永逸地得到解决,所以后人就不必再对此进行讨论,而可以在已奠定的基础之上建立不断增高的结构。通过这种方式,基础被遮盖。①

[361]这种进步态度在自然科学领域最为清晰,但也是整个现代哲学的特征所在。基础的根基由马基雅维利、培根、霍布斯和笛卡尔所奠定,比如,对自然的负面或征服姿态,或要求理论与实践的统一,后面的人把这个作为他们的出发点。诚然,现代思想变化多端、分歧不断,但这主要是因为后来的每一代都在同一个方向上走的越来越远。洛克修订霍布斯;卢梭修订洛克;康德修订卢梭;黑格尔修订康德;诸如此类。每个人都感觉到,为了研究任何一位现代哲人,都不得不研究到这位哲人所在时代为止的哲学史,因为现代哲学是个历史序列:每位思想家都捡起了前一代思想家留给后人的球。正如施特劳斯经常声称,存在一个"现代计划",一个共同的事业。现代哲人永远都不是自成一格。他们从不制造真正的新开端。

---

① 施特劳斯,《政治哲学与历史》,76.

现在，如果现代思想整体上依赖进步观念，那这种方法论姿态又与哲学有何干系？进步观念意味着，前提由一位思想家所奠定，结论由其他思想家到后面得出。因此，进步具有随着时间的推移而传播哲学的功效。它让哲人暂时与他自己的根基相分离，从而使得他自己的思想具有历史性。哲学越是进步，它的基本前提——它们的具体内容是什么，它们如何被正当化，它们真正的对立面是什么——就越是消失在过去，难以企及。换句话说，从一开始，开明、进步的现代思想就对自己特别不受传统的束缚、特别愿意质疑任何一切而感到骄傲。但是，极大的讽刺在于，进步信仰必定创造一种新的、更加难以逃脱的传统。在这个观念的支配下，不仅宗教或惯例，就连哲学本身也鼓励人们不进行严肃的考察就接受过去的教诲，然后继续前行。所有的现代思想家都站在巨人的肩膀上——这就是为何他们的思想如此无根无基。

总之，现代时期历史主义的壮大——现在不是指对历史主义的意愿，而是指内心越来越觉得历史主义合理——很大程度上是由于进步观念的兴起。因为进步观念招致现代哲学极度依赖它自己的历史和传统，深陷于第二洞穴。最终，从自己的内在体验出发来进行判断的现代心灵，开始形成它自己的"洞见"：所有人类思想都被历史所监禁。但是，在之前的所有年代，这看起来都极不合理。

进步观念的兴起与隐微主义的式微

[362] 如果进步观念以这种方式对历史主义的兴起至关重要，那么，这一切又与隐微主义、以及它在现代时期的式微有什么关系？答案是：在哲学应该如何理解它自身的根基或基础这个问题上，隐微观念和进步观念是两个截然相反的概念。（上面，我们看到，就哲学应该如何理解政治实践而言，隐微主义是

历史主义和启蒙理性主义的对立面。)因为这种根本对立,隐微主义的式微是现代性内部出现进步观念和历史主义观念的关键前提。

这里的要点如下。我们已经看到,通过让思想家不再触及他的根基或前提,进步方法论(methodology of progress)倾向于将哲学思考历史化。但是,隐微做法却旨在制造截然相反的效果(这里从它的教学意义和功用进行考虑):如果成功,它允许——实际上迫使——思想家考察并充分建立他自己的根基。隐微主义至少通过两种不同的方式来行使这个自建功能。

首先,通过隐藏自己的真实想法,隐微作者拒绝给予哲学的读者任何可以被奉为圭臬或想当然的东西。通过仅仅给出暗示和谜团,他迫使读者自己去发现一切。这种强迫是必要的,因为随着时间的流逝而不断地衰败——变成一种传统、"历史化",乃是哲学的天然倾向,因为人们往往服服帖帖、不加质疑地接受伟大先哲的结论。对于真正的哲学而言,由于它总是要求人们从头开始思考、亲自思考,所以这种倾向是致命的。在现代时期,这种天然的倾向,这种依赖他人之发现的危险倾向,人为地被进步观念所强化。结果,它成了一种德性,一种哲学方法。这种依赖性非常有助于体系的构建,虽然对清晰和自知无益。

但是,前现代理性主义并不试图构建体系,而是试图看透。它强烈地意识到了对哲学的这种危害。它苦苦思考这个问题:你如何能够向他人转达一些永远都无法从外部给予,只能由内产生的东西?他们找到的答案是隐微:用正确的方式隐藏真理,诱惑他人自己去发现真理。隐微是苏格拉底式方法的文学标配。[363]隐微的恰到好处的文本并不允许哲学读者对作者或已奠定的基础形成依赖性;相反,它巧妙地迫使读者发展并依靠他自己的内在力量。隐微主义与进步方法截然对立,它是一种迫使思考者自力更生的策略，是一种强迫他们自足自立，而不是站在其他人的肩膀上、站在历史中的策略。

隐微主义保留了回归的可能

与进步方法论截然相反的隐微主义，似乎还通过第二种方式，对促使哲学心灵建立其自身的根基起了至关重要的作用，虽然我更不确定，在这第二点上，我是否正确地理解了施特劳斯。它涉及到哲学生活的第二个天然危险。对于思想家而言，即使他并没有过度地依赖他人，他的思想也有可能倚赖某些想当然的基本前提。这当然是历史主义批判的核心所在。如果哲学在于希冀逃脱对这种未经省察的前提假设的依赖，那么，哲学的主要任务必定变成了往回追溯，探索其根基和本源，而不是向前推进，阐述其原则。简言之，哲学必须拥抱回归，而不是进步。

施特劳斯与许多晚期现代思想家，如胡塞尔、海德格尔和维特根斯坦等都提出，哲学需要回归日常和前理论的东西。但是，在施特劳斯看来，这种需要的真正实现将在著名的苏格拉底式回归——对人类事务的回归中找到。不管哲学升的有多高，离太阳有多近，它都必须经常忆其根，思其本，那就是，它不仅源于洞穴、意见世界、平常的日常生活和事物的常识表面，还持续性地依赖它们。它必须不断地考验自己——通过回归现象，因为现象中隐藏着平常、前哲学的意识。

但是，回归哲学所面临的重大问题在于：一旦离开洞穴，就很难真正地重回洞穴。正如苏格拉底所言，在黑暗中，双眼再也看不见（《理想国》516e-517e）。试图重拾失去的纯真，或重新变得幼稚，大抵是最难的事。但是，回不去的不仅是哲人，在某种程度上，还有哲人所在的社会。即使在不曾刻意培育大众启蒙的地方，哲学或科学的存在也倾向于改变或[364]扭曲当地文化天然的前历史意识。因此，对哲学而言，第二个危险是：哲学在一定程度上是一种自我破坏的活动(self-undermining activity);为了维持健康,它需要在一个前理论经验世界中保持对自身起源的意识,但它又不可避免地倾向于模糊或改造这个世界,让前理论经验世界变得难以企及。

现在,在现代时期,威胁哲学的第二个天然危险再次被进步观念和启蒙所强化。对哲学而言,重任在于回归,虽然有所阻碍。但是,进步观念却宣告,哲学的恰当任务在于勇往直前,不往回看。这种观念教导人们,原初前科学的常识世界是一个只有迷信和民间传说的世界,是应该被超越和遗忘的世界。类似地,与此相关的启蒙观念让现代哲学卷入如下企图:转变大众意识,消灭传统社会和古老的前科学常识世界,用一种新的意识,一种世俗化的、不抱幻想的科学文化取而代之。通过这些方式,现代哲学富有干劲地撕毁了自己的根基,关上了进入前理论世界的每一个入口。它爬上了梯子,然后弃之如履。这就是为何现代思想是那么地"非苏格拉底",那么地缺少只有不断地回归日常生活经验、并以之为基础才能获得的自我意识。

古典思想避免了这些罪恶。它十分具体,颇具自我意识,深深地根植于日常经验,因为它不是进步和启蒙哲学,而是回归哲学。尽管回归之途并不顺利,有着难以对付的自然障碍,正如我们刚刚所见,但古典思想却拥有处理这些障碍的策略:通过隐微,哲人保护和保留了城邦的常识性、前理论意识。他们不允许城邦被他们自己的理论追求所败坏或贬低。换句话说,施特劳斯经常强调,苏格拉底因为开始充分意识到自己对城邦的依赖,而实践保护性隐微主义。但是,这种依赖不只是局限于他的身体需要——身体上对城邦的需要,他之前的思想家大概并不是没有意识到。它还特别是一种智识上对城邦的需要,因为城邦是前哲学经验的天然仓库。这正是他试图保护的对象。这样一来,隐微主义就是回归哲学的必要增补:它有助于保存哲学需要回归的东西——保护它免受哲学的影响。它自然而然地矫正了哲学内在的自我破坏性:它使得哲学活动有可能与它需要的前哲学意识安全地和谐相处。

[365]隐微主义防腐的一面还具有第二个维度。隐微写作有助于保证哲人进入前理论视界,一是通过保护这种视界持存于社会生活中,二是通过把这种视界展现、保留在书本中。正如施特劳斯经常强调,古典政治哲学著作具有一种独特的直接性、鲜活性和具体性,它们在现代著作中无法找到,因为古典著作——在其表面,不是在其里面——故意采用、阐释普通公民在政治事务上的观点。它们并不从某个外在的、高高在上的科学视角俯视政治世界,而是呈现内在的、实际的、前哲学的见解。这些著作永远都是对每一种过度复杂的极大矫正。它们是苏格拉底式简洁和回归的载体,帮助人们回想起、联系上基本的前理论常识。

因此,通过两种方法,古典哲人以一种使得进入前哲学(视界)的入口得以保存的方式进行写作。通过隐微地写作——隐藏真理,他们庇护社会及其前理论景象不受败坏。通过显白地写作——在其著作表面呈现有益的相反教义,他们以文字的形式描述并保存了某种版本的前哲学观点。

当然,我并不是主张,保存城邦的前哲学景象是古典隐微主义唯一、甚或主要的目的。保存哲学本身显然是一个更加紧迫和基本的目标,而且这个目标似乎与第一个有些冲突。比如,这似乎显而易见:柏拉图不仅试图保护希腊当时有关诸神的观念,还试图通过一种让哲学看上去是一种虔诚、体面的活动的方式改革这些观念。但是,在后一个目标的界限之内,柏拉图也试图保存——如果不是加强——前理论世界的道德和宗教希望、渴望与信仰。

总结一下施特劳斯总体论证的第二个方面。通过恢复与历史主义相对立的方案——苏格拉底式怀疑理性主义，施特劳斯试图历史性地阐释，为何现代社会容易受历史主义之影响。他主要将"要视理性镶嵌于历史之中"这个历史主义命令追溯至对政治危害性的回应——当哲人放弃隐微克制、青睐斗争性的启蒙理性主义时，造成了政治危害性。最终，他发现它的根源乃是现代社会所独有的一种关切，那就是，通过拒绝一切超越性，包括理论对实践的超越，打倒"黑暗王国"。

但是，施特劳斯也试着解释现代心灵独特的内心体验的起源，[366]因为正是这种独特的内心体验，导致现代心灵发现历史主义不仅值得拥有，还合情合理。他提出，现代思想在根本上不同于古典思想，因为前者试图通过进步为哲学奠基，而后者却是通过回归。通过经常回归、面对前哲学的经验世界（依赖隐微来保存这个世界，使之与哲学对峙之际不发生变革），古典哲学努力地合法化自己，努力地说明、测试其基本前提。

现代思想则建立在相反的希望之上：通过成功地改革、启蒙这个世界，让这个世界不抱幻想，通过不断地加强对它可以解释的东西的解释，它会让它不能解释的所有证据或经验都烟消云散。传统社会的世界，它的精神、上帝和诗人，都将不复存在，都将被历史所否定。简而言之，现代思想希望通过删除前理论经验而使自己合法化。

但是，通过这样系统地割断与根部和根基的联系，现代"进步哲学"最终吃惊地发现，它依赖于那些它已意识不到的选择和前提。这就是历史主义让现代思想家觉得它合情合理的原因所在（前人并不这样觉得）：每当我们真诚地反省，我们反复出现的内在经验就具有我们自身思想所具有的历史性。

但是,最终,正如我们已经看到,历史主义促进了我们已丧失的隐微意识的恢复。这可以——如果施特劳斯的阅读和论证之类的东西是正确的——让我们重新看到怀疑主义的苏格拉底式理性主义之路,同时也揭示出历史主义这种现代独有的偏见隐匿的发家史。这或许又会导致对理性的重新合法化,一种真正的后现代主义合法化,因为是后历史主义的。

尽管施特劳斯提出,隐微写作的式微很大程度上归因于历史主义的兴起,但他并不认为(这也并不一定推出):这种做法必须得到普遍的恢复;为了推翻历史主义,必须打倒启蒙——他几乎没有想过这种变革。只要恢复隐微阅读的艺术,参与让人摆脱现代偏见、熟悉真正的苏格拉底式方法的历史研究,现代思想家便可从历史主义中解放出来。

参考文献

Acton, Lord [Sir John Dalberg-Acton]. *Essays on Church and State*. Edited by Douglas Woodruff. London: Hollis & Carter, 1952.

Ahrensdorf, Peter J. *The Death of Socrates and the Life of Philosophy: An Interpretation of Plato's Phaedo*. Albany: State University of New York Press, 1995.

Alfarabi, Abū Naṣr Muḥammad ibn Muḥammad. *Aphorisms of the Statesman*. Translated by D. M. Dunlop. Cambridge: Cambridge University Press, 1961.

———. *The Harmonization of the Two Opinions of the Two Sages*. In *Alfarabi: The Political Writings: Selected Aphorisms and Other Texts*, translated by Charles E. Butterworth, 115–68. Ithaca, NY: Cornell University Press, 2001.

———. *The Philosophy of Plato and Aristotle*. Trans. Muhsin Mahdi. Ithaca, NY: Cornell University Press, 1962.

———. *Plato's* Laws. Translated by Muhsin Mahdi. In *Medieval Political Philosophy: A Source-book*, edited by Ralph Lerner and Muhsin Mahdi, 83–94. New York: Free Press, 1963.

Allen, Don Cameron. *Doubt's Boundless Sea: Skepticism and Faith in the Renaissance*. Baltimore, MD: Johns Hopkins University Press, 1964.

Alvarez, Alfred. *The School of Donne*. London: Chatto and Windus, 1961.

Ambler, Wayne. "Aristotle on Nature and Politics: The Case of Slavery." *Political Theory* 15, no. 3 (August 1987): 390–410.

Ammonius. *Aristotelis Categorias Commentarius*. Edited by A. Busse. In vol. 4.4 of *Commentaria in Aristotelem Graeca*. Berlin: Reimer, 1895.

―――. *On Aristotle's Categories*. Translated by S. Marc Cohen and Gareth B. Matthews. Ithaca, NY: Cornell University Press, 1991.

Anderson, Abraham. *The Treatise of the Three Impostors and the Problem of Enlightenment: A New Translation of the Traité des Trois Imposteurs (1777 edition) with Three Essays in Commentary*. Lanham, MD: Rowman & Littlefield, 1997.

Aquinas, Thomas. *Catena Aurea, Commentary on the Four Gospels: Collected out of the Works of the Fathers by St. Thomas Aquinas*. Vol. 1. Translated by Mark Pattison, J. D. Dalgairns, and T. D. Ryder. Oxford: John Henry Parker, 1841–45.

―――. *Commentary on Aristotle's De anima*. Translated by Kenelm Foster, OP, and Sylvester Humphries, OP New Haven: Yale University Press, 1951. http://dhspriory.org/thomas/english/DeAnima.htm#11L.

―――. *Commentary on Aristotle's Nicomachean Ethics*. Translated by C. I. Litzinger. Notre Dame, IN: Dumb Ox Books, 1993.

―――. *Faith, Reason and Theology: Questions I-IV of His Commentary on the De Trinitate of Boethius*. Translated by Armand Maurer. Toronto: Pontifical Institute of Medieval Studies, 1987.

―――. *Summa Theologica*. Translated by Fathers of the English Dominican Province. Vol. 3. Westminster, MD: Christian Classics, 1981.

Arendt, Hannah. *Between Past and Future: Eight Exercises in Political Thought*. New York: Penguin Books, 1977.

Aristotle. *Aristotle's Nicomachean Ethics*. Translated and edited by Robert C. Bartlett and Susan D. Collins. Chicago: University of Chicago Press, 2011.

―――. *The Basic Works of Aristotle*. Edited by Richard McKeon. New York: Random House, 1941.

―――. *The Politics*. Translated by Carnes Lord. Chicago: University of Chicago Press, 1984.

Arkush, Allan. "Voltaire on Judaism and Christianity." *AJS Review* 18, no. 2 (1993): 223–43.

Augustine, Saint. *The City of God*. Translated by Marcus Dods. New York: Modern Library, 1950.

―――. *De Doctrina Christiana*. Edited and Translated by R. P. H. Green. Oxford: Clarendon Press, 1995.

―――. *Letters*. Edited by Ludwig Schopp and Roy Joseph Deferrari. Translated by Sister Wilfrid Parsons. Vol. 1. New York: Fathers of the Church, 1951.

———. *Letters*. Edited by Ludwig Schopp and Roy Joseph Deferrari. Translated by Sister Wilfrid Parsons. Vol. 3. New York: Fathers of the Church, 1953.

Austin, John L. *How to Do Things with Words*. Cambridge, MA: Harvard University Press, 1962.

Averroes. *Averroes on Plato's Republic*. Translated by Ralph Lerner. Ithaca, NY: Cornell University Press, 1974.

———. *The Decisive Treatise*. Translated by George F. Hourani. In *Medieval Political Philosophy: A Sourcebook*, edited by Ralph Lerner and Muhsin Mahdi, 163–86. New York: Free Press, 1963.

———. *On the Harmony of Religion and Philosophy*. Translated and edited by George Hourani. London: Gibb Memorial Trust, 1961.

Bacon, Francis. *The Advancement of Learning*. Edited by G. W. Kitchin. Philadelphia: Paul Dry Books, 2001.

Bagley, Paul J. "On the Practice of Esotericism." *Journal of the History of Ideas* 53, no. 2 (April- June 1992): 231–47.

Baker, Richard. Translator's preface to Vergilio Malvezzi, *Discourses upon Cornelius Tacitus*, translated by Richard Baker. London: R. Whitaker and Tho. Whitaker, 1642.

Balmuth, Daniel. *Censorship in Russia, 1865–1905*. Washington, DC: University Press of America, 1979.

Batnitzky, Leora. *Leo Strauss and Emmanuel Levinas: Philosophy and the Politics of Revelation*. Cambridge: Cambridge University Press, 2006.

Bauerlein, Mark. *The Dumbest Generation: How the Digital Age Stupefies Young Americans and Jeopardizes Our Future (or, Don't Trust Anyone under 30*. New York: Jeremy P. Tarcher/Penguin, 2008.

Bayle, Pierre. "Aristote." In *Dictionnaire historique et critique*. 5th ed. Vol. 1. Amsterdam: P. Brunel, 1740.

———. *Historical and Critical Dictionary: Selections*. Translated by Richard H. Popkin. Indianapolis: Hackett, 1991.

———. *Various Thoughts on the Occasion of a Comet*. Translated by Robert C. Bartlett. Albany: State University of New York Press, 2000.

Bayle, Pierre, Daniel de Larocque, Jean Barrin, and Jacques Bernard. *Nouvelles de la république des letters*. Amsterdam: H. Desbordes, 1685.

Benardete, Seth. "Strauss on Plato." In *The Argument of the Action*, 407–17. Chicago: University of Chicago Press, 2000.

Benitez, Miguel. *La face cachée des Lumières: recherches sur les manuscrits phi-

losophiques clandestins de l'âge classique. Paris: Universitas, 1996.

Bennett, Milton J. "Intercultural Communication: A Current Perspective." In *Basic Concepts of Intercultural Communication: Selected Readings*, edited by Milton J. Bennett, 1–34. Yarmouth, ME: Intercultural Press, 1998.

Berezow, Alex B., and Hank Campbell. *Science Left Behind: Feel-Good Fallacies and the Rise of the Anti-scientific Left*. New York: Public Affairs, 2012.

Bergengruen, Werner. Foreword to Rudolf Pechel, *Zwischen den Zeilen: Der Kampf einer Zeitschrift für Freiheit und Recht*. Wiesentheid, Germany: Droemersche Verlagsanstalt, 1948.

Berghahn, Daniela. "Film Censorship in a 'Clean State': The Case of Klein and Kohlhaase's *Berlin um die Ecke*." In *Censorship and Cultural Regulation in the Modern Age*, edited by Beate Muller, 111–38. Amsterdam: Rodopi, 2004.

Berkeley, George. *Alciphron, or the Minute Philosopher*. Edited by David Berman. New York: Routledge, 1993.

Berman, David. "Deism, Immortality and the Art of Theological Lying." In *Deism, Masonry, and the Enlightenment: Essays Honoring Alfred Owen Aldridge*, edited by J. A. Leo Lemay, 61–78. Newark, NJ: Associated University Presses, 1987.

———. *A History of Atheism in Britain: From Hobbes to Russell*. New York: Croom Helm, 1988.

Bloom, Allan. "Interpretive Essay." In *The Republic of Plato*, translated by Allan Bloom, 305–436. New York: Basic Books, 1968.

Blount, Charles. *Great Is Diana of the Ephesians, or, the Original of Idolatry*. London, 1695.

Blumenberg, Hans. *The Legitimacy of the Modern Age*. Cambridge, MA: MIT Press, 1983.

Boas, George. "Ancient Testimony to Secret Doctrines." *Philosophical Review* 62, no. 1 (1953): 79–92.

———. *Dominant Themes of Modern Philosophy: A History*. New York: Ronald Press, 1957.

———. *Vox Populi: Essays in the History of an Idea*. Baltimore: Johns Hopkins University Press, 1969.

Boccaccio, Giovanni. *Boccaccio on Poetry: Being the Preface and the Fourteenth and Fifteenth Books of Boccaccio's Genealogia Deorum Gentilium*. Edited and translated by Charles G. Osgood. Princeton, NJ: Princeton University Press,

1930.

———. *The Life of Dante* (*Tratatello in laude di Dante*). Translated by Vincenzo Zin Bollettino. New York: Garland, 1990.

Bohrmann, Georg. *Spinozas Stellung zur Religion*. Giessen: A. Töpelmann, 1914.

Bok, Sissela. *Lying: Moral Choice in Public and Private Life*. New York: Vintage Books, 1989.

Bolle, Kees W., ed. *Secrecy in Religions*. Leiden: E. J. Brill, 1987.

Bolotin, David. *An Approach to Aristotle's Physics*. Albany: State University of New York Press, 1998.

Brandt, Elizabeth A. "On Secrecy and the Control of Knowledge: Taos Pueblo." In *Secrecy: A Cross-Cultural Perspective*, edited by Stanton K. Teft, 123–47. New York: Human Sciences Press, 1980.

Bruell, Christopher. *On the Socratic Education: An Introduction to the Shorter Platonic Dialogues*. Lanham, MD: Rowman & Littlefield, 1999.

Burger, Ronna. *Aristotle's Dialogue with Socrates: On the Nicomachean Ethics*. Chicago: University of Chicago Press, 2008.

Burke, Edmund. *Reflections on the Revolution in France*. In vol. 2 of *Select Works of Edmund Burke: A New Imprint of the Payne Edition*. Indianapolis: Liberty Fund, 1999.

———. *Thoughts on French Affairs*. In *The Works of Edmund Burke*. London: George Bell & Sons, 1909.

Burnet, Thomas. *Archæologiæ Philosophicæ or, the Ancient Doctrine Concerning the Originals of Things. Written in Latin by Thomas Burnet, L.L.D., Master of the Charter-House. To which is added, Dr Burnet's Theory of the Visible World, by way of Commentary on his own Theory of the Earth; being the second Part of his Archiologiæ* [sic] *Philosophicæ. Faithfully translated into English, with Remarks thereon*. London: J. Fisher, 1736. First published London: Gualt. Kettilby, 1692.

Bury, J. B. *A History of Freedom of Thought*. New York: Henry Holt, 1913.

Butler, Samuel. *Evolution Old and New: Or, the Theories of Buffon, Dr. Erasmus Darwin and Lamarck as Compared with That of Charles Darwin*. New York: E. P. Dutton, 1911.

Calvin, John. *Commentary on a Harmony of the Evangelists, Matthew, Mark, and Luke*. Translated by Rev. William Pringle. Vol. 2. Grand Rapids, MI: W. B. Eerdmans, 1949.

Cantor, Paul. "Leo Strauss and Contemporary Hermeneutics." In *Leo Strauss's Thought: Toward a Critical Engagement*, edited by Alan Udoff, 267–314. Boulder, CO: Lynne Rienner, 1991.

Canziani, Guido, ed. *Filosofia e religione nella letteratura clandestina: secoli XVII e XVIII*. Milan: FrancoAngeli, 1994.

Carr, Nicholas G. *The Shallows: What the Internet Is Doing to Our Brains*. New York: W. W. Norton, 2010.

Cassirer, Ernst. *The Philosophy of the Enlightenment*. Translated by Fritz Koelln and James P. Pettegrove. Boston: Beacon Press, 1951.

Caton, Hiram. *The Origin of Subjectivity: An Essay on Descartes*. New Haven: Yale University Press, 1973.

———. "The Problem of Descartes' Sincerity." *Philosophical Forum* 2, no. 1 (Fall 1970): 355–70.

Charron, Pierre. *De la sagesse: Trois livres*. New ed. Paris: Lefèvre, 1836.

Chroust, Anton-Hermann. "Eudemus, or On the Soul: A Lost Dialogue of Aristotle on the Immortality of the Soul." *Mnemosyne* 19 (1966): 17–30.

Cicero, Marcus Tullius. *De finibus bonorum et malorum*. Translated by H. Rackham. London: W. Heinemann, 1914.

———. *De inventione. De optimo genere oratorum. Topica*. Translated by H. M. Hubbell. Cambridge, MA: Harvard University Press, 1949.

———. *De natura deorum*. Translated by H. Rackham. Loeb Classical Library 268. Cambridge, MA: Harvard University Press, 1933.

———. *For Archias*. In vol. 2 of *The Orations of Marcus Tullius Cicero*, translated by C. D. Yonge. London: G. Bell & Sons, 1874–97.

———. *Tusculan Disputations*. Translated by J. E. King. Loeb Classical Library 18. Cambridge, MA: Harvard University Press, 1927.

Clark, Katerina, and Michael Holquist. *Mikhail Bakhtin*. Cambridge, MA: Harvard University Press, 1984.

Clay, Diskin. *Platonic Questions: Dialogues with the Silent Philosopher*. University Park: Pennsylvania State University Press, 2000.

Clement of Alexandria. *Stromata, or Miscellanies*. In vol. 2 of *The Writings of Clement of Alexandria*, translated by Rev. William Wilson. Edinburgh: T. & T. Clark, 1869.

Codrescu, Andrei. *The Disappearance of the Outside: A Manifesto for Escape*. New York: Addison-Wesley, 1990.

Coetzee, J. M. *Giving Offense: Essays on Censorship*. Chicago: University of

Chicago Press, 1996.

Collingwood, R. G. *The Idea of History*. Oxford: Clarendon Press, 1946.

Condorcet, Antoine-Nicolas de. *Esquisse d'un tableau historique des progrès de l'esprit humain*. Edited by Monique Hincker and François Hincker. Paris: Editions Sociales, 1971.

——. *Sketch for a Historical Picture of the Progress of the Human Mind*. Translated by June Barraclough. New York: Noonday Press, 1955.

Connor, W. Robert. "The Other 399: Religion and the Trial of Socrates." *Bulletin of the Institute of Classical Studies* 37 (January 1991): 49–56.

——. *Thucydides*. Princeton, NJ: Princeton University Press, 1984.

Cox, Richard. *Locke on War and Peace*. Oxford: Clarendon Press, 1960.

Crocker, Lester G. *Diderot: The Embattled Philosopher*. New York: Free Press, 1954.

——. "The Problem of Truth and Falsehood in the Age of Enlightenment." *Journal of the History of Ideas* 14, no. 4 (October 1953): 575–603.

Cross, F. L., ed. *The Oxford Dictionary of the Christian Church*. London: Oxford University Press, 1957.

Crosson, Frederick J. "Esoteric versus Latent Teaching." *Review of Metaphysics* 59, no. 1 (September 2005): 73–94.

Cudworth, Ralph. *The True Intellectual System of the Universe*. London: Thomas Tegg, 1845.

D'Alembert, Jean-Baptiste le Rond. *OEuvres complètes*. Vol. 3. Paris: A. Belin, 1822.

——. *OEuvres et correspondances inédites de d'Alembert*. Edited by Charles Henry. Vol. 5. Geneva: Slatkine, 1967.

——. *Preliminary Discourse to the Encyclopedia of Diderot*. Translated by Richard Schwab and Walter Rex. New York: Bobbs-Merrill, 1963.

Danielou, Jean. "Les traditions secrètes des Apôtres." *Eranos-Jahrbuch* 31 (1962): 199–215.

Darnton, Robert. *The Forbidden Best-Sellers of Pre-Revolutionary France*. New York: W. W. Norton, 1995.

——. *The Literary Underground of the Old Regime*. Cambridge, MA: Harvard University Press, 1982.

Davidson, Donald. "On the Very Idea of a Conceptual Scheme." In *Inquiries into Truth and Interpretation*, 183–98. Oxford: Oxford University Press, 1984.

Demetrius of Phaleron. *On Style*. Translated by W. Rhys Roberts. Cambridge: Cambridge University Press, 1902.

Derenne, Eudore. *Les procès d'impiété intentés aux philosophes à Athènes au Vme et au IVme siècles avant J.-C.* Liège: Vaillant-Carmanne, 1930.

Descartes, René. *OEuvres de Descartes*. Edited by Charles Adam and Paul Tannery. 11 vols. Paris: J. Vrin, 1964–69.

Dewhirst, Martin, and Robert Farrell, eds. *The Soviet Censorship*. Metuchen, NJ: Scarecrow Press, 1973.

Dickinson, Emily. "Tell all the Truth but tell it slant." *The Complete Poems of Emily Dickinson*, edited by Thomas H Johnson. Boston: Little, Brown, 1960.

Diderot, Denis. "Aius Locutius." In *The Encyclopedia of Diderot and d'Alembert Collaborative Translation Project*, translated by Stephen J. Gendzier. Ann Arbor: MPublishing, University of Michigan Library, 2009. http://hdl.handle.net/2027/spo.did2222.0001.297 (accessed October 7, 2011).

——. *Correspondance*. Edited by George Roth. Vol. 13. Paris: Editions de Minuit, 1955–70.

——. "Divination." "Encyclopédie." "Machiavelisme." "Mensonge officieux." "Pythagorisme ou Philosophie de Pythagore." In *Encyclopédie, ou dictionnaire raisonné des sciences, des arts et des métiers*, edited by Denis Diderot and Jean le Rond d'Alembert. University of Chicago ARTFL Encyclopédie Projet (Winter 2008 edition), ed. Robert Morrissey. http:// encyclopedie.uchicago.edu.

——. *OEuvres complètes*. Edited by J. Assézat. Vol. 2. Paris: Garnier, 1875–77.

——. *Refutation d'Helvétius*. In vol. 2 of *OEuvres complètes*. Paris: Garnier, 1875.

Diderot, Denis, and Jean le Rond d'Alembert, eds. *Encyclopédie, ou dictionnaire raisonné des sci ences, des arts et des métiers*. Ed. Robert Morrissey. University of Chicago: ARTFL Encyclopédie Projet (Winter 2008 edition), http://encyclopedie.uchicago.edu.

Diogenes Laertius. *Lives of Eminent Philosophers*. Translated by Robert Drew Hicks. Cambridge, MA: Harvard University Press, 1966.

Dodds, E. R. *The Greeks and the Irrational*. Berkeley: University of California Press, 1951.

Drewett, Michael. "Aesopian Strategies of Textual Resistance in the Struggle to Overcome the Censorship of Popular Music in Apartheid South Africa." *Criti-*

cal Studies 22 (2004): 189–207.

Drury, John. "The Sower, the Vineyard, and the Place of Allegory in the Interpretation of Mark's Parables." *Journal of Theological Studies* 24, no. 2 (1973): 367–79.

Drury, Shadia B. *Leo Strauss and the American Right*. New York: St. Martin's Press, 1997.

———. *The Political Ideas of Leo Strauss*. New York: St. Martin's Press, 1988.

Dunn, John. "Justice and the Interpretation of Locke's Political Theory." *Philosophy* 16, no. 1 (1968): 68–87.

During, Ingemar. *Aristotle in the Ancient Biographical Tradition*. Göteborg, 1957. Distributed by Almqvist & Wiksell, Stockholm.

Edel, Abraham. *Aristotle and His Philosophy*. Chapel Hill: University of North Carolina Press, 1982.

Edelstein, Ludwig. *Plato's Seventh Letter*. Leiden: E. J. Brill, 1966.

Eliade, Mircea. *Cosmos and History: The Myth of the Eternal Return*. Translated by Willard Trask. New York: Harper and Row, 1959.

———. *Myth and Reality*. Translated by Willard Trask. New York: Harper and Row, 1963.

Elias. *Aristotelis Categorias Commentaria*. Edited by A. Busse. In vol. 18.1 of *Commentaria in Aristotelem Graeca*. Berlin: Reimer, 1900.

Engelsing, Rolf. *Der Bürger als Leser: Lesergeschichte in Deutschland, 1500–1800*. Stuttgart, 1974.

———. "Die Perioden der Lesergeschichte in der Neuzeit: Das statische Ausmass und die soziokulturelle Bedeutung der Lektüre." *Archiv für Geschichte des Buchwesens* 10 (1969): cols. 944–1002.

Epicurus. *Extant Remains: With Short Critical Apparatus*. Translated by Cyril Bailey. Oxford: Clarendon Press, 1926.

Erasmus, Desiderius. *The Correspondence of Erasmus: Letters 1122 to 1251*. Edited by P. G. Bientenholz. Translated by R. A. B. Mynors. Vol. 8 of *The Collected Works of Erasmus*. Toronto: University of Toronto Press, 1988.

———. *The Praise of Folly*. Translated by Hoyt Hopewell Hudson. Princeton, NJ: Princeton University Press, 1941.

Evans, A. W. *Warburton and the Warburtonians; A Study in Some Eighteenth-Century Controversies*. London: Oxford University Press, H. Milford, 1932.

Fay, Bernard. *Revolution and Freemasonry: 1689–1800*. Boston: Little, Brown, 1935.

Ferrari, G. R. F. "Strauss's Plato." *Arion* 5, no. 2 (Fall 1997): 36-65.
Findlay, J. N. *Plato: The Written and Unwritten Doctrines*. New York: Humanities Press, 1974.
Finley, M. I. *Aspects of Antiquity*. 2nd ed. Harmondsworth, UK: Penguin Books, 1977.
Fish, Stanley. "Georgics of the Mind: The Experience of Bacon's *Essays*." In *Self-Consuming Artifacts: The Experience of Seventeenth-Century Literature*, 78 -156. Berkeley: University of California Press, 1974.
Formey, Samuel. "Exoterique & Esoterique." In *Encyclopédie, ou dictionnaire raisonné des sciences, des arts et des métiers, etc.*, ed. Denis Diderot and Jean le Rond d'Alembert. University of Chicago ARTFL Encyclopédie Project (Spring 2013 edition), ed. Robert Morrissey, http://encyclopedie.uchicago.edu.
Frank, Joseph. *Dostoevsky: The Seeds of Revolt, 1821-1849*. Princeton, NJ: Princeton University Press, 1976.
Frantzen, A. J. "Between the Lines: Queer Theory, the History of Homosexuality, and Anglo-Saxon Penitentials." *Journal of Medieval and Early Modern Studies* 26, no. 2 (1996): 255-96.
Frederick the Great. *OEuvres de Frédéric le Grand*. Berlin: R. Decker, 1846-57.
Freud, Sigmund. *The Interpretation of Dreams*. Edited and translated by James Strachey. New York: Penguin Books, 1976.
Fritz, Kurt von. "The Philosophical Passage in the Seventh Platonic Letter and the Problem of Plato's 'Esoteric' Philosophy." In *Essays in Ancient Greek Philosophy*, edited by John P. Anton and George L. Kustas. Albany: State University of New York Press, 1971.
Fukuyama, Francis. *Trust: The Social Virtues and the Creation of Prosperity*. New York: Free Press, 1995.
Furbank, P. N. *Diderot: A Critical Biography*. New York: Alfred A. Knopf, 1992.
——. "A No-Code Zone," *Times Literary Supplement*, June 4, 1999.
Fustel de Coulanges, Numa Denis. *The Ancient City*. Garden City, NY: Doubleday, 1956.
Gadamer, Hans-Georg. "Philosophizing in Opposition: Strauss and Voegelin on Communication and Science." In *Faith and Political Philosophy: The Correspondence between Leo Strauss and Eric Voegelin, 1934-1964*, translated and

edited by Peter Emberley and Barry Cooper, 249–61. College Park: Pennsylvania State University Press, 1993.

———. "The Problem of Historical Consciousness." Translated by Jeff L. Close. *Graduate Faculty Philosophy Journal* 5 (Fall 1975): 1–52.

———. *Truth and Method*. Translated by Joel Weinsheimer and Donald G. Marshall. 2nd rev. ed. New York: Continuum, 1989.

Gadamer, Hans-Georg, and Leo Strauss. "Correspondence concerning *Wahrheit und Methode*." *Independent Journal of Philosophy* 2 (1978): 5–13.

Galiani, abbé. *Correspondance*. Vol. 1. Paris: Calmann Lévy, 1881.

Galston, Miriam. *Politics and Excellence: The Political Philosophy of Alfarabi*. Princeton, NJ: Princeton University Press, 1990.

Gao, Ge, and Stella Ting-Toomey. *Communicating Effectively with the Chinese*. Thousand Oaks, CA: Sage Publications, 1998.

Garsten, Bryan. *Saving Persuasion: A Defense of Rhetoric and Judgment*. Cambridge, MA: Harvard University Press, 2006.

Gay, Peter. *Voltaire's Politics: The Poet as Realist*. Princeton, NJ: Princeton University Press, 1959.

George, Alexander. *Propaganda Analysis: A Study of Inferences Made from Nazi Propaganda in World War II*. Evanston, IL: Row, Peterson, 1959.

Gerson, Lloyd P. *Aristotle and Other Platonists*. Ithaca, NY: Cornell University Press, 2005.

Gibbon, Edward. *The History of the Decline and Fall of the Roman Empire in 7 Volumes*. London: George Bell & Sons, 1891.

Gillespie, Michael Allen. *The Theological Origins of Modernity*. Chicago: University of Chicago Press, 2008.

Gobineau, Joseph Arthur. *Les religions et les philosophies dans l'Asie Centrale*. In vol. 2 of *OEuvres*, edited by Jean Gaulmier. Paris: Gallimard, 1983.

Goethe, J. W. von. *Goethes Briefe und Briefe an Goethe*. Edited by Karl Robert Mandelkow. Munich: Beck, 1988.

Gordon, Thomas. *Discourses upon Tacitus: The Works of Tacitus, With Political Discourses Upon that Author*. Vol. 4. London: T. Woodward & J. Peele, 1770.

Gore, Albert. *The Assault on Reason*. New York: Penguin, 2007.

Gracian y Morales, Baltasar Jeronimo. *The Science of Success and the Art of Prudence*. Translated by Lawrence C. Lockley. San Jose, CA: University of Santa Clara Press, 1967.

Grant, Alexander. *The Ethics of Aristotle, Illustrated with Essays and Notes.* London: Longmans, 1885.

———. "On the Exoterikoi Logoi." Appendix B in *The Ethics of Aristotle, Illustrated with Essays and Notes.* London: Longmans, 1885.

Green, Kenneth Hart. *Jew and Philosopher: The Return to Maimonides in the Jewish Thought of Leo Strauss.* Albany: State University of New York Press, 1993.

Greenblatt, Stephen. *Shakespeare's Freedom.* Chicago: University of Chicago Press, 2010.

Grotius, Hugo. *De jure belli ac pacis libri tres.* Translated by Francis W. Kelsey. Oxford: Clarendon Press, 1925.

Guicciardini, Francesco. *Maxims and Reflections of a Renaissance Statesman.* Translated by Mario Domandi. New York: Harper & Row, 1965.

Habermas, Jürgen, Richard Rorty, and Leszek Kolakowski. *Debating the State of Philosophy.* Edited by Jozef Niznik, Westport, CT: Praeger, 1996.

Halbertal, Moshe. *Concealment and Revelation: Esotericism in Jewish Thought and Its Philosophical Implications.* Translated by Jackie Feldman. Princeton, NJ: Princeton University Press, 2007.

Hall, David. "The Uses of Literacy in New England, 1600–1850." In *Printing and Society in Early America*, edited by W. L. Joyce, 1–47. 2nd ed. Worcester, MA.: American Antiquarian Society, 1983.

Hall, Edward T. *Beyond Culture.* New York: Doubleday, 1976.

Havel, Vaclav. *Disturbing the Peace: A Conversation with Karel Hvizdala.* Translated by Paul Wilson. New York: Alfred A. Knopf, 1990.

———. *Letters to Olga.* Translated by Paul Wilson. New York: Henry Holt, 1989.

Hearst, Eliot, and John Knott. *Blindfold Chess.* Jefferson, NC: McFarland, 2009.

Hegel, G. W. F. *The Phenomenology of Mind.* Translated by J. B. Baillie. New York: Harper and Row, 1967.

Helvétius, Claude Adrien. *De l'esprit.* Paris: Durand, 1758.

Hendry, Joy, and C. W. Watson, eds. *An Anthropology of Indirect Communication.* London: Rout-ledge, 2001.

Herbermann, Charles G., Edward A. Pace, Conde B. Pallen, Thomas J. Shahan, and John J. Wynne, eds. *The Catholic Encyclopedia.* Vol. 5. New York: Gilmary Society, 1909.

Herman, Peter C. *Historicizing Theory*. Albany: State University of New York Press, 2004.

Herzen, Alexander. *My Past and Thoughts: The Memoirs of Alexander Herzen*. Translated by Constance Garnett. Vol. 2. New York: Alfred A. Knopf, 1968.

Hobbes, Thomas. *Leviathan: With Selected Variants from the Latin Edition of 1668*. Edited by E. M. Curley. Indianapolis: Hackett, 1994.

———. *Thomas Hobbes: Man and Citizen*. Edited by Bernard Gert. Indianapolis: Hackett, 1991.

Holbach, Paul Henri Thiry, Baron d'. *Le bon sens puisé dans la nature; ou, Idées naturelles opposées aux idées surnaturelles*. Rome, 1792.

———. "Le Christianisme dévoilé." In *Premières oeuvres*. Paris: Editions Sociales, 1971.

Holmes, Stephen. *The Anatomy of Antiliberalism*. Cambridge, MA: Harvard University Press, 1993.

Horace. *Odes*. In *The Complete Works of Horace*, translated by Charles E. Passage. New York: Frederick Ungar, 1983.

Hourani, George. Introduction to *Averroes: On the Harmony of Religion and Philosophy* [*The Decisive Treatise*]. London: Luzac, 1961.

Hume, David. *An Enquiry concerning the Principles of Morals*. In *Hume: Moral and Political Philosophy*, edited by Henry D. Aiken. Darien, CT: Hafner, 1970.

———. *New Letters of David Hume*. Edited by Raymond Klibansky and Ernest C. Mossner. Oxford: Clarendon Press, 1954.

———. *A Treatise of Human Nature*. Edited by Ernest C. Mossner. Harmondsworth, UK: Penguin, 1969.

Husserl, Edmund. *The Crisis of European Sciences and Transcendental Phenomenology*. Translated by D. Carr. Evanston, IL: Northwestern University Press, 1970.

Irwin, Terrence. *Plato's Ethics*. New York: Oxford University Press, 1995.

Isocrates. *Antidosis*. In *Isocrates*, vol. 2: *On the Peace, Areopagiticus, Against the Sophists. Antidosis, Panathenaicus*, translated by George Norlin. Loeb Classical Library 229. Cambridge, MA: Harvard University Press, 1929.

Israel, Jonathan. *Radical Enlightenment: Philosophy and the Making of Modernity, 1650–1750*. Oxford: Oxford University Press, 2001.

Jackson, Maggie. *Distracted: The Erosion of Attention and the Coming Dark Age*. Amherst, NY: Prometheus Books, 2008.

Jacob, Margaret. *Living the Enlightenment: Freemasonry and Politics in Eighteenth-Century Europe*. Oxford: Oxford University Press, 1991.

———. *The Radical Enlightenment: Pantheists, Freemasons and Republicans*. Boston: G. Allen & Unwin, 1981.

Jacoby, Susan. *The Age of American Unreason*. New York: Pantheon Books, 2008.

Jaeger, Werner. *Aristotle: Fundamentals of the History of His Development*. Oxford: Clarendon Press, 1948.

Jaffa, Harry. *Thomism and Aristotelianism: A Study of the Commentary by Thomas Aquinas on the Nicomachean Ethics*. Chicago: University of Chicago Press, 1952.

Jaki, Stanley L. *The Savior of Science*. Washington, DC: Regnery Gateway, 1988.

Jakobson, Roman. *Pushkin and His Sculptural Myth*. Translated by John Burbank. The Hague: Mouton, 1975.

Jameson, Fredric. *The Political Unconscious*. Ithaca, NY: Cornell University Press, 1981.

Jansen, Sue Curry. *Censorship: The Knot That Binds Power and Knowledge*. Oxford: Oxford University Press, 1988.

Jaucourt, Louis de. "Mensonge." In *Encyclopédie, ou dictionnaire raisonné des sciences, des arts et des métiers*, edited by Denis Diderot and Jean le Rond d'Alembert. University of Chicago: ARTFL Encyclopédie Projet (Winter 2008 edition), ed. Robert Morrissey. http:// encyclopedie.uchicago.edu.

Jefferson, Thomas. *The Writings of Thomas Jefferson*. Edited by Andrew A. Lipscomb, Albert Ellery Bergh, and Richard Holland Johnston. Vol. 11. Washington, DC: Thomas Jefferson Memorial Association of the United States, 1905.

Joyce, James. *Ulysses: An Unabridged Republication of the Original Shakespeare and Company Edition, Published in Paris by Sylvia Beach, 1922*. Mineola, NY: Dover, 2009.

Julian [Julianus], Flavius Claudius. *To the Cynic Heracleios*. In *The Works of the Emperor Julian*, translated by Wilmer Cave Wright. Vol. 2. London: William Heinemann, 1913.

Kelly, Christopher. *Rousseau as Author: Consecrating One's Life to the Truth*. Chicago: University of Chicago Press, 2003.

———. "Rousseau's Critique of the Public Intellectual in the Age of the Enlightenment." In *Between Philosophy and Politics: The Public Intellectual*, edited by Arthur Melzer, Jerry Weinberger, and Richard Zinman. New York: Rowman & Littlefield, 2003.

Kennedy, George. *Comparative Rhetoric: An Historical and Cross-Cultural Introduction*. Oxford: Oxford University Press, 1998.

Kennington, Richard. *On Modern Origins: Essays in Early Modern Philosophy*. Edited by Pamela Kraus and Frank Hunt. Lanham, MD: Lexington Books, 2004.

Kermode, Frank. *The Genesis of Secrecy: On the Interpretation of Narrative*. Cambridge, MA: Harvard University Press, 1979.

Kierkegaard, Søren. *The Point of View for My Work as an Author; A Report to History, and Related Writings*. Translated by Walter Lowrie. New York: Harper & Row, 1962.

Kippenberg, Hans G., and Guy G. Stroumsa, eds. *Secrecy and Concealment: Studies in the History of Mediterranean and Near Eastern Religions*. Leiden: E. J. Brill, 1995.

Kissinger, Henry, and Clare B. Luce. *The White House Years*. Boston: Little Brown, 1979.

Klein, Jacob. *Greek Mathematical Thought and the Origin of Algebra*. Translated by Eva Brann. Cambridge, MA: MIT Press, 1968.

——. *Jacob Klein: Lectures and Essays*. Edited by Robert Williamson and Elliot Zuckerman. Annapolis, MD: St. John's College Press, 1985.

Kojève, Alexandre. "The Emperor Julian and His Art of Writing." In *Ancients and Moderns: Essays on the Tradition of Political Philosophy in Honor of Leo Strauss*, edited by Joseph Cropsey, 95–114. New York: Basic Books, 1964.

Kolakowski, Leszek. "Dialogue between Leszek Kolakowski and Danny Postel: On Exile, Philosophy and Tottering Insecurely on the Edge of an Unknown Abyss." *Daedalus* 134, no. 3 (Summer 2005): 82–88.

Koselleck, Reinhart. *Critique and Crisis: Enlightenment and the Pathogenesis of Modern Society*. Oxford: Berg, 1988.

Kraynak, Robert P. *History and Modernity in the Thought of Thomas Hobbes*. Ithaca, NY: Cornell University Press, 1990.

Kuhn, Helmut. *Freedom Forgotten and Remembered*. Chapel Hill: University of North Carolina Press, 1943.

La Bléterie, Jean Philippe René de. *The Life of Julian the Apostate: Translated from the French of F. La Bletterie. And Improved with Dissertations on Several*

Points Relating to Julian's Character, and to the History of the Fourth Century. By V. Desvoeux. Dublin: S. Powell, for Peter Wilson, 1746.

La Mettrie, Julien Offray de. "Preliminary Discourse." In *Machine Man and Other Writings*, translated and edited by Ann Thomson. Cambridge: Cambridge University Press, 1996.

Lampert, Laurence. *The Enduring Importance of Leo Strauss*. Chicago: University of Chicago Press, 2013.

Lange, Margaret Meek. "Defending a Liberalism of Freedom: John Rawls's Use of Hegel." PhD diss., Columbia University, 2009.

La Rochefoucauld, François. *Collected Maxims and Other Reflections*. Edited and translated by E. H. Blackmore, A. M. Blackmore, and Francine Giguère. Oxford: Oxford University Press, 2007.

La Salle, Antoine de. *Preface générale*. In vol. 1 of *OEuvres de Fr. Bacon*, translated by Antoine de La Salle. Dijon: L. N. Frantin, 1799–1800.

Lecky, W. E. H. *History of European Morals from Augustus to Charlemagne*. 2 vols. New York: D. Appleton, 1879.

Leibniz, G. W. *New Essays on Human Understanding*. Translated by Peter Remnant and Jonathan Bennett. Cambridge: Cambridge University Press, 1981.

———. *Sämtliche Schriften und Briefe*. Edited by Preussische Akademie der Wissenschaften. Vol. 2. Darmstadt and Leipzig, 1923–54.

Leibowitz, David. *The Ironic Defense of Socrates: Plato's Apology*. Cambridge: Cambridge University Press, 2010.

Leighton, Lauren G. *The Esoteric Tradition in Russian Romantic Literature: Decembrism and Freemasonry*. University Park: Pennsylvania State University Press, 1994.

Leites, Nathan, and Elsa Bernaut. *Ritual of Liquidation*. Glencoe, IL: Free Press, 1954.

Lenin, Vladimir. *The Collected Works*. Vol. 10. Moscow: Progress, 1972.

Lenzner, Steven J. "Guide for the Perplexed." *Claremont Review of Books* 7, no. 2 (Spring 2007): 53–57.

Lerner, Daniel. *The Passing of Traditional Society: Modernizing the Middle East*. Glencoe, IL: Free Press, 1958.

Lerner, Ralph. "Dispersal by Design: The Author's Choice." In *Reason, Faith, and Politics: Essays in Honor of Werner J. Dannhauser*, edited by Arthur Melzer and Robert Kraynak, 29–41. Lanham, MD: Lexington Books,

2008.

——. *Playing the Fool: Subversive Laughter in Troubled Times*. Chicago: University of Chicago Press, 2009.

Lerner, Ralph, and Muhsin Mahdi, eds. *Medieval Political Philosophy: A Sourcebook*. New York: Free Press, 1963.

Leunissen, Mariska. *Explanation and Teleology in Aristotle's Science of Nature*. Cambridge: Cambridge University Press, 2010.

Levine, Donald. *The Flight from Ambiguity: Essays in Social and Cultural Theory*. Chicago: University of Chicago Press, 1985.

Locke, John. "Error," "Sacerdos," "Defence of Nonconformity" in Lord Peter King, *The Life and Letters of John Locke with extracts from his Journals and Common-place books*. New York: Burt Franklin, 1954.

——. "An Essay on Toleration." In H. R. Fox Bourne, *The Life of John Locke*. London: Henry S. King, 1876.

——. *The Reasonableness of Christianity: As Delivered in the Scriptures*. Edited by George W. Ewing. Washington, DC: Regnery, 1965.

——. *Some Thoughts concerning Education; and, Of the Conduct of the Understanding*. Edited by Ruth Grant and Nathan Tarcov. Indianapolis: Hackett, 1996.

——. *Two Treatises of Government*. Edited by Peter Laslett. New York: New American Library, 1965.

Loseff, Lev. *On the Beneficence of Censorship: Aesopian Language in Modern Russian Literature*. Translated by Jane Bobko. Munich: Sagner, 1984.

Lucian. "Philosophies for Sale" [The Sale of Lives]. In vol. 2 of *Lucian*, translated by A. M. Harmon. London: William Heinemann, 1929.

Lyotard, Jean-François. *The Postmodern Condition: A Report on Knowledge*. Minneapolis: University of Minnesota Press, 1984.

Macaulay, Thomas Babington. *Critical and Historical Essays Contributed to the Edinburgh Review*. 6th ed. Vol. 1. London: Longman, Brown, Green, and Longmans, 1849.

——. *The History of England from the Accession of James II*. eBookMall Inc., 2000.

Machiavelli, Niccolo. *Discourses on Livy*. Translated by Harvey C. Mansfield and Nathan Tarcov. Chicago: University of Chicago Press, 1996.

——. *Florentine Histories*. Translated by Laura F. Banfield and Harvey C. Mansfield. Princeton, NJ: Princeton University Press, 1988.

———. *The Prince*. Translated by Harvey C. Mansfield. Chicago: University of Chicago Press, 1985.

Machler, Chaninah. "Lessing's *Ernst and Falk: Dialogues for Freemasons*, a Translation with Notes." *Interpretation* 14, no. 1 (January 1986): 1–49.

MacPherson, Myra. *All Governments Lie: The Life and Times of Rebel Journalist I. F. Stone*. New York: Scribner, 2006.

Mahdi, Muhsin. "Man and His Universe in Medieval Arabic Philosophy." In *L'homme et son univers au Moyen Age*, edited by Christian Wenin, 102–13. Louvain-La-Neuve: L'Institut Supérior de Philosophie, 1986.

———, trans. *The Philosophy of Plato and Aristotle*. Ithaca, NY: Cornell University Press, 1962.

Maimonides, Moses. *The Guide of the Perplexed*. Edited and translated by Shlomo Pines. Chicago: University of Chicago Press, 1963.

———. *Laws concerning Character Traits*. In *Ethical Writings of Maimonides*, translated by Raymond Weiss with Charles Butterworth. New York: Dover Publications, 1975.

———. *A Maimonides Reader*. Edited by Isadore Twersky. New York: Behrman House, 1972.

Malebranche, Nicolas de. *Réponse à une dissertation de Mr Arnaud contre un éclaircissement du traité de la nature et de la grace*. Rotterdam: Reinier Leers, 1685.

Mannheim, Karl. "Historicism." In *Essays on the Sociology of Knowledge*, edited by Paul Kecskemeti, 84–133. London: Routledge and Kegan Paul, 1952.

Marcuse, Herbert. "Repressive Tolerance." In Robert Paul Wolff, Barrington Moore Jr., and Herbert Marcuse, *A Critique of Pure Tolerance*, 81–123. Boston: Beacon Press, 1965.

Marx, Karl. *Capital*. Vol. 2 of *Capital: A Critique of Political Economy*. Translated by David Fern-back. New York: Random House, 1981.

———. "Manifesto of the Communist Party." In *The Marx-Engels Reader*, edited by Robert C. Tucker, 469–501. 2nd ed. New York: Norton, 1978.

———. Preface to *A Contribution to the Critique of Political Economy*. In *The Marx-Engels Reader*, edited by Robert C. Tucker, 3–7. 2nd ed. New York: Norton, 1978.

McKenna, Antony. "Clandestine Literature." In *Encyclopedia of the Enlightenment*, edited by Alan Charles Kors. Oxford: Oxford University Press, 2005.

Mearsheimer, John. *Why Leaders Lie: The Truth about Lying in International Politics*. New York: Oxford University Press, 2011.

Meier, Heinrich. *Leo Strauss and the Theological-Political Problem*. Cambridge: Cambridge University Press, 2006.

Melzer, Arthur M. "The Origin of the Counter-Enlightenment: Rousseau and the New Religion of Sincerity," *American Political Science Review* 90, no. 2 (June 1996): 344-60.

Mercier, Louis Sebastien. *Tableau de Paris*. Amsterdam, 1783-89.

Mill, John Stuart. *Inaugural Address Delivered to the University of St. Andrews*. London: Long-mans, Green, Reader, & Dyer, 1867.

Milosz, Czeslaw. *The Captive Mind*. Translated by Jane Zielonko. New York: Alfred A. Knopf, 1953.

Milton, John. *Areopagitica*. In *John Milton: Selected Prose*, edited by C. A. Patrides, 196-249. Columbia: University of Missouri Press, 1985.

———. *Paradise Lost and Paradise Regained*. Edited by Christopher Ricks. New York: New American Library, 1968.

Minowitz, Peter. *Profits, Priests, and Princes: Adam Smith's Emancipation of Economics from Politics and Religion*. Stanford, CA: Stanford University Press, 1993.

———. *Straussophobia: Defending Leo Strauss and Straussians against Shadia Drury and Other Accusers*. Lanham, MD: Lexington Books, 2009.

Moezzi, Mohammad Ali Amir. *The Divine Guide in Early Shiism: The Sources of Esotericism in Islam*. Albany: State University of New York Press, 1994.

Momigliano, Arnaldo. "Hermeneutics and Classical Political Thought in Leo Strauss." In *Essays on Ancient and Modern Judaism*, edited by Silvia Berti, 178-90. Chicago: University of Chicago Press, 1994.

———. "In Memoriam: Leo Strauss." In *Essays on Ancient and Modern Judaism*, edited by Silvia Berti. Chicago: University of Chicago Press, 1994.

Montaigne, Michel de. *The Complete Essays of Montaigne*. Translated by Donald M. Frame. Stanford, CA: Stanford University Press, 1958.

Montesquieu, Charles de Secondat, Baron de. *Lettres persanes*. Paris: Garnier, 1960.

———. *OEuvres complètes*. Paris: A. Belin, 1822.

———. *OEuvres complètes*. Edited by Roger Caillois. Paris: Librairie Gallimard, 1949-51.

———. *The Spirit of the Laws*. Translated by Anne Cohler, Basia Miller, and

Harold Stone. Cambridge: Cambridge University Press, 1989.

Mooney, Chris. *The Republican War on Science*. New York: Basic Books, 2005.

Moraux, Paul. *Les listes anciennes des ouvrages d'Aristote*. Louvain: Université de Louvain, 1951.

Morrow, Glenn. *Plato's Epistles*. Indianapolis: Bobbs-Merrill, 1962.

Mortier, Roland. "Esotérisme et lumières." In *Clartés et ombres du siècle des lumières: Etudes sur le 18e siècle littéraire*. Geneva: Droz, 1969.

Moule, C. F. D. "Mark 4:1-20 Yet Once More." In *Neotestamentica et Semitica: Studies in Honour of Principal Matthew Black*, edited by E. Earle Ellis and Max Wilcox. Edinburgh: T. & T. Clark, 1969.

Muir, Edward. *The Culture Wars of the Late Renaissance: Skeptics, Libertines, and Opera*. Cambridge, MA: Harvard University Press, 2007.

Muller, Jerry. "Enttäuschung und Zweideutigkeit: Zur Geschichte rechter Sozialwissenschaftler im Dritten Reich." *Geschichte und Gesellschaft* 3 (1986): 289-316.

——. *The Other God That Failed: Hans Freyer and the Deradicalization of German Conservatism*. Princeton: Princeton University Press, 1987.

Mussolini, Benito. *Diuturna*. Milan: Imperia, 1924.

Naudé, Gabriel, Guy Patin, Claude Lancelot, Louis Cousin, Pierre Bayle, and Jean-Aimar Piganiol de La Force. *Naudaeana et Patiniana, ou, Singularitez remarquables*. Amsterdam: F. vander Plaats, 1703.

Neuberger, Joan. *Ivan the Terrible: The Film Companion*. London: I. B. Tauris, 2003.

Nichols, James H., Jr. *Epicurean Political Philosophy: The De rerum natura of Lucretius*. Ithaca, NY: Cornell University Press, 1972.

Nietzsche, Friedrich Wilhelm. *Beyond Good and Evil: Prelude to a Philosophy of the Future*. Translated by Walter Kaufmann. New York: Vintage Books, 1966.

——. *Daybreak: Thoughts on the Prejudices of Morality*. Translated by R. J. Hollingdale. Cambridge: Cambridge University Press, 1997.

——. *The Gay Science; with a Prelude in Rhymes and an Appendix of Songs*. Translated by Walter Kaufmann. New York: Random House, 1974.

——. *Human All Too Human*. Translated by R. J. Hollingdale. Vol. 1. Cambridge: Cambridge University Press, 1986.

Nooter, Mary H. "Secrecy: African Art That Conceals and Reveals." *African Arts* 26, no. 1 (January 1993): 55-70.

Olympiodorus. *Prolegomena et in Categorias Commentarium*. Edited by A. Busse. In vol. 12.1 of *Commentaria in Aristotelem Graeca*. Berlin: Reimer, 1902.

Orwell, George. "Politics and the English Language." In *All Art Is Propaganda: Critical Essays*. New York: Houghton Mifflin Harcourt, 2008.

Orwin, Clifford. *The Humanity of Thucydides*. Princeton, NJ: Princeton University Press, 1994.

———. "Machiavelli's Unchristian Charity." *American Political Science Review* 72, no. 4 (December 1978): 1217–28.

Outram, Dorinda. *The Enlightenment*. Cambridge: Cambridge University Press, 2005.

Pangle, Lorraine. *Aristotle and the Philosophy of Friendship*. Cambridge: Cambridge University Press, 2003.

Pangle, Thomas L. *Aristotle's Teaching in the Politics*. Chicago: University of Chicago Press, 2013.

———. *Leo Strauss: An Introduction to His Thought and Intellectual Legacy*. Baltimore: Johns Hopkins University Press, 2006.

———. *Montesquieu's Philosophy of Liberalism: A Commentary on The Spirit of the Laws*. Chicago: University of Chicago Press, 1973.

Pangle, Thomas L., and Peter J. Ahrensdorf. *Justice among Nations: On the Moral Basis of Power and Peace*. Lawrence: University Press of Kansas, 1999.

Parens, Joshua. *Metaphysics as Rhetoric: Alfarabi's Summary of Plato's Laws*. Albany: State University of New York Press, 1995.

Parrott, Ray J., Jr. "Aesopian Language." In *Modern Encyclopedia of Russian and Soviet Literature*, edited by Harry B. Weber. Gulf Breeze, FL: Academic International Press, 1977.

Pascal, Blaise. *Pascal's Pensées*. Translated by W. F. Trotter. New York: E. P. Dutton, 1958.

Patterson, Annabel. *Censorship and Interpretation: The Conditions of Writing and Reading in Early Modern England*. Madison: University of Wisconsin Press, 1984.

———. *Fables of Power: Aesopian Writing and Political History*. Durham, NC: Duke University Press, 1991.

———. *Reading between the Lines*. Madison: University of Wisconsin Press, 1993.

Payne, Harry C. *The Philosophes and the People*. New Haven: Yale University Press, 1976.

Peace Corps. *Culture Matters: The Peace Corps Cross-Cultural Workbook*. Washington, DC: Peace Corps Information Collection and Exchange T0087, 1997.

Penn, William. *Fruits of a Father's Love: Being the Advice of William Penn to his Children Relating to their Civil and Religious Conduct*. Dover, NH: James K. Remich, 1808.

Philoponus. *Aristotelis Categorias Commentarium*. Edited by A. Busse. In *Commentaria in Aristotelem Graeca*. Berlin: Reimer, 1898.

Pierce, Charles P. *Idiot America: How Stupidity Became a Virtue in the Land of the Free*. New York: Doubleday, 2009.

Plato. *Gorgias and Phaedrus*. Translated by James H. Nichols Jr. Ithaca, NY: Cornell University Press, 1998.

——. *The Laws of Plato*. Translated by Thomas L. Pangle. New York: Basic Books, 1980.

——. *Phaedo*. Translated by Harold North Fowler. London: William Heinemann, 1914.

——. *Protagoras and Meno*. Translated by Robert C. Bartlett. Ithaca, NY: Cornell University Press, 2004.

——. *Plato's Theaetetus*. Translated by Francis M. Cornford. Indianapolis: Bobbs-Merrill, 1959.

——. *The Republic of Plato*. Translated by Allan Bloom. New York: Basic Books, 1968.

——. *Timaeus*. Translated by R. G. Bury. London: William Heinemann, 1929.

Plutarch. *Isis and Osiris*. In vol. 5 of *Moralia*, translated by Frank Cole Babbitt. Cambridge, MA: Harvard University Press, 1936.

——. *The Lives of the Noble Grecians and Romans*, translated by John Dryden. New York: Modern Library, 1932.

Pope, Alexander. *An Essay on Criticism*. In *Pope: Poetical Works*, edited by Herbert Davis. Oxford: Oxford University Press, 1978.

Poster, Carol. "Aristotle's *Rhetoric* against Rhetoric: Unitarian Reading and Esoteric Hermeneutics." *American Journal of Philology* 118 (Summer 1997): 219–49.

Putnam, Hilary, and James Conant. *Realism with a Human Face*. Cambridge, MA: Harvard University Press, 1990.

Rahe, Paul. *Montesquieu and the Logic of Liberty*. New Haven: Yale University

Press, 2009.
———. *Republics Ancient and Modern: Classical Republicanism and the American Revolution*. Chapel Hill: University of North Carolina Press, 1992.
Ramsey, Sheila J. "Interactions between North Americans and Japanese: Considerations of Communication Style." In *Basic Concepts of Intercultural Communication: Selected Readings*, edited by Milton J. Bennett. Yarmouth, ME: Intercultural Press, 1998.
Rashi [Rabbi Shlomo Itzhaki]. *Chumash with Targum Onkelos, Haphtaroth and Rashi's Commentary*. Translated by Rabbi A. M. Silbermann. Jerusalem: Routledge & Kegan Paul, 1934.
Reeve, C. D. C. *Philosopher-Kings: The Argument of Plato's Republic*. Princeton, NJ: Princeton University Press, 1988.
Rendall, Steven F. "Fontenelle and His Public." *Modern Language Notes* 86, no. 4 (May 1971): 496–508.
Ritchie, J. M. *German Literature under National Socialism*. Totowa, NJ: Barnes & Noble, 1983.
Rorty, Richard. *Philosophy and Social Hope*. New York: Penguin Books, 1999.
———. "Pragmatism, Relativism, and Irrationalism." In *Consequences of Pragmatism: Essays, 1972–1980*, 160–75. Minneapolis: University of Minnesota Press, 1982.
———. "Solidarity or Objectivity." In *Objectivity, Relativism, and Truth: Philosophical Papers*, vol. 1, 21–34. Cambridge: Cambridge University Press, 1991.
Ross, Sir David. *Aristotle*. London: Methuen, 1965.
Rousseau, Jean-Jacques. *Discourse on the Sciences and Arts, and Polemics*. Vol. 2 of *The Collected Writings of Rousseau*, edited and translated by Judith Bush, Roger Masters, and Christopher Kelly. Hanover, NH: University Press of New England, 1992.
———. *Emile: Or, On education*. Translated by Allan Bloom. New York: Basic Books, 1979.
———. *The First and Second Discourses*. Translated by Roger D. Masters and Judith R. Masters. New York: St. Martin's Press, 1964.
———. *Lettres écrites de la montagne*. Vol. 3 of *OEuvres complètes*, edited by Bernard Gagnebin and Marcel Raymond. 4 vols. Paris: Gallimard, Bibliothèque de la Pléïade, 1959–69.
———. "Observations by Jean-Jacques Rousseau of Geneva On the Reply Made

to his Discourse." In *Discourse on the Sciences and Arts, and Polemics*. Vol. 2 of *The Collected Writings of Rousseau*, edited by Roger D. Masters and Christopher Kelly, 23–25. Hanover, NH: University Press of New England, 1992.

———. *On the Social Contract, with Geneva Manuscript and Political Economy*. Edited by Roger D. Masters. Translated by Judith R. Masters. New York: St. Martin's Press, 1978.

———. *Politics and the Arts, Letter to M. d'Alembert on the Theatre*. Translated by Allan Bloom. Glencoe, IL: Free Press, 1960.

———. "Preface to Second Letter to Bordes." In *Discourse on the Sciences and Arts, and Polemics*. Vol. 2 of *The Collected Writings of Rousseau*, edited by Roger D. Masters and Christopher Kelly, 182–86. Hanover, NH: University Press of New England, 1992.

Rush, Myron. "Esoteric Communication in Soviet Politics." *World Politics* 11, no. 4 (July 1959): 614–20.

———. *The Rise of Khrushchev*. Washington, DC: Public Affairs Press, 1958.

Russell, Paul. "Epigram, Pantheists, and Freethought in Hume's Treatise: A Study in Esoteric Communication." *Journal of the History of Ideas* 54, no. 4 (October 1993): 659–73.

Sabine, George H. Review of *Persecution and the Art of Writing*. *Ethics* 63 no. 3 (April 1953): 220–22.

Sallustius. *On the Gods and the World*. In *Five Stages of Greek Religion*, translated by Gilbert Murray, 191–212. New York: Columbia University Press, 1925.

Sarpi, Paolo. *Lettere ai Gallicani*. Edited by Boris Ulianich. Wiesbaden: F. Steiner, 1961.

———. *Opere*. Edited by Gaetano Cozzi and Luisa Cozzi. Milan: R. Ricciardi, 1969.

Savile, George. *The Works of George Savile, Marquis of Halifax: In Three Volumes*. Edited by Mark N. Brown. Vol. 3. Oxford: Clarendon Press, 1989.

Savinitch, Lioudmila. "Pragmatic Goals and Communicative Strategies in Journalistic Discourse under Censorship." In *Power without Domination: Dialogism and the Empowering Property of Communication*, edited by Eric Grillo, 107–37. Philadelphia: John Benjamins, 2005.

Sayre, Kenneth M. "Plato's Dialogues in Light of the Seventh Letter." In *Platonic Writings, Platonic Readings*, edited by Charles L. Griswold. New York:

Routledge, 1988.
Schaefer, David. *The Political Philosophy of Montaigne*. Ithaca, NY: Cornell University Press, 1990.
Schaub, Jörg. *Gerechtigkeit als Versöhnung: John Rawls' politischer Liberalismus*. Frankfurt: Campus Verlag, 2009.
Schiller, Friedrich. *On Naive and Sentimental Poetry*. Translated by Julius A. Elias. New York: F. Ungar, 1966.
Schleiermacher, Friedrich. *Introductions to the Dialogues of Plato*. Translated by William Dobson. Cambridge: J. & J. J. Deighton, 1836.
Schmitt, Charles B. "Aristotle as Cuttlefish: The Origin and Development of a Renaissance Image." *Studies in the Renaissance* 12 (1965): 60-72.
Schnell, R. "Innere Emigration und kulturelle Dissidenz." In *Widerstand und Verweigerung in Deutschland 1933 bis 1945*, edited by R. Löwenthal and P. von zur Muhlen. Bonn: Dietz, 1982.
Scholem, Gershom. *On the Kabbalah and Its Symbolism*. Translated by Ralph Mannheim. New York: Schocken Books, 1965.
Schopenhauer, Arthur. *The Essays of Arthur Schopenhauer*. Translated by T. Bailey Saunders. New York: Willey Books, 1935.
——. *Religion: A Dialogue, and Other Essays*. Translated by T. Bailey Saunders. New York: Macmillan, 1899.
Schwab, Richard N. Introduction. In *Preliminary Discourse to the Encyclopedia of Diderot*, translated by Richard N. Schwab and Walter E. Rex, ix-l. New York: Bobbs-Merrill, 1963.
Scott, James C. *Domination and the Arts of Resistance: Hidden Transcripts*. New Haven: Yale University Press, 1990.
Seneca, Lucius Annaeus. *Ad Lucilium Epistulae morales*. Translated by Richard Gummere. 3 vols. Cambridge, MA: Harvard University Press, 1917.
Shaftesbury, Antony Ashley Cooper, Earl of. *Characteristics of Men, Manners, Opinions, Times*. Edited by Lawrence E. Klein. Cambridge: Cambridge University Press, 2004.
Shattuck, Roger. *Forbidden Knowledge: From Prometheus to Pornography*. New York: St. Martin's, 1996.
Shenkman, Richard. *Just How Stupid Are We?: Facing the Truth about the American Voter*. New York: Basic Books, 2008.
Shils, Edward. *Tradition*. Chicago: University of Chicago Press, 1981.
Shulsky, Abram. "The 'Infrastructure' of Aristotle's *Politics*: Aristotle on Eco-

nomics and Politics." In *Essays on the Foundation of Aristotelian Political Science*, edited by Carnes Lord and David O'Connor, 74-112. Berkeley: University of California Press, 1991.

Simmel, Georg. "The Secret and the Secret Society." In *The Sociology of Georg Simmel*, trans. Kurt H. Wolff, 307-79. New York: Free Press, 1950.

Simplicius. *In Aristotelis Physicorum Libros Quattuor Priores Commentaria*. Edited by H. Diels. In vol. 9 of *Commentaria in Aristotelem Graeca*. Berlin: Reimer, 1882.

Skinner, Quentin. "Meaning and Understanding in the History of Ideas." *History and Theory* 8, no. 1 (1969): 3-53.

———. *Reason and Rhetoric in the Philosophy of Hobbes*. Cambridge: Cambridge University Press, 1996.

Smith, Adam. *The Correspondence of Adam Smith*. Edited by Ernest Campbell Mossner and Ian Simpson Ross. Oxford: Clarendon Press, 1977.

———. *The History of the Ancient Logics and Metaphysics*. In *Essays on Philosophical Subjects*, edited by W. P. D. Wightman and J. C. Bryce, 118-33. Indianapolis: Liberty Classics, 1982.

———. *Lectures on Rhetoric and Belles Lettres*. Edited by J. C. Bryce. Indianapolis: Liberty Fund, 2007.

Smith, D. W. "The 'Useful Lie' in Helvétius and Diderot." In vol. 14 of *Diderot Studies*. Geneva: Librairie Droz, 1971.

Smith, Hedrick. *The Russians*. New York: Ballantine, 1977.

Smith, Steven B. *Reading Leo Strauss: Politics, Philosophy, Judaism*. Chicago: University of Chicago Press, 2006.

Speier, Hans. *The Truth in Hell and Other Essays on Politics and Culture, 1935-1987*. Oxford: Oxford University Press, 1989.

Spinoza, Benedict de. *A Political Treatise*. In *The Chief Works of Benedict Spinoza*, trans. R. H. M. Elwes, 267-387. New York: Dover Publications, 1951.

———. *Theologico-Political Treatise*. In *The Chief Works of Benedict Spinoza*, trans. R. H. M. Elwes, 3-266. New York: Dover Publications, 1951.

Stone, I. F. *The Trial of Socrates*. Boston: Little Brown, 1988.

Strabo. *The Geography of Strabo*. Cambridge, MA.: Harvard University Press, 1969.

Straus, Irwin. *Phenomenological Psychology*. Translated by Erling Eng. New York: Basic Books, 1966.

Strauss, Leo. *The City and Man*. Chicago: Rand McNally, 1964.

——. "Correspondence concerning Modernity: Karl Löwith and Leo Strauss." *Independent Journal of Philosophy* 4 (1983): 105-19.

——. "Exoteric Teaching." In *The Rebirth of Classical Rationalism: An Introduction to the Thought of Leo Strauss*, edited by Thomas Pangle, 63-71. Chicago: University of Chicago Press, 1989.

——. *Faith and Political Philosophy: The Correspondence between Leo Strauss and Eric Voegelin, 1934-1964*. Translated and edited by Peter Emberley and Barry Cooper. University Park: Pennsylvania State University Press, 1993.

——. "Farabi's Plato." In *Louis Ginzberg Jubilee Volume on the Occasion of His Seventieth Birthday*, 357-93. New York: American Academy for Jewish Research, 1945.

——. "A Giving of Accounts: Jacob Klein and Leo Strauss." In *Jewish Philosophy and the Crisis of Modernity*, edited by Kenneth Hart Green, 457-66. Albany: State University of New York Press, 1997.

——. "How to Begin to Study Medieval Philosophy." In *The Rebirth of Classical Rationalism: An Introduction to the Thought of Leo Strauss*, edited by Thomas Pangle, 207-26. Chicago: University of Chicago Press, 1989.

——. "An Introduction to Heideggerian Existentialism." In *The Rebirth of Classical Rationalism: An Introduction to the Thought of Leo Strauss*, edited by Thomas Pangle, 27-48. Chicago: University of Chicago Press, 1989.

——. *Jewish Philosophy and the Crisis of Modernity*. Edited by Kenneth Hart Green. Albany: State University of New York Press, 1997.

——. "Kurt Riezler." In *What Is Political Philosophy? And Other Studies*, 233-60. New York: Free Press, 1959.

——. "Marsilius of Padua." In *The History of Political Philosophy*, edited by Leo Strauss and Joseph Cropsey, 276-95. 3rd ed. Chicago: University of Chicago Press, 1987.

——. *Natural Right and History*. Chicago: University of Chicago Press, 1953.

——. "Niccolo Machiavelli." In *The History of Political Philosophy*, edited by Leo Strauss and Joseph Cropsey, 296-317. 3rd ed. Chicago: University of Chicago Press, 1987.

——. "On a Forgotten Kind of Writing." In *What Is Political Philosophy? And Other Studies*, 221-32. New York: Free Press, 1959.

——. "On a New Interpretation of Plato's Political Philosophy." *Social Research* 13 (September 1946): 326-67.

——. "On Classical Political Philosophy." In *What Is Political Philosophy?*

———. *And Other Studies*, 49-62. New York: Free Press, 1959.

———. "On Collingwood's Philosophy of History." *Review of Metaphysics* 5, no. 4 (June 1952): 559-86.

———. "On the Intention of Rousseau." In *Hobbes and Rousseau: A Collection of Critical Essays*, edited by Maurice Cranston and R. S. Peters, 254-90. Garden City, NY: Anchor Books, 1972.

———. *On Tyranny: Including the Strauss-Kojève Correspondence*, edited by Victor Gourevitch and Michael S. Roth. New York: Free Press, 1991.

———. "Persecution and the Art of Writing." *Social Research* 8 (November 1941): 488-504.

———. *Persecution and the Art of Writing*. Glencoe, IL: Free Press, 1952.

———. *Philosophy and Law*. Translated by Fred Baumann. New York: Jewish Publication Society, 1987.

———. "Philosophy as Rigorous Science and Political Philosophy." In *Studies in Platonic Political Philosophy*. Chicago: University of Chicago Press, 1983.

———. "Political Philosophy and History." In *What Is Political Philosophy? And Other Studies*, 56-77. New York: Free Press, 1959.

———. *The Political Philosophy of Hobbes: Its Basis and Its Genesis*. Translated by Elsa M. Sinclair. Chicago: University of Chicago Press, 1952.

———. "Preface to Hobbes Politische Wissenschaft." In *Jewish Philosophy and the Crisis of Modernity*, edited by Kenneth Hart Green, 453-56. Albany: State University of New York Press, 1997.

———. "The Problem of Socrates: Five Lectures." In *The Rebirth of Classical Rationalism: An Introduction to the Thought of Leo Strauss*, edited by Thomas Pangle, 103-86. Chicago: University of Chicago Press, 1989.

———. "Progress or Return?" In *The Rebirth of Classical Rationalism: An Introduction to the Thought of Leo Strauss*, edited by Thomas Pangle, 227-70. Chicago: University of Chicago Press, 1989.

———. *The Rebirth of Classical Rationalism: An Introduction to the Thought of Leo Strauss*, edited by Thomas Pangle. Chicago: University of Chicago Press, 1989.

———. "Relativism." In *Relativism and the Study of Man*, edited by Helmut Schoeck and J. W. Wiggins, 135-57. Princeton, NJ: Van Nostrand, 1961.

———. *Socrates and Aristophanes*. New York: Basic Books, 1966.

———. *Spinoza's Critique of Religion*. Translated by E. M. Sinclair. New York: Schocken Books, 1965.

——. "The Spirit of Sparta or the Taste of Xenophon." *Social Research* 6, no. 4 (1939): 502–36.

——. *Thoughts on Machiavelli*. Chicago: University of Chicago Press, 1978.

——. "Three Waves of Modernity." In *An Introduction to Political Philosophy: Ten Essays by Leo Strauss*, edited by Hilail Gildin. 81–98. Detroit: Wayne State University Press, 1989.

——. "Thucydides: The Meaning of Political History." In *The Rebirth of Classical Political Rationalism*, edited by Thomas L. Pangle, 72–102. Chicago: University of Chicago Press, 1989.

——. "An Unspoken Prologue." In *Jewish Philosophy and the Crisis of Modernity*, edited by Kenneth Hart Green, 449–52. Albany: State University of New York Press, 1997.

——. "What Is Political Philosophy?" In *What Is Political Philosophy? And Other Studies*. Glencoe, IL: Free Press, 1959.

——. *What Is Political Philosophy? And Other Studies*. Glencoe, IL: Free Press, 1959.

Strauss, Leo, and Seth Benardete. *Leo Strauss on Plato's Symposium*. Chicago: University of Chicago Press, 2001.

Strauss, Leo, and Hans-Georg Gadamer. "Correspondence concerning *Wahrheit und Methode*." *Independent Journal of Philosophy* 2 (1978): 5–12.

Stroumsa, Guy G. *Hidden Wisdom: Esoteric Traditions and the Roots of Christian Mysticism*. Lei-den: E. J. Brill, 1996.

Svirsky, G. A. *A History of Post-War Soviet Writing: The Literature of Moral Opposition*. Translated by Robert Dessaix and Michael Ulman. Ann Arbor, MI: Ardis, 1981.

Sykes, Arthur Ashley. *A Vindication of the Account of the Double Doctrine of the Ancients. In answer to A Critical Enquiry into the Practices of the Antient Philosophers*. London: Printed for John and Paul Knapton, at the Crown in Ludgate-Street, 1747.

Taine, Hippolyte. *The Ancient Regime*. Translated by John Durand. Vol. 4. New York: Henry Holt, 1876.

Tamas, G. M. "The Legacy of Dissent: Irony, Ambiguity, Duplicity." *Uncaptive Minds* 7, no. 2 (Summer 1994): 19–34.

Tanguay, Daniel. *Leo Strauss: An Intellectual Biography*. New Haven: Yale University Press, 2007.

Tessitore, Aristide. "A Political Reading of Aristotle's Treatment of Pleasure in the *Nicomachean Ethics.*" *Political Theory* 17, no. 2 (1989): 247-65.

Themistius. *Analyticorum Posteriorum Paraphrasis.* Edited by M. Wallies. In vol. 5.1 of *Commentaria in Aristotelem Graeca.* Berlin: Reimer, 1900.

——. *Libros Aristotelis de Anima Paraphrasis.* Edited by R. Heinze. In vol. 5.3 of *Commentaria in Aristotelem Graeca.* Berlin: Reimer, 1899.

Thoreau, Henry David. *Walden.* Edited by Stephen Fender. Oxford: Oxford University Press, 1997.

Tigerstedt, E. N. *Interpreting Plato.* Stockholm: Almqvist & Wiksell, 1977.

Tocqueville, Alexis de. *Democracy in America.* Translated by Harvey C. Mansfield and Delba Winthrop. Chicago: University of Chicago Press, 2000.

Todorov, Tzvetan. *On Human Diversity: Nationalism, Racism, and Exoticism in French Thought.* Cambridge, MA: Harvard University Press, 1993.

Toland, John. *Clidophorus.* London: J. Brotherton & W. Meadows, 1720.

——. *Pantheisticon.* London: Sam Patterson, 1751.

Toynbee, Arnold. *A Study of History.* Vol. 7. London: Oxford University Press, 1939.

Usener, Hermann. *Epicurea.* Cambridge: Cambridge University Press, 2010.

Velkley, Richard. *Heidegger, Strauss, and the Premises of Philosophy: On Original Forgetting.* Chicago: University of Chicago Press, 2011.

Verbeke, G. "Plutarch and the Development of Aristotle." In *Aristotle and Plato in the Mid-Fourth Century: Papers of the Symposium Aristotelicum Held at Oxford in August, 1957*, edited by Ingemar During, 236-47. Göteborg: Elanders, 1960.

Vianu, Lidia. *Censorship in Romania.* Budapest, Hungary: Central European University Press, 1998.

Vlastos, Gregory. "Further Lessons of Leo Strauss: An Exchange." *New York Review of Books*, April 24, 1986.

Volkov, Solomon, ed. *Testimony: The Memoirs of Dmitri Shostakovich.* Translated by Antonina W. Bouis. New York: Harper & Row, 1979.

Voltaire [François-Marie Arouet]. *Essai sur les moeurs.* Vol. 1. Paris: Garnier, 1963.

——. *Histoire de l'établissement du Christianisme.* In vol. 31 of *OEuvres complètes*, edited by Louis Moland. Paris: Garnier, 1877-83.

——. "Letters, Men of Letters, or Literati." In *Philosophical Dictionary*, translated by Peter Gay. New York: Basic Books, 1962.

——. *Les oeuvres complètes de Voltaire.* Edited by Theodore Besterman et al. Geneva: Voltaire Foundation, 1968.

———. *Philosophical Dictionary*. Translated by Peter Gay. New York: Basic Books, 1962.

———. "Toleration." In *Philosophical Dictionary*, translated by Peter Gay. New York: Basic Books, 1962.

Wade, Ira O. *The Clandestine Organization and Diffusion of Philosophic Ideas in France, 1700–1750*. Princeton, NJ: Princeton University Press, 1938.

Walsh, Sean Noah. *Perversion and the Art of Persecution: Esotericism and Fear in the Political Philosophy of Leo Strauss*. New York: Lexington Books, 2012.

Walzer, Richard. *Greek into Arabic: Essays on Islamic Philosophy*. Cambridge, MA: Harvard University Press, 1962.

Warburton, William. *The Divine Legation of Moses Demonstrated, in Nine Books*. Vol. 2 of *The Works of the Right Reverend William Warburton, Lord Bishop of Gloucester, in Seven Volumes*. London: Nichols & Cadell, 1788.

Wayman, Alex. *The Buddhist Tantras: Light on Indo-Tibetan Esotericism*. New York: S. Weiser, 1973.

Webster, H. *Primitive Secret Societies: A Study of Early Politics and Religion*. New York: Macmillan, 1908.

Weisberger, Richard. *Speculative Freemasonry and the Enlightenment: A Study of the Craft in London, Paris, Prague, and Vienna*. Boulder, CO: East European Monographs, 1993.

White, Nicholas P. *A Companion to Plato's Republic*. Indianapolis: Hackett, 1979.

Wood, Gordon. "Conspiracy and the Paranoid Style: Causality and Deceit in the Eighteenth Century." *William and Mary Quarterly* 39 (1982): 403–41.

Wootton, David. "Narrative, Irony, and Faith in Gibbon's *Decline and Fall*." In *History and Theory* 33, no. 4 (December 1994): 77–105.

———. *Paolo Sarpi: Between Renaissance and Enlightenment*. Cambridge: Cambridge University Press, 1983.

Xenophon. *The Shorter Socratic Writings*. Translated by Robert Bartlett. Ithaca, NY: Cornell University Press, 1996.

Xenos, Nicholas. *Cloaked in Virtue: Unveiling Leo Strauss and the Rhetoric of American Foreign Policy*. New York: Routledge, 2008.

Zagorin, Perez. *Ways of Lying: Dissimulation, Persecution, and Conformity in Early Modern Europe*. Cambridge, MA: Harvard University Press, 1990.

Zaharna, R. S. "Understanding Cultural Preferences of Arab Communication

Patterns." *Public Relations Review* 21, no. 3 (1995): 241-55.

Zeller, Eduard. *Aristotle and the Earlier Peripatetics*. New York: Russell & Russell, 1962.

Zuckert, Catherine H., and Michael P. Zuckert. *The Truth about Leo Strauss: Political Philosophy and American Democracy* (Chicago: University of Chicago Press, 2006.

Zuckert, Michael. *Launching Liberalism: On Lockean Political Philosophy*. Lawrence: University Press of Kansas, 2002.

索 引

(原书页码)

Achilles 阿喀琉斯, 376n82
Acton, Lord 阿克顿勋爵, 257-258
Advancement of Learning《学术的进展》(培根), 301 307, 309
Aesopian language 伊索式语言, 131-132, 133, 303, 304, 307, 388n14, 388n17; 赫尔岑的经历, 206, 396n2
afterlife 来世: 古代哲人和来世, 266; 基督教对来世的强调, 145; 自然神论者的来世观, 264, 266; 蒙田对来世信仰的批判, 303. 参见灵魂不灭
Age of American Unreason, The《美国非理性年代》(雅克比), 328
age of reason 理性年代, 81, 381n18
Alexander of Aphrodisias 阿芙洛蒂西亚的亚历山大, 37, 38-41, 42, 43, 46, 376nn81-82, 377n85
Alexander the Great 亚历山大大帝, 35, 41
Alfarabi, Abū Nasr 阿尔法拉比: 论亚里士多德, 38, 375n64,

375n70; 论柏拉图, 17, 23, 153, 307, 321, 351, 375n70, 392n76; 施特劳斯和阿尔法拉比, 108, 351; 论大众对哲人的威胁, 140, 152-153
allegory 寓言: 在伊索式语言中, 131, 206, 307; 奥古斯丁论寓言的吸引力, 219; 作为隐微技巧, 54, 307; 赫尔岑论寓言, 206, 396n2; 在限制性政体之下, 133; 智慧典型地通过寓言得以传达, 208
allusion 暗指: 作为隐微技巧, 53; 前现代哲人的使用, 208; 政治压力之下, 灵敏, 136
ambiguity 模棱两可, 54, 207, 208, 306; 飞越, 208, 209
Ambler, Wayne 安博乐, 323
Ammonius 阿摩尼乌斯, 37, 39, 40, 41, 375n64
Anabasis《远征记》(色诺芬), 122
Anacharsis the Scythian 斯库西亚的阿纳卡西斯, 1, 73

Analysis of the Spirit of the Laws《〈论法的精神〉分析》（达朗贝尔），161-162, 163, 220, 317

Anaxagoras 阿那克萨哥拉, 150, 156, 393n88

ancestral authority 祖传权威, 180-181, 182

Andronicus of Rhodes 安德罗尼科, 35, 36, 39, 374n55, 377n85

anonymous publication 匿名出版, 248, 249, 272, 302

Anthropology of Indirect Communication《间接交流人类学》（亨得利和沃森），48-49

antihedonism 反享乐主义, 190-192, 262-263

Antiochus of Ascalon 阿什凯隆的安条克, 374n55

Apology《申辩》（柏拉图）：理性与社会的冲突, 79, 153；哲人受到迫害的危险, 24；论哲人的生活, 380n3；苏格拉底对阿里斯托芬的控诉, 152；苏格拉底否认自己是自然哲学家, 155；苏格拉底对德尔菲神谕的听从, 157；370n23

Aquinas, Thomas 阿奎那：承认自己的隐微主义, 26, 305-306；对《尼各马可伦理学》的注疏, 324, 374n54；论耶稣不写作, 208；论耶稣的比喻, 99；哲学影响, 295；论保护听者不受到伤害, 162, 163, 166-167；推荐隐微主义, 17；论修辞, 312；哲学的价值, 148；论圣经的含蓄语言, 213

Arab communication patterns 阿拉伯人的交流方式, 50

Archæologiæ philosophicæ《古代万物起源论》（伯内特），14

Arendt, Hannah 阿伦特, 110, 121, 239

Aristo of Chios 阿里斯顿, 117

Aristophanes 阿里斯托芬：《云》，152, 182, 352；和共和主义德性, 186；施特劳斯论阿里斯托芬, 108, 352, 353

Aristotle 亚里士多德, 30-46；阿尔法拉比论亚里士多德, 38, 375n64, 375n70；阿奎那欠亚里士多德的学术债, 295；培尔论亚里士多德的隐微主义, 14, 270-271；论变法, 178, 395n21；论修辞中的清晰, 373n48；作为隐微主义的古代典范, 31, 46；作为乌贼, 38, 377n87；亚里士多德的双重教诲, 26, 27, 31, 39, 43, 46；隐微著作中支持虚构, 44, 377n88；秘传著作中的显白教诲, 44-46；显白 Vs. 秘传著作, 31-36, 38-40, 374nn55-56, 374n61；论目的因, 15, 26, 394n92；作为最有力的例子, 30-31, 46；海德格尔论亚里士多德, 343；历史主义派观点, 346, 347；论灵魂不灭, 42-43, 45, 377n87；隐微主义"传说", 26, 27, 30-31, 44；论人是政治的动物, 69, 75-76；论人是理性的动物, 69, 74-75；不进行隐微阅读造成的错误理解, xiv；现代学者否认亚里士多德的隐微主义, 373n49（参见博厄斯；杜灵；格兰特；施莱尔马赫；策勒尔）；作为多层次作者，34，36-38，41，44，46，374n61，376n81；论原始人类的意见，180；论哲人的生活，72，380n3；柏拉图与亚里士多德在根本上统一，346，408n36；论柏拉图的"未成文学说"，21；论快乐，190-191，262-263；论天命，45；宗教上顺从以守法，142；论修辞，312，373n48；论奴隶制，196，323；施特劳斯论亚里士多德的隐微主义，346；目的论，45-46，394n92；证明亚里士多德的隐微主义的证词证据，18，30-32，35-43，46；传统社会和亚里士多德，193；两种不同形式的隐微主义，33-34；论什么对人类好，74。参见《尼各马可伦理学》

Assault on Reason, The《对理性的攻击》(戈尔)，328

atheism 无神论：古典哲人和无神论，19，20，24，141，149，150，156；启蒙思想家为无神论而辩，276；霍尔巴赫的无神论，15；霍布斯的宗教信仰问题，305；萨尔皮的无神论，258，259；斯宾诺莎主义者的无神论，253；传统社会对无神论的态度，173

Augustine, Saint 奥古斯丁：论不让未受教育者看到，167；奥古斯丁的隐微解读，324；论隐藏起来的真理，219，226；论古典哲人的理想，380n1；论耶稣的比喻，100；反对撒谎，123；论柏拉图式对话形式，20；论政治共同体，170；论修辞，312；论塞涅卡的宗教骗局，188；论隐藏真理有用，17-18，123-124；论圣经的含蓄语言，213

Austin, John L. 奥斯丁，384n25

autochthonous citizens 土生土长的公民，63-64，192-193

Averroes 阿威罗伊：阿奎那欠阿威罗伊的学术债，295；论哲人的危险，152；拒绝宗教，但隐藏起来，168；《理想国》的缩影，152，392n76；论向大众撒谎，122；论政治上对高贵谎言的需要，191；论保护性隐微主义，167；论提醒大众避免行乐，191；论哲学是否被许可，148

Avicenna 阿维森纳，153，154

Bacchae《酒神的伴侣》(欧里庇得斯)，182

Bacon, Francis 培根：被达朗贝尔指责懦弱，272，309；著作中的解读线索，301；启蒙理性主义，81，209，361；隐微地攻击王权和神权，252；论古代人的隐微主义，14，27；论寓言或比喻，307；费希解读《论说文集》，323；论用古代术语表达新观念，309；论马基雅维利的隐微主义，54，251；压迫性力量的晦涩言辞，209；论"改善人的生活"，103；论智慧的人向俗众说话，140；写过历史著作，263

Baker, Richard 贝克，222

Barthes, Roland 巴特，297

Bayle, Pierre 培尔：论亚里士多德的隐微主义，14，27；孔多赛论培尔，254；谴责笛卡尔的信徒太大胆，270-271；所使用的分散技巧，318-319；论对审查的恐惧，128；作为世俗主义者，276；社会与宗教的分离，181；论跟大众偏见唱反调，310；论斯宾诺莎主义者，253

Benardete, Seth 伯纳德特，323，399n55

Benitez, Miguel 贝尼特斯，248

Bennett, Milton J. 班尼特，50

Berghahn, Daniela 贝格安，131

Bergson, Henri 柏格森，329

Berkeley, George 贝克莱，253，302-303

Berman, David 伯曼，323

Bible 圣经：阿奎那论圣经的含蓄语言，213；间接地交流，207；圣经中理性与社会的冲突，79；论危险的知识，164；马基雅维利对圣经的引用，56-58；迈蒙尼德论圣经的隐微主义，262；纳粹引用圣经，131；斯宾诺莎对圣经的历史性批判，264；施特劳斯对迈蒙尼德和斯宾诺莎的解读，301；圣经含蓄、隐喻的语言，213. 参见耶稣；托拉

blank slate 白纸，274

blindness to esotericism 对隐微主义视而不见，xv, 283-84；所导致的历史主义，347；Vs.对历史主义的抵制，115；自我审查，115-24. 参见对隐微主义的拒绝

Bloom, Allan 布鲁姆，324

Blount, Charles 布朗特，141

Boas, George 博厄斯，26，375n64，395n17

Boccaccio, Giovanni 薄伽丘，16，223，370n14

Bodin, Jean 博丹，247，263

Boethius 波埃修斯，阿奎那的注疏，166-167

Bok, Sissela 博克，123

books 书：通过书传达哲学智慧，208；和谐主义计划，243；非个人的，固定的，218；哲学与书之间的内在紧张，214；书使得智识方面的恶习成为可能，210；vs.口头教诲，4，208. 参见现代出版制度；写作

Borges, Jorge Luis 博尔赫斯，127，133

brevity, as esoteric strategy 简洁，作为隐微技巧，306-307

Bruell, Christopher 布鲁尔，324

Bruno, Giordano 布鲁诺，247

Buffon, Georges-Louis Leclerc de 布丰，15，223，324

Burke, Edmund 柏克：与共济会的联系，248；论无神论者新的大胆之处，253；与启蒙作斗争，83，86，357；论激进哲人的出现，243；施特劳斯论柏克，108；论作者对公众的影响，246

Burma 缅甸：缅甸的审查，132-133；缅甸异见作家的策略，304

Burnet, Thomas 伯内特，14，123

Butler, Samuel 巴特勒，223，324

Calvin, John 加尔文，99

Cambridge school 剑桥学派，384n25

Campanella, Tommaso 康帕内拉，303

Cantor, Paul 坎特, 289

Capital《资本论》(马克思), 372n45

Captive Mind, The《被禁锢的心灵》(米沃什), 130

Cassirer, Ernst 卡西尔, 264

Categories《范畴篇》(亚里士多德), 33, 37

Catherine the Great 叶卡捷琳娜二世, 89-90

Cato 加图, 186

censorship 审查: 博尔赫斯论审查, 127, 133; 古典哲人接受审查, 281; 狄德罗逃避审查的策略, 306; 电影审查, 131, 132; 赫尔岑论审查对文学的好处, 206; 传统社会的观念审查, 170; 不可避免地导致加密信息, 136-137; 在19世纪的俄国, 206, 303; 帕特森论审查解释学, 129; 柏拉图论审查, 22; 贯穿历史, 128; 宗教权威的审查, 144; 对20世纪作者的审查, 129-133. 参见自卫性隐微主义; 迫害

Censorship in Romania《罗马尼亚的审查》(维雅努), 130

Charron, Pierre 沙朗, 116, 139-140, 141, 318

Chesterfield, Lord 查斯特菲尔德公爵, 272

childishness 孩子气: 隐微的迷和谜团, 106; 隐微地保密, 119, 120; 晦涩和孩子气, 209, 219-220, 224

Chinese culture 中国文化, 49-50, 320

Christianity 基督教: 基督教下哲人的复杂情形, 147, 148; 吸收哲学, 146-147, 148; 笛卡尔反抗教会, 252-253; 狄德罗论对教会的恐惧, 15, 256; 导致迫害的教义, 144-147, 149; 伊拉斯谟支持彻底改革基督教, 270; 基督教主流中的隐微实践, 166-167; 爱尔维修论基督教的改革, 256; 马基雅维利对基督教的间接批评, 303; 自然科学和基督教, 146, 391n64; 作为哲学宗教, 146, 153; 基督教的力量, 89; 哲人和基督教的力量, 89-90; 基督教中的启示, 182-184; 萨尔皮试图削弱基督教, 257-259; 政教分离, 183-184; 施特劳斯论启蒙和基督教, 349-350. 参见圣经; 耶稣; 宗教

Chrysippus 克里希波斯, 122

Cicero 西塞罗: 论亚里士多德的显白作品, 374nn55-57; 论亚里士多德的两类著作, 376n84; 论哲学作品中的矛盾, 314; 论为了公共善而欺骗, 162; 不信神, 141, 278; 论伊壁鸠鲁不信神, 141, 142, 390n55; 论挫伤读者以促进学习, 214; 论爱荣耀, 248; 论普遍相信哲人是无神论者, 150-151; 参与政治, 245; 斯多葛派的伪装, 18, 19, 190, 191; 论理性只对少数人有益, 117; 论修辞, 312, 321; 作为政治家, 192; 证明其隐微实践的证词证据, 18-19, 26

city 城邦: 哲人与城邦的冲突, 187-188, 353-354, 364; 保留城邦

视角的隐微主义，365. 参见《理想国》（柏拉图）

City and Man, The《城邦与人》（施特劳斯），323

City of God《上帝之城》，324，380n1

clandestine philosophical literature 秘密的哲学作品，247-248，400n17

clarity 清晰. 见直白和清晰

classical esotericism 古典隐微主义：作为最充分的隐微主义，3，91，368n3；现代和谐主义的抵制，104；古典隐微主义动机，3-4；自洽、和谐，281-282；三种形式，91（参见各种形式）；合理性被削弱，284；节制的美德和古典隐微主义，281-282

classical political philosophy 古典政治哲学：理论与实践的关系，77；施特劳斯论古典政治哲学，109，342，344，352-353，360，365. 参见政治哲学

classical rationalism 古典理性主义：vs. 启蒙理性主义，82，208，210，284，330，332-333；其极简或极端怀疑主义，351-352；隐微主义的教学作用，3-4，362-363；根植于日常经验，364；施特劳斯的古典理性主义回归，330，331；施特劳斯对古典理性主义的新解读，350-354. 参见苏格拉底式理性主义

Clement of Alexandria 亚历山大的克雷芒，1，219，260，316

Clidophorus《掌管钥匙的人》（托兰德），13-14，265-266

cloister 修道院，前现代哲学保密，246-247

Clouds《云》（阿里斯托芬），152，182，352

Codrescu, Andrei 科德雷斯库，130

Coetzee, J. M. 库切，133

Collingwood, R. G. 柯林伍德，347

colonialism 殖民主义：反启蒙运动的批判，87；相对主义倾向于减弱，336；普世主义意识形态应殖民主义受到谴责，335. 参见帝国主义

Commentator, the "注疏者". 见阿芙洛蒂西亚的亚历山大

Communist Manifesto《共产党宣言》（马克思），245

comparative rhetoric 比较修辞，47，48

composition 作文，312-313. 参见修辞

compositional forms 作文形式，以往哲人所使用的，208

Condorcet, Antoine-Nicolas de 孔多赛：与共济会的联系，248；论古希腊哲人的双重教义，141；论激进哲人组成的新阶级，243-244，246；论反王权和神权的政治性隐微主义，254，259；作为世俗主义者，276；论偏见的来源，274；论隐微写作的策略，319；论隐微主义无处不在，16；普遍启蒙和孔多赛，85；论欺骗的用处，276

conflictual view of theory and praxis 理论与实践相冲突观：在古典思想中，3，86，87，88；危险的真理和冲突观，164-165；所出现的隐

微主义，3-4，90-91，235-236；对普世主义意识形态的恐惧，335；遗忘，284；vs.和谐观，79-80，381n17；现代的反对，82，93，102-104，163，383n16；转变到和谐观，268. 参见理论与实践问题

conformity 顺从：社会倾向于，179；作为普遍的哲学现象，xiv

connecting with esoteric text 关联隐微的文本，290，291-299

Connor, W. Robert 康纳，323

conservatives 保守主义者，起而反抗启蒙，357

conspiracy, modern philosophical 现代哲学的阴谋，246-249；早期现代哲人的阴谋，249-259

Constitution of the Lacedaemonians 《斯巴达政制》(色诺芬)，320

contextualism 语境主义，xiv，106，333-334. 参见历史主义

contradictions in philosophical writing 哲学写作中的矛盾，310-311，313-316. 参见故意犯的错

counter-Enlightenment 反启蒙运动，80，81-83；和谐主义，86-87，89，104，357，381n17，383n16；非世俗化派，380n13；以基督教术语重新解读启蒙，349

cowardice 懦弱：早期现代哲人中，256，271-272，273，281；归因于非西方世界的讲话者，52；归因于传统社会，172；现代认为隐微主义懦弱，105，106

creationism 神创论，328

Cremonini, Cesare 克雷莫尼尼，140，303

crisis of historicism 历史主义危机，340

crisis of modernity 现代性危机，110，111，326

crisis of reason 理性危机，326-332

critique of reason 对理性的批判：反启蒙运动的批判，82；历史主义的批判，341，348，350，351，355，358；宗教的批判，在我们时代，329. 参见对理性的后现代批判

Crocker, Lester 克罗克，277

cultural differences in communication 交流中的文化差异，47-52

cultural relativism 文化相对主义. 见相对主义

cultural studies 文化研究，334

culture 文化，177. 参见风俗；社会

Cummings, e. e. 卡明斯，8

custom 风俗，174-178；柏克论理性与风俗，83；理性与风俗的冲突，177-178，187-188；作为神法，181；启蒙计划和风俗，245；风俗的基本作用，177；哲人追随风俗的努力，188；共和主义德性和风俗，185；作为假象的来源，185；权威的来源，178-185. 参见传统

d'Alembert, Jean 达朗贝尔：被伏尔泰指责懦弱，272；指责培根懦弱，272，309；与共济会的联系，248；讨论偏见和迷信，275；论笛卡尔反抗教会，252-253；作为百科全书编辑，247，250，252，272；论隐微克制，247，269-270，

272；论孟德斯鸠的《论法的精神》，161-162, 163, 220, 317

D'Alembert's Dream《达朗贝尔的梦》（狄德罗），302

Damon 达蒙, 150, 155, 393n88

dangerous truths 危险的真理：基本观念, 4, 162, 164-165；如今几乎被所有人拒绝, 161, 163, 199-200, 202；正如光线对大多数眼睛而言都太强烈, 198-199；现代知识分子无法理解, 173；用高贵的谎言进行隐藏, 192；哲学与诗之争, 182；太严苛或太高尚, 165-168. 参见保护性隐微主义

Darnton, Robert 达恩顿, 247

David and Goliath, Machiavelli on 马基雅维利论大卫和歌利亚, 57-58

Daybreak《朝霞》（尼采），293

De anima《论灵魂》（亚里士多德）, 39, 40, 43, 374n54, 377n88

death, denial of 拒绝死亡, 19

debates about esotericism 关于隐微主义的争论, 269-277；论理性化社会的完全性, 269, 274-276；论大胆与小心, 269-273；当代学术不关注, 277；论将被启蒙的大众, 269, 273-274

Decisive Treatise《宗教与哲学的和谐》（阿威罗伊），148

deconstructionism 解构主义, 334

defensive esotericism 自卫性隐微主义, 4；古典哲人对自卫性隐微主义的需要, 91, 105；理论与实践相冲突观和自卫性隐微主义, 235；自卫性隐微主义和当代文化, 128-135；启蒙哲人对自卫性隐微主义的需要, 92, 105；在大多数人看来合法, 121；指出了对保护性隐微主义的需要, 158；只需一点不幸, 134-135；与政治性隐微主义相似, 238；自发性, 135-138；施特劳斯可能实践自卫性隐微主义, 384n24；自卫性隐微主义与向现代思想的转变, 157-159. 参见伊索式语言；审查；迫害；哲学政治学

De finibus《论道德目的》（西塞罗）, 18, 190, 376n84

De inventione《论修辞术的发明》（西塞罗）, 150

Deism 自然神论, 13-14, 264-267, 302-303, 323

Demetrius of Phaleron 德米特里, 221-222

Democracy in America《论美国的民主》, 312. 参见托克维尔

democratic regimes 民主政体, 要求专家说真话, 121. 参见自由民主制

De natura deorum《论神性》（西塞罗）, 18, 19

denial of death 拒绝死亡, 198

denial of esotericism 对隐微主义的拒绝：声称隐微主义少见、奇怪, 5；开始拒绝, xii, 96, 260-261；现代偏好直白地交流, 209；学者回应施特劳斯, 96-97；自我确证, 313；现代文化中的众多根源, xv, 96-98, 102-107；两种形式的拒绝, 115. 参见对隐微主义的视而不见；对隐微主义的遗忘；

隐微主义"传说";对隐微主义的抵制

Der Historismus und seine Probleme《历史主义及其问题》(特勒尔奇), 334

Derrida, Jacques 德里达, 329, 334

Descartes, René 笛卡尔：笛卡尔的匿名出版, 248；达朗贝尔的赞美, 272；笛卡尔的启蒙理性主义的缺陷, 330；笛卡尔的启蒙理性主义, 81, 209, 329, 356, 361；对迫害的恐惧, 140；莱布尼茨论笛卡尔的隐微主义, 15；论统治自然, 103；论为新观点保留旧术语, 309；论有益的谎言, 123

dialectical approach to education 辩证教育法, 216, 217, 244, 397n21. 参见苏格拉底式方法

Dialogues concerning Natural Religion《自然宗教对话录》(休谟), 372n45

Dialogues on the Grain Trade《关于谷物贸易的对话》(加里亚尼), 256

Dickinson, Emily 迪金森, 198-199, 223-224

Dictionary of the Academy Française《法兰西学院词典》, 13

Diderot, Denis 狄德罗：承认自己实践隐微, 26；狄德罗的匿名出版, 248；狄德罗的启蒙理性主义, 356；《百科全书》的隐微特征, 247, 250-251, 268；隐微主义作为文学经验, 27；论亚里士多德的隐微主义, 15, 26, 394n92；论西塞罗的隐微主义, 19；论所有现代思想家都实践隐微, 15-16, 255, 259；论马基雅维利的隐微主义, 54, 251-252；论《达朗贝尔的梦》的隐微策略, 302；论担心神职人员毁了哲学, 394n92；加里亚尼承认狄德罗实践隐微, 256；论爱尔维修谨慎过头, 256, 271-272；论霍尔巴赫不谨慎, 270；他那个年代对隐微主义的敌意, 255, 282；对保护性隐微主义的敌意, 278-279, 280；给赫姆斯特豪斯的信, 15, 255, 282；论偏见, 274, 275, 278-279；论有益的谎言, 123；作为世俗主义者, 276；论如何不说清楚, 306. 参见《百科全书》

Dilthey, Wilhelm 狄尔泰, 349

Dio Chrysostom 克里索斯托, 122

Diogenes 第欧根尼, 31, 186

Diogenes Laertius 第欧根尼·拉尔修, 23, 73-74, 188, 189, 226

discipline of the secret 秘传教规, 166

Discourse on the Sciences and Arts《论科学和艺术》(卢梭), 186, 274-275

Discourses《李维史论》(马基雅维利), 54, 55-57, 303

dishonesty of esotericism 隐微主义的不诚实, 105, 115, 121-24. 参见撒谎

dispersal technique in esoteric writing 隐微写作中的分散技巧, 54, 316-320

Disturbing the Peace《扰乱和平》(哈维尔), 130

Divine Legation of Moses Demonstrated

《摩西的神圣使命被证实》(沃伯顿), 13, 266
division of labor 劳动分工: 智识上的, 230-232; 天然的劳动分工神话, 196
Dodds, E. R. 多兹, 149
double doctrine of ancient philosophers 古代哲人的双重教诲: 亚里士多德的双重教诲, 26, 27, 31, 39, 43, 46; 默西尔的赞美, 271
Drewett, Michael 德鲁伊特, 133
dualism of theory and praxis 理论与实践二元性, 70; 亚里士多德论人性与这种二元性, 74-76; 对哲学交流的后果, 72-74; 哲学生活的不同, 72, 380n4; 海德格尔与二元性, 380n2; 所引起的哲学隐微主义, 70, 92; 两者之间的关系, 79-84; 作为非常广泛的二元论, 76-77. 参见理论与实践问题
dualisms, Platonic 柏拉图式二元论, 380n2
du Deffand, Mme 蒂凡德夫人, 275
Dunbar, Robin 邓巴, 380n12
During, Ingemar 杜灵, 27, 39-41, 46, 376n81
Durkheim, Emile 涂尔干, 144

Eastern European writers 东欧作家, 129-130, 306, 387n10
East German film censorship 东德电影审查, 131
economic sphere 经济领域, 要求清楚的交流, 209
education, philosophical 哲学教育: 四种隐微写作, 218; 要求明智的谦逊, 211-212; 内在的困难, 208, 210; 不意味着爱真理, 210; 矛盾手段, 215-218. 参见教学性隐微主义; 苏格拉底式方法
education 教育, 为了根除偏见, 273, 274
egalitarianism 平等主义: 对"圣人"的信仰, 163; 隐微主义的精英特征, 105; 实践隐微的动机, 118; 我们这个世界的平等主义, 116; 1800年前少见, 118. 参见精英主义; 不平等
Egypt, censorship in 埃及的审查, 133
Eisenstein, Sergei 爱森斯坦, 132, 389n18
Elias 埃利亚斯, 39, 40, 41, 42, 376n82
elitism 精英主义, 105-106, 115-118; 保护性隐微主义, 118; 少数爱思考的读者, 220. 参见平等主义; 不平等
Emile《爱弥儿》(卢梭), 53, 211, 217-218, 222, 402n66
Encyclopedia《百科全书》, 249-251; 谴责某人胆小, 272; 关于隐微主义的词条, 275; 批评保护性隐微主义的词条, 278-279; 交叉引用, 250-251, 268; 达朗贝尔论隐微克制, 247; 论圣人的危险处境, 139; 参与隐微写作, 250-251, 268, 284; 论隐微/显白差异, xi, 13, 163, 250; 大量关于隐微主义的条目, 13, 260; 论马基雅维利主义, 251;《序言》, 252, 272; 论有益的谎言, 123,

163, 250
end of philosophy 哲学的终结, 334
Engelsing, Rolf 恩格尔辛, 228
English literature 英国文学, 16 至 19 世纪的, 129
Enlightenment 启蒙: vs.反启蒙, 80-84, 89, 383n16; 自卫性隐微主义, 3, 92, 157, 158, 159; 自然神论, 264-267, 302; 直白和清晰伦理, 208-210; 和谐主义使人反抗社会, 3, 85-86; 对隐微主义的公开, 401n50; 带来的世界观, 105; 利用古典时代进行争辩, 148, 149; 修正主义观点, 349-350. 参见反启蒙;《百科全书》
Enlightenment project 启蒙计划, 245, 246, 274; 后现代批判, 329. 参见政治性隐微主义
Enlightenment rationalism 启蒙理性主义, 80-82; 积极、有用, 81, 82, 92; 与之相关的危险, 82; 因与宗教斗争而变形, 330; 直接地说, 210; 带来的隐微主义, 91-92, 93; 哈贝马斯作为辩护者, 327; 历史主义与之相抗, 93, 332-333; 在政治哲学中, 104; 可能是假象, 165; 用政治性隐微主义取代古典隐微主义, 356-357; 施特劳斯论理性主义的自我毁灭, 330-331
Epicurus 伊壁鸠鲁, 117, 140, 141, 142, 186, 188, 189, 390n41
epistemology 认识论: 历史的, 267; 现代的, 209
Erasmus 伊拉斯谟: 承认自己实践隐微, 26; 论隐藏真理, 16, 122; 论让愚人说出危险的真理, 302; 不得其所的智慧是愚蠢, 141; 论路德的鲁莽, 270; 论修辞, 312
Ernst and Falk《恩斯特与法尔克》: 写给共济会士的对话（莱辛）, 248, 275
errors, intentional 故意犯的错, 55, 314-315; 加以变动的引用, 316; 马基雅维利的运用, 55-58, 316. 参见哲学写作中的矛盾
esoteric interpretation 隐微解读. 参见隐微地阅读
esotericism 隐微主义: 定义, 1-2, 368n3; 程度, 3, 4-5, 368n3; 证明存在, 5-6; 不同的表达, 368n2; 人类生活的二元性, 70, 92; 为了理解隐微主义, 5 个必要的问题, 78; 作为一种修辞, 2, 3, 70; 四种主要的形式, 4 (参见每一种形式); 忽视, 313; 现代时期越来越多的敌意, 260-261, 278-283; 与之相关的解读方法, 384n25; "传说", 26-28, 30-31, 44, 395n17; 现代文化, xv, 95-98, 102-107; 谦逊, 397n21; 动机, 3-4, 26, 106; 自然本身, 234; 如今非西方世界的人, 47-52; 口头与书面形式, 4, 208 (参见书); 重新发现, xii, 2, 7, 325-326, 332, 349; 被不真实所代替, 203; 作为规则, 而非例外, 5; 学术性质疑, 111-114; 施特劳斯论最真实的目的, 109; 变体, 2-5; 违反现代自由民主理想, 105-106, 116, 119, 121. 参

见古典隐微主义；关于隐微主义的争论；拒绝隐微主义；对隐微主义的遗忘；对隐微主义的公开；隐微地阅读；隐微地写作

esotericism 隐微主义，对历史主义的批判，344；古代人-现代人，350，355；古典哲人，350-354；夸大哲学上的分歧，346，355；重新解读启蒙，349-350；理论与实践的冲突，353-354；习俗面纱，347-348，358. 参见历史主义

esotericism 隐微主义，以及历史主义的发展，355-366. 参见历史主义

esoteric reading 隐微阅读. 见隐微地阅读；隐微阅读技巧

esoteric writing 隐微写作. 见隐微写作技巧；隐微地写作

Esotérisme et Lumières 隐微和智慧（莫提埃），277

essay contests 论文竞赛，18世纪，275-276

Essay on Criticism《批评论》（蒲柏），55

Essay on Prejudices《论偏见》（霍尔巴赫），275

Ethics《伦理学》（亚里士多德），347

ethnocentrism 民族优越感：亚里士多德的，46；和对隐微主义的遗忘，xiv；和跨文化交流，52；相对主义更危险，337；抵制隐微主义，115，295；戴着普世主义的面具，335

Eudemian Ethics《优台谟伦理学》（亚里士多德），32

Eudemus《优台谟篇》（亚里士多德），43，377n88

Euripides 欧里庇得斯，182，186

Evolution Old and New《新旧进化论》（巴特勒），324

exalted truths 高贵的真理，165-168

existentialist counter-Enlightenment 存在主义反启蒙，81

"exoteric" "显白的"：亚里士多德运用，31-32，374n54；定义，xi，2，13；尼采运用，118；施特劳斯罕见地运用，368n2

exoteric writings of classical philosophers 古典哲人的显白著作，365

fables 寓言，222，307

fallibility objection 易错异议，311-316

Feyerabend, Paul 费耶阿本德，334

Filmer, Robert 菲尔默，319-320

Finley, M. I. 芬利，153

First Discourse《论科学与艺术》（卢梭），112-113，306-307

Fish, Stanley 费希，323，384n25

Flight from Ambiguity, The《飞越模糊性》（莱文），208

Fontenelle 丰特奈尔，254，269-270，275，402n59

Forbidden Best-Sellers of Pre-Revolutionary France, The《法国大革命前的畅销禁书》（达恩顿），247

forgetting of esotericism 对隐微主义的遗忘，xi-xii；分析遗忘的根源，6-7；试图逆转，xii-xiii；导致低估哲人的危险，142；所造成的危害，xiii-xv；狄德罗的预言，16；历史上开始遗忘，xii，96；导致的

历史主义，348，355；和政治性隐微主义，260，283，284；超越局限，xv. 参见对隐微主义的拒绝
Formey, Samuel 福尔梅，13，275
Foucault, Michel 福柯，86，381n17
foundationalism 基础主义：历史主义式相对主义反对基础主义，338；现代理性主义的超基础主义，360；后现代的拒绝，329，330
Franklin, Benjamin 富兰克林，248
Frederick II (the Great) of Prussia 普鲁士二世，89，269，275，276
freedom 自由：隐微地主张，133；忽视被隐藏的自由世界，xiv-xv；想象古代为黄金年代，148-149，392n73；大多数年代和地方都缺少，138；自由民主政体中的，105；开放社会中的，171-173，201-202；保密，xiv-xv，367n3；莎士比亚作为自由的化身，367n5；伏尔泰论自由，15
Freemasonry 共济会，248-249
French Revolution 法国大革命，82，83，357
Freud, Sigmund 弗洛伊德，136-37
Fustel de Coulanges, Numa Denis 库朗热，145，146，149，150，183

Gadamer, Hans-Georg 伽达默尔，96，333
Galen 盖伦，117
Galiani, abbé 加里亚尼，256，282，287
Galileo 伽利略，140，146，253，257
Gao, Ge 高歌，49，320

Gassendi, Pierre 伽桑狄，38
gaydar and gay vague 同志雷达和同志暧昧，134
Gellius, Aulus 格里乌斯，35，36，38，374n55，374n61
generalities 概括，306
"Georgics of the Mind" 心灵的农事诗（费希），323
German Literature under National Socialism 纳粹德国文学史（里奇），130-131
Gibbon, Edward 吉本，19，323
Glanvill, Joseph 格兰维尔，38
Gnosticism 诺斯替主义，2
Gobineau, Arthur 古比诺，153
God 上帝：自然神论者的上帝，264-265；后现代主义，330，335；伏尔泰表面承认上帝，15
gods 神：古代哲人对此实践隐微，157，265-266；古代诗人隐藏他们的含义，308；亚里士多德论神，44-45，378n89，378nn91-92；求助于神的权威创建国家，241-242；现代思想家希望消除，366；哲人隐藏不信仰，141-142；柏拉图保护关于神的观念，365；前苏格拉底哲人表现为信神者，156；理性作为对信仰的威胁，181；传统社会的神，181，182，184；关于神，不可逃避的问题，176. 参见宗教
Goethe, Johann Wolfgang von 哥特：论信仰与不信仰的冲突，325；《浮士德》，论对智者的迫害，139；论遗忘显白/隐微之分，xii，16，96；论需要歪曲，136-137

Gordon, Thomas 戈登, 223

Gore, Al 戈尔, 328, 329

Gorgias《高尔吉亚篇》(柏拉图), 151

Gracian 格拉西安, 140

Grant, Alexander 格兰特, 26, 27, 32, 36-37, 44-45, 46, 374n54, 393n90, 395n17

Greenblatt, Stephen 格林布拉特, 367n5

Gregory, Saint 格雷戈里, 167

Grotius, Hugo 格劳秀斯, 99, 122

Guicciardini, Francesco 圭恰迪尼, 116

Guide of the Perplexed《迷途指津》(迈蒙尼德), 17, 117, 148, 262, 307, 314, 316, 393n84. 参见迈蒙尼德

Habermas, Jürgen 哈贝马斯, 325, 327, 333-334, 340

habit 习惯, 178-180

Hadian, Nasser 哈迪安, 51

Halbertal, Moshe 哈尔博塔, 402n52

Halifax, Marquess of 哈里法克斯, 140

Hall, David 霍尔, 228

Hall, Edward T. 霍尔, 48

han xu 含蓄, 49

harmonization of theory and praxis 理论与实践的和谐: vs. 冲突观, 79-80, 82-87, 381n17; 反启蒙, 86-87, 89, 104, 357, 381n17, 383n16; 关于完全达成和谐的争论, 274-277; 相关的隐微主义, 3, 91-92, 236, 243 (参见政治性隐微主义); 现代哲人要求和谐, 3, 91-92, 103-104, 330, 356, 361; 作为哲学计划, 236; 后现代主义要求, 330, 333; 相对主义的修正, 336; 与此相关的思想革命, 268. 参见理论与实践问题

Havel, Vaclav 哈维尔, 129-130, 306

Hegel, G. W. F. 黑格尔: 论启蒙, 349; 历史哲学, 263; 论国家的政治和智识巅峰, 187; 对理性的后现代批判, 329, 332; 罗尔斯欠黑格尔的学术债, 135; 施特劳斯的分析, 361

hegemons 霸主, 129, 338-339

Heidegger, Martin 海德格尔: 古典二元论, 380n2; 古典理性主义, 351; 西方理性主义的连续性, 349; 和历史主义, 331, 332, 334, 335, 341, 342, 343-344, 348; 哲学上对回归的需要, 363; 和相对主义, 339; 宗教抱怨, 329; 和施特劳斯, 108, 341, 343-344, 351, 399n55

Helvétius, Claude Adrien 爱尔维修, 248, 256, 271-272, 274, 276

Hemsterhuis, François 赫姆斯特豪斯: 狄德罗的信, 15, 255, 282

Hendry, Joy 亨得利, 48-49

Heraclitus 赫拉克利特, 31, 226; 古希腊诗人传达观念, 23, 308

hermeneutical pessimism 解释学悲观主义, 106-107, 311, 312, 313, 315-316

hermeneutical theories 解释学理论: 假定读者都是一样的, 70-71. 参

见文本解读

hermeneutics of censorship, Patterson on 帕特森论审查解释学, 129

Hermeticism 赫尔默主义, 2

Herzen, Alexander 赫尔岑, 206, 396n2

Hesiod 赫西俄德, 23, 152, 168, 308

high context societies 高语境社会, 48, 97

hinting 暗示, 53, 54, 55; 处于审查环境之下, 128, 133; 在苏格拉底式方法中, 216; 作者给出的暗示,关于如何阅读他们的著作, 301

Histoire naturelle《自然史》(布丰), 324

Historical and Critical Dictionary《历史与批判词典》(培尔), 14, 270-271, 318-319

historical epistemology 历史认识论, 267

historical turn in philosophy 哲学的历史转向, 263-267, 276, 357, 402n58

historicism 历史主义: 面对, 340-343; 反启蒙的历史主义, 83, 104; 历史主义危机, 340; 作为早期现代倾向的顶点, 264; 定义, 200; 基于历史主义信仰, 贬低古书, 403n3; 隐微主义构成了挑战, 93, 106, 110, 402n58; 越来越感到历史主义的危险, 334; 基本被接受, 但没伤害, 200-201; 后来对待历史主义的正面态度, 334-340; 作为较老的术语, 形容后现代主义, 329; 概述, 332-334; 对理性的激烈挑战, 93, 110, 326-327, 329, 333, 357-358; 重建严肃的历史主义例子, 340-342; 施特劳斯被吸引, 331; 众多表现形式, 334, 340. 参见相对主义

historicism 历史主义, 根据施特劳斯, 344-354; 基于历史主义攻击理性, 110, 326-327, 329; 与我们的内心体验一致, 359, 366; 现代性危机, 110, 111, 326; 隐微写作的式微, 355-366; 作为对哲学之危害的影响, 358-366; 历史性原因, 355-366; 历史主义的历史, 342-343; 和进步观念, 360-363; 各种证据, 340-342, 344-345; 非历史主义思想, 342, 343-344, 350, 355; 作为对社会所受伤害的回应, 356-358, 365; 自我克服, 343-344; 和隐微主义理论, 331-332, 402n58; 适合现代思想, 358-359; 各种伪装, 340. 参见隐微主义, 对历史主义的批判

historicity 历史性, 341, 348, 353, 359; 进步作为原因, 360-361, 366

history 历史: 哈贝马斯论理性与历史, 325; 和理论与实践的关系, 78; 要解读的文本, 295; 沃伯顿反对自然神论和历史的论点, 265. 参见哲学的历史转向

History of European Morals《欧洲道德史》(莱基), 121, 187

History of the Ancient Logics and Meta-

physics, The《古代逻辑学和形而上学的历史》, 28-29, 372n44

History of the Council of Trent《特利腾大公会议史》(萨尔皮), 257

Hobbes, Thomas 霍布斯：论古代人使用寓言, 307；论亚里士多德不相信目的因, 26；论亚里士多德与教会的关系, 394n92；无神论者或非正统的信徒, 305；人身安全, 77；霍布斯启蒙理性主义的缺陷, 330；自然神论者故意温和地驳斥, 245；霍布斯的启蒙理性主义, 81, 209, 356, 361；霍布斯的历史主义观点, 347；论要被取代的中世纪, 245；压迫性力量的晦涩言辞, 209；霍布斯参与政治, 244-245；霍布斯和哲学的实践目的, 103；论宗教, 根据斯金纳, 385n25；论宗教, 根据斯密, 372n45；论修辞, 312；试图取代传统社会, 171, 193；斯金纳的语境和历史研究, 385n25；明确地说, 根据莱布尼茨, 15；施特劳斯论霍布斯, 319, 343, 346；写过历史著作, 263

Holbach, Paul Henri Thiry, Baron d' 霍尔巴赫：匿名出版, 248；论受到启蒙的言说者的危险, 138；自然神论者温和地驳斥霍尔巴赫, 245；狄德罗论清楚的哲学, 15, 282；和隐微克制, 270；论偏见, 274, 275；作为世俗主义者, 85, 276

Holmes, Sherlock 福尔摩斯, 11

Holmes, Stephen 霍尔墨斯, 96-97

Homer 荷马, 23, 152, 168, 308, 311, 314

homosexuality 同性恋, 134

Horace 贺拉斯, 117, 311

Hourani, George 胡拉尼, 147

humanism 人文主义：出现, 243；和谐主义, 不冲突的, 84, 104；与之相连的现代理想主义, 103；乐观的, 80；世俗的, 103

human nature 人性：风俗与人性, 174-178；二元性, 74-77, 173；被历史主义式相对主义拒绝, 337

Hume, David 休谟：同意塔西佗, 387n2；匿名出版, 248；写宗教时的谨慎, 372n45；论有益的谎言, 123；写作历史著作, 263

humor, realm of 幽默领域, 135

Husserl, Edmund 胡塞尔：和历史主义观点, 331；和哲学上对回归的需要, 363；请求真理, 339-340

hyperfoundationalism, of modern rationalism 现代理性主义的超基础主义, 360

idealism 理想主义：关于衰微, 200；人类主义的, 102-103；相对主义挫败拥抱理想主义的能力, 339

Idea of History, The《历史的观念》(柯林伍德), 347

ideology 意识形态：在现代自由国家中中立化, 201-202；兴起, 82, 244, 246, 357

illusion 假象：克尔凯郭尔论如何跟拥有假象的人打交道, 217, 397n21；保护性隐微主义和假象, 284；拒绝摆脱假象, 203, 210；社会从根本上需要假象, 158；传

统作为主要来源, 185. 另见神话; 柏拉图的洞穴; 偏见; 迷信

immortality of the soul 灵魂不灭: 亚里士多德论灵魂不灭, 42-43, 45, 377n87; 柏拉图论灵魂不灭, 321, 377n88. 另见来世

imperialism 帝国主义, 358. 另见殖民主义

inauthenticity 不真实, 我们时代的不真实, 202, 203

inequality 不平等: 劳动分工和不平等, 196; 隐微主义和不平等, 116; 有益的谎言和不平等, 122. 另见平等主义; 精英主义; 从属群体的反抗

In Praise of Folly 《愚人颂》(伊拉斯谟), 302

insinuation 暗示, 53

intellectuals 现代时期知识分子的兴起, 81, 243, 245, 246

intercultural communication 智识交流, 47, 53, 97, 209

interests vs. beliefs 利益 vs. 信仰, 172, 201

interpretation 解读. 见隐微地阅读; 文本解读

Interpretation of Dreams, The 《梦的解析》(弗洛依德), 136-137

intolerance 不宽容: 一神论的不宽容, 145; 理性主义被指责导致不宽容, 358; 相对主义导致不宽容, 336-338, 407n16; 相对主义被视作解药, 335-336; 社会的不宽容倾向, 179

intuition 直觉. 见关联隐微文本

Iranian communication patterns 伊朗人的交流方式, 51

irony 反讽: 狄德罗使用反讽, 306; 隐微著作中的反讽, 54; 轻松愉快的后现代立场, 335; 在隐微主义的文学经验中, 27; 在平常话语中, 53; 莎夫茨伯里论需要反讽, 127, 372n45; 苏格拉底的反讽, 20, 23, 61, 121

Iser, Wolfgang 艾瑟, 384n25

Islam 伊斯兰教: 《古兰经》中的间接交流, 207; 默罕默德的来世教义, 303; 伊斯兰教的政治要素, 145; 伊斯兰教中哲人的前现代处境, 144, 147, 148, 153-155, 392n71, 393n84; 伊斯兰教中的保护性隐微主义, 166, 167; 作为律法, 而非教义, 147

Israel, Jonathan 伊斯雷尔, 247

Ivan the Terrible 《伊凡雷帝》(爱森斯坦), 132, 389n18

Jacob, Margaret 玛格丽特·雅各布, 249

Jacoby, Susan 苏珊·雅克比, 328, 329

Jaeger, Werner 耶格, 377n88

Jaffa, Harry 雅法, 324

Jakobson, Roman 杰克布森, 132

James, William 威廉·詹姆斯, 329

Jameson, Fredric 詹姆逊, 129, 332

Japanese culture 日本文化, 50-51

Jaucourt, Louis de 若谷爵士, 250

Jefferson, Thomas 杰弗逊, 235, 248

Jesus 耶稣: 耶稣的比喻, 98-101, 166, 218, 308; 耶稣的秘密和间接言辞, 121

Joyce, James 乔伊斯, 314-15, 405n50

Judaism 犹太教: 犹太教主流中的隐微实践, 166; 耶稣与犹太教的决裂, 183; 迈蒙尼德论失去对隐微主义的意识, 262; 犹太教的政治要素, 145; 犹太教中哲人的前现代处境, 144, 147, 392n71; 作为律法, 而非教义, 147-148, 392n69; 施特劳斯对犹太教的钟情, 331. 另见圣经; 卡巴拉; 迈蒙尼德; 塔木德; 托拉

Julian the Apostate 叛道者尤利安, 388n14, 395n17

justice, *Republic* on 《理想国》论正义, 60-66

Kabbalah 卡巴拉, 2, 165-66, 394n8

Kant, Immanuel 康德: 论文"什么是启蒙?", 276; 康德的历史主义观点, 347; 反对撒谎, 123; 罗尔斯欠康德的学术债, 135; 施特劳斯的分析和康德, 361; 道德生活的至高无上, 77

Kennedy, George 肯尼迪, 48

Kermode, Frank 柯默德, 100-101

Ketman 凯特曼, 130, 153-154, 387n10

Kierkegaard, Søren 克尔凯郭尔, 217, 329, 397n21

kingdom of darkness 黑暗王国, 245, 346, 356, 357, 365

Kinsley, Michael 金斯利, 239

Kissinger, Henry 基辛格, 49-50

Kojève, Alexandre 科耶夫, xii, 96, 324

Kolakowski, Leszek 柯拉柯夫斯基, 130, 327, 339-40

Koselleck, Reinhart 科赛雷克, 249

Kuhn, Thomas 库恩, 332, 334

Lababidi, Yahia 拉巴比迪, 133

La Bléterie, Jean Philippe René de 布莱特西, 373n46

Lacanian interpretation of Strauss 对施特劳斯的拉康主义解读, 382n5

La Fontaine, Jean de 拉·方丹, 222

La Mettrie, Julien Offray de 拉美特利, 117

Lanson, Gustave 古斯塔夫·朗松, 400n17

La Rochefoucauld 拉罗什富科, 198

La Salle, Antoine de 拉萨尔, 252

Laws, The 《论法律》(西塞罗), 18, 190, 191

Laws 《法义》(柏拉图): 阿尔法拉比的注疏, 17, 307; 《法义》中哲学和社会的冲突, 182; 前苏格拉底的隐微主义, 24, 156; 《法义》中哲人对待政治的姿态, 189, 244; 《法义》中的神学, 321

Lecky, W. E. H. 莱基, 121, 187

Lectures on the History of Moral Philosophy 《道德哲学史讲义》(罗尔斯), 135

"legend" of esotericism 隐微主义传说, 26-28, 395n17; 关于亚里士多德, 26, 27, 30-31, 44

Leibniz, Gottfried Wilhelm 莱布尼茨, 14, 15, 27

Leibowitz, David 莱博维茨, 324

leisure 闲暇：与共和主义德性相反，186；劳动分工和闲暇，196；隐微文学和闲暇，228-230；以前受过教育的精英，116, 273

Lenin 列宁，132

Lessing, Gotthold 莱辛，197, 248, 275

Letters to Olga《给奥尔嘉的信》(哈维尔)，129-130, 306

Letter to M. d'Alembert《致达朗贝尔的信》(卢梭)，213-214

Leviathan《利维坦》(霍布斯)，244-245, 319, 347, 385n25

Levine, Donald 莱文，208

liberal democracies 自由民主国家：自由民主国家中的自卫性隐微主义，135. 另见现代国家

liberal democratic worldview, violated by esotericism 被隐微主义所侵犯的自由民主世界观，105-106, 116, 119, 121

Life of Dante《但丁传》(薄伽丘)，16, 223

literalness and clarity 直白和清晰：隐微避免清晰，305-308；现代伦理，105, 207-210；修辞效果，225-227. 另见晦涩

Livy 李维，116-117, 301

Locke, John 洛克：论古典哲人隐藏宗教信仰，141-142；匿名出版，248；洛克的启蒙理性主义，356, 361；论检查某人自己的偏见，95；论菲尔默的分散机巧，319-320；论耶稣的比喻，100；参与政治，244-245；试图取代传统社会，171；施特劳斯论归因于洛克的急剧断裂，350；托兰德与洛克的友谊，13；伏尔泰与洛克明显一致，15

Loseff, Lev 洛谢夫，303, 304

low context societies 低语境社会，48, 54, 97

Lucian 琉善，31, 373n50, 375n64

Lucilius Balbus 巴尔布斯，19

Lucretius 卢克莱修，26, 165, 261, 394n7

Luther, Martin 马丁·路德，16, 270

lying 撒谎：启蒙时期对撒谎之社会效用的讨论，275-276；政客撒谎，238-239；圣人撒谎来保护大多数人，162, 163, 198；有益的，121-124；违背我们的现代价值，163. 另见隐微主义的不诚实；高贵的谎言

Lyotard, Jean-François 利奥塔，329

Macaulay, Thomas Babington 麦考利，240-241

Machiavelli, Niccolo 马基雅维利：马基雅维利著作中"德性"的含义有所变化，309；其启蒙理性主义的缺陷，330；掩饰他的真正目标，303；论敌人的巨大错误，314；证明马基雅维利隐微主义的历史证据，54；论立法者求助于上帝，241-242；欧文对马基雅维利的解读，323；政治言辞和马基雅维利，240；《君主论》，54, 56, 57, 251-252, 323；论国家的兴衰，186；试图取代传统社会，171, 193；施特劳斯对马基雅维利的解读，301, 303, 343；众多

哲人对马基雅维利的隐微解读，251-252；写过历史著作，263

Mahdi, Muhsin 马赫迪，375n70

Maimonides, Moses 迈蒙尼德：培尔对迈蒙尼德的钦佩之情，318；论小心地交流深刻的主题，166；论众多文本中的矛盾，314；迈蒙尼德的极度简洁，307；论向大众隐瞒真理，17，122；论隐藏真实意见的动机，168；对自身隐微主义的公开，26，30，262，316，402n52；论被律法所允许的哲学，148；进一步讨论隐微主义，260；论围绕着智慧的沉默，226；论哲人在社会中的处境，393n84；施特劳斯和迈蒙尼德，108，301，351；论使无知者不悦的真理，117

Malebranche, Nicolas de 马勒伯朗士，310

Mannheim, Karl 曼海姆，144，333，334，340

Mao Tse-tung 毛泽东，50

Marcuse, Herbert 马尔库塞，110，202

Marsilius 马西利乌斯，108

Marx, Karl 马克思：召唤社会革命，86，245；历史主义和马克思，332，347；论公平的社会，64；历史哲学，263；论哲学家改造世界的任务，243；论斯密是隐微作家，372n45；论人类问题可以解决，383n15；生产性生活的至高无上和马克思，77

Masonic movement 共济会运动，248-249

materialism 唯物主义：作为启蒙的危险，357；伊壁鸠鲁的唯物主义，188；霍尔巴赫的唯物主义，15；卢克莱修的唯物主义，165；共和主义德性和唯物主义，185

medieval period 中世纪时期：中世纪的四大哲人/神学家，17；中世纪时期实践隐微的动机，3-4；中世纪时期的理性 vs.启示，80

Meditations《沉思录》(笛卡尔)，253

Mercier, L.-S. 默西尔，271

Mersenne, Marin 梅森，140，253

metaphor 隐喻，53，208；博尔赫斯论审查和隐喻，127，133

metaphysical esotericism, Benardete on 伯纳德特论形而上学的隐微主义，399n55

Metaphysics《形而上学》(亚里士多德)，33，44-45，378n91

Meteorologica《天象论》(亚里士多德)，38

Mill, John Stuart 密尔，229

Milosz, Czeslaw 米沃什，130，387n10

Milton, John 弥尔顿，211，392n73

Minowitz, Peter 米诺沃兹，107

misological, the 厌辩的，79

modernism 现代主义，329

modern philosophical conspiracy 现代的哲学阴谋，246-249

modern philosophy 现代哲学：古代人-现代人之分和现代哲学，85，380n15；因拒绝隐微而被毁，xiii；现代哲学的积极性和学术性，360；现代哲学中的理性主义革

命，81；撕毁自身的根基，364，366. 另见启蒙；哲学；进步

modern project, Strauss on 施特劳斯论现代计划，361

modern state 现代国家，171-172，201；现代国家的神话，193. 另见被隐微主义所侵犯的自由民主世界观

Momigliano, Arnaldo 莫米利亚诺，96

monist tendency 一元论倾向，73，380n2. 另见理论与实践的和谐

monotheism, inherent intolerance of 一神论内在的不宽容，145

Montaigne, Michel de 蒙田：论古代哲人的宗教姿态，188；论古代哲人关于快乐的作品，191；论亚里士多德被隐藏起来的怀疑主义，375n73；培尔对蒙田的钦佩之情，318；古典共和主义德性，186-187；论书本学习的弊端，213，214；论真理的弊端，162，163；蒙田所使用的分散策略，318；论智者和大众的不兼容，139，141；间接批评基督教教诲，303；论大多数心灵不得益于哲学，117；论必要的掩饰，137；论柏拉图的含糊教诲，20；论苏格拉底的死法，198；蒙田运用的故事和引用，308

Montesquieu, Charles de Secondat, Baron de 孟德斯鸠：被指责过度谨慎，272，402n65；孟德斯鸠的匿名出版物，248；与共济会有联系，248；达朗贝尔论孟德斯鸠自发的晦涩，161-162，220；孟德斯鸠的分散技巧，317；站在理性这边进行斗争，254；论自身的隐微主义，261，317；论如何阅读一本书，296-297；论维持宗教的社会效用，276；论促使读者思考，214，221；论柏拉图保护哲学，156；《论法的精神》，221，317，324；孟德斯鸠的简洁，307；写过历史著作，263

morality 道德：公民-异邦人之分，194-195；历史/文化相对主义和道德，200-201；现代国家对大的道德信仰无动于衷，201；古代世界的政治和道德，183，184；共和主义德性和道德，185

Mornet, Daniel 莫奈，247

Mortier, Roland 莫提埃，277

Mozart, Wolfgang Amadeus 莫扎特，248

Mubarak, Hosni 穆巴拉克，133

multilevel writing 多层次写作，4；亚里士多德的多层次写作，34，36-38，41，44，46，374n61，376n81；解释学意义上保守的方法，112；为了适应教育的不同阶段，218

Mussolini, Benito 墨索里尼，339

Myanmar 缅甸

Mydans, Seth 麦登斯，132

mystical turn of major philosophers 主要哲人的神秘转向，329

mystical version of esotericism 隐微主义的神秘版本，2，368n2；用来拒绝亚里士多德的隐微主义，26，373n49. 另见新柏拉图派；新毕达哥拉斯主义

mysticism 神秘主义，作为世俗哲人的隐微面具，395n17
myths 神话：公民-异邦人之分，195；作为隐微技巧，54, 307；恐惧颠覆，3；一个国家的建立诉诸于神话，241-242；神话中的古希腊宗教教诲，213；具有正当的起源，193；民族的神话，164；天然的劳动分工神话，196；高贵的谎言作为神话，192-196；日常生活的神话，197-199；基于神话的统治者权威，195-196；作为假象的来源，185. 另见假象

narrative, postmodern 后现代叙事，330
natural law 自然法：西塞罗论自然法，190；霍布斯论自然法，305
natural philosophy 自然哲学：苏格拉底与自然哲学模棱两可的关系，155, 156, 393n90；技术进步和自然哲学，89, 103, 381n18. 另见科学
natural religion 自然宗教，264-265, 266；休谟论自然宗教，372n45
Natural Right and History《自然权利与历史》（施特劳斯），342
nature 自然：自然本身的隐微主义，234；现代对待自然的消极姿态，361；哲学作为对自然的追问，185；对自然的技术掌控，89, 103, 381n18
Nazi Germany 纳粹德国，130-131, 136, 304
Nekrasov, Nikolai 尼克拉索夫，304
Neoplatonists 新柏拉图主义者：对亚里士多德的注疏受新柏拉图主义者影响，35；新柏拉图主义者对亚里士多德的隐微解读，37-38, 42, 371n36, 375n73, 376n83；新柏拉图主义者对柏拉图的隐微解读，28, 371n36, 376n83；新柏拉图主义者的极端隐微主义，29；隐微主义"传说"和新柏拉图主义学派，26, 395n17；新柏拉图主义学派的神秘主义，2, 29；新柏拉图主义学派公开的隐微主义，165；反对阿芙洛蒂西亚的亚历山大，39, 40-43, 46
Neo-Pythagoreanism 新毕达哥拉斯主义，2, 26, 35, 36
Neuberger, Joan 纽伯格，132
Newton, Isaac 牛顿，14, 248
Nicomachean Ethics《尼各马可伦理学》（亚里士多德）：阿奎那的注疏，324, 374n54；西塞罗无法接触到《尼各马可伦理学》，377n84；论"显白的论证"，31-32, 374n54；论快乐，190-191, 262-263；对灵魂不灭保持沉默，43；《尼各马可伦理学》中的目的论，46；《尼各马可伦理学》中提到的传统诸神，44, 45, 378n91
Nietzsche, Friedrich 尼采：论晦涩的作者具有吸引力，219, 220-221；批评苏格拉底，353；西方理性主义的连续性和尼采，349；自尼采以来西方思想中的危机，327；历史主义视角和尼采，331, 334, 335, 339, 348；论清晰作者之不幸，219, 225；尼采的犯法品质，

138；论基督教中柏拉图的影响，391n65；论柏拉图描述哲人为局外人，179-180；论柏拉图的秘密，20，408n54；论等级，而非平等，118；论相对主义，339；论深刻的东西是隐秘的，226-227；论慢读，293；论权力意志，339；论希望自己不被理解，117-118

Niznik, Jozef 兹尼克，327

noble lies 高贵的谎言，121-124，192-196；亚里士多德和高贵的谎言，42，46；阿威罗伊论高贵的谎言，191；高贵的谎言四个关键的主张，192-196；在日常生活中，197；柏拉图论高贵的谎言，24，59-60，63-64，65，122，192，194-195，196；最终需要高贵的谎言，274；施特劳斯论高贵的谎言 Strauss on, 107, 109. 另见撒谎

nomos 惯例（法律、风俗、习俗），185

obscurity 晦涩：阿尔法拉比论柏拉图对晦涩的运用，307；某些形式的晦涩所具有的魅力，218-220，223-224；阿奎那推荐晦涩，17，305-306；糟糕的晦涩，210；狄德罗承认运用晦涩，306；启蒙对晦涩的批评，209；对哲学交流而言是必要的，205；逼迫读者亲自思考，213；古希腊注疏者论亚里士多德运用晦涩，36-38；哈维尔运用晦涩，306；赫尔岑积极看待晦涩，206；激发敬畏之情，224；学生的非理性动机和晦涩，224-225；现代讨厌晦涩，207；必要地使读者谦逊，212；冒犯我们的科学文化，105；读者参与和晦涩，220-223；晦涩的修辞效果，218-225

Oedipus tyrannus《俄狄浦斯王》（索福克勒斯），102，149，182

Of Mind《论精神》（爱尔维修），272

Olympiodorus 奥林匹奥多罗斯，38，39，40，41，42-43

omissions 省略，意味深长的，320-321

On Divination《论占卜》（西塞罗），19

On Human Diversity《论人类多样性》（托多洛夫），335

On Philosophy《论哲学》（亚里士多德），33

On Style《论风格》（德米特里），221-222

On the Advantage and Disadvantage of History for Life《历史对人生的利弊》（尼采），334

On the Heavens《论天》（亚里士多德），45

On the Nature of Things《物性论》（卢克莱修），261

On Tyranny《论僭政》（施特劳斯），323-324

On Wisdom《论智慧》（沙朗），139-140

openness about esotericism 对隐微主义的公开：早期现代哲人对隐微主义的公开，260，261；哲学的历史转向和对隐微主义的公开，263-267，402n58；政治性隐微主义中，对隐微主义越来越公开，

260，267-268；实践性动机，261-263，267-268，276-277（另见关于隐微主义的讨论）；理论性动机，261，263-267，276，402n58

open society 开放社会：看不到清晰所具有的危害，226；开放社会中的自由，171-173，201-202；开放社会的当代特征，119；相对主义导致开放社会被灭，338；构建开放社会过程中的保密行为，249

oral philosophical instruction 口头的哲学指导，4，208

Orwell, George 奥威尔，239

Orwin, Clifford 欧文，323

Ovid 奥维德，140

pagan religion 异教：高度政治性，183；马基雅维利论异教的德性，303；异教内在的宽容，145. 另见神

Pangle, Thomas 潘戈，324

parables 比喻，54，208，307；耶稣的比喻，98-101，166，218，308

paradoxes 矛盾，54

party of reason 理性党，245-246，268

Pascal, Blaise 帕斯卡，140，189，296-97

passion for a book to be interpreted 对解读一本书的热情，292，295，403n3

Patriarcha《父权制》(菲尔默)，319-320

patriarchal authority 家长权威，180，182

patriotism 爱国主义：民族和爱国主义之间的错误划分，193-194；哲人培养表面上的爱国主义，189-190；共和主义德性和爱国主义，185-186

Patterson, Annabel 帕特森，129，394n1

Paul (Apostle) 使徒保罗，167

Peace Corps 和平队，47，48，52

pearls before swine 珍珠丢在猪前，98，120，218-219，227

pedagogical esotericism 教学性隐微主义，3-4；教学性隐微主义的好处，205-206；教学性隐微主义中的解读负担，227-230；西塞罗的教学性隐微主义，18；古代听众对教学性隐微主义的接受，228-230；与政治性隐微主义相比，237；理论与实践相冲突观和教学性隐微主义，91；作为从日常生活到哲学生活的转变，235-236，399n2；即使以和谐观为前提，381n19；教学性隐微主义的首要前提，218；迫使个体自己发现真理，232；迫使思考者检查自自身基础，362；哲学的本性和教学性隐微主义，233-234；闲暇与教学性隐微主义，228-230；为了摆脱假象，203；在现代时期，399n2；在非西方交流中，49；作为现代集体事业的障碍，232；说明了保护性羞耻，227；被政治性隐微主义取代，92；苏格拉底式方法和教学性隐微主义，4；施特劳斯的教学性隐微主义实践，384n24；两个问题导致对教学性隐微主义

的需要，210. 另见哲学教育
Penn, William 佩恩，213
Pensées《沉思录》（帕斯卡），194，296-297
Pensieri《思想录》（萨尔皮），257-259
Pericles 伯里克利，156，393n88
persecution 迫害：恐惧迫害，3，4；哲人受到的迫害，128，138-143；基督教中哲人受到的迫害，146，148，149；柏拉图关注迫害的危险，24；政治性隐微主义和迫害，238；迫害和施特劳斯的观念，96；古希腊和古罗马的迫害思想，148-153. 另见自卫性隐微主义
Persecution and the Art of Writing《迫害与写作艺术》（施特劳斯），109，298，391n59
Persian Letters, The《波斯人信札》（孟德斯鸠），261
Peter, Paul, and Mary 彼得、保罗&玛丽乐队，134
Phaedo《斐多》（柏拉图），43，151，157，198，321，370n23
Phaedrus《斐德若》（柏拉图），23，73，208，211，218
Philoponus 菲洛波努斯，41，376n81
philosopher 哲人、哲学家：哲人的沉思理想，71-72，280，282-283，380n1；决定如何写作，90；哲人的启蒙形象，284；社会对哲人的敌意，88，90-91（另见自卫性隐微主义）；哲人小群体天然地易受到攻击，128，138-143，144；写作的目的，91；保障哲人的实际利益，88-90，381n18；在古希腊和古罗马，哲人的处境，148-153；哲人反抗神圣的城邦，184
philosopher-king 哲人-王，59，66，150，378n95
philosopher problem 哲人问题，143，147，148
Philosophical Dictionary《哲学词典》（哲学词典），275
philosophical historiography 哲学史学，263-264
philosophical history surrounding a text 与文本有关的哲学史，295
philosophical politics 哲学政治学，88-90；古典哲人的哲学政治学，237；定义，88，143；历史，针对宗教权威，143-157；哲学政治学的永恒目的，158；vs.现代哲人的政治积极主义，381n18；政治性隐微主义和哲学政治学，242-243
philosophy 哲学：哲学的反社会外表，79；书本知识是哲学之死，210；哲学现状会议，327，333-334，339-340；哲学的历史转向，263-267，276，357，402n58；对哲学合法性的极大挑战，326. 另见现代哲学
phusis 自然，185
Physics《物理学》（亚里士多德），21，32，37
Plato 柏拉图：对隐微主义的接受，24，26；论来世，303；阿尔法拉比论柏拉图，17，23，153，307，321，351，375n70，392n76；论古代诗人暗中传达观念，308；亚里士多德与柏拉图基本的统一，

346，408n36；披着宗教的外衣歌颂哲学生活，155-157；基督教采用柏拉图教义，146，391n65；论哲学与传统社会的冲突，182；批评智术，22；论危险的知识，394n6；解读柏拉图的隐微主义有难度，305；排除柏拉图的隐微主义有难度，30，373n47；柏拉图所使用的分散技巧，317-318；理念论，28，32；历史主义与柏拉图，332，340，346，347；论灵魂不灭，321，377n88；柏拉图书简，21-22，24，26，208，211，371n37；论真理之光对大多数眼睛而言太强烈，108；论厌辩，79；解读柏拉图的典范，323，324；政治的天然局限和柏拉图，58-67；论哲人被城邦的"野兽"所包围，139；论哲人的生活，72，380n3；论哲学写作，208，211；论快乐，191；根据柏拉图，哲人的政治处境，150-153，189；柏拉图和公共生活中的宗教，142，321；论修辞，312；针对无知读者的修辞策略，212；施莱尔马赫对归于柏拉图的隐微主义的批评，370n23，372n40；试图保留前理论世界，365；斯密否认柏拉图的隐微主义，28-29，372n44；论社会对哲人的谴责，180；柏拉图得以完善的苏格拉底对话，20，371n25；施特劳斯论柏拉图，108，109，317-318，323，340，346，348，353；证明柏拉图隐微主义的证词证据，18，20-24；传统社会和柏拉图，193；柏拉图转变哲学的地位，157；20世纪对柏拉图的隐微解读，373n47；熟悉隐微主义，23-24，371n36. 另见《申辩》；《法义》（柏拉图）；《理想国》（柏拉图）；苏格拉底

Plato's cave 柏拉图的洞穴：反启蒙与柏拉图的洞穴，83；重返柏拉图洞穴有困难，363；启蒙理性主义和柏拉图的洞穴，81；哲学的本性和柏拉图的洞穴，60，233；柏拉图洞穴中的大多数和哲学少数，22，72；哲学教育和柏拉图的洞穴，216；假象的力量和柏拉图的洞穴，60，210，359；柏拉图洞穴中哲人的处境，66，151，185；施特劳斯的第二洞穴和柏拉图的洞穴，359，360，361

pleasure 快乐，对快乐的谴责，190-192，262-263

Plutarch 普鲁塔克：论亚里士多德的隐微主义，35，36，37，38-39，374nn55-56，374nn61-62；博厄斯论普鲁塔克，375n64；论达蒙（一位智术师），155；论柏拉图为哲学赢得保障，155-156；论经济、简洁的斯巴达式表达，229-230；廊下派和普鲁塔克，122

poetry 诗：培根论诗的形式和用处，307；作为对古典理性主义的挑战，352-353；诗中普遍使用的隐微技巧，135；学习如何解读诗，290；卢克莱修用甜蜜的诗歌形式，165，394n7；过去的哲人用诗交流，208；柏拉图的隐微风格类似于诗，307-308；普罗泰戈拉论智术伪装成诗，168

poets 诗人：古代诗人对哲学的攻击，152，156，182；薄伽丘论诗人的双层次写作，16，370n14；对诗人的现代思考，366；非西方交流者是诗人，51；柏拉图对诗人的批判，22；苏格拉底论诗人早期的隐微传统，23

Point of View for My Work as an Author, The《对我著作事业的看法》（克尔凯郭尔），217

polis 城邦：亚里士多德论城邦，196；作为彻底的传统社会，184；哲人需要摆脱城邦的束缚，184-185；城邦的极权主义，149

political correctness 政治正确，337

political esotericism 政治性隐微主义，4，92；实践政治性隐微主义之人的矛盾心理，260，280-281，282-283；作为集体行动，268，276-277；与其他三种形式相比，237-238，368n3，399n1；启蒙计划的完全性和政治性隐微主义，274；在早期现代哲人的阴谋中，249-259；手段和目的之间的矛盾，281，284；定义，236，243，269；早期现代观点，260-261；遗忘，104-105；所体现的思想巨变，268；越来越敌视隐微主义，283；对隐微主义越来越开放，260，267-268，276-277，283；政治性隐微主义的长期成功，104-105，284；保护性隐微主义是反面，278；宗教对手和政治性隐微主义，252，269，271；拒绝相信，283-284；作为对新迫害的刺激，159；施特劳斯和政治性隐微主义，357，384n24；争论政治性隐微主义所要求的勇气，273；自卫性和政治性隐微主义的转变，159；与其他隐微主义形式相比具有透明性，237-38；作为独特的现代形式，235，246

political philosophy 政治哲学：启蒙理性主义，104；施特劳斯的理解，108-109；在危险的政治环境中所写的，367n4. 另见古典政治哲学

political speech 政治言辞，具有隐微特征的政治言辞，238-242

Political Unconscious, The《政治无意识》（詹姆逊），332

politicization/historicization of reason 理性的政治化/历史化，82，84，104，357

Politics《政治学》（亚里士多德）：显白 vs.秘传教诲和《政治学》，32，33，44，378n91；论原始人类的意见，180；帕斯卡论《政治学》，189；作为哲学，而非政治学，244；论奴隶制，196，323；《政治学》中的目的论，46，378n94

"Politics and the English Language"《政治学和英语语言》（奥威尔），239

Pope, Alexander 蒲柏，55，57，314

Posidonius 波西多尼乌斯，141

Postel, Danny 博斯特尔，130

Posterior Analytics《后分析篇》（亚里士多德），37

posthistoricism 后历史主义，344

postmodern counter-Enlightenment 后现代反启蒙，81，83

postmodern critique of reason 对理性的后现代批判：对隐微主义的遗忘和对理性的后现代批判，xiv；总体特征，329-330，358；作为柏拉图主义者 vs.反柏拉图主义者，340；由此引起的宗教复兴，330；罗蒂作为代表，327；施特劳斯的回应，110，326，330，331，340，344. 另见历史主义

postmodernism 后现代主义：导致大观念的衰微，201；人类生活一元论和后现代主义，380n2；与此相关的宗教牢骚，329

postmodern relegitimation of reason 对理性的后现代重新合法化，366

poststructuralism 后结构主义，81，334

power 力量、权力：权力不平等导致加密信息的出现，136-138；在现代思想中，强有力的等同于合理的，345；知识严谨的力量，209；现代思想者感觉到力量，245-246；相对真理观和权力，338-339；保密和权力，120；写作和权力，129

pragmatist counter-Enlightenment 实用主义反启蒙，81

pragmatists, American 美国实用主义，380n2

prejudices 偏见：理性与社会性冲突中的偏见，79；自卫性隐微主义和偏见，138，141，143；狄德罗论偏见，250，274，275，278-279；隐微主义的精英主义和偏见，105；启蒙和偏见，81，209，273，275；洛克论偏见，95；柏拉图的洞穴和偏见，359；政治性隐微主义和偏见，247，252，254，255，258；保护性隐微主义和偏见，200，279，280，284；隐微文本阅读者的偏见，295，296. 另见迷信

Prince, The《君主论》（马基雅维利）：哲人对《君主论》的隐微阅读，251-252，323；作为隐微主义例子，54，56，57

"Problem of Truth and Falsehood in the Age of Enlightenment, The"《启蒙时代的真理/谎言问题》（克罗克），277

Proclus 普罗克鲁斯，42

progress 进步：与风俗相冲突，179，180；进步与隐微主义的衰微，362-363；基于进步信仰贬低古书，403n3；贬低前科学世界，364；隐微主义作为障碍，106；进步与遗忘隐微主义，284；知识生产和进步，230-232；现代相信进步，80，103，104，230-231；现代国家依赖进步，193；现代思想依赖进步观念，360-361，366

Prometheus 普罗米修斯，181

propagandistic rhetoric 宣传性修辞，3，4，92，239，246；萨尔皮的宣传性修辞，258-259

Protagoras 普罗泰戈拉，23-24，150，156

Protagoras《普罗泰戈拉》（柏拉图），151-152，155，168，208

protective esotericism 保护性隐微主义，4，90；古代保护性隐微主义的基本主张，279；理论与实践相

冲突观和保护性隐微主义, 235; 自卫性隐微主义指向对保护性隐微主义的需要, 158; 保护性隐微主义的精英主义, 118; 启蒙运动对保护性隐微主义的敌意, 278–280; 对回归哲学是必要的, 364–365, 366; 反对保护性隐微主义是合理的, 199–202, 284; 哲人的保护性隐微主义策略, 188–192; 政治性隐微主义与此相反, 278; 终极必要性问题, 274; 类似于政治性隐微主义, 238; 苏格拉底的保护性隐微主义, 364; 施特劳斯的保护性隐微主义实践, 384n24; 强烈抵制对保护性隐微主义的承认, 161, 163, 394n1; 在现代自由国家中是不必要的, 202; 三个前提, 161–163. 另见危险的真理; 撒谎

protective shame 保护性羞耻, 227

pseudonymous publication 笔名出版, 248, 249, 302; 卢梭反对笔名出版, 272, 402n66; 使用已故之人的名字, 282

publication, modern institution of 现代出版制度, 230–232. 另见匿名出版; 书; 笔名出版

Pueblo Indians 普韦布洛印第安人, 普韦布洛印第安人的宗教秘密, 120

Puritanism, plain speaking in 清教中直白的说话方式, 209

Putnam, Hilary 普特南, 335

Pythagoras 毕达哥拉斯: 毕达哥拉斯的隐微教义, 141; 在学生面前保持沉默, 226; 在琉善的讽刺作品中, 31; 作为口头老师, 4, 208

Quintilian 昆体良, 122, 191, 223

Ramsey, Sheila J. 拉姆齐, 50–51
Rashi 赖希, 147–148
rational animal 理性的动物, 69, 74–75
rationalism 理性主义: 现代超基础主义的理性主义, 360; 现代对理性主义发自内心的怀疑, 358; 对理性主义合法性的极大挑战, 110, 326–327, 329–330; 重现隐微主义和理性主义, 325, 332, 349. 另见古典理性主义; 启蒙理性主义; 理性
rationality 理性: 政治性和理性, 77, 79–84; 通过不理性倾向, 225, 227
rational society 理性社会: 启蒙时期关于理性社会可能性的讨论, 269, 274–277; 理性社会不可能, 90
Rawls, John 罗尔斯, 135
reader involvement 读者参与, 晦涩与读者参与, 220–223
reader response theory 读者反应理论, 223, 323, 384n25, 406n70
reading 阅读: 18 世纪的阅读革命, 228–229; 阅读的三种危险, 210–214
reading esoterically 隐微阅读: 缺少隐微阅读导致的疏离, 287–288; 始于字面阅读, 297–299, 300–301; 选择译本, 294–295; 与隐微阅读的联系或对此的态度,

290, 291-299; 隐微阅读的困难, 111-112; 隐微阅读例子, 54, 55-67, 322-324; 易错 vs.故意的矛盾, 311-316; 以证词证据为基础, 112-114; 历史背景, 295; 介绍如何学习隐微阅读, 288-290; 为了从历史主义中解放出来, 366; 仿效模型, 290, 322-324; 抵制隐微阅读, 295-296; 恢复隐微阅读, xiii; 所需的二手文献, 299; 慢节奏的隐微阅读, 292-294; 所需的技巧（见隐微阅读技巧）; 假设作者全知, 296-297, 311. 另见证明隐微主义的证词证据; 文本解读

realism 现实主义: 现代文化中的现实主义, 102-103; 施特劳斯论现代思想渴望现实主义, 345, 356

reality, hiddenness of 实在具有隐藏性, 234

reason 理性: 传统社会和理性之间的冲突, 79-80; 风俗和理性的冲突, 174-178; 当代对理性的双重攻击, 326; 对理性的反启蒙批判, 81-82; 误解理性之特征的危险, xiii-xiv; 理论与实践二元论, 70; 启蒙时期渴望以理性为基础的社会, 3, 159, 245; 历史主义作为对理性的攻击, 93, 110, 326-327, 329, 333, 357-358（另见历史主义）; 希望重新合法化理性, 366; 人类理性官能, 75, 76; 杰弗逊论受理性的统治, 235; 重现隐微主义与理性, 7, 325, 332; 相对主义与理性, 78; 理性 vs.启示, 80, 182-184, 188, 245, 264-267, 328-329, 330; 理性的秘史, xv; 施特劳斯与当代理性危机, 326-332. 另见对理性的批判; 理性主义; 理论与实践问题

Reason and Rhetoric《理性与修辞》（斯金纳）, 385n25

reason in history 历史中的理性, 90

Refutation of the work of Helvétius《驳爱尔维修的著作》（狄德罗）, 256, 271-272

relativism 相对主义: 用来将征服正当化, 338-339; 很大程度上被接受, 200-201; 后来对待相对主义的积极态度, 334-336; 相对主义导致的通往不宽容的途径, 336-338; 极端反启蒙的相对主义, 83, 104; 理性的状态和相对主义, 78; 施特劳斯论相对主义的可怕后果, 407n16; 施特劳斯对相对主义的回应, 110, 331. 另见历史主义

religion 宗教: 古代哲人假装尊敬宗教, 188; 亚里士多德对权威的让步, 26, 394n92; 自然神论, 264-267, 302-303; 启蒙运动的阴谋, 254; 启蒙时期讨论对宗教的需要, 276; 主流宗教中的隐微实践, 166-167; 古希腊神话和宗教, 213; 霍布斯关于宗教的讨论, 372n45, 385n25; 休谟的警告, 372n45; 对宗教的间接批评, 303-304; 现代哲人针对宗教的计划, 356, 409n66; 现代国家中的宗教, 172-173, 201; 不反对撒谎本身, 121; 来自宗教权威的迫害, 144-149; 柏拉图使用宗教

来服务于哲学，155-157；与宗教进行斗争过程中的政治性隐微主义，252, 269, 271；保护性隐微主义与宗教，279-280；清教呼吁宗教使用直接的言语，209；对宗教的需要问题，85；来自宗教对理性的极大挑战，110, 326, 328-329, 330；最近在主要思想家那里复活，329；在古罗马，18-20, 370n23（另见神）；卢梭论宗教，85, 123, 144-146, 242, 276, 402n66；宗教中的保密，120；斯密讨论宗教时的谨慎，372n45；斯宾诺莎削弱宗教，253；施特劳斯论宗教对哲学的挑战，353；施特劳斯对宗教的钟情，331；在传统社会中，169-170, 171, 173, 181-184. 另见基督教；上帝；神；伊斯兰教；犹太教；启示；迷信

Renaissance 文艺复兴：文艺复兴时期人文主义的复兴，243；始于文艺复兴时期哲学的历史转向，267；文艺复兴以来历史主义得到发展，332；文艺复兴时期意大利作家的隐微技巧，303；文艺复兴时期政治性隐微主义得到发展，246

repetition, as esoteric technique 重复作为隐微技巧，55, 321

repressive tolerance 强制性宽容，202

Republic《论共和国》（西塞罗），190

Republic《理想国》（柏拉图）：阿威罗伊的注疏，122, 152, 191, 392n76；公民-异邦人之分，194-195；论知识落入错误之手的危险，22；历史主义观点，347；高贵的谎言，24, 59-60, 63-64, 65, 122, 192, 194-195, 196；论哲人-王，59, 66, 150, 378n95；论哲人的生活，72, 380n3；作为哲学，而非政治，244；哲人的政治处境，150-153, 182；作为柏拉图多次选择的结果，294；苏格拉底的反讽，20；苏格拉底的自然哲学，155, 393n90；施特劳斯的隐微阅读，109, 317-318；作为隐微主义的例子，54, 58-67. 另见柏拉图的洞穴

republican liberty 共和主义自由，马基雅维利论共和主义自由的著作，56-58

republican virtue 共和主义德性，185-188, 190

republic of letters 文字共和国，245, 249, 268

resistance to esotericism 对隐微主义的抵制：与施特劳斯的联系，107；vs. 对隐微主义视而不见，115；降低智识生活，对智识生活有害，106；等同于神秘的，368n2；现代文化和对隐微主义的抵制，xv, 95-98, 102-107；忽视理论与实践问题上的冲突观，93, 102-103；政治性隐微主义和对隐微主义的抵制，283-284；从世俗、人文的立场，102-104；自我检视，101-102

resistance to reading esoterically 抵制隐微阅读，295-296

resistance to Strauss's ideas 抵制施特劳斯的观念，96-97, 107, 394n1

return to the ordinary and pretheoretical 回到日常和前理论的世界, 363-365, 366

revelation 启示, 与之相连的哲学传统, 360

revelation vs. reason 启示 vs. 理性: 无关政治和政治的方面, 182-184, 188; 启蒙计划和启示-理性的对立, 245, 356; 哲学的历史转向和启示-理性的对立, 264-267; 在中世纪, 80; 削弱我们时代的理性, 328-329, 330

revelatory experience 启示经验, 341-342, 353

revolutions, political 政治革命: 反启蒙运动对政治革命的批判, 87; 政治革命的破坏性后果, 82; 启蒙运动号召政治革命, 86, 245; 法国大革命, 82, 83, 357

rhetoric 修辞: 比较修辞, 47, 48; 隐微作为修辞方法, 2, 3, 70; 人类种类的多样性和修辞, 70-71, 74; 作者和读者之间的关系与修辞, 70; 以前被严肃对待, 312; 如今被忽视, 312-313, 405n46

rhetorical effect 修辞效果: 晦涩具有的修辞效果, 218-225; 平淡具有的修辞效果, 225-227

riddles 谜, 53, 106, 207-208

Ritchie, J. M. 里奇, 130-131, 304

Romania 罗马尼亚, 的审查, 130, 396n1

romantic counter-Enlightenment 浪漫主义反启蒙, 80, 81, 357

Roman writers 罗马作家, 不得批评凯撒, 303

Rorty, Richard 罗蒂: 和谐主义范式和罗蒂, 381n17; 论用历史论证历史主义, 345; 罗蒂和哲学现状, 327, 334, 380n2; 论协同性或客观性, 76, 87, 338; 论相对主义带来的宽容, 335

Rosicrucianism 蔷薇十字主义, 2

Ross, David 罗斯, 44, 45-46, 378n92, 378n94

Rousseau, Jean-Jacques 卢梭: 承认自己的隐微实践, 26, 53, 112-113, 118, 255; 论求助于神的权威, 123, 242; 勇敢地在标题页署真名, 272; 论基督教的不宽容, 144-146; 古典共和主义德性, 186, 187; 呈现在他作品中的解读线索, 301; 对启蒙计划的批评, 274-275, 357; 为自己用隐微手法进行隐藏进行辩护, 272; 卢梭的平等主义, 118;《爱弥儿》, 53, 211, 217-218, 222, 402n66; 隐微主义作为文学经验, 27; 论西塞罗的隐微主义, 19, 141; 论马基雅维利的隐微主义, 54, 251-252; 论毕达哥拉斯的隐微主义, 141; 论自己的写作风格, 213-214, 220; 论犹太人不发展科学, 392n69; 宗教的必要性, 85, 276; 参与政治, 244-245; 论偏见的来源, 274; 施特劳斯论卢梭, 323, 361; 卢梭的简洁、精炼, 306-307; 论所有哲人的双重教义, xi, 16

Russian and Soviet culture 俄国和苏联文化, 129, 131-132, 206, 388n17, 389n18, 389n20; 俄国的

地下出版物, 247. 另见伊索式语言

Sabine, George 萨拜因, 97, 106, 111
Sadra, Mullah 萨德拉, 153-155
Sale of Lives, The 《出售哲学》(琉善), 31, 373n50
Sallustius 撒路斯提乌斯, 213
Saltykov-Shchedrin, M. E. 谢德林, 131, 304
salutary lies 有益的谎言, 121-124. 另见高贵的谎言
salvation 拯救, 基督教, 145-146
Sarpi, Paolo 萨尔皮, 137, 140-141, 257-259
Savigny, Friedrich Carl von 萨维尼, 349
Savinitch, Lioudmila 塞维尼奇, 131-132
Schleiermacher, Friedrich 施莱尔马赫, 212, 370n23, 372n40
scholasticism 经院哲学: 培根表面上提及经院哲学, 272, 309; 作为教会权力的智识基础, 253; 现代哲学针对经院哲学, 360
Scholem, Gershom 肖勒姆, 96, 166, 394n8, 395n17
Schopenhauer, Arthur 叔本华, 213
science 科学: 对科学合法性的挑战, 110, 326, 328; 古典理性主义和科学, 351; 笛卡尔的物理学, 253; 历史主义的历史和科学哲学, 334; 科学和现代的进步观念, 231, 361, 364; 反社会习俗, 79; 要求绝对的诚实, 121; 要求语言严谨, 105, 209. 另见自然哲学; 科技
Scott, James C. 斯科特, 367n4
Second Discourse 《论人类不平等的起源》(卢梭), 301
Second Treatise 《政府论》(下篇)(洛克), 244-245
secrecy 保密: 修道院 vs. 阴谋, 246-247; 与自由理想相矛盾, 105; 《百科全书》的保密建议, 139; 现代哲学阴谋中的保密, 246-249; 对哲学而言是自然的, 140; 反对以保密为基础的隐微主义, 115, 119-121; 有益的谎言和保密, 122
secrets 秘密, 具有的吸引力, 218-219
secular society 世俗社会: 启蒙思想家争论世俗社会, 276, 356; 人文主义和世俗社会, 103, 104; 现代哲学为世俗社会而努力, 364; 宗教冲突导致世俗社会, 259; 萨尔皮对世俗社会的信仰, 258, 259
Seneca 塞涅卡, 117, 140, 187, 188, 324
sexuality, realm of 性领域, 134, 135
Shaftesbury, Lord 莎夫茨伯里, 127-128, 161, 163, 198, 372n45
Shakespeare, William 莎士比亚, xiv, 367n5
Shostakovich, Dmitri 肖斯塔科维奇, 132, 389n20
Simplicius of Cilicia 辛普里丘, 37, 375n64
skepticism 怀疑主义: 西塞罗的怀疑

主义, 190; 古典怀疑主义, 233-234, 331, 348, 351-352, 355, 365, 366; 危险的, 82, 357; 现代国家要求的怀疑主义, 172-173, 202; 现代需要克服怀疑主义, 360. 另见智术

Sketch for a Historical Picture of the Progress of the Human Mind《人类精神进步史纲要》(孔多赛), 16

Skinner, Quentin 斯金纳, 384n25

Slackman, Michael 斯拉克曼, 51

slavery 奴隶制, 196, 323

Smith, Adam 亚当·斯密, 28-29, 372nn44-45

social brain hypothesis 社会脑假设, 380n12

social constructionism 社会建构主义, 334, 338

Social Contract《社会契约论》(卢梭), 244-245, 252

social conventions 社会习俗. 见风俗; 传统

society 社会: 社会的反智现象, 79; 封闭与开放社会, 169-173; 社会对假象的基本需要, 158; 作为哲学家最大的敌人, 185; 哲学对社会真的是危险的, 158; 苏格拉底式方法始于社会的世界观, 216; 传统和现代社会, 168-169. 另见风俗; 开放社会; 理论与实践问题; 传统社会

Socrates 苏格拉底: 阿里斯托芬对苏格拉底的批评, 152, 186, 353; 西塞罗提到苏格拉底的做法, 18; 苏格拉底的罪行, 141-142, 146, 151; 苏格拉底的临终之言, 157; 论之前的隐微传统, 23-24; 苏格拉底的习惯性讽刺, 20, 23, 121; 尼采式批判, 353; 论高贵的谎言, 122; 论哲学是对死亡的练习, 198; 论哲人的政治处境, 150, 151; 所实践的保护性隐微主义, 364; 提及宗教, 370n23; 在《理想国》中, 59-62, 63; 回到人类的日常事物, 363; 作为"安全的说话者", 73; 保密和间接言语, 121; 作为自我审查者, 23; 苏格拉底的怀疑主义, 233-234, 331, 341, 348, 351-352, 355, 365, 366; 论智术, 22; 施特劳斯论苏格拉底, 351; 论教智慧和德性, 208; 对苏格拉底的审判和处决, 148-149, 150, 153, 156, 157, 392n73, 393n86; 论不愿写作, 23, 208; 论写作, 73-74, 211, 218. 另见柏拉图

Socratic method 苏格拉底式方法: 苏格拉底式方法的要素, 216-218; 隐微作为苏格拉底式方法的文学标配, 4, 362-363; 一致同意苏格拉底式方法的效用, 381n19; 所解决的问题, 216. 另见辩证教育法; 哲学教育

Socratic rationalism 苏格拉底式理性主义: 施特劳斯的辩护, 110, 331, 332, 342, 344, 345, 352-353, 355, 365, 366. 另见古典理性主义

"Solidarity or Objectivity"《协同性或客观性》(罗蒂), 76

sophistry 智术: 柏拉图论智术, 151-152, 155, 168; 普鲁塔克的伯

里克利和智术，393n88；关于古典政治哲学和智术的学术，352. 另见怀疑主义

Sophocles 索福克勒斯，102，149，182

South Africa 南非，的审查，133

Soviet Union 苏联. 见俄国和苏联文化

Spartan virtues 斯巴达式德性，185-186，187

Speier, Hans 斯拜尔，136

spin 倾向性报道，政治上的，239

Spinoza, Benedict de 斯宾诺莎：被谴责削弱了宗教，253；匿名出版作品，248；论马基雅维利的隐微主义，54，251-252；所开启的对圣经的历史批判，264；论大众的智力，117；论犹太人鄙视哲学，392n69；压迫性力量的晦涩言辞，209；施特劳斯论斯宾诺莎，108，301，319，343

Spirit of the Laws《论法的精神》(孟德斯鸠)，221，317，324；达朗贝尔论《论法的精神》，161-162，163，220，317

Stalin 斯大林，132

Stanislaus 斯坦尼斯洛斯，波兰国王，275

state of nature 自然状态，193

Stoicism 廊下派：西塞罗和廊下派，18，19，190，191；隐身地活着，140；说谎和廊下派，122

Stone, I. F. 斯通，239

stories 故事，54，307；蒙田运用故事，308

Strabo 斯特拉波，120

Straus, Irwin 欧文·施特劳斯，227

Strauss, Leo 列奥·施特劳斯，107-111；施特劳斯教的课，383n23；论古典政治哲学，109，342，344，352-353，360，365；当代理性危机和施特劳斯，326-327，328，329，330-332；论忽视隐微写作造成的伤害，xiv；论分散策略，319；论存在难以捉摸，399n55；论隐微阅读，298，301；论隐微策略使用疯子和愚人，303；施特劳斯的隐微写作，384n24；我们时代对隐微传统的遗忘和施特劳斯，402n53；对于理解隐微主义，施特劳斯的重要性，108，326；论马基雅维利，301，303，343；作为隐微解读的典范，322-324；论反现代潮流的运动，380n15；神秘地迷恋秘密和谎言，108；论神秘的隐微主义，2；施特劳斯晦涩的著作，107；论哲人和城邦，76；论哲学上需要回归，363-366；施特劳斯的哲学计划，108-111；施特劳斯的政治观点，109；政治服从哲学，109；重新发现隐微写作，xii，2，7，349；抵制施特劳斯的观点，96-97，107，394n1；作为探索者，而非十字军，331；论理论与实践的分离，109；斯金纳批评施特劳斯强调文本，385n25；论哲学社会学，391n59；苏格拉底式怀疑主义和施特劳斯，233，234，331，341，348，351-352，355，365，366；论作者秘密地与正统相矛盾，310-311，316. 另见历史主义，根据施特劳

斯

Stromata《杂记》（亚历山大的克雷芒），316

subordinate groups 从属群体的反抗，xiv-xv, 367n4

subversive ideas 颠覆性观念，168, 199-202. 另见危险的真理；保护性隐微主义

Summa Theologica《神学大全》（阿奎那），99, 148, 295

superstition 迷信：古代世界的迷信，19-20；自然神论者论迷信，264；启蒙时期的迷信观，81, 209, 245, 273；休谟论迷信，123；进步观念和迷信，364；被迷信所包围的哲人的处境，150, 188；政治性隐微主义和迷信，241, 254, 256, 258, 269, 279-280；保护性隐微主义和迷信，279；伏尔泰论不要破除人的迷信，275. 另见偏见

Sykes, Arthur Ashley 赛克斯，373n46

symbolism 象征手法，53, 54；在限制性政体中，133

Symposium《会饮》（柏拉图），157, 244, 318, 323

Synesius of Cyrene 叙内修斯，117, 140, 198

Tableaux de Paris《巴黎景象》（默西尔），271

Tacitus 塔西佗，128, 222-223

Taine, Hippolyte 泰纳，221, 307

Tajbakhsh, Kian 塔吉巴克什，51

Talmud 塔木德，166

techniques of esoteric reading 隐微阅读技巧，290；构建框架，321；追随术语和概念的含义的变化，309；某种特定的字面阅读，300-301；隐微交流逻辑和隐微阅读技巧，301-302；寻找文本中的线索，301；寻找特殊的写作技巧（见隐微写作技巧）

techniques of esoteric writing 隐微写作技巧，53-55；安排或计划写作时，321-322；用正统的术语表达新的东西，308-309；分散，54, 316-320；掩饰提主张者，302-303, 305；掩饰思想或主张的内容，305-308；掩饰真正的批评对象，303-305；故意制造矛盾，311, 313-316；隐微写作技巧的逻辑，301-302；省略危险的思想，320-321；用正统的说法包围危险的思想，309-311. 另见伊索式语言；寓言

technology 科技：要求清楚地交流，209；启蒙理性主义和科技，81, 82, 89；掌控自然和科技，89, 103, 381n18. 另见科学

teleology 目的论：亚里士多德的目的论，45-46, 394n92；古典理性主义和目的论，351

terseness 简洁、精炼，306-307

Tertullian 德尔图良，391n66

testimonial evidence for esotericism 证明隐微主义的证词证据，11-12；可靠性，24-29；关于早期现代作家的证词证据，12-16；第一人称证据，26, 28；4 到 6 世纪的证据，16-18；古希腊和古罗马的

证据，18-24（另见亚里士多德；柏拉图）；作为解读的基础，112-114；名不见经传的作者似乎有争议，373n46；未遭反驳，除了亚当·斯密，28-29；证据的普遍性，25，29

textual evidence for esotericism 隐微主义的文本证据，53-55. 另见隐微地阅读

textual interpretation 文本解读：隐微主义作为威胁，106-107；文本解读方法的增多，112，113-114，384n25；读者反应理论，223，323，384n25，406n70. 另见隐微地阅读

Than, Tin Maung 丁貌丹，132-133，304

Theaetetus《泰阿泰德》（柏拉图），23-24，308

Themistius 泰米斯提乌斯，37，375n64，377n88

Theophrastus 泰奥弗拉斯托斯，221，376n84

theory and praxis, problem of 理论与实践问题：古典哲人克服理论与实践问题的方法，382n14；启蒙计划的完整性和理论与实践问题，274；持冲突观引发的隐微主义，3-4，90-91，235-236；持和谐观引发的隐微主义，3，91-92，236，243（另见政治性隐微主义）；处于问题核心的五个问题，77-79；和谐观 vs. 冲突观，79-80，82-87，381n17；现代反对冲突观，82，93，102-104，163，383n16；对理论与实践问题的现代观念，73，74；哲人与社会的天然冲突和理论与实践问题，138，158-159；实际的解决方法，88-90；重现隐微和理论与实践问题，326；隐微主义的相对普遍性和理论与实践问题，5，6；施特劳斯的解决方案，109，110；施特劳斯的隐微理论和理论与实践问题，353-354，355；从持冲突观到持和谐观的转变，268. 另见理论与实践相冲突观；理论与实践二元论；理论与实践的和谐；社会

Theory of Justice, A《正义论》（罗尔斯），135

Theosophy 通神论，2

thinking for oneself 亲自思考，215-218，220，399n2

Thoreau, Henry David 梭罗，292

Thrasymachus 色拉叙马霍斯，20

Thucydides 修昔底德：仔细阅读修昔底德的例子，323；卢梭论修昔底德，222；施特劳斯论修昔底德，108，234，323，383n23

Tigerstedt, E. N. 蒂格斯泰特，376n83

Timaeus《蒂迈欧篇》（柏拉图），22，151

Tindal, Matthew 廷德尔，15

Ting-Toomey, Stella 丁允珠，49，320

Tocqueville, Alexis de 托克维尔，116，229，312，313

Todorov, Tzvetan 托多洛夫，335，337

Toland, John 托兰德：与共济会的联系，248；论哲学写作中的矛

盾，314，316；自然神论观点，265-267；论现代人中的隐微主义，14-15，235，259，260；论古代哲人的隐微主义，13-14，265-266；论隐微阅读，301，310；论必要的掩饰，137-138；论柏拉图的诗歌风格，308；论柏拉图的自我保护，157；反对隐微克制，282

Topics《论题篇》（亚里士多德），378n89

Torah 托拉，145，147

totalitarianism 极权主义：古代城邦的极权主义，149；反启蒙运动的批判，87；启蒙理性主义导致极权主义，82；《理想国》作为证明，59；20世纪处于极权主义之下的作家，129-132

Towne, John 汤，373n46

traditional society 传统社会：反智，173；与我们的社会形成对比，168-173；四个必要的谎言，192-196；推翻传统社会的现代计划，236，245，364，366；传统社会中的爱国主义，189-190；哲学作为对传统社会的真正威胁，170，173；作为一种宗教现象，181；传统社会中的保密和保留，119-121；智者在传统社会间接地说话，207

traditions 传统：理性与传统的冲突，79；启蒙将传统连根拔起，86-87，357；惧怕颠覆，3，279；鼓励忠于传统的相对主义，338. 另见习俗；偏见

tragic view of life 认为生命是悲剧的：古典哲人和这种观点，104，382n14；现代人不相信生命是悲剧的，102-103，104

translation of esoteric book 隐微书籍的翻译，294-295

Treatise on Toleration《论宽容》（伏尔泰），275

Troeltsch, Ernst 特勒尔奇，334

truth 真理：奥古斯丁论隐藏真理，18；关于真理之社会效用的争论，275-276；要求勇气和牺牲，164；启蒙理性主义和真理，81，284；有害于大多数人，162；历史主义的真理观，345；杰弗逊论受真理统治，235；不是为了大众，117；哲人对真理的寻求，184-185；柏拉图论真理的危险，198；后现代揭穿真理的真相，329，330；保护性隐微主义和真理，279；关于真理的相对主义，83，336，338-340；倾向于是少见地、秘密地，309-310；日常生活和真理之间的紧张，91；激情和真理之间的紧张，210；政治生活和真理之间的紧张，90. 另见危险的真理；隐微主义的不诚实

"Truth and Politics"《真理与政治》（阿伦特），239

turning around of the soul 灵魂的转向，72，210，215

Tusculan Disputations《图斯库罗姆谈话录》（西塞罗），18，190

unification of theory and praxis 理论与实践的统一. 见理论与实践的和谐

universalism 普遍主义，82，330，

335, 357, 358
univocity of writing 写作的一元性, 23, 73, 74, 210-211, 218
utopianism 乌托邦主义：反启蒙运动的批评, 86；人文主义抛弃乌托邦主义, 243；现代思想家抛弃乌托邦主义, 356；《理想国》作为古典典范, 59, 60

Valéry, Paul 瓦雷里, 396n1
Vanini, Giulio Cesare 瓦尼尼, 303
Varro 瓦罗, 324
Vattimo, Gianni 瓦蒂莫, 329
Vianu, Lidia 维雅努, 130, 396n1
vita activa 行动生活, 3, 72, 77
vita contemplativa 沉思生活, 3, 72, 77
Vlastos, Gregory 弗拉斯托斯, 97
Volland, Sophie 沃兰, 302
Voltaire 伏尔泰：指责达朗贝尔胆小, 272；与共济会的联系, 248；论基督教吸收柏拉图哲学, 146；论基督教的不宽容, 144；达朗贝尔的信，关于隐微克制, 247；论启蒙运动局限于中产和上层阶级, 85, 273；归于伏尔泰的隐微主义, 15；站在理性这边进行斗争, 254；论丰特奈尔的懦弱, 271；论书本造成的无知, 210；论维持宗教的社会作用, 276；论维持迷信, 275；论从不使用真名, 248；论对哲人的迫害, 139；论古希腊所谓的自由, 148；写过历史著作, 263
von Gierke, Otto 基尔克, 349

Wade, Ira O. 韦德, 247-48
Walden《瓦尔登湖》(梭罗), 292
Wana peoples of Indonesia 印尼瓦那民族, 48
Warburton, William 沃伯顿, 13, 29, 162-163, 260, 373n46；反对自然神论, 13, 265, 266-267
Washington, George 华盛顿, 248
Watson, C. W. 沃森, 48-49
Wealth of Nations, The《国富论》(亚当·斯密), 372n45
Weber, Max 韦伯, 349
Western communicative style 西方交流方式, 48
Wightman, W. P. D. 怀特曼, 372n44
Wilke, Michael 威尔克, 134
Winckelmann 温克尔曼, 85, 229
Wittgenstein, Ludwig 维特根斯坦, 329, 332, 363
Wootton, David 伍顿, 258, 323
writing 写作：不适合传达智慧, 208；写作固有的不足, 210；现代出版制度和写作, 230-232；写作的一元性, 23, 73, 74, 210-211, 218. 另见书
writing esoterically 隐微地写作：历史主义和隐微写作的式微, 355-366；隐微写作的多义特征, 74. 另见写作技巧

Xenophon 色诺芬：论隐藏真理, 122；色诺芬的对话形式, 20, 371n25；作为一流的将军, 192；作为书写历史的哲人, 263；论苏格拉底是自然哲学家, 155；论苏

格拉底是"安全的发言者",73;施特劳斯对色诺芬的解读,323-324,351,353;微妙地讽刺斯巴达政制,320

Zaharna, R. S. 萨哈兰, 50

Zeller, Eduard 策勒尔, 27, 52

zetetic skepticism 探究式怀疑主义, 233, 341, 351. 另见古典怀疑主义

Zuckert, Catherine and Michael 凯瑟琳&迈克尔·扎科特, 384n24

图书在版编目(CIP)数据

字里行间的哲学:被遗忘的隐微写作史/(美)亚瑟·梅尔泽著;赵柯译.
--上海:华东师范大学出版社,2018
 ISBN 978-7-5675-7249-2

Ⅰ.①字… Ⅱ.①亚… ②赵… Ⅲ.①哲学-著作-写作-哲学史-世界 Ⅳ.①B1

中国版本图书馆 CIP 数据核字(2017)第 301975 号

华东师范大学出版社六点分社
企划人 倪为国

PHILOSOPHY BETWEEN THE LINES: The Lost History of Esoteric Writing
by Arthur M. Melzer
Copyright © 2014 by The University of Chicago.
Licensed by The University of Chicago Press, Chicago, Illinois, U.S.A.
Simplified Chinese Translation Copyright © 2018 by East China Normal University Press
ALL RIGHTS RESERVED.

上海市版权局著作权合同登记 图字:09-2017-264 号

字里行间的哲学:被遗忘的隐微写作史

著　　者　(美)亚瑟·梅尔泽
译　　者　赵　柯
责任编辑　陈哲泓
封面设计　刘怡霖
出版发行　华东师范大学出版社
社　　址　上海市中山北路 3663 号　邮编　200062
网　　址　www.ecnupress.com.cn
电　　话　021-60821666　行政传真　021-62572105
客服电话　021-62865537　门市(邮购)电话　021-62869887
地　　址　上海市中山北路 3663 号华东师范大学校内先锋路口
网　　店　http://hdsdcbs.tmall.com
印 刷 者　上海盛隆印刷有限公司
开　　本　890×1240　1/32
插　　页　2
印　　张　20.5
字　　数　452 千字
版　　次　2018 年 4 月第 1 版
印　　次　2018 年 4 月第 1 次
书　　号　ISBN 978-7-5675-7249-2/B.1106
定　　价　108.00 元

出 版 人　王　焰

(如发现本版图书有印订质量问题,请寄回本社客服中心调换或电话 021-62865537 联系)